KB161792

장 폴 사르트르(1905~1980)

레 되 마고 카페   사르트르는 이 카페를 안방처럼 드나들었다. 그곳은 만남의 장소이자 대화의 장소, 사색하고 집필하는 장소였다. 철학서 《존재와 무》(1943)에서는 이 카페에서 일하는 점원을 관찰하는 부분이 나온다.

에콜 노르말 쉬페리외르 프랑스 파리 고등사범학교
사르트르가 수석으로, 시몬 드 보부아르가 차석으로 졸업했다. 군 복무를 마친 사르트르는 1933년 프랑스 정부의 장학금으로 독일 베를린 대학에서 공부하게 된다.

사르트르와 시몬 드 보부아르   두 사람의 '계약결혼'은 그 무렵에 유행처럼 번지기도 했다. '2년간'이란 계약기간을 정했
지만 평생을 함께한 동지요 반려자였다.

세계사상전집043
Jean Paul Sartre
L'ÊTRE ET LE NÉANT

존재와 무 I

사르트르/정소성 옮김

동서문화사

존재와 무 I II

차례

존재와 무 I

존재와 무 Ⅱ

일러두기

1. 이 책 번역의 텍스트로 사용한 판은 J.P. Sartre : *L'être et le néant* (Paris, Gallimard)의 제
   46판(1956년 간행)이다. 이 책은 그 초판(1943년 간행)부터 오늘에 이르기까지 똑같
   은 판형을 써서 인쇄했으며, 판이 다른 데서 오는 차이나 첨삭의 흔적은 전혀 보이
   지 않는다(오식으로 생각되는 부분도 정정하지 않고 그대로 되어 있다).
2. 번역문 속에서 ' '을 한 어구는 원서에서는 이탤릭체로 인쇄되어 있는 어구이다.
3. 번역문 속에서 " "를 쓴 부분은 원서에서도 마찬가지로 인용부호가 쓰인 부분이다.
4. 번역문 속에서 ( )를 쓴 부분은 원서에서도 마찬가지로 괄호가 쓰인 부분이다.
5. 번역문 속에서 ― 및 ……를 쓴 부분은 대체로 원서에서도 마찬가지로 줄표 및 생
   략점이 쓰인 부분이다.
6. 원서에서 하이픈을 써서 연결한 말은 번역문 속에서도 되도록 그것을 재현하려고
   했으나, 번역문에서 반드시 그것이 필요하지 않은 경우나 그 때문에 오히려 복잡해
   지는 경우에는 재현하지 않았다(예를 들어 pour-soi를 단순히 대자(對自)라고 한 것과
   같다).
7. 원서에서는 같은 말이 대문자로 시작되는 경우와 소문자로 시작되는 경우가 있다
   (예를 들어 Pour-soi와 pour-soi). 그러나 이것은 원서에서도 일정한 기준은 없어 보이기
   때문에 같은 것으로 다루었다.
8. 번역문 속에서 〔 〕를 쓴 부분은 옮긴이가 보충 설명한 것이며, 원어는 옮긴이가 그
   때마다 적당한 것을 고른 것이며 특별히 일정한 기준에 따른 것은 아니다.
9. 사르트르《존재와 무》번역본은 Hazel E. Barnes 역 영어판, 마스나미 신사브로 역 일
   어판, 양원달 역 및 손우성 역 한국어판을 참조했다.

머리글
존재의 탐구

1. 현상이라는 관념

현대사상은 존재하는 것을, 이를 밝히는 나타냄들의 연쇄로 환원시킴으로써 뚜렷한 진보를 이룩했다. 이로써 철학에 괴로움을 주고 있는 여러 이원론(二元論)을 극복하고, 그것을 현상의 일원론으로 바꾸려는 것이 그 목표였다. 과연 그것은 성공을 하였던가?

먼저 존재하는 것에 있어서 내면과 외면을 대립시키는 이원론에서 우리가 벗어났음은 확실하다. 만일 사람들이 외면이라는 말을, 대상의 참된 본성을 우리 시선으로부터 가려주는 껍데기를 의미하는 것으로 이해한다면, 존재하는 것의 외면이라는 것은 이미 존재하지 않는다. 그 참된 본성이라는 것 또한, 만일 그것이 고찰된 대상의 '내면에' 있으므로, 우리로선 예감하거나 상상할 수는 있어도 결코 이를 수는 없는 사물의 감추어진 실재라 이해된다면, 그런 것 또한 존재하지 않는다. 존재하는 것을 나타내는 이런 '나타남'은 내면도 아니고 외면도 아니다. 그것은 모두 서로 같은 가치를 지닌다. 그것은 모두 다른 수많은 나타남을 가리키는 것이고, 그중 어떤 것도 특권이 주어진 것은 없다. 예를 들어 힘이라는 것만 해도, 그것의 수많은 효과(가속도, 치우침 등등)의 배후에 숨어 있는 형이상학적인 알 수 없는 작용을 말하는 것이 아니다. 힘은 그 모든 효과의 총체인 것이다. 마찬가지로 전류도 숨겨진 이면을 가지고 있는 것은 아니다. 전류는 그것을 나타내는 물리 화학적 작용(전기분해, 탄소선 백열, 전류계 바늘 이동 등)의 총체, 바로 그것이다. 이런 작용 가운데 그것 하나만으로 전류를 나타내 보이는 데 충분한 것은 아무것도 없다. 그러나 그 작용은 '그것의 배후에 있는' 어떤 것도 가리키지 않는다. 그 작용은 그 자체와 전체적인 연쇄를 가리키는 것이다.

따라서 분명히 존재와 현상(現象)의 이원론은 더 이상 철학에서 시민권을 얻을 수 없을 것이다. 나타남은 수많은 나타남의 모든 연쇄를 가리키는 것이지, 존재하는 것의 전 존재를 독차지하는 숨은 실재를 가리키는 것은 아니다. 또 나타남도 이런 존재의 무기력한 나타남이 아니다. 우리가 사유적인 실재를 믿고 있었던 동안, 나타남은 순전히 소극적인 것으로 표현되었다. 나타남은 '존재가 아닌 것'이었다. 나타남은 착각의 존재, 오류의 존재와 같은 정도의 존재밖에 갖지 않았다. 그러나 본디 이런 존재 자체가 빌려온 것이었다. 이 존재는 그 자체가 하나의 눈가림이었다. 그리고 가장 어려웠던 것은, 나타남이 저절로 비현상적인 존재 속에 흡수되지 않도록 하기 위해, 그 나타남의 응집력과 존재성을 충분히 유지시키는 일이었다. 그러나 일단 우리가 니체의 이른바 '배후 세계의 착각'[*1]에서 벗어나 나타남의 배후에 있는 존재를 더 이상 믿지 않는다면, 나타남은 반대로 충실한 확실성이 된다. 그 본질은 '나타나는 것(paraître)'이고, 이것은 이미 존재에 맞서는 것이 아니라 오히려 존재의 척도가 된다. 왜냐하면 존재하는 것의 존재란 바로 그것이 '나타나는' 것이기 때문이다. 그리하여 우리는, 예를 들어 후설이나 하이데거의 '현상학'에서 볼 수 있는 '현상(phénomène)'의 관념에 이른다. 그것은 곧 현상 또는 절대적–상대적인 것이라는 관념이다. 상대적이라는 점에서 현상은 어디까지나 상대적이다. 왜냐하면 '나타나는 것'이란 본질적으로 그것이 누군가의 앞에 나타난다는 것을 예상하고 있기 때문이다. 그러나 현상은 칸트가 말하는 현상(Erscheinung)의 그 이중적 상대성을 가지고 있지는 않다. 여기서 말하는 현상은 결코 자신의 어깨 너머에 있는, 그 나름대로 절대적인 참된 존재를 가리키는 것은 아니다. 현상은 절대적으로 있는 그대로의 것이다. 왜냐하면 현상은 '있는 그대로' 자신을 드러내기 때문이다. 현상은 현상으로서의 한도 내에서 연구되고 기술될 수 있다. 왜냐하면 그것은 '절대적인 의미에서 그 자신을 지시하는 것'이기 때문이다.

그와 동시에 가능태(可能態, la puissance)와 현실태(現實態, l'acte)[*2]의 이원성도 사라지게 된다. 모든 것은 현실태로 있다. 현실태의 배후에 가능태가 있는 것

[*1] L'illusion des arrière-mondes, die Illusion der Hinterwelten(《차라투스트라》 제1부).

[*2] la puissance와 l'acte는 아리스토텔레스 이래의 철학용어인 디나미스(dynamis)와 에네르게이아(energeia)에 해당하는 것으로, 보통은 가능성 및 현실성이라고 번역된다. 그러나 이 책에서 사르트르가 사용하고 있는 possibilité(가능성) 및 potentialité(잠재성)라는 대조개념과 구별하기 위해서, 여기서는 우선 '가능태' '현실태'라고 번역해 둔다.

이 아니다. 또 현실태의 배후에 '소질(exis)*3'이나 덕(德, vertu)이 있는 것도 아니다. 이를테면 우리는 '천재'—프루스트는 '천재를 가지고 있었다' 또는 그는 천재'였다'고 하는 경우의 의미에서—라는 말을, 어떤 작품을 생산할 수 있는 특이한 능력, 더욱이 그 작품을 생산했다고 해서 고갈되어 버리지는 않는 특이한 능력이라는 뜻으로 이해하기를 거부할 것이다. 프루스트의 천재는 따로 떼어서 고찰된 작품도 아니고 그 작품을 생산하는 주관적인 능력도 아니다. 그것은 그 사람의 여러 가지 나타남의 총체로서 고찰된 작품을 말한다. 그러므로 결국 우리는 나타남과 본질의 이원론을 똑같이 거부할 수 있다. 나타남은 본질을 감추고 있지 않다. 나타남은 본질을 드러내 보인다. 나타남이 '본질인 것'이다. 어떤 존재자의 본질은 이미 이 존재자의 내부에 숨어 있는 하나의 능력이 아니다. 본질은 이 존재자의 여러 가지 나타남들의 계기(繼起)를 지배하고 있는 분명한 법칙이며 그 연쇄의 도리인 것이다. 하나의 물리학적 실재(이를테면 전류)를 그것의 여러 가지 나타남의 '합계'로 규정하는 푸앵카레(Poincaré)의 유명론(唯名論)에 대해 뒤앙(Duhem)이 자신의 이론을 대치(對置)시켜서, 이런 현현(顯現)의 '종합적 통일'이라는 개념을 만든 것은 옳은 일이었다. 사실상 현상학은 결코 유명론은 아니다. 그러나 결국 그 연쇄의 도리로서의 본질은, 온갖 나타남을 결합시키는 끈에 불과하다. 다시 말해서 본질은 그 자체가 하나의 나타남이다. 바로 그렇기 때문에 여러 가지 본질에 대한 하나의 직관(이를테면 후설의 본질직관(本質直觀, Wesensschau))이 있을 수 있는 것이다. 이리하여 현상적 존재는 자신을 나타낸다. 그것은 자기의 본질을 나타내는 동시에 자기의 현실존재를 나타낸다. 현상적 존재는 이런 현현이 굳게 결합된 연쇄 이외의 아무것도 아니다.

그러면 우리는 존재하는 것을 그 여러 가지 나타남으로 환원함으로써 모든 이원론을 극복하는 데 성공했다고 할 수 있을 것인가? 오히려 우리는 모든 것을 새로운 이원론, 즉 유한한 것과 무한한 것의 이원론으로 전화(轉化)시킨 것처럼 보인다. 사실 존재하는 것은 모든 현현의 '유한한' 하나의 연쇄로 환원될 수는 없을 것이다. 이 현현은 저마다 끊임없이 변화해 가는 어떤 주관과의 관계이기 때문이다. 하나의 '대상'이 단 하나의 '사영(射影, Abschattung)'을 통해서

---

*3 그리스어의 hexis는 echō(갖다)라는 동사의 미래형에서 파생된 명사로 천성, 소질이라는 뜻. 라틴어의 habitus에 해당.

만 주어지는 경우에도, 그것이 '주관'이라는 사실 자체 속에 이미 이 '사영'을 '보는' 관점들을 다양하게 만들 가능성이 내포되어 있다. 그 경우의 '사영'을 무한할 정도로 다양화하는 데는 그것으로 충분하다. 그뿐만 아니라 만약 나타남의 연쇄가 유한하다면, 그것은 처음에 나타난 것이 '다시 나타날' 가능성을 갖지 않는다는 의미일 테고, 그것은 배리(背理)가 된다. 그렇지 않다면 모든 나타남이 동시에 주어질 수 있다는 것을 의미할 것인데, 그것은 더 큰 배리가 된다. 현상에 관한 우리의 이론은 사물의 '실재성'을 현상의 '객관성'으로 바꾸었고, 무한한 것에 의거하여 현상의 객관성에 근거를 부여한 것인데, 여기서 그 점을 잘 생각해 보자. 이 그릇의 실재성은 그것이 '거기에 있다'는 것이며, 그것이 내가 '아니라는' 것이다. 우리는 이것을 이 그릇의 모든 나타남의 연쇄가 나의 뜻대로는 되지 않는 하나의 '도리(raison)'에 의해 서로 연관되어 있다는 식으로 표현할 것이다. 그러나 그 나타남이 속해 있는 연쇄에 의거하지 않고 그 자체로서 보여진 나타남은 직관적이고 주관적인 충실함에 불과할 것이다. 그것은 주관이 촉발될 때의 방법이다. 만일 현상이 '초월적인' 것으로서 자기를 드러내보여야 한다면, 주관 자체가, 나타남을, 그 나타남이 속하는 총체적인 연쇄의 방향을 향해 초월하지 않으면 안 된다. 주관은 그 붉은 인상을 통해 붉은 것을 파악해야 한다. '붉은 것' 이것이 곧 그 연쇄의 도리. 또는 주관은 전기분해 따위를 통해서 '전류라는 것'을 파악하지 않으면 안 된다. 그러나 만일 대상의 초월성이, 항상 초월되어야 한다는, 나타남에 있어서의 이 필연성에 기초를 두는 것이라면, 하나의 대상은 원리적으로 그 나타남들의 연쇄를 무한한 것으로 내세우는 것이 된다. 그리하여 '유한'한 나타남은 그 자체로서는 자신을 그 유한성 속에서 나타낼 뿐만 아니라, 동시에 '나타나는 것의 나타남'으로서 파악되기 위해서는 무한을 향해 초월되어야 할 필요가 있다. '유한한 것과 무한한 것' 또는 더 정확하게 말해서 '유한한 것 속의 무한한 것'이라는 이 새로운 대립은 존재와 나타남의 이원론을 대신하게 된다. 사실상 나타나는 것은 다만 대상의 '한 양상'에 지나지 않는다. 게다가 그 대상은 완전히 이 양상 속에 있으면서, 동시에 이 양상 밖에 있다. 그것이 이 양상 속에 나타난다는 점에서는 이 대상은 완전히 이 양상 속에 있다. 즉, 그 대상은 그 자체로는 이 나타남의 구조로서 자신을 보여 주는 것이고, 이 나타남의 구조가 곧 그 연쇄의 원리이다. 또 이 대상은 완전히 이 양상 밖에 있다. 왜냐하면 그 연쇄 자체는 결코 나타나지 않을 것이고 나타날 수도 없기 때문이다. 이리하여 밖은 다시 안과 대립하고, '나타나지 않은 존재'는 나타남과 대립하게 된다. 마찬가지로 어떤 하나의 '가능태'가 돌아와서 또다시 현상 속에 깃들이고, 이 가능태가 가진 초월성 자체를 현상에 주게 된다. 다시 말하면, 현실적인 또는 가능적인 일련의 나타남에 있어서 전개되는 가능태가 다시 돌아온다. 프루스트의 천재는 생산된 여러 가지 작품들로 환원된다 하더라도, 그래도 역시 사람들이 이 작품에 대해 취할 수 있는 모든 가능한 관점들의 무한성, 다시 말하면 우리가 프루스트 작품의 '무궁무진함'이라고 부를 수 있는 모든 가능한 관점의 무한성과 같은 가치를 지닌다. 그러나 초월성과 무한함에 대한 의거(依據)를 포함하고 있는 이 '무궁무진함'은 우리가 그것을 대상에 의거하여 파악하는 경우에는, 또한 하나의 '소질(Exis)'인 것은 아닐까? 요컨대 본질은 그것을 발현하는 개개의 나타남으로부터 근본적으로 단절되어 있는 것이다. 왜냐하면 본질은 원리적으로 말해 개개의 현현의 무한한 연쇄에 의해 발현될 수 있어야 하기 때문이다.

이렇게 해서 우리는 온갖 종류의 대립을 대신하여, 그런 모든 밑바탕에 있는 유일한 이원론으로 바꾸어 놓았는데, 그렇게 함으로써 우리는 과연 이득을 본 것일까? 손해를 본 것일까? 우리는 곧 이것을 살펴볼 것이다. 우선 '현상의 이론'의 최초의 귀결은 다음과 같다. 우리가 말하는 나타남이란 칸트가 말하는 사유적(思惟的) 본체(本體)의 현상과 같은 존재를 가리키는 것이 아니라는 것이다. 그것은 나타남의 배후에는 아무것도 존재하지 않으며, 또 나타남은 그 자체(와 나타남의 모든 연쇄)밖에 가리키지 않기 때문이다. 나타남이 그 자신의 존재와는 다른 존재에 의해 지탱되는 것은 있을 수 없는 일이다. 나타남은 주관—존재를 절대—존재에서 분리하는 무(無)의 얇은 막(膜)이 될 수는 없다. 만일 나타남의 본질이 더 이상 어떤 '존재'와도 대립하지 않는 '나타나는 것'이라면, 거기에는 '이 나타나는 것의 존재(l'être de ce paraître)'에 관한 정당한 문제가 있다. 우리가 여기서 다루고자 하는 것은 이 문제이며, 또 존재와 무에 관한 우리의 연구의 출발점도 바로 이 문제이다.

2. 존재현상과 현상의 존재

나타남은 그것과는 별개의 어떤 존재자에 의해서도 지탱되고 있지 않다. 나타남은 그 자신의 '존재'를 가지고 있다. 우리가 우리의 존재론적 연구에서 만

나는 최초의 존재는, 그러므로 나타남의 존재이다. 이 나타남의 존재는 그 자신이 하나의 나타남인 것일까? 일단은 그렇게 생각된다. 현상은 자신을 나타내는 것이고, 존재는 무언가의 방법으로 모든 사람들에게 자신을 나타낸다. 왜냐하면 우리는 존재에 대해 말할 수 있고, 존재에 대해 일종의 이해를 하고 있기 때문이다. 따라서 이러저러한 것으로서 기술될 수 있는 하나의 '존재현상', 존재의 나타남이라고도 할 수 있는 것이 있어야 한다. 존재는 어떤 직접적인 접근, 이를테면 권태나 욕지기 같은 방법으로 우리 앞에 드러날 것이다. 그리고 존재론은 존재가 자신을 나타내는 그대로, 다시 말하면 아무런 매개도 없이 존재현상을 기술(記述)하는 것이리라. 그렇지만 존재론에 들어가기 전에 다음과 같은 선결문제를 제기해 두는 것이 좋을 것이다. 이리하여 이른 존재현상은 여러 가지 현상의 존재와 똑같은 것일까? 다시 말하면 나에게 자신을 드러내는, 즉 나에게 나타나는 존재는 나에게 나타나는 모든 존재자의 존재와 같은 성질의 것일까? 그 점에서는 특별히 어려운 문제는 있을 것 같지 않다. 후설은 어떻게 해서 형상적(形相的) 환원이 항상 가능한 것인가, 즉 사람은 어떻게 해서 항상 구체적 현상을 넘어서 그 본질의 방향으로 향할 수 있는가를 보여 주었다. 또 하이데거에게 있어서는 '인간존재(la réalité humaine)'[*4]는 존재적–존재론적인 것이다. 다시 말하면 인간존재는 항상 현상을 넘어서 그 존재를 향할 수 있는 것이다. 그러나 개개의 대상에서 본질로 이행하는 것은 동류(同類)에서 동류로 이행하는 것이다. 존재자에서 존재현상으로 이행하는 것도 같은 것일까? 존재자를 넘어서 존재현상을 향하는 것은 개별적인 빨강을 넘어서 '빨강'의 본질을 향하는 것처럼 존재자를 넘어서 '존재자'의 존재를 향하는 것일까? 좀더 깊이 생각해 보자.

개개의 대상 속에서 우리는 항상 색깔과 냄새 따위의 여러 가지 성질들을 구별할 수 있다. 그리고 이런 성질들에서 출발하여 우리는 항상 기호 속에 의미가 들어 있는 것처럼, 그런 성질들 속에 들어 있는 본질을 정착시킬 수 있다.

[*4] 이것은 사르트르가 자주 쓰는 독특한 용어로, 글자 그대로는 '인간적 실재' 또는 '인간적 현실'이라고 번역돼야 하겠지만, réalité에 특수한 의미가 있는 것은 아니고, 오히려 '인간이라는 것'이라는 정도의 의미로 사용되고 있다. 이 역서에서는 일관되게 '인간존재'로 번역해 둔다. 하이데거가 말하는 menschliche Dasein에 해당된다고 보아도 좋으나, 슈트렐러의 독일어 번역에는 menschliche Realität로 되어 있다.

'대상–본질'의 총체는 하나의 조직된 전체를 이루고 있다. 본질은 대상 '속에' 있는 것이 아니다. 본질은 대상의 의미이며 대상을 드러내는 일련의 나타남의 도리이다. 그러나 존재는 다른 모든 성질 속에 있으며 파악할 수 있는 대상의 어떤 성질은 아니다. 또 대상의 어떤 의미도 아니다. 대상은 의미를 가리키는 것과 같은 식으로 존재를 가리키지는 않는다.

이를테면 존재를 '현재(présence)'로 규정하는 것은 불가능할 것이다—왜냐 하면 '부재(absence)' 또한 존재를 드러내는 것이기 때문이다. 그것은, '거기'에 존 재하지 않는다는 것은 또한 존재하는 것인 까닭이다. 대상은 존재를 '소유하 지' 않는다. 대상의 존재는 존재에 대한 한 관여가 아니고, 또 그 밖의 어떤 관 계도 아니다. '그것은 존재한다'고 하는 것이 대상의 존재방식을 규정하는 유일 한 방법이다. 왜냐하면 대상은 존재를 숨기고 있는 것은 아니지만, 그렇다고 대 상이 존재를 드러내는 것도 아니기 때문이다. '대상은 존재를 숨기지 않는다'고 하는 까닭은, 존재자의 어떤 성질들을 제쳐두고 그 배후에서 존재를 발견하려 하더라도 헛일이기 때문이다. 존재는 그런 모든 성질의 존재이기도 하다—또 '대상은 존재를 드러내고 있는 것도 아니다'라고 하는 것은 대상을 향해 그 존 재를 파악하기 위해 요구해도 소용없을 것이기 때문이다. 존재자는 현상이다. 다시 말하면 존재자는 그 자신을 모든 성질의 조직적 총체로서 가리킨다. 더 욱이 그것은 그 자체를 가리키는 것이지 그 존재를 가리키는 것이 아니다. 존 재는 단순히 모든 드러내 보임의 조건에 지나지 않는다. 존재는 '드러내 보이 기 위한 존재(l'être-pour-dévoiler)'이며, 개시된 존재(être-dévoilé)는 아니다. 그렇다 면 하이데거가 말하는 존재론적인 것에 대한 초월이란 과연 무엇을 의미하는 것일까?

확실히 나는 이 탁자, 이 의자를 넘어서 그 존재를 향하여, '탁자–존재(l' être-table)', '의자–존재(l'être-chaise)'를 문제로 삼을 수 있다. 그러나 그 순간에 나는 현상으로서의 탁자에서 눈을 돌려 현상으로서의 존재에 시선을 보낸다. 그러나 이 현상으로서의 존재는 이미 어떤 개시의 조건도 아니다—오히려 그 것은 그 자신이 하나의 개시된 것이고, 하나의 나타남이다. 그것은 이런 것으 로서 이번에는 그것이 자신을 개시할 수 있기 위한, 근거가 되는 하나의 존재 를 필요로 한다.

만일 여러 현상의 존재가 하나의 존재현상으로 해소되지 않는 것이라면, 또 그럼에도 우리가 이 존재현상에 의지하지 않고는 존재에 대해 아무것도 말할 수 없다면, 존재현상과 현상의 존재를 결합시키는 엄밀한 관계가 먼저 세워지지 않으면 안 된다. 지금까지 말한 것이 모두 직접적으로 존재현상의 현시적(顯示的) 직관에 의해 주어진 것임을 생각한다면, 우리는 훨씬 더 쉽게 그 관계를 세울 수 있을 것이다. 개시의 조건으로서의 '존재'가 아니라, 개념에 의해 정착될 수 있는 나타남으로서의 존재를 생각함으로써, 우리는 가장 먼저 인식은 그것만으로는 존재의 이유를 밝힐 수 없다는 것, 즉 현상의 존재는 존재현상으로 환원될 수 없다는 것을 이해했다. 요컨대 존재현상이 '존재론적'인 것은 성 안셀무스(St. Anselmus)와 데카르트의 증명이 '존재론적'이라고 말하는 의미에서이다. 존재현상은 존재를 간절히 바란다. 존재현상은 현상으로서 있는 한, 초현상적인 하나의 근거를 요구한다. 존재현상은 존재의 초현상성을 요구한다. 그렇다고 해서 존재가 여러 현상의 배후에 숨어 있다는 것은 아니다. (우리가 이미 본 것처럼, 현상은 존재를 숨길 수 없다)―또 현상은 하나의 나타남이며 그것은 다른 하나의 존재를 가리킨다는 것도 아니다. (현상이 존재하는 것은 '나타남으로써의 한도 안에서'이다. 다시 말하면 현상은 존재를 근거로 하여 자신을 가리킨다.) 지금까지의 고찰을 통해 밝혀진 것은 다음과 같은 점들이다. 현상의 존재는 비록 현상과 같은 폭을 가지고 있기는 하지만, 현상적 조건에서 벗어나 있지 않으면 안 된다. 여기서 현상적 조건이라는 것은 사람이[*5] 자신을 개시하는 정도에 따라서만 존재한다(exister)는 것이다. 따라서 현상의 존재는 우리가 그것에 대해 가지고 있는 인식 밖으로 넘쳐흐르는 것이고, 인식의 근거를 이루는 것이다.

3. 반성 이전 코기토와 지각의 존재

위에서 설명한 어려움들은 모두 존재에 대한 어떤 종류의 사고방식, 즉 '나타남'의 개념 자체와는 전적으로 양립할 수 없는 일종의 존재론적 실재론에서 유래하는 것이라고 대답하고 싶은 사람도 있을 것이다. 나타남의 존재를 측정하는 것은 사실, 나타남이 '나타난다'는 사실이다. 그리고 우리가 실재의 범위

---

*5 이 대목의 원문은 pour autant qu'on se révèle로 되어 있으며 여기서는 그대로 번역했지만, 정확하게는 pour autant qu'il se révèle라야 할 것이다. 그 경우에는 on(사람들은) 대신에 il은 '현상의 존재'를 받게 된다.

를 현상으로 한정한 이상, 현상에 대해 우리가 할 수 있는 말은, 현상은 그것이 '나타나는' 대로 있다는 것이다. 어째서 이 관념을 극한까지 밀고 나아가, 나타남의 존재는 나타남이 나타나는 것이라고 말해서는 안 되는 것일까? 이것은 단순히 새로운 낱말을 골라서 버클리의 낡은 '존재한다는 것은 지각되는 것이다(esse est percipi)'라는 말에 옷을 입히는 것에 지나지 않는다. 그리고 그것은 사실 후설이 한 일이다. 왜냐하면 그가 현상학적 환원을 이룩한 뒤에 노에마*6를 '비실재적'인 것으로 다루며, 그것의 '존재(esse)'는 '지각되는 것(percipi)'이라고 밝혔기 때문이다.

버클리의 유명한 명제는 우리를 만족시킬 것처럼 보이지는 않는다. 이것은 두 가지의 본질적인 이유 때문이다. 하나는 지각되는 것(percipi)의 본성에서 유래하는 것이고, 또 하나는 지각하는 것(percipere)의 본성에서 유래하는 것이다.

'지각하는 것'의 본성—만일 모든 형이상학이 사실 인식론을 전제로 한다면, 반면에 모든 인식론은 형이상학을 전제로 한다. 이것은, 무엇보다 먼저, 존재를 우리가 그것에 대해 가지고 있는 인식으로 환원하려는 관념론은, 어떤 방법으로든지 미리 인식의 존재를 확인하지 않으면 안 된다는 것을 의미한다. 만일 우리가 반대로 인식의 존재에 근거를 세우는 데 마음을 기울이지 않고, 먼저 인식을 하나의 주어진 것으로 전제하고, 이어서 '존재한다는 것은 지각되는 것이다'를 긍정한다면, '지각–지각되는 것(perception-perçu)'이라는 이 전체는 하나의 견고한 존재에 의한 버팀목을 잃고, 무(無) 속에 무너져 사라져 버린다. 그러므로 인식의 존재는 인식에 의해 측정될 수 있는 것이 아니다. 그것은 '지각되는 것'에서 벗어나 있다.*7 그리하여 '지각하는 것'과 '지각되는 것'의 근거로서의 존재는 그 자체가 '지각되는 것'에서 벗어난 것이 아니면 안 된다. 그것은 초현상적이지 않으면 안 된다.

우리는 다시 출발점으로 되돌아온다. 그러나 사람들은 '지각되는 것'은 나타남의 법칙에서 벗어나는 하나의 존재를 가리킨다는 점에서는 우리와 의견을

---

*6 노에마는 노에시스(생각하는 행위)에 대칭되는 것으로서 사람이 '생각하는 것'.

*7 원주. '지각하는 것'을 인간존재의 또 다른 '태도'로 대체하려는 모든 노력은, 당연히 마찬가지로 무익한 결과에 빠질 것이다. 존재는 '행위하는 것(faire)' 속에 인간에게 드러내 보인다는 말을 우리가 용인한다 하더라도, 행위하는 것의 존재를 행동(action) 밖에서 확인하는 일이 또한 필요할 것이다.

같이할 수 있으나, 이 초현상적인 존재는 주관의 존재라고 끝까지 주장하는 사람이 있을지도 모른다. 그리하여 '지각되는 것'은 '지각하는 자(percipiens)'를 가리키는 것이 될 것이다—인식되는 것은 인식을 가리키고, 인식은 인식되는 것으로서가 아니라 '존재하는' 것으로서의 한도 안에서 인식하는 존재, 즉 의식을 가리키게 될 것이다. 후설은 그렇게 이해했다. 왜냐하면 노에마가 그에게 있어서 노에시스의 비실재적 상관자(相關者)이고, 그 존재론적 법칙이 '지각되는 것'라고 한다면, 그에게 노에시스는 반대로 실재이고, 이 실재의 주요한 특징은 이것을 '인식하는' 반성에, '이미 먼저 거기 있었던' 것으로서 주어지는 것이라고 생각되기 때문이다. 왜냐하면 인식하는 주관의 존재법칙은 '의식하고 있는'〔의식하고 존재하는(être-conscient)〕 것이기 때문이다. 의식은 육감이나 자기인식이라고 불리는 특수한 인식의 방식이 아니고, 주관의 초현상적인 존재차원이다.

이 존재차원을 더욱 잘 이해하도록 해 보자. 의식은 인식하는 것으로서가 아니라 '존재하는' 것으로서의 한도에서 인식하는 존재라고 우리는 말했다. 그것은 만일 우리가 이 인식 자체에 근거를 세우고자 한다면, 이 인식의 우위를 포기하는 것이 적절하다는 것을 의미한다. 물론 의식은 인식할 수 있고, 또 자기를 인식할 수도 있다. 그러나 의식은 그 자체에 있어서는 자기에게 복귀한 의식과는 다른 것이다.

후설이 보여 준 것에 의하면, 모든 의식은 '무언가에 대한' 의식(conscience de quelque chose)이다. 그것은 초월적 대상의 '정립(定立, position)'이 아닌 그러한 의식은 존재하지 않는다는 것을 뜻한다. 또는 이렇게 말해도 된다면, 의식은 뭔가의 '내용-(contenu)'을 가지지 않는다는 것이다. 관계의 체계를 어떻게 선택하는가에 따라 '세계'로 구성되거나 '심적인 것'으로 구성되는 중성적인 '주어진 것들'은 단념하지 않으면 안 된다. 하나의 탁자는 비록 표상(表象)이라는 이름에 있어서도 의식 '안에' 있는 것은 아니다. 하나의 탁자는 공간 '속에' 있는 것이고 창가 따위에 있는 것이다. 탁자의 존재는 사실 의식에 있어서의 불투명성의 중심이다. 어떤 사물의 모든 내용의 목록을 만든다면 무한한 일건서류(一件書類)가 필요할 것이다. 이 불투명성을 의식 속에 도입하는 것은, 의식이 자기 자신에 대해 작성할 수 있는 내용 목록을 무한히 연기하는 것이고, 의식을 사물처럼 만들며, 코기토를 거부하는 일이 될 것이다. 그러므로 철학의 첫걸음은, 의식에서 사물을 추방하고 의식과 세계의 참된 관계, 다시 말해 의식은 세계'에 대한' 정립적인 의식(conscience positionnelle du monde)이라는 관계를 세우려는 데 있어야만 한다. 모든 의식은 그것이 하나의 대상에 이르기 위해 자기를 초월한다는 뜻에서 정립적이며, 의식은 바로 이런 정립 자체 외에 아무것도 아니다. 나의 현재의 의식 속에 지향적으로(d'intention) 존재하는 모든 것은 바깥쪽으로, 탁자 쪽으로 향해져 있다. 그 순간의 나의 모든 판단적 또는 실천적 작용, 그 순간의 나의 모든 감정은 자기를 초월하여 탁자를 향하고 거기에 흡수된다. 모든 의식이 인식인 것은 아니지만(이를테면 감정적인 의식도 있다), 모든 인식하는 의식은 자기의 대상에 대한 인식일 뿐이다.

그렇다 해도 어떤 인식하는 의식이 자기의 대상'에 대한' 인식이기 위해서 필요하고도 충분한 조건은, 이 의식이 이 인식인 동시에 자기 자신에 대한 의식이기도 해야 한다는 것이다. 이것은 다음과 같은 의미에서 하나의 필요조건이다. 만일 나의 의식이 탁자에 대한 의식인 것에 대한 의식이 아니라면, 나의 의식은 이 탁자에 대한 의식을 가지지만, 그것의 의식인 것에 대한 의식을 가지지 않는 것이 될 것이다. 또는, 말하자면 나의 의식은, 자기 자신을 모르는 의식, 즉 무의식적인 의식이 될 것이다—이것은 배리(背理)가 된다. 또 이것은 다음과 같은 의미에서 충분조건이다. 내가 이 탁자에 대해, 사실, 의식을 갖기 위해서는, 이 탁자에 대한 의식을 가지고 있는 것에 대한 의식을 내가 가지고 있으면 그것으로 충분하다. 정말 그것만으로는 이 탁자가 '그 자체에 있어서'〔即自的으로〕(en soi) 존재한다고 내가 단언할 수 있기에는 충분하지 않다—그러나 그 탁자가 '나에게 있어서(pour moi)' 실제로 존재하기에는 그것으로 충분하다.

이런 의식의 의식이란 무엇일까? 우리는 인식의 우위라는 착각에 지나치게 사로잡혀 있으므로, 의식의 의식을 곧 스피노자(Spinoza)류(流)의 '이데아의 이데아(idea ideae)', 다시 말해 인식의 인식으로 해석하려고 하는 것이다. 알랭(Alain)은 '안다는 것은 아는 것에 대한 의식을 가지는 것'이라는 이 분명한 사실을 나타내기 위해 이것을 다음과 같은 말로 해석했다. "아는 것이란 자신이 알고 있다는 것을 아는 것이다." 그리하여 우리는 '반성' 또는 의식에 대한 정립적인 의식, 또는 더욱 정확하게 말해 '의식에 대한 인식'을 규정한 것이 될 것이다. 이것은 그 자신이 아닌 무언가에 향해진, 즉 반성되는 의식에 향해진 하나의 완전한 의식일 것이다. 따라서 그것은 자기를 초월하고, 세계에 대한 정립적인 의식으로서 자기의 대상을 노리는 것 외에 아무것도 아니다. 다만 이 경우의 대상은 그 자체가 하나의 의식이 될 것이다.

'의식에 대한 의식'의 이런 해석을 받아들이는 것은 우리에게 가능할 것 같지 않다. 의식을 인식으로 환원하는 것은, 사실 인식의 특징인 주관-객관의 이원성을 의식 속에 도입하는 것을 뜻한다. 그러나 만일 우리가 '인식하는 것—인식되는 것'이라는 대립의 법칙을 받아들인다면, 인식하는 것이 이번에는 인식되는 것이 되기 위해 제3항(項)이 필요해질 것이다. 그리고 우리는 다음과 같은 딜레마와 마주치게 될 것이다. 즉 인식되는 것(connu)—인식된 인식하는 것(connaissant connu)—인식하는 것의, 인식된 인식하는 것(connaissant connu du connaissant)*8 등과 같은 연쇄의 어느 한 항에 머무르게 된다. 그때는 현상의 전체가 인식되지 않는 것에 빠져 버리고 만다. 다시 말해, 우리는 항상 자기와 마지막 항에 대한 하나의 비의식적(非意識的)인 반성에 부딪히게 된다—그렇지 않으면 우리는 무한역행(無限逆行, 이데아의 이데아의 이데아 등등)의 필요성을 긍정하게 되는데, 이것은 배리가 된다. 그리하여 인식을 존재론적으로 설정할 필요는 이제 새로운 필요에 의해, 즉 인식을 인식론적으로 설정할 필요에 의해 이중화(二重化)될 것이다. 의식 속에 대립의 법칙을 도입해서는 안 되는 것이 아닐까? 자기에 대한 의식은 대립이 아니다. 우리가 무한역행을 피하고자 한다면, 자기에 대한 이런 의식은 직접적인 관계이며, 자기로부터 자기로의 인식적인 관계가 아닌 것으로 하지 않으면 안 된다.

사실, 반성적인 의식은 반성되는 의식을 자기의 대상으로서 정립한다. 반성행위에 있어서 나는 반성된 의식에 대해 여러 가지 판단을 내린다. 나는 그것을 부끄럽게 여기거나 그것을 자랑하고, 또 그것을 원하거나 그것을 거부하기도 한다. 그러나 지각할 때 내가 가지는 직접적인 의식은, 내가 판단하거나 원하거나 부끄러워하는 것을 허락하지 않는다. 그것은 나의 지각을 '인식하지' 않는다. 나의 지각을 정립하지 않는다. 나의 현재의 의식 속에 지향적으로 존재

---

*8 가령 connaissant(인식하는 것)을 S로, connu(인식되는 것)를 O로 나타낸다면, connaissant S가 connu O로 될 때는 connaissant connu(인식하는 것, 인식되는 것), 즉 'SO'이며, 이 경우의 connaissant S가 connu O로 될 때는 connaissant connu du connaissant(S_1O_1) S이다. 다음은 du connaissant(인식하는 것의)이 부가되어 무한에 이른다.

하는 모든 것은 바깥쪽을, 세계를 향하고 있다. 반대로 나의 지각의 이 자발적인 의식은 나의 지각적 의식에 있어서 구성적인 것이다. 다시 말하면, 대상에 대한 모든 정립적 의식은 동시에 그 자신에 대한 비정립적인 의식이다. 내가 이 케이스 속에 들어 있는 담배를 헤아릴 경우, 나는 이 한 통의 담배가 가진 하나의 객관적인 성질, 이를테면 '열두 개가 있다'는 것이 개시(開示)되는 것을 느낀다. 이 성질은 나의 의식에 대해, 세계 속에 존재하는 성질로서 나타난다. 나는 담배를 헤아리는 것에 대해서는 어떤 정립적 의식도 가질 필요가 없다. 나는 나를 '헤아리고 있는 자로서 인식하지' 않는다. 그 증거로는 저절로 덧셈을 할 수 있게 된 아이들은 자신들이 어떻게 그것을 할 수 있게 되었는지 설명하지 못한다. 이것을 증명한 피아제(Piaget)의 실험은 알랭의 '아는 것이란 자신이 알고 있다는 것을 아는 것이다'라는 명제에 대한 뛰어난 반박이 된다. 그렇다 해도 그런 담배가 열두 개로서 나에게 개시될 때 나는 나의 덧셈 활동에 대해, 하나의 비조정적(非措定的)인(non thétique) 의식을 갖는다. 사실, 만일 누가 나에게 '당신은 거기서 무엇을 하고 계시오?' 하고 묻는다면, 나는 그 자리에서 '헤아리고 있소'라고 대답할 것이다. 그리고 이 대답은 단순히 내가 반성에 의해 이를 수 있는 순간적인 의식을 지향하고 있을 뿐만 아니라, 반성되지 않고 지나가 버린 의식상태, 나의 방금 전의 과거에도 결코 반성되지 않은 채로 있었던 의식상태를 지향하고 있다. 그러므로 반성되는 의식에 대한 반성의 우위를 인정할 어떤 여지도 존재하지 않는다. 반성이, 반성되는 의식을, 그 자신에 대해 드러내 보이는 것이 아니다. 그것과는 정반대로, 비반성적인 의식이 반성을 가능하게 하는 것이다. 반성 이전의 코기토가 있고, 그것이 데카르트적인 코기토의 조건을 이루고 있다. 그와 동시에 헤아리는 것의 비조정적인 의식이야말로 나의 덧셈 활동의 조건이 된다. 만일 그렇지 않다면, 어떻게 덧셈이 나의 의식들을 통일하는 주제가 될 수 있겠는가? 이 주제가 일련의 통일적, 재인적(再認的)인 종합의 전체를 지배하기 위해서는 이 주제가 사물로서가 아니라, 작용하는 지향으로서 그 자체 앞에 나타나 있지 않으면 안 된다. 이런 지향은 하이데거의 표현을 빌린다면, '드러내고—드러내는 것(révélante-révélée)'으로서만 존재할 수 있다. 따라서 헤아리기 위해서는 헤아리는 의식을 가져야만 한다.

"물론 그렇지만, 거기에는 순환이 있다"고 사람들은 말할 것이다. "왜냐하면 내가 헤아리는 의식을 가질 수 있기 위해서는 내가 사실상 헤아리고 있어야 하는 것이 아닌가?" 그것은 사실이다. 그러나 순환은 존재하지 않는다. 또는, 말하자면 '순환적으로' 존재하는 것이 바로 의식의 본성인 것이다. 그것은 다음과 같이 표현될 수도 있다. 의식하고 있는 모든 존재(existence)는 존재하는 의식으로서 존재하는 것이라고. 우리는 이제 어째서 의식의 최초의 의식이 정립적이 아닌가를 이해할 수 있다. 즉 최초의 의식은 그것이 의식하고 있는 의식*⁹과 완전히 하나이다. 그것은 지각의 의식으로서, 그리고 동시에 지각으로서 규정된다. 문장 구성의 필요에서 우리는 지금까지 '자기에 대한 비정립적인 의식'에 대해 말하지 않으면 안 되었다. 그러나 이제부터 우리는, '자기에 대한(de soi)'이라는 말이 아직도 인식의 관념을 불러일으킬 우려가 있으므로 그런 표현을 쓸 수는 없다(앞으로 우리는 '~에 대한(de)'이라는 말을 묶음표 안에 넣기로 한다. 그것은 단순히 이 '~에 대한'이 문법상의 구속에 응할 따름이라는 것을 나타내기 위해서이다).

이런 자기(에 대한)*¹⁰ 의식을 우리는 하나의 새로운 의식으로 생각할 것이 아니라, '뭔가에 대한 의식에 있어서 유일하게 가능한 존재방식'이라고 생각해야 한다. 연장(延長)을 지닌 대상이 세 개의 차원에서 존재하지 않을 수 없는 것과 마찬가지로, 하나의 지향, 하나의 쾌락, 하나의 괴로움은 그 자신(에 대한)이 직접적인 의식으로밖에 존재할 수 없을 것이다. 지향의 존재는 의식일 수밖에 없다. 그렇지 않으면 지향은 의식 속의 사물이 될 것이다. 그러므로 여기서는 어떤 외적인 원인(어떤 기능장애, 어떤 무의식적인 충동, 그 밖의 '체험(Erlebnis)')이 원인이 되어, 심적인 사건—이를테면 하나의 쾌락—이 발생한다든가, 그 물질적 구조에서 그렇게 결정된 이 사건이, 한편에 있어서는 자기(에 대한) 의식으로서 생성되지 않을 수 없게 된다는 식으로 생각해서는 안 된다. 그런 사고방식은 비조정적 의식을 정립적 의식의 한 성질(지각, 즉 이 탁자에 대한 정립적 의식이 다시 그 위에 자기(에 관한) 의식의 성질을 가지고 있다는 의

---

*9 '최초의 의식의 대상이 되고 있는 의식'이라는 뜻.

*10 비조정적 의식을 보여 주려고 괄호 속에 넣은 (de)를 '에 대한'이라고 번역하는 것은 좀 지나치지만, 조정적인 의식의 경우 de를 '에 대한'이라고 번역한 관계로, 이 역서에서는 이것을 그대로 괄호 속에 넣기로 했다. 괄호 속의 '에 대한'은 매우 가벼운 (의)쯤으로 읽어 주기 바란다. 예를 들면 자기(에 대한) 의식은 자기(의) 의식, 또는 자기 의식 정도로 이해하면 된다.

미에서)이 되게 하는 것이고, 따라서 인식의 이론적 우위라는 착각에 다시 빠지게 될 것이다. 그뿐만 아니라 그런 생각은 심적인 사건을 하나의 사물이 되게 하는 것이고, 또 이를테면 내가 이 압지(押紙)에 분홍색이라는 성질을 부여할 수 있는 것과 같이, 심적인 사건에 의식적인 것으로서 성질을 부여하는 일(qualifier)이 될 것이다.

쾌락은—논리적으로 말해도—쾌락에 대한 의식과 다른 것일 수 없다. 쾌락(에 대한) 의식은 쾌락에 있어서 구성적인 것이지만, 그것은 쾌락의 존재방식 자체로서, 또 쾌락을 성립시키는 질료로서이지, 어떤 쾌락적인 질료에 나중에 강요할 수 있는 형상으로서가 아니다. 쾌락은—비록 가능성*11이나 잠재성의 형태에 있어서이기는 하지만—쾌락에 대한 의식 '이전에' 존재할 수는 없다. 잠재적인 쾌락은 잠재적인 존재(에 대한) 의식으로서밖에 존재할 수 없다. 의식의 가능성은 가능성의 의식으로밖에 존재하지 않는다.

반대로 방금 보여 준 바와 같이, 내가 쾌락에 대해 갖고 있는 의식에 의해서 쾌락을 정의하는 것은 피해야 한다. 그러면 의식의 관념론에 빠져 우리는 우회하는 길을 통하여 다시 인식의 우위로 되돌아가게 될 것이다. 쾌락은 그것이 그 자신(에 대해)이 가진 의식의 배후로 사라져서는 안 된다. 그것은 하나의 표상이 아니다. 그것은 하나의 구체적이며 충만하고 절대적인 사건이다. 쾌락이 자기(에 대한) 의식의 한 성질이 아닌 것은, 자기(에 대한) 의식이 쾌락의 한 성질이 아닌 것과 '같다.' 마치 물을 염색할 때처럼 '먼저' 의식이 있고, 그 '다음에' 그것이 '쾌락'의 감정을 받아들이는 것이 '아닌' 것은, 먼저 (무의식적이건 심리학적이건) 쾌락이 있고, 이어서 그것이 의식적이라는 성질을, 한 다발의 빛을 받아들이는 것처럼 받아들이는 것이 아닌 것과 '같다.' 분할할 수도 분해할 수도 없는 하나의 존재—그 모든 성질을 더 열등한 존재로서 지탱하고 있는 하나의 실체가 아니고, 어디까지나 존재로 있는 하나의 존재(être)가 있다. 쾌락은 자기(에 대한) 의식의 존재이고, 자기(에 대한) 의식은 쾌락의 존재법칙이다. 그것은 하이데거가 잘 표현해 준 바와 같다. 그는 〔실은 의식에 대해서가 아니라 '현존재(現存在, Dasein)'에 대해서 한 말이었지만〕 다음과 같이 표현했다. "이 존

---

*11 virtualité. 현실적 효과는 없고, 다만 일어날 수도 있는 것. 여기서는 가능성이라고 번역해 둔다. puissance(잠재성)와 거의 같은 뜻.

재자의 '무엇인가(본질, essentia)'*12는 그것에 대해 이야기하는 것이 일반적으로 가능한 한, 그 존재(existentia)부터 이해되어야 한다." 그 의미는, 의식은 하나의 추상적인 가능성의 개별적인 사례로 생성되는 것이 아니라, 오히려 존재의 한 복판에서 나타남으로써 그 본질을, 즉 그 여러 가지 가능성의 종합적 배치를 창조하고 유지한다는 것이다.

그것은 또한 의식의 본연의 모습은 존재론적 증명에 의해 나타나는 모습과는 반대임을 뜻한다. 의식은 존재하기 전에는 '가능하지' 않으며, 오히려 의식의 존재가 모든 가능성의 원천이며 조건이므로, 의식의 존재가 의식의 본질을 내포하는 것이다. 이것을 후설은 그의 '사실의 필연성'에 대해 말하는 대목에서 잘 표현하고 있다. 쾌락의 본질이 있기 위해서는 먼저 이 쾌락(에 대한) 의식의 사실이 있어야 한다. 분절(分節)을 가진 총체가 그 의식의 본질을 구성한다는, 이른바 의식의 '법칙'을 끌어온다고 해도 헛일이다. 하나의 법칙은 의식의 초월적 대상이다. 법칙에 대한 의식은 있을 수 있으나 의식에 대한 법칙은 있을 수 없다. 똑같은 이유에서 하나의 의식에, 그 자신 이외의 동기를 갖다 대는 것도 불가능하다. 그렇지 않으면 의식은 그것이 하나의 결과인 한, 자기(에 대한) 의식이 아니라고 생각하지 않으면 안 될 것이다. 또, 어떤 면에서 보면 의식은 존재(에 대한) 의식이 아니라 존재하는 것이 아니면 안 될 것이다. 우리는 의식을 하나의 반무의식(半無意識), 또는 하나의 수동성(受動性)을 만드는, 흔히 있을 수 있는 착각에 빠지게 될 것이다. 그러나 의식은 어디까지나 의식일 뿐이다. 그러므로 의식은 그 자체에 의해 한정될 수밖에 없을 것이다.

의식 자체에 의한 의식의 이 한정을 하나의 발생 또는 하나의 생성으로 생각해서는 안 된다. 왜냐하면 그렇게 하면 의식은 그 자체의 존재에 앞서는 것이라고 상정해야 하기 때문이다. 마찬가지로 이 자아의 창조를 하나의 행위로 생각해서는 안 된다. 만일 그렇게 생각한다면, 사실 의식은 행위로서의 자기(에 대한) 의식이라는 얘기가 되지만, 그런 것은 존재하지 않는다. 의식은 하나의 충만한 존재이며, 자기에 의한 자기의 이 한정은 하나의 본질적인 특징이다. 그렇지만 '자기 원인(cause de soi)'이라는 표현을 남용하지 않는 것이 현명한 일이다. 그것은 하나의 진전, 즉 원인으로서의 자기와 결과로서의 자기의 관계

---

*12 사르트르의 원문에서는 le comment(어떻게)이라고 되어 있는데, 이것은 하이데거가 말하는 das Was-sein이다.

를 예상하게 하기 때문이다. 다만 의식은 그 자체에 의해 존재한다고 말하는 것이 더 정당할 것이다. 그렇다고 해서 의식은 '무에서 끌어낸다'고 이해해서도 안 된다. 의식 '이전'에 '의식의 무(無)'가 존재할 수는 없다. 의식 '이전'에는 다만 충실한 존재를 생각할 수 있을 뿐이고, 그 충실한 존재의 어떤 요소도 존재하지 않는 의식을 가리킬 수는 없는 일이다. 의식의 무가 존재하기 위해서는, 전에는 존재했지만 이제는 존재하지 않는 하나의 의식 및 최초의 의식의 무를 재인적(再認的) 종합으로서 내세우는 하나의 증인적 의식이 없어서는 안 된다. 의식은 무에 선행(先行)하는 것으로, 존재로부터 '자기를 끌어낸다.*13

사람들은 아마도 이런 결론들을 받아들이는 데 조금 어려움을 느낄 것이다. 그러나 더욱 잘 고찰해 보면, 그것은 완전히 뚜렷하게 생각될 것이다. 역설적인 것은, 자기에 의해 존재하는 것이 존재한다는 것이 아니라, 그런 것만이 존재하는 것은 아니라는 점이다. 아무리 해도 생각할 수 없는 것은 수동적인 존재, 다시 말해 자기를 생산할 힘도, 자기를 보존할 힘도 없이 존속하는 하나의 존재라는 것이다.

이 관점에서는 타성의 원리만큼 불가해한 것은 없다. 그리고 사실, 만일 의식이 무언가로부터 '올' 수 있다면, 이 의식은 어디서 '오는 것일까?' 무의식의, 또는 생리적인 것의 영역에서 온다고 대답한다 치자. 그러나 만일 이 영역이 어떻게 존재하고, 어디서 그 존재를 끌어내 오는가 하고 자문한다면, 우리는 수동적 존재의 개념으로 다시 되돌아왔음을 깨달을 것이다. 다시 말하면, 자기의 존재를 자기 자신으로부터 끌어내지 않는 그 비의식적(非意識的)인 주어진 것들이, 그럼에도 어떻게 자기의 존재를 존속시키고, 어떻게 하나의 의식을 생산할 힘을 여전히 발견할 수 있는지, 우리는 더 이상 절대로 이해할 수 없다. 이것은 '세계의 우연성에 의한(a contingentia mundi)' 증명이*14 그처럼 큰 인기를 차지하게 된 것을 보아도 알 수 있다.

그리하여 인식의 우위를 단념함으로써 우리는 인식하는 자의 '존재'를 발견

---

*13 원주. 그것은 결코 의식이 자기의 존재의 근거라는 의미는 아니다. 그와는 반대로, 우리가 앞으로 살펴보겠지만 의식의 존재에 대해서는 하나의 완전한 우발성이 있다. 여기서는 다만, 어느 것도 의식의 원인이 아니라는 것, 의식은 그 자신의 존재방식의 원인이라는 것을 지적하고자 한다.

*14 지상적인 사건이 지닌 우연성의 배후에는 곳곳에 신의 섭리가 있다고 하는 점에서, 신의 존재를 증명하는 논법을 말한다.

하고 절대자를 만났다. 17세기의 이성주의자들이 인식의 대상으로 정의하고, 논리적으로 구성한 바로 그 절대자이다. 그러나 여기서 문제로 다루고 있는 것은 존재의 절대자이지 인식의 절대자가 아니므로, 바로 그렇기 때문에 그것은 '인식된 절대자는 이미 절대자가 아니다. 왜냐하면 그는 우리가 그것에 대해 가지는 인식과 상대적이기 때문이다'라고 하는 그 유명한 반박을 면하는 것이다. 사실, 절대자는 여기서는 인식의 분야의 논리적 구성의 결과가 아니고 가장 구체적인 경험의 주제이다. 더욱이 이 절대자는 이 경험'이기' 때문에 이 경험과 '상대적'인 것은 아니다. 또 그것은 비실체적인 절대자이다. 데카르트적인 이성주의의 존재론적 오류는 만일 절대자가 존재의 본질에 대한 우위에 의해 정의된다면, 절대자는 실체로서 파악될 수 없으리라는 사실을 보지 못한 점이다. 의식은 실체적인 아무것도 가지고 있지 않다. 그것은 의식이 나타나는 한에서만 존재한다는 뜻에서 하나의 순수한 '나타남'이다. 그러나 의식이 절대자로 생각될 수 있는 것은, 바로 그것이 순수한 나타남이기 때문이고, 그것이 하나의 전적인 공허(왜냐하면 세계 전체는 의식 밖에 있는 것이므로)이기 때문이며, 나타남과 존재가 의식에 있어서 하나가 되어 있기 때문이다.

4. 지각되는 것(percipi)의 존재

우리는 우리의 탐구의 결말에 이른 것같이 보인다. 우리는 사물을 그 수많은 나타남이 합쳐진 전체로 환원했다. 그리고 우리는 그런 나타남이, 그 자체가 이미 나타남이 아닌 존재를 요구하는 것을 확인했다. '지각되는 것'은 우리에게 '지각하는 자(percipiens)'를 가리켰다. 그리고 이 지각하는 자의 존재는 의식으로서 우리에게 자신을 드러내 보였다. 따라서 우리는 인식의 존재론적 근거까지 이르렀다고 해도 무방할 것이다. 즉, 우리는 모든 다른 나타남이 그것에 대해 나타나는 제1차적 존재, 모든 현상이 그것에 대해 상대적인 절대자에게까지 이르렀다고 할 수 있다. 그것은 칸트적인 어의(語義)에서의 주관(主觀, sujet)이 아니고 주관성(subjectivité) 자체이며, 자기의 자기에 대한 내재성이다. 이제 우리는 관념론을 벗어난 것이다. 관념론에서는 존재는 인식으로서 측정된다. 그 때문에 관념론은 이원론의 지배를 받는다. '인식되는 것' 외에 존재는 없다. 문제가 되는 것은 사고(思考) 자체이다. 사고는 그 자체의 소산을 통해서 밖에 나타나지 않는다. 다시 말하면 우리는 사고를, 만들어진 사상의 의미작용으로서밖에는 결코 파악할 수 없다. 그리고 사고를 연구하는 철학자는 이미 이루어진 모든 과학을 음미하고, 거기서 그런 과학의 가능성의 조건으로서 사고를 이끌어 내지 않으면 안 된다. 이에 비해 우리는, 인식에서 벗어나서 인식에 근거를 부여하는 하나의 존재를 파악했다. 그것은 표상으로서, 또는 표현된 사상의 의미작용으로서 주어지는 것이 아니라, 그것이 존재하는 한에서 직접적으로 파악할 수 있는 하나의 사고이다―더욱이 이 파악하는 방법은 하나의 인식현상이 아니고 존재의 구조이다.

우리는 이제 후설적인 현상학의 분야에 들어섰다. 그렇다고 해서 후설 자신이 반드시 자기의 첫 번째 직관에 충실했던 것은 아니다. 우리는 이것으로 만족할 것인가? 우리는 하나의 초현상적인 존재와 부딪혔다. 그러나 그것은 과연 존재현상이 가리키는 존재일까? 그것은 과연 현상의 존재일까? 바꾸어 말하면 의식의 존재는 나타남으로써의 한도에서 나타남의 존재에 근거를 부여하는 데 충분할 것인가? 우리는 현상에서 그 존재를 박탈하여 그것을 의식에 부여했다. 우리는 의식이 다음에 이 존재를 현상에 돌려줄 것을 기대하고 있었다. 의식은 그렇게 할 수 있을 것인가? 그것은 '지각되는 것'의 존재론적 요구들을 음미함으로써 분명해질 것이다.

먼저 사물이 지각되는 한에서, 지각되는 사물의 한 존재가 있다는 점에 유의하자. 설령 내가 이 탁자를 수많은 주관적 인상의 하나의 종합으로 환원하고자 해도, 적어도 이 탁자는 '탁자로 있는 한' 이 종합을 통해 자신을 드러내 보인다는 것, 이 탁자는 이 종합의 초월적 극한이고, 이유이며, 목표라는 것을 인정해야 한다. 이 탁자는 인식의 바로 앞에 있고, 우리가 그것에 대해서 갖는 인식과 동일시해서는 안 될 것이다. 만일 그것을 동일시한다면 탁자는 의식, 즉 순수한 내재가 되어 탁자'로서는' 소멸되고 말 것이다. 같은 이유에서 비록 이 탁자를, 탁자가 그것을 통해 파악되는 주관적인 인상의 종합에서 분리하는 것은 단순한 이치상의 구별에 의한 것이라 해도, 적어도 탁자는 이 종합으로 '있을' 수는 없는 일이다. 그것은 탁자를 결합의 종합적인 작용으로 환원하는 것이 될 것이다. 그러므로 인식되는 것이 인식 속에 흡수될 수 없는 한, 인식되는 것에 하나의 '존재'를 인정해야 한다. 이 존재는 지각되는 것(percipi)이라고 말하는 사람도 있다. 맨 먼저, '지각되는' 것의 존재는 '지각하는 자'의 존재로― 즉 의식으로―환원될 수 없다는 것을 인정하자. 그것은 탁자가 표상의 결합으로 환원되지 않는 것과 마찬가지다. 기껏해야 지각되는 것의 존재는 지각하는 자의 존재와 '상대적'이라고 말할 수 있을 뿐이다. 그러나 양자가 '상대적'이라고 해서 우리가 '지각되는 것'의 존재를 검토하지 않아도 되는 것은 아니다.

그런데 '지각되는 것'의 양상은 수동적이다. 그러므로 만일 현상의 존재가 그의 '지각되는' 것 속에 깃든다면, 이 존재는 수동성이다. 상대성과 수동성이야말로 '존재하는 것(esse)'이 '지각되는 것(percipi)'으로 환원되는 한, 존재의 특징적인 구조가 될 것이다. 수동성이란 무엇인가? 나는 내가 그 기원이 아닌—다시 말해 내가 그 근거도 아니고 그 창조자도 아닌—하나의 변양(變樣)을 받을 때 나는 수동적이다. 그리하여 나의 존재는 내가 그 원천이 아닌 그런 존재방식을 참고 견디어 내고 있다. 다만, 견디어 내기 위해서는 또한 나는 존재하고 있지 않으면 안 된다. 더욱이 이 사실에서 나의 존재는 항상 수동성의 저쪽에 자리잡는다. 예를 들면 '수동적으로 참고 견디는 것'은 '단호하게 배제하는 것'과 마찬가지로 내가 지녀 나가는 하나의 태도이고, 나의 자유를 구속하는 하나의 태도이다. 만일 내가 언제까지나 '모욕받은 자'로 있어야 한다면, 나는 나의 존재에 있어서 참고 견디지 않으면 안 된다. 다시 말하면 나는 나 스스로 존재를 나에게 할당해야 한다. 그러나 바로 그 때문에 나는, 말하자면 내 쪽에서 나의 모욕을 되찾아 그것을 내 몸에 받아들이고, 그것에 대해 수동적으로 있기를 그친다. 그것에서 다음과 같은 양자택일이 나온다. 나는 나의 존재에 있어서 이미 수동적이 아니며, 설령 처음에는 내가 나의 감정의 기원이 아니었다 할지라도 지금은 내가 나의 감정의 근거가 되거나—그렇지 않으면 수동성이 나의 존재까지 파고들어 나의 존재는 남에게서 받아들인 존재가 되고, 그러므로 모든 것은 무(無)로 돌아가거나, 둘 중의 하나이다.

그리하여 수동성은 이중의 의미에서 상대적인 현상이다. 즉 작용하는 자의 능동성에 대해 상대적이고, 또 작용을 입는 자의 존재에 대해 상대적이다. 그것은 수동성은 수동적 존재자의 존재 자체와도 관계할 수 없음을 뜻한다. 수동성은 하나의 존재와 다른 하나의 존재의 관계이며, 하나의 존재와 하나의 무의 관계는 아니다. '지각하는 것(지각작용, percipere)'이 존재에 대해서 '지각되는 것(지각대상, perceptum)'에 작용을 미치게 하는 것은 불가능하다. 왜냐하면 작용을 받기 위해서는 '지각되는 것'이 이미 어떤 방식으로든 주어졌어야 하며, 그러므로 '지각되는 것'이 존재를 받기 전에 존재해야만 하기 때문이다. 창조된 존재가 자기를 되찾고, 창조자의 손을 떠나 즉시 자기 위에 자기를 가두고, 자기의 존재를 자기가 받아들이게 된다는 조건 속에서 '창조'를 생각할 수도 있다. 어떤 책이 그 저자를 거역하고 존재하는 것은 이런 의미에서이다. 그러나 만일 창조의 행위가 무한하게 계속되어야 하고, 창조된 존재가 그 가장 미세한 부분에 이르기까지 지탱되고 있고, 어떤 그 자신의 독립성을 가지고 있지 않으며, '그 자신에게 있어서는' 무에 지나지 않는다면, 그때는 창조된 것은 아무리 해도 그 창조자와 구별되지 않고 창조자 속에 흡수되어 버린다. 우리가 문제삼은 것은 하나의 허위의 초월이었다. 창조자는 자신의 주관성에서 바깥으로 나간다는 착각을 할 수조차 없다.[*15]

그리고 또한 당하는 자의 수동성은 작용하는 자에게서도 똑같은 수동성을 요구한다―이것은 작용의 원칙과 반작용의 원칙에 의해 표현되는 것이다. 우리의 손이 부서지고 조이고 잘릴 수 있는 것은 우리의 손을 상대편이 부수고 조이고 자를 수 있기 때문이다. 아무리 조그만 수동성이라도 우리는 그것을 지각이나 인식에 부여할 수 있을까? 지각과 인식은 완전히 능동성이고 완전히 자발성이다. 의식이 어느 것에도 작용을 미칠 수 없는 것은, 바로 그것이 순전한 자발성이고, 아무것도 그것을 갉아먹을 수 없기 때문이다. 따라서 '존재한다는 것은 지각되는 것'이라는 명제는 의식, 즉 무엇에도 '작용할' 수 없는 순전한 자발성이, 자기 존재의 무를 자기 속에 유지하면서 초월적인 무에 존재를 부여한다는, 그런 부조리한 것을 요구하는 결과가 될 것이다.

후설은 '노에시스(noesis)'에 수동성을 도입함으로써 이런 이론(異論)들을 피하려고 했다. 그것은 일레(hylé) 또는 체험의 순수한 흐름과 수동적 종합들의 질료이다. 그러나 결국 후설은 우리가 방금 말한 난점에 하나의 불필요한 난점을 보탠 것에 불과하다. 그것에서는 사실 우리가 아까 그 불가능성을 보여 주었던 중성적(中性的)으로 주어진 것들이 다시금 도입되어 있다. 물론 이 중성적으로 주어진 것들은 의식의 '내용'은 아니지만, 그것 때문에 더욱 불가해한 것이 되어 있다. '일레'는 사실 의식에 속하는 것일 수는 없다. 만일 의식에 속하는 것이라면, 그것은 반투명성 속에 소멸해 버리고, 인상(印象)에 있어서 저항력이 있는 기초, 즉 대상을 향해 초월해야 하는 기초를 제공할 수 없게 될

[*15] 원주. 실체에 관한 데카르트의 학설이 스피노자의 철학 속에서 그 논리적 마무리를 구하는 것은 이런 이유에서이다.

것이다. 그러나 일레가 의식에 속하지 않는다면, 그것은 그 존재와 그 불투명성을 어디서 이끌어 낼 것인가? 일레가 사물의 불투명한 저항과 사고의 주관성을 동시에 보유하는 것이 어떻게 가능할 것인가? 일레의 존재(esse)는 '지각되는 것(percipi)'에서는 나올 수 없다. 왜냐하면 일레는 지각되지도 않고, 또 의식은 일레를 초월하여 대상을 향하기 때문이다. 그러나 만일 일레가 그 존재를 의식에서만 이끌어 낸다면, 우리는 의식과 의식에서 독립된 존재자들의 관계에 대한 풀 수 없는 어려운 문제에 다시 부딪힌다. 그리고 예를 들면 후설의 견해에 동의하여 노에시스의 일레적인 저층(底層)이 존재하는 것을 인정한다 하더라도, 어떻게 의식이 주관적인 것을 초월하여 객관성을 향할 수 있을 것인지는 생각도 할 수 없는 일이다. '일레'에 사물의 성격과 의식의 성격을 부여함으로써 후설은 사물에서 의식으로 쉽게 이행할 수 있게 했다고 믿었다. 그러나 그는 단 하나의 잡종적(雜種的)인 존재를 참조할 수 있었을 뿐, 이런 존재는 의식 쪽에서도 기피당하고, 또 세계의 일부를 이루지도 못할 것이다.

그러나 그 밖에도 우리가 본 바와 같이 '지각되는 것(percipi)'은 '지각되는 사물(perceptum)'의 존재법칙이 상대성이라는 것을 의미한다. 인식되는 것의 존재는 인식에 대해 상대적이라는 것은 생각할 수 있는 것일까? 하나의 존재자에게 있어서 존재의 상대성이란, 이 존재자가 그 존재를 자기 자신과는 다른 사물 속에, 다시 말해 '자신이 아닌 어떤 존재자' 속에 가진다는 것 외에 무엇을 의미할 수 있을까? 하나의 존재가 그 자신에 대해 외적이라고 하는 것은, 만일 이 존재가 '그 자신'의 외부성을 가지고 있다는 뜻이라면, 물론 생각할 수 없는 일은 아니다. 그러나 지금의 경우는 그렇지 않다. 지각되는 존재는 의식의 바로 앞에 있고, 의식은 그것에 이를 수 없으며, 지각되는 존재는 의식 속에 들어갈 수 없다. 지각되는 존재는 의식으로부터 차단되어 있으므로, 지각되는 존재는 의식 자신의 존재로부터도 차단되어서 존재한다. 후설처럼 그것을 비현실적인 것으로 만들어 보아도 소용없는 일이다. 비록 비실재적인 것이라 할지라도 지각되는 사물은 존재하는 것이 아니면 안 된다.

그리하여 '상대성'과 '수동성'이라는 이 두 가지 규정은, 존재방식에 관련된 것일 수는 있지만, 어떤 경우에도 존재 자체에는 적용될 수 없을 것이다. 현상의 존재(esse)는 그것의 '지각되는 것(percipi)'일 수는 없을 것이다. 의식의 초현상적 존재는 현상의 초현상적 존재에 근거를 부여할 수 없을 것이다. 현상론자들의 오류는 다음과 같은 점에 있다. 대상을 그 나타남의 일련의 통합으로 환원한 것은 정당하지만, 그로 인해 그들은 대상의 존재를 그 존재방식의 계기(繼起)로 환원했다고 믿었고, 그런 까닭에 그들은 존재방식에밖에 적용될 수 없는 개념들을 가지고 존재를 설명한 것이다. 왜냐하면 그런 개념은 이미 존재하고 있는 많은 존재들 사이의 여러 관계를 나타내는 것이기 때문이다.

5. 존재론적 증명

우리는 존재에 그 정당한 몫을 주지 않았다. 우리는 의식의 존재의 초현상성을 발견했으므로, 현상의 존재에 초현상성을 인정할 필요가 없다고 생각했다. 그러나 완전히 반대로, 우리는 바로 이 의식의 존재의 초현상성이 현상의 존재의 초현상성을 요구하는 것을 이제부터 살펴볼 것이다. 반성적 '코기토'에서 기인하는 것이 아니라 '지각하는 자(percipiens)'의 '반성 이전의(préréflexif)' 존재에서 기인하는 '존재론적 증명'이 있다. 우리는 이제 이것을 설명해 볼 것이다.

모든 의식은 무언가'에 대한' 의식이다. 이 의식의 정의는 완전히 다른 두 가지 뜻으로 해석될 수 있다. 그 하나는, 의식은 그 대상의 존재에 있어서 구성적인 것이라는 의미로[*16] 해석되는 경우이고, 다른 하나는 의식은 그것의 가장 깊은 본성에 있어서 하나의 초월적인 존재와의 관계라는 뜻으로 해석되는 경우이다. 그러나 이 명제의 첫 번째 해석은 그 스스로 무너진다. 무언가에 대한 의식이라는 것은, 의식'이 아닌' 하나의 구체적이고 충실한 현전(現前)과 마주하고 있다는 것이다. 물론 사람은 하나의 부재(不在)에 대한 의식을 가질 수도 있다. 그러나 이 부재는 필연적으로 현전이라는 하나의 배경을 두고[*17] 나타난다. 그런데 우리가 보아 온 바와 같이 의식은 하나의 실재적 주관성이며, 인

[*16] '의식은 그 대상의 존재를 구성하는 것이다'라는 뜻.

[*17] 이 대목의 원문은 Mais cette absence paraît nécessairement un fond de présence이며 역문에서는 이를 그대로 번역해 두었으나, 이것은 ……sur un fond de présence라고 하지 않으면 뜻이 통하지 않는다. '그러나 이 부재(不在)는 필연적으로 현전(現前)이라는 배경에 근거를 두고 나타난다'라고 해야 할 것이다. 또한 사르트르는 이 책을 통해 forme와 fond을 게슈탈트 심리학의 용어 figure 및 fond과 거의 같은 뜻의 대어(對語)로 사용하고 있다. 게슈탈트 심리학에서는 '도(圖)'와 '지(地)' 또는 '도형(圖形)'과 '바탕'으로 번역하고 있지만, 이 책에서는 '형태'와 '배경'이라는 역어가 가장 이해하기 쉽다. 뒤에 가서 이 대어(對語)가 자주 쓰이므로 미리 주의를 환기시켜 둔다.

상은 하나의 주관적 충실성이다. 그러나 이 주관성은 자체에서 밖으로 나와서 하나의 초월적 대상을 세우고, 이 대상에 인상의 충실성을 부여할 수는 없을 것이다. 그러므로 만일 사람들이 어떻게 해서라도 현상의 존재를 의식에 의존하도록 만들고자 한다면, 대상이 의식으로부터 구별되는 것은 그 대상의 '현전'에 의해서가 아니라 그것의 '부재'에 의해서, 다시 말해 대상의 충실성이 아니라 대상의 무에 의해서가 아니면 안 된다. 만일 존재가 의식에 속한다면, 대상은 그것이 의식과 다른 존재인 한에서가 아니라 그것이 비존재인 한에 있어서, 의식이 아닌 것이 된다. 이것은 우리가 이 책의 제1절에서 말한 것처럼, 무한자(無限者)에게 의지처를 구하는 것이다. 이를테면 후설의 경우, 일레의 핵에 생기를 부여함에 있어서, 이 일레 속에 충실작용(Erfüllung)을 발견할 수 있는 지향에 의해서만 하는 것은, 우리를 주관성에서 벗어나게 하는 데는 충분하지 않을 것이다. 대상을 진실로 객관화하는 지향은 공허한 지향이다. 그것은 현전적, 주관적 나타남 저편에, 수많은 나타남의 연쇄의 무한한 전체를 목표로 하는 지향이다. 더욱이 이 지향이 목표로 하는 것은, 그런 나타남이 결코 모두 동시에 주어질 수 없는 한에서임을 이해하자. 객관성의 근거를 이루는 하나의 항(項)을 제외하고, 다른 모든 항이 실제로 부재일 뿐만 아니라, 동시에 연쇄의 무한한 수의 항이 의식 앞에 존재한다는 것은 원리적으로 불가능하다.

현전적인 것으로서는, 이런 인상들—그 수가 무한하다 해도—주관적인 것 속에 녹아들어가서 없어질 것이다. 이 인상에 객관적 존재를 주는 것은 그런 부재이다. 그리하여 대상의 존재는 하나의 순전한 비존재가 되는 것이다. 그것은 하나의 '결여(manque)'로서 정의된다. 그것은 빠져나가는 것이고, 원리적으로 결코 주어지지 않는 것이며, 사라져 가는 계기적인 측면에 의해 나타나는 것이다. 그러나 어떻게 비존재가 존재의 근거가 될 수 있을 것인가? 어떻게 부재가 '기대되고 있는' 주관적인 것이, 그것 때문에 객관적이 될 것인가? 내가 바라고 있는 하나의 큰 기쁨, 내가 두려워하는 괴로움은 바라기도 하고 두려워하기도 한다는 사실에서 일종의 초월성을 얻는다. 그것에는 나도 동의한다. 그렇지만 내재성 속의 이 초월성은 우리를 주관적인 것에서 벗어나게 해 주지 못한다. 사물이 측면에 의해, 다시 말하면 매우 단순하게 나타남에 의해 주어지는 것은 사실이다. 또한 각각의 나타남은 다른 많은 나타남을 가리키는 것도 사실이다. 그러나 그런 나타남의 하나하나는, 이미 자기 하나만으로 하나의

'초월적 존재'이지 주관적 인상적인 하나의 소재는 아니며—'존재의 충실성'이지 결여는 아니며—현전(現前)이지 부재는 아니다. 대상의 '실재성'에 주관적 인상적인 충실에 따라 근거를 부여하고, 대상의 '객관성'에 비존재를 바탕으로 근거를 부여하는 마술을 부리려 해도 헛일일 것이다. 객관적인 것은 결코 주관적인 것에서 나오지 않고, 초월은 내재에서 나오지 않으며, 존재는 비존재에서 나오지 않을 것이다. 하지만 사람들은, 후설은 바로 의식을 하나의 초월로 정의한다고 말할 것이다. 사실 그것이 바로 그가 제기한 것이고 그의 본질적 발견이다. 그러나 그가 '노에마'를 하나의 비실재적인 것, '노에시스'와 상관적인 것으로 만들고, 그 '존재(esse)'는 '지각되는 것(percipi)'으로 보는 순간부터, 그는 전적으로 자신의 원리에 충실하지 않게 되는 것이다.

의식은 무언가'에 대한' 의식이다. 그것은 초월이 의식의 구성적 구조라고 하는 의미이다. 다시 말하면 의식은 그 자체가 아닌 존재의 '도움을 받아' 발생한다는 뜻이다. 그것을 우리는 존재론적 증명이라고 부른다. 사람들은 의식의 요구는 이 요구가 만족되어야 한다는 것을 증명하지 않는다고 반론할 것이다. 그러나 이 반박은 후설이 지향성이라고 부른 것에 관한 하나의 분석에 대해서는 타당할 수 없다. 다만 후설은 안타깝지만 이 지향성의 본질적 성격을 잘못 보았던 것이다. 의식이 무언가에 대한 의식이라고 하는 것은, 무언가를, 즉 하나의 초월적인 존재를 드러내 보여 주는 직관이 아니면 안 된다는 이 뚜렷한 의무를 소홀히 해서는, 의식에 있어서 어떤 존재도 없다는 것을 뜻한다. 순수한 주관성은 그것이 먼저 주어지면, 그것은 단순히 자기를 초월하여 객관적인 것을 내세우는 데 좌절할 뿐만 아니라, '순전한' 주관성인 것도 또한 사라져 버릴 것이다. 본디의 의미에서 주관성이라고 부를 수 없는 것은 의식(에 대한) 의식이다. 그러나 이 의식(인 것에 대한)의 의식은 어떤 방법으로든 성질이 부여되지 않으면 안 된다. 그리고 그것은 드러내 보여 주는 직관으로밖에 성질이 부여될 수 없다. 그렇지 않다면 그것은 아무것도 아니다. 그런데 드러내 보여 주는 직관은 하나의 드러내 보여 주는 것을 끌어들인다. 절대적인 주관성은 하나의 드러내 보여 주는 것을 마주해야만 성립할 수 있다. 내재는 하나의 초월적인 것의 파악에 있어서만 정의될 수 있다. 사람들은 여기서, 개연적인 관념론에 대한 칸트적인 반박의 반향 같은 것에 다시 부딪히는 것으로 생각할 것이다. 그러나 우리는 오히려 데카르트에 대해 생각해 보아야 한다. 우리는 여기서는 존재의 장면에 있는 것이지 인식의 장면에 있는 것이 아니다. 지금의 문제는, 내적 감각의 현상이 객관적 공간적 현상의 존재를 포함하고 있다는 것을 보여 주는 것이 아니라, 의식은 그 존재에 있어서 비의식적·초현상적인 하나의 존재를 포함하고 있다는 것을 보여 주는 데 있다. 특히 주관성은 사실 객관성을 내포한다거나, 주관성은 객관적인 것을 구성함으로써 자신을 구성한다는 식으로 반론해 보아도 아무 소용없을 것이다. 우리는 이미 주관성이 객관적인 것을 구성하기에는 무력하다는 것을 보아 왔다. 의식은 무언가'에 대한' 의식이라 함은, 바꿔 말하면, 의식은 의식이 아닌 하나의 존재, 의식이 그것을 드러내 보여 줄 때는 이미 존재하는 것으로서 주어지는 하나의 존재의 '드러내 보임―드러내 보여짐(révélation-révélée)'으로써 생성되어야 한다는 것이다.

이렇게 하여 우리는 순전한 나타남에서 출발하여 완전한 존재에 이르렀다. 의식은 그것의 존재가 본질을 내세우는 존재이며, 반대로 의식은 그 본질이 존재를 내포하는 하나의 존재에 대한, 즉 그 나타남이 '존재'를 요구하는 하나의 존재에 대한 의식이다. 존재는 곳곳에 있다. 확실히 우리는 하이데거가 '현존재(Dasein)'에 적용한 정의를 적용하여, 의식이란 그것을 위해 그 존재에 있어서 그 존재가 문제되는 하나의 존재라고 말할 수 있다. 그러나 이 정의를 보완하여 대략 다음과 같이 정식화하지 않으면 안 될 것이다. 즉 '의식이란 그 존재가 그것과는 다른 하나의 존재를 끌어들이는 한, 그것에 있어서는 그 존재에서 그 존재가 문제인 하나의 존재이다'라고.

말할 것도 없이 이 끌려들어가는 존재는 다름 아닌 여러 현상의 초현상적 존재이며, 현상들의 배후에 숨어 있는 하나의 본체적 존재는 아니다. 의식에 의해서 끌려들어가는 것은 이 탁자의 존재이고, 이 담뱃갑의 존재이며, 그 램프의 존재이고, 더욱 일반적으로는 세계의 존재이다. 의식은, 다만 '나타나는' 것의 존재는 '단순히' 그것이 나타나는 한에서만 존재하는 것이 아닐 것을 요구할 뿐이다. '의식에 있어서' 존재하는 것인, 초현상적인 존재는 그 자신으로서는 그것 자체에서 즉자적(卽自的)으로(en soi) 존재한다.

6. 즉자존재(卽自存在)

우리는 이제 앞에서 보아 온 우리의 고찰을 확립하기 위해 문제삼아 온 '존재현상'을 어느 정도 상세하게 풀이해 볼 수 있다. 의식은 모든 존재자의 '드러내 보임—드러내 보여짐'이며, 모든 존재자는 각각의 존재를 근거로 하여 의식 앞에 나선다. 그러나 어떤 존재자의 존재의 특징이란, 의식에 대해 '그 자신'은 친숙하게 직접 자기를 드러내 보이지 않는 것을 말한다. 존재자에서 그의 존재를 박탈할 수 없다. 존재는 존재자의 언제나 현전적인 근거이다. 존재는 존재자 속의 곳곳에 있지만 어느 곳에나 있는 것은 아니다. 존재라고 하는 이상에는, 하나의 본연의 존재가 아닌 존재는 없고, 존재를 나타내면서 동시에 존재를 가리고 있는 그 본연의 모습을 통해 파악되지 않는 존재는 없다. 하지만 의식은 항상 존재자를 뛰어넘을 수 있다. 그러나 그것은 존재자의 존재를 향해서가 아니라 존재의 의미를 향해서이다. 이것이 사람들로 하여금 의식을 존재적—존재론적인 것이라고 부르게 하는 것이다. 왜냐하면 의식의 초월의 근본적 특징은 존재론적인 것을 향하여 존재적인 것을 초월하는 데 있기 때문이다. 존재자의 존재 의미는 그것이 의식에 대해 자기를 드러내 보이는 한에서 존재현상이다. 이 의미는 그 자체가 하나의 존재를 가지고 있다. 그리고 이 존재에 근거하여 의미는 자기를 드러내 보인다. 이 관점에서 우리는 스콜라학파의 저 유명한 논법을 이해할 수 있다. 그 논법에 의하면 존재에 대한 모든 명제에는 악순환이 있다는 것이다. 그 이유는 존재에 대한 모든 판단은 이미 존재를 내포하고 있기 때문이다.

　그러나 실제로는 거기에 악순환이라는 것은 없다. 왜냐하면 이 의미의 존재를 다시 한번 그것의 의미를 향해 넘어갈 필요는 없기 때문이다. 즉 존재의 의미는 의미 자신의 존재도 포함하여 모든 현상의 존재에 적용되기 때문이다. 우리가 이미 지적했듯이, 존재현상은 존재가 아니다. 그게 아니라, 존재현상은 존재를 가리키고 존재를 요구한다. 사실을 말하면 우리가 앞에서 얘기한 존재론적 증명은 '특별히' 존재현상에 적용된다는 것도 아니고, 또 '전적으로' 존재현상에 적용된다는 것도 아니다. 의식의 모든 영역에 적용되는 '하나의' 존재론적 증명이 있다. 하지만 이 증명은 우리가 존재현상에서 이끌어 낼 수 있는 모든 가르침을 정당화하기에 충분하다. 존재현상은 모든 제1차적인 현상과 같이 직접적으로 의식에 드러내 보인다. 우리는 그것에 대해 항상 하이데거가 말하는 존재론 이전의 하나의 양해, 즉 개념적 고정과 해명이 따르지 않는 하나의 이해를 가지고 있다. 그러므로 지금 우리에게 문제가 되는 것은, 이 현상을 고찰하고, 그 방법으로 존재의 의미를 확정하고자 시도하는 것이다. 그것에는 다음과 같은 주의가 필요하다.

(1) 존재의 의미에 대한 이 해명은 현상의 존재에만 적용된다. 의식의 존재는 근본적으로 다른 것이므로, 그것의 의미는 나중에 우리가 정의할 또 다른 형태의 존재, 즉 현상의 즉자존재(l'être-en-soi)와는 반대인 대자존재(對自存在, l'être-pour-soi)의 '드러내 보임—드러내 보여짐'에서 출발하는 특수한 해명을 필요로 할 것이다.

(2) 우리가 여기서 시도하고자 하는 즉자존재의 의미에 대한 해명은 잠정적인 것에 불과할 것이다. 우리에게 드러내 보일 여러 가지 모습은 좀더 다른 의의를 내포하고 있는데, 그것은 우리가 뒤에 가서 파악하고 확정하게 될 것이다.

특히 지금까지의 고찰들은 반성 이전의 코기토의 존재와 현상의 존재라는 절대적으로 단절된 두 개의 존재영역을 구별하는 것을 허락했다. 그러나 이와 같이 존재개념이 서로 오갈 수 없는 두 영역으로 갈라진다는 특성을 가지고 있기는 하지만, 그래도 이 두 영역은 똑같은 표제 밑에 놓일 수 있다는 것을 설명하지 않으면 안 된다. 그러기 위해서는 이 두 가지 형태의 존재를 검토할 필요가 있는데, 일반적인 존재의 관념과 이 두 가지 형태의 참된 관계, 그리고 그 둘을 연관시키는 관계를 확립하기 전에는, 우리는 양쪽의 의미를 참되게 파악할 수 없으리라는 것도 분명하다. 우리는 사실 자기(에 대한) 비정립적 의식을 음미함으로써 현상의 존재는 어느 경우에도 의식에 대해 '작용할(agir)' 수 없음을 밝혔다. 그래서 우리는 현상과 의식의 관계에 대한 하나의 실재론적 사고방식을 배제한 것이다. 우리는 또한 비반성적 코기토의 자발성을 음미함으로써 다음과 같은 사실을 보여 주었다. 즉 의식은, 주관성이 처음부터 그것에 주어져 있다면, 그것의 주관성에서 탈피할 수 없다는 것, 따라서 의식은 초월적 존재에 대해 작용할 수도 없고, 모순 없이는 하나의 초월적 존재를 구성하기 위한 출발점으로서 필요한 수동적 요소들을 허용할 수 없다는 것이다. 그리하여 우리는 '이 문제의 관념론적' 해결을 배제한 것이다. 아무래도 우리는 자신에 대해 모든 문을 닫아버린 듯하다. 그리고 초월적 존재와 의식을 어떤 소통도 할 수 없는 두 개의 닫힌 전체로 여기지 않을 수 없게 된 것 같다. 우리는 이 문제가 실재론과 관념론 저편에 또 하나의 해결을 허락하는 것임을 보여 주지 않으면 안 될 것이다.

그렇다 해도 몇몇 특징은 지금 즉시 확정될 수 있다. 왜냐하면 이런 특징들은 대부분 우리가 방금 말한 것에서 저절로 나오는 것이기 때문이다.

존재현상의 뚜렷한 관찰은 흔히, 우리가 창조설이라고 부르는 매우 일반적인 편견에 빛을 잃고 있었다. 사람들은 '신'이 세계에 존재를 주었다고 상정한 경우에는, 존재는 항상 어떤 종류의 수동성에 의해 더럽혀진 것처럼 보였다. 그러나 '무에서의' 창조는 존재의 출현을 설명할 수 없다. 왜냐하면 만일 존재가 주관성 안에서 생각되었다면, 그 주관성이 신적인 것이었다 할지라도 존재는 하나의 주관내적(主觀內的)인 존재양식에 머무를 것이기 때문이다. 이 주관성 속에서는, 하나의 객관성의 '표상'조차 있을 수 없으며, 따라서 이 주관성은 객관적인 것을 창조하려는 '의지'조차 가져볼 수 없을 것이다. 그뿐만 아니라 이 존재는 라이프니츠(Leibniz)가 말하는 방사(放射, fulguration)*18에 의해 갑자기 주관적인 것의 밖에 놓여진다 하더라도, 존재는 그 창조자에게 뚜렷이 반역하지 않고는 존재로 긍정되지 않는다. 그렇지 않으면 존재는 창조자 속에 녹아들어가 버린다.

연속적인 창조설은 독일인들이 말하는 '독립성(Selbstständigkeit)'을 존재로부터 박탈하고, 존재를 신적인 주관성 속에서 소멸하게 만들어 버린다. 만일 존재가 신과 마주하여 존재한다면, 그것은 존재가 자기 자신의 지지자인 까닭이며, 그것은 존재가 신적 창조의 흔적을 조금도 가지고 있지 않기 때문이다. 바꿔 말하면 존재가 창조되었다 하더라도 즉자존재는 창조에 의해서는 설명될 수 없을 것이다. 왜냐하면 존재는 창조의 저편에서 그 존재를 찾아오기 때문이다. 그것은 존재는 창조된 것이 아니라는 것과 같다. 그러나 그렇다고 해서 존재는 스스로 자기를 창조한다고 결론지어서는 안 될 것이다. 그러면 존재가 그 자체에 앞서서 존재한다고 가정하는 것이 된다. 존재는 의식과 달리, 자기원인(自己原因, causa sui)이 될 수는 없을 것이다. 존재는 '자체(自體, soi)'이다. 이것은 존재가 수동성도 능동성도 아니라는 것을 말한다. 수동성과 능동성이라는 개념은 모두 인간적이며, 인간적 행위 또는 인간적 행위의 도구를 뜻한다. 의식적인 존재가 어떤 목적을 위해서 여러 가지 수단방법을 쓸 때 그것에는 능동성이 있다. 그리고 우리의 능동성이 여러 대상에 작용할 경우, 그리고 우리가 목적에 대한 수단으로 쓰는 그런 대상들이 우리의 목적을 자발적으로

---

*18 fulguration, Ausstrahlung. 돌연발사(섬광, émanation soudaine)의 뜻. 라이프니츠에 의하면 모나드(단자)는 끊임없는 방사에 의해 신으로부터 발사된다.

지향하지 않는 한, 우리는 그런 대상을 수동적이라고 부른다. 다시 말하면 인간은 능동적이고, 인간이 쓰는 수단은 수동적이라고 일컬어진다. 이 두 개념을 절대적인 것으로 생각하면 모든 의미가 사라진다. 특히 존재는 능동적이 아니다. 목적과 수단이 있기 위해서는 먼저 존재가 있어야 하기 때문이다. 하물며 존재는 수동적일 수 없다. 수동적이기 위해서는 존재하고 있어야 하기 때문이다. 존재의 즉자상태는 능동과 수동의 저편에 있다. 마찬가지로 그것은 부정과 긍정의 저편에 있다. 긍정은 항상 무언가'에 대한' 긍정이다. 즉 긍정작용은 긍정되는 것과는 구별된다. 그러나 만일 하나의 긍정이 있고, 그 속에서, 긍정되는 것이 긍정하는 것을 충족시키러 와서 이 긍정하는 것과 융합한다고 가정하면, 그러한 긍정은 지나치게 충실하여 노에마가 노에시스에 직접 밀착해 있기 때문에 자기를 긍정할 수 없다.

우리가 관념을 더욱 뚜렷하게 하기 위해 의식과의 관계에 있어서 존재를 정의한다면, 존재란 바로 이런 것이다. 그것은 노에시스 속의 노에마, 다시 말하면 한 치의 틈도 없는 자기와의 밀착이다. 이 관점에서 존재를 '내재'라고 불러서는 안 될 것이다. 왜냐하면 내재라고 해도 또한 자기와의 '관계'이고, 자기가 자기에 대해 취할 수 있는 최소한의 후퇴이기 때문이다. 그러나 존재는 자기와의 관계가 아니다. 존재는 '자체(soi)'이다. 존재는 자기를 실감할 수 없는 하나의 내재이고, 자기를 긍정할 수 없는 하나의 긍정이며, 작용할 수 없는 하나의 능동성이다. 왜냐하면 존재는 자기 자신과 꼭 붙어 있기 때문이다. 마치 존재의 핵심에서 자기'에 대한' 긍정을 풀어내 놓기 위해서는 존재의 감압(減壓)이 있어야 하는 것 같은 양상이다. 그뿐만 아니라 존재는 '하나의' 무차별적인 자기긍정이라는 의견에는 귀를 기울이지 말기로 하자. 즉, 즉자의 무차별성은 자기를 긍정하는 방법이 무한하면 무한할수록, 자기에 대한 무한한 긍정 저편에 있는 셈이다. 우리는 이런 최초의 귀결들을 요약하여 다음과 같이 말하기로 하자. '존재는 그 자체로 있다(l'être est en soi)'고.

그러나 존재가 그 자체로 있다고 하는 것은, 자기(에 대한) 의식의 경우와는 달리 자기를 가리키는 것이 아니라는 뜻이다. 즉 존재는 그 자기 자체라는 뜻이다. 자기를 구성하는 끊임없는 반성이 동일성 속으로 녹아들어갈 때는, 존재는 그 자기 자체이다. 그 때문에 존재는 결국 자기의 저편에 있다. 그리고 우리의 첫 번째 명제는 언어의 제약에 의한 근사적(近似的)인 것에 불과하다. 사실, 존재가 그 자체에 대해 불투명한 것은, 바로 그것이 그 자체에 의해 충만되어 있기 때문이다. 이것을 우리는 '존재는 그것이 있는 바 그대로의 것이다(l'être est ce qu'il est)'라고 말함으로써 더 잘 표현할 수 있을 것이다. 이 명제는 얼핏 보기에는 더할 수 없이 분석적이다. 사실, 동일성 원리가 모든 분석적 판단력의 무조건적인 원리인 한, 이 명제는 도저히 동일성 원리로 돌아갈 수가 없다. 먼저 이 명제는 특수한 존재영역, 즉 즉자존재의 영역을 지시한다. '대자'존재는 그와는 반대로 그것이 있지 않은 바의 것이며, 그것이 있는 바의 것이 아닌 것으로서 정의되는 것을 우리는 보게 될 것이다. 그러므로 여기서 문제가 되는 것은 하나의 영역적 원리이며, 따라서 하나의 종합적 원리이다.

그 밖에도 즉자존재는 그것이 있는 그대로의 것'이다'라는 명제를 의식의 존재를 가리키는 명제와 대립시켜야 한다. 의식은 사실 우리가 뒤에 살펴볼 것이지만, 그것은 있는 그대로의 것이어야 '한다(avoir à être).' 이것은 '존재는 그것이 있는 그대로의 것이다'라는 표현을 할 경우의 '이다'에 부여해야 하는 특수한 의미에 대해 우리에게 가르쳐 준다. 그것이 있는 그대로의 것이어야 하는 모든 존재가 존재하게 되면, 그 순간부터 우리가 있는 그대로의 것이라는 사실은 결코 하나의 순수한 공리적 특징은 아닌 것이다. 그것은 즉자존재의 하나의 우연적인 원리이다. 이런 의미에서 동일률(同一律), 즉 분석판단의 원리는, 또한 존재의 하나의 영역적 종합적 원리이기도 하다. 그것은 즉자존재의 불투명성을 가리킨다. 이 불투명성은 우리가 '밖에' 있기 때문에 그것을 '배우고' '관찰하지' 않으면 안 된다는 의미에서 즉자에 대한 우리의 정립과 비슷한 것은 아니다. 즉자존재는 '바깥'과 대립하는 '안'·판단·법칙·자기의식과 비슷한 안을 가지고 있지는 않다. 즉자는 비밀을 가지지 않는다. 즉자는 집괴적(集塊的, massif)이다. 어떤 의미에서는, 그것을 하나의 종합으로서 가리킬 수도 있을 것이다. 그러나 그것은 모든 종합 중에서도 가장 풀기 어려운 종합, 자기의 종합이다. 거기서 나오는 분명한 귀결은, 존재는 그 존재 속에 고립되어 있고, 그것이 아닌 것과 어떤 관계도 가지지 않는다는 것이다. 이행이라든가, 생성이라든가, 요컨대 존재가 그것이 있을 것이 아직도 아니고, 이미 그것이 있지 않은 것이라고 일컬어질 수 있는 모든 것은, 즉자에 있어서는 원리적으로 거부되고 있다. 왜냐하면 존재는 생성의 존재이며, 이 사실에서 존재는 생성의 저편에 있기 때문이다.

'존재는 그것이 있는 것이다'라는 말은, '존재는 그것만으로는 그것이 있지 않은 것이 아닐 수조차 없다'는 의미이다. 우리는 사실 존재가 어떤 부정도 내포하고 있지 않은 것을 보았다. 존재는 완전한 긍정성이다. 따라서 그것은 '타성(他性, l'altérité)'을 모른다. 즉 존재는 결코 다른 존재와 '다른' 것으로서 자기를 세우지 않는다. 그는 다른 자와 어떤 관계도 가질 수 없다. 그것은 무한하게 그것 자체이며, 그것 자체인 것으로 충분하다. 이 관점에서 우리는 나중에, 존재는 시간성에서 벗어나는 것임을 볼 것이다. 존재는 있다. 그리고 그것이 무너질 때도 존재는 이미 없다고 말할 수도 없다. 또는 적어도 존재를 이미 없는 것으로서 의식할 수 있는 것은 의식이다. 그것은 바로 의식이 시간적이기 때문이다. 그러나 존재 자체는 그것이 있었던 곳에 하나의 결여로서 존재하지 않는다. 존재의 완전한 긍정성은 그것의 붕괴 위에 이미 재편성된 것이다. 존재는 있었다. 그리고 지금은 다른 존재들이 있다. 그뿐이다.

마지막으로—이것은 우리가 보여 주는 세 번째 특징일 것이다—즉자존재는 '있다.' 그것은 존재가 가능적인 것에서 도출될 수 없고, 또 필연적인 것으로 돌려질 수도 없는 것을 뜻한다. 필연성은 관념적 명제의 결합과 관계되는 것이지 존재자들의 결합과 관계되는 것이 아니다. 하나의 현상적 존재자는 그것이 존재자인 한 결코 다른 하나의 존재자에서 도출될 수 없다. 이것을 우리는 즉자존재의 '우연성(contingence)'이라고 부를 것이다. 즉자존재는 또한 '가능적인 것'에서도 도출될 수 없다. 가능적인 것은 대자(對自, pour-soi)의 구조이다. 다시 말하면 가능적인 것은 존재의 다른 영역에 속한다. 즉자존재는 결코 가능하지도 않고 불가능하지도 않다. 그것은 '있다.' 의식은 이것을—의인적(擬人的)인 말투로—즉자존재는 '남아도는 것(de trop)'이라고 표현할 것이다. 다시 말하면 의식은 어떤 것에서도 즉자존재를 절대 도출할 수 없다. 의식은 다른 하나의 존재로부터도, 하나의 가능적인 것으로부터도, 하나의 필연적인 법칙으로부터도 그것을 도출할 수 없다. 즉자존재는 창조되지 않고, 존재 이유를 가지지 않으며, 다른 하나의 존재와 어떤 관계도 갖지 않는 영원한 무용지물이다.

존재는 있다. 존재는 그 자체로(즉자로) 있다. 존재는 그것이 있는 것이다. 이것이 존재현상에 대한 잠정적 검토에 의해서 현상의 존재로 귀착될 수 있는 세 가지 특징이다. 당분간 우리의 연구를 더 이상 추진하는 것은 불가능하다.

즉자를 아무리 검토해도 우리는 즉자와 대자의 관계를 확립하고 설명할 수는 없다―즉자는 어디까지나 그것이 있는 것 외에 아무것도 아니다. 그리하여 우리는 '나타남'에서 출발하여 차츰 존재의 두 가지 형태, 즉 즉자와 대자를 확립하는 데까지 왔다. 이 즉자와 대자에 대해서는 우리는 아직 피상적이고 불완전한 지식밖에 가지고 있지 않다. 수많은 문제들이 아직 해답을 얻지 못한 채 남겨져 있다. 존재의 이 두 가지 형태가 지닌 심오한 '의미'는 무엇일까? 무슨 이유로 그것들은 두 가지 모두 '존재' 일반에 속하는 것인가? 존재가 자기 속에 근본적으로 단절된 존재의 이 두 영역을 품고 있는 한, 존재의 의미는 무엇인가? 만일 권리상으로는 소통이 불가능한 이 영역들을 사실상 결합하는 여러 관계들을 관념론으로도 실재론으로도 설명할 수 없다면, 사람들은 이 문제에 다른 어떤 해결책을 제시할 수 있는가? 그리고 현상의 존재는 어떻게 하여 초현상적일 수 있는가?

이 책을 쓴 것은 이런 물음에 대답하기 위해서이다.

제1부
무의 문제

제1장
부정의 기원

1. 질문

우리의 탐구는 우리를 존재의 핵심으로 이끌었다. 그러나 우리는 우리가 발견한 두 존재영역 사이의 관계를 확립할 수 없었으므로, 우리의 탐구는 막다른 골목에 부딪혔다. 그것은 물론 우리가 우리의 물음을 이끌어 가기 위해서 선택한 전망이 잘못되었기 때문이다. 데카르트도 영혼과 육체의 관계를 다루지 않으면 안 되었을 때, 이와 비슷한 문제에 부딪혔다. 그는 그때 사고하는 실체와 확대를 가진 실체의 통일이 이루어지는 사실적인 영역에서, 다시 말하면 상상력(imagination) 속에서 그 해결책을 찾으라고 권고했다. 이 권고는 귀중하다. 물론 우리의 관심은 데카르트의 관심과는 다르고, 우리는 상상력을 데카르트가 생각한 것처럼 생각하지 않는다. 그러나 우리가 데카르트에게 배워야 할 것은, '어떤 관계의 두 가지 항(項)을 먼저 분리해 놓고 다음에 그 분리된 항을 다시 결합시키는 것은 마땅치 않다. 즉 관계는 종합이다'라고 하는 것이다. 따라서 분석의 수많은 결과(résultats)는 이 종합의 수많은 '계기(契機, moments)'와 서로 겹칠 수 없을 것이다. 본디 고립해서 존재하도록 되어 있지 않은 것을 고립시켜서 생각하는 것이 추상하는 것이라고 라포르트는 말한다. 반대로 구체적인 것은 그것만으로 존재할 수 있는 하나의 전체이다. 후설도 같은 의견을 보여 주고 있다. 그에게 빨강은 하나의 추상적인 것이다. 왜냐하면 색깔은 형상을 갖지 않으면 존재할 수 없기 때문이다. 반대로 시간적·공간적인 '사물'은 그의 모든 규정들과 더불어 하나의 구체적인 것이다.

이런 관점에서 보면 의식은 하나의 추상적인 것이다. 왜냐하면 의식은 그 자체 속에 즉자(卽自)를 향하는 하나의 존재론적 기원을 내포하고 있기 때문이다. 한편 현상도 하나의 추상적인 것이다. 왜냐하면 현상은 의식에 '나타나는' 것이라야 하기 때문이다. 구체적인 것은 다만 종합적 전체로서만 있을 수 있는 것이고, 의식은 현상과 마찬가지로 이 종합적 전체의 계기를 이루는 것에 불과하다. 구체적인 것은 세계 속의 인간이다. 더욱이 그것은 하이데거가 '세계—속(內)—존재(être-dans-le-monde)'라고 부른, 인간과 세계의 그 특수한 결합을 지닌 '세계 속의 인간'이다.*1 칸트처럼 '경험'을 그 가능성의 조건에 관해 문제삼거나, 후설처럼 현상학적으로 환원함으로써 세계를 의식의 노에마적 상관자가 되게 하는 것은, 특히 추상적인 것에서 출발하는 일이다. 그러나 추상된 여러 요소의 집계 또는 편성에 의해서는 구체적인 것을 회복할 수 없다. 그것은 바로, 스피노자의 체계에서 양태를 무한하게 집계해도 실체에 이를 수 없는 것과 같다. 두 가지 존재영역의 관계는 하나의 원초적인 용출(湧出)이며, 이것은 그런 존재의 구조 자체의 일부를 이루고 있다. 그런데 이 관계는 조금만 검토해 보면 바로 발견되는 것이다. 눈을 뜨고 '세계—속—인간'이라는 이 전체성을 그저 소박하게 물어보기만 하면 된다. 이 전체성의 기술(記述)을 통해 우리는 다음과 같은 두 가지 질문에 대답할 수 있을 것이다.

---

*1 être dans le monde는 하이데거의 In-der-Weltsein을 그대로 프랑스어로 옮긴 것이다. '세계—속—존재'로 번역한다. 이것은 인간존재(즉 하이데거가 말하는 현존재(Dasein))의 본질적 구조를 보여 주는 표현이다. 이 경우의 '속에 있다(In-sein)'는 물이 컵 속에 있다든가 옷이 옷장 속에 있다고 하는 식의 '속에 있다'가 아니다. 그런 의미에서의 '속에 있는' 상태는 사물존재의 상태이다. 인간존재, 즉 현존재가 '세계—속에—있다'고 말할 때의 '속에—있다'는 어떤 사물과 관계를 맺거나, 어떤 사물을 만들고, 사용하고, 잃어버리고, 계획하고, 관찰하는 방식이며, 이것을 한마디로 말하면 배려한다(Besorgen)는 상태이다. 그리고 '세계 속에'라고 말할 때의 이 '세계(Welt)'는 먼저 환경(Umwelt)이다. 현존재는 환경 속에 있으며, 환경 속에서 사물을 만난다. 사물존재의 상태는 현존재에 대해 '마침 그 자리에 있는 존재(Vorhandensein)'이지만, 현존재가 환경 속에서 만나고 그것에 대해 배려하는 사물은 '……을 위한 어떤 것(etwas um zu……)'이라는 성격을 가진 도구존재이다. 이 도구존재의 상태는 '수중에—있는—존재(Zuhandensein)'이다. 그러나 이런 도구존재는 무엇을 위해 있는가 하는 문제를 파헤치면, 최후에는 무엇을 위해 있는 것도 아닌 존재에 이른다. 이 무엇을 위해 있는 것도 아닌 존재, 그것을 위해 모든 도구존재가 있는 존재가 현존재의 존재이며, 이 현존재의 가능성을 위한 모든 도구존재의 연관이 여기서 말하는 '세계'이다. 다시 '세계 속에 있는 존재'라고 할 때의 '있는 것(das Seiende)'이란 현존재, 즉 그때그때 나 자신인 존재자이다. 이런 존재자는 고립해 있는 것이 아니고 타인과 함께 있다. '세계 속에 있는 존재'의 '세계'는 Mitwelt(세상)이다. 따라서 현존재가 '세계 속에 있을' 때의 상태는 환경으로서의 '세계'에 대해서는 '배려한다(Besorgen)', 세상으로서의 '세계'에 대해서는 '마음을 쓴다(Fürsor-gen)', 그리고 자기 자신에 대해서는 '걱정한다(Sorgen)'는 상태이다. 한마디로 말하면 Sorge가 현존재의 '세계 속 존재'의 상태이다. 사르트르가 여기서 '그 특수한 결합'이라고 한 것은 위와 같은 하이데거의 이론을 가리키는 것이다.

(1) 우리가 '세계-속-존재'라고 부르는 종합적 관계는 무엇인가?

(2) 인간과 세계 사이의 관계가 가능하다면, 인간과 세계라는 것은 무엇인가?

사실을 말하면 이 두 질문은 한쪽이 다른 쪽 위에 비어져 나와 있기 때문에, 우리가 이 둘을 떼어 놓고 따로따로 대답하려 해도 소용없는 일이다. 그러나 어떤 인간적 행위도 '세계 속 인간'의 행위이므로, 그것은 인간과 세계, 그리고 그 둘을 결합하는 관계를 우리에게 보여 줄 수 있다. 다만 그 경우 우리는 그런 행위를 객관적으로 파악할 수 있는 현실로서 고찰해야 하며, 단순히 반성의 눈길에만 드러나는 주관적인 감정으로 생각해서는 안 된다.

우리는 우리의 연구를 구태여 단 하나의 행위에 대한 연구에 한정하지는 않을 것이다. 그와는 반대로 우리는 수많은 행위를 기술하여 행위에서 행위로 나아감으로써, '인간-세계(homme-monde)'라는 관계의 심오한 의미까지 이르려고 시도할 것이다. 그러나 처음에는, 우리의 탐구를 안내하는 실마리 노릇을 할 수 있는 하나의 원초적 행위를 선택하는 것이 편리할 것이다.

다행히 이 탐구(recherche)라는 행위 자체가 우리에게 딱 알맞은 행위가 된다. '내가' 그것인 이 인간, 그것을 내가 지금 이때 이 세계 속에 있는 그대로 파악한다면, 나는 이 인간이 하나의 질문하는 태도(attitude interrogative)로 서 있는 것을 인정한다. '인간과 세계의 관계를 나에게 보여 줄 수 있는 하나의 행위가 있을 것인가?' 하고 내가 물어보는 바로 그 순간, 나는 하나의 질문을 내놓는 것이다. 이 질문을 나는 객관적인 방식으로 고찰할 수 있다. 왜냐하면 질문하는 자가 나 자신인가, 아니면 내 작품을 읽으면서 나와 함께 질문하는 독자인가 하는 것은 아무래도 상관없는 일이기 때문이다. 그러나 다른 면에서 이 질문은, 단순히 이 종이 위에 적힌 낱말들의 객관적인 총체를 말하는 것은 아니다. 이 질문은 그것을 표현하는 기호와는 아무런 관계가 없다. 한마디로 말하면 이 질문은 의미작용을 가진 인간적인 태도이다. 이 태도는 우리에게 무엇을 보여 줄 것인가?

어떤 질문의 경우에도 우리는 우리가 질문하고 있는 존재와 마주하고 서 있다. 따라서 모든 질문은 하나의 질문하는 존재와 하나의 질문받는 존재를 예상하고 있다. 질문은 즉자존재(卽自存在)에 대한 인간의 원초적 관계가 아니다. 그것과는 반대로 질문은 이 관계의 범위 안에 있으며, 이 관계를 예상하고 있다. 그런데 질문받는 존재를 향해 우리가 묻는 것은 무엇인가'에 대해서 (sur quelque chose)'이다. 내가 '그것에 대해서' 존재에게 묻는 '무언가(ce sur quoi)' 는 존재의 초월성에 관여하고 있다. 나는 존재를 향해, 그 존재방식'에 대해' 또 는 그 존재'에 대해' 묻는 것이다.*2 이런 관점에서 보면 질문은 기대의 한 변형 이다. 나는 질문받는 존재로부터 하나의 대답을 기대한다. 다시 말해 질문하기 전의 존재와의 친근성을 바탕으로, 나는 이 질문받는 존재로부터 그 존재에 대한, 또는 그 존재의 방식에 대한, 드러내 보임을 기대하는 것이다. 대답은 '그 렇다' 또는 '아니다'일 것이다. 똑같이 객관적이며 모순적인 이 두 가지 가능성 의 존재에 의해 질문은 원칙적으로 긍정이나 부정으로 구별된다.

질문 중에는 외관상 부정적인 대답을 내포하고 있지 않은 질문들도 있다. 예 를 들면 우리가 위에서 말한 '이 태도는 우리에게 무엇을 보여 줄 것인가?' 하 는 식의 질문이다. 그러나 사실은 이런 종류의 질문에 대해서도 '아무것도……' 없다', '아무도……없다', '결코……아니다' 등등의 말로 대답하는 것이 언제나 가능하다. 따라서 '인간과 세계의 관계를 나에게 보여 주는 하나의 행위가 있 을 것인가?'라고 내가 물어볼 때, 나는 '아니다. 그런 행위는 존재하지 않는다' 라고 하는 것과 같은 부정적인 대답이 있을 가능성을 원칙적으로 용인한다. 그것은 우리가 이런 행위의 비존재라고 하는 초월적 사실과 직면하고 있음을 인정한다. 이에 비해 비존재라는 것이 객관적으로 존재한다는 것을 믿고 싶지 않은 사람도 있을 것이다. 또 단순히 그런 사실이. 이 경우 나를 나의 주관성 으로 돌려보낸다고 말하는 사람도 있을 것이다. 내가 구하고 있는 그런 행위 는 다만 하나의 허구라는 것을, 나는 초월적 존재로부터 배울 수도 있다. 그러 나 우선 이 행위를 하나의 순수한 허구라고 부르는 것은 부정을 제거하는 것 이 아니라 부정을 덮어서 가리는 것이다. 이 경우, '순전한 공상'이라고 말하는

---

*2 하이데거의 경우에는 ein Befragtes(질문을 받고 있는 것), ein Gefragtes(질문받고 있는 사항), das Erfragte(물어서 구하여지고 있는 것), 이 세 가지의 양태가 구별된다. '질문을 받고 있는 것'은 das Seiende selbst(존재하는 자 자신)이며, 이것이 사르트르의 '질문을 받고 있는 존재(l'être interrogé)'에 해당한다. '질문을 받고 있는 사항'은 das Sein des Seiendes(존재하는 자의 존재)이며, 이것은 사르트르가 말하는 ce sur quoi j'interroge l'être(내가 그것에 대해 존재를 향해 질문하는 그 무언가)에 해당한다. 더 나아가서 하이데거에서는 '질문을 받고 있는 사항'에 대한 궁극의 대답으로 '물어서 구하여지고 있는 것'이 성립된다. 이것은 하이데거의 경우에는 der Sinn von Sein(존재의 의미)이다.

것은 '공상에 지나지 않는다'는 것과 같은 말이다.

다음에 부정의 실재성을 파괴한다면, 대답의 실재성도 사라져 버리게 된다. 사실 이 대답은 존재 자체가 나에게 주는 것이다. 따라서 나에게 부정을 드러내 보여 주는 것은 존재이다. 그러므로 질문하는 자에게는 하나의 부정적인 대답의 객관적 가능성이 언제나 있는 것이다. 이런 가능성과 관련하여 질문하는 자는 그가 질문한다는 사실 자체로 말미암아, 말하자면 비결정(非決定) 상태에 놓여 있다. 그는 대답이 긍정적일 것인지 부정적일 것인지 '알지 못한다.' 그리하여 질문은 두 개의 비존재, 즉 인간에 있어서의 앎의 비존재(non-être du savoir en l'homme)와 초월적 존재 속의 비존재의 가능성(possibilité de non-être dans l'être transcendant) 사이에 걸려 있는 다리〔橋〕이다. 결국 질문은 하나의 진리의 존재를 내포하고 있다. 질문을 제시하는 자는, 바로 질문하는 것 그것에 의해 '그것은 이러이러한 것이고, 그 밖의 다른 것이 아니다'라고 말할 수 있는 하나의 객관적인 대답을 자신이 기대하고 있는 것을 인정한다. 한마디로 말하면 진리는 존재에 차별을 준다는 뜻에서, 질문을 결정하는 것으로서의 제3의 비존재, 즉 한정이라는 비존재(le non-être de limitation)를 끌어들인다. 이 세 가지의 비존재는 모든 질문의 조건이 되는 것이다. 특히 형이상학적인 질문의 조건이 된다—그리고 이것이 곧 '우리의' 질문이다.

우리는 존재의 탐구를 목표로 출발했다. 그리고 우리는 우리의 일련의 질문에 의해 존재의 핵심으로 인도된 것처럼 보였다. 그런데 우리가 막 목표에 손을 대려고 한 순간, 질문 자체 위에 던진 일별에 의해 뜻밖에도 우리는 무(無)로 에워싸여 있음이 드러났다. 존재에 대한 우리의 질문에 조건을 부여하고 있는 것은 우리 밖에도 있고 우리 안에도 있는 비존재의 끊임없는 가능성이다. 그리고 대답을 에워싸려 하고 있는 것 또한 존재이다. 존재가 '존재하게' 되리라는 것은 필연적으로 그것이 '존재하지 않는다'는 것을 바탕으로 부각된다. 이 대답이 어떤 것이든, 그것은 다음과 같은 공식으로 표현될 것이다. "존재는 '그것(cela)'이고, 그것 외에는 아무것도 아니다(rien)."

이리하여 실재의 새로운 구성요소가 우리 앞에 나타났다. 그것은 비존재이다. 우리의 문제는 그만큼 더 복잡해진다. 왜냐하면 우리는 이제 단순히 인간 존재와 즉자존재의 관계를 다루는 것만으로는 만족할 수 없게 되어, 존재와 비존재의 관계와 인간적 비존재와 초월적 비존재의 관계도 다루지 않으면 안 되기 때문이다. 이 점에 대해 좀더 자세히 살펴보자.

2. 부정(否定)

사람들은 우리에게 다음과 같은 반박을 할 것이다.

"즉자존재는 부정적 대답을 할 수는 없다. 즉자존재는 긍정과 부정의 저편에 있다고 당신들 입으로 말하지 않았는가? 또 일상의 경험은 그것만으로 보아도 우리에게 비존재를 드러내 보이는 것같이 생각되지 않는다. 나는 내 지갑 속에 1500프랑의 돈이 있다고 생각했는데 1300프랑밖에 없었다. 그것은 경험이 나에게 1500프랑의 비존재를 보여 주었다는 뜻이 아니라, 단순히 내가 헤아려 보니까 100프랑짜리 지폐 13장이 들어 있었다는 것뿐이다. 말하자면 부정은 나에게서 나온 것이다. 그것은 다만 내가 기대한 결과와 획득한 결과를 비교한 경우의, 판단적 행위의 수면(水面)에 나타날 뿐이다."

이런 입장에서 보면, 부정은 단순히 판단의 하나의 질(質, une qualité du jugement)이고, 묻는 사람의 기대는 판단—대답(jugement-réponse)에 대한 기대라는 얘기가 될 것이다. 무에 대해 말하면, 무는 그 기원을 부정적 판단 속에 가지게 된다. 무는 모든 부정적 판단에 초월적인 통일을 주는 개념이며, 'X는 ……아니다(X n'est pas)'라는 형태의 명제를 확립하는 기능이라는 얘기가 될 것이다. 이 이론을 추구해 가면 즉자존재는 완전한 긍정성이고, 그 자체 속에 어떤 부정도 품고 있지 않다는 것을 인정하지 않을 수 없게 된다. 한편, 이 부정적 판단은 주관적인 작용이라는 점에서 전적으로 긍정적 판단과 같은 것이 된다. 이를테면 칸트는, 부정적인 판단의 작용을 그 내적 구조에 있어서 긍정적인 판단의 작용과 구별한 것으로는 보이지 않는다. 어느 판단의 경우에도, 사람들은 개념의 하나의 종합을 이룩한다.

다만 이 종합은 심적 생활의 구체적이고 충실한 하나의 사건이지만, 긍정적 판단의 경우에는 계사(繫辭)인 '이다(est)'를 써서 종합이 이루어지고—부정적 판단의 경우에는 계사 '아니다(n'est pas)'를 써서 종합이 이루어진다. 마찬가지로 골라내기(분리)의 조작과 모으기(통일)의 조작은 사실, 똑같은 실재와 관련된 두 가지의 객관적 행위이다. 이 논법으로 나가면 이렇게 된다. 부정은 판단 작용의 '맨끝'에 있다 해도, 그렇다고 존재 '안에' 있는 것은 아니다. 부정은 두 개의 충실한 실재 사이에 끼여 있는 비현실적인 것인데, 이 두 개의 실재 가운데 어느 것도 부정을 요구하지는 않는다. 부정에 대해 질문을 받은 즉자존재는 판단 쪽을 가리킨다. 그것은 즉자존재가 그것이 있는 바 그대로의 것 외에 아무것도 아니기 때문이다. 더욱이 판단은 완전한 심적 적극성으로서, 존재 쪽을 가리킨다. 왜냐하면 판단은 존재와 관련되는 부정, 따라서 초월적인 부정을 밝히기 때문이다. 부정은 구체적이고 심적인 조작의 결과이며, 이런 조작 자체에 의해 존재 속에 유지되지만, 그 자체로 존재하는 것은 불가능하며, 노에마적 상관자로서의 존재를 가질 뿐이다. 부정의 '존재(esse)'는 바로 그 '지각되는 것(percipi)' 속에 존재한다. 그리하여 부정적 판단의 개념적 통일로서의 부정은 스토아학파 사람들이 '렉톤(lecton)'*3이라고 부른 것에 부여한 정도의 실재성 외에는 어떤 실재성도 가질 수 없게 될 것이다. 우리는 이런 사고방식을 받아들일 수 있을 것인가?

문제는 다음과 같이 표현될 수 있을 것이다. 판단적 명제의 구조로서의 부정이 무의 기원을 이루는 것일까? 또는 그 반대로 현실의 구조로서의 무가 부정의 기원이자 근거인 것일까? 그리하여 존재의 문제는 우리를 인간적인 태도로서의 질문의 문제로 향하게 하고, 질문의 문제는 우리를 부정의 존재의 문제로 향하게 한다.

비존재가 항상 인간적 기대의 범위 안에서 나타난다는 것은 분명하다. 내가 1300프랑'밖에' 발견하지 '못하는' 것은 내가 1500프랑을 발견하기를 기대하고 있기 때문이다. 자연이 물리학자에게 '아니다'라고 말할 수 있는 것은 물리학자가 그의 가설의 이러저러한 증명을 '기대하기' 때문이다. 그러므로 부정은 인간과 세계의 관계라는 원초적인 바탕 위에서 나타난다는 것을 부인해 봐야 아무 소용이 없다. 세계는 맨 먼저 그런 비존재를 가능한 것으로서 확립하지 않은 자에게는 그 비존재를 드러내지 않는다. 그러면 이런 비존재는 순수한 주관성으로 환원되어야 한다는 것인가? 다시 말해 비존재에게 스토아학파의 '렉톤'이나 후설의 노에마와 같은 존재 유형과 중요성을 부여해야 하는 것인가? 우리는 그렇게 생각하지 않는다.

무엇보다 먼저, 부정은 단순히 판단의 한 성질이라고 하는 것은 진실이 아니다. 질문은 물론 하나의 물어보는 식의 판단에 의해 밝혀지기는 하지만, 질문

---

*3 lecton. '말로 표현된 것'이라는 의미를 가진 말. 스토아학파의 제논이 쓰던 용어로, 시간과 공간처럼 이름뿐인 실재성밖에 가지지 않은 것을 가리킨다.

이 판단인 것은 아니다. 그것은 판단 이전의 행위이다. 나는 눈짓·몸짓으로 물어볼 수 있다. 물어봄으로써 나는 어떤 방식으로든 존재와 마주하고 선다. 그리고 이 존재에 대한 나의 이 관계는 하나의 존재의 관계이며, 그것에 대한 판단은 표현되어도 좋고 안 되어도 좋은 일이다. 마찬가지로 질문하는 자가 존재에 대해 질문하는 것은 그 상대가 반드시 '인간'으로 한정되어 있는 것은 아니다. 질문을 인간과 인간 사이의 일이라고만 생각하면 질문은 하나의 상호주관적(intersubjectif)인 현상이 되며, 질문이 붙어 있는 존재에서 질문만이 떨어져 나와 단순한 대화태(對話態)로 공중에 떠 버린다. 차라리 이렇게 생각하지 않으면 안 된다.

대화로 된 질문은 '물음'이라는 종류 가운데 하나의 특정한 종류이다. 그리고 질문을 받은 존재는 처음에는 생각하는 존재가 아니다. 이를테면 내 자동차가 고장난 경우, 내가 물어보는 것은 기화기(氣化器)에 대해서이고, 점화선에 대해서이며, 또 그 밖의 것들에 대해서이다. 내 시계가 멎었을 때, 나는 이 멎음의 원인에 대해 시계방에 가서 물어볼 수 있다. 그러나 이번에 시계방에 질문을 제기하는 것은 시계가 가진 여러 가지 기계장치에 대해서이다. 내가 기화기에서 기대하는 것, 시계기술자가 시계의 톱니바퀴에서 기대하는 것, 그것은 판단이 아니다. 그것은 우리가 판단을 내릴 수 있는 근거가 되는 존재의 드러내 보임이다. 내가 존재의 드러내 보임을 '기대하는' 것은 어쩌면 비존재의 드러내 보임이 일어날 수도 있다는 것을 동시에 각오하고 있기 때문이다. 내가 기화기에 물어본다는 것은 기화기에는 '아무 일도 없다(il n'y ait rien)'는 일이 가능하다고 내가 생각하고 있기 때문이다. 그리하여 나의 질문은 그 본성에 있어서 비존재에 대한 판단 이전의 일종의 양해를 내포하고 있다. 나의 질문은 그 자체가 근원적인 초월을 바탕으로 하는, 다시 말해 존재와 존재의 관계에 바탕을 둔, 존재와 비존재의 하나의 관계이다.

그뿐만 아니라 질문은 대부분의 경우, 어떤 사람으로부터 다른 사람에게 제기되는 것이므로, '질문'의 본성은 애매하다고 말하는 사람이 있다면, 여기서 지적해 두는 편이 낫다고 생각하는데, 사실은 판단적이지 않은 많은 행위가 존재에 근거하는 비존재의 이런 직접적 양해를 그 근원적 순수성 속에 보여 주고 있다. 이를테면 '파괴'에 대해 생각해 보자. 파괴는 사실, 판단을 하나의 도구로 이용할 수 있는 활동성이기는 하지만, 오로지 또는 주로 판단적인 것이라고만 한정할 수 없는 하나의 '활동성'이라는 것을 인정해야 한다. 그런데 '파괴'의 경우에도 '질문'의 경우와 같은 구조가 나타난다. 확실히 어떤 의미에서 인간은 그에 의해서 파괴가 수행될 수 있는 유일한 존재이다. 지각의 수축도 폭풍우도 파괴하는 것은 아니다—또는 적어도 그것은 '직접적으로' 파괴하지는 않는다. 그것은 다만 존재의 여러 군집들의 배치를 변경할 뿐이다. 폭풍우가 일어난 뒤에도 전보다 존재가 '감소'하는 것은 아니다. '모습이 변할' 뿐이다. 아니, 그런 표현도 적절하지 않다. 왜냐하면 변했다고 말할 수 있으려면 뭔가의 방법으로 과거를 붙잡아 두고, 그것을 '이미……아니다(ne……plus)'라는 형태로 현재와 비교하는 한 사람의 증인이 있어야 하기 때문이다. 이런 증인이 없는 경우에도 폭풍우가 일어나기 전에나 일어난 뒤에도 다만 존재가 있을 뿐이다. 그뿐이다.

태풍이 어떤 생물의 죽음을 불러일으킬 수 있다 하더라도, 그 죽음은 그것이 그런 것으로서 '체험되지(est vécue)' 않는 한 파괴는 아닐 것이다. 파괴가 있기 위해서는 먼저 인간과 존재의 어떤 관계, 다시 말하면 하나의 초월이 있어야 한다. 그리고 이 관계의 범위 안에서, 인간이 '하나의' 존재를, 파괴될 수 있는 것으로 파악해야 한다. 그것은 존재 안에서 하나의 존재를 한정적으로 잘라내는 것을 전제로 한다. 그것은, 앞에서 우리가 진리에 대해 살펴본 것처럼, 이미 무화(無化)*4이다. 그 존재는 '그것(cela)'이고, 그것 이외의 '아무것도 아니다(rien).' 이를테면 어떤 목표를 지정받은 포수는 다른 모든 방향을 '배제하고' 일정한 방향을 향해 대포를 겨누려고 애쓴다. 그러나 이것은 존재가 '허약한 것(fragile)'으로서 발견되었다는 것을 뜻하지 않는다면 무의미할 것이다. 그리고 이 허약함은 일정한 상황 속에 놓인 하나의 존재에 있어서의 이른바 비존재의 개연성을 말하는 것이 아니라면 무엇이란 말인가? 하나의 존재는 그것이 자기

*4 여기서 '앞에서 우리가 진리에 대해 살펴본 것처럼'이라고 한 것은, 이 장의 제1절 '질문의 마지막에 나오는 제3의 비존재, 즉 한정의 비존재를 설명한 것을 가리키는 것이리라. néant(無)는 어원적으로 말하면 no-ens, 즉 non-être(비존재)의 의미이다. 사르트르가 말하는 néantisation(무화) 또는 néantiser(무화하다)는 anéantir, annihiler(멸하다, 없애 버리다)라는 의미로 오해해서는 안 된다. néantiser(무화하다)는 바로 다음에 설명하는 것처럼 형태(forme)에 대한 배경(fond)이 되게 하는 일이고, 사르트르가 사용하는 다른 표현을 쓴다면 faire abstraction de(……을 문제삼지 않는 것), considérer comme inexistant pour moi(나에게 있어서 존재하지 않는 것으로 여기는 것), entourer d'un manchon de néant(무의 외피를 두르는 것)이다.

의 존재 속에 비존재의 확실한 가능성을 가지고 있는 경우에 허약한 것이다. 그러나 다시 허약함이 존재에 도래하는 것은 인간에 의해서이다. 왜냐하면 우리가 방금 말한 개별화적인 한정이야말로 허약함의 조건이기 때문이다. 하나의 존재가 허약한 것이지 '모든' 존재가 허약한 것은 아니다.

모든 존재는 모든 가능한 파괴의 저편에 있다. 그리하여 인간이 자기와 존재의 관계를 원초적인 근거로서, 어떤 '하나'의 존재와의 사이에 맺는 개별화적인 한정의 관계가, 이 존재 속에, 비존재의 끊임없는 가능성의 나타남인 허약함을 도래하게 하는 것이다. 그러나 그뿐만이 아니다. 본디 파괴될 수 있는 일이 있기 위해서는, 인간이 비존재의 이런 가능성과 직면하여 긍정적으로든 부정적으로든 자신을 결정해야 한다. 비존재의 가능성을, 이른바 파괴를 실현하기 위해서, 또는 비존재의 부정에 의해 비존재의 가능성을 항상 하나의 단순한 가능성의 수준으로 유지하기(방어수단이 이것이다) 위해서 필요한 수단을 강구하거나 어느 것인가를 인간이 결정해야 한다. 따라서 도시를 파괴될 수 있는 것으로 만드는 것은 인간이지만, 그것은 분명하게, 인간이 도시를 허약한 것, 귀중한 것으로 조정(措定)하기 때문이며, 인간이 그 도시에 대해 모든 의미에서의 방어수단을 강구하기 때문이다. 그런 방어수단의 총체 때문에, 지진과 화산 폭발은 이 도시 또는 이런 인간적 건조물을 '파괴'할 수 있다.

또 전쟁의 최초의 의미와 목적은 인간의 사소한 행위 속에 이미 들어 있다. 그러므로 파괴는 본질적으로 인간적인 것이며, 지진을 매개로 하거나 또는 직접적으로 도시를 파괴하는 것은 바로 '인간이며', 태풍을 매개로 하거나 또는 직접적으로 선박을 파괴하는 것은 바로 '인간이라는' 것을 충분히 인정해야 할 것이다. 그러나 동시에 파괴의 전제에는 무의 한도 안에서의 무의, 판단 이전의 양해가 있다는 것, 무에 직면한 하나의 행위가 있다는 것을 인정하지 않으면 안 된다. 더욱이 파괴는 인간에 의해 존재에 도래한다 하더라도, 그것은 하나의 '객관적 사실'이지 단순한 사고는 아니다. 허약함이 배어 있는 것은 바로 이 꽃병의 존재 속이다. 그리고 그 꽃병의 파괴는 다시는 돌이킬 수 없는 절대적인 사건으로서, 나는 다만 그런 사건을 확인하는 것밖에 할 수 없다. 거기에는 존재의 경우처럼 비존재의 초현상성이 있다. 따라서 '파괴'라는 행위의 검토는 우리를 '물음'이라는 행위의 검토에서 얻은 것과 같은 결과로 이끌어 왔다.

그러나 우리가 확실히 결정하고자 한다면, 하나의 부정적 판단을 그 자체로서 고찰하기만 하면 된다. 그리고 이 부정적 판단이 비존재를 존재의 핵심에 나타나게 하는지, 또는 부정적 판단은 그것에 앞선 하나의 발견을 단순히 고정시키는 것으로 그치는지를 음미하기만 하면 된다. 나는 4시에 피에르와 만날 약속이 되어 있다. 나는 15분 늦게 도착한다. 피에르는 늘 시간을 정확하게 지킨다. 그는 나를 기다려 주었을까? 나는 방 안을 둘러본다. 손님들을 본다. 나는 말한다. '피에르는 없다.' 이곳에는 피에르의 부재에 대한 하나의 직관이 있는 것일까? 아니면 부정은 판단을 기다려야 비로소 개입해 오는 것일까? 얼른 보기에는 여기서 직관을 말하는 것은 이상하게 생각될지도 모른다. 왜냐하면 '없는 것(rien)'에 대한 직관이란 있을 수 없는 것이고, 또 피에르의 부재는 이 '없는 것'이기 때문이다. 그러나 통속적인 의식은 이런 직관이 있을 수 있다는 것을 입증하고 있다. 예를 들면 우리는 이렇게 말하고 있지 않은가? '그가 그곳에 없는 것을 나는 곧바로 보고 알았다(J'ai tout de suite vu qu'il n'était pas là).' 이것은 단순히 부정의 위치를 바꾼 것에 불과한가? 이 점을 더 자세히 생각해 보자.

확실히 카페는 그 손님, 그 탁자, 그 의자, 그 거울, 그 광선, 그 연기가 자욱한 분위기, 왁자지껄한 목소리, 접시 부딪히는 소리, 카페 안을 채우고 있는 발소리 따위를 포함하여, 그것 자체가 하나의 '존재충실'이다. 그리고 내가 가질 수 있는 모든 세부적인 직관은, 그런 냄새, 그런 소리, 그런 색깔에 의해, 즉 각각 초현상적인 존재를 가진 모든 현상에 의해서 채워져 있다. 마찬가지로 내가 모르는 어떤 곳에 있는 피에르의, 지금 이 시간의 현존(現存)도 존재충실이다. 우리는 사방에서 존재충실을 발견하는 것처럼 생각된다. 그러나 놓쳐서는 안 되는 것은, 지각할 때는 항상 하나의 배경(un fond) 위에 하나의 형태(une forme)가 형성되어 있다는 것이다. 어느 대상, 어느 한 무리의 대상도, 특별히 이것은 배경이 되는 것, 이것은 형태를 구성하는 것 하는 식으로 지정되어 있는 것은 아니다. 모든 것은 나의 주의(注意)가 향하는 방향에 달려 있다.

내가 피에르를 찾으러 이 카페에 들어설 때, 이 카페의 모든 대상물은 종합적으로 배경으로서 구성되며, 그 배경 위에 피에르가 나타나야 하는 것으로서(comme devant paraître) 주어진다. 그리고 카페가 이렇게 배경으로 구성되는 것이 최초의 무화(無化, première néantisation)이다. 그 장면의 하나하나의 요소·인물·탁자·의자는 나머지 대상물 전체로 구성된 배경 위에, 스스로 고립시키고 떠오르려 하다가 다시 이 배경의 무차별 속에 빠져서, 그 속에서 희미해져 버린다. 왜냐하면 배경은 덤(par surcroît)으로밖에 보여지지 않는 것이며, 순전히 난외적(欄外的)인 주의의 대상에 지나지 않기 때문이다. 그리하여 모든 형태가 잇따라 나타나서 차례차례 하나의 배경의 전면적인 등가성(等價性) 속에 묻혀 들어가는 것인데, 이 최초의 무화는 중요한 형태, 즉 여기서는 피에르라는 인물의 출현을 위한 필요한 조건이다. 이 무화는 나의 직관에 주어지는 것이고, 나는 내가 주시하는 모든 대상, 특히 사람들의 얼굴이 하나하나 사라져 가는 것의 증인이다. 그 얼굴들은 한순간 '피에르인가?' 하고 나의 주의를 끌지만, 피에르의 얼굴이 '아니기' 때문에 그 자리에서 즉시 분산되어 버린다. 그러나 만일 내가 마침내 피에르를 발견한다면 어떻게 될까? 나의 직관은 하나의 고형적(固型的)인 요소에 의해 채워질 것이다. 나는 갑자기 그의 얼굴에 마음을 빼앗길 것이다. 그리고 카페 전체가 그의 둘레에 조심스러운 현존을 유지하면서 구성될 것이다. 하지만 정작 피에르는 어디에도 없다. 이것은 그 카페의 일정한 곳에서의 그의 부재를 내가 발견한다는 의미는 아니다. 사실상 피에르는 이 카페 안 '어디에도' 없는 것이다. 그의 부재는 그 카페를 소실 상태로 굳힌다. 카페는 배경으로 머무를 뿐이다. 카페는 다만 나의 난외적 주의에 대해 무차별적인 전체로서 나타나기를 계속하는 것에 불과하다.

카페는 배후로 물러간다. 카페는 그 무화의 뒤를 쫓아간다. 다만 그 카페는 일정한 형태를 위한 배경이 된다. 카페는 어디서나 그 전면에 이 하나의 형태를 지탱하고 있다. 카페는 사방에서 나에게 이 형태를 제공한다. 나의 시선과 카페의 온갖 고형적·현실적 대상 사이를 끊임없이 줄곧 미끄러져 가는 이 형태는 무엇인가? 그것은 분명하게 끊임없는 소실이고, 카페의 무화적 배경 위에 무로(comme néant) 떠오르는 피에르이다. 따라서 나의 직관에 제공되는 것은 무의 하나의 반짝임이고, 배경의 무화가 형태의 출현을 부르고 요구하는 경우의 배경의 무(無)이며, 하나의 '없는 것(rien)'으로서 배경의 표면을 미끄러져 가는 무로서의 형태(forme-néant)이다. '피에르는 그곳에 없다'는 판단의 근거가 되는 것은, 그러므로 바로 이중의 무화(double néantisation)의 직관적 파악이다. 분명히 피에르의 부재라는 것에는 나와 이 카페 사이의 최초의 관계를 전제로 하고 있다. 물론 세상에는 수없는 사람들이 있지만, 그들은 이 카페와 아무런 관계도 없다. 그것은 그들의 부재를 확인하게 해 주는 하나의 현실적 기대가 나에게 없기 때문이다.

그러나 물론 나는 피에르를 보기를 기대하고 있었다. 그리고 나의 기대는 이 카페에 대한 하나의 현실적 사건으로서 피에르의 부재를 '야기'시킨 것이다. 이 부재를 내가 발견한 것은 지금은 하나의 객관적 사실이다. 이 부재는 피에르와, 내가 그를 찾고 있는 이 장면의 하나의 종합적인 관계로서 나타난다. 부재하는 피에르는 이 카페에 '따라다닌다.' 부재하는 피에르는 카페가 무화되면서 배경으로 구성되는 조건이다. 이에 반해 내가 농담으로 말해 볼 수 있는 판단, 이를테면 '웰링턴은 이 카페 안에 없다. 폴 발레리도 또한 이 카페에 없다 등등' 하는 판단은, 완전히 추상적인 의미밖에 가지지 않는 것으로, 부정의 원리의 단순한 적용일 뿐, 아무런 현실적인 근거도 없고 아무런 효과도 없다. 그런 판단은 이 카페와 웰링턴 또는 발레리 사이에 하나의 '현실적' 관계를 확립할 수 없다. '……는 없다(n'est pas)'라는 관계는, 이 경우에는 단순히 '사고되고 있는 것'에 지나지 않는다.

위에 의해 충분히 분명해졌다고 생각되지만, 비존재는 부정적 판단에 의해 사물에 도래하는 것은 아니다. 반대로 부정적 판단이 비존재에 의해서 조건이 부여되고 지탱되고, 즉 순수사고에 그 밖에 어떤 상태가 있을 수 있겠는가? 만일 모든 것이 존재의 충실이고 긍정성이라면, 우리는 판단의 부정적 형태를 생각해 보는 것조차 불가능하지 않을까? 우리는 앞에서, 부정은 기대했던 결과와 얻어진 결과 사이에 이루어지는 비교에서 생기는 것은 아닐까 하고 생각해 보았다.

그러나 이 비교를 검토해 보자. 우선 한편에, 하나의 사실을 확인하는 구체적·배경적인 심적 행위로서의 판단, 즉 '내 지갑에는 1300프랑이 들어 있다'는 최초의 판단이 있다. 그리고 다른 한편에, 이 또한 하나의 사실 확인이자 하나의 긍정인, 다른 하나의 판단 즉 '나는 1500프랑이 들어 있다고 생각했다'는 판단이 있다. 따라서 그것에는 현실적이고 객관적인 사실, 긍정적인 심적 사건, 긍정적인 판단이 있을 뿐이다. 어디에 부정이 끼어들 여지가 있을 것인가? 여기서 부정은 완전히 단순한 하나의 범주의 적용에 지나지 않는다고 생각하는 사람도 있을 것이다. 정신은 그 자신 속에 선별 또는 분리의 형식으로서의 '부(否, non)'를 가지고 있다고 말하는 사람도 있을 것이다. 그러나, 그렇다고 한다면 부정에서 매우 미미한 부정성(否定性)의 기색까지 제거되어 버리게 된다. 예를 들어 정신 속에 사실적으로 존재하는 범주, 우리의 인식을 뒤섞어서 짜맞추기 위한 적극적이고 구체적인 작용인 부(否)의 범주가 우리 속에 있는 어떤 긍정적 판단들의 현존에 의해 갑자기 움직이기 시작한다고 치자. 그리고 이 부의 범주가 이런 판단의 결과로서 일어나는 사고(思考) 위에 갑자기 그 각인을 찍기 위해 찾아온다고 생각해 보자. 그런 일을 만일 우리가 용인한다면, 우리는 이런 고찰을 통해 부정으로부터 모든 부정적 기능을 조심스럽게 빼앗아 버리게 될 것이다. 왜냐하면 부정은 존재의 거부이기 때문이다. 부정에 의해 하나의 존재(또는 하나의 존재방식)가 확립되고, 이어서 무 속에 내던져진다. 만일 부정이 범주이고, 또 그것이 어떤 판단 위에 무차별하게 할당된 하나의 지우개에 지나지 않는다면, 그 부정이 하나의 존재를 무로 만들 수 있다고 어떻게 생각할 수 있겠는가? 그리고 그것이 갑자기 어떤 존재를 나타나게 하고, 그것에 이름을 지어 주고는, 다시 그것을 비존재 속에 던져 넣는다고 어떻게 생각할 수 있겠는가? 만일 선행하는 판단이 앞에서 예를 든 것처럼 사실확인이라면, 부정은 이른바 자유로운 창작과 같은 것이고, 부정은 우리를 둘러싸고 있는 이 긍정성의 벽에서 우리를 떼어 놓는 것이 아니면 안 된다.

부정은 연속성의 갑작스러운 중단이다. 이런 중단은 어떤 경우에도 선행하는 여러 가지 긍정에서는 '나오는' 것은 아니다. 부정은 하나의 근원적이며 돌이킬 수 없는 사건이다. 그러나 우리는 여기서도 의식의 영역 안에 있다. 그리고 의식은 부정의 의식의 형태 아래서가 아니면 부정을 산출할 수 없다. 어떤 범주도 하나의 사물과 같은 방식으로 의식 속에 '거주'하고 의식 속에 깃들 수는 없다. 갑작스러운 직관적 발견으로서의 부(否)는 (존재)의식으로서, 부의 의식으로서 나타난다. 요컨대 곳곳에 존재가 있다고 하면, 베르그송이 말하려 한 것처럼, 생각할 수 없는 것은 단순히 '무'뿐만이 아니다. 그런 존재에서는 결코 부정도 끌어내지 못할 것이다. 부라고 말할 수 있기 위해 필요한 조건은, 비존재가 우리 속에, 그리고 우리 밖에서의 끊임없는 현전이라는 것이다. 즉 그 조건은, 무가 존재에 '항상 붙어다니는 것(le néant hante l'être)'이다.

그러나 도대체 무는 어디서 오는 것일까? 그리고 이 무가 물음의 행위의 첫 번째 조건이고, 또 더욱 일반적으로 말해 모든 철학적이고 과학적인 물음의 첫 번째 조건이라면, 무에 대한 인간존재의 최초의 관계는 어떤 것이었을까? 또한 최초의 무화(無化)적 행위는 어떤 것일까?

3. 무(無)에 대한 변증법적 사고방식

우리는 물음이라는 행위에 의해 갑자기 무 앞에 내던져졌는데, 이 무의 '의미'를 끄집어내려고 하는 것은 아직 너무 이르다. 그러나 지금까지 이미 밝혀진 것도 몇 가지 있다. 특히 존재와 존재에 붙어다니는 비존재의 관계를 확실하게 해 두는 것도 나쁘지 않을 것이다. 사실 존재에 직면했을 때의 인간적 행위와 '무'에 직면하여 인간이 취하는 행위 사이에는 일종의 패럴렐리즘(병행론)이 있는 것을 우리는 확인하였다. 거기서 즉시 우리에게 다가오는 유혹은, 존재와 비존재를 마치 그림자와 빛의 방식으로, 현실의 두 가지 상호 보충적 요소들로 생각해 보고자 하는 것이다. 요컨대 엄밀하게 동시적인 두 가지 관념이 문제가 되는데, 이 두 관념은 별개로 고찰하는 것이 무의미할 정도로 존재자들의 발생에 있어서 하나로 결합되어 있다. 순수한 존재와 순수한 비존재는 두 개의 추상이며, 구체적 실재의 바탕에 있는 것은 양자의 결합뿐이라는 얘기가 된다.

헤겔의 관점은 확실히 그런 것이다. 사실 그는 《논리학》에서 '존재'와 '비존재'의 관계를 연구하면서, 이 〈논리학〉을 '사고의 순수규정의 체계'라고 불렀다. 그리고 그는 논리학의 정의를 이렇게 밝히고 있다.[5] "사람들이 보통 생각하는 것과 같은 사고는 순수한 사고가 아니다. 왜냐하면 사람들은 사고된 존재라는 말을 하나의 경험적인 내용을 가진 존재의 뜻으로 이해하기 때문이다. 논리학에 있어서 사고는 순수사고의 내용, 즉 순수사고에 의해 생산되는 내용 이외에 다른 어떤 내용도 포함하지 않는 방식으로만 파악된다." 확실히 그런 규정들은 '사물 속에 있는 가장 내적인 것'이지만, 동시에 그것을 '그 자체로서, 그리고 그 자체를 위해서(en et pour elles-mêmes)' 고찰하면, 그것은 사고 자체에서 도출된 것이고, 그 자체 속에서 각각의 진리가 발견될 수 있다. 그러나 헤겔적 논리학의 노력은 '논리학이 차례로 고찰해 가는 모든 개념의 불완전성을 밝히고, 그 개념들을 이해하기 위해서 그것을 초월하여 그것을 적분(積分)하는 더욱더 완벽한 개념으로까지 상승해 갈 필요를 밝히는 데'[6] 기울여지고 있다.

르센(Le Senne)이 아믈랭(Hamelin)의 철학에 대해 한 말을 그대로 헤겔에게

---

*5 《엔치클로페디》 제1부 〈논리학〉 24절 보유 2.

*6 원주. 라포르트(Laporte) 《추상의 문제(Le Probléme de l'Abstraction)》 p.25 Presses Universitaires de France, 1940.

적용한다면, '더 낮은 각각의 개념은 더 높은 개념에 의존한다. 그것은 마치 추상적인 것이 구체적인 것에 의존하는 것과 같다. 구체적인 것은 추상적인 것에 있어서 그것을 실현하는 데 없어서는 안 되는 것이다.' 헤겔에 있어서 진실로 구체적인 것이란, 자기의 본질을 지닌 '존재자'이며, 그것은 모든 추상적 계기의 종합적 적분에 의해 생산되는 전체성이다. 이 추상적 계기는 각각의 완성을 추구함으로써 이 전체성을 향해 자기를 초월해 간다. 이런 의미에서 만일 우리가 존재를 그 자체로서, 다시 말해 존재를 그 '본질'을 향한 초월에서 떼 내어 고찰한다면, '존재'란 가장 추상적인, 그리고 가장 빈약한 추상개념이 될 것이다. 사실 '존재'와 '본질' 사이의 관계는 직접적인 것과 간접적인 것의 관계와 같다. 일반적으로 사물은 '존재한다.' 그러나 그 존재는 그 본질을 나타내는 데 있다. '존재'는 '본질'로 이행한다. 이것은 다음과 같이 나타낼 수도 있다. '존재는 본질을 전제한다.' 본질은 존재와의 관계에서는 매개된 것으로서 나타나지만, 그럼에도 본질이 참다운 근원이다. '존재'는 그 근거로 복귀한다. '존재'는 본질을 향해 자기를 초월한다.*7

그러므로 존재는 그 근거인 '본질'에서 분리된다면, '단순히 공허한 직접성'이 된다. 정신의 현상학은 존재를 바로 이렇게 정의하고 있다. 그것에 의하면 단순한 '존재'는 '진리의 관점에서 치면' 직접적인 것으로서 나타난다. 논리학의 출발점이 직접적인 것이어야 한다면, 우리는 그런 출발점을 '존재' 속에서 발견하게 될 것이다. 이 존재는 '모든 규정에 앞서는 무규정, 절대적 출발점으로서의 무규정한 것'이다.

그러나 이런 무규정적인 존재는 즉시 그 반대의 것으로 '이행한다.' 헤겔은 《소논리학》에서 이렇게 말했다. "이 순수한 '존재'는 순수한 추상이며, 따라서 절대적 부정이다. 이런 부정을 또한 그 직접적인 계기에 있어서 본다면 그것은 또한 비존재이다." 무는 사실 그 자체와의 단순한 동일성이고, 완전한 공허이며 모든 규정과 내용의 결여인 것이 아닐까? 따라서 순수한 존재와 순수한 무는 똑같은 것이다. 아니면 차라리 그 둘은 서로 다르다고 말하는 편이 정확할 것이다. 그러나 "그 경우의 차이는 아직 규정된 차이는 아니다. 왜냐하면 존재

---

*7 원주. 1808년부터 1811년 사이에 헤겔이 뉘른베르크 김나지움의 강의 초고로 쓴 《논리학 초안》, 역주 : 이 마지막 구절에 있는 '자기를 초월한다' se dépasser는 독일어의 sich aufheben에 해당한다.

와 비존재는 직접적 계기를 이루고 있기 때문이다. 따라서 이런 차이는 그것이 양자 속에 있는 그대로로는 지적될 수 없으며, 단순한 추단(推斷)에 지나지 않는다."*8 이것은 구체적으로 '하늘과 땅에는 그 자체 속에 존재와 무를 내포하고 있지 않은 것은 아무것도 없다*9'는 것을 뜻한다.

헤겔식 사고방식을 그것만으로서 논하는 것은 아직 때가 이르다. 우리의 탐구 전체의 결과를 기다린 뒤에야 비로소 우리는 헤겔적인 사고에 대해 우리의 입장을 확실히 할 수 있을 것이다. 여기서는 다만, 헤겔에 의하면, 존재(l'être)가 존재하는 자(l'existant)의 하나의 뜻으로 환원된다는 것을 지적해 두는 것이 좋을 것 같다. 존재는 본질에 둘러싸여 있고 그 본질은 존재의 근거이고 근원이다. 헤겔의 이론 전체는 다음과 같은 사상에 바탕을 두고 있다.

논리학의 단초에서, 매개된 것에서 출발하여 직접적인 것을 재발견하고, 바탕에 있는 구체적인 것에서 출발하여 추상적인 것을 재발견하기 위해서는 하나의 철학적인 고찰이 필요하다는 것이다. 그러나 존재의 현상에 대한 관계는 구체적인 것에 대한 추상적인 것의 관계와 같지 않다는 것을 우리는 이미 지적한 바 있다. 존재는 '다른 여러 구조 속의 하나의 구조'가 아니며 대상의 한 계기도 아니다. 존재는 바로 모든 구조와 모든 계기의 조건 그 자체이다. 존재는 그 위에 현상의 성격들이 나타나는 근거이다. 또 마찬가지로 사물의 존재는 '그 본질을 드러내는 곳에 존재한다'는 것을 인정할 수는 없다. 왜냐하면 그렇게 되면 이런 존재에 대해 또 하나의 존재가 있어야 하기 때문이다. 뿐만 아니라 만일 사물의 존재가, 드러나는 곳에 '존재한다'고 한다면, 이런 기본적 구조의 흔적도 찾아볼 수 없는 존재의 순수한 계기를 헤겔이 어떻게 파악할 수 있는지 알 수 없게 된다. 분명히 순수한 존재는 오성(悟性)에 의해 파악되고, 오성의 모든 규정 자체 속에 고립되고 응고되는 것이다. 그러나 만일 본질을 향한 초월이 존재의 원초적 성격이고, 오성의 역할이 '규정하는 것, 그리고 그런 규정을 고집하는 것'에 한정된다면, 오성이 존재를 '나타나는 곳에 존재하는 것'으로서 확실하게 규정하지 않는 이유를 알 수 없게 된다.

헤겔에 있어서는 모든 규정은 부정이라고 말하는 사람들도 있을 것이다. 하지만 오성은 이런 뜻에서는 그 대상에 대해 대상이 그것이 있는 것과는 '다른

---

*8 원주. 헤겔의 《엔치클로페디》 제1부 〈논리학〉 87절.
*9 원주. 《대논리학》 제1부.

것'이라는 것을 부정하는 데 그친다. 물론 그것만으로도 모든 변증법적 고찰을 저해하기에 충분하다. 그러나 그것은 뛰어넘음의 싹까지 사라지게 하는 데 충분하다고는 할 수 없다. 존재가 자기를 넘어서 '다른 것으로' 나가는 한, 존재는 오성의 모든 규정에서 벗어난다. 하지만 존재가 자기를 뛰어넘는 한, 다시 말해 존재가 자기의 가장 심오한 갈피 속에서 자기 자신의 뛰어넘음의 근원인 한, 존재는 반대로 그것이 '있는' 그대로 오성에 나타날 것이고, 오성은 자기 자신의 모든 규정 속에 존재를 응고시킬 것이다. 존재는 그것이 있는 그대로의 것일 뿐임을 긍정하는 것은, 적어도 존재가 그 자신의 뛰어넘음'인 한', 존재를 그대로 손도 대지 않고 내버려 두게 될 것이다. 여기에 '지양(止揚, dépassement)'이라는 헤겔적인 개념의 양의성(兩義性)이 있다. 이 지양은 때로는 그 존재의 가장 깊은 내부에서 솟아나온 것으로도 보이고, 때로는 이 존재가 그것에 의해 끌려가는 외적인 운동으로도 보인다. 오성은 존재 속에, 다만 이 존재가 있는 그대로의 것이라는 것밖에 발견하지 못한다고 주장하는 것만으로는 충분하지 않다. 나아가서 있는 그대로의 것인 그 존재가 어떻게 그것일 수밖에 없는가 하는 것이 설명되어야 한다. 그런 설명은 존재현상의 한계 안에서의 존재현상의 고찰에서 그 정당성을 이끌어 내는 것이지, 오성이 가진 부정적인 작용에서 그 정당성을 얻는 것은 아니다.

그러나 여기서 검토해야 할 것은 특히 존재와 무에 관한 헤겔의 주장인데, 그에 의하면 존재와 무는 두 개의 상반되는 사항을 이루고 있으며, 그 차이점은 고찰된 추상의 수준에서는 하나의 단순한 '추단'에 지나지 않는다는 것이다.

헤겔적 오성의 방식으로 존재와 무를 마치 테제와 안티테제의 경우같이 대립시키는 것은 그들 사이에 하나의 논리적 동시성을 상정하는 일이다. 그리하여 두 개의 상반자들은 동시에 하나의 논리적 계열의 두 극한 조항으로서 나타난다. 그러나 여기서 주의해야 할 일은, 상반자들은 똑같이 적극적(또는 똑같이 소극적)이므로, 이 상반자들만이 동시성을 가질 수 있다는 것이다. 그런데 비존재는 존재의 반대개념은 아니다. 비존재는 존재의 모순개념이다. 그것은 존재보다 무 쪽이 논리적으로 후행성(後行性, postériorité)을 지닌다는 것을 뜻한다. 왜냐하면 무는 처음에 확립된 존재가 다음에 부정된 것이기 때문이다. 그러므로 존재와 비존재가 같은 내용의 개념이 될 수는 없는 일이다. 비존재는 반대로 본디대로 돌아갈 수 없는 정신의 운동을 예상하고 있기 때문이다. 존재의 원초적인 무차별이 어떤 것이든, 비존재는 이 똑같은 무차별이 '부정'된 것이다. 헤겔이 존재를 무로 '이행'시킬 수 있었던 것은 그가 스스로 존재의 정의 자체 속에 암암리에 부정을 끌어넣었기 때문이다. 이것은 분명한 일이다. 왜냐하면 하나의 정의는 부정적인 것이기 때문이며, 헤겔은 스피노자의 명제를 들어 '모든 규정은 부정이다(omnis determinatio est negatio)'라고 말했기 때문이다. 사실 그는 다음과 같이 말했다. "어떤 규정, 어떤 내용이든, 존재를 다른 사물과 구별하고, 존재에 하나의 내용을 주는 것은, 존재의 순수성을 유지할 수 없다. 존재는 순수한 무규정이고 공허한 것이다. 존재에서는 아무것도 포착할 수 없다……."[*10]

그리하여 존재는 밖에서 미리 존재 속으로 이 부정을 도입해 두었다가 뒤에 가서 존재를 비존재로 이행시킬 때, 다시 이 부정을 발견하게 된다. 다만 여기에는 부정의 관념 자체에 대한 말장난이 있을 뿐이다. 왜냐하면 내가 존재에 대한 모든 규정과 모든 내용을 부정하는 것도, 적어도 존재가 '있다'는 것을 긍정함으로써만 가능한 일이기 때문이다. 그러므로 우리는 존재에 대해 모든 것을 마음대로 부정할 수 있다 하더라도, 우리가 부정하는 것은 그 존재가 이것이라든가 저것이라고 하는 사실이라는 그 자체로 보아, 우리는 그 존재를 존재하지 않게 할 수 없는 것이다. 부정은, 절대의 충실성이며 완전한 긍정성인 존재에 대해, 존재의 핵심을 침해할 수 없다. 이에 비해 비존재는 완전한 밀도를 가진 이 핵심 자체를 노리는 하나의 부정이다.

비존재가 자체를 부정하는 것은 존재의 심장부에서 하는 일이다. 헤겔은 "(존재와 무)는 모두 공허한 추상이며, 양쪽 다 똑같이 공허하다"고 말했는데,[*11] 이 경우 그는 공허가 '무언가의' 공허라는 사실을 잊고 있는 것이다.[*12] 그런데 존재는 그 자체와의 동일성보다 그 밖의 다른 모든 규정의 공허이지만, 비존재는 존재의 공허이다. 다시 말해, 헤겔에 비해 여기서 상기해야 하는 것은 '존재는 존재하고 무는 존재하지 않는다'는 것이다.

[*10] 《대논리학》 제1부.

[*11] 원주.《엔치클로페디》 제1부 〈논리학〉 87절.

[*12] 원주. 이것은 '모든 부정은 규정된 부정이다', 즉 부정은 하나의 내용에 관한 것임을 인정한 최초의 인물이 헤겔인만큼 더욱 이상하게 생각된다.

그러므로 존재가 어떤 차이적 성질도 담당하는 것이 아니라 해도, 무는 논리적으로 존재보다 뒤에 오는 것이다. 그 말은 무는 존재를 부정하기 위해 존재를 전제하기 때문이며, '아니다'라고 하는 처음으로 돌아갈 수 없는 성질은, 자기를 넘겨주기 위해 존재의 무차별적인 이 덩어리에 나중에 덧붙여지기 때문이다. 그것은 우리가 '존재'와 '비존재'를 똑같은 평면 위에 두는 것을 거부해야 함을 뜻할 뿐 아니라, 우리가 무를, 거기서 존재가 생겨나는 하나의 근원적인 심연으로 내세우는 일이 있어서는 안 된다는 것을 뜻한다. 우리가 무의 관념을 친근한 형태로 표현할 때의 어법은, 항상 존재의 사전(事前)의 내역(內譯)을 전제로 하고 있다. '사물'의 무를 표현할 때는 '아무것도 없다(rien)……'고 하고, 인간존재의 무를 표현할 때는 '아무도……없다(personne)'고 말한다는 것은, 이 점에서 매우 적절하다.*13

그러나 이 내역은 더욱 많은 경우에 그대로 통용된다. 우리는 대상의 특정한 무리를 가리키며 '아무것에도 손대지 말라'고 말한다. 이것은 분명하게, '이 대상들 가운데 어느 것에도 손대지 말라'는 뜻이다. 마찬가지로 자기 자신에 대한 것 또는 세상일에 대해서, 명확하게 한정된 사건에 대해 누군가가 물었을 때, 그는 이렇게 대답한다. '나는 아무것도 모른다.' 이 '아무것도 ……모른다'라는 것은, 그가 질문받은 사항의 총체를 포함하고 있다. 소크라테스 자신도 '나는 내가 아무것도 모른다는 사실을 알고 있다'는 유명한 말을 했을 때, 이 '아무것도……모른다'라는 말로 분명하게 '진리'로서의 한도에서 문제가 되는 존재의 총체를 표현한 것이다.

지금 가령, 소박한 우주창생론(宇宙創生論)의 입장에서, 하나의 세계가 존재하기 이전에 무엇이 '있었는가'를 묻고, 그리고 '아무것도 없었다'고 대답했다면, 우리는 이 '이전'과 '아무것도 없었다'는 소급적인 효과를 노린 것임을 인정하지 않을 수 없을 것이다.

존재 속에 자리잡고 있는 '우리가' '오늘날' 부정하고 있는 것은 이 존재 이전에 어떤 존재가 있었다는 사실이다. 여기서의 부정은 근원으로 돌아가는 하나의 의식에서 나온 것이다. 만일 우리가 이 근원적 공허에서, '이 세계'와 세계의

---

*13 Ne ……rien='nothing'은 non……personne='nobody'와 짝을 이루며, 똑같이 프랑스어의 기본적인 부정적 표현이다. 사르트르는 여기서 편의상 그의 존재론을 순전히 프랑스어의 구문법의 필요성에 바탕을 두고 있다.

형태를 한 이 전체가 없다는 뜻에서의 공허하다는 성격을 제거한다면 어떻게 될 것인가? 또한 내가 이전을 이전으로서 구성하는 것은 이후와의 관계에 있어서임에도, 이 근원적인 공허에서, 이후를 예상하기 이전이라는 성격을 없앤다면 어떻게 될 것인가? 그렇게 되면 부정 자체가 사라져 버릴 것이다. 그리고 무(無)로서조차도, 아니 특히 무로서는 생각할 수도 없는 하나의 무규정적인 전체가 뒤에 남을 뿐이리라. 그러므로 스피노자의 명제를 뒤집어서 모든 부정은 한정이라고 말할 수 있을 것이다. 그것은 존재는 무에 선행하는 것이며, 무에 근거를 부여한다는 것을 뜻한다. 이것에 의해서 우리는 존재가 무에 대해 논리적 우위를 차지한다는 것뿐만 아니라, 무가 구체적으로 그 효력을 이끌어내는 것은 존재로부터라는 것을 이해하지 않으면 안 된다. 이것을 우리는 '무는 존재에 붙어다닌다'라고 표현한다. 요컨대 존재는 생각되기 위해서 전혀 무를 필요로 하지 않는다. 우리는 그곳에 무의 흔적을 털끝만큼도 찾는 일 없이 존재라는 개념을 철저하게 고찰해 볼 수 있다. 그러나 반대로 '존재하지 않는' 무는 빌려온 존재(existence)밖에 가질 수 없을 것이다. 무가 그 존재(être)를 받아오는 것은 존재로부터이다. 무가 가지고 있는 존재적인 무는 존재의 한계 안에서만 만날 수 있다. 존재가 모두 사라졌다고 해서 비존재가 지배하는 세상이 오는 것은 아니다. 반대로, 그렇게 되면 무도 함께 사라져 버릴 것이다. "비존재는 오직 존재의 표면에만 존재한다."

4. 무(無)에 대한 현상학적인 사고방식

물론 존재와 무의 상호보완성을 다른 방식으로 생각해 볼 수 있다. 우리는 존재와 무를 실재의 구성에 똑같이 필요한 요소로 생각하면서도, 헤겔과 같이 존재를 무로 '이행시키지' 않고, 또 우리가 시도했듯이 무의 후행성(後行性)을 주장하지도 않는 다른 사고방식이 가능하다. 이 사고방식에 의하면, 반대로 존재와 무가 서로 영향을 미치는 상호 배제력에 중점을 두어, 현실은 말하자면 서로 적대하는 이 두 개의 힘에서 생기는 긴장이라고 여길 수 있다. 하이데거는 이 새로운 사고방식을 향하고 있다.[14]

무에 대한 하이데거의 이론이 헤겔의 그것보다 얼마나 더 진보한 것인지는

---

*14 원주. 하이데거 《형이상학이란 무엇인가》(코르뱅 역 N. R. F., 1938).

쉽게 알 수 있다. 먼저 존재와 비존재는 이미 공허한 추상이 아니다. 하이데거는 그의 주요 저서 속에서 존재에 대한 물음이 정당하다는 것을 보여 주었다. 헤겔에게는 아직도 존재가 스콜라적인 보편이라는 성격을 가지고 있었는데, 하이데거에서의 존재는 이미 그런 성격을 가지고 있지 않다. 존재에는 하나의 의미가 있으며, 그 의미를 해명해야 한다. 존재에 대한 하나의 '존재론 이전의 양해'가 있는데, 이 양해는 '인간존재'*15의 어떤 행위 속에도, 다시 말하면 인간존재의 어떤 기도(企圖) 속에도 들어 있다.

그와 마찬가지로 철학자가 무의 문제를 다루기 시작하자마자 언제나 일어났던 온갖 아포리아(논리적 궁지)는 무의미하다는 것이 나타난다. 그런 아포리아는 오성의 사용을 제한하는 한에서만 가치를 가지며, 단순히 무의 문제가 오성의 권한에 속하는 것이 아님을 나타낼 뿐이다. 그와는 반대로 '인간존재'의 태도 중에는 증오·금지·회한 같은, 무의 '양해'를 내포하는 많은 태도가 있다. 나아가서, '현존재(Dasein)'에 있어서도 무에 '직면하여' 자기를 발견하고, 현상으로서 무를 발견하는 끊임없는 가능성이 있다. 그것이 불안이다. 그러나 하이데거는 '무'를 구체적으로 파악할 수 있는 가능성을 내세우면서도 헤겔이 범한 오류에 빠지지 않는다. 그는 비존재에, 비록 추상적인 존재라 할지라도 하나의 존재를 따로 간직해 두지 않는다. 무는 존재하지 않는다. 무는 자신을 무화한다.*16 무는 초월에 의해 지탱되고 조건이 부여되어 있다.

---

*15 réalité humaine은 '인간존재'로 번역되어 있다. 그리고 슈트렐러의 독일어역에는 다음과 같은 주가 붙어 있다. 사르트르는 독일어의 Dasein(현존재)을 그대로 사용하지 않는 경우에는, 이 하이데거의 용어 Dasein을 réalité humaine이라고 바꿔 쓰고 있다. 그러나 사르트르의 réalité humaine이라는 표현은 하이데거의 Dasein보다 훨씬 더 구체적이다. 이 책의 제3부 제1장에서 사르트르는, 이를테면 신체를 réalité humaine의 구조의 일부라고 말했다. 하이데거가 뜻하는 Dasein은 existence라는 말의 프랑스어로 옮겨놓을 수는 없다. 그 이유는 프랑스어의 existence라는 말은 Vorhandenheit(사물 일반의 현실존재, 단순히 본질 존재에 대한 현실존재)로 받아들여질 수도 있기 때문이다. 그런데 하이데거는 이렇게 말했다. "현존재가 이러저러한 방식으로 그것과 관련을 맺을 수 있는 존재, 그리고 항상 어떤 방식으로든 그것과 관련을 맺고 있는 존재, 이런 존재 자체를 우리는 Existenz라고 부른다." 그리고 'Dasein'은 하이데거의 경우에는 '그것에 있어서는, 그것의 존재에 있어서, 이 존재가 문제가 되는, 하나의 존재이다.' 또는 '양해로서의 Dasein은 sein da(거기 있음)이다.' 인간은 무에 대한 불안의, '그곳'에 있어서의 존재이며, 인간적 현존재는 존재 일반, 즉 무의 무화(無化)이다.

*16 하이데거는 지금은 유명해진 표현 'Das Nichts nichtet' 또는 'Nothing no-things'(무는 무화한다)를 사용한다. nihilate(무화하다)는 annihilate(절멸시키다)보다 더욱 사르트르의 néantise에

널리 알려진 바와 같이 하이데거에서는 인간실재의 존재가 '세계-속-존재 (être-dans-le-monde)'로 정의되고 있다. 그리고 그 세계는 도구존재의 종합적인 복합이다.*17 그것은 도구존재는 서로 지시하면서 차츰 둥근고리를 넓혀 가기 때문이며, 인간은 이 복합체에서 출발하여 자기가 무엇인지를 알게 되기 때문이다. 그것은 한편으로는, '인간존재'는 그가 존재에 의해서 '둘러싸여' 있는 한에서 나타난다는 것, 인간존재는 존재 속에서 '자기를 발견한다(sich befinden)'는 것을 뜻하는 동시에, 다른 한편으로는 인간존재를 둘러싸는 이 존재가 세계의 형태를 가지고 인간존재 둘레에 배치되도록 하는 것은 바로 인간존재가 하는 일이라는 것을 뜻한다. 그러나 인간존재가 존재를, 세계라는 형태로 구성된 전체로서 나타나게 하는 것은 오직 그가 존재를 넘어섬으로써만 가능하다. 하이데거에 있어서 모든 규정은 넘어섬이다. 그것은 모든 규정이 후퇴를 예상하고, 관점을 취할 것을 예상하기 때문이다. 이것이 세계가 세계로서 나타나기 위한 조건인데, '현존재'는 이런 넘어섬을 자기 자신을 향해 실행한다. 사실, 자기성(自己性, selbstheit)이 가진 특징은, 인간이 언제나 '자기가 그것이 아닌 존재'의 모든 확대에 의해 '자기가 그것인 것'으로부터 분리되어 있다는 것이다. 인간은 세계의 저편에서 자기 자신에게 자기를 알려 주고 지평선에서 출발하여 자기 자신을 향해 자기를 내면화시키기 위해 돌아온다. 인간은 '자기에 앞서 있는 존재(un être des lointains)이다.*18

존재가 세계로서 나타나고 구성되는 것은 전(全)존재를 관통하는 내재화 운

가까운 가치를 가졌다고 생각된다. 왜냐하면 이 말의 근본적 의미는 '파괴하다 또는 집어치우다'보다는 차라리 '무를 만들다'이기 때문이다. nlchtet나 néantise나 nihillate나 모두 해당하는 국어들의 사전에 아무런 근거도 갖지 않은 말들이다.

*17 하이데거는 이 Werkzeugzusammenhang(도구연관 道具聯關)을 Bedeutsamkeit(유의의성 有意義性)이라고 불렀다.

*18 un être des lointains이라는 프랑스어만으로 보면, 하이데거가 말하는 '세계-속-존재'의 공간적 규정의 하나인 Entfernung(거리를 두는 것)이 바로 생각나지만, 슈트렐러의 독일어역은 ein Sich-vorweg-sein(자기보다 앞서 있는 존재)를 여기에 해당시키고 있다. 이것은 자기의 존재가 능을 향해 자기를 기투(企投)하는 경우의 현존재의 존재방식이며, 관심의 하나의 계기를 이룬다. 사르트르는 바로 뒤에 un être des lointains를 hors de soi, dans le monde(세계 속에, 자기의 밖에), souci(관심), ses propres possibilités(자기 자신의 가능성) 등과 병기하고 있으므로, 이 말이 하이데거의 ein Sich-vorweg-sein에 해당하는 것이 확실하다. 영역(英譯)에는 'a being of distances'로 되어 있다. 그러니 '거리를 둔 존재'라고 번역될 것이다.

동에 의한 것이다. 더욱이 그 경우에는 세계에 대한 이 운동의 우위가 있는 것도 아니고, 이 운동에 대한 세계의 우위가 있는 것도 아니다. 그러나 세계의 저편을 향한 이 자기의 나타남, 다시 말하면 현실적인 것 전체의 이 나타남은 무 속에 '인간존재'가 노출되는 것이다. 오로지 무 속에서만 우리는 존재를 넘어설 수 있다. 동시에 또한 자기가 세계로서 구성되는 것은 세계의 저편의 관점에서이다. 그것은 한편으로는 인간존재가 비존재 속에서의 존재의 노출로서 나타남을 뜻하고, 다른 한편으로는 세계가 무 속에 '매달려' 있음을 뜻한다. 불안이란 이 이중의 끊임없는 무화(無化)의 발견이다. '현존재'가 세계의 우연성을 실감하기 위해, '아무것도 없는 것이 아니라, 오히려 무언가가 있는 것은 무엇 때문일까?' 하는 질문을 제기하는 것은, 이렇게 하여 세계를 뛰어넘는 데서 출발하는 것이다. 그러므로 세계의 우연성은 인간존재가 이 우연성을 포착하기 위해 무 속에 몸을 두는 한, 인간존재 앞에 나타난다.

그러므로 하이데거의 경우에는, 무는 존재를 전면적으로 에워싸면서, 그것과 동시에 존재로부터 추방당하고 있다. 여기서는 무가 세계에 세계로서의 윤곽을 부여하는 역할을 한다. 이 해결책이 우리를 만족시켜 줄 것인가?

확실히 세계를 세계로 파악하는 것은 무화적 파악이라는 것은 누구도 부정할 수 없을 것이다. 세계가 세계로서 나타나자마자, 그것은 '그것 이외의 아무것도 아닌 것'으로서 주어진다. 그러므로 이런 파악이 이루어지기 위해서는 반드시 다른 면에서 '인간존재'가 무 속에 드러나지 않으면 안 된다. 그러나 '인간존재'가 이렇게 비존재 속에 드러나는 그 능력은 어디서 오는가? 하이데거가 부정은 그 근거를 무에서 이끌어 낸다는 사실을 고집하는 것은 물론 정당하다. 그러나 무가 부정에 근거를 부여한다는 것은 무가 자기 속에 그 본질적 구조로서 '부(否)'를 내포하고 있기 때문이다. 다시 말하면 무가 부정에 근거를 부여하는 것은 무차별적인 공허로서가 아니고, 또 자신을 타재(他在)로서 확립하지 않는 타재로서가 아니다.*19

무는 판단의 근원에 있다. 왜냐하면 무는 그 자체가 부정이기 때문이다. 무는 '작용'으로서의 부정에 근거를 부여한다. 왜냐하면 무는 '존재'로서의 부정이기 때문이다. 이런 무는 그것이 세계의 무로서 특히 자기를 무화할 때가 아니

---

*19 원주. 헤겔이라면 이것은 '직접적 타재'라고 부를 것이다.

면 무가 될 수 없다. 다시 말하면 무가 그 무화에 있어서 세계의 거부(拒否)로서 자기를 구성하기 위해, 특별히 이 세계를 향할 때만, 이 무는 무일 수 있다. 무는 그 핵심에 존재를 지니고 있다. 그러나 이 무화적 거부가, 노출이라는 것을 통해 어떻게 설명될 것인가? 초월, 즉 '……의 저편으로의 자기 기투(企投)'는 무에 근거를 부여하기는커녕, 반대로 무가 바로 초월의 핵심에 있으면서 초월에 조건을 부여하고 있다. 그런데 하이데거 철학의 특징은 '현존재'를 묘사하는 데 긍정적인 용어를 쓰고, 그럼으로써 속에 내포되어 있는 모든 부정을 덮어서 가리고 있는 데 있다. 현존재는 '자기 밖에, 세계 속에' 있다. 현존재는 '자기에 앞서 있는 존재'이다. 현존재는 관심이다. 현존재는 '자기 자신의 가능성'이다 등등. 그런 것은 결국 다음과 같이 말하는 것과 같다.

즉 현존재는 그 자체에 있어서, '있는 것이 아니다.' 현존재는 자기 자신에 대해 하나의 직접적으로 가까이 '있는 것이 아니다.' 현존재가 세계를 '넘어서는' 것은, 현존재가 '그 자체에 있어서 있는 것이 아닌 것'으로서, 또 '세계가 아닌 것'으로서, 자기를 확립하는 한에 있어서이다.

이런 의미에서는 헤겔이 '정신은 부정적인 것'이라고 선언한 것은 하이데거보다 옳다. 다만 우리는 헤겔에 대해서나 하이데거에 대해서나 거의 차이가 없는 형식으로 똑같은 질문을 할 수 있다. 헤겔에게는 다음과 같이 말해야 할 것이다. "정신을 매개로서, 또 부정적인 것으로서 제기하는 것만으로는 충분하지 않다. 부정성을 정신존재의 구조로서 보여 주지 않으면 안 된다. 정신은, 부정적인 것으로서 자기를 구성하기 위해서는, 어떤 것이어야 하는가?" 그리고 하이데거에게는 이렇게 물어볼 수 있다. "부정이 초월의 기본적 구조라면, 인간존재가 세계를 초월할 수 있기 위해 인간존재의 기본적 구조는 어떤 것이어야 하는가?" 두 사람 모두 하나의 부정적인 활동을 우리에게 보여 주고는 있으나, 하나의 부정적인 존재 위에서 이 활동에 근거를 부여하려고는 하지 않는다. 이 밖에도 하이데거는 '무'를 일종의 초월의 지향적 상관자로 만들면서, 자기가 이미 초월 자체 속에 그 근원적 구조로서 무를 끼워 넣어 놓았음을 깨닫지 못하고 있다.

그러나 그 밖에도, '무'가 부정에 근거를 부여한다고 주장해 본다고 해도, 만일 그것이 나중에 모든 구체적인 부정에서 '무'를 가정적으로 떼어 놓는 하나의 비존재의 이론을 내세우기 위한 것이라면, 그런 주장이 무슨 소용이 있겠는가? 설령 내가 세계 '저편에서' 무 속에 드러난다 하더라도, 이런 외(外)—세계적인 무(néant extra-mondain)는 우리가 존재의 핵심에서 끊임없이 만나는 비존재의 저 작은 함정에 어떻게 근거를 부여할 수 있을 것인가? 나는 '피에르는 그곳에 없다'거나 '나에게는 더 이상 돈이 없다'라고 말한다. 그러면 이런 일상적인 판단에 근거를 부여하기 위해서는 정말로 무를 향해 이 세계를 초월하고, 이어서 다시 존재로 돌아올 필요가 있는 것인가? 이런 조작은 어떻게 해서 이루어질 수 있는가? 일상의 부정적 판단에서 문제가 되는 것은, 결코 세계를 무 속에 미끄러져 들어가게 하는 것이 아니라 단순히 존재의 범위 안에 머무르면서, 어떤 주어에 대해 어떤 빈사(賓辭)를 거부한다는 것뿐이다. 거부당한 빈사, 부정된 존재는 어느 것이나 모두, 단 하나의 똑같은 외(外)—세계적인 무에 의해 포착되어 있다고 말할 것인가? 또한 비존재는 이른바 존재하지 않는 것의 충실이라고 말할 것인가? 가능한 것의 핵심에 있는 현실적인 것과 마찬가지로, 이 세계는 비존재 속에서 허공에 매달려 있다고 말할 것인가? 그렇다면, 각각의 부정은 하나의 특수한 넘어섬, 즉 다른 존재를 향한 존재의 넘어섬을 근원으로 가져야 할 것이다. 그러나 이 넘어섬은 그저 단순히 헤겔이 말하는 매개가 아니고 무엇이겠는가?

우리는 앞에서 매개의 무화적인 근거를 헤겔에게 물어보았으나 헛일이 아니었던가? 그뿐만 아니라 이 설명은 어떤 일정한 대상에 대해 존재의 핵심에 있는 모든 종류의 현존을 거부하는, 단순하고 근본적인 부정(이를테면 '켄타우로스(半人半馬)는 존재하지 않는다'—'그가 지각할 이유는 없다'—'고대 그리스인들은 일부다처제를 시행하지 않았다' 따위)에는 적용될지도 모른다. 또한 이 설명은 엄격하게 말하면 실패한 모든 시도(試圖), 부정확한 모든 표상, 사라져 버린 모든 존재, 또는 단순히 날조된 것에 불과한 관념만의 존재에 있어서, 일종의 기하학적인 장소로서 무를 구성하는 작용을 하는 근본적이고 단순한 부정에는 적용될 수도 있다. 그러나 비존재에 대한 이런 해석은 그런 존재 속에 비존재를 내포하고 있는 어떤 종류의 실재—사실을 말하면, 이것이 가장 많지만—에는 이미 해당되지 않을 것이다. 사실 이런 실재의 일부는 우주 속에 있지만, 그 밖의 다른 부분은 모두 밖에, 외(外)—세계적인 무 속에 있다는 것을 어떻게 승인할 수 있을까?

이를테면 어떤 위치의 결정, 어떤 지점의 한정을 위한 조건이 되는 거리의 개념을 예로 들어 보자. 이 개념이 하나의 부정적인 계기를 가지고 있음은 쉽게 알 수 있다. 두 개의 점이 어떤 길이에 의해 '분리되어' 있을 때, 이 두 점 사이에는 거리가 있다. 즉 이 경우에는 거리라는 직선의 선분이 갖는 긍정적 속성인 길이가 하나의 절대적·무차별적인 근접의 부정으로 개입해 들어온다. 이 거리를 그 두 점 A와 B가 양극을 이루고 있는 이 선분의 길이에 '지나지 않는 것'으로 환원시키려 하는 사람이 있을지도 모른다. 그러나 이 경우에는 주의의 방향이 바뀐 것, 같은 말을 빙자하여 다른 하나의 대상이 직관에 주어졌음을 깨닫지 못할 사람이 누가 있겠는가? 그 두 개의 극단을 '가진' 이 선분에 의해 구성된 조직적 복합체는 사실 인식에 두 가지의 서로 다른 대상을 제공할 수 있다. 우선 우리는 '선분'을 직관의 직접적인 대상으로 받아들일 수 있다. 그 경우에 이 선분은 길이를 그 긍정적인 속성으로 가진 충실하고 구체적인 하나의 긴장을 형성하며, 동시에 두 점 A와 B는 전체의 한 계기로서밖에 나타나지 않는다. 바꿔 말하면 이 두 점은 이 선분의 양극으로서 선분 자체에 포함되어 있는 한에서밖에 나타나지 않는다. 그때, 이 선분과 그 길이에서 추방된 부정은 이 양극 속으로 도피해 들어간다. B점이 이 선분의 극이라고 하는 것은, 선분이 이 점의 너머로는 '뻗어 나가지 않는다'는 뜻이다. 부정은 여기서는 대상의 2차적 구조이다. 이에 비해, 만일 우리가 두 점 A와 B에 주의를 돌린다면, 이 두 점은 직관의 직접적인 대상으로서 공간의 배경 위에 떠오른다. 이 선분은 충실하고 구체적인 대상으로서는 사라져 버린다. 그것은 이 두 점에서 출발하여, 공허한 것으로, 또는 두 점을 분리하는 부정적인 것으로 파악된다. 두 점은 '양극'인 것을 그만두고, 부정은 이 두 점에서 벗어나서 거리라는 자격으로 이 선분의 길이 자체 속에 배어든다.

그리하여 선분과 그 양극으로 구성되고, 그 내부구조로서 부정을 가진 이 전체적 형태는 두 가지 방법으로 파악될 수 있다. 또는 두 가지 형태가 있으며, 한쪽의 출현 조건은 다른 쪽의 분해가 된다. 그것은 지각(知覺)의 경우와 완전히 같다. 지각의 경우에 우리가 이러저러한 대상을 형태로 구성할 때, 우리는 그 밖의 대상을 멀리하여 그것을 하나의 배경으로 만든다. 그 반대의 경우도 마찬가지이다. 이 두 경우에서 우리는 똑같은 분량의 부정을 발견한다. 이 부정은 때로는 양극의 개념 속으로 이행하고, 때로는 거리의 개념으로 이행하지만, 어떤 경우에도 없어지지는 않는다. 거리의 관념은 심리적인 것으로, 다만 A

점에서 B점까지 가기 위해 '지나가야' 하는 넓이를 가리키는 것이라고 말하는 사람도 있을지 모른다. 그것에 대해 우리는 이렇게 대답할 것이다. 이 '지나간 다'는 개념 속에도 똑같은 부정이 들어 있으며, 그것은 이 관념이 바로 거리에 대한 수동적인 저항을 나타내기 때문이라고. 우리는 하이데거와 함께 '인간실 재'는 '거리를 두는 것(déséloignante)', 다시 말하면 인간실재는 거리를 창조하고 동시에 거리를 소멸시키는 것(ent-fernend)[20]으로서 세계 속에 나타난다는 것을 인정할 것이다. 그러나 이 '거리를 두는 것'은 설령 그것이 일반적으로 거리가 '존재하기' 위한 필요조건이라 할지라도, 극복되어야 할 부정적인 구조로서 거 리를 그 자체 속에 포함하고 있다. 우리가 거리를 단순한 측량의 한 결과로 되 돌리려고 해도 헛일일 것이다. 앞의 설명에서 밝혀진 것처럼 두 점과 그 사이 의 선분은 독일인들이 '게슈탈트(Gestalt)'라고 부르는, 분해되기 어려운 결합을 가지고 있다. 부정은 이 결합을 실현하는 시멘트이다. 부정은 바로 이 두 점을 연결하는 직접적인 관계, 거리가 가진 분해될 수 없는 결합으로서 이 두 점을 직관에 제공하는 직접적인 관계를 분명하게 한정한다. 만일 우리가 거리를 하 나의 길이의 척도로 되돌리려 한다면, 그것은 다만 이 부정을 덮어서 가리는 셈이 될 뿐이다. 왜냐하면 부정이 바로 이 척도의 '존재 이유'이기 때문이다.

우리가 '거리'의 검토를 통해 보여 준 것은 부재·변심·타재·혐오·회한·기분 전환 따위와 같은 현실을 기술함으로써도 똑같이 밝힐 수 있을 것이다. 단순 히 판단의 대상일 뿐만 아니라, 인간존재가 괴로움을 받고 투쟁하고 두려워하 는 현실, 그 내부 구조 속에, 마치 존재의 필요조건인 것처럼 부정을 품고 있 는 현실이 수없이 많다. 우리는 그것을 부정성(否定性, négatités)이라고 부를 것이 다. 칸트가 부정적인 것과 긍정적인 것의 일종의 종합으로서, 그것에서는 부 정이 긍정성의 조건이 되는 한계 개념(영혼의 불멸)에 대해 말했을 때, 그는 이 부정성의 뜻을 엿본 것이다. 부정의 기능은 그 대상의 성질에 따라 다양하게

---

[20] ant-fernend 또는 Ent-fernung(거리를 두는 일)은 세계─속─존재(In-der-Welt-sein)라고 하는 현 존재의 존재방식의 공간성을 가리키는 하이데거의 용어다. 보통 entfernen이라고 말하면 '멀 리하다'라는 뜻이 되고, Entfernung은 '격리' 또는 '거리'라는 뜻이지만, 하이데거는 이 Ent를 강조하여 Ent-fernung(멀리함), 즉 '어떤 사물에서의 거리를 소멸시켜 버리는 일(ein Verschwinden machen der Ferne, d.h. der Entferntheit von etwas)'이라고 말하고 있다. '거리를 두는 것'이라는 역어는 '거리를 둠과 동시에 거리를 떼어 놓는 일'이라는 두 가지 뜻을 가진 것으 로 이해하기 바란다. 영역에는 déséloigmante를 remote from itself라 하고 있다.

변화한다. 즉 전적으로 긍정적인 현실(그러나 이것 또한 그 윤곽을 분명하게 하는 조건으로서, 이 현실을 있는 그대로의 것으로 머물러 있게 하는 부정을 보유하고 있다)과 외관만 긍정적일 뿐 배후에는 무의 함정이 숨어 있는 현실 사이에는 모든 종류의 중간상태가 있을 수 있다. 이런 부정은 존재 속에 흩어져서 존재에 의해 지탱되면서 현실의 조건을 이루고 있는 것인 만큼, 그 부정을 밖—세계적인 무 속에 던져 버리는 것은 아무래도 불가능한 일이다. 초(超)—세계적인 무(néant ultra-mondain)*21는 절대적 부정을 설명해 준다. 그러나 우리는 이제 겨우 한때의 초(超)—세계적인 존재들을 발견했을 뿐이다. 그런 존재는 다른 수많은 존재와 똑같이 실재성과 효력을 가지고 있지만, 그들은 자기 속에 비존재를 안고 있다. 이런 초(超)—세계적 존재는 어디까지나 현실적인 것의 범위 안에서의 설명을 요구한다. 무는 그것이 존재에 의해 지탱되고 있지 않다면, 무로서의 한도 안에서는 사라져 버리고, 우리는 다시 존재 위로 돌아온다. 무는 오직 존재의 기반 위에서만 자기를 무화할 수 있다. 만일 무가 주어질 수 있다면 그것은 존재 이전도 이후도 아니며, 일반적인 방식으로 존재 밖에서도 아니다. 무가 주어질 수 있는 것은, 바로 존재의 핵심에서이며, 한 마리의 벌레로서이다.

5. 무(無)의 기원

여기서 잠깐 고개를 돌려 우리가 걸어온 길을 더듬어 보는 일이 마땅할 것이다. 우리는 먼저 존재에 대한 물음을 제기해 보았다. 이어서 우리는 이 물음 자체 위로 돌아가서 이것을 '인간적 행위'의 하나의 형태로 생각하고, 이번에는 이 물음 자체에 질문을 던졌다. 그런데 우리는 만일 부정이 존재하지 않는다면 어떤 질문도 제기될 수 없으며, 특히 존재에 대해서는 어떤 질문도 제기될 수 없다는 것을 인정하지 않으면 안 되었다. 그러나 이 부정 자체를 더욱 면밀히 고찰해 봄으로써 우리는 부정의 기원과 그 근거로서의 '무'의 문제로 되돌아가

---

*21 하이데거가 설명하는 '존재를 밖에서 감싸는 무(無)'를 사르트르는 외(外)—세계적인 무(néant-extramondain)라고 이름붙이고 있다. 여기에 대해서 사르트르 자신이 발견한 '존재에 붙어다니는 무'는 초—세계적인 무(néant ultra-mondain)로 일컫는다. 다만 이 경우의 울트라(超)는 '세계를 초월한 저 너머'라는 뜻이 아니다. '극단적으로 세계적인(extrémement mondain)'이라는 뜻이다. '현세적인, 너무나 현세적인'이라고 할 수 있다. 바로 다음에 나오는 être ultra-mondain도 같은 형태로서 '현세적인 너무나 현세적인 존재'이다.

게 되었다. 세계 안에 부정이 있기 위해서는, 따라서 또 우리가 '존재'에 대해 자신에게 물어 볼 수 있기 위해서는 어떤 방식으로든 '무'가 주어져 있어야 한다. 우리는 그때 상호보완적이고 추상적인 개념으로서든, 존재가 그 속에 매달려 있는 무한한 환경으로서든, 존재의 밖에서는 무를 생각할 수 없다는 것을 깨달았다.

우리가 '부정성(Négatiés)'이라고 부른 이 특수한 형태의 현실을 파악하기 위해서는 '무'가 '존재'의 핵심에 주어져 있어야 한다. 그러나 이런 내(內)-세계적인 '무'(néant intra-mondain)를 즉자존재가 만들어 내지는 못할 것이다. 충만한 긍정성으로서의 '존재'의 개념은 그 구조의 하나로서 '무'를 포함하지 않는다. 존재의 개념은 무와 양립하지 않는다고 말할 수도 없다. 존재의 개념은 무와 아무런 관계도 없다. 그것에서 당장, 특별히 긴급을 요하는 것으로서 다음과 같은 문제가 우리 앞에 제기된다. 만일 '무'가 '존재' 밖에서도 생각할 수 없고 '존재'에서 출발해서도 생각할 수 없다면, 또 한편으로 무는 비존재이므로 '자신을 무화하는(se néantiser)' 데 필요한 힘을 자기로부터 이끌어 낼 수 없다면 '무는 도대체 어디서 오는 것일까?'

만일 이 문제를 더욱 가까이서 추구하고 싶다면, 우리는 먼저 '자기를 무화한다'는 특성을 무에 대해 허용해서는 안 된다는 것을 먼저 인정하지 않으면 안 된다. 왜냐하면 '자기를 무화한다'는 이 동사는 무에서 매우 사소한 존재 비슷한 것까지 없애기 위해 생각해 낸 말이기는 하지만, 자기를 무화할 수 있는 것은 '존재'뿐이라는 것을 인정해야 하기 때문이다. 왜냐하면 그것이 무슨 방식으로든 자체를 무화하기 위해서는 '존재'해야 하기 때문이다. 그런데 '무'는 '존재하지 않는다.' 우리가 무에 대해 말할 수 있는 것은, 무가 다만 존재적인 하나의 외관, 즉 빌려온 것인 하나의 존재를 가지고 있기 때문이다. 그것을 우리는 앞에서 지적했다. '무'는 존재하는 것이 아니다. 무는 '존재되는(est été)' 것이다.[22] '무'는 자기를 무화하는 것이 아니다. '무'는 '무화되는(est néantise)' 것이

---

*22 사르트르는 여기서 être(있다, 존재하다)를 타동사로 다루며, 그 수동태 est été(있어지다, 존재되다)를 쓰고 있다. être를 타동사로 사용한 예는 문법책이나 사전에는 없다. 사르트르의 경우에는 다른 데도 얼마든지 여러 예가 있다. 에마뉘엘 레비나스는 '실존주의라는 것은 동사 être를 타동사로서 느끼고 또한 생각하는 데 있다고 해도 무방하다'고 지적하면서, 사르트르의 소설 속의 'Je 'suis' cette souffrance', 또는 'Je ' suis ' ce néant'이라는 표현을 들어 "사르트르가 이 suis를 이탤릭체로 강조할 때, 그는 이 être의 타동사성을 드러내 보이고 있는 것이

다. 그렇다면 그 밖에 무를 무화하는 것을 특성으로 하는 하나의 존재, 자기의 존재에 의해 '무'를 유지하는 것을 특성으로 하는 하나의 존재, 그 존재 자체에 의해 끊임없이 무를 지탱하고 있는 하나의 존재, 즉 '무를 사물에게 오게 하는 하나의' 존재—이것은 즉자존재일 수가 없다—가 존재하지 않으면 안 된다. 이런 '존재'는 그에 의해서 '무'가 사람들에게 오기 위해서는 '무'에 대해서 어떤 관계에 있어야 할까?

우리가 먼저 주목해야 할 것은 여기서 문제가 된 존재가 '무'에 대해 수동적일 수는 없다는 것이다. 즉 이 존재는 무를 받아들일 수 없다. '무'는 다른 하나의 '존재'에 의하지 않고는 이 존재에게 '올' 수가 없을 것이다—이것은 우리를 무한퇴행(無限退行)의 악순환에 빠지게 할 것이다. 그러나 다른 면에서 무를 이 세계에 도래케 하는 이 '존재'는, 스스로 변하지 않고, 그 결과를 낳는 스토아적인 원인*23과는 달리, 이 생산에 무관심한 채로 머물면서 '무'를 생산할 수는 없다. 충만한 긍정성인 하나의 '존재'가 자기 밖에서 초월적인 존재인 하나의 무를 유지하고 창조한다는 것은 생각해 볼 수 없는 일이다. 왜냐하면 '존재' 안에는 '존재'가 '비존재'에게 자기를 뛰어넘는 것을 가능하게 하는 것은 아무 것도 없기 때문이다. '무'를 세계 속에 도래케 하는 '존재'는 그 '존재'에 있어서 '무'를 무화하지 않으면 안 된다. 그러나 그 경우에도 이 존재는 '무'를 자기 존재에 대해 자기 존재에 있어서 무화하지 않는 한, '무'를 내재한 핵심에서의 하나의 초월자로서 내세우는 위험을 범하게 된다. '무'를 세계에 오게 하는 존재는, 그 존재에 있어서 그 '존재'의 '무'가 문제가 되는 그런 하나의 존재이다. 바꿔 말하면 '무를 세계에 오게 하는 존재는 그 존재 자신의 무가 아니면 안 된다.' 이에 의해 또다시 존재 속에 근거를 요구하는 하나의 무화적 행위를 생각

다. 요컨대 실존철학에는 이미 계사(繫辭 copule)로서의 être는 없는 것이다"라고 말했다. 따라서 사르트르의 이 표현은 "나는 이 고뇌'이다'"라고 번역하면 불충분하고, 차라리 "나는 이 고뇌'를 존재한다'"라고 번역해야 하며, "나는 이 무(無)'이다'"가 아니라 "나는 이 무를 존재한다"라고 번역해야 한다. 마찬가지로 exister(존재하다, 실존하다)라는 동사도 사르트르는 분명하게 양해를 구한 뒤 타동사로 사용했다. "exister라는 동사를 타동사로 사용하여, 차라리 이렇게 말해야 할 것이다. 의식은 '그 신체를 존재한다.'"(qu'elle(la conscience) existe son corps.)《존재와 무》 원서 제3부 3장 2절에서)

*23 스토아학파의 크리시포스가 주장한 토 프로카타르크티콘(to prokatarktikon) 등이 그것이다. 이를테면 미(美)는 스스로 변하지 않고 사랑을 태어나게 한다.

해서는 안 된다. 차라리 여기서 요구되고 있는 '존재'의 존재론적 특징으로 해석해야 할 것이다. 남은 문제는 어떤 섬세하고 미묘한 존재의 영역에서 자기 자신의 '무'인 '존재'를 우리가 만날 것인가 하는 것이다.

우리에게 출발점으로서 도움이 되었던 행위에 대해 더욱 자세히 검토한다면, 우리의 탐구에 유용할 것이다. 그러므로 우리는 물음의 문제로 되돌아가야 한다. 기억하고 있겠지만, 모든 질문은 본질적으로 부정적인 대답의 가능성을 확립하고 있음을 우리는 보았다. 질문에 있어서, 우리는 하나의 존재에 대해, 또는 그 존재방식에 대해 물어본다. 더욱이 이 존재방식 또는 이 존재는 가려져 있다. 바꿔 말하면 이 존재가 하나의 '무'로서 자기 자신을 드러내 보일 하나의 가능성은 언제나 열린 채로 있다. 그러나 하나의 '존재자'가 항상 '없는 것(rien)'으로서 자기를 드러내 보일 가능성이 항상 있음을 우리가 예상할 수 있다는 사실에서 모든 질문의 전제에는, 우리가 주어진 것에 대해 하나의 무화적인 후퇴를 실행하고, 그 결과 이 주어진 것은 존재와 '무' 사이에서 동요하는 하나의 단순한 '제시'가 된다는 것이 포함되어 있다. 따라서 중요한 것은, 질문하는 자가 존재를 구성하고 존재밖에 생산할 수 없는 인과적 계열에서 이탈할 가능성을 언제나 가지고 있다는 것이다. 만일 우리가 질문은 묻는 자 속에서 보편적 결정론에 의해 결정되고 있다는 것을 사실 인정한다면, 이 질문은 이치에 닿지 않는 것일 뿐만 아니라 생각도 할 수 없는 것이 될 것이다.

사실 하나의 실제적인 원인은 하나의 실제적인 결과를 낳는 것이며, 그 결과인 존재는 원인에 의해 긍정성 안에 전적으로 구속되어 있다. 결과로서의 존재가 그 존재에 있어서 원인에 의존하고 있는 한, 거기에는 무의 싹은 전혀 존재할 수 없을 것이다. 질문자가 질문을 받는 상대에 대해 일종의 무화적 후퇴를 실행할 수 있는 한, 질문자는 세계의 인과적인 질서에서 벗어나고, '존재'의 덫에서 빠져 나오는 것이다. 이것은 곧 이런 뜻이다. 이중의 무화적인 운동에 의해 질문자는 먼저 자기와의 관계에서 질문을 받는 자를 무화하며, 그것을 존재와 비존재 사이의 '중성적(中性的)' 상태에 둔다. 그리고 질문하는 자는 질문받는 자와의 관계에서 스스로 자기를 무화하고, 자기에게서 하나의 비존재의 가능성을 이끌어 낼 수 있도록 존재에서 자기를 분리한다. 질문과 함께 어느 정도의 부정성이 세계 안에 도입된다. 우리는 무가 세계를 무지개 빛깔로 채색하면서 사물 위에서 영롱하게 빛나는 것을 본다. 그러나 그것과 동시에, 질문은 한 사람의 질문자에게서 나오는 것이며, 질문자는 존재에서 떠남으로써 질문하는 자로서 스스로 자기를 자기의 존재 안에 동기를 부여한다. 그러므로 질문은, 그 정의(定義)에서 말하건대 하나의 인간적인 과정이다. 따라서 적어도 이 경우에, 인간은 무를 낳게 할 목적으로 그 자신이 비존재를 띠고 나온 한, 세계 속에 '무'를 피어나게 하는 하나의 존재로서 나타난다.

이런 고찰은 우리가 앞에서 말한 부정성을 검토하기 위한 길잡이로서 우리에게 유용하다. 의심할 여지 없이 부정성은 초월적인 현실이다. 예를 들면 거리는 어림잡아야 할 어떤 것, 노력해서 넘어서야 하는 어떤 것으로서 우리에게 부과된다. 그러나 이런 현실은 매우 특수한 성질을 가지고 있다. 그것은 모두 직접적으로 인간존재와 세계의 하나의 본질적인 관계를 가리키고 있다. 이런 실재들은 기대라든가 기도(企圖) 같은 인간존재의 하나의 행위에 근원을 가지고 있다. 그것은 모두 세계 속에 자기를 구속하고 있는 인간존재 앞에 나타나는 한, 존재의 한 국면을 보여 주고 있다. 또 부정성이 지적하고 있는 인간과 세계의 여러 가지 관계는, 우리의 경험적인 활동에서 나오는 '후천적(a posteriori)'인 관계들과 아무런 공통점도 가지고 있지 않다.

하이데거에 의하면, 세계의 모든 대상들이 '인간존재' 앞에 드러나는 것은 '도구성'의 연관에 의해서이지만, 그런 도구성의 연관도 또한 이 경우의 문제는 아니다. 모든 부정성은 차라리 이 도구성 연관의 본질적 조건의 하나로 나타난다. 존재 전체가 도구로서 우리 둘레에 배치되기 위해서는, 또 존재 전체가 분절(分節)된 복합으로 분할되어, 그것이 서로 다른 것을 가리키며 유용성을 가지기 위해서는 부정이 나타나지 않으면 안 된다. 더욱이 다른 사물들 가운데 하나의 사물로서 나타나는 것이 아니라, 존재의 거대한 덩어리를 여러 사물로서 배치하고 배분하는 일을 관장하는 범주적 권한을 가진 것으로서 나타내야 한다. 그리하여 인간을 둘러싼 존재의 한복판에 인간이 나타남으로써 비로소 하나의 세계가 드러나게 된다. 그러나 인간의 이런 나타남의 본질적이고 원초적인 계기는 부정이다. 그리하여 우리는 이 연구의 첫 번째 목표에 이르렀다. 즉 인간은 무를 세상에 도래하게 하는 존재라는 것이다. 하지만 이 문제는 곧 또 하나의 문제를 유발한다. 즉 인간에 의해 무가 존재에 도래하기 위해서는 인간은 그 존재에 있어서 어떤 것이 되어야 할 것인가?

존재는 존재밖에 낳을 수 없다. 그리고 만일 인간이 이 생산과정 안에 포괄

되어 들어 있다면, 인간에게서는 존재밖에 나오지 않을 것이다. 인간이 이 과정에 대해 질문을 제기할 수 있기 위해서는, 다시 말해 이 과정을 문제시할 수 있기 위해서는, 인간은 이 과정을 하나의 총체로서 자기 시야 속에 담아 둘 수 있어야 한다. 다시 말하면 자기 자신을 '존재 밖에' 두고, 동시에 존재의 존재구조를 약화시킬 수 있어야만 하는 것이다. 그러나 자기 앞에 놓인 존재의 덩어리를 일시적으로나마 없애 버리는(무, anéantir) 것은 '인간존재'가 할 수 있는 일이 아니다. 그가 바꿀 수 있는 것은 이 존재와 자신의 '관계'이다. 인간에게 있어서 하나의 개별적인 존재자를 범위 밖에 두는 것은, 이 존재자에 대한 관계에 있어서 자기 자신을 범위 밖에 두는 것이 된다. 이 경우에 인간은 이 존재자로부터 탈출한다. 인간은 이 존재자의 손이 닿지 않는 곳에 있다. 존재자는 인간에게 작용할 수 없을 것이다.

인간은 스스로 '무의 저편으로' 물러간 것이다. 인간존재를 고립시키는 무를 분비(分泌)하게 하는, 이 인간존재의 가능성에 대해, 데카르트는 스토아학파 철학자를 따라 하나의 이름을 붙여 주었다. 그것이 '자유(liberté)'이다. 그러나 여기서의 자유는 하나의 낱말에 불과하다. 만일 우리가 이 문제에 더욱 깊이 파고들고자 한다면, 우리는 이 대답으로 만족해서는 안 된다. 우리는 이제 다음과 같이 자문해 보아야 한다. 만일 무가 인간의 자유에 의해 세계에 도래한다면, 처음에 인간의 자유는 어떤 것이 되어야 하는가?

자유의 문제를 전면적으로 다루는 것은 아직 우리에게는 불가능한 일이다.[*24] 사실 우리가 여기까지 수행해 온 바를 통해 그것을 분명히 알 수 있지만, 자유는 우리가 따로 떼어서 고찰하거나 묘사할 수 있는 인간적 영혼의 한 능력이 아니다. 우리가 정의하려고 애쓴 것은, 그것이 무의 나타남을 조건짓고 있는 한도 안에서의 인간의 존재이다. 그리고 이 존재는 우리에게 자유로서 나타났다. 따라서 무의 무화 작용에 필요한 조건으로서의 자유는 다른 고유성과 함께 인간존재의 본질에 속하는 하나의 고유성은 아니다. 그뿐만 아니라 우리가 이미 지적했듯이, 인간에 있어서의 존재와 본질의 관계는 세계 속의 사물에 있어서의 존재와 본질의 관계와는 다르다. 인간의 자유는 인간의 본질에 선행하는 것으로, 본질을 가능하게 한다. 인간존재의 본질은 인간의 자유 속

---

*24 원주. 제4부 제1장 참조.

에서 공중에 매달려 있다. 그러므로 우리가 자유라고 부르는 것을 '인간존재'의 '존재'와 구별할 수 없는 것이다. 인간은 '먼저' 존재하고 '그런 다음에' 자유를 얻는 것이 아니다. 인간의 존재와 인간이 '자유라는 것' 사이에는 차이가 없다. 그러므로 여기서 문제가 되는 것은, 인간존재의 엄밀한 해명을 기다린 뒤에야 비로소 충분하게 논의될 수 있는 하나의 문제와 정면으로 부딪히는 것이 아니다. 차라리 우리는 무의 문제와의 관련에서 자유를 논하고, 자유가 무의 나타남을 조건짓는 한, 자유를 논하지 않으면 안 된다.

가장 먼저 명확하게 나타나는 것은 인간존재가―질문, 방법적 회의, 회의론적 회의, 판단중지(epoche) 따위에서―세계로부터 자기를 떼어 놓을 수 있는 것은, 오로지 인간존재가 본성적으로 자기 자신에게서 이탈해야만 가능하다는 것이다. 이것은 데카르트가 본 바이다. 우리의 판단을 보류할 가능성을 우리를 위해 요구함으로써, 회의를 자유 위에 근거를 부여한 데카르트는, 그것을 보았다. 그리고 데카르트에 이어 알랭도 그것을 본 한 사람이다. 또 헤겔이, 정신은 그것이 매개인 한, 다시 말해 부정적인 한, 자유롭다고 주장한 것도 그런 뜻에서이다. 그뿐만 아니라 인간의 의식 속에서 일종의 자기 이탈을 보는 것은 현대철학의 여러 가지 경향 가운데 하나이다. 하이데거의 초월의 의미가 그런 것이고, 후설과 브렌타노의 지향성 또한 여러 관점에서 자기로부터의 이탈이라는 성격을 띠고 있다. 그러나 우리가 자유를 고찰하려는 것은, 아직은 의식의 내적 구조로서가 아니다. 우리는 현재로서는, 그런 기도를 잘 이룩하게 해 주는 수단과 기술을 가지고 있지 않다.

물음은 회의와 같이 하나의 행위이므로 현재 우리가 관심을 가지고 있는 것은 하나의 시간적인 작용이다. 이런 시간적인 작용은, '인간존재는 먼저 존재의 품속에서 쉬고 있으며, 이어서 하나의 무화적 후퇴에 의해 자기를 존재에서 분리하는' 것을 전제로 하고 있다. 그러므로 우리가 여기서 무화작용의 조건으로 고찰하는 것은 시간적 경과에서의 자기와의 관계이다. 우리는 다만 의식을 끝없이 계속되는 인과계열과 동일시한다면, 우리는 의식을 하나의 존재 충실 속으로 옮기게 되고, 따라서 의식을 존재의 무한한 전체 속에 빠뜨리게 된다는 것을 보여 주고자 하는 것이다. 그것은 심리학적 결정론이 보편적 결정론에서 떨어져 나와 자기대로 하나의 계열을 꾸며 보려고 헛된 노력을 기울이고 있는 것을 보아도 알 수 있다. 부재자의 방, 그가 읽다가 놓아둔 책, 그가 만지던 여러 가지 물건, 그것은 그 자체만으로는 단순한 '책', 단순한 '물체', 다시 말해 충실한 현재의 것에 지나지 않는다. 그가 남긴 발자국조차 그가 이미 부재자로서 확립된 하나의 상황의 내부에서가 아니면, 그의 발자국으로 판독될 수 없다. 책장에 때가 묻고 귀가 접혀진 책은, 그 자체로서는 피에르가 전날에 읽었고 이제는 읽지 않는 그런 한 권의 책이 아니다. 그것은 다만 책장이 접혀지고 때가 묻은 한 권의 책일 뿐이다. 비록 우리가 이 책을 나의 지각의 현재적·초월적인 동기부여로 여기거나, 나의 감각적 인상들이 정돈된 종합적인 체험 같은 것으로 생각한다 하더라도, 이 책은 그 자체밖에 가리킬 수 없다. 또는 이 책은 실제로 있는 여러 가지 물체, 그것을 비추고 있는 광선, 또 그것이 놓여 있는 책상밖에 가리키지 않는다.

플라톤이 그의 《파이돈》에서, 부재자가 만진 키타라나 리라(둘 다 고대 그리스의 현악기)의 지각(知覺)의 주변에 부재자에 대한 심상(心像, image)을 나타나게 하고 있는데,[25] 이 경우에는, 그런 인접에 의한 하나의 연상에 구원을 청해 보아야 아무 소용이 없을 것이다. 이 심상은 그 자체로서, 그리고 고전적 학설의 정신으로 고찰한다면 하나의 충실이고, 구체적·긍정적인 하나의 심적 사실이다. 따라서 이런 심상에 대해서는 양면에서 부정적인 판단을 내려야 할 것이다. 그것은 주관적으로는 심상은 지각이 아니라는 것을 나타내기 위해서이고, 또 객관적으로는 내가 그 심상을 떠올리고 있는 이 피에르에 대해, 그가 지금 '그곳에 있는' 것을 부인하기 위해서이다. 이것은 뎀(Tame)에서 스페르(Spaier)에 이르기까지의 수많은 심리학자들의 깊은 관심을 끌었던, 참된 심상의 특징들에 관한 유명한 문제이다. 우리가 보는 바와 같이 연상을 가지고는 이 문제가 해결되지 않는다. 연상은 이 문제를 반성의 수준으로 밀어 넣을 뿐이다. 그러나 어느 모로 보든 심상은 하나의 부정을 요구한다. 다시 말하면 적어도 주관적 현상으로서 파악된 심상과 마주하여 의식이 하나의 무화적 후퇴를 함으로써 이 심상을 바로 하나의 주관적 현상에 지나지 않는 것으로 조정(措定)할 것을 요구한다. 그런데 나는 다른 데서,[26] 만일 우리가 먼저 심상을 재생하는 하나의 지각으로 조정해 놓으면 '다음에' 이 심상을 현실의 지각과 분간하는 일이 근본적으로 불가능하다는 것을 보여 주려고 시도하였다. 심상은 그 구조

---

[25] 《파이돈》 73d.
[26] 원주.《상상력(L'Imagination)》, 알캉(Alcan)판, 1936.

자체 속에 하나의 무화하는 명제를 내포하고 있어야 한다. 심상은 그 대상을 '다른 곳에' 존재하는 것으로, 또는 존재하지 '않는' 것으로 조정하면서 심상으로서의 자체를 구성한다. 심상은 자기 속에 이중의 부정을 지니고 있다. 심상은 먼저(이 세계가 심상의 목표로 되어 있는 대상을 지각의 현실적인 대상으로서 실제로 제공해 주는 그런 세계가 아닌 한) 세계의 무화이다. 이어서 (이 대상이 현실적이지 않은 것으로서 조정되어 있는 한) 심상의 대상의 무화이며, 동시에 (이 심상이 구체적이고 충실한 하나의 심적 과정이 아닌 한) 심상은 그 자신의 무화이다.

내가 방 안에 피에르가 없는 것을 어떻게 파악하는지를 설명하기 위해 후설의 저 유명한 '공허한 지향'을 끌어대어도 헛된 일이다. 이 '공허한 지향'은 대부분의 경우, 지각을 구성하고 있는 것이다. 사실 온갖 지각적 지향 사이에는 '동기화 작용(動機化作用)'의 관계가 있다(그러나 동기화 작용은 원인이 되는 작용은 아니다). 그리고 이런 지향 가운데 어떤 것은 충실하다. 다시 말해 이 지향이 목표로 하는 것에 의해 채워져 있지만, 다른 지향은 공허하다. 하지만 공허한 지향들을 채워 주어야 할 질료(質料)는 '존재하지 않으므로', 공허한 지향을 그 구조에 있어서 동기부여하는 것은 질료일 수 없는 것이다. 또 그 밖의 지향은 충실하므로, 그런 충실한 지향은, 또한 공허한 지향을 공허한 지향으로서의 한도에서 동기를 부여할 수 없다. 더욱이 그런 지향은 심적인 성질을 가지고 있다. 그러므로 이 지향들을 사물의 방식으로 고찰하는 것은 잘못이다. 다시 말하면 먼저 주어져 있고, 경우에 따라서 비워져 있을 수도 채워져 있을 수도 있으며, 그러면서 그 본성상 그 공허한 상태나 충만한 상태에는 아무런 관계가 없는 용기(容器) 같은 것으로서 다루는 것은 잘못일 것이다.

후설은 이 의물론적(擬物論的)[*27] 착각에서 늘 벗어나 있었던 것 같지는 않다. 어떤 지향이 공허하기 위해서는 그 지향은 자기 자신을 공허한 것으로 의식하고, 바로 그 지향이 목표로 하고 있는 질료'의' 공허로서 자기 자신을 의식하고 있어야 한다. 공허한 지향이 공허한 지향으로 성립하는 것은, 이 지향이 그 질료를 존재하지 않는 것, 또는 부재하는 것으로서 조정하는 한에서이

---

*27 chosiste. 사르트르는 다음에도 자주 이 '쇼지스트'라는 말을 사용하고 있다. 이것은 chose(事物)에서 나온 신조어이다. 심적 사실 또는 의식의 사실을 마치 사물처럼 다루는 것을 말한다. '의인론적'이라는 말의 반대 의미로 '의물론적'이라고 번역하였다.

다. 간단하게 말해서 공허한 지향이란 이 지향이 부재하는 것, 또는 존재하지 않는 것으로서 조정(措定)하는 하나의 대상을 향해 자기를 초월하는 부정의 의식이다. 그리하여 우리가 그것에 대해 어떤 설명을 내놓든 피에르의 부재가 확인되거나 느껴지기 위해서는, 선행하는 모든 규정이 결여된 의식이 자기를 부정으로서 구성할 수 있는 하나의 부정적인 계기가 없으면 안 된다. 그가 전에 살고 있었던 그 방에 대한 나의 지각에서 출발하여 지금은 이 방 안에 없는 인간을 생각할 때, 나는 완전히 필연적으로 선행하는 어떤 상태에 의해서도 결정되지 않고 동기도 부여될 수 없는 하나의 사고행위를 하도록 이끌어진다. 다시 말하면 나는 나 자신에 있어서 존재와 결렬하도록 이끌어진다. 그리고 존재자를 고립시키고 한정시키기 위해, 다시 말해 그들을 생각해 보기 위해 내가 계속적으로 부정성을 사용하고 있는 한, 나의 '의식상태'의 계기(繼起)는 원인에서 결과를 끊임없이 분리시키는 일이다. 그것은 무화하는 과정은 모두 그것의 원천을 그 자체만 이끌어 낼 것을 요구하기 때문이다.

나의 현재의 상태가 선행하는 나의 상태의 연장인 한, 부정이 숨어들 수 있는 틈새는 완전히 막혀 있을 것이다. 그러므로 무화작용의 모든 심적 과정은 직전의 심적 과거와 현재 사이에 틈새가 있음을 보여 준다. 이 틈새가 바로 무이다. 사람들은 아마도 이렇게 말할 것이다. "적어도 이런 무화적 과정 사이에 계기적(繼起的) 연루(連累)의 가능성이 남지 않는가? 피에르의 부재에 대한 나의 확인은, 또한 내가 그를 만나지 못하는 서운한 마음에 대해 규정적인 역할을 가질 수도 있을 것이다. 당신은 무화의 결정론에 대한 가능성을 배제하지는 않았지 않느냐?"고. 그러나 계열의 최초의 무화가 필연적으로 그것에 선행하는 긍정적 과정에서 분리되어야 하는 것은 물론이지만, 무에 의한 무의 동기화는 도대체 무엇을 뜻하는가? 확실히 하나의 존재는 끊임없이 자기를 무화할 수 있다. 하지만 그것이 자기를 무화하는 한, 그것은 비록 제2의 무화 현상이라 할지라도, 다른 하나의 현상의 기원이 되기를 단념한다.

다음에 남은 것은 모든 부정을 조건지우는 의식 사이의 이 분리, 이 박리(剝離)란 무엇인가를 설명하는 문제이다. 만일 우리가, 이 선행하는 의식을 동기화 작용으로 여긴다면, 그 상태와 현재의 상태 사이에는 '아무것'도 미끄러져 들어오지 '않는다'는 것이 이내 분명해질 것이다. 시간적 경과의 흐름 속에는 중단은 없었다. 그렇지 않으면, 우리는 시간의 무한가분성(無限可分性)이나 시점, 즉 분할의 극한으로서의 순간 같은 승인할 수 없는 생각에 다시 빠지게 될 것이다. 그렇다고 해서 칼날이 과일을 둘로 쪼개듯이, 뭔가 불투명한 어떤 것이 갑자기 끼어들어 선행하는 의식을 뒤의 의식에서 떼어 놓은 것도 아니다. 또 선행하는 의식의 동기부여 능력이 '약해진' 것도 아니다. 선행하는 의식은 본디 그대로 머물며 그 절실함을 하나도 잃지 않고 있다. 선행하는 의식을 뒤에 오는 의식에서 분리하는 것은 바로 '아무것도 아니다.' 이 아무것도 아닌 것은 바로 그것이 아무것도 아니므로 절대 뛰어넘을 수 없는 것이다. 왜냐하면 뛰어넘어야 하는 모든 장애물에는 뛰어넘을 대상이 되어야 하는 것으로서 자기를 제공하는 긍정적인 것이 있기 때문이다. 그러나 지금의 문제의 경우에는 타파해야 할 저항이나 뛰어넘어야 할 장애물을 찾아본다고 해도 헛일이다. 선행하는 의식은 (일종의 '과거성'이라고 할 수 있는 것을 가지고는 있지만) 항상 '그것에' 있다. 그것은 항상 현재의 의식과의 사이에서 설명하는 관계를 유지하고 있다. 그러나 선행하는 의식은, 이 존재적 관계의 바탕 위에서 장외로 밀려나고 국외(局外)로 쫓겨나며 묶음표 안에 묶이는 것이다. 그것은 바로, 현상학적 판단중지(epoche)를 실천하는 자의 눈에는, 그 내부 및 외부 세계가 묶음표 안에 묶이는 것과 똑같다.

그리하여 인간존재가 세계의 전부 또는 일부를 부인할 수 있는 조건은 인간존재가 그 현재를 그 과거 전체로부터 분리시키는 이 '아무것도 아닌 것(rien)'으로서 자기 속에 무를 지니는 것이다. 그러나 아직도 이것이 전부는 아니다. 왜냐하면 지금 고찰하고 있는 이 '아무것도 아닌 것'은 아직 무의 의미를 가지고 있지 않을 수도 있기 때문이다. 즉 이름이 주어지지 않은 채 머무르는, 또 스스로 그것을 의식하지도 않는, 하나의 존재중지가 의식 밖에서 찾아와서, 그 결과, 의식을 둘로 나누어 이 절대적 투명성의 핵심에 다시 불투명성을 끌어들일지도 모른다.*28 그뿐만 아니라 이 '아무것도 아닌 것'은 결코 부정적이 아니라고도 할 수 있다. 무는 앞에서 보았듯이 부정의 근거이다. 무는 부정을 자기 속에 내포하고 있기 때문이고, 또 그것은 존재로서의 부정이기 때문이다. 그러므로 의식적 존재는 자기의 과거에 대해, 무로 말미암아 이 과거에서 분리된 것으로서 자기 자신이 자기를 구성해야 한다. 의식적 존재는 존재의 이 균

---

*28 원주. 머리글 3 참조.

열의 의식이라야 한다. 다만 그것이 받는 현상으로서의 균열이 아니라, 이 의
식적 존재라는 의식구조로서의 균열의 의식이라야 한다. 자유는 자기 자신의
무를 분비함으로써 자기의 과거를 장외로 내모는 인간적인 존재이다. 말할 것
도 없이 자기 자신의 무라고 하는 이 최초의 필연성은, 중단에 의해, 또 개개
의 부정에 있어서 의식에 나타나는 것은 아니다. 심적 생활에서는 부정적이거
나 질문적인 행위가 적어도 부차적인 구조로 나타나지 않을 때는 한 순간도
없다. 의식은 잠시도 쉬지 않고, 스스로 자기의 과거존재의 무화로서 자기를
살아간다.

그러나 물론 여기서 우리가 빈번히 쓴 반론을 거꾸로 우리에게 돌려줄 수
있다고 생각하는 사람도 있을 것이다. 그들은 아마 이렇게 말할 것이다. "만일
무화하는 의식이 무화에 대한 의식으로밖에 존재하지 않는다면, 의식'으로서'
현재적이고, 또한 무화에 대한 의식인, 하나의 지속적인 의식의 존재방식을 규
정하고 묘사할 수 있지 않은가? 그런 의식이 존재할 것인가?" 여기서 새로운
문제가 제기된다. 만일 자유가 의식의 존재라면, 의식은 자유의 의식으로 있어
야만 할 것이다. 이 자유의 의식이 갖는 형태는 어떤 것일까? 자유에 있어서
인간존재는, 무화라는 형태하에서 자기 자신의 '과거이다'(같은 형태하에서 자
기 자신의 미래'이다'). 우리의 분석이 우리로 하여금 길을 잃게 하지 않는다면,
인간존재가 존재를 의식하고 있는 한, 그에게 있어서는 자기의 과거와 미래에
대해, 동시에 그 과거와 그 미래이면서, 또한 과거와 미래가 아닌 것으로서 스
스로 처신하는 하나의 존재방식이 있을 것이다. 이 문제에 대해 우리는 하나
의 직접적인 대답을 제공할 수 있다. 인간이 자기의 자유를 의식하는 것은 불
안에 있어서이다. 또 말하자면, 불안은 존재의식으로서의 자유의 존재방식이
다. 불안 속에서야말로 자유는 그 존재 속에 그 자신을 위한 문제가 된다.

키르케고르는 과오를 범하기 전의 불안을 묘사하면서, 그것을 자유 앞의
불안이라고 특징지었다. 그러나 우리가 알고 있는 것처럼 키르케고르에게서
그토록 많은 영향을 받은 하이데거[29]는 반대로 불안을 무의 파악으로 생각했
다. 불안에 대한 이 두 가지 서술은 우리에게도 모순되는 것으로 생각되지 않
는다. 반대로 이 두 가지는 서로 관련을 맺고 있다.

---

*29 원주. 장 발(J. Wahl)《키르케고르 연구(Études kierkegaardiennes)》-키르케고르와 하이데거.

먼저 키르케고르가 정당함을 인정해야 한다. 불안은 이 점에서 두려움과 구별된다. 두려움은 세계의 존재들에 관한 두려움이고, 불안은 자기 앞에서의 불안이다. 현기증이 불안인 것은, 내가 절벽에서 떨어지지 않을까 두려워하는 것이 아니라, 내가 스스로 절벽에서 몸을 던지지 않을까 두려워하기 때문이다. 어떤 상황은 그것이 밖에서 나의 생명과 나의 존재를 변경할 우려가 있는 한, 두려움을 일으키지만, 내가 이 상황에 대한 나 자신의 반응에 대해 의구심을 품는 한, 이 상황은 불안을 불러일으킨다. 공격에 앞선 준비 사격은 포격을 받는 병사에게 두려움을 불러일으킬 수 있다. 하지만 그 사람 속에 불안이 시작되는 것은 그가 포격에 대항하여 취해야 하는 행동을 예상하려고 할 때이며, 그가 이 포격에 '버티어 낼' 수 있을 것인지 자문해 볼 때이다. 마찬가지로 전쟁이 일어났을 때 자기 부대를 찾아가는 징집된 군인은 어떤 경우에는 죽음의 두려움을 느낄 수 있다. 그러나 보통 사람들은 '두려움을 느끼는 것에 대한 두려움'을 느낀다. 다시 말하면 그는 자기 자신 앞에서 불안을 느끼는 것이다. 대부분의 경우 위험하거나 위협을 주는 상황은 많은 면을 가지고 있다. 이런 상황은, 상황이 인간에게 작용하는 것으로 보느냐, 또는 인간이 상황에 작용하는 것으로 보느냐에 따라 두려움의 감정 또는 불안의 감정을 통해 파악할 수 있다.

방금 '호된 타격'을 입은 사람, 최근의 경제공황으로 재산의 대부분을 잃은 사람은 다가오는 빈곤에 대해 두려움을 느낀다. 그가 불안해지는 것은 바로 다음 순간, 신경질적으로 두 손을 잡고 비틀며(이 동작은 어떤 힘의 작용이 불가피하지만, 아직 전적으로 무규정 상태에 머물러 있을 때, 그것에 대한 반응으로서 상징적인 것이다), '나는 이제 어떻게 해야 하나? 도대체 어떻게 해야 한단 말인가?' 하고 소리칠 때이다. 이런 의미에서 두려움과 불안은 서로 양립하지 않는다. 왜냐하면 두려움은 초월적인 것에 대한 비반성적(非反省的)인 파악이지만 불안은 자기에 대한 반성적 파악이고, 한쪽은 다른 쪽의 파괴에서 생성되는 것으로, 내가 방금 든 예에서 말한다면, 일반적인 과정은 한쪽에서 다른 쪽으로의 끊임없는 이행이기 때문이다. 그러나 불안이 순수한 형태로 나타나는 상황, 그 전후에 두려움이 따르지 않고 불안이 나타나는 상황도 있다. 예를 들면 내가 새로운 직위에 올라서 견딜 수 없는 유혹이 많은 임무를 맡게 되었다고 하자. 나는 일어날 수 있는 나의 실패의 결과에 대해서는 전혀 두려움을 느끼지 않고, 어쩌면 내가 이 직책을 수행할 수 없는 게 아닐까 하고 생각한 순간 불안해지는 수도 있을 것이다.

내가 방금 든 여러 가지 예에서 불안은 무엇을 의미하는 것일까? 현기증의 예를 다시 들어 보자. 현기증의 조짐으로 나타나는 것은 두려움이다. 나는 어떤 절벽을 따라 나 있는, 난간도 없는 좁은 오솔길 위에 있다. 절벽은 나에게 '피해야 하는' 것으로서 주어져 있다. 이 절벽은 죽음의 위험을 나타내고 있다. 동시에 나는 보편적인 결정론에 속하는 몇 가지 원인, 이 죽음의 위협을 현실로 바꿀 수 있는 몇 가지 원인을 생각해 본다. 나는 조약돌 위에서 미끄러져 절벽 아래의 심연 속에 떨어질지도 모른다. 오솔길의 무른 흙이 발밑에서 무너질지도 모른다. 이렇게 다양한 예상을 하고 있을 때, 나는 나 자신에게 하나의 사물로서 주어진다. 나는 그런 가능성에 대해 수동적이다. 나 또한 만유인력에 끌리고 있는 이 세계의 하나의 사물인 한, 그 가능성들은 밖에서 나에게 온다. 이것은 '나의' 가능성은 아니다. 이 순간에 '두려움'이 나타난다. 두려움은 상황에서 출발하여 나 자신에 관해 파악된다. 그것은 초월적인 여러 물체의 한복판의 파괴될 수 있는 초월적 물체로서의 나 자신에 관한 것이며, 그 미래의 소멸의 근원을 자기 안에 가지고 있지 않은 물체로서의 나 자신에 관한 것이다. 그것에 대한 반응은 반성적 단계에 속한다.

나는 길가의 조약돌을 '조심할 것이다.' 그리고 오솔길 가장자리에서 되도록 멀리 떨어질 것이다. 나는 온 힘을 다해 위협적인 상황을 물리치려고 하는 나를 실감한다. 그리고 나에게서 세계의 위험들을 멀리하기 위한 목적을 가진 몇 가지 미래의 행위를 내 앞에서 계획한다. 그런 행위는 '나의' 가능성이다. 나는 나 자신의 가능성이, 인간적인 활동이 개입할 여지가 없는 초월적인 개연성과 자리를 바꾸는 장면에서, 내가 스스로 몸을 둔다는 사실 자체에 의해 두려움에서 벗어나 있다. 그러나 이런 행위는 바로 그것이 '나의' 가능성이므로, 나에게는 외부적 원인에 따라 결정된 행위로서는 나타나지 않는다. 이런 행위들이 유효할 것인가 하는 것은 물론이고, 이런 행위들이 지켜질 것인가 하는 것도 엄밀하게 말해 확실하지 않다. 왜냐하면 그런 것은 그 자체만으로는 충분한 존재를 가지고 있지 않기 때문이다. 우리는 버클리의 말을 전용(轉用)하여, 다음과 같이 말해도 무방하리라. 그런 행위'가 있는 것은 지켜지고 있는 것이다', 그리고 그 '있는 것의 가능성은 하나의 보존되어 있어야 하는 것에 지나지 않는다'고.*30 이런 사실로 인해 그런 행위의 가능성은 그것과 모순되는 행위의 가능성(길가의 조약돌에 주의하지 '않는 것', 뛰는 것, 다른 생각을 하는 것)과 동시에 반대되는 행위의 가능성(벼랑에 몸을 던지려 하는 것)을 필요조건으로 한다.

내가 '나의' 구체적인 가능으로 만들고 있는 이 가능은 상황이 지니고 있는 논리적 가능의 총체를 배경으로 그 위에 떠오름으로써만 나의 가능으로 나타날 수 있다. 그러나 거부당한 다른 많은 가능도 그 '보존되어 있는 것' 이외의 다른 존재를 가지지 않는다. 그들을 존재 속에 유지하는 것은 나 자신이다. 그리고 반대로 그들이 현재 존재하지 않는다는 것은 그들이 '보존되어서는 안 된다'는 것이다. 어떤 외적 원인도 그들을 멀리하지는 않을 것이다. 오직 나만이 그들의 가능이 존재하지 않는 것의 끊임없는 원천이다. 나는 그들에게 얽매여 있다. '나의' 가능을 나타나게 하기 위해서 나는 그 밖의 다른 가능을 내세우고, 그것을 무화시킨다. 그렇다고 해서 만일 내가 그런 모든 가능에 대한 나의 관계에서, 나 자신을 결과를 낳는 원인으로 파악할 수 있다면 불안이 생기는 일은 없을 것이다. 그 경우에 나의 가능으로서 정해져 있는 결과는 엄밀한 의미에서 결정되어 있는 것이 될 것이다. 그러나 그렇게 되면, 나의 '가능'은 가능이기를 그만두고, 단순히 와야 하는 것(à-venir)이 될 것이다. 그러므로 만일 내가 불안과 현기증을 피하고자 한다면, 내가, 내가 당면한 상황을 거부하게 하는 동기(생존본능, 선행하는 두려움 등)를 나의 선행하는 행위의 결정요인으로 여길 수 있기만 하면 되는 것이다. 그것은 마치 어떤 주어진 질량의 한 정점에서의 현존이, 다른 질량에 의해 그려지는 궤도의 결정요인이라는 뜻에서의 결정요인으로 여기면 된다.

나는 내 속에 하나의 엄밀한 심리적 결정론을 파악하지 않으면 안 될 것이다. 그러나 나는 바로 나의 행위가 오직 '가능'일 뿐이므로 불안을 느끼는 것이다. 그것은 바로 다음과 같은 것을 뜻한다. 즉 이 상황을 배제하기 위한 여러 동기의 총체를 구성하면서도 동시에 나는 이 동기를 충분히 유효하지 않은 것으로 파악한다는 것이다. 내가 나 자신을 낭떠러지에 대한 '두려움'으로 파악하는 바로 그 순간, 나는 이 두려움을 나의 가능한 행위에 있어서는 '비결정적

---

*30 원주. 우리는 가능성의 문제에 대해 이 책의 제2부에서 다시 다루게 될 것이다.

요인'으로 의식하고 있다. 어떤 의미에서 이 두려움은 하나의 신중한 행위를 불러일으킨다. 이 두려움은 그 자체가 이미 이런 신중한 행위에 대한 대략적인 묘사이다. 또 다른 의미에서의 이 두려움은 이 행위에 이어지는 전개를 단순히 가능적인 것으로서밖에 세우지 않는다. 그것은 바로 내가 이 행위를 그것에 이어지는 전개의 '원인'으로 파악하는 것이 아니라, 요구와 호소 따위로 파악하기 때문이다.

그런데 우리가 앞에서 본 것처럼 존재의식은 의식의 존재이다. 그러므로 여기서는 이미 형성된 두려움에 대해, 뒤에 내가 더 보탤 수 있는 그런 하나의 고찰이 문제가 되는 것은 아니다. 두려움이 어떤 행위를 불러일으키면서 그 행위의 '원인이 아닌 것'으로서 자기 자신에게 나타나는 것, 이것이 바로 두려움의 존재 그 자체이다. 요컨대 두려움은 엄밀하게 결정된 초월적인 미래를 나에게 내주지만, 이런 두려움을 피하기 위해 나는 반성 속으로 도피한다. 그러나 이 반성이 나에게 내줄 수 있는 것이라고는 하나의 결정되지 않는 장래뿐이다. 그것은 이런 뜻이다. 내가 어떤 행위를 '가능한 것'으로서 확립할 때, 이 행위는 바로 '나의' 가능이므로 나는 이 행위를 보존할 것을 나에게 강요하는 것은 '아무것도 없다'는 것을 양해하고 있다. 하지만 나는 분명히 저 너머, 미래 속에 있다. 나는 내가 곧 길모퉁이에 이를 이 미래를 향해 나의 온 힘을 다해 준비하고 있는 것이다. 그리고 이런 뜻에서 나의 미래의 존재와 나의 현재의 존재 사이에는 이미 하나의 관계가 있다. 그러나 이 관계의 중심에 하나의 무가 스며들어와 있다.

나는 내가 있을 자로 지금은 '있지' 않다. 그것은 첫째로 시간이 현재의 나를 미래의 나에서 떼어 놓고 있기 때문이다. 두 번째로 내가 현재에 있는 것은 내가 장차 있을 것의 근거가 아니기 때문이다. 끝으로 현재의 어떤 존재자도 내가 장차 있을 것을 엄밀하게 결정할 수 없기 때문이다. 하지만 나는 이미 내가 있을 것으로 있으므로(그렇지 않으면 나는 이러저러한 자라는 것에 관심을 가지지도 않을 것이다), 나는 '앞으로 있을 그런 것은 아니라는' 방식으로 '내가 앞으로 있을 자'이다(Je suis celui que je serai sur le mode de ne l'être pas). 내가 미래를 향해 옮겨지는 것은 나의 두려움을 통해서이며, 이 두려움은 그것이 미래를 가능한 것으로 확립하는 데 있어서 자기를 무화한다. '있지 않다'는 방식으로 자기 자신의 미래로 있다는 의식이 곧 우리가 '불안'이라고 부르는 것이다. 또

'상태'로서의 두려움을 강화하는 결과를 가져오는 동기로서의 두려움을 무화하는 것은, 그 긍정적인 반면(反面)으로서는 다른 행위들의 출현(특히 낭떠러지에 몸을 던지는 행위의 출현)을 있을 수 있는 '나의 가능'으로서 가지고 있다. 만일 나의 생명을 구하도록 나에게 강요하는 것이 '아무것도' 없다면, 내가 심연에 몸을 던지는 것을 금지하는 것은 '아무것도' 없다. 결정적인 행위는 내가 아직 그것이 아닌 하나의 '나'로부터 나올 것이다. 그리하여 아직도 내가 아닌 내가, 내가 현재 그것인 나에게 의존하지 않는 한, 내가 현재 그것인 나는 그 자체로는 내가 아직도 그것이 아닌 나에게 의존하고 있다. 그리고 현기증은 이런 의존의 파악으로서 나타난다.

나는 낭떠러지에 다가간다. 나의 눈길이 심연 바닥에서 찾고 있는 것은 '나'이다. 이 순간부터 시작해서 나는 나의 모든 가능과 희롱한다. 나의 눈은 심연을 위에서 아래로 계속 내려다보면서 있을 수 있는 나의 추락을 모방하고 그것을 상징적으로 실감한다. 동시에 자살행위는 그것이 있을 수 있는 '나의 가능'이 된다는 사실에서 이번에는 이 자살행위가 이 행위를 채택하는 가능한 동기들을 나타나게 한다(자살은 불안을 끝낼 것이다). 다행히 그런 동기는 이번에는 그것이 하나의 가능한 동기라는 오직 그 사실로 말미암아 무효한 것, 비결정적 원인으로서 주어진다. 추락에 대한 나의 두려움이 그것을 피하도록 나를 결정할 수 없는 것과 마찬가지로, 그런 동기들도 자살이 일어나게 할 수 없다. 일반적으로 불안을 불결단(不決斷)으로 바꿈으로써 불안을 끝내는 것은 이런 반(反)—불안이다. 이번에는 불결단이 결단을 불러온다. 우리는 갑자기 낭떠러지의 가장자리에서 물러나 다시 자기의 길을 걸어간다.

지금까지 분석한 예가 우리에게 보여 준 것은, '미래 앞에서의 불안'이라고 부를 수 있는 것이었다. 여기에 또 하나의 불안이 있다. 그것은 과거 앞에서의 불안이다. 이 불안은 다시는 노름을 하지 않겠다고 진심으로 굳게 결심하고도, '도박대'에 다가가자 갑자기 그 결심이 모조리 '물거품이 되어 버리는' 것을 깨달은 노름꾼의 불안이다. 우리는 때때로 이런 현상을, 마치 도박대를 보는 것이, 마음속으로 전날의 결심과 싸우기 시작하는 하나의 충동을 각성시키고, 결국 이것이 어제의 결심에도 우리를 끌고 들어가는 것으로 해석했다. 이런 식의 해석은 의물론적(擬物論的) 사고방식으로 이루어지는 것이고, 정신 속에 적대하는 두 힘을 깃들게 하는 것이지만(이를테면 도덕주의자들이 말하는 너무나 유명한 '이성과 정념'의 싸움), 그 밖에도 이런 해석은 사실을 설명하는 것이 아니다. 실제로—도스토옙스키의 편지가 이것을 증명하고 있다—우리 속에는, 우리가 결단을 내리기 전에 마치 여러 가지 동기와 원인을 저울질해 보지 않으면 안 되는, 그런 내적인 '논쟁' 비슷한 것은 아무것도 없다. '다시는 노름을 하지 않겠다'는 앞에서의 결심은 언제나 '거기'에 있다. 그리고 대부분의 경우에 도박대 앞에 자리잡은 노름꾼은 그 선행하는 결심을 뒤돌아보면서 거기에 구원을 청한다. 왜냐하면 그는 노름을 하고 싶지 않기 때문이다. 또는 오히려 어제 결심을 했으므로, 자기가 아직도 다시는 노름을 하고 싶어 하지 않는 것으로 생각하고 있으며, 이 결심의 효력을 믿고 있기 때문이다.

그러나 그가 그때 불안에 빠져 깨닫는 것은 바로 과거의 결심이 전적으로 무효하다는 사실이다. 과거의 결심은 분명히 거기에 있다. 하지만 바로 내가 이 과거의 결심을 의식하고 있다는 사실 자체 때문에 응고되고, 무효가 되고, 이탈해 있는 것이다. 내가 시간의 흐름을 통해 나 자신과 나의 동일성을 끊임없이 나타내고 있는 한, 과거의 이 결심은 여전히 '나'이지만, 그것이 나의 의식에 '있어서' 있다는 사실에서 그것은 이미 '내'가 아니다. 나는 이 결심에서 빠져나간다. 그것은 내가 그것에 맡긴 사명을 어기고 있다. 여기서도 나는 그것으로 있지 않다는 방식으로 이 결심에 '있다.' 이 순간에 노름꾼이 파악하는 것은 또한 결정론의 끊임없는 해소이고, 이 노름꾼을 그 자신으로부터 떼어 놓는 무(無)이다. 나는 두 번 다시 노름을 하지 않겠다고 그토록 간절하게 원하고 있었다.

어제만 해도 나는 상황(차츰 다가오는 파멸, 가족들의 절망)이 내가 노름하는 것을 '금지한다'고 종합적으로 판단했다. 따라서 나는 도박과 나 사이에 하나의 '현실적인 담장' 같은 것을 세워 놓은 것으로 생각했다. 그러나 나는 불현듯 깨닫는다. 이런 종합적 파악은 지금은 하나의 관념적 추억, 하나의 감정적인 추억에 불과하다. 이런 파악이 다시 나를 도우러 와주기 위해서는 내가 그것을 '무에서' 자유롭게 다시 하지 않으면 안 된다. 노름을 하지 않는 것은 나의 수많은 가능 가운데 하나에 불과하다. 마치 노름을 한다는 것이 나의 모든 가능 가운데 다른 하나인 것과 같다. 그것은 그 이상도 이하도 아니다. 내 가족을 슬픔에 빠뜨리는 이 두려움을 '나는 다시 찾아내지' 않으면 안 된다. 나는 이 두려움을 체험되는 두려움으로서 다시 만들어 내야 한다. 이 두려움은 마치 뼈 없는 유령처럼 내 뒤에 도사리고 있지만, 내가 그에게 내 살을 빌리고 빌려주지 않는 것은 오로지 나에게 달려 있다. 나는 그 전날 그랬던 것처럼 이 유혹 앞에 혼자 벌거숭이로 서 있다. 그리고 참을성 있게 울타리와 성벽을 쌓아올린 뒤, 결심이라는 하나의 마술의 쳇바퀴 속에 나를 가둔 다음, 나는 내가 도박하는 것을 금지하는 것은 아무것도 없다는 것을 깨닫고 불안에 빠진다. 그런데 이 불안은 바로 '나 자신이다.' 왜냐하면 나를 존재의식으로서 존재시킨다는 사실 하나만으로 나는 '현재' 그 훌륭한 결심을 하고 있으면서, 더욱이 나 자신을 이 결심의 과거에는 '있지 않은' 것으로 만들기 때문이다.

이런 불안은 본디 밑바닥에 깔려 있는 심리적 결정론을 알지 못하는 데서 오는 것이라고 반박하는 사람도 있을지 모르나, 그런 반박은 무익한 것일 뿐이다. 그들의 말을 빌리면, 내가 불안한 것은, 무의식의 어둠 속에서 나의 행동을 결정하는 현실적이고 유효한 원인들을 알지 못하기 때문이라는 것이다. 그 점에 대해서 우리는 먼저 이렇게 대답할 것이다. "불안은 인간의 자유에 대한 하나의 '증거'로서 우리에게 나타난 것은 아니다. 자유는 물음의 필요조건으로서 우리에게 주어져 있다." 우리는 다만, 자유의 하나의 특수한 의식이 존재함을 보여 주려 했을 뿐이고, 또 이 의식이 불안이라는 것을 보여 주려고 했다. 이것은 우리가 불안을 그 본질적인 구조에서 자유의 의식으로 세워 보려고 했다는 뜻이다. 그런데 이 관점에서 말하자면 심리적 결정론의 존재는 우리의 진술 결과를 무효로 만들지 못할 것이다. 사실 불안은 이 결정론을 깨닫지 못하는 무지—이 경우의 불안은 사실 자기를 자유로 파악한다—이거나, 또는 우리의 행위의 실제적인 원인을 모르는 것에 대한 의식이거나, 둘 중의 하나가 될 것이다.

이 후자의 경우에 불안은, 죄 많은 행위를 갑자기 발현시키는 기괴한 동기가 우리 자신 속에 도사리고 있는 것을 우리가 예감하는 데서 오는 것이 되리라. 그러나 그렇다고 하면, 우리는 우리에게 갑자기 '세계의 사물'로서 나타나게 되고, 우리가 우리 자신에게 다름 아닌 우리 자신의 초월적인 상황이 될 것이다. 그렇게 되면 불안은 사라지며, '두려움'이 대신 그 자리를 차지할 것이다. 왜냐하면 초월적인 것을 두려운 것으로서 종합적으로 파악하는 것은 두려움이기 때문이다.

불안 속에서 우리에게 드러나는 이 자유는 동기와 행위 사이에 숨어드는 이 '아무것도 아닌 것'(없는 것)(rien)의 존재에 의해 특징지어진다. 내가 자유롭기 '때문에' 나의 행위는 여러 동기에 의한 결정에서 벗어나 있는 것이 아니라, 오히려 무효한 것인 여러 동기의 구조가 나의 자유의 조건이다. 그리고 자유에 근거를 부여하는 이 '아무것도 아닌 것'은 무엇이냐고 묻는 사람이 있다면, 우리는 이렇게 대답할 것이다. 그것은 '있지 않기' 때문에 우리는 그것을 묘사할 수 없다. 그러나 이 아무것도 아닌 것이 인간존재와의 관계에 있어서, 인간존재에 의해 '존재되는' 한, 우리는 적어도 그 뜻을 끄집어낼 수 있다고. 이 아무것도 아닌 것은 동기가, 동기'에 대한' 의식의 상관자(相關者)로서만 동기로 나타난다고 하는 필연성에 대응한다. 다시 말하면, 우리가 의식내용이라는 가정을 단념하자마자, 우리는 동기란 결코 의식 '속에는' 존재하지 않는다는 것을 인정하지 않으면 안 된다. 동기는 의식을 '위해서'만 존재한다. 그리고 동기는 나타남으로서만 나타날 수 있다는 바로 그 사실에 의해, 동기는 그 자신이 효력이 없는 것으로서 구성된다. 물론 동기는 시간적·공간적 사물이 가진 외면성을 가지고 있지는 않다.

동기는 언제나 주관성에 속한다. 그리고 동기는 '나의 것'으로 여겨지는데, 하지만 그것은 본성적으로 내재 속에서의 초월이다. 그리고 동기에게 그 의의와 중요성을 부여하는 것은 의식의 책임인 이상, 의식은 동기를 확립하는 것 그 자체로 인해 동기에서 벗어나 있다. 따라서 의식에서 동기를 분리시키는 이 '아무것도 아닌 것'은 내재 속의 초월로 특징지어진다. 의식이 의식 자신에 있어서 초월로서 존재하는 것은, 이런 '아무것도 아닌 것'에 의해서이지만, 의식이 이 '아무것도 아닌 것'을 무화하는 것은 의식이 스스로 자기를 내재(內在)로서 낳기 때문이다. 그러나 모든 초월적 부정의 조건인 이 무(néant)는 두 가지의 서로 다른 원초적 무화에서 출발해야만 설명될 수 있다.

(1) 의식이 어떤 내용도 갖지 않는 '공허'한 것인 한, 의식은 그 자체의 동기가 '아니다.' 이것은 우리에게 반성 이전의 '코기토'의 무화적 구조를 가리킨다.

(2) 의식이 자기와 직면할 때는 '그것으로 있지 않다고 하는 방식으로 그것으로 있는' 것인데, 의식이 그 과거 및 미래와 직면할 때도 마찬가지이다. 그것은 우리에게 시간성의 무화적(無化的)인 구조를 가리켜 보여 준다.

이 두 가지 형태의 무화를 설명하는 것은 아직은 문제가 아니다. 우리는 우선 필요한 기술(技術)을 아직 가지고 있지 않다. 여기서는 다만, 부정에 대한 결정적인 설명은 자기(에 대한) 의식과 시간성의 기술(記述)을 소홀히 해서는 주어질 수 없음을 지적해 두는 정도로 충분하다.

여기서 주의해야 하는 것은 불안에 의해 드러나는 자유는, 자유로운 존재를 가리키는 '나'를 끊임없이 새롭게 만들어야 하는 성격을 가지고 있는 것이 그 특징이라는 사실이다. 사실 우리는 앞에서 나의 모든 가능이 불안한 것은 이 가능을 그 존재 속에서 지탱하는 것이 오로지 '나에게'만 달려 있기 때문이라는 것을 보여 주었는데, 그렇게 말했다고 해서 그런 가능은 '나'에게서 나오는 것이고, 이런 '나'는 적어도 그것만은 먼저 주어져 있으며, 시간의 흐름 속에서 하나의 의식에서 다른 의식으로 이행한다고 말하려는 것은 아니다. 도박을 금지하는 하나의 '상황'에 대한 종합적인 파악을 새삼스럽게 실감해야 하는 노름꾼은 동시에 '상황 속에서' 이 상황을 평가할 수 있는 '나'를 다시 만들어 내지 않으면 안 된다. 이 '자아'는 그 선험적(a priori)인 내용과 더불어 역사적인 내용을 가지고 있으며, 그것이 인간의 '본질'이다. 그리고 자기 눈앞에서의 자유의 나타남인 불안이 뜻하는 것은, 인간은 언제나 무로 말미암아 그 본질에서 분리되어 있다는 것이다. 여기서는 '본질이란 과거에 있었던 것이다(Wesen ist was gewesen ist)'라고 한 헤겔의 말을 다시 들어 보아야 한다. 본질은 '있었던 것'이다. 본질은 인간존재에 대해서 '그것은……이다'라는 말로 나타낼 수 있는 모든 것이다. 그리고 이런 사실에서 보아 본질이란 행위를 설명하는 성격들의 전체이다. 그러나 행위는 항상 이런 본질의 너머에 있다. 행위는 우리가 그것에 대해 줄 수 있는 모든 설명을 능가하는 한에서만 인간적 행위이다. 그 까닭은 인간에게서 '그것은……이다'라는 명제로 지적할 수 있는 모든 것은, 바로 그 사실로 보아 '있었던' 것이기 때문이다.

인간은 자기와 함께 자기 본질에 대한 판단 이전의 양해를 늘 가지고 있는데, 바로 이 사실로 인해 인간은 무를 통해 본질에서 분리되어 있다. 본질은 인간존재가 자기 자신에 대해 '있었던 것'으로서 파악하는 모든 것이다.[*31] 여기서 불안은 있는 것으로부터의 끊임없는 이탈이라는 방식으로 자기가 존재하는 한, 그보다는 차라리 이런 자로서 자기가 자기를 존재하게 하는 한, 자기의 파악으로서 나타난다. 왜냐하면 우리는 하나의 '체험(Erlebnis)'을 우리의 것인

---

*31 "본질이란 있었던 것이다." 헤겔 《엔치클로페디》 제1부 〈논리학〉 112절 보유.

그런 '본성'의 하나의 살아 있는 결과로서 파악하는 것은 결코 불가능하기 때문이다. 우리의 의식의 흐름은 점진적으로 이 본성을 만들어 간다. 그러나 이 본성은 항상 우리의 배후에 머물며, 우리의 회고적(回顧的) 양해의 대상으로서 언제까지나 우리를 따라다니고 있다. 이 본성이 우리를 불안하게 하는 것으로 인식되는 것은, 그것이 하나의 요구이고, 하나의 피해야 할 것이 아닌 한에 있어서이다.

불안의 경우에, 자유는 그것이 결코 어떤 것에 의해서도 재촉받거나 방해받지도 않는 한, 자기 자신 앞에서 불안해지는 것이다. 이에 대해서 이렇게 반박하는 사람도 있을 것이다. "그러나 자유는 인간존재의 하나의 영속적인 구조라고 방금 규정되지 않았는가? 만일 불안이 자유를 나타내는 것이라면, 불안은 내 감정의 하나의 영속적인 상태가 아니면 안 된다. 그런데 그와는 반대로 불안은 전적으로 예외적인 것이다. 불안 현상이 드물다는 사실을 어떻게 설명할 것인가?"

먼저 주의해야 할 것은 우리의 생활의 가장 일상적인 상황, 우리가 우리의 모든 가능을 그런 모든 가능의 적극적인 실현 안에, 또 실현에 의해 가능으로 인식할 때의 상황은 불안에 의해 우리에게 나타나는 것이 아니라는 점이다. 그것은 이런 일상적인 상황의 구조 자체가 불안한 파악과 양립하지 않기 때문이다. 사실 불안이란 하나의 가능성을 '나의' 가능성으로서 인정하는 일이다. 다시 말하면 의식이 무에 의해 자기의 본질에서 단절되었음을 알 때, 또는 의식이 자기의 자유 자체에 의해 미래에서 분리되어 있음을 알 때 불안이 성립되는 것이다. 그것은 이런 의미이다. 무화하는 '아무것도 아닌 것'은 나한테서 모든 변명을 빼앗아 버린다. 동시에 내가 그것으로 있는 미래는 내 손이 닿지 않는 곳에 있으므로, 내가 나의 미래의 존재로서 기도하는 것은 언제나 무화되어 단순한 가능성의 단계로 환원된다.

그러나 여기서 지적해 두어야 할 것은, 이런 갖가지 경우에 있어서 우리는 하나의 시간적인 형식과 관련을 가지고 있다는 것이다. 그 시간적 형식에 있어서, 나는 미래에 기대를 두고 '이 시간, 이날, 이달의 저편에서 나 자신과 만날 것을 약속하고 있다.' 불안은 내가 그 약속 장소에서 나 자신을 만나지 못할지도 모른다는 두려움이고, 내가 이제 그곳에 가려고 하지 않을지도 모른다는 두려움이다. 하지만 나는 또한 나의 행위가 나의 가능성을 실현하는 순간에,

나의 가능성을 나에게 드러내 보여 주는 행위 속에 이미 구속되어 있는 나를 발견할 수도 있다. 내가 나의 구체적인 가능성, 또는 예를 들어 담배를 피우고 싶은 욕망을 아는 것은 이 담배에 불을 붙이는 행위에 의해서이다. 내가 이 책을 쓴다는 행동을 나의 가장 직접적인 가능성으로서 내게 주는 것은, 이 종이와 이 펜을 가져오는 행위 자체에 의해서이다. 이미 나는 그것에 구속되어 있다. 내가 그것에 몸을 던지는 바로 그 순간 나는 나의 가능성을 발견한다. 그 순간에도 또한 이 가능성은 나의 가능성이다. 왜냐하면 나는 언제라도 내 일에서 눈을 돌려 노트를 저쪽으로 밀어내고, 만년필 뚜껑을 덮을 수 있기 때문이다. 그러나 행동을 중단하는 이 가능성은 나의 행위를 통해 나에게 드러나는 행동이 초월적이고 또 비교적 독립적인 형태로 결정(結晶)하려는 경향이 있다는 사실로 인해, 물러나서 2차적인 것이 된다.

'행동하는' 인간의 의식은 비반성적 의식이다. 이 의식은 무엇인가'에 대한' 의식이며, 이 의식에 대해 드러나는 초월적인 것은 하나의 특수한 성질의 것이다. 그것은 세계에 대한 하나의 '요구구조'이고, 그것이 이 의식 속에 상관적으로 도구적 복합관계를 드러낸다. 내가 지금 글을 쓰고 있는 이 쓴다는 행위에 있어서는, 미완성의 문장 전체가 쓰인다고 하는 수동적인 요구로서 드러나게 된다. 이 문장 전체는 내가 형성하는 글자의 뜻 자체이며, 그 호소(呼訴)는 논의할 여지가 없다. 왜냐하면 바로 문장 전체를 향해 말을 초월하지 않고는 그 말을 쓸 수 없기 때문이고, 나는 이 문장 전체를 내가 쓰는 말의 뜻의 필요조건으로서 발견하기 때문이다. 동시에 행위의 범위 안에서, 하나의 지시적(指示的)인 도구적 복합체가 드러나고 형성된다(펜−잉크−종이−글줄−여백 등등). 이 복합체는 그 자체로는 파악될 수 없으나 내가 써야 할 문장을 수동적 요구로서 나에게 드러내 보여 주는 초월성의 중심에서 나타나는 복합이다. 따라서 일상적인 행위의 준−일반성(準−一般性)에 있어서는 나는 이미 구속되고 있고, 또 내기를 걸어 놓고 있다. 그리고 나는 나의 모든 가능을 실현함으로써, 또 그것을 필요·긴급·유용으로서 행위 자체 속에서 나의 가능을 발견한다. 그리고 물론 이런 종류의 모든 행위에서는 이 행위가 그것의 궁극적 뜻과 나의 본질적 가능성 같은 더 멀고 더 본질적인 목적을 가리키는 한, 이 행위를 문제삼을 가능성이 남아 있다.

이를테면 내가 쓰는 문장은 내가 쓰는 글자의 뜻이지만, 내가 써내려는 작품 전체는 또한 문장의 뜻이다. 그리고 이 작품은 하나의 가능성이며 이 가능성에 대해 나는 불안을 느낄 수도 있다. 그것은 참된 '나의' 가능이며, 나는 내가 내일도 이 일을 계속할 것인지 어떤지는 알지 못한다. 내일은 이 작품에 대한 나의 자유가 그 무화하는 힘을 행사할 수도 있다. 다만 이 불안은 이런 작품을 '나의' 가능성으로 인식하는 것을 내포하고 있다. 나는 이 작품과 직접 마주하지 않으면 안 된다. 나는 이 작품에 대한 나의 관계를 실현하지 않으면 안 된다. 그것은 이런 뜻이다. 나는 그것에 대해 '도대체 이 책을 쓸 필요가 있을까?'라는 형태의 객관적인 질문을 제기하는 것만으로는 안 된다. 왜냐하면 그런 질문은 단순히 나에게 다음과 같은 더욱 드넓고 객관적인 뜻을 부여하게 할 뿐이기 때문이다. '지금 이것을 쓰는 것은 알맞은 일일까?' '다른 이러이러한 책과 겹치지는 않을까?' '이 작품의 내용은 충분히 흥미를 끌 수 있는 것일까? 그 내용은 충분한 사색을 거친 것일까?' 등등.

이런 의미부여는 모두 또한 초월적이며, 그것은 세계의 수많은 요구로서 주어진다. 나의 자유가 내가 쓰는 책에 대해 불안이 되기 위해서는 이 책이 나와의 관계에서 나타나지 않으면 안 된다. 다시 말해 나는 한편으로는 '내가 있었던 것'으로서의 나의 '본질'(나는 '이 책을 쓰기를 원하고' 있었다. 나는 그 초안을 생각하고 있었다. 나는 이 책을 쓰는 것이 흥미로운 일일 수 있다고 믿었다. 그리고 이 책이 나의 본질적인 가능'이었다'는 것을 고려하지 않으면 아무도 '나를 이해할' 수 없을 것으로 나를 형성했다)을 발견해야 한다. 다른 한편으로는 이 본질에서 나의 자유를 떼어 놓는 무(나는 '이 책을 쓰기를 원하고' 있었으나 '그 무엇도', 심지어 내가 원하고 있었다는 것 자체도 나에게 그것을 쓰도록 강요할 수 없다)를 발견해야 한다.

끝으로 나는 내가 앞으로 있을 것으로부터 나를 떼어 놓는 무(나는 이 책을 포기할 끊임없는 가능성을, 그것을 쓸 가능성의 조건 자체로서, 또 나의 자유의 뜻 자체로서 발견한다)를 발견하지 않으면 안 된다. 나는 나의 자유가 현재에 있어서든 미래에 있어서든, 내가 현재 있는 그대로의 것을 파괴할 수 있는 자유인 한, 나의 가능으로서의 이 책의 저술 자체 속에서 이 자유를 인식하지 않으면 안 된다. 다시 말해 나는 반성의 차원에 나를 두어야 할 필요가 있다. 내가 행위의 차원에 머물러 있는 한, 저술되어야 할 책은 나에게 나의 가능을 열어 보이는 행위에 의해 요원하게 예상되는 뜻에 지나지 않는다. 이런 책은 이 행위의 관련에 불과하다. 이 책은 그 자체로서는 주제화되지 않았고 조정(措定)되지 않았다. 그것은 '문제가 되지' 않는다. 그것은 필연적이라고도 우연적이라고도 생각할 수 없다. 그것은 내가 지금 쓰고 있는 것을 내가 이해하기 위한 실마리가 되는 항상적이고 요원한 뜻에 불과하다. 이런 사실에서 이 책은 '존재'로 생각할 수 있다. 다시 말하면 내가 나의 문장에 하나의 결정된 뜻을 부여할 수 있는 것은, 오직 현재 존재하고 있는 나의 문장이 떠오르기 위한 '존재하는 배경'으로서 이런 책을 규정함으로써이다.

그런데 우리는 시시각각 세계 속에 던져져 구속당하고 있다. 그 의미는 이러하다. 우리는 우리의 모든 가능을 세우기 이전에 행동을 일으키고 있다. 또 실현된 것, 또는 실현되고 있는 것으로 드러나는 이런 가능은 각각 의미들을 가리키는 것인데, 이 의미들이 문제가 되기 위해서는 특수한 행위가 필요할 것이다. 아침에 울리는 자명종은 나의 가능성인 나의 일을 하러 가는 가능성을 가리킨다. 그러나 자명종의 부름을 부름으로 인식하는 것은 일어나는 일이다. 그러므로 일어나는 행위 자체는 사람을 안심시킨다. 왜냐하면 일어나는 행위는 '일은 나의 가능성인가?' 하는 물음을 면제해 주기 때문이다. 따라서 일어나는 행위는 정적주의(靜寂主義, quiétisme)나 일의 거부, 종국에는 세계의 거부나 죽음 따위의 가능성을 인식할 여유를 나에게 주지 않는다. 간단하게 말해 자명종 소리의 뜻을 파악하는 것이, 그 부름에 응하여 벌써 일어나 있는 한, 이 파악은 자명종시계의 소리에 그 요구를 부여하는 것은 나이고, 게다가 나뿐이라는 불안한 직관으로부터 나를 지켜 준다. 같은 방식으로 일상생활의 도덕성이라고 부를 수 있는 것은 윤리적 불안을 배제한다. 내가 모든 가치에 대한 나의 근원적인 관계에서 나를 응시할 때, 그것에는 윤리적 불안이 있다. 사실, 가치는 하나의 근거를 구하는 요구이다. 그러나 이 근거는 어떤 경우에도 결코 '존재'일 수는 없을 것이다. 왜냐하면 그 이상적인 본성의 근거를 그 존재에 두는 가치는 모두, 바로 그 사실 때문에 가치인 것을 그만두고, 나의 의지의 타율(他律)을 실현하게 될 것이기 때문이다.

가치는 그 존재를 그 요구에서 끌어내는 것이지, 그 요구를 그 존재에서 끌어내는 것은 아니다. 그러므로 가치는 그것을 가치'인 것'으로서 파악하는, 따라서 또 나의 자유에 대한 가치의 권리를 가치에서 빼앗는 하나의 관상적(觀想的) 직관에는 주어지지 않는다. 하지만 그와는 반대로 가치는 가치를 가치로 인정한다는 사실만으로, 가치를 가치로서 존재하게 하는 하나의 능동적 자유에 대해서만 드러내 보인다. 그 결과로서 나의 자유는 모든 가치의 유일한 근거이다. '아무것도', 절대적으로 아무것도, 내가 이러이러한 가치, 이러이러한 가치의 기준을 채택할 때, 그 정당성을 보장해 주지는 않는다. 모든 가치를 존재하게 하는 것이 나의 존재인 한, 나의 정당성을 보장해 주는 것은 아무것도 없다. 그러므로 나의 자유는 내가 모든 가치의 근거 없는 근거인 것에 대해 불안을 느낀다. 그리고 또한, 나의 자유가 불안을 느끼는 것은, 모든 가치는 본질상 하나의 자유에 대해 드러나게 된다는 사실에서, 모든 가치는 동시에 '문제가 되는' 일 없이는 드러내 보여질 수 없기 때문이다. 그것은 가치의 기준을 뒤엎을 가능성이 상호보완적으로 '나의' 가능성으로서 나타나기 때문이다. 모든 가치 앞에서의 이 불안이야말로 모든 가치의 이상성의 승인이다.

그러나 보통, 나는 모든 가치를 매우 안심하는 태도로 대하고 있다. 그것은 사실상 내가 모든 가치의 세계 속에 구속되어 있기 때문이다. 가치가 나의 자유에 의해 존재 속에 지탱되고 있다는 불안한 자각은 뒤에 오는 간접적인 현상이다. 직접적인 것은 긴박하게 닥쳐오는 이 세계이다. 내가 스스로 구속되어 있는 이 세계 속에서 나의 행위는 모든 가치를 자고새처럼 날아가게 한다. '비열'이라는 반가치(反價値)가 내 안에 생기는 것은 나의 분개 때문이며, '위대성'이라는 가치가 나에게서 생겨나는 것은 나의 찬미 속에서다. 특히 내가 많은 금기(禁忌)에 실제로 복종하고 있다는 것 그것이 이 금기를, 사실상 존재하는 것으로서 나에게 나타낸다. 스스로 '성실한 신사(les honnêtes gens)'로 자처하는 시민이 성실한 것은, 도덕적 가치를 고려해서가 아니다. 그들은 세계 속에 나타나자마자 성실이라는 뜻을 가진 하나의 태도 속에 내던져져 있는 것이다. 그리하여 성실함은 하나의 존재를 획득한다. 그것은 새삼스럽게 문제가 되지는 않는다. 가치는 잔디밭에 들어가는 것을 금지하는 팻말과도 같은 수많은 작은 현실적 요구들로 나의 앞길에 뿌려져 있다.

그리하여 우리의 비반성적인 의식에 주어지는 세계—이것을 우리는 직접적인 것의 세계라고 부르자—에서는 우리는 '먼저' 나타나고 그'다음'에 행위 속에 던져지는 것이 아니다. 우리의 존재는 직접적으로 '상황 속에' 있다. 다시 말하면 우리의 존재는 행위 속에 나타나 이 행위 속에 자기를 반영하는 한, 비로소 자기를 아는 것이다. 그러므로 우리는 여러 가지 요구가 들어 있는 하나의 세계 속에서 '실현 중인' 계획의 중심에서 자신을 발견한다. 예를 들면 나는 글을 쓴다, 나는 담배를 피운다, 나는 오늘 저녁에 피에르와 만나기로 약속되어 있다, 나는 시몽에게 답장 보내는 것을 잊어서는 안 된다, 나는 더 이상 클로드에게 진실을 숨길 권리가 없다 등등의 계획이 그것이다. 현실적인 것에 대한 이런 모든 사소한 수동적 기대들, 이런 모든 범속한 일상적인 가치들은, 진실을 말하면 세속의 나 자신에 대한 나의 선택이라고도 할 수 있는, 나 자신의 최초에서 그 뜻을 끌어내 온다. 그러나 바로 최초의 가능성을 향한 나의 계획, 즉 가치·요청·기대, 그리고 일반적으로는 세계를, 존재하게 하는 나의 이 계획은, 나의 행위의 추상적이고 논리적인 의미 및 의의로서는, 나에게 있어서 세계 저편에서만 나타날 뿐이다.

그 밖에도 자명종시계와 팻말, 납세통지서·경찰관이 모두 다 불안에 대한 울타리가 되어 구체적으로 존재하고 있다. 그러나 이런 행위가 나에게서 멀어지자마자, 나는 미래에 기대를 걸어야 하므로, 내가 나 자신을 향하게 되자마자 나는 곧 자명종시계에 그 뜻을 부여하는 자로서, 팻말에 따라 꽃밭이나 잔디밭에 들어가기를 스스로 금하는 자로서, 상사의 명령이 긴급한 것임을 알고 있는 자로서, 자신이 쓰고 있는 책의 흥미를 좌우하는 자로서, 요컨대 자기 행동을 모든 가치의 요구에 따라 결정하기 위해 모든 가치들이 존재하게 하는 자로서, 나 자신을 발견하는 것이다. 나는 나의 존재를 성립시키는 근원적이고 유일한 계획에 직면하여, 오직 홀로 불안 속에 떠오른다. 모든 방벽, 모든 울타리는 나의 자유의 의식에 의해 무화되어 무너진다. 가치를 존재하게 하는 것은 나라고 하는 사실을 거스르면, 나는 어떤 가치에도 의지하지 못하고 의지할 곳을 찾을 수도 없다. 어떤 것도 나 자신을 거슬러서 나를 안전하게 해 주지는 못한다. 내가 '그것으로 있는' 이 무로 말미암아 나는 세계에서도 나의 본질에서도 분리되어 있으므로, 나는 세계의 뜻과 나의 본질의 뜻을 스스로 실현하지 않으면 안 된다. 나는 오로지 혼자서, 핑계도 대지 못하고 변명할 여지도 없이 그 뜻을 결정한다.

그러므로 불안이란 자유 자체에 의한 자유의 반성적인 파악이다. 이런 뜻에서 불안은 매개이다. 왜냐하면 불안은 그 자체의 직접적인 의식이기는 하지만, 세계의 요청의 부정에서 생겨나기 때문이고, 내가 스스로 구속하고 있던 세계로부터 나 자신을 벗어나게 할 때, 그리고 나 자신을 의식으로서뿐만 아니라 그 본질의 존재론 이전의 양해와 그 모든 가능의 판단 이전의 뜻을 가지는 의식으로서 파악할 때 나타나기 때문이다. 불안은 세계에서 출발하여 모든 가치를 파악하며, 또한 모든 가치의 의물론적·고정적인 실체화(實體化) 속에 안주하고 있는 '근엄한 정신(l'esprit de sérieux)'[*32]과는 정반대되는 것이다. 근엄한 정신에 있어서는, 나는 대상에서 출발하여 나 자신을 규정하고, 내가 아직 시작하지 않은 행위를 모두 불가능한 것으로서 선험적으로 물리치며, 나의 자유가 세계에 부여한 뜻을 세계 쪽에서 온 것으로, 또 나의 의무와 나의 존재를 구성하는 것으로 파악한다. 그런데 불안에 있어서는 나는 나 자신을 전적으로 자유로운 것으로서, 동시에 나 스스로 세계의 뜻을 세계에 도래하게 하지 않을 수 없는 것으로서 파악한다.

그렇다 해도 반성의 차원에 몸을 두고, 멀거나 가까운 자신의 가능을 인정함으로써, 하나의 '순수한' 불안 속에서 자기를 파악하기만 하면 된다고 생각해서는 안 된다. 어떤 반성의 경우에 있어서도 의식이 반성적 의식을 응시하는한, 불안은 반성적 의식의 구조로서 생겨난다. 그러나 나는 나 자신의 불안을 앞에 두고 여러 가지 태도를 취할 수 있다. 특히 도피적인 태도를 취할 수 있다. 사실 불안과 마주한 우리의 본질적이고 직접적인 태도는 도피라고 해도 무방할 정도이다. 심리적 결정론은 하나의 이론적 사고방식이기 전에 먼저 하나의 변명적인 태도이다. 또는 모든 변명적인 태도의 근거라고 해도 무방하다. 심리적 결정론은 불안 앞에서의 하나의 반성적 태도이다.

심리적 결정론은 우리 속에는 사물의 존재방식에 비할 수 있는 존재방식을 가진, 서로 대립하는 힘들이 있다고 주장한다. 심리적 결정론은 우리를 둘러싼 공허를 메우고, 과거에서 현재로, 현재에서 미래로의 연결을 재건하려고 시도한다. 심리적 결정론은 우리의 모든 행위를 생산하는 하나의 '본성'을 우리에게 제공하고, 그런 행위 자체를 초월적인 것으로 만든다. 심리적 결정론은 이런 행위에 일종의 타성(惰性)과 외면성을 부여한다. 이 타성과 외면성으로 인

[*32] esprit de sérieux를 그대로 근엄한 정신이라고 번역하였다. 그때그때 자기가 택하는 자유로운 정신과는 완전히 반대되는 정신이다. 팻말이 있으니까 잔디밭에 들어가지 않는다, 명령을 받았으니 실행한다는 식의 융통성 없는 정신이 이것이다. 라브뤼예르의 꼬집어 하는 표현을 좀 비틀어서 말한다면, 고지식한 정신은 그리스도교의 왕 밑에서는 그리스도 교도가 되고, 무신론자인 왕 밑에서는 무신론자가 되는 사람을 가리킨다.

해 행위의 근거는 그 자신과는 다른 사물이 되고, 그 타성과 외면성은 끊임없이 '변명'의 역할을 수행하므로 행위는 매우 안정적인 것이 된다. 심리적 결정론은 인간적 실체를 자기 자신의 본성 저편에서 불안 속에 떠오르게 하는 뜻으로서의 인간존재의 그런 초월성을 부인한다. 그와 동시에 심리적 결정론은 우리를 '우리가 있는 그대로의 것 이외의 어떤 것도 아닌 것'으로 환원시킴으로써 우리 속에 즉자존재의 절대적 긍정성을 다시 도입하고, 그럼으로써 우리를 다시 존재의 중심으로 감싸안는다.

그러나 불안에 대한 반성적 방어라고도 할 수 있는 이 결정론은 하나의 반성적 '직관'으로 주어지는 것이 아니다. 이 결정론은 자유의 '명증(明證)'에 대해서는 아무런 힘도 없다. 그런 만큼 그것은 도피처의 신념으로서 우리가 불안을 피해 그리로 향할 수 있는 이상적 목표로서 주어진다. 이것은 철학의 여러 분야에서 결정론적 태도를 취하는 심리학자들이 그들의 논거를 내적 관찰의 순수한 주어진 것 위에 근거를 부여하려 하지 않는다는 사실에 의해 분명하다. 그들은 이 논거를 하나의 만족할 만한 가설로서, 그리고 이 가설의 가치는 그것이 사실을 설명하는 데서 오는 것으로서—또는 모든 심리학의 성립을 위해 필요한 요청으로서 제시한다. 그들 또한 그들의 반대자들이 '내적 감각의 직관에 의한 증거'라는 이름으로 그들에게 대항하는, 자유의 한 직접적인 의식의 존재는 인정한다. 그들은 다만 논쟁을 이 내적 드러내 보임의 '가치'에 대한 문제 쪽으로 가져간다. 그리하여 우리를 우리의 상태와 우리의 행위의 첫 번째 원인으로 파악할 수 있도록 하는 직관은 누구에 의해서도 논의되어 있지 않다. 결국 남은 문제는, 불안을 넘어서 자기를 높임으로써, 또 불안이란 우리가 우리 행위의 실제적인 원인에 대해 무지하므로 생기는 일종의 환각이라고 판단함으로써, 불안을 매개로 하려고 시도하는 것이 우리 각자가 흔히 할 수 있는 일인가 어떤가 하는 것이다. 여기서 제기되는 문제는 이 매개를 어느 정도로 신뢰할 수 있는가 하는 문제이다. 판단된 불안은 완화된 불안일까? 분명히 그렇지는 않다. 그러나 여기에 하나의 새로운 현상이 일어난다. 즉 불안에 대한 기분전환의 과정이 그것이다. 이 기분전환의 과정은 다시 하나의 무화적 능력을 그 자체 안에 예상하고 있다.

결정론은 하나의 요청 또는 하나의 가정일 뿐이므로 그것만으로는 이 기분전환에 근거를 부여하는 데 충분하지 않을 것이다. 결정론은 더욱더 구체적인 도피의 노력이며, 바로 반성의 터전 위에서 이루어지는 노력이다. 그것은 우선 '나의' 가능에 반대되는 가능들에 대한 기분전환의 한 시도이다. 내가 나를, 어떤 하나의 가능을 '나의' 가능으로서 이해하고, 나 자신을 그런 이해로서 구성할 때, 나는 그 가능의 존재를 나의 계획의 막다른 끝에 있는 것으로 인정하고 있어야 한다. 하나의 무에 의해 나에게서 떨어져 있지만, 저편에서, 미래 속에서 나를 기다리고 있는 나 자신으로서, 나는 그 가능을 파악하지 않으면 안 된다. 그런 뜻에서 나는 나를 나의 가능에 대한 최초의 근원으로 파악한다. 이것을 사람들은 보통 자유의식이라고 부르는 것이다. 자유의지를 두둔하는 사람들이 내적 감각에 대해서 말할 때 염두에 두고 있는 것은 의식의 이런 구조이고, 오직 이 구조뿐이다. 그와 동시에 내가 나의 가능을 배반하는 다른 모든 가능의 구성으로부터 애써 나의 기분을 전환시키려는 경우도 있다. 사실을 말하면, 나는 선택된 가능을 나의 가능으로서 낳는 바로 그 작용으로 말미암아, 그 다른 가능들의 존재를 조정하지 않을 수 없다. 나는 이 다른 가능들을 '살아 있는' 가능으로서, 다시 말해 '나의 가능이 될 수 있는 가능성을 가진' 것으로서 구성하지 않을 수 없다. 그러나 나는 이런 가능을 하나의 초월적이고 단순히 논리적인 존재를 부여받은 것, 요컨대 사물로 보려고 애쓴다. 내가 반성의 차원에서 이 책을 쓸 가능성을 '나의' 가능성으로 여긴다면, 나는 이 가능성과 나의 의식 사이에 하나의 존재의 무를 나타내게 한다.

그런데 이 존재의 무는 이 가능성을 가능성으로 구성하는 것이고, 이 책을 쓰지 않는 것이 '나의' 가능성이 되는 끊임없는 가능성 속에서 나는 바로 이 존재의 무를 파악하는 것이다. 그러나 이 책을 쓰지 않는다는 그 가능성에 대해 나는 마치 하나의 관찰할 수 있는 대상을 대할 때와 같은 태도를 취하려고 시도하면서, 동시에 내가 그 속에서 보고자 하는 것을 내 속에 침투시킨다. 즉 나는 이 가능성을 단순히 확실히 하기 위해 한마디 언급되어야 하는 것으로서, 또 나와는 관계가 없는 것으로서 파악하려고 애쓴다. 마치 이 움직이지 않는 당구공에 대한 움직이는 힘과 같이, 이 가능성은 나에 대해 외적인 가능성이 아니면 안 된다. 내가 거기까지 이를 수 있다면 나의 가능과 양립할 수 없는 모든 가능, 논리적인 존재로서 구성된 모든 가능은 그 효력을 잃을 것이다. 그런 모든 가능은 '외적'인 것이고, 그저 단순히 생각할 수 있는 우연히 일어나는 일로써, 다시 말해 실제로 타인에 의해서도 생각될 수 있는 우연히 일어나는 일로써, 또는 '같은 경우에 처하면 누구라도 가질 수 있는 가능으로서' 나의 가능을 둘러싸고 있으므로, 그것은 이미 나를 위협하는 것은 아닐 것이다. 그런 가능은 하나의 초월적인 구조로서의 객관적인 상황에 속할 것이다. 또는 하이데거의 용어를 써서 다음과 같이 말할 수도 있다. 나는 이 책을 쓰겠지만, '타인(on)'은 이 책을 쓰지 않을 수도 있을 것이라고. 그리하여 나는 이런 가능들이 '나 자신'이며, 나의 가능이 가지는 가능성의 내재적 조건이라는 것을 자신에게 숨기게 될 것이다. 그런 가능들은 나의 가능에 그 무상적(無償的)인 성격, 즉 자유로운 존재의 자유로운 가능성이라는 성격을 보존하게 하는 데 그야말로 충분한 존재를 보존하게 될 것이다. 그러나 그렇게 되면 그것은 위협적인 성격을 잃을 것이다. 그것은 나의 관심을 끌지 않을 것이다. 선택된 가능은 선택되었다는 사실로 인해 나의 유일한 구체적 가능으로서 나타날 것이다. 따라서 나를 그 선택된 가능에서 떼어 놓는 무, 그 가능에 맨 처음에 가능성을 부여하는 무는 채워지게 될 것이다.

하지만 불안 앞에서의 이 도피는 다만 미래와 마주하여 관심을 돌리려는 노력은 아니다. 이 도피는 또한 과거의 위협도 약화시키려고 시도한다. 이 경우, 내가 도피하려고 시도하는 것은 나의 초월 자체로부터이며, 게다가 이 초월이 나의 본질을 지탱하고 나의 본질을 뛰어넘는 한에서의 나의 초월 자체로부터이다. 나는 내가 즉자의 존재방식에 있어서 나의 본질'로 있다'는 것을 긍정한다. 그러나 동시에 나는 이 본질을 그 자체가 역사적으로 구성된 것으로서, 또한 원(圓)이 그 모든 성질을 품고 있는 것과 같이, 이 경우에는 행위를 품고 있는 것으로서 여기는 것을 거부한다.

나는 나의 본질을 나의 가능의 시원(始原)으로서 파악한다. 또는 적어도 그런 것으로 파악하려고 시도한다. 그리고 나는 이 본질이 그 자체 속에 하나의 시원을 갖는 것을 결코 용납하지 않는다. 그래서 나는 하나의 행위가 자유로운 것은, 그것이 진정 나의 본질을 반영하는 경우라고 주장한다. 그 밖에도 이 자유는 그것이 '자아(Moi)'의 '면전에서의' 자유라면 나를 불안하게 하겠지만, 나는 이 자유를 나의 본질의 중심에, 다시 말해 나의 '자아(mon Moi)'의 중심에 옮겨 놓으려고 시도한다. 여기서 문제되는 것은 이 자아를 내 속에 사는 하나의 작은 '신(神)', 나의 자유를 형이상학적인 덕성으로서 소유하는 하나의 작은 신과 같이 여기는 일이다. 그렇게 되면 자유로운 것은 이미 존재로 있는 한에 있어서의 나의 존재가 아니라, 나의 의식의 중심에 있는 나의 '자아'일 것이다. 여기서는 자유가 불투명한 존재의 중심에 파묻혀 있으므로, 그것은 완전히 자위적인 허구일 뿐이다. 나의 본질이 반투명성(半透明性)이 아닌 한, 나의 본질이 내재성 속의 초월인 한, 자유는 나의 고유성 가운데 하나가 되는 것이다. 요컨대 나의 자유를, 나의 '자아' 속에, '타인(他人)'의 자유로서 파악하는 것이 문제가 된다.[*33]

이 허구의 중요한 테마는 한눈에 분명하다. 즉 나의 '자아'는 이미 구성된 인격의 자격으로서, 타인이 그 행위의 근원이듯이 자아의 행위의 근원이 된다는 것이다. 분명히 나의 자아는 살아 있고 변화해 간다. 자아의 하나하나의 행위가 자아를 변화시키는 힘이 되고 있다는 것도 누구나 인정할 것이다. 그러나 이런 조화롭고 계속적인 변화는 생물학적인 유형에 입각하여 생각된 것이다. 이런 변화는, 내가 벗 피에르와 한동안 떨어져 있다가 다시 만났을 때, 그의 내부에 인정할 수 있는 변화와 비슷한 것이다. 베르그송이 깊은 '자아'에 대한 이론을 생각해 냈을 때, 분명히 그는 자위적인 그런 요구에 응한 것이었다. 그가 말하는 깊은 '자아'는 지속하고 또한 자기를 형성한다. 이 깊은 자아는 내가 그것에 대해 갖는 의식과 끊임없이 동시적이다. 의식은 이 깊은 자아를 뛰어넘을 수 없다. 이 깊은 자아는 모든 행위의 근원에서 발견되는데, 그것은 대변동을 일으키는 힘으로서가 아니라 마치 자식을 낳는 아버지와도 같은 것으로서이다. 따라서 행위는 하나의 엄밀한 결과처럼 본질에서 흘러나오는 것이 아니고, 예견할 수 있는 것도 아니며, 본질과의 사이에 하나의 안정된 관계, 하나의 가족적인 상사(相似)를 유지하고 있다.

행위는 본질보다 더 멀리 나가지만, 본질과 같은 방향을 향하고 있다. 물론 행위는 일종의 환원 불가능성을 보유하고 있으나 마치 아버지가 자기 사업을 잇는 아들 속에서 자기를 인지하고 발견하는 것과 같이 우리는 행위 속에서 우리 자신을 인지하고 발견한다. 이리하여 베르그송은 자유—우리가 우리 속에 파악하는 자유—를 '자아'라고 하는 하나의 심적 대상 속에 던져 넣음으로써 우리의 불안을 숨기는 역할을 했으나, 그것을 위해서는 의식 자체를 희생시키지 않으면 안 되었다. 이렇게 하여 그가 구성하고 기술한 것은, 우리의 자유

[*33] 원주. 제3부 제1장 참조.

가 그 자신에게 나타나는 그대로의 모습이 아니다. "그것은 타인의 자유이다."

이런 것이 우리가 불안을 가리려고 시도하는 과정의 총체이다. 우리는 우리의 하나의 가능을 파악할 때, 그 밖의 다른 모든 가능을 고려하는 것을 피하여, 그것들을 누구라도 상관없는 타인의 가능으로 만들어 버린다. 우리는 이 가능을 하나의 순수한 무화적 자유에 의해 지탱되고 존재하는 것으로 보려고 하지 않고, 오히려 이미 완성된 하나의 대상에 의해 만들어진 것으로서 파악하려고 시도한다. 이런 대상은 타인의 '인격'으로서 여겨지고 묘사된, 우리의 '자아' 이외에 아무것도 아니다. 우리는 최초의 직관으로부터, 이 직관이 우리의 독립과 책임으로서 우리에게 넘겨주는 것을 보존하고 싶어 하면서, 실은 최초의 직관 속에 있는 모든 근원적인 무화를 약화시키게 된다. 그뿐만 아니라 이 자유가 우리에게 무거운 짐이 된다든지, 우리가 어떤 변명의 필요를 느낄 때는 언제든지 결정론을 믿는 것에서 도피처를 찾는다. 그리하여 우리는 우리 자신을 '타인'으로서, 또는 사물로서 '밖으로부터' 파악하려고 시도함으로써 불안을 피한다. 사람들이 버릇으로 내적 감각의 계시라든지 자유의 최초의 직관이라고 부르는 것은 근원적인 것은 아무것도 가지고 있지 않다. 그것은 이미 건설된 하나의 과정이며 명백하게 우리에게서 불안을, 즉 우리의 자유의 참된 '직접소여(直接所與)'를 은폐하기 위한 과정이다.

이런 여러 가지 다른 구성에 의해 우리가 우리의 불안을 없애거나 은폐할 수 있을 것인가? 우리가 불안으로 '있는' 이상, 우리가 불안을 말살할 수 없는 것은 확실하다. 불안을 가린다는 문제에 대해서는 의식의 본성 자체와 그 반투명성이 이 어법을 글자 그대로 해석하는 것을 금지할 뿐만 아니라, 우리는 이 어법에 의해 우리가 뜻하는 특수한 형태의 행위에 주의하지 않으면 안 된다. 우리는 어떤 외부의 물체를 가릴 수 있다. 그것은 그 물체가 우리와는 독립적으로 존재하기 때문이다. 똑같은 이유로 우리는 이 물체에서 우리의 시선과 우리의 주의를 돌릴 수 있다. 다시 말해 아주 단순하게 어떤 다른 물체 위에 눈을 고정시킬 수 있다. 이 순간부터 각각의 실재—나의 실재와 물체의 실재—는 자기 자신의 고유의 생명을 되찾는다. 의식과 사물을 결합시키고 있던 우연적인 관계는 사라지지만, 그것으로 인해 어느 쪽의 존재이든 변질되는 일은 없다. 그러나 나 자신이 내가 가리려 하는 것으로 '있는' 경우에는, 문제는 완전히 다른 양상을 띤다. 사실 내가 나의 존재의 어떤 하나의 모습을 '보지 않으려' 할 수 있는 것은, 바로 내가 그 보지 않으려 하는 모습을 잘 알고 있는 경우뿐이다. 이것은 내가 그 모습에서 눈을 돌릴 수 있기 위해서는 내 존재 속에 그 모습을 가리켜야만 한다는 뜻이다. 더 적절하게 말해서 내가 그것을 생각하지 않도록 조심하기 위해서 나는 끊임없이 그것을 생각하고 있어야 한다는 뜻이다.

즉 나는 내가 피하고 싶어 하는 것을 어쩔 수 없이 계속 나와 함께 가지고 있어야 할 뿐만 아니라, 내가 어떤 대상으로부터 피하기 위해서는 그 대상을 지향해야 하는 것이다. 이것은 곧, 불안과 불안의 지향적 목표, 그리고 불안 속에 위안이 되어 주는 신화로의 도피는 모두 똑같은 의식의 통일 속에 주어지지 않으면 안 된다는 뜻이다. 요컨대 나는 알지 않기 위해서 피하는 것이지만, 나는 피하고 있다는 것을 알지 않을 수 없고, 또 불안으로부터의 도피는 불안을 의식하는 하나의 방법에 불과하다. 그러므로 불안은, 사실은 가릴 수도 피할 수도 없는 것이다. 그러나 불안을 피하는 것과 불안으로 있는 것은 전적으로 똑같을 수는 없다. 내가 나의 불안에서 벗어나기 위해 나의 불안으로 있다고 해도, 그것은 내가 나의 있는 그대로의 것에 대해 중심을 달리할 수 있다는 것, 나는 '불안으로 있지 않다'고 하는 형태에서 불안으로 있을 수 있다는 것, 나는 바로 불안 자체의 중심에서 무화적 능력을 쓸 수 있다는 것을 예상하고 있다. 이 무화적 능력은 내가 불안을 피하는 한 불안을 무화하고, 내가 '불안을 피하기 위해 불안으로 있는' 한 이 무화적 능력은 자멸한다. 이것이 이른바 '불성실(la mauvaise foi)', 즉 자기기만이다. 거기서 문제가 되는 것은, 불안을 의식에서 쫓아내는 것도 아니고, 불안을 무의식적인 심적 현상으로 구성하는 것도 아니다. 그보다는 오히려 매우 단순하게, 내가 불안으로 있는 그 불안의 파악 속에서 나 자신을 기만하게 하는 것이고, 나 자신과의 관계에서 내가 '그것으로 있는' 무를 채우는 역할을 하는 이 불성실은, 바로 그것이 배제하는 이 무를 내포하고 있는 것이다.

우리의 첫 번째 서술은 여기서 마침내 끝에 이르렀다. 우리는 더 이상 부정을 검토할 필요는 없다. 부정은 우리에게 어떤 특수한 형태의 행위가 존재한다는 것을 보여 주었다. 즉 비존재와 마주하는 행위가 그것이다. 이 행위는 특수한 초월성을 예상하는 것이므로 따로 연구하는 것이 낫다. 이리하여 우리는 두 가지의 인간적 탈자(脫自, ek-stase)와 마주하고 있는 것이다. 즉 우리를 즉자

존재 속으로 던져 넣는 탈자와 우리를 비존재 속으로 끌어넣는 탈자가 그것이다. 단순히 인간과 존재의 관계에만 관련이 있었던 우리의 첫 번째 문제는 이제 매우 복잡해진 것처럼 보인다. 그러나 비존재로 초월하는 것에 대한 우리의 분석을 끝까지 수행한다면, 모든 초월의 이해를 돕는 귀중한 참고 자료를 얻는 것도 불가능한 일은 아니다. 더욱이 무의 문제를 우리의 연구에서 제외할 수는 없을 것이다. 인간이 즉자존재와 마주하여 스스로 '태도를 취하는' 것은—우리의 철학적인 물음은 이런 태도의 한 형태인데—인간이 이런 즉자존재로 '있지 않기' 때문이다. 따라서 우리는 존재를 향한 초월의 조건으로서 비존재를 발견한다. 그러므로 우리는 무의 문제에 매달리지 않을 수 없다. 그리고 이 문제를 철저히 해명할 때까지 그것을 놓아서는 안 된다.

다만 물음과 부정에 대한 검토는 그것이 줄 수 있는 모든 것을 우리에게 주었다. 우리는 그것에서 시간성 속의 인간의 무화로서, 또 부정성의 초월적 파악의 필요조건으로서, 경험적인 자유로 돌아왔다. 남은 것은 이 경험적 자유 자체에 근거를 부여하는 일이다. 이 경험적 자유는 최초의 무화일 수도 없고, 모든 무화의 근거도 될 수 없을 것이다. 물론 이 경험적 자유는 모든 부정적 초월을 조건짓는 내재성에서의 초월을 구성하는 힘이 된다. 그러나 경험적 자유의 초월이 '초월로서' 내재 속에 구성된다는 사실 자체가, 근원적 무의 존재를 전제로 하는 제2차적 무화가 여기서 문제가 되고 있음을 보여 준다. 즉 그런 모든 초월은, 부정성이라는 모든 초월에서 이윽고 자기 자신의 무(無)인 존재까지 우리를 인도하는 분석적 역행의 한 단계에 지나지 않는다. 분명히 우리는 모든 부정의 근거를 '내재성의 핵심에서' 일어나는 무화 속에서 찾지 않으면 안 된다. 인간으로 하여금 자기 자신에 대해 자기 자신의 무가 되게 하는 근원적 행위를 우리가 발견해야 하는 것은, 절대적 내재성 속에서이고, 순간적 코기토의 순수한 주관성 속에서이다. 의식에 있어서 또는 의식에서 출발하여, 인간이 자기 자신의 무인 존재로서, 또 무를 세계에 가져오는 존재로서 세계 속에 나타나기 위해, 의식은 그 존재에 있어서 어떤 것이 되어야 할 것인가?

우리는 아직 이 새로운 문제를 해결할 수단을 가지고 있지 않은 것 같다. 부정은 직접적으로는 다만 자유에만 관련된 것이다. 우리를 더 멀리 나갈 수 있게 하는 행위는 자유 자체 속에서 발견되어야 한다. 그런데 우리를 내재성의 문턱까지 이끌어 주는 이런 행위, 게다가 우리가 그 행위의 가능조건을 객관적으로 파악할 수 있을 만큼 충분히 객관적인 이런 행위를 우리는 이미 만나 보았다. 불성실에 있어서는, 우리는 똑같은 의식의 통일 속에서 '불안에서 벗어나기 위해 불안으로 있다(nous étions-l'angoisse-pour-la-fuir).' 이것을 우리는 이제 막 지적하지 않았는가? 만일 불성실이 틀림없이 가능하다면, 우리는 똑같은 의식 속에서 존재와 비존재의 통일, 즉 '그것으로 존재하지 않기 위해 그것으로 존재하는 것(l'être-pour-n'être-pas)'을 만날 수 있어야 한다. 그러므로 이제는 불성실이 우리의 물음의 대상이 될 것이다. 인간이 질문할 수 있기 위해서는 그가 그 자신의 무로 있을 수 있어야 한다. 즉 인간이 근원적으로 존재에 있어서의 비존재에 속할 수 있는 것은, 그의 존재가 자기 자신에게 있어서, 그 자신에 의해서, 무에 전율하는 경우뿐이다. 그리하여 인간존재라는 이 시간적 존재 속에서의 과거와 미래에 대한 초월이 비로소 나타난다. 그런데 불성실은 순간적인 것이다. 그렇다면 만일 인간이 불성실할 수 있어야 할 경우, 반성 이전의 코기토의 순간성에 있어서 의식은 어떤 것이어야 하는 것일까?

제2장
자기기만

1. 자기기만과 허위

인간존재는 단순히 세계 속에 '부정성'이 나타나게 하는 존재일 뿐만 아니라, 자기에 대해 부정적인 태도를 취할 수 있는 존재이기도 하다. 우리는 머리글에서 의식을 정의하여 '그 존재가 자기와는 다른 하나의 존재를 끌어들이는 한, 그것에 있어서는 그 존재에 있어 그 존재가 문제가 되는 하나의 존재'라고 했다. 그러나 물음의 행위를 해명하고 난 지금, 이 명제는 또한 다음과 같이 쓰일 수도 있을 것이다. 즉 '의식이란 그것에 있어서는 그 존재 속에 그 존재의 무(無)의 의식이 있는 하나의 존재'라고. 이를테면 금지 또는 거부에 있어서 인간존재는 미래적인 초월을 부정한다. 하지만 이 부정은 무엇을 확정하는 것이 아니다. 나의 의식은 다만 하나의 부정성을 '응시'하는 것만으로 그치지 않는다. 나의 의식은 그 근저로부터, 다른 인간존재가 '그의' 가능성으로서 계획하는 하나의 가능성의 무화로서 자기 자신을 구성한다. 그러므로 나의 의식은 세계 속에 하나의 '부(否, non)'로서 나타날 것이다. 노예가 처음에 주인을 파악하는 방법이나 탈주하려고 마음먹은 죄수가 감시병을 파악하는 방법도 바로 하나의 '부'로서 하는 것이다. 세계에는 자기의 사회적 존재가 오로지 '부'의 존재인 사람들(파수꾼·감시병·간수 등등)도 있으며, 그런 사람들은 한평생 이 지상에서는 하나의 '부로서밖에 존재하지 않으며, 그렇게 살다가 죽어 갈 것이다. 그런 부류가 아닌 사람들도 사람인 한, 끊임없는 부정으로 자기를 구성하고, 부를 그들의 주관성 자체 속에 지니고 있다.

셸러가 '원한적(怨恨的)인 인간*1'이라고 부르는 것의 뜻과 기능, 그것이 이

---

*1 ressentiment을 프랑스어 그대로 술어화하여 '강자에 대한 약자의 원한'이라는 의미를 갖게 한 것은 니체이다. 니체에 의하면, '강자에 대한 약자의 반감, 주인에 대한 노예의 증오'는 그 벌충으로서 하나의 '노예도덕'을 낳는다. 학대받는 자들의 행복을 설교하고 겸허와 동정을

'부'이다. 그러나 이보다 더 미묘한 행위도 존재한다. 그것에 대한 묘사는 우리를 더 멀리 의식의 내면까지 인도해 갈 것이다. 아이러니[*2]가 이런 행위의 한 예이다. 아이러니에서 사람은 하나의 똑같은 행위 속에서 그가 제기하는 것을 무효화한다. 그는 믿도록 만들지만 믿어 주지 않는다. 그는 부정하기 위해 긍정하고, 긍정하기 위해 부정한다. 그는 하나의 긍정적 대상을 만들어 내지만, 그 대상은 그것의 무 이외의 존재는 가지지 않는다. 그리하여 자기에 대한 부정적 태도는 새로운 질문을 제기하는 것을 허락한다. 즉, 인간은 자기를 부인할 수 있기 위해서는 그 존재에 있어서 어떤 것이 되어야 하는가? 하지만 '자기부정'의 태도를 그 보편성 속에서 지적하는 것은 지금의 문제는 될 수 없을 것이다. 이 표제(標題) 밑에 포함되는 행위는 너무나 다양하여, 우리는 그것의 추상적인 형식밖에 파악할 수 없을 것이기 때문이다. 차라리 인간존재에 있어서 본질적인 태도이기도 하고, 동시에 의식이 그 부정을 밖으로 향하는 것이 아니라 자기 자신에게 돌리는 일정한 태도를, 선택하여 검토하는 것이 마땅할 듯하다. 이 태도가 아마도 '자기기만'[*3]일 것이다. 적어도 우리에게는 그렇게 생각

가르치는 그리스도교 도덕, 또는 거기서 파생된 근대 시민사회의 사회주의 운동 따위는 이런 노예도덕의 발현이다. 니체는 그것을 대신해야 하는 것으로서 권력의지 또는 거리의 파토스(pathos)(감정적 표현)에 바탕을 둔 '군주도덕'을 주장한다. 막스 셸러는 그리스도교에서는 노예도덕을 부정하지만 사회주의 운동에서는 그것을 인정한다.

*2 아이러니는 보통 '풍자', '빈정댐'의 의미로 쓰이고 있으나 그리스어의 에이로네이아(eironeia)는 '자기를 더욱 작아 보이게 하는 것' '무지를 가장하는 것'이라는 의미이다. 이것은 특히 자기의 무지를 고백하거나, 자기는 무식한 질문자라고 가장하면서, 지자(知者)로 자처하는 자들을 몰아붙여 상대의 의견을 자기모순에 빠뜨림으로써 그들의 무지를 폭로하는 소크라테스의 문답법의 특징으로 여겨지고 있다. 이 아이러니의 본질을 '무한한 절대적 부정성'으로 최초로 파악한 것은 헤겔이다. 키르케고르는 헤겔의 이 규정에서 출발하여, 무한한 부정성으로서의 아이러니를 미적 실존에서 윤리적 실존으로의 이행의 모멘트로 삼았다. 사르트르의 이 대목에도 아이러니가 가진 무한한 부정성에 중점이 두어져 있다.

*3 mauvaise foi는 원어대로 번역하면 '나쁜 신앙'이라는 의미가 되고, 반대로 다음에 나오는 bonne foi는 '좋은 신앙'이라는 뜻이다. 이것은 사르트르만의 독특한 용어가 아니라 예로부터 내려온 어법인데, 이를테면 파스칼의 《팡세》 388에도 이 둘이 대어(對語)로 쓰여져 있다. 일반적으로는 후자를 '성실' 또는 '성의', 전자를 '불성실' 또는 '무성의'라고 번역하면 통하지만, 사르트르의 경우에는 이 말이 '자기에 대한 불성실'이라는 뜻으로 mauvaise foi라는 말이 사용되어 있다. 따라서 이 말은 '자기기만' 또는 '일시적인 위안'이라고 번역하는 것이 가장 적합하다고 생각된다. 내용적으로 보면, 스스로 그것을 의식하고 있는 자기기만이고, 일시적인 위안이며, 망신(妄信)이다. 또는 자유에 대한 배신이라고 해도 좋을 것이다. 그리고 bonne foi

되었다.

자기기만은 흔히 허위와 동일시된다. 우리는 어떤 사람에 대해 무차별하게 '그의 태도는 불성실하다'든가, '그는 스스로 자기에게 거짓말을 하고 있다'고 말한다. 만일 자기에 대한 거짓말과 단순한 거짓말을 확실히 구별할 수 있다면, 우리는 자기기만이란 자기에 대한 허위라는 것을 기꺼이 받아들일 것이다. 허위는 하나의 부정적인 태도이다. 이것은 누구나 다 인정할 것이다.

그러나 이 부정은 의식 그 자체를 지향하는 것이 아니다. 이 부정은 초월적인 것밖에 노리지 않는다. 허위의 본질은 사실 거짓말을 하는 자가 완전히 진실을 알고 있으면서, 그 진실을 속이고 있다는 뜻을 담고 있다. 우리는 자기가 모르는 것에 대해서는 거짓말을 하지 않는다. 자기 자신이 속고 있음을 깨닫지 못하고 그 오류를 남에게 전할 때, 우리는 거짓말을 하고 있는 것이 아니다. 자기가 잘못 알고 있을 때, 우리는 거짓말을 하는 것이 아니다. 따라서 거짓말하는 사람의 이상(理想)은, 자기는 진실을 긍정하면서 자신의 말에서는 그것을 부정하고, 또 자기 자신에 대해서는 그 부정을 부정하는 냉소적인 의식이라고 할 수 있다. 그런데 이 이중의 부정적인 태도는 초월적인 것을 향하고 있다. 지금 말하고 있는 사실은, 본디 존재하지 않는 것이므로 초월적이다. 그리고 이 최초의 부정은 하나의 '진실'을, 다시 말해 하나의 특수한 형태의 초월을 향하고 있다. 또 내가 마음으로 진실을 긍정하면서 그것과 상호적으로 수행하는 내 마음속에서의 부정은 그런 '말'을, 다시 말하면 세계의 어떤 사건을 향하고 있다. 그뿐만 아니라 거짓말하는 사람의 마음속 기분은 긍정적이다. 즉 그 기분은 긍정적 판단의 대상이 될 수도 있다. 거짓말하는 사람은 속일 의도를 가지고 있는 것이고, 그는 이 의도를 자신에게 감추려 하지 않으며 의식의 반투명성도 가리려 하지 않는다.

오히려 그다음 행위를 결정해야 할 때 그가 의지하는 것은 이 의도이다. 이 의도는 다음의 모든 태도에 대해 분명하게 통제력을 발휘한다. 진실을 말한다고 표방하는 표면상의 의도('나는 당신을 속일 생각은 없소' '정말이오' '맹세코 말하지만' 등등)에 대해 말하면, 물론 이 의도는 내심의 부정의 대상이기는 하지만, 그것은 또한 거짓말하는 당사자가 자신의 의도로 인정하지 않는 의도이

_____

쪽은 남이 하는 말을 무조건 정말로 받아들이는 '융통성 없는', '우직함', '어리석음' 등의 뜻으로 사용된다.

다. 이 표면상의 의향은 연출되고 모방된 것이다. 그것은 이 거짓말하는 사람이 그 대화자의 눈앞에서 연출하는 인물의 의도인데, 이 인물은 존재하지 않으므로 초월적인 것이다. 그러므로 허위는 현재적인 의식의 내부구조와 관련된 사항이 아니다. 허위를 구성하는 모든 부정들은, 이 사실로 인해 의식에서 쫓겨난 대상들에게 향해져 있다. 그러므로 허위는 특수한 존재론적 근거를 요구하지 않는다. 그리고 일반적으로 부정의 존재가 요구하는 설명이 있다면, 그런 설명은 속임수의 경우에도 그대로 적용된다. 물론 우리가 지금 정의해 온 것은 이상적인 형태의 허위이다. 그런데 거짓말하는 사람이 많든 적든 자신의 허위에 희생되어, 스스로 그것을 반쯤 믿어 버리는 일이 때때로 일어나는 것은 분명 사실이다. 그러나 흔히 있는 이런 통속적인 형태의 허위는 허위로서는 퇴화한 모습이다. 이런 형태는 허위와 자기기만 사이의 중간적인 것을 대표하는 것에 불과하다. 허위는 하나의 초월적인 행위이다.

그런데 그것은 허위가 하이데거의 이른바 '공존재(共存在, Mit-sein)'*4의 정상적인 현상이기 때문이다. 허위는 나의 존재, '타인'의 존재, 타인을 '위한' 나의 존재, 나를 '위한' 타인의 존재를 전제한다. 그러므로 거짓말하는 사람은 매우 명석한 머리로 허위를 계획할 것이 틀림없고, 그 허위에 대해, 그리고 그가 변질시키는 진실에 대해 완전하게 알고 있어야 한다는 것은 쉽게 생각될 수 있다. 원리적인 불투명성이 자기의 의도를 '타인'에 대해 가려주기만 하면 되고, 타인이 허위를 진실로 받아들여 주기만 하면 되는 것이다. 허위라는 사실에 의해 의식이 긍정하는 것은 다음과 같다. 즉 의식은 그 본성상 '타자에 대해 숨겨진 것'으로서 존재한다. 또 의식은 나와 '타자의 나'의 존재론적 이원성(二元性)을 자기를 위해 이용한다.

자기기만의 경우에는, 만일 그것이 앞에서 말한 것처럼 정말 '자기에 대한' 허위라면 사정은 같을 수 없을 것이다. 사실 자기기만을 범하는 사람에게 있어서 중요한 것은, 바람직하지 않은 진실을 숨기는 것, 또는 바람직한 잘못을 진실로서 드러내는 것이다. 그러므로 자기기만은 겉으로 보기에는 허위의 구조를 가지고 있다. 다만 전적으로 다른 점은 자기기만에서는 내가 나 자신에 대해 진실을 가리는 것이다. 그러므로 이 경우에는 속이는 자와 속는 자의 이

---

*4 세계 속에서 다른 사람들과 함께 있음(A being-with others in the world). 영역 참조.

원성은 존재하지 않는다. 반대로 자기기만은 본질적으로 '하나의' 의식의 통일을 뜻하고 있다. 그렇다 해도 자기기만은 인간존재의 그 밖의 모든 현상과 달리 '공존재'에 의해 조건지어질 수 있다는 것을 의미하지는 않는다. 오히려 '공존재'는 하나의 '상황'으로 나타남으로써 자기기만을 부채질하는 일밖에 할 수 없다는 것을 의미한다. 자기기만은 언제라도 이런 상황을 뛰어넘을 수 있다. 요컨대 자기기만은 밖에서 인간존재에게 찾아오는 것이 아니다. 우리는 자기기만을 당하는 것이 아니다. 우리는 자기기만에 저절로 감염되는 것이 아니다. 그것은 하나의 '상태' 같은 것이 아니다. 의식은 스스로 기꺼이 자기기만을 자신에게 할당한다. 어떤 최초의 의도, 하나의 자기기만적인 기도(企圖)가 필요하다.

이 기도는 자기기만을 자기기만으로 알고 있으며, 또 자기기만을 만들어 내는 것으로서의 의식에 대한 반성 이전적인 파악을 내포하고 있다. 그래서 먼저 거짓말을 할 때의 상대와, 거짓말을 하는 당사자가 이 경우에는 완전히 똑같은 인물이 되는 것이다. 다시 말해 나는 거짓말을 하는 사람인 한에서는 진실을 알고 있어야 하지만, 이 진실은, 내가 속는 사람인 한에서는 나에게 숨겨져 있다. 더욱 적절하게 말하면, 나는 이 진실을 나에게 더욱 조심스럽게 감추기 '위해서' 이 진실을 매우 정확하게 알고 있지 않으면 안 된다—게다가 이것은 시간적으로 순서가 뒤바뀌어서는 안 된다—그렇게 되면, 엄밀히 말해서 일종의 이원성 같은 것을 생각할 수 있기 때문이다—반대로, 똑같은 기도의 유일한 구조 속에서 그러하지 않으면 안 된다. 그러면 허위를 조건짓는 이원성이 없어진 경우, 허위는 어떻게 하여 성립될 수 있을 것인가? 이 어려움과 아울러 의식의 전적인 반투명성(半透明性)에서 유래하는 또 하나의 어려움이 있다.

자기기만을 자신에게 할당하는 자는 자기의 자기기만(에 대한) 의식을 가지고 있어야 한다. 왜냐하면 의식의 존재는 존재의식이기 때문이다. 따라서 나는 적어도 내가 나의 자기기만에 대해 의식하고 있는 점에서는 성실(bonne foi)한 것처럼 생각된다. 그러나, 그렇게 되면 자기기만이라는 심적 구성 자체가 없어지고 만다. 사실 누구나 인정하겠지만, 만일 내가 짐짓 냉소적으로 나를 속이려고 시도한다면, 나는 그것에 완전히 실패할 것이다. 허위는 후퇴하여 시선(視線) 앞에서 무너져 버린다. 허위는 나를 속이려는 의식 자체에 의해 배후에서 파괴된다. 이 의식은 어디까지나 나의 기도 이쪽에서 이 기도의 조건 자체로서 대기하고 있다. 그곳에 있는 것은 하나의 '덧없는' 현상이며, 그것은 그 자신의 식별에 있어서만, 또 그것에 의해서만 존재한다. 이런 현상은 분명히 흔히 있는 현상이며, 우리는 나중에 가서야, 사실, 자기기만의 '덧없음'이라는 것이 있음을 보게 될 것이다. 분명하게 자기기만은 성실과 냉소 사이에서 끊임없이 흔들리고 있다. 그러나 설령 자기기만의 존재가 매우 불안정한 것이고, '결정(結晶)과 혼합의 중간상태(métastable)*5라고 할 수 있는 종류의 심적 구조에 속해 있다 할지라도, 또한 그것은 하나의 자율적이고 지속적인 형태를 나타내고 있다. 그것은 대부분의 사람들에게 있어서 인생의 일반적인 모습이라고 할 수도 있다. 사람은 자기기만 속에서 '살' 수도 있다. 그렇다고 해서 우리가 냉소 또는 성실성에 눈뜨는 일이 없다는 것은 아니다. 그것은 하나의 항상적(恒常的)이고 특수한 생활양식이라는 뜻이다. 따라서 우리는 자기기만을 거부할 수도 없고 이해할 수도 없으므로 완전히 갈피를 잡지 못하고 있는 것처럼 보인다.

  이런 어려움에서 벗어나기 위해 사람들은 기꺼이 무의식적인 것에서 도움을 구한다. 이를테면 정신분석학적 해석에서는 속이는 자와 속는 자의 이원성을 되찾기 위해, 세관이나 여권과(旅券課), 어음관리과 따위가 있는 국경선 같은 것으로 생각되는 검열(censure)이라는 가설(假說)이 이용될 것이다. 본능이— 또는 이른바 제1차적인 여러 경향과 우리의 개인적 경력에 의해 만들어진 경향의 복합체가—이 경우에 '실재'의 형태를 갖는다. 그것은 대자적(對自的)으로는 존재하지 않으므로 '진실'도 아니고 '거짓'도 아니다. 본능은 단순히 있는 것이다, 마치 '그 자체에 있어서는' 진실도 거짓도 아니고, 그저 단순히 '실재적'인 것에 불과한 이 탁자와 똑같이. 본능의 의식적 표출은 외현(外現)으로서가 아니라 실재적인 심적 사실로서 생각되어야 한다. 공포증상·망각·꿈은 구체적인 의식사실로서 실제로 존재한다. 그것은 마치 거짓말하는 사람의 말과 태도가 실제로 존재하는 구체적인 행위인 것과 같다. 다만 그 당사자가 이런 현상 앞에 있는 것은, 마치 속임을 당하는 사람이 속이는 사람의 행위 앞에 있는 것과 같다. 당사자는 이런 현상을 그 실재성에서 확인한다. 그는 그 현상들을 해석하지 않으면 안 된다. 속이는 사람의 행위에는 하나의 진실이 있다. 만일 속는

*5 사르트르 본인의 용어로, 급격한 변화나 변천을 받기 쉬운 것이라는 뜻. 본문에서는 '결정과 혼합의 중간상태'라고 옮겼다.

사람이 이 속이는 사람의 행위를 속이는 쪽의 상황과 연결시키고, 그 거짓말쟁이의 의도와 연결시킬 수 있다면, 그런 행위는 거짓말쟁이 같은 행위로서, 진실의 적분적(積分的) 부분이 될 것이다.

마찬가지로 당사자의 표출적(表出的) 행위에는 하나의 진실이 있다. 정신분석학자가 이런 행위를 환자의 경력에, 그런 행위가 나타내고 있는 무의식적 콤플렉스에, 즉 검열의 관문에 연결시킬 때 그가 발견하는 진실, 그것이 이 진실이다. 그리하여 정신분석의 대상이 되는 당사자는 자신의 모든 행위의 의미에 대해 속는 것이다. 그는 자신의 행위를 그 구체적인 존재에 있어서 파악하는 것이지, 그 '진실'에 있어서 파악하는 것이 아니다. 당사자에게는 최초의 상황이나 심적 구성에서 이끌어 낼 수 있는 능력이 없기 때문이다. 그런 행위의 최초의 상황과 심적 구성은 어디까지나 당사자는 알지 못한 채 머물러 있다.

사실 프로이트가 '이것(Es)'과 '자아(Ich)'를 구별함으로써 마음이라는 한 덩어리를 둘로 나누었기 때문이다. 나는 '자아'로 있지만 '이것'으로 있지는 않다. 나는 의식적이지 않은 내 마음의 움직임에 대해서는 어떤 특권적 지위도 가지고 있지 않다. 내가 나 자신의 모든 심적 현상으로 '있는 것은' 내가 그 심적 현상들을 그런 의식적 현실 속에서 확인하는 한에서이다. 이를테면 나에게는 이 진열장에서 이러저러한 책을 훔치려는 충동이 있다. 나는 그 충동과 일체를 이루고 있다. 나는 그 충동을 드러낸다. 그리고 그 충동의 작용에 따라 훔칠 것을 결심한다. 그러나 내가 그런 심적 사실을 수동적으로 받아들이는 한, 나는 그런 심적 사실'로 있는' 것이 아니다. 마치 과학자가 하나의 외적 현상의 본성과 본질에 대해 억측하는 경우처럼, 내가 그런 심적 사실의 근원과 그것의 참된 의의에 대해 가설을 세우지 않으면 안 되는 한, 나는 그런 심적 사실'로 있는' 것은 아니다. 이를테면 나는 이 훔치는 행위를 내가 훔치고자 하는 책의 희귀성과 재미와 값 따위에 의해 규정된 직접적 충동으로 설명하지만, 이 훔치는 행위는 사실은 자기형벌에서 유래하는 하나의 과정이며, 이 과정은 많든 적든 직접적으로 오이디푸스 콤플렉스와 연결되어 있다. 그러므로 훔치려는 충동에는 하나의 진실이 있으며, 그 진실은 많든 적든 개연성이 있는 가설에 의해서만 이를 수 있다. 그 진실의 기준은 그 진실이 설명하는 의식적인 심적 사실들의 확대일 것이다. 그것은 또한 더욱 실용주의적인 관점에서 보아, 그 진실에서 얻을 수 있는 정신의학적 치료의 성과일 것이다. 결국 이 진실의 발견은 정신분석학자의 협력을 필요로 하게 된다. 정신분석학자는 나의 무의식적인 경향과 나의 의식적 생활 사이의 '중개자로서' 나타나기 때문이다.

무의식적인 명제와 의식적 반대명제의 종합을 실현할 수 있는 유일한 것으로서 '타자'가 나타난다. 나는 타자의 개재를 통해서만 나를 알 수 있다. 이 말은 나는 '나의' '이것'에 대해 '타자'의 위치에 있다는 뜻이다. 만일 나에게 정신분석에 대한 약간의 지식이 있다면, 나는 특별히 유리한 상황에서 스스로 나 자신의 정신분석을 시도할 수도 있다. 그러나 그런 시도는 내가 모든 종류의 직관을 불신하고, 추상적 도식과 이미 알고 있는 규칙을 '밖으로부터' 나의 경우에 적용함으로써만 성공할 수 있을 것이다. 그 모든 결과에 대해 말하면, 그것이 나만의 노력에 의해서 얻어진 것이든, 전문가의 협력을 통해 얻어진 것이든, 그것은 결코 직관에 의해 주어질 수 있는 확실성을 갖지는 않을 것이다. 그것은 단순히 과학적 가설의 개연성, 항상 중대해져 가는 개연성을 가지는 데 그칠 것이다.

오이디푸스 콤플렉스의 가설은 원자론 가설과 같이 단순히 하나의 '경험적 이념'에 지나지 않는다. 그것은 피어스가 말한 것처럼, 그것을 실현할 수 있게 하는 경험의 총체 및 그것을 예견할 수 있게 하는 결과의 총체와 서로 구별되지 않는다. 그리하여 정신분석학은 불성실이라는 관념 대신 속이는 자가 없는 허위라는 관념을 가져온다. 정신분석학은 내가 나를 속이는 것이 아니라 어떻게 내가 '속을 수 있는' 것인지를 이해하게 해 준다. 왜냐하면 정신분석학은 나 자신에 관하여, 나를 나와 마주하고 있는 타자의 위치에 두기 때문이다. 정신분석학은 허위의 본질적 조건인 속이는 자와 속는 자의 이원성 대신 '이것'과 '자아'의 이원성을 들고나온다. 정신분석학은 나의 가장 심오한 주관성 속에 공존재의 상호주관적 구조(la structure intersubjective)를 끌어들인다. 우리는 이런 설명으로 만족할 수 있을 것인가?

좀더 깊이 생각해 보면 정신분석학적 이론은 처음에 생각했던 것만큼 단순한 것이 아니다. '이것'이 정신분석학의 가설에서는 하나의 사물로 나타난다고 하는 표현은 정확하지 않다. 왜냐하면 사물은, 사람들이 그것에 대해 가지는 억측에 무관심한데, '이것'은 반대로 억측이 진실에 다가가면 이 억측에 의해 '움직여지기' 때문이다. 사실 프로이트는 제1치료기(治療期)의 마지막에 가서 의사가 진실에 접근해 갈 때 생기는 저항에 대해 지적했다. 그런 저항은 객관적 행위로, 밖에서 파악할 수 있다. 환자는 불신을 나타내며 얘기하는 것을 거절하고, 자신의 꿈에 대해 공상적으로 왜곡된 설명을 내놓으며, 때로는 정신분석학적 치료를 완전히 회피하기도 한다. 그러나 환자 자신의 어떤 부분이 이렇게 저항할 수 있는지를 문제로 다룰 수 있다. 그 저항하는 부분은, 모든 의식사실의 심적인 총체로서 생각된 '자아'일 수는 없다. '자아'는 사실 정신과의사와 똑같이 '자아' 자신의 반작용의 '의미' 앞에 놓여 있기 때문에, '자아'는 정신과의사가 목표에 접근해 오고 있는지 어떤지 추측할 수 없을 것이다. 겨우 '자아'에 있어서 가능한 것은, 정신분석의 입회인이 할 수 있는 것처럼 제기된 가설의 개연성을 그 가설이 설명하는 주관적 사실의 전개에 따라 객관적으로 평가하는 것 정도이다. 그리고 '자아'에 있어서는 이 개연성이 확실성과 종이 한 장 차이인 것처럼 보이는 수도 있을 것이다. 하지만 '자아'는 그것을 속일 수도 없다. 그것은 대부분의 경우, '의식적'인 결의에 의해 정신분석적 치료를 선택한 것은 다름 아닌 그 '자아'이기 때문이다.

어쩌면 사람들은 이렇게 말할지도 모른다. 환자는 정신분석의로부터 주어지는 나날의 드러내 보임에 대해 불안해하며, 자기 자신에게도 자신이 치료를 계속하고 싶어 하는 것처럼 가장하면서도, 실은 그런 드러내 보임을 회피하려 한다고. 이런 경우에는 불성실을 설명하기 위해서 무의식의 도움을 받는다는 것은 이미 불가능해진다. 불성실은 그 모든 모순을 내포한 채 완전히 의식적인 것이 된다. 그러나 정신분석의는 본디부터 환자의 저항을 그런 방식으로 설명하고 싶어 하지 않는다. 정신분석학자에게 있어서 환자의 저항은, 둔하고 깊은 것이고, 멀리서 찾아오는 것이며, 이제부터 밝히려 하는 사물 자체 속에 뿌리를 내리고 있는 것이다.

그러나 또한 이런 저항은, 드러내지 않으면 안 되는 콤플렉스에서 나오는 것일 수는 없을 것이다. 만일 그것이 콤플렉스에서 나오는 것이라면, 그런 콤플렉스는 차라리 정신분석의의 협력자가 되는 편이 나을 것이다. 그것은 이 콤플렉스가 밝은 의식 속에서 자기를 표현하고자 하기 때문이며, 이 콤플렉스는 어떻게 해서든 검열을 속여서 검열을 면하려 하기 때문이다. 우리가 환자의 거부에 위치를 부여할 수 있는 유일한 장(場)은 바로 이 검열의 장이다. 검열만이 정신분석의의 질문과 드러내 보임을, 자신이 오로지 억압하려고 하는 실제적 충동에 조금이나마 접근한 것으로 파악할 수 있다. 그것은 검열만이 그렇게 할 수 있다. 왜냐하면 검열만이 자기가 억압하는 것이 무엇인지 '알고' 있기 때문이다.

사실, 만일 우리가 정신분석학이 가진 의물론적(擬物論的, chosiste)인 신화와 술어를 물리친다면, 우리는 검열이 그 분별 있는 역할을 수행하기 위해서는, 검열 자신이 자기가 억압하는 것이 무엇인지 알고 있을 것임을 깨닫는다. 만일 우리가 억압을 맹목적인 힘의 충격으로 나타내는 모든 비유를 버린다면, 검열은 '선택을 하는' 것이고, '선택'하기 위해서는 '자기를 표상(表象)해야' 한다는 것을 우리는 인정하지 않을 수 없다. 그렇지 않다면 검열이 정당한 성적(性的) 충동을 묵인하거나, 욕구(굶주림·목마름·잠)가 밝은 의식 속에 나타나는 것을 검열이 묵인하는 것은 어째서일까? 또 검열은 그 감시를 '완화'할 수도 있고, 본능의 가장(假裝)에 의해 속을 수도 있다는 것을 어떻게 설명해야 할 것인가? 그러나 검열이 나쁜 경향을 식별하는 것만으로는 충분하지 않다. 검열은 그 밖에도 이 나쁜 경향을 '억압해야 하는' 것으로서 파악해야 한다. 이것은 적어도 검열 자신의 기능에 대한 표상이 검열 속에 내포되어 있다는 것을 뜻한다. 간단히 말해 억압해야 할 충동을 식별한다는 의식이 없이, 검열은 어떻게 억압해야 하는 충동을 식별할 수 있을 것인가? 자기에 대한 무지인 지(知)라는 것을 어떻게 생각할 수 있겠는가?

안다는 것은 자기가 알고 있다는 것을 아는 것이라고 알랭은 말했다. 차라리 우리는 모든 지(知)는 지의 의식이라고 말하자. 그리하여 검열의 수준에 있어서 환자의 저항이 뜻하는 것은 다음과 같은 작용이다. 즉 억압당한 것을 바로 그 억압당한 것으로서 떠올리는 일종의 표상작용. 정신분석의 질문이 노리고 있는 목적에 대한 일종의 양해. 억압된 콤플렉스의 '진실'과 이 억압된 콤플렉스를 노리는 정신분석적 가설을 검열이 비교할 때의 종합적인 결합의 행위. 그리고 반대로 이런 작용이 의미하는 것은 검열이란 (자기에 대한) 의식이라는 것이다. 그러나 검열이 갖는 자기(에 대한) 의식은 어떤 형태의 의식이어야 할 것인가? 그것은 억압해야 하는 경향이라는 것(에 대한) 의식이어야 할 것이다. 더욱이 그것은 바로 그 '억압해야 하는 경향의 의식이 아니기 위해' 그런 의식이 아니면 안 된다. 이것은 검열은 불성실할 것이라는 의미가 아니고 무엇이겠는가? 정신분석학이 불성실을 없애려고 무의식적인 것과 의식 사이에 자율적이고 또한 불성실한 의식을 세워놓았으니, 정신분석은 우리에게 아무것도 얻게 한 것이 없었다는 애기가 된다. 그것은 진실한 이원성—또는 삼원성(이것 (Es)·자아(Ich)·검열이라는 말로 표현되는 초자아)—까지도 세우려는 정신분석학의 모든 노력이 결국 언어의 술어에 그치고 말았기 때문이다. 어떤 사물을 '자기에게 감추는' 일에 대한 반성적 관념의 본질 자체가 하나의 똑같은 심적 현상의 통일성(一元性)의 뜻을 내포하고 있으며, 따라서 한편으로는 감춰야 할 사물을 유지하고 밝히고자 하는 경향을 가지고, 다른 한편으로는 그것을 물리치고 가리고자 하는 경향을 가진 일원성의 중심에 있는 이중의 작용을 의미하고 있다. 이 작용의 두 가지 면은 각각 상호보완적이다. 다시 말해 그 각각은 자기의 존재 속에 다른 쪽을 포함하고 있다.

정신분석학은 검열에 의해 의식과 무의식을 분리시켰지만, 행위의 두 가지 면을 분리시키는 데는 이르지 못했다. 그것은 리비도(성욕)가 의식적 표현을 향하는 맹목적인 노력(conatus)이고, 의식적 현상은 수동적인, 기만당한 결과이기 때문이다. 정신분석은 단순히 반발과 견인이라는 이중의 작용을 검열의 수준에 둔 것에 지나지 않는다. 그리고 하나로 통일된 전면적 현상(스스로 위장하고 상징적 형태를 취하여 '통과하는' 경향의 억압)을 설명하기 위해서는, 이 현상의 다양한 계기들 사이에 납득할 수 있는 관련을 확립하지 않으면 안 된다. 만일 억압된 경향 속에, 첫째로 억압되어 있는 의식, 둘째로 그것은 그것이 있는 그대로의 것이기 때문에 거부되었다는 의식, 셋째로 위장의 계획이 내포되어 있지 않다면 이 억압된 경향은 어떻게 '스스로 위장할' 수 있을 것인가?

응축이나 전이(轉移) 같은 기계적 이론으로도 도저히, 이 경향이 스스로 가장하는 그런 변모를 설명할 수는 없다. 왜냐하면 위장의 과정을 기술하는 것은 종국의 목적에 은밀히 의거하고 있기 때문이다. 마찬가지로 의식이 검열의 저편에서, 이르러야 할 목적이 요구되고 있는 동시에 금지되어 있는 한, 그 이르러야 할 목적에 대한 막연한 앎을 내포하고 있지 않다면, 이 경향의 상징적이고 의식적인 능숙함에 따르는 쾌락이나 불안을 어떻게 설명할 것인가? 심적인 것의 의식적인 통일을 저버렸으므로, 프로이트는 마치 원시주술이 저주받은 인물과 그 인물을 본떠서 만든 밀납인형을 하나로 보듯이, 멀리 떨어져서 장애물 너머 있는 현상들을 연결하는 어떤 마술적 통일이 있다는 것을 도처에서 은밀히 암시하지 않을 수 없게 된다.

무의식적인 '충동(Triebe)'은 이 충동 전체에 파급되어 이 충동을 물들이고,

이 충동의 상징작용을 마술적인 방법으로 도발하는 그런 성격에 관여함으로써 '억압된 충동' 또는 '저주받은 충동'의 모습을 드러낸다. 또, 마찬가지로 의식적인 현상은 그것만으로는 밝은 의식 속에서 이 의미를 파악할 수는 없지만, 전적으로 그 상징적 의미로 채색된다. 그러나 이런 마술에 의한 설명은 그것의 원리적인 결함은 그만두고라도 서로 품고, 서로 파괴하는 두 개의 모순적·상호보완적인 구조의 공존—무의식적인 단계에서, 검열의 단계에서, 그리고 의식의 단계에서의—을 없애 버릴 수는 없다. 그리하여 그들은 불성실을 실체화하고 사물화(事物化)하였고, 그것을 피한 것은 아니었다. 빈(Wien)의 정신과 의사 슈테켈이 마침내 정신분석학의 추종에서 벗어나 《불감증(不感症)의 여인》*6 속에서 다음과 같이 쓴 것도 그 때문이다. "나는 나의 탐구를 매우 깊이 추진할 수 있었는데, 그때마다 나는 정신병의 핵심이 의식적인 것임을 확인했다."

  그 밖에도 그가 그 저작 속에서 보고한 실례는 프로이트의 학설이 설명할 수 없는 병리학적 불성실이 있음을 입증하고 있다. 이를테면 거기에는 결혼생활의 환멸로 인해 불감증에 걸린 여인들, 다시 말하면 성행위가 그들에게 제공하는 쾌감을 자신에게 숨기게까지 된 여인들의 경우를 들어보자. 사람들은 먼저 이런 여인에게는 반은 생리학적인 암흑 속에 깊이 묻혀 있는 콤플렉스를 자신에게 감추는 것이 문제가 아니고, 그 여인들이 객관적으로 밝혀낼 수 있는 행위들로서 그것을 실행하는 순간, 자신들이 인정하지 않을 수 없는 행위를 자신에게 감추는 것이 문제된다는 것을 알 수 있을 것이다. 사실 대부분의 경우, 남편은 슈테켈에게 자기 아내가 쾌감의 객관적 징후를 보여 주었다고 털어놓지만, 여자 쪽에서는 슈테켈의 질문에 그런 일이 없었다고 강하게 부인하는데, 이것이 바로 이런 쾌감의 징후이다. 여기서 문제가 되는 것은 '외면'하는 작용이다. 마찬가지로 슈테켈이 환자에게서 이끌어 낼 수 있었던 고백들은, 이렇게 병적으로 불감증인 여인들은 미리 그녀들이 두려워하고 있는 쾌감을 외면하려고 애쓰고 있다는 사실을 우리에게 알려 준다.

  이를테면 많은 여자들은 성행위를 할 때 생각을 일상적인 걱정거리로 돌리거나 가계부를 계산하곤 한다. 이것을 어떻게 무의식적이라고 할 수 있겠는

---

*6 원주. N.R.F. 간행.

가? 그러나 불감증인 여성이 이렇게 자기가 느끼는 쾌감에서 생각을 딴 데로 돌리는 것은 냉소적으로, 또 자기 자신과 완전히 일치해서 하는 것이 아니다. 그것은 자기가 불감증이라는 것을 '자기에게 증명하기 위해서' 하는 일이다. 여기서 자기가 느낀 쾌감에 집착하지 않기 위해 시도된 노력들은 쾌감을 느꼈다는 것의 인정을 내포하고 있으며, 바로 이 노력은 '이 같은 인정을 부인하기 위해서' 이 인정을 내포하고 있는 이상, 우리는 여기서 그야말로 하나의 자기기만적인 현상에 부딪히는 것이다. 하지만 우리는 이미 정신분석의 영역에 있지 않다. 따라서 무의식에 의한 설명은, 그 설명이 심적 통일을 깨뜨린다는 사실에서 얼핏 이 설명의 소관에 속하는 것같이 보이는 사실들을 충분히 해명할 수 없을 것이다. 한편, 그런 설명을 명백하게 거부하는 자기기만적인 행위가 무수히 존재하고 있다. 그것은 자기기만의 행위는 그 본질상 의식의 반투명성(半透明性) 속에서만 나타날 수 있기 때문이다. 우리가 해명하려고 시도한 문제는 여전히 미해결인 채로 남아 있다.

2. 자기기만 행위

만일 우리가 이 혼란에서 벗어나고자 한다면, 자기기만의 행위를 좀더 자세히 검토하고 그것을 기술(記述)해 보는 것이 마땅하다. 그 기술을 통해 우리는 자기기만을 가능하게 하는 조건을 더욱 명확하게 확정할 수 있을 것이다. 다시 말하면 '인간이 자기기만일 수 있다고 한다면, 인간은 그 존재에 있어서 어떤 것이어야 하는가?' 하는 우리의 출발점의 질문에 대답할 수 있으리라.

이를테면 여기에 최초의 밀회(密會)를 위해 나온 여인이 있다고 하자. 그녀는 자기에게 말하고 있는 남자가 자기에게 품고 있는 마음속을 훤하게 들여다보고 있다. 그녀는 또한 머지않아 자기 태도에 결단을 내려야 한다는 것도 잘 알고 있다. 그러나 그녀는 그것이 긴박한 일이라고 느끼고 싶지 않다. 그녀는 다만 상대편의 태도에서 볼 수 있는 정중하고 조심스러운 모습에만 집착한다. 그녀는 이 남자의 행위를 이른바 '최초의 접근'을 실현하기 위한 하나의 시도로여기지 않는다. 다시 말하면 그녀는 이 행위가 나타내는 시간적 발전의 가능성을 보려고 하지 않는다. 그녀는 다만 이 행동을 현재 있는 그대로의 것으로만 보려고 한다. 그녀는 상대편이 자신에게 하는 말 속에서 분명하게 드러난 뜻 이외에 다른 것은 읽으려 하지 않는다. 상대편이 그녀에게 '나는 당신을 이와 같이 찬미합니다'라고 말하는 경우, 그녀는 그 말에서 성적인 저의를 없애 버린다. 그녀는 상대편의 말과 행위에 자신이 객관적인 성질로 여기고 있는 직접적인 뜻을 부여한다. 그녀와 얘기하고 있는 남자는 그녀에게는 마치 탁자가 둥글거나 네모나고, 벽지가 청색이거나 회색인 것과 같은 의미로, 성실하고 정중하게 보인다. 그녀가 귀를 기울이고 있는 이 인물에게 부여된 모든 성질은, 이렇게 하나의 의물론적인 항상성(恒常性) 속에 응고한 것이거니와, 이 항상성은 이런 모든 성질의 현재적인 모습만이 시간의 흐름 속에 투영된 것에 불과하다. 그것은 이 여인이 자기가 원하는 것이 무엇인지를 똑바로 알고 싶어 하지 않기 때문이다.

그녀는 자기가 상대편에게 불러일으키는 욕정에 대해서는 매우 민감하다. 그러나 노골적이고 적나라한 욕정은 여자에게 굴욕을 느끼게 하고 혐오감을 품게 한다. 그녀는 오로지 존경뿐인 존경에는 아무런 매력도 느끼지 않을 것이다. 여자를 만족시키기 위해서는 전적으로 그녀의 '인격'에 호소하는 심정, 다시 말해 그녀의 충만한 자유에 호소하는 감정과 그녀의 자유를 인정하는 감정이 필요하다. 하지만 동시에 그 감정은 그대로 욕정이어야 할 필요가 있다. 다시 말하면 그 감정을 대상으로 하는 한에서의 그녀의 몸에 호소하는 것이라야 한다. 그렇게 되면, 그녀는 남자의 욕정을 그것이 있는 그대로의 것으로 파악하는 것을 거부한다. 그녀는 욕정을 욕정이라고 부르려고 하지도 않는다. 그녀는 남자의 욕정이 찬미·존중·존경으로 승화되어 가는 한에서만 그것을 인정하려 한다. 또 그녀는 남자의 욕정이 거기서 생기는 더욱 고상한 형태에 완전히 흡수되어, 마침내 일종의 열(熱)과 밀도로 나타난다고밖에 표현할 수 없을 정도로 순화된 한에서만 그것을 인정하려 할 뿐이다.

그러나 바로 그때 남자는 그녀의 손을 잡는다. 상대의 이런 행위는 즉각적인 결단을 재촉함으로써 상황을 일변시킬지도 모른다. 그 손을 그대로 남자에게 맡겨 버리면 자기가 불장난에 동의하는 결과가 되어 옴짝달싹 못 할 처지가 된다. 그렇다고 손을 빼 버리면 이 한때의 매혹적인 몽롱하고 불안정한 조화를 깨뜨리게 된다. 결단의 순간을 될 수 있는 한 뒤로 미루는 것이 중요하다. 그런 경우 일이 어떻게 전개될지 우리는 알고 있다. 여인은 손을 그대로 둔다. 하지만 자기가 손을 그대로 두고 있다는 것은 '알아차리지 않는다.' 그녀가 그것을 알아차리지 않는 것은, 마침 그 순간 그녀는 정신 그 자체이기 때문이다.

그녀는 상대를 감상적인 명상의 가장 높은 경지까지 끌어올린다. 그녀는 삶에 대해 얘기하고, 그녀 자신의 삶에 대해 얘기한다. 그녀는 그 본질적인 양상하에서 자기를 보여 준다. 그녀는 하나의 인격으로서, 하나의 의식으로서 자기를 보여 준다. 그러는 동안 몸과 영혼의 분리가 이루어진다. 손은 생기 없이 상대의 뜨거운 두 손 사이에서 휴식한다. 그 손은 동의하는 것도 아니고 저항하는 것도 아닌, 하나의 사물이다.

우리는 이 여자를 자기기만적이라고 말할 것이다. 그러나 우리는 즉시 이 여자가 자기를 자기기만 속에 유지하기 위해서 여러 가지 방편을 쓰고 있음을 본다. 그녀는 상대의 행위를 오직 있는 그대로의 것으로 존재하도록, 다시 말해 즉자존재의 방식으로 존재하게 함으로써 그 무장을 해제했다. 하지만 그녀는 남자의 욕정을 '있는 그대로의 것이 아닌 것'으로 파악하는 한, 다시 말해 남자의 욕정의 초월을 인지하는 한에서, 남자의 욕정을 즐길 것을 자신에게 허락한다. 마지막으로 그녀는 자기 자신의 신체의 현존(現存)을—아마도 괴로울 정도로—깊이 느끼면서도, 그녀 자신의 몸이 '아닌 것'으로서 자기를 실감한다. 그녀는 자신의 몸을 하나의 수동적인 대상으로서, 자기의 높은 자리에서 내려다본다. 그런 수동적 대상에게는 사건이 '일어날' 수도 있으나, 그런 수동적인 대상의 모든 가능은 그것의 밖에 있기 때문에, 그것은 사건을 도발하지도 피하지도 못한다.

자기기만의 이런 온갖 양상 속에는 어떤 통일이 있는 것일까? 그것은 모순되는 개념을 형성하는 일종의 기술, 즉 어떤 관념과 그 관념의 부정을 동시에 포함하는 개념을 형성하는 기술이다. 그렇게 하여 발생된 기본개념은 하나의 '사실성(facticité)'인 동시에 하나의 '초월(transcendance)'이라고 하는 인간존재의 이중의 성질을 이용한다. 인간존재가 가진 이 두 가지의 모습은, 사실을 말하면 유효한 병존을 유지할 수 있고, 또 유지할 수 있어야 한다. 그러나 자기기만은 이 두 가지 모습을 병존시키려고 하지도 않고, 하나의 종합 속에서 극복하려고도 하지 않는다. 자기기만에 있어서는 양자의 차이를 보존하면서 양자의 동일성을 긍정하는 것이 중요하다. 한쪽을 파악하는 그 순간 갑자기 다른 쪽과 직면할 수 있는 방식으로, 사실성을 초월'하는 것'으로서, 또 초월을 사실성인 '것으로서' 긍정해야만 한다. 자기기만적인 표현의 원형은, 그야말로 자기기만적인 정신 속에서 생각해 낸 것인 만큼 충분한 효과를 발휘하고 있는 몇 개의 유명한 문구에 의해 우리에게 주어질 것이다. 이를테면 우리가 잘 알고 있는 자크 샤르돈(J. Chardonne)의 작품 제목인 《사랑은 사랑 이상》 같은 것이 그것이다. 거기서는 사실성에 있어서의 '현재적인 사랑', 즉 '두 피부의 접촉', 육욕, 이기심, 프루스트적인 질투의 메커니즘, 아들러적인 양성(兩性)의 투쟁 따위와—'초월'로서의 사랑, 모리아크적인 '불의 강(江)', 무한(無限)한 것의 부름, 플라톤적인 에로스, 로렌스가 말하는 어렴풋한 우주적 직관 따위의 사이에 어떻게 해서 통일이 이루어지는가를 볼 수 있다.

여기서 우리는 우선 사실성으로부터 출발하는데, 사람들은 갑자기 현재의 저편에, 그리고 인간의 사실적 조건의 저편에, 심리적인 것의 저편에, 요컨대 형이상학의 한복판에 서 있는 자신을 발견한다. 이에 비해 사르망(Sarment)의 희곡 《나는 나에 있어서 너무 크다》라는 제목 또한 자기기만적인 성격을 나타내고 있지만, 우리를 먼저 초월의 한복판에 던져 넣은 다음, 갑자기 우리를 우리의 사실적인 본질의 좁은 한계 속에 가두어 버린다. 이런 구조는 저 유명한 문구 '그는 그가 있는 그대로의 것이 되었다', 또는 그것을 뒤집은 문구로 또한 유명한 '마침내 영원이 그를 그 사람 자신으로 바꾸듯이'*7 등에서 다시 찾아볼 수 있다. 물론 이런 여러 가지의 표현은 불성실의 '외관'만 가지고 있는 것에 불과하다. 그런 것은 분명히 역설적인 형태로 정신에 강한 인상을 주고, 하나의 수수께끼로 정신을 당황하게 하기 위해서 생각해 낸 말들이다. 그러나 우리에게는 바로 이 외관이 중요한 문제이다. 여기서 소중한 것은 그런 표현이 견고하게 짜맞추어진 새로운 관념을 구성하고 있지 않다는 점이다. 반대로 그런 표현은 끊임없이 분열상태에 놓여, 자연적 현재에서 초월로, 또 그 반대의 끊임없는 활주가 가능하도록 되어 있다.

사실 흔히 볼 수 있듯이 불성실은, '나는 내가 있는 그대로의 것으로 있지 않다'는 것을 내세우는 것을 목표로 하고 있는 이런 모든 판단을 적당히 이용할 수 있다. 만일 나는 내가 있는 그대로의 것 외에 아무것도 아니라면, 나는 이를테면 사람들이 나에게 돌리는 비난을 고지식하게 생각하여 소심하게 자문할 수도 있을 것이다. 그리고 아마도 나는 그 비난이 진실임을 인정하지 않을 수 없게 될 것이다. 하지만 바로, 초월에 의해 나는 내가 있는 모든 것에서

---

*7 말라르메의 14행시 〈에드거 앨런 포의 무덤〉 첫머리의 구절. 사르트르의 《자유의 길》 제2권 〈유예〉에도 이 구절이 인용되어 있다.

벗어난다. 쉬잔이 피가로에게 '제가 옳다는 것을 증명하는 것은 제가 틀렸을지도 모른다는 것을 인정하는 일이 될 거예요'라고 말할 때와 같은 뜻에서는, 나는 그 비난의 이유를 문제시할 필요도 없다. 내가 진정으로 '있는' 그대로의 것은 나의 초월이므로, 나는 어떤 비난도 미치지 못하는 차원에 있다. 나는 나에게서 도피한다. 나는 나에게서 빠져나간다. 나는 나의 누더기 옷을 설교사(說敎師)의 수중에 맡겨 버린다. 다만 불성실에 필수인 양의성(兩義性)은 내가 사물과 같은 존재방식으로, 나의 초월로 '있다'는 것을 긍정하는 데서 온다. 사실 그렇게 함으로써만 나는 내가 이런 모든 비난을 면했다고 느낄 수 있다.

이런 뜻에서 우리의 그 젊은 여인은 욕정 속에서 순수한 초월밖에 보려고 하지 않음으로써 욕정이 가진 혐오스러운 것으로부터 욕정을 정화한다. 이렇게 순수한 초월은 그녀로 하여금 욕정이라는 말을 입에 담는 것조차 피하게 하는 것이다. 그러나 반대로 '나는 나에게 있어서 너무 크다'고 한 말은, 사실성으로 바뀐 초월을 우리에게 보여 주므로, 우리의 좌절과 나약함에 있어서 무한한 변명의 원천이 된다. 마찬가지로 교태를 부리는 그 젊은 아가씨도 그녀의 구애자의 행위를 통해 표명되는 존경이나 평가가 이미 초월의 차원에 있는 한, 그 초월을 유지하고 있다. 하지만 그녀는 거기서 이 초월을 멈춘다. 그녀는 이 초월에 현재의 모든 사실을 채색한다. 존경은 존경 이외에 아무것도 아니다. 이 존경은 이미 어떤 것을 향해서도 자기를 뛰어넘지 못하는 응고된 초월이다.

그러나 이 '초월―사실성'이라는 중간상태적인 개념은 그것이 불성실의 기본적 도구 가운데 하나라 해도 그런 것의 유일한 도구는 아니다. 마찬가지로 인간실재의 다른 하나의 이중성을 이용할 수도 있을 것이다. 우리는 그것을 인간의 대자존재(對自存在)는 상호보완적으로 대타존재(對他存在)를 내포하고 있다는 말로 대충 표현해 두자. 나의 행위 가운데 어떤 하나에 나의 시선과 타자의 시선, 이 두 시선을 집중시키는 것은 나에게는 언제든지 가능한 일이다. 그렇지만 한쪽의 시선에 비치는 행위와 다른 쪽의 시선에 비치는 행위는 결코 똑같은 구조를 보이지 않는다. 그러나, 훨씬 뒤에 가서 우리가 보여 주게 되겠지만, 또 누구나 그렇게 느끼겠지만, 나의 존재의 이 두 가지 모습 사이에는, 마치 나는 나 자신에 대하여 나 자신의 진실이지만, 타자는 나에 대해 왜곡된 영상밖에 가지지 않는 것과 같은 식으로 외관과 존재의 차이가 있는 것은 아니다. 타자에게 있어서의 나의 존재와 나 자신에게 있어서의 나의 존재가 동등한 존재 자격을 가진다는 점에서 끊임없이 분열하는 하나의 종합이 생기는 것이며, 대자(對自)가 대타(對他)에서, 대타가 대자에서 끊임없이 달아나는 숨바꼭질이 일어난다. 사람들은 또한 우리의 젊은 여인이 우리의 세계—한복판에—있는—존재(être-au-milieu-du-monde)를, 다시 말해 다른 대상들 사이의 수동적인 객체인 우리의 타성적 현존을 어떻게 이용하는가를 보았다. 그녀는 그것을 이용하여 자신의 세계—속—존재(être-dans-le-monde)*8의 기능으로부터 갑자기 몸을 뺀 것이다. 다시 말하면 세상을 넘어 그녀 자신의 가능성들을 향해 자기를 내던짐으로써 하나의 세계가 있게 하는 존재의 기능을 가지고 있음에도 그 기능을 벗어던진 것이다.

끝으로 세 가지의 시간적 탈자(脫自, les trois ek-stases temporelles)가 가진 무화(無化)적인 양의성(兩義性) 위에서 희롱하는 애매한 종합으로 우리의 주의를 돌려보자. 이 종합은 '나는 내가 있었던 그대로의 것으로 있다'는 것을 긍정하는(고의로 자기 삶의 한 시기에 '멈춰서' 그 뒤의 변화를 고려에 넣지 않으려 하는 인간) 동시에, 나는 내가 있었던 그대로의 것이 아니라는 것(비난이나 원한에 직면하여 전적으로 자기 과거와의 연대를 끊고, 자기의 자유와 자기의 끊임없는 재창조를 주장하는 인간)을 긍정한다. 이런 개념은 추론에 있어서는 하나의 과도적 역할밖에 하지 않으며, 물리학자들의 계산에서 허수(虛數)처럼 결론에서는 삭제되는 것이지만, 이런 모든 개념 속에서 우리는 똑같은 구조를 재발견한다. 문제는 인간존재를 그것이 있지 않은 것으로 있고, 그것이 있는 그대로의 것으로 있지 않는 하나의 존재로 구성하는 일이다.

그러나 이런 분열개념이 겉모습만으로도 존재의 꼴을 얻기 위해서는, 또 비록 소멸하는 과정에 있어서라도 한순간의 의식에 나타나기 위해서는 대관절 무엇이 필요할까? 자기기만의 반대명제인 성실(sincérité)의 관념을 간단히 검토해 본다면 이 문제에 대해 배우는 바가 많을 것이다. 사실 성실은 하나의 요구로서 자기를 나타낸다. 따라서 그것은 어떤 '상태'가 아니다. 그러면 이 경우에 이르러야 할 이상(理想)은 무엇인가? 인간은 '자기 자신에게 있어서는' '있는'

---

*8 이 구별은 다음에도 나오지만, 하이데거식으로 표현하면, être-dans-le-monde는 In-der-Welt-sein이며 Dasein의 고유한 존재양식이다. être-au-milieu-du-monde는 독일어로는 Mitten-in-der-Welt-sein으로 번역되는데, 하이데거가 말하는 Vorhandensein 및 Zurhandensein의 존재양식에 해당한다.

그대로의 것일 뿐이다. 다시 말하면 인간은 전적으로 오로지 그가 '있는' 그대로의 것이다. 이것이 그 이상이 아니면 안 된다. 그러나 이것은 바로 즉자(卽自)의 정의—또는 이른바 동일률(同一律)이 아닐까? 사물의 존재를 이상으로 세우는 것은, 단적으로 말해 이런 존재는 인간존재에 속하는 것이 아니라는 것, 동일률의 원칙은 보편적으로 보편적인 공리(公理)는커녕, 단순히 영역적으로 보편성을 가진 종합원리에 지나지 않는다는 것을 고백하는 일이 아닐까? 그리하여 자기기만의 개념이 최소한 한순간이라도 우리에게 환영(幻影)을 품을 수 있게 하기 위해서는, 그리고 '순수한 심정'(지드, 케셀)의 솔직성이 인간존재에 있어 이상으로서 타당하기 위해서는, 동일성의 원칙이 인간존재의 하나의 구성원리를 대표하는 것이어서는 안 되며, 인간존재가 필연적으로 그것이 있는 그대로의 것이 아니라, 그것이 있지 않은 것으로 있을 수 있어야만 한다. 이는 무엇을 뜻하는 것인가?

만일 인간이 그가 있는 그대로의 것으로 있다면 자기기만은 영원히 불가능하며, 또한 솔직성은 인간의 이상이 되기를 그치고 인간존재 자체가 될 것이다. 하지만 인간은 과연 그가 있는 그대로의 것인가? 그리고 더욱 일반적으로 말해서 우리는 존재의식으로서 존재하고 있는데, 어째서 '우리가 있는 그대로의 것'일 수가 있겠는가? 사람이 어떻게 있는 것으로 '있을' 수 있는가? 만일 솔직함이나 성실이 보편적인 가치라면, 당연히 '사람은 있는 그대로의 것이어야 한다'는 그 격언은 단순히 내가 있는 그대로의 것을 내가 표현하는 경우의 판단과 개념에 있어서 규제적 원리로서 도움이 될 만한 것은 아닌 것이 된다. 이 격언은 단순히 인식의 이상을 세우고 있을 뿐만 아니라 '존재'의 이상까지 세우고 있다. 이 격언은 존재의 전형으로서의 존재와 존재 자체의 절대적 합치를 우리에게 요구한다. 그런 뜻에서 우리는 우리를 우리가 있는 그대로의 것으로 '있게' 해야만 한다.

그러나 만일 우리가, 우리가 있는 그대로의 것으로 있게 한다는 끊임없는 의무를 지고 있다면, 다시 말해, 만일 우리가, 우리가 있는 그대로의 것으로 있어야 한다는 존재방식(sur le mode d'être du devoir être)으로 존재한다고 하면 '도대체 우리는 무엇인가?' 여기에 있는 카페의 종업원을 두고 생각해 보자. 그의 몸짓은 민첩하고 절도가 있지만, 조금 지나치게 정확하고 지나치게 약빠르다. 그는 조금 지나치게 민첩한 걸음으로 손님 앞으로 다가온다. 그는 조금 지나칠

정도로 정중하게 절을 한다. 그의 목소리와 눈은 손님의 주문에 대한 조금 지나치게 주의가 넘치는 관심을 나타내고 있다. 잠시 뒤 그는 돌아온다. 그는 그 걸음걸이 속에서 어딘지 모르게 로봇과 같은 딱딱하고 빈틈없는 태도를 보이려고 애쓰면서 곡예사같이 경쾌하게 접시를 가져온다. 접시는 끊임없이 불안정하고 균형을 잃은 상태가 되지만, 종업원은 그때마다 팔과 손을 가볍게 움직여서 접시의 균형을 회복한다. 그의 모든 행위가 우리에게는 하나의 놀이처럼 보인다. 그는 자신의 동작을 마치 상호작용하는 기계처럼 계속 연결시켜 나가려고 애쓴다. 그의 몸짓과 목소리까지 기계장치처럼 보인다. 그는 사물이 가진 비정한 신속함과 민첩함을 자신에게 부여한다. 그는 연기를 하면서 즐기고 있다. 그런데 그는 무엇을 연기하고 있는 것일까? 그것을 이해하기 위해 그를 오랫동안 관찰할 필요는 없다. 그는 카페의 '종업원이라는' 연기를 하고 있다. 그것은 우리에게 전혀 놀라운 일이 아니다. 놀이는 일종의 측정이고 탐색이다. 어린아이는 자신의 몸을 가지고 놀며, 자신의 몸을 탐구하고, 몸의 목록을 작성한다. 카페의 종업원은 자신의 신분을 가지고 놀며 자신의 신분을 '실현한다.' 이 의무는 모든 장사꾼들에게 부과되는 의무와 다를 바가 없다. 그들의 신분은 모두 의식(儀式)으로 되어 있다.

공중(公衆)은 그들이 그 신분을 하나의 의식으로서 실현하기를 요구한다. 식료품 가게 주인, 양복점 주인, 경매인 등에게는 각자의 춤이 있다. 이 춤으로서 그들은 자기의 손님에게 자신이 식료품 가게 주인, 양복점 주인, 경매인 이외의 다른 아무것도 아님을 이해시키려고 노력한다. 식료품상이 멍하니 꿈을 꾸고 있다면, 물건을 사는 사람의 기분을 거스른다. 그것은 그가 전적으로 식료품상이 아니기 때문이다. 예절은 그가 식료품상의 직분 속에 자기를 붙들어 두도록 요구한다. 마치 '차렷!' 명령을 받은 병사가 자기를 사물(事物) —병사로 만드는 것과 같다. 사병은 앞을 직시하고 있지만, 그의 눈은 결코 보고 있는 것이 아니다. 그의 눈은 이미 보기 위한 것이 아니다. 시선을 고정해야 하는 지점을 규정하는 것은 규칙이지 그 순간의 관심이 아니기 때문이다 (눈은 '10보 앞에 고정할 것'). 거기서는 인간을 그가 있는 그대로의 것 속에 가두어 넣는 조심성을 볼 수 있다. 마치 우리는, 그가 그곳에서 도망치지나 않을까, 그가 갑자기 그의 신분에서 빠져 나와 그의 신분을 떠나 버리지나 않을까 하는 끊임없는 두려움 속에서 살고 있는 것과 같다. 왜냐하면 동시에 내면으로부터 보면, 카페의 종업원은 이 잉크병이 잉크병'으로 있고' 컵이 컵'으로 있는' 것과 같은 뜻에서, 직접적으로 카페의 종업원으로 있을 수는 없기 때문이다. 이것은 그가 신분에 대해 반성적인 판단이나 개념을 형성할 수 없다는 뜻은 아니다.

그는 자기 신분이 '뜻하는' 것이 무엇인지 잘 알고 있다. 다섯 시에 일어나야 하는 것, 가게 문을 열기 전에 가게 앞을 쓸어야 하는 것, 커피 주전자를 언제든지 쓸 수 있도록 준비해 두는 것 따위의 의무이다. 그는 자신의 신분이 내포하고 있는 권리를 알고 있다. 팁을 받을 권리, 노동조합에 가입할 권리 따위이다. 그러나 이런 모든 개념과 모든 판단은 초월적인 것을 가리킨다. 여기서는 추상적인 여러 가지 가능성과 어떤 한 사람의 '권리의 주체'에 부여된 권리와 의무가 문제된다. 그리고 내가 그것으로 '있어야' 함에도 내가 결코 그것으로 있지 않는 것은 바로 이 주체이다. 그것은 내가 주체로 있지 않기를 원하거나 이 주체가 어떤 다른 것이기 때문은 아니다. 오히려 이런 주체의 존재와 나의 존재 사이에는 공통의 척도가 없기 때문이다.

주체는 다른 자들에게도, 또 나 자신에게도 하나의 '표상'이다. 그 의미는 나는 오직 '표상으로서'만 주체로 있을 수 있다는 말이다. 그러나 내가 이 주체를 표상하는 바로 그것 때문에 나는 결코 이런 주체는 아니다. 나는 객체가 주체에서 분리된 것처럼 이런 주체에서 분리되어 있다. '아무것도 아닌 것에 의해서' 분리되어 있다. 하지만 이 아무것도 아닌 것이 나를 주체로부터 고립시킨다. 나는 주체로 있을 수 없다. 나는 이 '주체로 있음을 연기(演技)할' 수밖에 없다. 다시 말하면 나는 내가 그 주체로 있음을 상상할 수밖에 없다. 따라서 나는 이런 주체에 무(無, néant)를 띠게 한다.

내가 아무리 카페 종업원의 직분을 완수하려고 해도 헛일이다. 나는 배우가 햄릿인 것과 마찬가지로 다만 중립적인 방법으로만 카페 종업원일 수 있다. 뿐만 아니라 그것은 내가 내 신분의 전형적인 몸짓을 기계적으로 수행함으로써, 그리고 내가 '유사물(類似物, analogon)*[9]로서의 이런 몸짓을 통해 상상적인 카

---

*9 원주. 《상상적인 것(L'Imaginaire)》(1940년판)의 결론 참조. 역주 : 《상상적인 것》의 결론에 analogon 및 배우와 햄릿의 예가 나온다. 이 작품의 역자는 아날로공을 유동대리물(類同代理物)로 번역하고 있다. 아날로공이란 우리가 심적 영상을 만들어 낼 때 수용되는 비슷한 외재 대상물(外在對象物)을 말한다. 예를 들면 샤를 8세의 초상화는 샤를 8세에 관한 우리의 심적

페 종업원으로서의 나를 지향함으로써 가능하다. 내가 실현하고자 시도하는 것은 카페 종업원의 즉자존재이다. 마치 나의 신분의 권리와 의무에 가치와 중요성을 부여하는 것이 바로 나의 능력 안에 있는 것은 아닌 것과 같다. 또한 마치 아침마다 다섯 시에 일어나든가, 또는 쫓겨날 것을 각오하고 침대에 누워 늦잠을 자든가 하는 것이 나의 자유로운 선택에 속해 있지 않은 것과 같다. 마치 내가 생활상 이 역할을 유지하고 있다는 사실 자체로 인해 그 역할을 어느 방향을 향해서도 초월하지 않는 것과 같고, 내가 나를 나의 신분 저 너머에 있는 것으로 구성하지 않는 것과도 같다. 그러나 내가 어떤 의미에서 카페 종업원으로 '있다'는 것은 의심할 여지가 없다. 그렇지 않다면 나는 마찬가지로 외교관이나 신문기자를 자칭해도 무방할 것이다. 하지만 내가 카페 종업원으로 있는 것은, 즉자존재의 존재방식으로 그럴 수는 없는 것이다. 나는 '내가 그것으로 있지 않는 것으로 있는' 존재방식으로 카페 종업원으로 있는 것이다. 물론 단순히 사회적인 신분만이 문제가 되는 것은 아니다.

나는 결코 나의 태도 가운데 어떤 것으로 있는 것이 아니며, 나의 행위 가운데 어떤 것으로 있는 것도 아니다. 훌륭한 연설자는 그가 '말하는 자로 있을' 수 없으므로 말하는 것을 연기하는 사람이다. 눈으로 교사를 응시하면서 귀를 활짝 열고 주의 깊게 있기를 원하는 주의 깊은 학생은 주의 깊은 자로서 연기하기에 너무나 힘을 주어 기진맥진하여, 결국은 아무것도 듣지 못하고 만다. 나는 나의 몸, 나의 행위에 대해 항상 부재(不在)인 까닭에 나는 본의 아니게 발레리가 말하는 그 '신적(神的)인 부재'이다. 나는 사람들이 '이 성냥갑은 탁자 위에 있다'고 말하는 그런 의미에서는, 내가 여기에 '있다'거나 또는 여기에 '있지 않다'고 말할 수 없다. 그렇게 말한다면 나의 '세계−속−존재'를 어떤 '세계의 한복판에 있는 존재'와 혼동하게 될 것이다. 내가 서 '있다'고도 말할 수 없고, 내가 앉아 있다고도 말할 수 없다. 그렇게 말한다면, 그것은 나의 몸과, 나의 몸이 그 구조의 하나에 불과한 개성적인 전체를 혼동하는 결과가 될 것이다. 모든 방면에서 나는 존재로부터 탈출한다. 그럼에도 나는 존재한다.

그러나 여기에 나에게만 관계가 있는 하나의 존재방식이 있다. 즉 나는 슬프다(슬프게 있다)고 말할 때의 존재방식이다. 설마 나는 '내가 있는 그대로의

영상의 아날로공이며, 배우의 눈물은 비실재적인 햄릿의 눈물의 아날로공이다. 연주되고 있는 제7교향곡의 음악은 제7교향곡에 관한 우리의 심적 영상의 아날로공이다.

것으로 있다'고 하는 존재방식으로, 내가 있는 그대로의 이 슬픔으로 있는 것은 아니지 않은가?[*10] 하지만 이 슬픔은 나의 모든 행위의 총체를 한데 모아서 그것에 생기를 주는 지향적인 통일이 아니고 무엇일까? 이 슬픔은 내가 세계 위에 던지는 이 흐릿한 눈길의 의미요, 이 굽어진 어깨의 의미이며, 숙이고 있는 나의 이 머리의 의미이고, 기운 빠져 흔들거리는 나의 전신(全身)의 의미인 것이다. 그러나 내가 그런 행위의 하나하나를 취하는 바로 그 순간에 나는 그 행위를 취하지 않아도 된다는 사실을 깨닫고 있는 것이 아닐까? 갑자기 알지 못하는 사람이 나타났다고 하자. 나는 고개를 쳐들 것이다. 그리고 다시 생기 있고 발랄한 태도를 되찾을 것이다. 그때 나의 슬픔에 대해서는 무엇이 남을 것인가? 그것은 방문객이 돌아가고 나면 곧 다시 만나자고 기쁘게 나의 슬픔에 약속하는 정도일 것이다. 그뿐 아니라 이 슬픔이라는 것이 애초에 하나의 '행위'인 것이 아닐까? 본디, 너무나 긴박한 상황에 대처하는 마술적인 구원으로, 자신에게 슬픔을 부여하는 것은 의식이 아니던가?[*11] 그리고 바로 이 경우에 슬프게 있음은 먼저 자기를 슬프게 만드는 것이 아닌가? 그렇다고 사람들은 말할 것이다. 그러나 자기에게 슬픔의 '존재'를 주는 것은 결국 슬픔의 이 '존재'를 '받아들이는' 것이 아닌가? 어디서 내가 그것을 받아들이는가는 아무래도 상관없는 일이다.

사실은 자기에게 슬픔을 부여하는 의식은 바로 그것 때문에 슬프게 '있다'는 것이다. 하지만 그것은 의식의 본성을 잘 이해하지 못하는 말이다. '슬프게 있다'고 할 때의 존재는, 내가 이 책을 나의 벗에게 줄 수 있도록 내가 나에게 주는 하나의 완성된 존재는 아니다. '나에게 존재를 부여할' 자격은 나에게는 없다. 만일 내가 나를 슬프게 한다면, 나는 철저하게 나의 슬픔으로 나를 슬프게 해야 할 것이다. 나는 앞에서 얻은 비약을 이용하여 그대로 슬픔을 재창조하지도 운반하지도 않고 다만 나의 슬픔이 그냥 풀려 나가도록 둘 수는 없다. 그것은 최초의 충격에 이어서 자기운동을 계속해 가는 타성적인 물체와는 다르기 때문이다. 의식 속에는 어떤 타성도 존재하지 않는다. 만일 내가 나를 슬프게 만든다면, 내가 슬프게 '있지' 않기 때문이다. 슬픔의 존재는 내가 자신

[*10] '나는 사물이 그렇게 있는 것과 같은 동일률의 방식으로, 나의 슬픔으로 있는 것은 아닐 것이다'라는 뜻.

[*11] 원주. 《정서론 소묘》 에르망 폴 간행.

에게 슬픔을 부여할 때의 행위 그 자체에 의해, 그리고 그 행위에 있어서, 나에 게서 빠져나간다. 슬픔의 즉자존재는 슬프게 있는 것(에 대한) 나의 의식을 끊임없이 따라다니지만, 그것은 내가 실현할 수 없는 가치로서, 또 나의 슬픔의 규제적인 뜻으로서 따라다니는 것이지, 나의 슬픔의 구성적 양상으로서 따라다니는 것은 아니다.

나의 의식은 그것이 스스로 의식하고 있는 대상 또는 상태가 어떤 것이든, 적어도 '존재하고' 있지 않은가? 그러나 슬프게 있는 것(에 대한) 나의 의식을 어떻게 슬픔과 구별할 것인가? 그것은 한 가지가 아닐까? 이렇게 반문하는 사람도 있을 것이다. 물론 어떤 뜻에서는 나의 의식은 '존재한다.' 다시 말해 타자에게 있어서 그 존재에 대해 판단을 내릴 수 있는 존재 전체의 일부를 이룬다는 뜻에서라면 나의 의식은 존재한다. 하지만 후설이 정확하게 본 것처럼 나의 의식은 근원적으로 타자에게는 하나의 부재로서 나타난다는 사실에 주의해야 한다. 나의 의식은 나의 모든 태도와 나의 모든 행위의 의미로서는 항상 현존하는 대상이지만, 다른 의미에서는 항상 부재하는 대상이다. 왜냐하면 그것은 타자의 직관에는 하나의 끊임없는 질문으로서, 더 정확하게 말해 하나의 끊임없는 자유로서 자기를 내주기 때문이다. 피에르가 나를 바라볼 때 나는 물론 그가 나를 바라보고 있다는 것을 안다. 그의 두 눈―세계의 사물―은 나의 몸―세계의 사물―에 고정되어 있다. 이것은 그는 '존재'한다고 내가 말할 수 있는 하나의 객관적 사실이다. 그러나 이것은 또한 '세계의' 한 사실이다. 이 시선의 의미는 존재하지 않는다. 그 일이 나를 당혹하게 만든다. 내가 아무리 미소짓고 약속하고 위협을 해도 내 마음을 풀어 줄 수 있는 것은 아무것도 없다. 그의 자유로운 판단은 늘 저 너머에 있다는 것을 나는 안다. 나는 나의 행위 자체 속에서 그 자유로운 판단을 느낀다. 나의 행위는 사물에 대해서는 여전히 공작자(工作者)의 성격을 유지하고 있으면서도, 여기서는 이미 그런 성격을 띠고 있지 않기 때문이다. 나의 모든 행위는 내가 상대편의 자유로운 판단을 타자에게 연결시키는 한, 나 자신에게는 이미 단순한 '제시(題示)'에 불과하다. 그리고 나의 행위는 상대편의 판단에 따라 우아한 행위, 무뚝뚝한 행위, 성실한 행위, 불성실한 행위 따위로 구성되기를 기다리고 있을 뿐이다.

상대편의 판단은 항상 나의 모든 노력이 미치지 못하는 저 너머에 있어서 이 판단을 환기시키려고 해도 되지 않는 일이다. 상대편의 판단은 그것이 그 자체로서 나의 노력에 힘을 빌려주는 것이 아니면 결코 나의 노력을 통해 환기되지 않을 것이고, 그것이 자기를 밖으로부터 환기시키지 않으면 그것은 존재하지 않는다. 이 상대편의 판단은 초월적인 것과 자기 자신 사이의 매개자이다. 따라서 타자의 의식의 즉자존재라는 객관적인 사실은 확립되자마자 곧 부정성(négativité)과 자유 속에서 소멸한다. 타자의 의식은 있지 않은 것으로서 '있다.' 타자의 의식의 '지금'과 '여기'라는 즉자존재는 존재하지 않는 것이다.

'타자의 의식은 그것이 있지 않은 그대로의 것으로 있다.'

더욱이 나 자신의 의식은, 나에 있어서는 그 존재에 있어서 타자의 의식으로서 나타나는 것이 아니다. 나의 의식은 그것이 자기를 만들기 때문에 존재한다. 이는 의식의 존재는 존재의식이기 때문이다. 그러나 그것은 '만든다'가 '있다'를 지탱한다는 것을 의미한다. 의식은 그 자체의 존재로 있어야 한다. 의식은 결코 존재에 의해 지탱되고 있지 않다. 존재를 주관성의 중심에서 지탱하는 것은 의식이다. 이것은 또 의식에는 존재가 깃들어 있지만 의식은 결코 존재가 아니라는 것을 의미한다. '의식은 그것이 있는 그대로의 것으로 있지 않다.'

이런 조건에서는 성실성의 이상(理想)은 수행이 불가능한 과제, 그 의미 자체가 나의 의식의 구조와 모순되는 과제가 아니고 도대체 무엇을 의미하는 것일까? 성실하게 있음은, 사람이 있는 그대로의 것으로 있다는 것이다. 분명히 우리는 그렇게 말했다. 이것은 나는 근원적으로, 내가 있는 그대로의 것으로 있지 않다는 것을 전제로 한다. 그러나 여기에는 물론 칸트적인 '너는 해야 한다. 그러므로 너는 할 수 있다'가 모르는 사이에 내포되어 있다. 나는 성실해 '질' 수 있다. 이것이 바로 성실에 대한 나의 의무와 나의 노력이 의미하는 것이다. 그런데 바로 우리가 확인한 바에 의하면 '사람이 있는 그대로의 것으로 있지 않다'는 이 근원적인 구조가 즉자존재 또는 '사람이 있는 그대로의 것으로 있는' 것에 대한 어떤 생성도 미리 불가능하게 만들고 있다. 더욱이 이 불가능성은 의식에 대해 가려져 있지 않다. 그 반대로 이 불가능성은 의식의 소재 그 자체이다. 이 불가능성은 우리가 경험하는 끊임없는 방해물이다. 그것은 우리가 자기를 '있는 그대로의 것으로 있는 것으로서 인지하고 구성할 수 없다는 얘기이다. 이 불가능성은 내적 경험에 기초를 둔 합법적인 판단 또는 선험적인 또는 경험적인 전제에서 바르게 연역된 합법적 판단에 의해서, 우리가 우리를 일종의 존재로 확립하자마자, 바로 이 정립 자체에 의해 우리는 이 존재를 뛰어넘지 않을 수 없게 하는 필연성이다—그리고 그것은 다른 하나의 존재를 향하여 뛰어넘는 것이 아니고 공허를 향하여, '아무것도 아닌 것'을 향하여 뛰어넘는 것이다.

우리가 어떻게 타자가 성실하지 않음을 비난하고 우리의 성실성을 기뻐할 수 있겠는가? 왜냐하면 이런 성실성은, 그와 동시에 불가능한 일로서 우리에게 나타나기 때문이다. 또 우리가 대화 속에서, 참회 속에서, 양심의 성찰 속에서, 성실을 향한 노력을 이끌어 낼 수 있는 것은 어째서일까? 이 노력은 본질상 좌절로 끝날 것으로 정해져 있기 때문이고, 우리가 그것을 사람들 앞에서 입 밖에 내는 순간, 우리는 이런 노력의 허무함에 대해 판단 이전의 앎을 내포하고 있기 때문이다. 사실 내가 나를 성찰할 때 나에게 문제가 되는 것은 '내가 그것으로 있는 것'을 확실하게 규정하고 솔직하게 그것으로 있기를 결심하는 일이다. 나를 변화시킬지도 모르는 소질 같은 것은 다음에 찾아도 상관없는 것이다. 그러나 그것은 '나에게 문제가 되는 것은 나를 사물로서 구성하는 일이다'라는 의미가 아니고 무엇이겠는가? 내가 나로 하여금 이러저러한 행동을 하도록 몰아넣은 동기와 동인(動因)의 총체를 규정할 수 있을까? 하지만 그것은 이미 나의 의식의 흐름을 일련의 생리적 상태로서 구성하는 인과율적 결정론을 가정(假定)하지 않으면 성립되지 않는 일이다.

나는 비록 스스로 부끄럽게 여길 뿐이라 해도, 내 속에서 '여러 경향'을 발견할 수 있을 것인가? 그러나 이런 경향은 실은, 나의 협조를 얻어야 비로소 실현되는 것이고, 그것은 자연의 힘이 아니라 내가 끊임없이 그런 가치에 대해 결정을 내림으로써 그것을 효과적인 것으로 만들고 있는데도, 사람들은 일부러 이 사실을 보지 않으려고 하는 것이 아닌가? 나는 나의 성격, 나의 본성에 관해서 하나의 판단을 내릴 수 있을 것인가? 그것은 바로 그 순간에 내가 알고 있는 그 밖의 일들을 나로부터 은폐하는 것이 아닌가? 그것은 나의 현재는 정의상(定義上) 나의 과거에서 빠져나와 있음에도 불구하고 내가 과거를 그렇게 판단하는 것이다. 그 증거로 '나는 예전에 내가 있었던 그대로의 것으로 있다'고 성실한 마음으로 말하는 그 당사자가 마음속에 원한을 품고 있는 타인에게 화를 내면서 '나는 이미 과거에 내가 있었던 그대로의 것일 수는 없다'(옛날은 옛날, 지금은 지금)고 주장함으로써 상대편의 원망을 진정시키고자 할 경우가 있다. 그리고 어떤 사람이 과거에는 유죄였으나 이제는 새로운 자유 속에서 '이미' 유죄가 '아님'에도 불구하고 법정이 그 사람을 유죄로 판결한다면, 우리는 그것에 대해 놀라고 진심으로 가슴 아파한다. 그러나 동시에 우리는 그 사람이 자신을 유죄자로 '있는 것'으로서 인지할 것을 이 사람에게 요구한다. 그렇다면 성실성이란 바로 불성실의 하나의 현상이 아니고 도대체 무엇이겠는가? 사실 우리가 앞에서 살펴본 것처럼 불성실에 있어서 문제가 되는 것은, 인간존재를 '그것이 있지 않은 것으로 있고, 있는 것으로 있지 않는' 하나의 존재로서 구성하는 것이 중요하다.

동성애자는 흔히 견딜 수 없는 죄의식을 가지고 있어서 그의 존재 전체가 이 죄의식과의 관계에서 규정된다. 우리는 그것으로 그는 불성실하다고 추측하려는 경향이 있다. 사실 이런 사람은 자신의 동성애적인 경향을 인정하고, 또 자신이 저지른 특이한 과오를 하나하나 고백하면서도 자기를 '남색자(男色者)'로 여기는 것을 극력 거부하는 수가 있다. 그의 경우는 항상 '예외'이고 특이한 예이다. 그는 장난을 하다가 우연히 악마의 소치로 그렇게 되었노라고 말한다. 그것은 이미 지나간 잘못이고, 그 잘못은 여자들이 만족시켜 줄 수 없는 미(美)에 대한 어떤 견해에 의해 설명할 수 있다, 거기서는, 깊이 뿌리내린 경향의 발로보다는 하나의 불안한 탐구의 결과를 보아야 한다 등등.

사실 이 사람은 일종의 자기기만에 빠져 있는 사람으로, 우스꽝스럽게 느껴질 정도이다. 왜냐하면 그는 자기에게 전가된 모든 사실을 인정하면서도 그것에서 당연히 나오는 귀결을 이끌어 내는 것을 거부하고 있기 때문이다. 그래서 그의 가장 가혹한 비판자인 그의 벗은 그 이중인격에 대해서 화를 낸다. 이 비판자는 오직 한 가지밖에 요구하지 않는다. 그리고 아마도 그 요구가 만족되면 그는 너그러운 태도를 보일 것이다. 그것은 죄를 지은 자가 스스로 유죄임을 인정하고, 동성애자가 솔직하게─겸허하든 뻔뻔스럽든 그것은 크게 문제되지 않는다─'나는 남색자'라고 고백하는 것이다.

그런데 여기서 우리는 묻고 싶어진다. 과연 누가 자기기만적인가? 동성애자인가, 아니면 성실성의 대표자인가? 동성애자는 자기의 잘못을 인정하고 있지만, 그는 자신의 잘못이 자신에게 하나의 '운명'을 구성하게 되는, 견딜 수 없는 견해에 대해서는 온 힘을 다해 투쟁한다. 그는 자기가 사물로 여겨지는 것을 원치 않는다. 동성애자는, 이 탁자가 탁자이고, 이 붉은 머리 남자가 붉은 머리인 것과 같은 뜻으로 동성애적이지는 않다는 막연하고도 강력한 앎을 품고 있다. 그는 자기가 잘못을 고백하고 그것을 인정하는 순간, 자기는 모든 잘못에서 완전히 벗어난 것이라고 생각한다. 더욱 정확하게 말해서 심적 지속(持續) 그 자체만으로 자기의 잘못을 하나하나 씻어 주고, 자기에게 하나의 미확정된 미래를 구성해 주며, 자기를 새롭게 재생시켜 주는 것으로 생각한다. 그의 생각이 잘못된 것일까? 그는 자신의 힘으로 인간존재의 특이하고도 환원할 수 없는 성격을 인정하고 있지 않은가? 따라서 그의 태도는 부정할 수 없는 진리의 앎을 내포하고 있다. 그러나 그와 동시에 그가 살아가기 위해서는 이 끊임없는 재생, 이 끊임없는 탈출이 필요하게 된다. 그는 집단의 그 무서운 판단으로부터 달아나기 위해서는 끊임없이 안전지대에 몸을 두어야 한다. 그래서 그는 '있다'는 말을 희롱하고 있다. 만일 그가 '나는 남색자가 아니다'라는 말을 '나는 내가 있는 그대로의 것으로 있지 않다'는 의미로 이해한다면 사실 그는 정당할 것이다. 다시 말하면 만일 그가 '일련의 행위가 남색자의 행위로 규정되는 한에 있어서, 그리고 내가 이런 행위를 지속해 온 한에 있어서 나는 남색자이다. 하지만 인간존재가 모든 행위를 통해 모든 한정(限定)에서 벗어나는 한에 있어서 나는 남색자가 아니다'라고 주장한다면 그는 정당할 것이다. 그러나 그는 음험하게 '있다'는 말의 또 하나의 의미로 빠져나간다. 그는 '있지 않다'를 '즉자(卽自)로 있지 않다'는 의미로 이해한다. 그는 이 탁자가 잉크병이 '아니'라는 것과 똑같은 의미로 '남색자로 있지 않음'을 주장한다. 그는 자기기만적이다.

그런 한편, 성실성의 대표자는 인간존재의 초월을 모르는 것은 아니다. 그는 필요에 따라 자기를 위해 이 초월을 요구할 줄 안다. 그는 초월을 이용하기까지 하며, 지금 자신에게 필요하다면 초월을 내세운다. 그는 성실성의 이름으로—따라서 자유의 이름으로 동성애자가 자기 자신으로 돌아가서 자신을 동성애자로 인정하게 만들고 싶어 하는 것이 아닌가? 그는 이와 같은 고백을 들으면 자기도 너그러워질 수 있다는 것을 암시하는 것이 아닐까? 그것은 만일 자기를 동성애자로 인정한다면, 그 사람은 이미 스스로 그렇다고 인정한 그 동성애자와 똑같은 사람이 아니라는, 또한 그는 자유와 선의의 영역으로 탈출하게 되리라는 것을 의미하는 것이 아니고 무엇이겠는가? 따라서 성실성의 대표자가 그 사람에게 요구하는 것은, 이미 그 사람이 있는 그대로의 것으로 있지 않으므로, 그 사람이 있는 그대로의 것으로 있는 것이다. 여기에 '고백한 죄는 반은 용서받은 것이다'라는 문구의 심오한 의미가 있다. 그가 죄를 지은 자에게 요구하는 것은, 그 사람을 더 이상 사물로 다루지 않기 위해 그 사람이 자기 자신을 하나의 사물로서 구성하라는 것이다. 이 모순이 성실성의 구성요소이다.

사실 우리 모두가 알고 있는 것처럼, '쯧쯧! 저 사람은 남색자래'라는 말 속에는 타자에 대한 모욕적인 것과 나를 위한 자위적(自慰的)인 것이 내포되어 있다. 이 말은 우리를 불안하게 하는 타자의 자유를 선을 그어 없애고, 이제부터는 다만 타자의 모든 행위를 그 사람의 본질에서 필연적으로 흘러나오는 결과처럼 구성하는 것을 목표로 하고 있다. 그러나 비난자가 그 희생자에게 요구하는 것은 다음과 같은 것이다. 즉 희생자가 자기 자신을 사물처럼 구성하라는 것, 희생자가 자기의 자유를, 이른바 영지(領地)로서 일단 비난자에게 바치고 난 뒤 마치 군주가 신하에게 영지를 하사하듯이 비난자가 희생자에게 자유를 다시 돌려주라는 것이다. 성실성의 대표자는 그가 판단한다고 주장하면서 사실은 스스로 위로를 얻으려 하는 한, 또 그가 타인의 자유에 대해 그것이 자유인 채로 사물로서 자기를 구성하도록 요구하는 한, 자기기만적인 것이다. 여기서도 다만 헤겔이 '주인과 노예의 관계'라고 부른 그 의식 대 의식의 사투(死鬪)의 에피소드가 문제이다. 우리가 타자의 의식을 상대할 때, 우리는 타인의 의식에 대해 그 의식의 본성의 이름으로 그것이 의식으로서의 자기를 근본적으로 파괴하도록 요구하지만, 동시에 이 파괴의 저편에서 그 의식에 재생의 희망을 품게 한다.

그건 사실일지도 모르지만, 당신이 말하는 그 사람은 성실성을 멋대로 타인에 대한 무기로 삼고 있다, 성실성을 공존재(共存在)의 관계 속에서 구하려 해서는 안 된다, 오히려 성실성이 순수하게 드러나는 장소, 다시 말해 자기 자신과 마주하는 관계 속에서 구해야 한다, 그렇게 말하는 사람도 있을 것이다. 그러나 객관적 성실성도 그와 같은 방식으로 구성되는 것이 아닐까? 성실한 사람은 자신을 하나의 사물로 구성하지만, 그것은 바로 이 사물의 조건에서 성실성의 작용 그 자체를 통해서 빠져나가기 위한 것이 아닐까?

자기가 악인이라는 것을 스스로 고백하는 사람은 자기의 마음을 불안하게 하는 '악에 대한 자유' 대신 악인이라는 부동(不動)의 성격을 얻는다. 즉 그는 악인으로 있다. 그는 자신에게 점착(粘着)해 있다. 그는 그가 있는 그대로의 것으로 있다. 그러나 그와 동시에 그는 이 '사물'에서 탈출한다. 왜냐하면 그는 이 사물을 관상(觀想)하는 사람이기 때문이다. 그 사물을 자기의 시선 아래 지키는 것도, 그것을 무수히 많은 개별적 행위로 해체시키는 것도, 그에게 달려 있기 때문이다. 그는 그의 성실성에서 하나의 공적(功績)을 끌어낸다. 그리고 공적이 있는 사람은 그가 악인으로 있는 한 악인이 아니고, 그가 그 사악함 저 편에 있는 한 악인이다. 그와 동시에 사악함은 그것이 결정론의 입장에서 생각할 수 있는 것이 아닌 한, 다시 말해 내가 그것을 고백함으로써 사악함에 나의 자유를 대립시키는 한, 아무것도 아니기 때문에 사악함은 무력해지고 만다.

나의 미래는 처녀(處女)이고, 모든 일은 나에게 허용되어 있다. 그리하여 성실의 본질적 구조는 자기기만의 본질적 구조와 다를 것이 없다. 왜냐하면 성실한 사람은 그가 '그것으로 있지 않으므로' 그것으로 있는 것으로서 자기를 구성하기 때문이다. 이것이 바로 사람은 너무나 성실한 나머지 자기기만에 빠질 수 있다고 하는, 모든 사람이 인정하는 진리를 설명하는 것이다. 발레리가 말한 것처럼 스탕달의 경우가 그럴 것이다. 자기에게 점착하기 위한 끊임없는 노력으로서의, 전적이고 끊임없는 성실은 그 본성상 자기와의 연대(連帶)를 끊으려고 하는 끊임없는 노력이다. 사람들은 자기를 자기에 대한 대상으로 만들려고 하는 행위 자체를 통해 자기를 자기로부터 해방시킨다. 사람들이 그것으로 있는 것에 대해 끊임없이 목록을 작성하는 것은, 끊임없이 자기를 부정하는 일이고, 우리가 이제 순수하고 자유로운 시선 외에는 아무것도 아닌 영역으로 도피하는 일이다. 불성실은 안전지대에 몸을 두는 것을 목적으로 한다. 그것은 하나의 도피라고 앞에서 우리는 말했다. 이제 우리는 성실을 정의하는 데도 같은 표현을 써야 한다는 것을 확인한다. 이것은 무엇을 뜻하는 것일까?

요컨대 그것은 성실의 목표와 불성실의 목표가 그다지 다르지 않다는 것이다. 분명히 과거와 관련되는 성실도 있지만 그것은 지금의 우리에게 문제가 아니다. 만일 내가 이러저러한 쾌락이나 이러저러한 의도를 '가진' 것을 고백한다면 나는 성실하다. 다음에 곧 보게 되겠지만, 그런 성실이 가능한 것은 인간의 존재가 과거로 실추할 때, 즉자존재로서 자기를 구성하기 때문이다. 그러나 여기서는 현재의 내재성 속에서 스스로 자신을 지향하는 그 성실만이 문제가 된다. 그 목표는 어떤 것일가? 내가 있는 바의 것을 스스로 고백하고, 그 결과 마침내 내가 나의 존재와 합치하게 하는 것, 간단히 말해서 나는 '내가 있는 그대로의 것으로 있지 않은' 존재방식에 있어서 어떤 것이기는 하지만, 나로 하여금 즉자의 존재방식에 있어서 그런 어떤 것으로 있게 하는 것, 그것이 성실의 목표이다. 그리고 그 요청은 내가, 사실은 이미 즉자의 존재방식에 있어서, 내가 있어야 하는 바의 것으로 있다고 하는 사실이다. 그러므로 우리가 성실의 밑바탕에서 발견하는 것은 거울과 그 반사의 끊임없는 희롱이며, 있는 그대로의 것인 존재에서 있는 그대로의 것이 아닌 존재를 향한, 또 그 반대로 있는 그대로의 것이 아닌 존재에서 있는 그대로의 것인 존재를 향한 끊임없는 이행(移行)이다.

그런데 불성실의 목표는 어떤 것일까? 그것은 나로 하여금 '있는 그대로의 것이 아닌' 방식에 있어서, 내가 있는 그대로의 것으로 있도록 하는 것, 또는 나로 하여금 '있는 그대로의 것으로 있는' 방식에 있어서는, 내가 있는 그대로의 것으로 있지 않도록 하는 것, 이것이 그 목표이다. 우리는 여기서도 같은 거울의 희롱을 발견한다. 그것은 사실 성실한 의도가 있기 위해서는, 근원적으로, 나는 내가 있는 그대로의 것으로 있는 동시에, 내가 있는 그대로의 것으로 있지 않은 것이 아니면 안 되기 때문이다. 성실은 하나의 존재방식, 또는 특수한 성질을 나에게 주는 것이 아니라, 이 성질에 대해 나를 하나의 존재방식에서 또 하나의 존재방식으로 이행시키는 것을 목표로 하고 있다. 그리고 이 두 번째 존재방식, 즉 성실의 이상(理想)은 본성상 그곳에 이르는 것이 나에게는 금지되어 있고, 내가 그곳에 이르려고 노력하는 바로 그 순간, 나는 거기에 이르지 못할 것이라는 판단 이전의 막연한 앎을 가진다. 그러나 마찬가지로 내가 다만 자기기만적인 의도를 조금이라도 가지기 위해서는, 본성상 내가 나의 존재 속에서 나의 존재로부터 탈출해 나와야 한다. 만일 이 잉크병이 잉크병인 것과 같은 방법으로, 내가 슬프거나 비겁하다면 자기기만의 가능성은 생각도 할 수 없을 것이다. 그렇게 되면, 나는 나의 존재에서 벗어날 수 없을 뿐만 아니라, 내가 존재에서 빠져나올 수 있다고 상상하는 것조차 불가능할 것이다. 그러나 자기기만이 단순한 기도로서 가능한 것은 나의 존재가 문제되는 한에 있어서 바로 있음과 있지 않음 사이에는 그렇게 뚜렷한 차이가 없기 때문이다. 자기기만은 오로지 성실이 본성상 자기 목표에 이르지 못한다는 것을 느끼고 있기 때문에 가능하다.

내가 비겁하게 '있는'데, 내가 '비겁하게 있지 않는' 것으로 나를 파악하려고 시도할 수 있는 것은, 이 '비겁한 존재'가 그것이 존재하는 바로 그 순간에 그것 스스로 '문제가' 되기 때문이며, 이 '비겁한 존재'가 본디 '하나의' 문제이기 때문이며, 이 '비겁한 존재'를 파악하려고 내가 원하는 바로 그 순간에 이 '비겁한 존재'는 전면적으로 나에게서 빠져나가 소멸하기 때문이다. 내가 자기기만적인 노력을 시도하기 위한 조건은 어떤 의미에 있어서는 내가 그것으로 있기를 원치 않는 이 비겁자로 있지 않는다는 것이다. 하지만 만일 내가 단순히 '있지 않은 바의 것으로 있지 않다(n'être pas-ce-qu'on-n'est-pas)'는 존재방식에서 비겁자로 '있지 않다면', 나는 비겁자로 있지 않다고 밝힐 때 나는 '고지식한(de bonne foi)' 인간일 것이다. 그리하여 내가 그것으로 있지 않은, 이 파악할 수 없이 사라져 가는 비겁자는, 그래도 무언가의 방식으로, 그것으로 있지 않으면 안 된다. 그렇다고 해서 '어느 정도는 비겁자이고'—'어느 정도는 비겁자가 아니라는' 뜻에서 '어느 정도' 나는 비겁일 것이라는 식으로 이해해서는 곤란하다. 아니다. 나는 전체적으로, 그리고 전면적으로 비겁자인 동시에 비겁자가 아닌 것이다. 그리하여 이 경우에 자기기만이 성립하기 위해서는, 나는 내가 있는 그대로의 것으로 있지 않아야 하는 것이 요구된다. 다시 말하면 인간 존재의 존재방식에서 존재와 비존재를 분간하는 저울질할 수 없는 차이가 있어야 한다.

그러나 자기기만은 내가 가진 모든 성질을 거부하는 것으로는 만족하지 않는다. 자기기만은 내가 그것으로 있는 존재를 보지 않는 것으로는 만족하지 않는다. 자기기만은 또한 내가 그것으로 있지 않은 것으로 있는 것으로서 나를 구성하려고 시도한다. 자기기만은 적극적으로, 사실은 용감하지 않은 나를 용감한 자로서 파악한다. 더욱이 그것이 가능하기 위해서는, 나는 내가 그것으로 있지 않은 것으로 있지 않으면 안 된다. 즉 비존재는, 나에게 있어서, 비존재로서의 존재조차 가지지 않은 것이 아니면 안 된다. 말할 것도 없이 나는 용감한 것으로 '있지 않은' 것이 아니면 안 된다. 그렇지 않다면, 자기기만은 '자기기만'이 되지 않을 것이다. 그러나 그 밖에도 나의 자기기만적인 노력은 다음과 같은 존재론적 앎을 내포하고 있어야 한다.

즉 나의 일상적인 존재에 있어서도, 나는 사실은 내가 있는 그대로의 것으로 있지 않다는 것, 그리고 이를테면 '슬프게 있다'의 있다—내가 있는 그대로의 것으로 있지 않은 존재방식에 있어서, 내가 그것으로 있는 것—와, 내가 나에게 감추고자 하는 '용감하게 있지 않다'의 '있지 않다'(비존재) 사이에는, '아니–있음' 사이에는 그렇게 큰 차이가 없다는 것, 이것이 그 존재론적 앎이다. 그리고 또 특히 존재의 부정 자체가 그 자체로서 하나의 끊임없는 무화(無化)의 대상이 되어야 하며, '있지 않음'의 의미 자체가 인간존재에 있어서는 끊임없이 문제가 되지 않으면 안 된다. 만일 이 잉크병이 탁자로 있지 않은 것과 같은 방식으로, 내가 용감한 것으로 '있지 않다'면, 다시 말해 내가 나의 비겁함 속에 남겨져서, 비겁함에 의지하여, 그것을 그 반대물과의 관계로 둘 수 없다면, 만일 내가 나를 비겁자로서 한정할 수가 없고, 즉 나에 대해 용기를 부정할 수 없고, 따라서 내가 나의 비겁함을 긍정하는 바로 그 순간, 나의 비겁함에서 탈출할 수 없다면, 또 만일 나의 '비겁함으로 있는 것'과 나의 일치도 원리상, 불가능하지 않다면, 자기기만의 어떤 시도도 나에게 금지될 것이다. 그러므로 자기기만이 가능하기 위해서는 성실 자체가 자기기만적으로 있어야만 한다. 자기기만이 가능한 조건은, 인간존재가 그 가장 직접적인 존재에 있어서, 즉 반성 이전의 코기토의 내부구조에 있어서, 그것이 있지 않은 그대로의 것으로 있고, 그것이 있는 그대로의 것으로 있지 않아야 한다는 것이다.

3. 자기기만 '신앙'

지금까지 우리는 자기기만을 생각할 수 있게 하는 조건들, 자기기만적인 개념을 형성하는 것을 허락하는 존재구조를 지적한 것에 지나지 않았다. 하지만 우리는 이런 고찰만으로 그칠 수는 없다. 우리는 아직 자기기만과 허위를 구별하지 않았다. 우리가 기술해 온 양의적(兩義的)인*12 개념은 확실히 거짓말쟁이가 상대편을 당황하게 만드는 데 이용할 우려가 있다. 하기는 이런 개념의 양의성은 인간의 존재에 기초를 두는 것이지, 어떤 경험적인 사정에 기초를 두는 것이 아니므로 모든 사람에게 나타날 수 있으며, 또 나타나야 한다. 자기기만의 참된 문제는 분명하게 자기기만이 신앙(foi)*13이라는 점에 있다. 자기기만

---

*12 amphibolie를 amphibologie로 그리고 다음의 amphibolie도 amphibologie로 정정(訂正)한다.

*13 foi(영역으론 faith)는 신실, 신앙 등으로 번역되는데, 여기서는 신실이라고 하고 싶었으나 역시 신앙이라고 번역했다. 그리고 프랑스어의 foi(신앙)와 croyance(신념)의 차이에 대해서는 정신이 오로지 신뢰감에 따라 움직여서 음미도 검토도 거치지 않고 승인하는 경우가 foi이며,

은 냉소적인 허위일 수도 없고, 대상의 직관적인 소유라는 뜻에서의 명증(明證)일 수도 없다. 그러나 대상이 주어지지 않았을 때, 또는 대상이 불명확하게 주어졌을 때, 그 대상과 존재의 밀착을 신념(croyance)이라고 불러도 좋다면, 그 때의 자기기만은 신념이며, 자기기만의 본질적 문제는 신념의 문제이다.

자기를 설득하기 위해 일부러 꾸며 낸 그런 개념을 우리가 자기기만적으로 믿을 수 있는 것은 무엇 때문일까? 사실 잊어서는 안 되는 것은, 자기기만적인 기도(企圖)는 애초에 그 기도 자체가 자기기만적이라는 것이다. 내가 노력한 끝에 스스로 나의 양의적인 개념을 구성했을 때만, 그리고 내가 나를 납득시켰을 때만 나는 자기기만적이지 않은 것이다. 진실을 말하면 나는 충분히 납득하지 않았다. 그러나 내가 납득할 수 있었던 한에서는 나는 언제나 납득하고 있었다. 그리고 내가 그야말로 나를 자기기만적으로 만들고 싶은 기분이 되었던 바로 그 순간에 나는 이런 기분 자체에 대해 자기기만적이었어야 했다. 그 기분을 자기기만적인 것으로 표상(表象)했더라면 나는 냉소주의에 빠져 버렸을 것이다. 그 기분을 순결한 기분이라고 진심으로 믿었더라면 나는 성실한 사람이 되었으리라. 자기기만적이고자 하는 결의는 뭐라고 일컬을 수 없다. 이 결의는 자기를 자기기만적이라고 믿고 그리고 믿지 않는다. 이 결의는 자기를 성실하다고 믿고 그리고 믿지 않는다. 그리고 자기기만이 나타난 이래 모든 사후(事後)의 태도를 결정하고, 또 어떤 면에서는 자기기만의 세계관에 대해 결정하는 것은 이 결의이다. 왜냐하면 자기기만은 성실의 비판적 사고에 의해 받아들이고 있는 진리의 규범과 기준을 유지하고 있지 않기 때문이다. 사실 이런 결의가 결정하는 것은 우선 진리의 본성에 관한 것이다.

자기기만과 더불어 하나의 진리, 하나의 사고방법, 대상의 존재형태가 나타난다. 그리고 돌연히 주체를 에워싸는 이 자기기만적인 세계는 그것에서는 존재가 그것이 있지 않은 그대로의 것으로 있고, 그것이 있는 그대로의 것으로 있지 않다고 하는 존재론적 성격으로 띠고 있다. 그 결과 어떤 특이한 형태의 명증(明證)이 나타난다. '설득적이지 않은' 명증이 그것이다. 자기기만은 명증

음미 또는 검토를 거쳐서 납득한 경우가 croyance라고 생각하면 된다. 따라서 밀착도에서는 foi가 강하고 croyance가 약하다. 사르트르가 뒤에 '대상과 존재의 밀착을 croyance라고 불러도 좋다면'이라는 조건을 붙여서 '불성실은 신념이다'라고 말한 것은, '신념을 신앙과 같은 것으로 볼 수 있다면'이라는 뜻일 것이다.

을 파악한다. 그러나 자기기만은 이런 명증에 의해 충만되지 않도록, 즉 성실성으로 설득되고 변형되지 않도록 처음부터 포기하고 있다. 자기기만은 공손하고 겸허하게 처신한다. 자기기만은 신앙의 결의이며, 그때마다 직관 뒤에 결심하고, '있는 그대로의 것을 원하지' 않으면 안 된다는 것을 자신도 모르는 것은 아니라고 말한다. 그리하여 자기기만은 그 원초적인 기도에 있어서, 그리고 그것이 나타난 이래로, 자기의 요구의 참된 본성에 대해 결정을 내린다. 자기기만은 너무 지나치게 요구하지 말자고 하는 결심, 납득이 가지 않을 때도 그대로 만족하자는 결심, 확실하지 않은 진리에 대한 자기 동의(自己同意)를 결의를 통해 강행하려는 결심 속에 전면적으로 묘사되어 있다. 자기기만의 이 최초의 계획은 신앙의 본성에 대한 하나의 자기기만적인 결의이다.

물론 여기서 문제삼고 있는 것은 반성된 유의적(有意的)인 결의가 아니고, 우리의 존재의 자발적인 결심이다. 사람들은 잠을 자는 것처럼 자기기만에 몸을 맡긴다. 그리고 꿈을 꾸듯이 자기기만적으로 있는 것이다. 이런 존재방식이 한번 실현되면, 그것에서 빠져나가는 것은 잠을 깨는 것만큼이나 어렵다. 왜냐하면 자기기만이 꿈 또는 생시와 마찬가지로 세계 속의 하나의 존재형태이기 때문이다. 이 존재형태는 그 구조가 '중간상태'의 것임에도 자연히 영속하고자 하는 경향을 가지고 있다. 그러나 자기기만은 그 구조를 의식하고 있다. 그리고 자기기만은, 중간상태적 구조는 존재의 구조이고, 납득이 가지 않는 것은 모든 확신의 구조라는 식으로 믿어 의심치 않음으로써, 조심스럽게 채비를 하고 있다. 남은 문제는 만일 자기기만이 신앙이고 자기기만이 최초의 기도 속에 자기 자신의 부정을 포함하고 있다(자기기만은 내가 있지 않은 바의 것으로 있음을 납득하기 위해 납득당하지 않기로 결심한다)면, 근원적으로 납득당하지 않기를 원하는 하나의 신앙이 있어야 한다는 문제이다. 그와 같은 신앙이 가능한 조건은 어떤 것일까?

나는 벗 피에르가 나에게 우정을 가지고 있다고 믿고 있다. 나는 그것을 '고지식하게' 믿는다. 나는 그것을 믿고 있는 것이지, 그것에 대해 명증이 따른 직관을 가지고 있는 것은 아니다. 왜냐하면 이 대상 자체가 본성상 직관에는 주어질 수 없기 때문이다. '나는 그것을 믿고 있다.' 다시 말해 나는 신뢰적인 충동에 몸을 맡기고, 그렇게 믿는 것을 결의하며, 그 결의에 머물 것을 결의한다. 요컨대 나는 마치 내가 그것을 확신하는 것처럼 전체를 하나의 똑같은 태도의 종합적 통일 속에서 행동한다. 내가 이렇게 성실성이라고 정의하는 것은, 헤겔이라면 '직접태(直接態, l'immédiat, das Unmittelbare)라고 일컬었을 것이다. 그것은 숯쟁이의 신앙이다.*14 헤겔이라면 즉각 직접태는 매개를 불러들이고 신념은 '대자적(對自的) 신념'이 됨으로써 비신념의 상태로 이행하는 것을 보여 줄 것이다. 만일 내가 벗 피에르는 나를 사랑하고 있다고 '믿고 있다'면, 그것은 그의 우정이 나에게는 그의 모든 행위의 의미인 것처럼 생각된다는 애기이다.

신념은 피에르의 행위의 '의미에 대한' 하나의 특수한 의식이다. 그러나 내가 믿는다는 것을 내가 안다면, 이 신념은 아무런 외부적 상호관련도 없는 순수한 주관적 결정으로서 나에게 나타난다. 이런 사정에서 '믿는다'고 하는 말은, 신념의 흔들리지 않는 확고함('하느님, 나는 당신을 믿습니다')을 나타내는 데도, 또 무력하고 완전히 주관적인 성격('피에르는 내 벗일까? 나는 그것에 대해서는 아무것도 모른다. 나는 그렇게 믿고 있다')을 보여 주는 데도 무차별적으로 쓰인다. 하지만 의식의 본성은, 그것에서는 매개태(媒介態)와 직접태가 똑같은 존재라는 데 있다. 믿는다는 것은 자기가 믿는다는 것을 아는 것이고, 자기가 믿고 있다는 것을 아는 것은 이미 믿지 않는다는 것이다. 그러므로 믿는 것은 이미 믿지 않는 것이다. 왜냐하면 그것은 믿는다는 것뿐이기 때문이며, 더욱이 자기(에 대한) 똑같은 비조정적(非措定的) 의식 속에서 그럴 뿐이기 때문이다. 확실히 우리는 '안다'는 말로 그 현상을 나타냈으므로, 이 경우, 현상의 기술에 무리가 생겼다. 비조정적인 의식은 '앎(知)'이 아니다. 그러나 비조정적인 의식은 바로 그 반투명성에 의해 모든 앎의 근원에 있다. 그리하여 믿음(에 대한) 비조정적 의식은 신념을 파괴하는 것이다. 하지만 그와 동시에 반성 이전의 '코기토의 법칙 자체에는 믿음의 존재란 믿음의 의식이라야 한다는 것이 내포되어 있다. 따라서 신념은 그 자체의 존재에 있어서 자체를 문제 삼는 존재이며, 오직 자기파괴에 있어서만 자기를 실현할 수 있는 하나의 존재이고, 자기를 부정함으로써만 자기에 대해 자기를 나타낼 수 있는 하나의 존재이다. 신념은 그것

---

*14 알랭도 《종교론》 속에서 '숯쟁이의 신앙 이외의 것은 모두 이단이다'라고 말했으나 우직한, 즉 고지식한 신앙을 표현할 때 항상 숯쟁이가 인용된다. 여기에는 이런 전설이 있다. 옛날 어떤 숯쟁이가 악마의 시련을 받았다. "너는 무엇을 믿느냐?" 하고 악마가 물었다. "나는 교회가 믿는 것을 믿는다" 하고 숯쟁이는 대답했다. 악마가 다시 묻는다. "그러면 교회는 무엇을 믿느냐?" 숯쟁이는 대답했다. "교회는 내가 믿는 것을 믿는다."

을 위해 존재함을 나타내는 일이고, 나타남은 자기를 부정하는 일인 그런 하나의 존재이다.

믿는 것은 믿지 않는 것이다. 그 이유는 분명하다. 의식의 존재는 자기에 의해 존재하는 일이고, 따라서 자기를 존재시키는 일이며, 그로 인해 자기를 극복하는 일이기 때문이다. 그런 의미에서 의식은 자기로부터의 끊임없는 탈출이다. 신념은 비신념이 된다. 직접태는 중개태(仲介態)가 된다. 절대는 상대가 되고 상대는 절대가 된다. 고지식함*¹⁵의 이상(자신이 믿는 그대로의 것을 믿는 일)은 성실의 이상(자신이 있는 그대로의 것으로 있는 일)과 같이 하나의 즉자 존재적 이상이다. 모든 신념은 충분히 신념인 것은 아니다. 우리는 결코 자신이 믿는 그대로의 것을 믿고 있는 것은 아니다. 따라서 자기기만의 원초적 기도는 의식사실의 이 자괴작용(自壞作用)을 이용하는 것에 지나지 않는다. 만일 모든 고지식한 신념이 불가능한 신념이라면 이제는 모든 불가능한 신념을 받아들일 여지가 있다. 내가 용감하다고 믿는 것이 나에게는 불가능한 일이라 하더라도, 나는 더 이상 그것 때문에 실망하는 일은 없을 것이다. 왜냐하면 우리는 모든 신념을 결코 충분히 믿을 수 없기 때문이다. 나는 이 불가능한 신념을 '나의' 신념이라고 정의할 것이다. 물론 나는 내가 믿지 않기 위해서 믿고, 믿기 '위해서' 믿지 않는다는 것을 나에게 감출 수 없을 것이다. 그러나 자기기만 그 자체에 의한 미묘하고도 전적인 자멸이 나를 놀라게 할 수는 없을 것이다.

이 자괴는 모든 신앙의 바탕에 존재하고 있다. 그것은 도대체 무엇일까? 내가 나를 용감하다고 '믿으려' 하는 순간, 나는 내가 비겁하다는 것을 '아는' 것일까? 그리고 이 확실성이 나의 신념을 파괴하러 오는 것일까? 그러나 '먼저' 즉자의 존재방식으로 그것을 이해해야 한다면 나는 용감한 것으로 '있지'도 않고, 비겁한 것으로 '있지'도 않다. 둘째로 나는 내가 용감하다는 것을 아는 것이 아니다. 나에 대한 이런 견해는 다만 신념에 의해서만 영향을 받는다. 왜냐하면 이런 견해는 순수한 반성적 확실성을 넘어서는 일이기 때문이다. 셋째로 확실히 자기기만은 그것이 믿고자 하는 것을 믿을 수가 없다. 하지만 자기

---

*15 bonne foi의 영역은 good faith, sincérité와 거의 같은 뜻. sincérité는 성실성이라고 번역했고, bonne foi는 사람들이 믿는 것을 믿는 일이라고 하였으니, 자기 판단력이 없는 고지식한 사고방식이라는 의미이다.

기만이 자기기만인 것은, 바로 그것이 믿는 것을 믿지 않는 것을 승낙하는 한에서이다. 고지식함은 존재에 있어서 '자신이 믿는 것을 믿지 않는 것'을 피하려고 하는데, 자기기만은 '자신이 믿는 것을 믿지 않는 것'에 있어서 존재를 피한다. 자기기만은 미리 모든 신념을 무력하게 만들어 버린다. 자신이 얻고 싶어 하는 신념은 물론, 그것과 동시에 자신이 피하고 싶어 하는 신념도 포함하여 모든 신념을 무력하게 만들어 버린다. 과학은 그런 자괴작용을 피해 명증(明證)으로 향하는 것인데, 자기기만은 신념의 이 자괴작용을 원함으로써 사람들이 자기기만에 대항하게 하는 모든 신념을 괴멸시킨다. 이런 신념들은 신념일 '수밖에 없는' 것으로서 자체를 드러내 보인다. 그리하여 우리는 자기기만의 최초의 현상을 더욱 잘 이해할 수 있는 것이다.

자기기만 속에는 냉소적인 허위도 없고 허위적인 개념의 교묘한 준비도 없다. 그러나 자기기만의 최초의 행위는 자신이 피할 수 없는 것을 피하기 위한 것이며, 자신이 있는 그대로의 것을 피하기 위한 것이다. 그런데 도피적인 기도 자체가 자기기만에 대해, 존재의 중심에서의 어떤 내적 분해를 드러낸다. 자기기만이 그것으로 있기를 원하는 것은 이런 분해이다. 왜냐하면 사실은 우리가 우리의 존재에 대해 취할 수 있는 두 가지 직접적인 태도가 이 존재의 본성 자체와, 이 존재와 즉자와의 직접적인 관계에 의해 조건지어져 있기 때문이다. 고지식함은 우리 존재의 내적 분해에서 벗어나, 자신이 그것으로 있어야 하지만 결코 그것으로 있지 않은 즉자를 향하려고 한다. 자기기만은 즉자를 피하여 내 존재의 내적 분해 속에 머물고자 한다. 그러나 자기기만은 이 분해작용 자체를 부정한다. 자기기만은 자신이 자기기만이라는 것을 스스로 부정하기 때문이다. '자신이-있는-그대로의-것으로-있지 않는-것'(le non-être-ce-qu'on-est')을 구실로, 있지 않는 것으로 있다는 존재방식에 있어서는, 내가 그것으로 있지 않는 이 즉자로부터 달아남으로써 자기기만은 자기기만으로서의 자기를 부인하고, '자신이-있지 않은-그대로의-것으로-있지 않다'(n'être-pas-ce-qu'on-n'est-pas)*16는 존재방식에 있어서는 내가 그것으로 있지 않은 즉자를 목표로

---

*16 원주. 자기기만은 고지식함을 되찾아 고지식한 기도의 근원 자체 속에 숨어들어가는 것이므로, 고지식한가 자기기만적인가는 아무래도 상관없는 것이라 하더라도, 그것이 우리가 근본적으로 자기기만에서 벗어날 수 없다는 것을 뜻하지는 않는다. 오히려 그것은 그 자체에 의해 퇴락한 존재 그 자신에 의한 그 존재의 회복을 상정하고 있다. 이런 존재회복을 우

하고 있다. 자기기만이 가능한 것은 그것이 인간존재의 모든 기도의 직접적인, 그리고 끊임없는 위협이기 때문이며, 의식이 그 존재 속에 자기기만의 끊임없는 위험을 감추고 있기 때문이다. 그리고 이 위험의 근원은 의식이 그 존재에 있어서, 그것이 있지 않은 그대로의 것으로 있고, 동시에 그것이 있는 그대로의 것으로 있지 않다는 사실에 있다. 이런 것을 단서로 하여 우리는 이제부터 의식이 인간존재의 전체가 아니라 그 존재의 순간적인 핵심인 한, 의식의 존재론적 연구에 착수할 수가 있다.

리는 본래성(authenticité)이라고 부르는데, 그것에 대해 쓰는 것은 아직 이르다.

제2부
대자존재

제1장
대자의 직접적 구조

1. 자기에의 현전(現前)

부정(否定)은 우리들을 자유로 향하게 하고, 자유는 자기기만으로 향하게 하며, 자기기만은 다시 우리를 그 가능조건으로서의 '의식의 존재'를 향하게 했다. 그래서 우리가 지금까지 세운 요구의 조명에 비추어, 이 책의 머리글에서 시도한 기술(記述)을 다시 한번 다루어 보기로 한다. 바꿔 말하면 우리는 반성 이전의 코기토의 영역으로 다시 돌아가야 한다. 그러나 코기토는 내 달라고 요구되는 것밖에는 내어 주지 않는다. 데카르트는 '나는 의심한다. 나는 생각한다'라고 하는 코기토의 기능적인 면에 대해 코기토에 물었으나, 이 기능적인 면에서 존재적 변증법으로 어떤 단서도 없이 이행하려고 했으므로 실체론적 오류에 빠졌다. 후설은 이 오류에서 깨달은 바가 있어 조심스럽게 기능적 기술 면에 머물렀다. 따라서 그는 나타남으로서의 한계 안에서의 나타남을 단순히 기술하는 데서 한 걸음도 더 나아가지 않았다. 그는 코기토 속에 틀어박혔다. 후설은 그런 호칭을 스스로 부인하고 있지만, 현상학자(phénoménologue)라기보다는 현상론자(phénoméniste)라고 불리는 편이 어울린다. 그리고 그의 현상론은 끊임없이 칸트적인 관념론을 따라가고 있다. 하이데거는 본질을 메가라학파적이고 반변증법적인 방식으로 고립시키게 되는 이런 기술의 현상론을 피하려고, '코기토'를 거치지 않고 실존적 분석에 직접 접근한다. 그러나 '현존재(現存在, Dasein)'는 처음부터 의식의 차원이 결여되어 있었으므로, 이 차원을 결코 회복하지 못할 것이다. 하이데거는 인간존재에 자기 요해(了解 : 깨달아 알아냄)를 부여하고 이 자기 요해를 자기 자신의 가능성의 '탈자적 기투(脫自的 企投, Project-ekstatique)'라고 정의한다. 그리고 우리도 이 기투의 존재를 부인할 생각은 없다. 하지만 그 자신에 있어서 요해로 있음에 대한 의식이 아닌 그런 하나의 요해는 어떤 것일까? 인간존재의 이 탈자적인 성격은 만일 그것이 탈자적인 의식에서 출현하는 것이 아니라면, 의물론적(擬物論的)이고 맹목적인 즉자 속에 다시 빠지고 만다. 사실을 말하면 코기토가 우리의 출발점이 되어야 하지만, 이 코기토에 대해서는 어떤 유명한 문구를 따서 말한다면, '코기토는 어디든 데리고 가 주지만, 다만 일단 그렇게 되면 우리는 코기토에서 떨어져 나온다*1고 말할 수 있을 것이다. 어떤 종류의 행위의 가능조건에 대한 우리의 지금까지의 연구가 목표로 삼아 온 것은, 다만 코기토의 존재에 대해 코기토에 물어볼 수 있도록 준비해 두는 일이었으며, 순간성에서 탈출하여 인간존재가 구성하는 존재 전체를 향하는 방법을 코기토 자체 속에서 찾아볼 수 있게 하는 변증법적 방법을 마련하는 것뿐이었다. 그러므로 자기(에 대한) 비조정적인 의식의 기술로 돌아가서 그 결과를 검토하고, '그것이 그것으로 있지 않은 것으로 있고, 그것으로 있는 그대로의 것으로 있지 않다'는 이 필연성이 의식에 있어서 무엇을 의미하는지 자문해 보자.

'의식의 존재는 그것에 있어서는 그 존재가 문제인 하나의 존재이다'라고 우리는 머리글에서 말했다. 그것은 의식의 존재가 완전한 동등성에 있어서 자기 자신과 일치하지 않는다는 것을 뜻한다. 이 동등성은 즉자의 동등성으로서 '존재는 그것이 있는 그대로의 것으로 있다'는 단순한 명제로 표현된다. 자기 자신에 대해 거리를 가지지 않고 있지 않는 존재는 즉자 속에 단 한 조각도 없다. 그런 뜻에서의 존재 속에는 이원성의 약간의 기색조차 없다. 그것을 우리는, 즉자의 존재밀도는 무한하다는 식으로 나타낼 것이다. 그것은 충실이다. 동일률(同一律)이 종합적이라고 말할 수 있는 것은 단순히 이 동일률이 일정한 존재영역에 그 범위를 한정하고 있기 때문이 아니라, 특히 동일률이 자기 안에 무한한 밀도를 모으고 있기 때문이다. 'A는 A다'라고 하는 것은, A는 무한한 압축 아래 무한한 밀도로 존재한다는 것을 뜻한다. 동일성(同一性)은 통일의 한계 개념이다. 즉자(卽自)가 그 존재의 종합적 통일을 필요로 한다고 말하는 것은 옳지 않다. 통일의 극한에서 '1'은 사라지고 동(同)으로 이행한다. '동(同)'은 '1'의 이상(理想)이며 '1'은 인간존재에 의해 비로소 세계 속에 태어난다. 즉자는

---

*1 il(le cogito) mène à tout à condition d'en sortir와 매우 비슷한 표현으로는 19세기의 저널리스트 비평가 쥘 자냉의 'Le journalisme mène à tout-à condition d'en sortir(저널리즘은 모든 것으로 통한다. 그렇게 되면 저널리즘에서 벗어난다)'가 있다.

그 자체로 충실하다. 내포하는 것과 내포되는 것의 그 이상의 완전한 충실, 그 이상의 완전한 동등성은 상상도 할 수 없다. 존재 속에는 털끝만 한 공허도 없다. 무(無)가 비집고 들어갈 수 있는 바늘구멍만 한 균열도 없다.

반대로 의식의 특징은, 의식이란 존재 감압(減壓)이라는 점이다. 사실 의식을 자기와의 일치라고 정의하는 것은 불가능한 일이다. 이 탁자에 대해 나는 "이 탁자는 완전히 그리고 단순히 '이' 탁자이다"라고 말할 수 있다. 그러나 나의 신념에 대해서는, 단순히 신념이라고 말하는 것으로 그칠 수는 없다. 나의 신념은 신념(에 대한) 의식이다. 사람들이 종종 말하듯이, 반성적 시선은 그 시선이 향하고 있는 의식의 사실을 변질시킨다. 후설 자신도 인정한 것처럼, '보인다'는 사실은 하나하나의 '체험에 있어서 전체적인 변모를 불러일으킨다.' 그런데 우리가 이미 보여 주었듯이, 모든 반성의 최초의 조건은 반성 이전의 '코기토'이다. 이런 코기토는 확실히 대상을 세우지 않는다. 그것은 어디까지나 의식내부적(意識內部的)이다. 그런데 자기 자신에 의해 보인다는 것이 비반성적인 의식에 있어서 최초의 필연성으로 나타난다는 점에서는, 이 코기토도 반성적인 코기토와 같은 종류이다. 그러므로 근원적으로 이런 코기토는 증인에 있어서 존재한다는 실효적(失效的)인 성격을 띠고 있다. 하기는 이 경우, 의식이 그것에 있어서 존재하는 이 증인은 의식 자신이지만……. 따라서 나의 신념이 신념으로 파악된다는 그 사실만으로 나의 신념은 '신념 이외에 아무것도 아닌' 것이다. 다시 말하면 나의 신념은 이미 신념이 아니다. 그것은 혼란된 신념이다. 그리하여 '신념은 신념(에 대한) 의식이다'라는 존재론적 판단은 어떤 경우에도 동일판단으로 해석될 수는 없을 것이다. 주사(主辭)와 빈사(賓辭)는 근본적으로 다르다. 그렇지만 이것은 하나의 똑같은 존재의 분해될 수 없는 통일 속에서의 이야기이다.

"그럴지도 모른다. 그러나 적어도 신념(에 대한) 의식은 '신념(에 대한) 의식이다'라고 말해야 한다. 우리는 이 수준에서 동일성과 즉자를 다시 발견한다. 문제가 되는 것은 다만 우리가 우리의 대상을 파악할 때의 차원을 적당히 선택하는 일이다."

이렇게 말하는 사람도 있을 것이다. 하지만 그것은 진실이 아니다. '신념(에 대한) 의식은 신념(에 대한) 의식이다'라는 말을 긍정하는 것은 의식과 신념의 연대성을 끊는 일이고, 괄호를 벗겨내는 일이며, 신념을 의식의 대상으로 만드는 일이다. 또 그것은 갑자기 반성의 차원으로 도약하는 일이다. 신념(에 대한) 의식 외에 아무것도 아닌 그런 의식은 사실상 신념(에 대한) 의식으로서의 자기 자신(에 대한) 의식을 가져야 할 것이다. 신념은 단순히 의식의 초월적이고 노에마(사유대상)적인 성질을 부여하는 것이 될 것이다. 의식은 이 신념과 마주하여 자기 마음에 드는 대로 자기를 결정할 자유를 가질 것이다. 의식은 빅토르 쿠쟁의 의식이 심적 현상을 차례차례 밝히기 위해 그 현상들 위에 던지는 냉정한 시선과 비슷하다. 그러나 후설이 시도한 방법적 회의(懷疑)의 분석이 충분히 밝혀 주었듯이, 오직 반성적 의식만이 반성되는 쪽의 의식이 정립하는 것으로부터 자기를 끊을 수 있다. 우리가 판단중지(判斷中止, epoche)나 '괄호치기'*²를 시도할 수 있으며, 후설이 말하는 '협력(mit-machen)'*³을 거부할 수 있다.

신념에 대한 의식은 신념을 돌이킬 수 없을 정도로 변질시키면서도 신념과 다른 것은 아니다. 신념(에 대한) 의식은 신앙(foi)적인 행위를 하기 '위한 것이다.' 그러므로 우리는 신념(에 대한) 의식은 신념이라고 말하지 않을 수 없다. 따라서 우리는 그 근원에서 이런 이중의 돌려보내기 놀이를 파악한다. 신념(에 대한) 의식은 신념이고, 신념은 신념(에 대한) 의식이다. 어쨌든 우리는 '의식은 의식이다'라고 말할 수도 없고, '신념은 신념이다'라고 말할 수도 없다. 한쪽의 항(項)은 다른 쪽의 항을 가리키고 다른 쪽 항으로 넘어가지만, 하나하나의 항은 다른 쪽의 항과 다르다. 우리가 앞에서 본 것처럼 신념도 쾌락도 기쁨도 의식적인 것이 되기 '전에'는 존재할 수 없다. 의식은 그들의 존재의 척도이다. 그러나 그렇다 해도 또한 신념은 그것이 '혼란된' 것으로서밖에는 존재할 수 없다는 바로 그 사실 자체로 인해 본디 자기로부터 빠져나오는 것으로서, 그것

---

*2 판단중지(epoche), '괄호치기'(mise entre parenthèses, Einklammerung) 등은 모두 후설의 현상학 용어이다. 우리의 일상생활과 모든 과학의 전제가 되고 있는 자연적인 태도에 근본적인 변경을 가하여 근원적인 것에까지 거슬러 올라가기 위해서 세계의 초월적인 존재에 대한 모든 정립에 대해 판단을 중지하고, 그 모든 정립을 이른바 '괄호를 쳐서' 배제하는 것이다. 이 배제에 의해 아직도 뒤에 남는 현상학적 잔여로서의 순수의식이 바로 현상학의 고유한 영역이다.

*3 이른바 자연적 태도의 정립에 대한 '협력'이라는 의미이다. 후설은 《이덴(Ideen)》 90절에서 '우리는 현실적인 사물의 정립을 사용하거나 이런 정립에 협력하는, 어떤 판단도 승인하지 않는다'고 말했다.

을 가두어 넣으려 하는 모든 개념의 통일을 부수는 것으로서 존재한다.

그러므로 신념(에 대한) 의식과 신념은 똑같은 존재이며, 이 존재의 특징은 절대적인 내재성이다. 하지만 우리가 이 존재를 파악하려 하는 순간 이 존재는 우리의 손가락 사이로 빠져나가고, 우리는 이원성의 희미한 조짐과 반사놀이에 직면하게 된다. 왜냐하면 의식은 반영이기 때문이다. 그러나 바로 반사로서의 한계에서 의식은 반사하는 것이지만 우리가 의식을 반사하는 것으로서 파악하려고 한다면 의식은 사라지고, 우리는 다시 반사 위로 돌아간다. '반사─반사하는 것'이라는 이 구조는 철학자들을 당혹감에 빠뜨렸다. 그들은 때로는 스피노자처럼 '이데아의 이데아'(이것은 또 '이데아의 이데아의 이데아' 따위를 불러일으키게 된다)를 정립함으로써, 때로는 헤겔식으로 자기로의 귀환을 참된 무한이라고 정의함으로써 무한의 도움을 받아 그것을 설명하고자 했다. 하지만 무한은 현상을 응고시켜서 그것을 모호하게 할 뿐만 아니라, 의식 속에 무한을 도입하는 것은 분명하게 의식의 존재를 즉자존재로 환원시키고자 하는 설명이론밖에 되지 않는다. '반사─반사하는 것'의 객관적 존재는 만일 우리가 그것을 주어지는 대로 받아들인다면, 반대로 즉자와는 다른 존재방식을 우리가 생각하지 않으면 안 되게 한다. 그것은 이원성을 포함한 일원성도 아니고, 정립(定立)과 반정립의 추상적인 두 가지 계기를 지양하는 하나의 종합도 아니며, 일원성'인' 이원성, 즉 그 자신의 '반사작용인' 반사, 이런 존재방식이 그것이다. 사실 우리가 전체적 현상에, 다시 말해 이 이원성의 일원성, 또는 신념(에 대한) 의식에 이르려고 한다면, 이 전체적인 현상은 곧 그 두 항 가운데 어느 하나를 우리에게 가리켜 보이고, 이 가리켜진 항은 이번에는 내재성의 일원적인 조직을 우리에게 가리켜 보인다. 그러나 그와 반대로, 만일 우리가 있는 그대로의 이원성에서 출발하여 의식과 신념을 한 쌍을 이룬 것으로 정립시킨다면, 우리는 스피노자의 '이데아의 이데아'에 부딪히게 되고 우리가 연구하려고 시도하던 반성 이전의 현상을 놓치게 된다. 이는 반성 이전의 의식이 자기(에 대한) 의식이기 때문이다. 연구하지 않으면 안 되는 것은 바로 이 자기(soi)라고 하는 관념 자체이다. 왜냐하면 이 관념이 의식의 존재 자체를 정의하기 때문이다.

먼저 주의해 두고 싶은 것은, 우리가 초월적인 존재를 지적하기 위해 전통에서 빌려 온 즉자라는 용어는 적절하지 않다는 것이다. 사실 자기와의 일치의 극한에 가서는 '자기'는 사라지고 동일적(同一的)인 존재에게 자리를 내놓는다. 자기는 즉자존재의 하나의 특질이 될 수는 없을 것이다. 본디 자기는 '반성된 것'이다. 그것은 문장구조법(文章構造法)에 의해서도 충분히 분명하다. 특히 라틴어 구문법(構文法)의 논리적인 엄밀함과, 문법이 '그의(ejus)'의 용법과 '자기의(sui)'의 용법 사이에 설정한 엄격한 구별이 충분히 밝혀 주는 바이다. '자기'는 가리킨다. 게다가 그것은 바로 '주어'를 가리킨다. 자기는 주어와 그 자신의 어떤 관계를 가리킨다. 그리고 이 관계가 바로 이원성이다. 그러나 이 이원성은 특수한 언어적 기호를 요구하는 까닭에 하나의 특수한 이원성이다. 하지만 다른 면에서 '자기'는 주어로서의 한계에 있어서도 또한 목적보어로서의 한계에 있어서도 존재를 지시하지 않는다.

사실 예를 들어서 내가 '그는 권태롭다'(그는 자기를 권태롭게 하고 있다(il s'ennuie))의 '자기(se)'를 생각해 보면, 이 '자기(se)'는 반쯤 자기를 열어 보여서 자기 뒤에 주어 자체를 나타나게 하고 있음을 알 수 있다. 이 '자기(se)'는 결코 주어가 아니다. 자기에 대한 관계를 가지지 않는 주어는 즉자의 동일성 속에 응축(凝縮)될 것이기 때문이다. 이 '자기(se)'는 실재하는 하나의 안정된 분절(分節)도 아니다. 왜냐하면 이 '자기'는 자신의 배후에 주어를 나타나게 하고 있기 때문이다. 사실 '자기(soi)'는 실재하는 존재자로서 파악될 수는 없다. 주어는 자기로 '있을' 수 없다. 왜냐하면 우리가 본 바와 같이 자기와의 일치는 자기를 사라지게 하기 때문이다. 그러나 그것은 또한 주어 자체의 지시이므로, 주어는 자기로 '있지 않을' 수도 없다. 그러므로 '자기'는 주어와 주어 자신의 내재 속에서의 이상적인 거리를 나타낸다. '자기'는 '자기 자신과의 일치로 있지 않은' 하나의 방식이고, '동(同)'을 '1'로서 내세움으로써 '동'에서 벗어나는 하나의 존재방식이며, 요컨대 다양성의 흔적을 볼 수 없는 절대적 응집으로서의 '동'과, 다양의 종합으로서의 '1' 사이의 항상 불안정한 평형상태에 있는 하나의 존재방식이다. 이것을 우리는 '자기에의 현전(présence à soi)'으로 부르기로 하자. 의식의 존재론적 근거로서의 '대자'의 존재법칙은 자기에의 현전이라는 형태하에서 대자가 대자 자신으로 있는 것이다.

이런 '자기에의 현전'은 흔히 존재의 충실로 오해받았다. 철학자들 사이에 널리 퍼져 있는 선입견은 의식에 대해 존재의 가장 높은 지위를 부여하고 있다. 그러나 그런 요청은 현전이라는 관념을 더욱 상세하게 기술해 나가면 더 이상 유지될 수 없게 된다. 사실 모든 '······에의 현전'에는 이원성이 내포되어 있으며, 따라서 적어도 잠재적인 분리가 내포되어 있다. 존재의 자기에의 현전은 자기에 대한 존재의 박리(剝離)를 내포하고 있다. 동일물(同一物)의 일치는 참된 존재충실이다. 왜냐하면 바로 이 일치 속에서 동일물은 어떤 부정성도 들어설 여지를 남겨 두지 않기 때문이다. 물론 동일률(同一律)은 헤겔이 본 것처럼 모순율을 불러일으킬 수 있다. '그것으로 있는 그대로의 것으로 있는 존재'는 '그것으로 있지 않는 것으로 있지 않는 존재'로 있을 수 있어야 한다. 그러나 먼저 이 부정은 다른 모든 부정과 마찬가지로, 우리가 이미 보여 준 바와 같이 인간존재로 인해 존재의 표면에 초래하게 되는 것이지, 존재 자체에 고유한 변증법에 의해 초래되는 것은 아니다. 그 밖에도 이 원칙은 바로 그것이 존재와 그 존재가 그것으로 있지 않은 것의 관계를 다스리는 것인 이상, 이 원칙은 존재와 '외부적인 것'의 관계 외에는 아무것도 나타낼 수 없다. 그러므로 여기서 문제되는 것은 즉자존재에 대해 현전하고 있는 인간, 세계 속에 구속되어 있는 인간에게, 그렇게 나타날 수 있는, '외적인 관계'를 성립시키고 있는 하나의 원리이다.

이 원리는 존재의 내적 관계와 관련이 있는 것은 아니다. 존재의 내적인 관계는 그것이 타재(他在)를 세우는 한 존재하지 않는다. 동일률은 즉자존재 안에서의 모든 종류의 관계의 부정이다. 그와 반대로 자기에 대한 현전은 명확하지 않은 균열이 존재 속으로 스며든 것을 전제로 하고 있다. 만일 존재가 자기에게 현전한다면 그것은 이 존재가 전적으로 자기가 아니기 때문이다. 현전은 일치가 즉각적으로 무너지는 것이다. 왜냐하면 현전은 분리를 전제로 하기 때문이다. 그러나 만일 지금 주체를 그 자체에서 분리시키는 것은 무엇이냐고 묻는다면, 우리는 그것은 '아무것도 아니다'라고 고백할 수밖에 없다. 분리시키는 것은 보통 공간 속의 한 거리이고, 시간의 경과이며, 심리적 갈등이고, 또는 단순히 한자리에 있는 두 사람의 개성이며, 요약하면 일정한 '성질을 띠고 있는' 하나의 실재이다. 하지만 여기서 우리에게 문제가 되고 있는 자기에의 현전의 경우에는 신념으로부터 신념(에 대한) 의식을 분리시킬 수 있는 것은 아무것도 없다. 그것은 신념이 신념(에 대한) 의식 이외의 '다른 아무것도 아닌' 까닭이다.

반성 이전의 코기토의 통일 속에 이 코기토에 있어서 외부적인 성질을 가진 요소를 도입하는 것은 코기토의 통일을 깨고 그것의 반투명성을 파괴하는 일이 될 것이다. 그때의 의식 속에는 의식이 그것에 대한 의식이 아닌 무엇인가, 즉 그 자체로는 의식으로서 존재하지 않는 무엇인가가 존재하게 될 것이다. 신념을 그 자신으로부터 떼어 놓는 분리는 그것만 단독으로 파악할 수 있는 것도 아니고 단독으로 생각할 수 있는 것도 아니다. 우리가 이 분리를 밝혀 내려고 하면 그것은 사라진다. 우리는 신념을 순수한 내재성으로서 다시 발견한다. 그러나 만일 그와 반대로 우리가 신념을 신념으로서의 한계 안에서 파악하려고 한다면, 그 균열은 우리가 그것을 보지 않으려고 할 때 나타나고 그것을 응시하려고 하면 바로 사라지는 방식으로 그곳에 존재한다. 그러므로 이런 균열은 순전히 부정적인 것이다. 거리, 시간의 경과, 심리적 갈등 따위는 그것만으로서 파악될 수 있고, 그런 것으로서 긍정적인 요소를 담고 있다. 그들은 단순히 하나의 부정적인 기능을 가지고 있을 뿐이다. 하지만 내부의식적인 균열은 그것이 부정하는 것 밖에서는 아무것도 아니며, 우리가 그것을 보지 않는 한에서만 존재를 가질 수 있다. 존재의 무(無)인 이 부정적인 것, 모든 것을 함께 무화할 수 있는 이 부정적인 것, 그것이 '무(néant)'이다. 우리는 어떤 곳에서도 무를 이렇게 순수한 상태로 파악할 수는 없을 것이다. 다른 경우에는 우리는 어느 곳에서나 어떤 방법으로든 무에 대해, 무로서의 한계 안에서의 즉자존재를 부여하지 않으면 안 된다.

그러나 의식의 핵심에서 나타나는 무는 '존재하는 것이 아니다.' 그것은 '존재되는(Il est été) 것이다.'*4 이를테면 신념은 하나의 존재와 또 하나의 존재의 인접은 아니다. 신념은 '그 자체의' 자기 현전이며, 그 자체의 존재감압(存在減壓)이다. 그렇지 않다면 대자(對自)의 일원성은 무너져서 두 즉자(卽自)의 이원성에 빠져 버릴 것이다.*5 그리하여 대자는 그 자신의 무로 있어야만 한다. 의식인 한에 있어서의 의식의 존재는 자기에의 현전으로서 '자기로부터 거리를 두고' 존재하는 것이며, 또 이런 존재가 그 존재 속에 지니고 있는 이 아무것도 아닌 거리, 그것이 '무'이다. 그러므로 자기가 존재하기 위해서는 이 존재의 '일원성'이 '동일성'의 무화로서 그 자신의 무를 내포하고 있어야 한다. 왜냐하면

---

*4 제1부 제1장 5절 '무의 기원' 속의 '무는 존재된다'라는 구절과 그것에 관한 역주 참조.
*5 영역의 주에는 deux en-soi(두 즉자)의 en·soi를 'in-itself'로, 문법에 어긋나게 편법상으로 번역하고 'in-themselves'라고 번역하지 못하는 사정을 해명하면서, 사르트르는 이 두 즉자의 이원성과 그들 상호 간의 고립을 강조하고 있다는 점을 지적하고 있다.

신념 속에 스며드는 무는 '신념 자체'의 무이기 때문이며, 즉자적인 신념으로서의, 맹목적이고 충실한 신념으로서의, '숯쟁이의 신앙'으로서의 신념의, 무이기 때문이다. 대자는 그것이 자기 자신과 일치할 수 없는 한 존재하도록 스스로 자기를 규정하는 존재이다.

그리하여 아무런 인도(引導)의 끈이 없이 반성 이전의 코기토에 물었지만, 무를 어디서도 발견하지 못했던 것이 이해된다. 우리는 하나의 존재를 발견하고 드러내 보이는 방식으로 무를 '발견하고' 또 '드러내 보이는' 것이 아니다. 무는 항상 하나의 '딴 것(un ailleurs)'이다. 자기 자신에 대해 '딴 것'이라는 형태로서만 존재하는 것, 끊임없이 존재의 불안정을 자기에게 배당하는 하나의 존재로서 존재하는 것, 이것이 대자의 책무이다. 이런 존재의 불안정은 본디 다른 하나의 존재를 가리키는 것이 아니다. 이 불안정은 자기에서 자기로의, '반사'에서 '반사하는 것'으로의, '반사하는 것'에서 '반사'로의 끊임없는 지시일 뿐이다. 그러나 이 지시는 대자의 품속에 무한운동을 일으키지는 않는다. 그것은 다만 단일한 행위의 일원성 속에 주어진다. 무한운동은 반성적인 시선에만 소속하는 것이고, 이 반성적인 시선은 현상을 전체로서 파악하려 하며, 이 반성적 시선은 '반사'에서 '반사하는 것'으로, '반사하는 것'에서 '반사'로 멈출 줄을 모르고 지시한다. 그러므로 무는 이런 존재의 구멍이고, 즉자에서 자기를 향한 추락으로, 이 추락으로 인해 대자가 구성된다. 하지만 이 무는 그것이 빌린 존재가 존재의 무화적 행위와 상관적인 한에 있어서만 '존재될(être été)' 수 있다. 즉자가 끊임없이 자기 현전으로 전락할 때의 이 행위를 우리는 존재론적 행위라고 부를 것이다.

무는 존재에 의한 존재의 문제화이다. 다시 말하면 바로 의식 또는 대자이다. 그것은 존재에 의해서 존재로 오는 절대적인 사건이며, 자기는 존재를 가지지 않고 끊임없이 존재에 의해 지탱되는 하나의 절대적인 사건이다. 즉자존재는 그것의 전적(全的)인 긍정성에 의해 자기의 존재 속에 고립되어 있으므로, 어떤 존재도 존재를 낳을 수 없으며, 무가 아니면 존재에 의해 존재에 이를 수 있는 것은 아무것도 없다. 무는 존재의 고유한 가능성이며 존재의 유일한 가능성이다. 더욱이 이 근원적인 가능성은 이 가능성을 실현하는 절대적 행위 속에서만 나타난다. 무는 존재의 무이므로 존재 그 자체를 통해서만 존재에 올 수 있다. 물론 무는 인간존재라는 특이한 존재로 말미암아 존재에 온다.

그러나 이 특이한 존재는 그것이 그 자신의 무의 근원적 기도(企圖)라는 것 외에 아무것도 아닌 한, 자기를 인간존재로 구성한다. 인간존재는 그 존재 안에서, 그리고 그 존재에 대해 존재의 핵심 속에서 무의 유일한 근거라는 한에서만 존재이다.

2. 대자(對自)의 사실성*6

그렇다 하더라도 대자는 '존재한다.' 대자는 그것이 있는 그대로의 것으로 있지 않고, 그것이 있지 않은 것으로 있는 존재의 자격도 또한 존재한다고 사람들은 말할 것이다. 성실을 난파시키는 암초들이 어떤 것이든, 적어도 성실의 기도는 생각할 수 있는 것이므로 대자는 존재한다. 대자가 존재하는 것은 사건으로서이다. 필리프 2세가 '존재했다', 나의 벗 피에르가 있다(존재한다), 이렇게 내가 말할 수 있는 의미에서, 대자는 사건으로서 존재한다. 대자가 스스로 선택한 것이 아닌 조건하에서 나타나는 한에 있어서, 피에르가 1942년 프랑스의 부르주아이고, 슈미트가 1870년 베를린의 노동자였던 한에 있어서 존재한다. 세계 속에 던져져 있고, 하나의 상황 속에 버려져 있는 한에 있어서 대자는 존재한다. 대자가 완전히 우연인 한에 있어서, 또 세계 속의 모든 사물과 마찬가지로, 또 이 벽과 이 나무, 이 찻잔과 마찬가지로, '어째서 이 존재는 다른 어떤 모습도 아닌 바로 이 모습으로 존재하는가?'라는 근원적인 질문이 제기될 수 있는 한에 있어서 대자는 존재한다. 또한 대자는 그것의 근거가 아닌 어떤 것, 즉 대자의 '세계에의 현전'이 있는 한에 있어서 대자는 존재한다.

존재가 존재를 자기 자신의 근거가 아닌 것으로서 받아들이는 이런 파악이 모든 '코기토'의 밑바탕에 있다. 이 점에 대해 주목할 만한 것은, 이런 파악이 데카르트의 '반성적 코기토'에 직접 나타나고 있다는 것이다. 사실상 데카르트는 자기의 발견을 이용하고자 할 때, 그는 스스로 불완전한 한 존재로서 자기를 파악한다. '왜냐하면 그는 의심하기 때문이다.' 그러나 이 불완전한 존재에 있어서 그는 완전한 관념의 현전을 확인한다. 그러므로 그는 그가 생각할 수

---

*6 facticité(사실성)는 하이데거의 용어 Faktizität를 그대로 프랑스어로 옮겨놓은 것으로서, fait(Faktum)의 추상명사이다. 프랑스어의 factice(인공, 기교)와는 의미 내용면에서 전혀 관계가 없다. 그리고 하이데거에서는 특히 자기의 현존재(Dasein)에게 인도되어 있다는 사실(die Tatsache des dem eigenen Dasein Überantwortet seins)을 가리킨다.

있는 존재의 전형과 자기가 그것으로 있는 존재 사이의 거리를 파악한다. 존재의 이 거리 또는 존재의 결여가 바로 신(神)의 존재의 제2증명[7]의 근원에 있는 것은 바로 이 거리(또는 존재의 결여)이다. 사실상 만일 우리가 스콜라 철학적인 용어를 물리친다면 이 증거에서 무엇이 남을 것인가? 거기에 남는 것은 자기에게 완전의 관념을 소유하는 존재는 자기 자신의 근거가 될 수 없다는 매우 뚜렷한 의미이다. 그렇지 않다면, 이 존재는 이런 관념에 따라 자기를 창조했을 것이다. 다른 말로 표현하면, 자기 자신의 근거로 있는 존재는 자기가 있는 그대로의 것과 자기가 생각하는 것 사이에 조그만 거리도 허용할 수 없을 것이다. 왜냐하면 이런 존재는 자기의 존재요해에 따라 자기를 낳을 것이고, 자기가 있는 그대로의 것밖에 생각할 수 없을 것이기 때문이다.

그러나 이와 같이 존재와 마주하여 존재의 결여로서의 자기를 파악하는 것은, 먼저 '코기토'가 자기 자신의 우연성을 파악하는 것이다. 나는 생각한다. 그러므로 나는 존재한다. 하지만 나는 대체 무엇으로 존재하는가? 자기 자신의 근거가 아닌 하나의 존재로서 나는 존재한다. 이 존재는 존재로서는, 자기가 현재 있는 것과는 다른 존재일 수도 있으나, 다만 그것은 이 존재가 자기의 존재를 설명하지 않는 한에서이다. 하이데거가 비본래성(非本來性)[8]에서 본래성으로의 경과(經過)의 첫 번째 동기로서 제시한 것은 아마도 우리 자신의 우연성에 대한 이 최초의 직관일 것이다. 하이데거가 내놓은 최초의 동기는 불안이고, 양심의 호소(Ruf des Gewissens)이며, 죄책감이다. 사실을 말하면 하이데거의 기술(記述)은 자기는 관심이 없다고 주장하지만 '윤리학'을 존재론적으로 세우려는 관심과 자기의 휴머니즘과 초월자의 종교적 의의를 화해시키려는 관심을 너무나 노골적으로 드러내고 있다. 우리의 우연성의 직관은 죄책감의 심정과는 동일시될 수 없다. 그렇다고 해도 또한 우리 자신에 의한 우리 자신의 파악의 경우에는 정당화될 수 없는 사실의 성격을 가지고 우리에게 나타난다.

---

[7] 신의 존재론적 증명(본체론적 증명)은 '신의 본질 속에는 그 존재가 품어져 있다'고 하는, 말하자면 아 프리오리한 원리에 근거를 두는 제1증명이지만, 여기서의 증명은 '우리가 자기의 불완전한 존재에 있어서, 완전이라는 관념을 가지고 있다'라고 하는 경험적 사실에 기초를 둔, 말하자면 아 포스테리오리한 증명이므로 제2증명이라고 불린다.

[8] 원서에서는 passage de l'authentique à l'authentique라고 되어 있으나 이것은 분명하게 passage de l'inauthentique à l'authentique의 오류이므로 '본래성에서 본래성으로의 경과'가 아니라, '비본래성에서 본래성으로의 경과'라고 정정하여 번역한다. 영역에도 같은 뜻의 주석이 붙어 있다.

그러나 우리는 앞에서*⁹ 우리를 의식으로서, 다시 말하면 '자기에 의해 존재하는 존재'로서 파악하지 않았던가? 우리가 존재에 대한 똑같은 나타남의 통일 속에서 자기에 의해 존재하면서, 자기 존재의 근거로 있지 않은 존재로 있을 수 있는 것은 무엇 때문일까? 다르게 표현하면, 대자(對自)는 그것이 '존재하는' 한에 있어서, 대자가 자기 존재의 근거라는 뜻에서는, 자기 자신의 존재로 있지 않음에도, 그것이 대자로 있는 한에 있어서 어떻게 대자가 자기 자신의 무의 근거가 될 수 있는 것인가? 그 대답은 그 물음 속에 들어 있다. 사실 존재는 자기 자신의 존재의 무화인 한에 있어서 무의 근거라고 했다고 해서, 그것이 곧 이 존재가 자기 존재의 근거라는 뜻은 아니다. 자기 자신의 존재에 근거를 부여하기 위해서는 자기에 대해 거리를 두고 존재해야 할 것이고, 그것은 근거가 부여된 존재와 마찬가지로 근거를 부여하는 존재의 일종의 무화, 다시 말하면 일원성이 되는 하나의 이원성의 뜻을 내포할 것이다. 우리는 다시 대자의 경우로 돌아가게 될 것이다. 간단하게 말해서 자기 존재의 근거인 그런 존재의 관념을 생각하기 위한 모든 노력은, 자기 자신의 뜻과는 달리 즉자존재로서는 우연적이고, 자기 자신의 무의 근거인 존재의 관념을 형성하는 결과가 된다.

"신은 '자기원인(自己原因, causa sui)'이다"라고 할 때의 원인적 행위는 자기에 의한 자기 회복의 모든 경우와 마찬가지로, 바로 최초의 필연관계가 '자기로의' 귀환이고 반성이라는 뜻에서 하나의 무화적 행위이다. 그런데 이 근원적 필연성은 이번에는 하나의 우연적인 존재, 즉 바로 자기원인으로 있기 '위해 존재하는' 우연적인 존재의 근거 위에 나타난다. 가능적인 것에서 출발하여 필연적인 것을 정의하기 위한 라이프니츠의 노력—이것은 다시 칸트에게 답습된 정의이지만—에 대해 말하면, 이런 노력은 인식의 관점에서 생각된 것이지 존재의 관점에서 생각된 것은 아니다. 라이프니츠가 생각하는 의미에서의 가능적인 것에서 존재로의 이행(필연적인 것은 그 존재의 가능성이 현실존재를 내포하는 존재다)은 우리의 무지(無知)에서 인식으로의 이행을 나타내고 있다. 가능성은 현실존재에 선행하므로, 여기서의 가능성이란 사실상 우리의 사고와 관련해서만 가능성일 수 있다. 이 가능성은 그것이 존재의 가능성이면서 존재에

대해 외적인 가능성이다. 왜냐하면 존재는, 하나의 결과가 하나의 원칙에서 귀결되는 방식으로 가능성에서 발생하기 때문이다. 그런데 우리가 앞에서 지적한 것처럼, 가능성의 관념은 두 가지의 모습으로 고찰될 수 있다.

우리는 사실, 가능성을 하나의 주관적 지시로 삼을 수도 있다('피에르는 죽었을지도 모른다'[피에르가 죽었다는 것은 가능적이다]는 것은 피에르의 운명에 대해 내가 무지한 것을 뜻한다). 그리고 이 경우에 세계의 현전 속에서 가능적인 것[피에르가 죽었는지 어떤지]을 결정하는 것은 증인이다. 존재는 그 가능성을 자기 밖에, 그 존재기회를 계량하는 순수한 시선 속에 가지고 있다. 가능성은 물론 존재 이전에 '우리에게' 주어질 수 있지만, 이 가능성이 주어지는 것은 '우리에 대해서'이다. 이런 가능성은 이 존재'가 가진' 가능성은 아니다. 직물(織物)의 주름 때문에 당구공의 방향이 어긋나는 것은 그 융단 위를 구르는 당구공의 가능성에 속하는 것은 아니다. 방향이 어긋날 가능성은 융단에 속하는 것도 아니다. 이런 가능성은 증인에 의해 하나의 외적인 관계로서 종합적으로 세워질 수 있을 뿐이다. 그러나 가능성은 또한 우리에게 실재의 존재론적 구조로서 나타날 수도 있다. 그때의 가능성은 어떤 종류의 존재에게 '그 존재의' 가능성으로서 속한다. 그 가능성은 그 존재가 그것으로 '있는' 가능성이고, 그 존재가 그것으로 있어야 할 가능성이다. 이 경우에 존재는 존재에 있어서, 자기 자신의 가능성을 지탱하고 있다. 존재는 가능성의 근거이다. 따라서 존재의 필연성이 그 가능성에서 도출되는 일은 있을 수 없다. 요컨대 만일 신이 존재한다면, 그것은 우연적이다.

그러므로 의식의 존재는, 대자를 향해 자기를 무화하기 '위해' 그 자체에 있어서 있는 한, 어디까지나 우연적이다. 다시 말해 자기에게 존재를 주는 것도, 다른 존재로부터 존재를 받는 것도, 의식의 권한에는 속하지 않는다. 사실 존재론적 증거도 우주론적 증거도 마찬가지로 하나의 필연적인 존재를 구성하는 데 실패했지만, 내가 '이러저러한' 존재로 있는 한, 나의 존재의 설명과 근거를 필연적인 존재 속에서 찾을 수는 없을 것이다. '우연적인 모든 것은 하나의 필연적인 존재 속에서 근거를 찾아야 한다. 그런데 나는 우연적이다'라고 하는 이 두 가지 전제는 근거를 부여하고자 하는 욕구를 표현하고 있는 것이지, 현실적인 근거에 대한 설명적 연관을 가리키는 것은 아니다. 사실 이런 증명은 결코 '여기에 있는' 이 우연성을 설명할 수는 없으며, 다만 일반적인 우연성이라는 추상적인 관념을 설명할 수 있을 뿐일 것이다. 그 밖에도 이런 증명에서 문제가 되는 것은 가치이지 사실이 아니다.*[10] 그러나 만일 즉자존재가 우연적이라면, 이 즉자존재는 대자로의 전락(轉落)을 통해서 스스로 자신을 회복한다. 즉자존재는 대자 속으로 자기를 상실하기 위해서 존재한다. 한마디로 말해 존재는 '존재한다.' 존재할 수밖에 없다. 하지만 존재의 고유한 가능성—무화적인 행위 속에서 나타나는 가능성—은 존재를 무화하는 희생적 행위로 인해서 의식으로서의 자기의 근거로 있는 것이다.

대자는 의식으로 자기를 근거 세우기 위해서 즉자로서의 자기를 상실하는 즉자이다. 그리하여 의식은 그 자체로서 자기의 의식존재(의식으로 있음)를 보존하고 있다. 의식은 그것이 자기 자신의 무화작용인 한에 있어서 자기 자신 밖에 가리키지 못한다. 그러나 의식으로 자기를 소멸시키는 것(s'anéantit),*[11] 그렇다고 의식의 근거라고 부를 수는 없는 것, 그것이 우연적인 즉자이다. 즉자는 아무것도 세울 수 없다. 만일 즉자가 자기에게 근거를 부여한다면, 그것은 즉자가 자기에게 대자의 양상을 줌으로써이다. 즉자는 그것이 '더 이상' 즉자로 있지 않는 한, 그 자신의 근거가 된다. 그런데 우리는 여기서 모든 근거의 근원에 부딪힌다. 만일 즉자존재가 그 자신의 근거로 있을 수도 없고, 또 다른 존재의 근거가 될 수도 없다면, 근거는 일반적으로 대자와 함께 세계에 온다. 대자는 무화된 즉자로서 스스로 자기의 근거를 세우는데, 뿐만 아니라 대자와 함께 비로소 근거가 나타난다.

따라서 근거의 나타남이나 대자의 나타남이라는 절대적 사건 속에 흡수되고 무화된 이 즉자는 대자의 품속에 그 근원적인 우연성으로서 머물고 있다. 의식은 그 자신의 근거이다. 그러나 순수하고 단순한 즉자가 무한으로 있는 것은 아니고, 오히려 하나의 의식이 '존재하고 있다'는 것은 여전히 우발적이다. 절대적 사건, 다시 말해 대자라는 사건은 그 존재 자체에 있어서 우발적이다. 만일 내가 반성 이전의 코기토의 소여를 판독(判讀)할 때, 또한 나는 대자가 자기를 가리키는 것을 확인한다. 대자가 어떤 것이든 대자는 존재의식이라는

---

*10 원주. 이 추리는 사실상 분명히 이성의 '요구'에 근거를 두고 있다.

*11 사르트르는 여기서 '소멸시킨다(s'anéantit)'라고 말한다. 그러나 나는 그가 '무화시킨다(se néantit)'를 의미한 것이라고 생각한다. 왜냐하면 그가 앞에서 존재는 소멸될 수 없다고 우리에게 말했기 때문이다.

존재방식에 있어서 대자이다. 갈증은 의식이 그것'으로 있는' 그대로의 갈증에 대한 의식을, 자신의 근거로서 가리킨다. 그리고 그 반대도 또한 마찬가지이다. 그러나 '반사─반사하는 것'이라고 하는 전체는 만일 그것이 주어질 수 있다면, 그것은 우연성이고 즉자일 것이다. 다만 이 전체는 이를 수 없다. 왜냐하면 나는 '갈증의 의식은 갈증의 의식이다'라고도, '갈증은 갈증이다'라고도 말할 수 없기 때문이다. 이런 전체는 무화되는 전체로서, 현상의 사라져 가는 통일로서 그곳에 있다.

만일 내가 현상을 복다성(複多性)으로서 파악한다면, 이 복다성은 스스로 자기를 전체적 '하나'로서 가리킨다. 따라서 그 현상의 뜻은 우연성이다. 다시 말하면 나는 나에게, '나는 어째서 목이 마른가?' '어째서 나는 이 물컵에 대한 의식으로, 또 이 "자아"에 대한 의식으로 있는가?'라고 자문해 볼 수 있다. 그러나 내가 이 전체를 그 자체로서 고찰하면, 바로 이 전체는 내 시선 아래에서 무화된다. 이 전체는 '존재하지 않는다.' 이 전체는 존재하지 않기 위해서 존재한다. 그리고 나는 자기의 근거로서의 이원성의 소묘 속에서 파악된 대자로 다시 돌아온다. 내가 분노하는 것은, 내가 분노에 대한 의식으로서 나를 만들어 내기 때문이다. 대자의 존재를 구성하는 이 자기의 원인 작용을 제거해 보라. 그러면 우리는 더 이상 아무것과도, '즉자적인 분노'와도 만나지 않을 것이다. 왜냐하면 분노는 본디 대자로서 존재하기 때문이다.

그러므로 대자는 하나의 끊임없는 우연성으로 지탱되고 있다. 대자는 이 우연성을 자신의 입장에서 되찾고, 이 우연성을 자신에게 동화시키지만 결코 이 우연성을 제거해 버리지는 못한다. 즉자가 끊임없이 희미해져 가는 이 우연성은 항상 대자에 붙어 다니면서 대자를 즉자존재와 연결시키지만, 그 자체는 결코 파악되지 않는다. 이 우연성을 우리는 대자의 '사실성(facticité)'이라고 부를 것이다. 이 사실성 때문에 '대자는 "있다"' '대자는 "존재한다"' '대자는 "현실에 존재한다"'(il est, il exsiste)고 말할 수 있다. 그러나 우리는 결코 사실성을 '실감할' 수는 없으며 언제나 대자를 통해서 이 사실성을 파악할 뿐이다. 앞에서 주의했듯이, 우리는 무엇이든, 그것으로 있는 것을 연기(演技)하지(jouer à l'être)*12 않고는 그것으로 있을 수 없다. 앞에서 나는 "내가 카페의 종업원으로 있는 것

---

*12 원주. 제1부 제2장의 2절 '자기기만적인 행위.'

은 '그것으로 있지 않는다'는 존재방식으로서만 가능하다"고 말했다. 그것은 사실이다. 만일 내가 카페의 종업원으로 '있을' 수 있다면, 나는 곧 나를 하나의 우연적인 한 덩어리의 동일성으로서 구성하게 될 것이다. 그러나 그런 일은 있을 수 없다. 이 우연적이고 즉자적인 존재는 항상 나에게서 빠져나간다. 하지만 나의 신분이 지니는 의무에 내가 자유롭게 하나의 의미를 부여할 수 있기 위해서는, 어떤 의미에서 대자의 품속에 나의 '상황'이 희미해져 가는 우연성으로서의 즉자존재가 끊임없이 희미해져 가는 전체로서 주어져 있지 않으면 안 된다. 이것은 사실상 명백한 일이지만, 만일 내가 카페의 종업원으로 있기 위해 '그것으로 있는 것을 연기해야' 한다면, 적어도 나는 외교관이나 선원을 연기해 보아야 헛일일 것이다. 나는 카페의 보이가 되지 못할 것이다. 나의 신분의 이 파악하기 힘든 '사실', 일부러 연기하고 있는 희극과 순수하고 단순한 희극을 분리하는 이 미세한 차이, 이것 때문에 대자는 자기의 상황의 '의미'를 선택하여 상황 속에 스스로 자기를 자기 자신의 근거로서 구성하면서도 자기의 처지를 '선택하지는 않을' 것이다. 이것으로 인해 내가 나의 존재의 근거로 있는 한, 내가 나를 전적으로 나의 존재에 책임을 지는 것으로 파악함과 동시에, 다른 한편으로는 나를 전적으로 정당화할 수 없는 것으로 파악하게 되는 것이다.

사실성이 없으면, 의식은 사람들이 '공화국'에서 자기의 신분을 선택하는 방식으로 그 세계와의 연결을 선택할 수도 있을 것이다. 나는 내가 '노동자로 태어나도록' 또는 '부르주아로 태어나도록' 나를 결정할 수도 있을 것이다. 그런가 하면, 사실성은 나를 '부르주아로 있는 것'으로, 또는 '노동자로 있는 것'으로 구성할 수는 없다. 사실을 말하면, 사실성은 사실의 '저항' 같은 것조차도 아니다. 왜냐하면 내가 사실성에 그 의미와 그 저항을 부여하는 것은 '반성 이전의 코기토'의 내부구조 속에 다시금 사실성을 되찾음으로써 가능하기 때문이다. 사실성은 내가 있는 것으로 있기 위해 내가 따라가야 할 존재에 대해 내가 스스로 자기에게 주는 하나의 지시에 불과하다. 이 사실성을 적나라한 상태로 포착하는 것은 불가능한 일이다. 왜냐하면 사실성에 대해 우리가 발견하는 모든 것은 이미 회복된 것이고 자유로이 구성되어 있는 것이기 때문이다. 이 방 안에 이 탁자에는 '그곳에 있다(être là)'는 단순한 '사실'은 이미 하나의 한계개념의 순수한 대상이며, 이런 것인 한에 있어서 그것은 이를 수 없을 것이다. 그렇다 해도 이 사실은 나의 '그곳에 있는 것에 대한 의식' 속에 그 완전한 우연성으로서, 무화된 즉자로서 내포되어 있으며, 대자는 이런 즉자를 바탕으로 '그곳에 있는 것에 대한 의식'으로서 스스로 자기를 낳는다. '그곳에 있는 것에 대한 의식'으로서 스스로 자기를 심화하는 대자는, 결코 자기 속에 '동기화 작용'밖에 발견하지 못할 것이다. 다시 말해 이런 대자는 끊임없이 자기 자신 앞에, 자기의 끊임없는 자유 앞에 세워질 것이다. (나는 ⋯⋯을 위해 그곳에 있다 등등) 그러나 동기화 작용은 바로 스스로 자기에게 전면적으로 근거를 부여하는 한, 이 동기화 작용을 동결(凍結)시키는 우연성, 그것이 대자의 사실성이다. 대자인 한에 있어서는 자기 자신의 근거인 대자와 사실성의 관계는 정확하게 사실적 필연성(nécessité de fait)이라고 부를 수 있다.

데카르트와 후설이 코기토의 명증(明證)을 구성하는 것으로서 파악한 것은 바로 이런 사실적 필연성이다. 대자는 그것이 스스로 자기에게 근거를 부여하는 한 필연적이다. 바로 그것 때문에 대자는, '나는 내가 존재한다는 것을 의심할 수 없다'고 하는 하나의 필연적 직관의 반성 대상이다. 그러나 이 있는 그대로의 대자는 존재하지 않을 수도 있으므로, 그런 한에 있어서는, 대자는 사실의 모든 우연성을 가지고 있다. 나의 무화하는 자유가 그 자신이 불안에 의해 자기를 파악하는 것과 마찬가지로, 대자는 자기의 사실성을 의식하고 있다. 대자는 자기의 전면적인 무상성(無償性)의 감정을 가진다. 대자는 '아무런 이유도 없이(pour rien)' 거기에 있는 것으로서, 또 '남아도는(de trop)' 것으로서 자기를 파악한다.

이 사실성과, 사고(思考)를 속성으로 하는 데카르트적 실체를 혼동해서는 안 된다. 물론 사고하는 실체는 그것이 사고하는 한에서만 존재한다. 그리고 이런 실체는 창조된 사물이므로 피조물(被造物, ens-creatum)의 우연성에 관여한다. 그러나 이런 실체는 '존재한다.' 이런 실체는 대자가 그 속성이기는 하지만, 그 통합성에 있어서는 즉자적 성격을 보존하고 있다. 이것을 사람들은 데카르트의 실체론적(實體論的) 착각이라고 부른다. 이에 반해 우리에게 있어서는 대자의 나타남, 즉 절대적인 사건은 바로 '자기'에게 근거를 부여하기 위한 즉자의 노력을 가리킨다. 대자는 존재가 자기의 우연성을 제거하려고 하는 하나의 시도에 해당한다. 하지만 이 시도는 즉자의 무화로 끝난다. 왜냐하면 즉자는 그 존재의 절대적인 동일성 속에 '자기(soi)'라고 하는 반성적이고 무화적인 지향을 도입하지 않고서는, 따라서 자기를 '대자'로 전락시키지 않고서는 '자기에게' 근거를 부여할 수 없기 때문이다. 그러므로 대자는 즉자의 감압적(減壓的) 해체에 해당한다. 즉자는 자기에게 근거를 부여하기 위한 그 시도 속에 자기를 무화하고 자기를 상실한다. 대자를 속성으로 하는 실체는 존재하지 않는다. 그리고 사고를 낳지만, 그 낳는 작용 속에서 자기를 다 써버리지 않는 실체라는 것은 존재하지 않는다. 다만 대자 속에는, 이른바 존재의 추억 같은 것이 그 '세계에 대한 정당화될 수 없는 현전(現前)'으로 남아 있다.

즉자존재는 자기의 무에 근거를 부여할 수는 있으나 자기의 존재에 근거를 부여할 수는 없다. 즉자존재는 그 감압에 있어서 자기를 하나의 대자로 무화한다. 이 대자는 대자인 한에 있어서 자기 자신의 근거가 된다. 그러나 그 즉자적인 우연성은 여전히 손이 미치지 않는 곳에 남는다. 이것이 대자 속에 사실성으로 잔존하고 있는 즉자적인 것이다. 또 그러므로 대자는 하나의 사실적 필연성밖에 가지지 않는다. 다시 말하면 대자는 그 '의식존재(의식으로 있는 것, être-conscience)' 또는 '존재(현실존재, existence)'의 근거이기는 하지만, 어떤 경우에도 결코 자신의 '현전'에 근거를 부여할 수는 없다. 그러므로 의식은 자기를 존재하지 않게 할 수는 없지만, 일단 존재하게 되면, 자신의 존재에 대해 전면적으로 책임을 지게 된다.

3. 대자(對自)와 가치 존재

인간존재의 연구는 코기토에서 시작하지 않으면 안 된다. 그러나 데카르트의 '나는 생각한다'는 시간성의 순간적(無時間的)인 전망 속에서 고찰되고 있다. 우리는 코기토의 내부에서 이 순간성을 초월하는 방법을 찾아낼 수 있을까? 만일 인간존재가 '나는 생각한다'의 존재에 한정된다면, 인간존재는 순간적인 진리밖에 갖지 않을 것이다. 데카르트의 경우에는, 확실히 인간존재는 하나의 순간적인 전체이다. 왜냐하면 인간존재는 미래에 대한 어떤 포부도 내세우지 않기 때문이다. 또 인간존재를 어떤 순간에서 다른 순간으로 이행시키기 위해서는 하나의 연속적인 '창조' 행위가 필요하기 때문이다. 하지만 대체 순간적인 진리라는 것을 생각할 수 있을까? 코기토는 자기 나름의 방식으로 과거와 미래를 구속하는 것이 아닐까? 하이데거는 후설의 '나는 생각한다'가 매혹적이고 걸려들기 쉬운 그물이라는 것을 잘 알고 있었으므로, 그 현존재(Dasein)의 기술에 있어서는 의식에 의존하는 것을 전적으로 피한 것이다. 하이데거의 목적은 현존재를 즉각 '관심(souci)'으로서 보여 주는 것이다. 다시 말해 자기기투(自己企投, projet de soi)에 있어서 자기가 그것으로 '있는' 여러 가능성을 향해 자기를 벗어나는 것으로서 보여 주는 것이다. 하이데거가 '요해 (compréhension, Verstand)'라고 부르고 있는 것은 이런 자기 밖으로의 자기기투이며, 거기서 출발하여 그는 인간존재를 '현시하는 자─현시되는 자'로서 정립한다.

그러나 '현존재'의 자기 탈출을 '최초로' 보여 주고자 하는 이 시도는 극복하기 어려운 어려움에 부딪힌다. '비록 나중에 재건하기 위해서라 할지라도 "처음에" "의식" 차원을 무시할 수 없다'는 것이 그것이다. 요해는 그것이 요해에 대한 의식이 아니라면 의미를 갖지 않는다. 나의 가능성은, 그 가능성을 향해 자기로부터 탈출하는 것이 의식이 아닌 한, '나의' 가능성으로서 존재할 수 없다. 만일 그렇지 않다면 존재와 존재의 가능성의 전 체계는 무의식적인 것에, 다시 말하면 즉자에 빠져 버릴 것이다. 그리하여 우리는 다시 코기토 속으로 내던져진다. 코기토에서 출발하지 않으면 안 되는 것이다. 우리는 반성적 명증 (明證)이라는 이점(利點)을 잃어버리지 않고 코기토를 확대할 수 있을까? 대자에 대한 기술(記述)은 우리에게 무엇을 현시했을까?

우리는 우선 대자의 존재가 그 존재에 있어서 자기에게 띠게 하는 무화에 부딪혔다. 이런 무의 현시는 우리에게 있어서는 코기토의 범위를 넘어서는 것으로는 생각되지 않았다. 그러나 좀더 잘 살펴보자.

대자는 스스로 자기를 하나의 '존재결함'으로서 규정하지 않고서는 무화를 지탱할 수가 없다. 바꿔 말하면 무화는 단순히 의식 속에 공허를 도입하는 것과 같지는 않다. 하나의 외적인 존재는 의식으로부터 즉자를 배제하는 것은 아니었다. 오히려 스스로 끊임없이 즉자로 '있지 않도록' 자기를 규정해 가는 것은 대자이다. 다시 말해 대자는 즉자에서 출발하지 않으면, 또 즉자를 외면하지 않으면, 스스로 자기에게 근거를 부여할 수 없다. 그러므로 무화는 존재의 무화이고, 대자의 존재와 즉자의 존재 사이의 근원적인 연결을 나타내고 있다. 구체적이고 현실적인 즉자는 의식이 스스로 자기를 그것으로 있지 않도록 규정하는 것으로서, 의식의 핵심에서 그대로 온전히 현전하고 있다. 코기토는 필연적으로 우리를 인도하여 즉자의 이런 전체적이고 손이 미치지 않는 즉자의 현전을 발견하게 해 줄 것이다. 물론 이 현전이라는 사실은 대자의 초월성 그 자체일 것이다.

그러나 대자와 즉자의 근원적 유대로서 생각된 초월성의 근원이 되는 것은 바로 무화이다. 이리하여 우리는 코기토에서 밖으로 나가는 하나의 수단이 있는 것을 예감한다. 사실, 우리는 더 뒤에 가서 보게 되겠지만, 코기토의 깊은 뜻은 본질적으로 자기 밖으로 다시 내던지는 것이다. 하지만 아직은 대자의 이 특징을 기술할 때가 아니다. 존재론적 기술이 직접적으로 나타나게 한 것은 대자라는 이 존재가 존재결함으로서 자기의 근거라는 것이다. 다시 말해 대자라는 이 존재는 자신이 그것으로 있지 않는 하나의 존재에 의해 자기의 존재로 자기를 규정하게 한다는 것이다.

그러나 '있지 않다'고 하는 데도 여러 가지 방식이 있다. 그중에 어떤 것들은 그것이 있지 않은 것으로 있지 않은 존재의 내적 본성에는 이르지 못하고 있다. 예를 들면 내가 잉크병을 가지고 그것은 새(鳥)가 아니라고 말하면, 잉크병과 새는 부정에 의해서 아무런 영향도 받지 않는다. 이런 부정은 증인으로서의 인간존재에 의해서만 세워질 수 있는 하나의 외적인 관계이다. 그와는 반대로 다른 형태의 부정이 있다. 그것은 우리가 부정하는 것, 그것과 우리가 무엇인가에 대해 그것을 부인할 때의 그 무엇과의 사이에 하나의 내적인 관계를 세우는 그런 형태의 부정이다.*13 모든 내적인 부정 가운데 존재 속에 가장 깊게 침투해 들어가는 부정, 다시 말해 '정이 무언가에 대해 부정할 때의 그 무언가의 존재'와 '부정이 부정하는 존재'를 '자신의 존재에 있어서' 구성하고 있는 부정, 그것은 '결여(manque)'이다. 이런 결여는 즉자의 본성에는 속하지 않는다. 즉자는 전적으로 긍정성이기 때문이다. 이 결여는 인간존재의 나타남과 더불어 비로소 세계에 나타난다. 온갖 종류의 결여가 있을 수 있는 것은 오로지 인간세계에서만 가능하다.

그런데 결여는 다음과 같은 삼원성(三元性)을 전제로 한다. (1) 결여되어 있는 몫, 즉 결여분(缺如分), (2) 결여분이 결여되어 있는 자, 결여자, 즉 현실존재자, (3) 결여에 의해 분해되어 버렸으나 결여분과 현실존재자의 종합에 의해 복원될 하

---

*13 원주. 헤겔적 대립은 이런 종류의 부정에 속한다. 그러나 이런 대립은 본디 원초적이고 내적인 부정에, 즉 결여에 기인하는 것이다. 예를 들면 비본질적인 것이 이어서 본질적인 것이 되는 것은 그 비본질적인 것이 본질적인 것의 내부에 있어서 결여로서 느껴지기 때문이다.

나의 전체, 즉 결여를 입는 자.*14 이 가운데 인간존재의 직관에 부여되는 존재는 항상 결여자, 즉 현실존재자이다. 예를 들어 내가 "저 달은 보름달이 아니다. 저 달은 4분의 1이 결여되어 있다"라고 말할 때, 나는 초승달의 충분한 직관에 따라서 그렇게 판단하는 것이다. 따라서 직관에 부여되는 것은 하나의 즉자인데, 이 즉자는 그 자신으로는 완전한 것도 아니고 불완전한 것도 아닌, 다만 단순하게 그것이 '있는' 그대로의 것으로 '있고', 다른 존재와는 아무런 관계도 없다. 이 즉자가 초승달로 파악되기 위해서는 어느 하나의 인간존재가 이룬 전체 ―여기서는 보름달의 시표면(視表面)―라는 기도를 향해 이 주어진 것을 뛰어넘는 것이라야 한다. 그리고 다음에 주어진 것을 초승달로 구성하기 위해서는 다시 주어진 것으로 돌아와야만 한다. 다시 말해 그것은 이 주어진 것의 근거가 되는 전체에서 출발하여 이 주어진 것을 그 존재에 있어서 이루기 위한 것이다. 그리고 바로 이 뛰어넘기에 있어서 '결여분'은 결여를 입는 자의 종합적인 전체를 재구성하기 위해서 현실존재자에게 종합적으로 부가되어야 하는 것으로서 정립되어야 한다.

이런 의미에서 결여분은 현실존재자와 같은 본성이다. '결여분'이 '결여자인

---

*14 이 세 가지는 좀 난해할지도 모르므로 원어와 대조해 가면서 약간의 해설을 곁들여 보겠다. (1) '결여되어 있는 것(ce qui manque)' '결여분, manquant' (2) '결여분이 결여되어 있는 자' '결여자(ce à quoi manque ce qui manque)' '현실존재자(existant)' (3) '결여에 의해 분해되어 버렸으나 결여분과 현실존재자의 종합에 의해 복원될 하나의 전체(une totalité qui a été désagrégée par le manque et qui serait restaurée par la synthèse du manquant et de l'existant)' '결여를 입는 자(le manqué).' 이 셋은 다음에 나오는 달의 예를 들어 말하면, 결여된 어두운 4분의 1 부분이 (1)의 '결여되어 있는 것' '결여분'에 해당하고, 우리의 직관에 주어지는 밝은 4분의 3(따라서 이 예는 초승달이 아니고 열흘째 달쯤의 달로 얘기되고 있지만)이 (2)의 '결여분이 결여되어 있는 자' '결여자' '현실존재자'에 해당하며, 보름달, 즉 4분의 4가 (3)의 '하나의 전체' '결여를 입는 자'에 해당한다. 그리고 (2) ce à quoi manque ce qui manque는 엄밀하게 말하면 '결여되어 있는 것이 그것에 있어서 결여되어 있는 바로 그것'이지만, 알기 쉽게 위와 같이 번역하였다. 뒤에 가서는 이 '결여자'가 단순히 'le manque'라는 말로 표현되어 있다. (1)의 '결여분'을 '~가 결여되어 있는 것', (2)의 '결여자'를 '를 결여한 자'라는 식으로 번역해도 될 것이다. 프랑스어로 manquer를 자동사로 사용하는 경우에는, 예를 들면 l'esprit manque à cet homme 또는 L'esprit lui manque(저 사람에게는 재기가 결여되어 있다)라는 표현이 된다. 결여되는 것은 재기이고 결여하고 있는 자는 저 사람이다. 또 예를 들면 Cet homme à qui manque l'humanité n'est pas l'homme(인정이 결여된 저런 자는 인간이 아니다. 또는 인정을 결여한 저런 자는 인간이 아니다)라고 말한 경우에 Cet homme(저런 자)는 '결여자' '현실존재자'이고, l'humanité(인정)는 '결여되어 있는 것' '결여분'이며, l'homme(인간)은 '하나의 전체'·'결여를 입는 자'이다.

현실존재자'가 되기 위해서는 상황을 뒤바꾸기만 하면 된다. 그 반면에 현실존재자는 결여분이 될 것이다. 현실존재자와 상호 보충적인 관계에 있는 이 결여분은 결여를 입는 자의 종합적 전체에 의해 자기의 존재 속에서 규정된다. 그리하여 '인간적 세계에서는' 결여분으로서 직관에 맡겨지는 불완전한 존재는 결여를 입는 자에 의해—즉 이 불완전한 존재가 그것으로 있지 않은 것에 의해—자기의 존재 속에서 구성된다. 초승달에 그 초승달로서의 존재를 부여하는 것은 보름달이다. '있는 그대로의 것'을 규정하는 것은 '있지 않은 것'이다. 자기 밖에서 자기가 있지 않은 존재에까지, 즉 자기의 '의미'에까지 이르게 하는 것은 인간적 초월과 상관관계에 있는 현실존재자의 존재 속에서 하는 일이다.

세계 속에 결여를 드러나게 하는 인간존재는 그 자신이 하나의 결여로 있어야 한다. 왜냐하면 결여는 결여에 의해서만 존재에서 생겨날 수 있기 때문이다. 즉자는 즉자에 대한 결여의 기회가 될 수는 없다. 다른 말로 표현해서 존재가 결여분이나 결여를 입는 자가 되기 위해서는 하나의 존재가 자기를 자기 자신의 결여로 만들어야 한다. 결여되어 있는 존재만이 결여를 입는 자를 향해 존재를 뛰어넘을 수 있다. 인간존재가 결여라고 하는 것은 인간적 사실로서의 욕망의 존재로 충분히 입증될 것이다. 사실 우리가 욕망 속에서 하나의 심적 '상태'를, 다시 말해 그 본성이 그것이 있는 그대로의 것으로 있는 하나의 존재를 보고자 한다면 어떻게 욕망을 설명할 수가 있을까? 그것이 있는 그대로의 것으로 있는 존재는, 그것이 '있는 그대로의 것으로 있는 것'으로서 생각되는 한, 자기를 완전하게 만들기 위해서 무언가를 자기에게 불러들이는 일을 하지 않는다. 미완결의 원(圓)은 인간적 초월에 의해 극복되지 않는 한 완결을 불러들이지 않는다. 미완결의 원은 그 자체로서는 완전한 것이며, 열린 곡선으로서는 완전히 긍정적이다. 이 곡선의 충족과 같은 방식으로 존재하는 하나의 심적 상태는 그 이상 다른 사물'을 향한 갈구(appel vers)'를 조금도 가질 수 없을 것이다.

이런 심적 상태는 자기가 아닌 것과는 아무 상관없이 자기 자신으로 있을 것이다. 이런 심적 상태를 굶주림이나 목마름으로 구성하기 위해서는, 마치 초승달이 보름달을 향해 뛰어넘을 때처럼 이 심적 상태를 '진정된 굶주림'을 향해 뛰어넘는 하나의 외적 초월이 필요해질 것이다. 물리적인 힘을 본떠서 생각해 낸 코나투스(conatus, 노력) 같은 것으로 욕망을 설명해 보아야 해결될 문제가 아니다. 왜냐하면 '코나투스'는 설령 우리가 그것에 원인으로서의 효력을 인정한다 해도, 그것만으로는 하나의 다른 상태로 향하는 욕구의 성격을 가질 수 없기 때문이다. 상태를 '낳는 것'으로서의 '코나투스'는 상태의 '부름'으로서의 욕망과 똑같은 것이 될 수는 없다. 심리—생리적 평행론에 의존해 보아도 더 이상 이런 어려움을 제거할 수는 없을 것이다. 유기체적 현상으로서의 목마름, '물의 생리학적' 필요로서의 목마름은 존재하지 않는다. 물이 결핍된 유기체는 어떤 종류의 긍정적인 현상들, 예를 들어 혈액의 응축적 농화(濃化) 같은 현상을 나타내며, 이 현상은 다시 어떤 다른 현상을 불러일으킨다. 그런 것들은 총체로서 그 유기체의 긍정적 상태이며, 이 상태는 그 자체밖에 가리키지 않는다. 그것은 바로 수분이 증발하여 용액이 농화해도 그것만으로는 이 용액이 물을 욕망하고 있다고 생각할 수 없는 것과 같다.

예를 들어 우리가 심적인 것과 생리적인 것의 엄밀한 대응을 상정한다 해도, 이 대응은 스피노자가 본 바와 같이 존재론적 동일성의 근거 위에서가 아니면 성립되지 않는다. 따라서 심적인 목마름의 존재는 어떤 '상태'의 즉자적 존재가 될 것이고, 우리는 다시금 증인으로서의 어떤 초월을 지향하게 된다. 그러나 그렇게 되면 목마름은 이 초월을 '위한' 욕망이 되고 그 자체를 위한 욕망은 되지 않을 것이다. 목마름은 타자의 눈에 비친 목마름이 될 것이다. 만일 욕망이 자기 자신에 대해 욕망일 수 있다면, 그 욕망은 초월 자체가 되어야 한다. 다시 말해, 욕망은 그 본성으로 보아 욕망의 대상을 향한 자기 탈출이 아니면 안 된다. 다시 말해서 욕망은 하나의 결여라야만 한다. 하지만 그것은 대상으로서의 결여는 아니며, 욕망이 그것으로 있지 않은 뛰어넘기에 의해 만들어지고 당하게 되는 결여도 아니다. 욕망은 '……에 대한 자기 자신의 결여'가 아니면 안 된다. 욕망은 존재의 결여이다. 욕망에는 그 가장 내면적인 존재 속에서 자기가 욕망하고 있는 존재가 따라다니고 있다. 따라서 욕망은 인간존재의 존재 속에 결여가 있음을 입증하고 있다. 그러나 만일 인간존재가 결여라고 한다면, 인간존재에 의해 존재 속에 '현실존재자' '결여분' '결여를 입은 자'의 삼원성이 나타난다. 이 삼원성의 세 가지 조항은 정확하게 말해서 과연 무엇일까?

여기서 현실존재자의 역할을 연기하는 것은 욕망의 직접태로서 코기토에 자기를 내맡기는 것이다. 이를테면 그것은 우리가 '그것이 있는 그대로의 것으로 있지 않고, 그것이 있지 않은 것으로 있는 것'으로서 파악하는 이 대자이다. 그러면 결여를 입는 자는 무엇일까?

이 질문에 대답하기 위해 우리는 결여의 관념으로 다시 돌아와서 현실존재자와 결여분을 이어주는 연결을 더욱 자세히 규정해야 한다. 이 연결은 단순한 인접일 수는 없을 것이다. '결여되어 있는 몫'이 그 부재 자체 속에서 현실존재자의 핵심에 그토록 깊고 현전적인 것은, '현실존재자'와 '결여분'이 동시에 하나의 똑같은 전체의 통일 속에서 파악되고 극복되기 때문이다. 자기 자신이 자기를 결여로서 구성하는 것은 분해된 하나의 커다란 형태를 향해 자기를 뛰어넘지 않는 한, 자기를 결여로서 구성할 수는 없다. 그리하여 결여는 하나의 전체에 기초를 둔 나타남이다. 그리고 이 전체가 본디 주어져 있기는 하지만, 현재는 분해되어 있거나('밀로의 비너스의 두 팔은 결여되어 있다' 등등), 이 전체가 아직 전혀 이룬 적이 없었다든가('그는 용기가 결여되어 있다'고 하는 경우) 하는 것은 별로 문제가 되지 않는다. 중요한 문제는 다만 결여분과 현실존재자가 결여를 입은 전체의 통일 속에서 소멸될 것으로서 주어지거나 파악되고 있다는 사실이다. 무엇이든 '결여되어 있는 몫'은 '……을 위해서(pour ……)' '……에 있어서(à……)' 결여되어 있는 것이다. 그리고 하나의 원초적인 나타남의 통일 속에서 주어지는 것은 아직 있지 않은 것, 또는 이미 있지 않은 것으로서 생각된 '……을 위해서(pour……)'이며, 결함을 가진 현실존재자가 그것을 향해 자기를 뛰어넘거나 뛰어넘어지고, 그로 인해 결함을 가진 자로서 자기를 구성할 때의 '부재(不在)'이다. 인간존재의 '……을 위하여'는 어떤 것일까?

대자는 자기의 근거로서는 부정의 나타남이다. 대자는 '자기에 대해' 어떤 존재, 또는 어떤 존재방식을 부인하는 한, 자기에게 근거를 부여한다. 대자가 부인하거나 무화(無化)하는 것은, 우리가 알고 있듯이 즉자존재이다. 그러나 어떤 즉자존재라도 좋은 것은 아니다. 인간존재는 무엇보다도 자기 자신의 무(無)이다. 인간존재가 대자로서 자기에 대해 부인하거나 무화하는 것은 '자기'일 수밖에 없다. 그리고 인간존재가 자신의 의미에 있어서 구성되는 것은 이런 무화작용에 의해서이며, 또 인간존재의 무화하는 것이 무화된 것으로서 인간존재 속에 현전함에 의해서이다. 인간존재의 의미를 이루는 것은 결여를 입는 '즉자존재로서의−자기(soi-comme-être-en-soi)'이다. 만일 인간존재가 자기에 대한 원초적인 관계에 있어서 자기가 있는 그대로의 것으로 있지 않다면, 그 경우의 자기에 대한 관계는 전혀 원초적인 것이 아니며, '무관계' 또는 동일성이라고 하는 좀더 이전의 관계에서밖에 의미를 끌어낼 수 없는 유명무실한 것이 된다.

대자를, 그것이 있는 그대로의 것으로 있지 않은 것으로 파악할 수 있게 하는 것은, 있는 그대로의 것으로 있는 자기이다. 대자의 정의에서 부인된 관계—그것은 이런 관계로서 가장 먼저 제기되어야 하는 것이지만—는 동일성의 존재방식에서의 대자와 그 자신의 끊임없는 부재의 관계로서 주어지는 하나의 관계이다. 목마름이 자기로부터 벗어나서 그것이 목마름에 대한 의식으로 있는 한 목마름이 아니게 될 때의 그 미묘한 혼동의 의미, 그것은 목마름일 뿐만 아니라 목마름에 따라다니는 '하나의 목마름'이다. 대자가 결여하고 있는 것은 자기—또는 즉자로서의 자기 자신—이다.

그러나 이 '결여를 입는' 즉자를 사실성의 즉자와 혼동해서는 안 될 것이다. 사실성의 즉자는 자기에게 근거를 부여하는 것에 좌절하여, 대자의 단순한 세계현전 속에 흡수되어 버렸다. 이와 반대로 결여를 입는 즉자는 순전한 부재이다. 그리고 근거를 부여하는 행위의 좌절에 의해 즉자에서 나타난 것이, 자기 자신의 무의 근거인 대자이다. 하지만 '결여를 입는' 근거부여의 행위의 의미는 초월적인 것으로 머물러 있다. 대자는 그 존재에 있어서 좌절이다. 왜냐하면 대자가 무(無)인 한 자기 자신의 근거일 '뿐'이기 때문이다. 사실을 말하면 이 좌절은 대자의 존재 자체이지만, 이 좌절이 의미를 가지는 것은, 오직 대자가 그것으로 있으려다가 좌절한 존재의 '현전에 있어서', 다시 말해 자기 자신의 무의 근거일 뿐만 아니라 자기 자신의 존재의 근거이기도 한 존재, 즉 자기와의 '일치로서만' 자신의 근거인 존재의 '현전에 있어서', 대자가 스스로 자기를 좌절로 파악하는 경우이다. 본성상 코기토는 자신이 결여하고 있는 부분과 자신이 결여하고 있는 전체를 가리킨다.[15] 그것은 데카르트가 간파했던 것처럼 코기토는, 존재가 따라다니는 '코기토'이기 때문이다. 거기에 초월의 근원이 있다. 즉 인간존재는 자신이 결여하고 있는 전체를 향한 자기 자신의 뛰어넘기

*15 ce dont il manque와 ce qu'il manque의 구별은 '코기토가 결여하고 있는 부분'(앞에서 말한 달의 예로 설명하면 결여되어 있는 4분의 1, 즉 '결여분')과 '코기토가 결여하고 있는 전체'('결여를 입는 자'로서의 보름달, 즉 4분의 4)라고 봐도 좋다. 4분의 3에 해당하는 '현실존재자' '결여자'는 이 경우에도 코기토 자신이다.

이다. 인간존재는 자신이 있는 그대로의 것으로 있다면 그러할, 특수한 존재를 향해 자기를 뛰어넘는다. 인간존재는 먼저, 결여로서, 자신이 결여하고 있는 전체와의 직접적이고 종합적인 연결에 있어서 존재한다. 그러므로 인간존재가 세계에 현전으로서 나타날 때의 순수한 사건은, 자기가 '자기 자신의 결여로서' 인간존재 자체를 파악하는 일이다.

인간존재는 그 존재에 도래하는 데 있어서 자기를 불완전한 존재로 파악한다. 인간존재는 자기에게 결여되어 있는 이 독특한 전체의 현전으로, 자기를 '있지 않은 한에 있어서 있는 존재'로 파악한다. 인간존재는, 그것으로 있지 않은 형태에서 이 전체이지만, 이 전체는 그것이 있는 그대로의 것으로 있다. 인간존재는 자기와의 일치를 향한 끊임없는 초월이지만, 이런 일치는 영원히 주어지지 않는다. 코기토가 존재를 지향하는 것은 코기토가 그 나타남 자체로 인해 존재를 향해 자기를 뛰어넘기 때문이다. 그때 코기토는 자기의 존재 속에서 자기가 있는 그대로의 것으로 있기 위해 자기와의 일치가 결여되어 있는 존재로서, 자기에게 그 존재에 있어서 성질을 부여하는 것이다. 코기토는 풀 수 없을 정도로 즉자존재와 연결되어 있으나 그것은 사고와 그 대상의 연결이 아니고—그렇게 되면 즉자를 상대화할 것이다—그보다는 오히려 하나의 결여와 그 결여를 규정짓는 것의 연결이다.*16 이런 뜻에서 불완전한 존재는 완전한 존재를 향해 자기를 뛰어넘는다는 데카르트의 제2증명은 엄정(嚴正)하다. 다만 자기 자신의 무의 근거일 뿐인 존재는 자기 자신의 존재의 근거인 존재를 향해 자기를 뛰어넘는다. 그러나 인간존재가 그것을 향해 자기를 뛰어넘는 존재는 하나의 초월적인 '신'이 아니다. 이 존재는 인간존재의 핵심에 있다. 그것은 전체로서의 인간존재 자체일 뿐이다.

왜냐하면 사실 이 전체는 초월적인 것의 단순한 우발적인 즉자가 아니기 때문이다. 의식이 자기를 뛰어넘어서 지향해 가는 저편의 존재로서 파악하는 이것이 만일 단순한 즉자라면, 그것은 바로 의식의 소멸이 될 것이다. 하지만 의식은 결코 자기의 소멸을 향해 자기를 뛰어넘는 것이 아니다. 의식은 그 초월의 극한에서도 똑같은 즉자 속에 자기를 잃기를 원치 않는다. 대자가 즉자존재를 요구하는 것은 대자로서 있는 한에서의 대자의 자격에 있어서이다.

---

*16 앞에서 지적한 것처럼 '하나의 결여(un manque)'는 '결여자', '현실존재자'에 해당한다. '그 결여를 결정하는 자'는 '결여를 입는 자로서의 '전체'에 해당한다.

따라서 대자에 따라다니는 이 끊임없이 부재하는 존재는 그 자신이 즉자 속에 응고되어 있다. 이것은 대자와 즉자의 불가능한 종합이다. 이 존재는 무로서가 아니라 존재로서 있는 한에 있어서 자기 자신의 근거로 있을 것이다. 그리고 이런 존재는 자기 속에 자기와 즉자존재의 일치를 보유하는 동시에, 의식이 갖는 필연적인 반투명성을 보유할 것이다. 이런 존재는 자기 속에 모든 필연성과 모든 근거를 조건짓는 자기로의 귀환을 보유하고 있을 것이다. 그러나 이 자기로의 귀환은 거리를 가지지 않는 것이 될 것이다. 그것은 자기현전이 아니고 자기동일이다. 간단하게 말해서 이 존재는 앞에서 우리가 보여 준 것처럼 끊임없이 사라져 가는 관계로밖에 존재할 수 없는 '자기'일 것이다. 더욱이 이 존재는 실체적인 한에 있어서 그런 자기일 것이다. 그러므로 인간존재는, 인간존재인 한, 자기 자신의 전체의 현전, 즉 자기의 현전과 관련된 전체의 결여로서 나타난다. 게다가 이런 전체는 본성상 주어질 수 없는 것이다. 그것은 이 전체가 자기 속에 즉자와 대자의 양립할 수 없는 성격을 지니고 있기 때문이다. 또 이런 전체는 그 존재가 절대적 부재이면서도,*17 사후에 작용하는 명상에 의해 그것이 세계 저편에 초월자로서 실체화될 경우에 '신'이라는 이름을 얻게 되는데, 우리는 그런 종류의 존재를 마음 내키는 대로 아무렇게나 생각해 내는 것은 아니므로 오해하지 말기 바란다.

신이란 그것이 완전히 긍정성이고, 세계의 근거인 한에 있어서, '그것이 있는 그대로의 것으로 있는 존재인 동시에 자기의 의식이고, 자기 자신의 필연적 근거인 한에 있어서 그것이 있는 그대로의 것으로 있지 않은 존재이며, 또 그것이 있지 않은 것으로 있는 존재가 아니던가? 인간존재는 자기의 존재 속에서 고민하고 있는 존재이다. 왜냐하면 인간존재는 대자로서의 자기를 잃지 않고는 즉자에 이를 수 없으므로, 자신이 그것으로 있을 수 없으면서 그것으로 있는 하나의 전체가 끊임없이 따라다니고 있는 것으로서, 존재에 나타나기 때문이다. 그러므로 인간존재는 본디 불행한 의식이며, 이 불행한 상태를 뛰어넘을 수 있는 가능성이 없는 것이다.

그러나 불행한 의식이 자기를 뛰어넘어서 지향해 가는 이 존재는 그 존재에 있어서 도대체 무엇일까? 이런 존재는 존재하지 않는다고 말해도 무방한 것일

---

*17 dont l'être et l'absence absolue를 dont l'être est l'absence absolue라고 정정한다. 이 정정이라야 문맥이 통한다.

까? 우리가 그 존재 속에서 지적하는 이런 모순들은 다만 이 존재가 '이룰' 수 없다는 것을 입증할 뿐이다. '의식은 모든 방향에서 자기를 둘러싸고 있는 이 존재 속에, 그리고 그 환영(幻影) 같은 현전에 의해 의식을 전율시키는 이 존재 속에 "구속되어 있는 것"으로밖에 존재할 수 없다. 의식은 이 존재이지만 이 존재는 의식이 아니다'라고 하는 이 분명한 진리에 대항한다면 아무것도 가치를 가질 수 없다.

이 존재는 의식과 상대적인 하나의 존재라고 말해도 될 것인가? 그런 표현은 이 존재와 어떤 '명제'의 대상을 혼동하게 만들 것이다. 이 존재는 의식에 의해서, 그리고 의식 앞에 제기되는 것은 아니다. 이 존재는 자기(에 대한) 비조정적(非措定的) 의식을 따라다니기 때문에, 이 존재'에 대한' 의식은 맨 처음에 존재하지 않는다. 이 존재는 의식을 자기의 존재 의미로서 가리킨다. 의식은 이 존재'에 대한' 의식도 아니고, 자기'에 대한' 의식도 아니다. 그렇다고 이 존재는 의식에서 벗어날 수도 없다. 오히려 의식이 존재(에 대한) 의식으로서 존재를 지향하는 한, 이 존재는 그곳에 있다. 이 잉크병이나 이 연필의 경우라면, 그것에 그 뜻을 부여하는 것은 의식이지만, 이 존재에게 그 뜻을 부여하는 것은 의식이 아니다. 오히려 의식이 그것으로 있지 않은 형태로 있는 이 존재가 없이는, 의식은 의식이 아닐 것이다. 다시 말하면 의식은 결여가 아닌 것이다. 반대로 의식이 자기 나름대로 그 의식으로서의 의의를 이끌어 내는 것은 이 존재로부터이다. 이 존재는 의식과 동시에 의식의 핵심에도, 의식 밖에도 나타난다. 이 존재는 절대적 내재성 속의 절대적 초월성이다. 의식에 대한 이 존재의 우월성이 있는 것도 아니고, 이 존재에 대한 의식의 우월성이 있는 것도 아니다. 이 둘은 하나의 '쌍을 이루고 있다.' 물론 이 존재는 대자 없이는 존재할 수 없으나 대자 또한 이 존재 없이는 존재할 수 없다. 의식은 이 존재'로 있다'고 하는 방식으로 이 존재와 관계를 맺는다. 왜냐하면 이 존재는 의식 자신이기 때문이다. 그러나 의식이 그것으로 있을 수 없는 존재로서 그러하다. 이 존재는 의식 자체의 핵심에 있어서, 또 의식의 손이 닿지 않는 곳에서 하나의 부재로서, 그리고 하나의 실현 불가능한 것으로서, 의식 자체이다. 이 존재의 본성은 자기 속에 자기 자신의 모순을 품고 있다는 것이다. 이 존재와 대자의 관계는 전적인 초월성 속에서 완성되는 하나의 전적인 내재이다.

그러나 이 존재를 지금까지 서술한 여러 가지 추상적인 성격들만 가지고 의식에 현전하는 것으로 생각해서는 안 될 것이다. 구체적인 의식은 상황 속에 나타난다. 의식은 이 상황'에 대한', 그리고 상황 속에서의 자기 자신(에 대한) 단독의 개별화된 의식이다. 자기가 현전적인 것은 이 구체적 의식에 대해서이다. 의식의 모든 구체적 성격은 자기의 전체 속에 각자의 상호관련자들을 가지고 있다. 자기는 개별적이다. 자기가 대자를 따라다니는 것은 자기의 개별적 완성으로서이다. 이를테면 하나의 감정이 감정인 것은 하나의 규범의 현전에 있어서, 다시 말하면 같은 형(型)이지만, 그것이 있는 그대로의 것으로 있는 하나의 감정의 현전에 있어서이다. 이 규범, 즉 감정적인 자기의 전체는 고뇌의 바로 핵심에 '고뇌해야 하는' 결여로서 직접적으로 현존한다. 우리는 고뇌한다. 우리는 충분히 고뇌하지 않는 것에 대해 고뇌한다.

우리가 '말하는' 고뇌는 전적으로 우리가 느끼고 있는 고뇌는 결코 아니다. 우리가 '아름다운'이나 '훌륭한', '참된' 고뇌라 부르는 있는, 우리를 감동시키는 고뇌는 우리가 다른 사람의 얼굴에서, 아니 그보다는 초상화의 얼굴에서, 조각상의 얼굴에서, 비극의 가면 위에서 읽는 고뇌이다. 그것은 '존재'를 가지고 있는 고뇌이다. 이 고뇌는 치밀하고도 객관적인 전체로서 우리에게 제시된다. 이런 고뇌는 우리의 도래를 기다리지 않고 존재하고 있었다. 이런 고뇌는 우리가 그것에 대해 품는 의식에서 넘쳐 나온다. 이런 고뇌는 이 나무나 이 돌과 마찬가지로 침투할 수 없는 것, 농밀한 것으로 세계의 한복판에 존재한다. 이런 고뇌는 오래 지속된다. 요컨대 이런 고뇌는 그것이 있는 그대로의 것이다. 우리는 그것에 대해 '이를 악물고 미간에 주름을 잡는 것으로 표현되는 그 고뇌'라고 말할 수 있다. 이런 고뇌는 표정에 의해 지탱되고 제시되지만 표정에 의해 창조되는 것은 아니다. 고뇌는 전부터 자기 위에 성립되어 있었던 것이다. 고뇌는 수동과 능동의 저편에, 부정과 긍정의 저편에 있다. 고뇌는 존재한다. 그렇지만 고뇌는 자기에 대한 의식으로밖에 존재할 수 없다. 우리는 이 얼굴이 잠자는 사람이 무의식적으로 찡그린 얼굴도 아니고, 죽은 사람이 드러낸 이도 아니라는 것을 잘 알고 있다. 그것은 모든 가능한 것을, 세계 속의 하나의 상황을, 가리켜 보인다.

고뇌는 이런 가능에 대한, 또 이런 상황에 대한 의식적인 관계이다. 그러나 이 관계는 존재의 청동(靑銅)틀 속에 주입되어 고체화되어 있다. 이 얼굴의 고뇌가 우리를 매료하는 것은, 이런 고뇌인 한에 있어서이다. 이 얼굴의 고뇌는 우리 자신의 고뇌에 따라다니는 이런 즉자적인 고뇌의, 정도가 낮은 근사치로서 존재한다. 이에 비해 내가 느끼는 고뇌는 그것이 자기에게 근거를 부여할 때의 그 행위에 의해 즉자로서의 자기를 무화하는 것이므로, 나의 고뇌는 결코 충분한 고뇌는 아니다. 나의 고뇌는 고뇌하는 것에 대한 의식을 향해, 고뇌로서의 자기로부터 빠져나온다. 나는 결코 고뇌에 의해 불의의 '기습을 당하지는' 않는다. 왜냐하면 나의 고뇌는 바로 내가 그것을 느끼는 한에 있어서만 존재할 수 있기 때문이다. 나의 고뇌의 반투명성은 나의 고뇌로부터 모든 깊이를 잃어버리게 한다. 나는 조각상의 고뇌를 관찰하는 것처럼 나의 고뇌를 관찰할 수는 없다. 그것은 내가 그 고뇌를 만들고, 그 고뇌를 알고 있기 때문이다. 만일 고뇌하지 않으면 안 된다면, 나는 나의 고뇌가 나를 붙잡아 폭풍처럼 나한테서 넘쳐흐르게 되기를 바랄 것이다. 그러나 그와는 반대로 나는 나의 자유로운 자발성 속에서 고뇌를 존재에까지 높이지 않으면 안 된다.

나는 고뇌로 있고 싶고 동시에 고뇌를 당하고 싶지만, 나를 나의 밖으로 데리고 나갈 이 거대하고 불투명한 고뇌는, 끊임없이 그 날개로 나를 가볍게 스치기만 할 뿐 나는 그것을 붙잡을 수 없다. 나는 탄식하고 있는 이 나밖에, 신음하고 있는 이 나밖에, 내가 그것으로 있는 이 고뇌를 이루기 위해 고뇌하는 희극을 쉴 새 없이 연기해야 하는 나밖에 발견하지 못한다. 나는 목소리와 몸짓 같은 즉자적인 존재들이, 내가 그것으로 있을 수 없는 즉자적인 고뇌에 올라타 온 세상을 뛰어다니기 위해 나의 두 팔을 비틀며 울부짖는다. 고뇌하는 사람의 탄식과 표정의 하나하나는 고뇌의 즉자적인 조각상을 만들어 내는 것을 목표로 한다. 그러나 이 조각상은 다른 사람들에 의해서만, 또 다른 사람들을 위해서만 존재할 것이다. 나의 고뇌는 그것이 있지 않은 것으로 있는 것에 대해 고뇌하고, 그것이 있는 것으로 있지 않은 것에 대해 고뇌한다. 나의 고뇌는 그것이 금방이라도 자기와 합치려고 할 때, 아무것도 아닌 것에 의해서, 다시 말해, 나의 고뇌가 그 근거인 이런 무에 의해서, 고뇌로부터 분리되어 자기로부터 빠져나간다.

나의 고뇌는 그것이 충분히 존재하지 않으므로 쓸데없이 많은 말을 늘어놓지만, 그것의 이상(理想)은 오히려 침묵이다. 조각상의 침묵, 고개를 숙이고 아무 말도 없이 얼굴을 가리고 침울한 상태에 잠겨 있는 인간의 침묵이다. 그러나 이 침묵의 사람이 말하지 않는 것은 '나에게 있어서'이다. 그 사람 자신으로서는 끝없이 얘기를 계속하고 있다. 왜냐하면 내적인 언어의 한 마디 한 마디가 고뇌의 '자기'에 대한 소묘로서 존재하기 때문이다. 그가 고뇌에 '잠겨 있는' 것은 나의 눈에 대해서이다. 그 자신으로서는 그가 스스로 원하지 않음으로써 원하고, 스스로 원함으로써 원하지 않는 이 괴로움, 끊임없이 하나의 부재가 따라다니는 이 괴로움에 대해, 자신에게 책임이 있음을 느끼고 있다. 여기서 부재하는 것은 움직이지 않는 무언(無言)의 고뇌이다. 다시 말하면 '자기', 고뇌하는 대자의 이를 수 없는 구체적인 '전체', 고뇌하는 '인간존재'의 '목표(le pour)'가 부재하는 것이다. 나의 고뇌를 찾아오는 이 '자기로서의 고뇌'는 결코 나의 고뇌에 의해 '일어나는' 것은 아니다. 또 나의 현실적인 고뇌는 자기에게 이르기 위한 하나의 '노력'이 아니다. 오히려 나의 고뇌는 이 완전하고도 부재하는 고뇌의 현전에 있어서 '충분히' 고뇌로 '있지 않은 것'(에 대한) 의식으로서만 고뇌일 수 있다.

여기서 우리는 '자기'의 존재가 무엇인가를 더욱더 뚜렷하게 규정할 수 있다. 요컨대 자기란 가치이다. 사실 가치는 도덕론자들이 매우 불완전하게나마 이미 밝힌 것처럼, 무조건적으로 존재하고, 또 존재하지 않는다고 하는 이중의 성격을 띠고 있다. 사실 가치로서의 한에 있어서 가치는 존재를 가지고 있다. 그러나 이런 규범적 현실존재자는 현실로서의 한에 있어서는 확실히 존재를 가지고 있지 않다. 가치의 존재는 가치로 있는 것이다. 다시 말해 존재로 있지 않은 것이다. 그러므로 가치로서 있는 한에서의 가치의 존재, 그것은 존재를 갖지 않은 것의 존재이다. 따라서 가치는 파악될 수 없는 것처럼 보인다. 가치를 존재로서 파악한다면, 가치의 비현실성을 전적으로 오해하여 사회학자들처럼 가치를 다른 여러 사실들 가운데 하나의 사실적 요구로 만들어 버릴 위험이 있다. 이 경우에 존재의 우연성은 가치를 죽인다. 하지만 이와 반대로 만일 우리가 가치의 이상성에만 얽매인다면 우리는 가치로부터 존재를 빼앗게 되며, 가치는 존재를 상실함으로써 붕괴되고 만다. 물론 나는 셸러가 보여 준 바와 같이 구체적인 사례에서 출발하여 가치의 직관에 이를 수 있다. 이를테면 어떤 숭고한 행위를 통해 숭고성을 파악할 수 있다. 그러나 이렇게 파악된 가치는 그것에 의해 가치가 부여되는 행위와 똑같은 존재단계에 있는 것으로서—이를테면 개개의 빨강에 대한 '빨강'의 본질 같은 것으로서—주어지는 것은 아니다.

가치는 그 행위들의 저편에 있는 하나의 사물로서, 이를테면 숭고한 행위들의 무한한 향상의 극한으로서 주어진다. 가치는 존재의 저편에 있다. 그렇다 해도 우리가 말만 가지고는 만족할 수 없다면, 존재의 저편에 있는 이런 존재는, 적어도 어떤 식으로든 존재를 가지고 있다는 것을 인정해야 한다. 우리는 이런 고찰을 통해서, 인간존재는 가치를 세계에 도래하게 하는 것임을 당연히 인정해야 한다. 그 가치는 하나의 존재가 그곳을 향해서 자기의 존재를 뛰어넘는 것을 존재의 의미로 가지고 있다. 다시 말하면 가치를 부여받은 존재는 모두, '……을 향한' 자기의 존재로부터의 이탈이다. 가치는 언제 어디서나 모든 뛰어넘기의 저편에 있으므로, 모든 존재 뛰어넘기의 무조건적인 통일로 생각될 수 있다.

따라서 가치는 근원적으로 자기의 존재를 뛰어넘는 실재, 뛰어넘기를 존재에 생기게 하는 실재, 즉 인간존재와 한 쌍을 이루고 있다. 또한 말할 것도 없지만, 가치는 모든 뛰어넘기의 무조건적인 '저편'이므로, 근원적으로 뛰어넘는 존재 자체의 저편에 있어야 한다. 왜냐하면 오직 그런 방식으로만, 가치는 가능한 모든 뛰어넘기의 근원적인 '저편'일 수 있기 때문이다. 사실 만일 모든 뛰어넘기가 자기를 뛰어넘을 수 있어야 한다면, 뛰어넘는 존재는 그것이 뛰어넘기의 원천 자체로 있는 '한에 있어서', 선험적(a priori)으로 뛰어넘어져 있지 않으면 안 된다. 그러므로 근원적으로 생각된 가치, 다시 말해 최고의 가치는 초월의 '저편'이고 '목표(le pour)'이다. 이런 나의 모든 뛰어넘기를 뛰어넘어, 나의 뛰어넘기에 근거를 부여하는 '저편'이지만, 바로 나의 뛰어넘기는 그것을 전제하고 있는 것이므로, 나는 영원히 그것을 향해 자신을 뛰어넘을 수 없다. 이런 가치는 모든 결여자의 '결여를 입는 것'이지만 결여분(缺如分)은 아니다.

가치는 자기가 대자에 있어서의 목표로서 대자의 핵심에 따라다니는 한에 있어서의 그 자기이다. 의식이 그 존재 자체에 의해 끊임없이 자기를 초월하여 그쪽을 향해 가는 이 최고의 가치는, 동일성·순수성·항상성 따위의 성격을 갖추고 또한 자기의 근거인 한에서의, 자기의 절대적인 존재이다. 이렇게 생각할 때 비로소 우리는, 왜 가치가 존재하는 동시에 존재하지 않는 것일 수 있는지 이해할 수 있다. 가치는 모든 뛰어넘기의 의미로서, 그리고 '저편'으로서 존재한다. 가치는 대자존재(對自存在)에 따라다니는 부재하는 즉자로서 존재한다. 그러나 우리가 가치를 고찰하자마자, 가치는 그 자신이 이런 즉자존재의 뛰어넘기라는 것이 밝혀진다. 그것은 가치가 '자기에게 즉자존재를 부여하기' 때문이다. 가치는 자기 자신의 존재 저편에 있다. 왜냐하면 가치의 존재는 자기와의 일치라는 존재방식이므로, 가치는 곧 이 존재를 뛰어넘기 때문이다. 가치는 그 항상성, 그 순수성, 그 안정성, 그 동일성, 그 침묵을, 자기에 대한 현전이라는 자격에 있어서는 요구하면서도 그것들을 뛰어넘는다. 또 이와 반대로, 우리가 가치를 자기에 대한 현전으로 고찰하기 시작한다면, 이 현전은 즉시 고체화하여 즉자를 향해 응고한다. 게다가 가치는 그 존재에 있어서 '결여를 입는 전체'이며, 개개의 존재는 그것을 향해 자기를 존재시킨다.

가치는 하나의 존재에 있어서 이 존재가 완전한 우연성으로서 '있는 그대로의 것으로 있는' 한에서가 아니라, 이 존재가 자기 자신의 무화의 근거인 한에 있어서 나타난다. 그런 의미에서 가치는 이 존재가 존재하는 한에서가 아니라, 이 존재가 자기에게 근거를 부여하는 한에 있어서 이 존재를 따라다닌다. 요컨대 가치는 '자유'를 따라다닌다. 이것은 가치와 대자가 매우 특수한 관계에 있다는 것을 뜻한다. 즉 가치는 이 존재가 자기 존재의 무의 근거로 있는 한에 있어서, 그것으로 있어야 하는 존재이다. 이 존재가 그런 가치존재로 있어야 하는 것은, 어떤 외적인 강제력에 의한 것도 아니고, 또 가치가 아리스토텔레스의 '제1동자(動者)'*18처럼 이 존재 위에 사실적인 견인력을 미치기 때문도 아니고, 또 이 존재에 의해 받아들여진 어떤 성격 때문도 아니다. 오히려 이 존재가 자신의 존재에 있어서 이런 가치의 존재로 있어야 하는 것으로 자신을 있게 하기 때문이다. 간단하게 말해서 '자기'와 대자, 그리고 그 둘의 관계는, 한편으로는 무조건적인 자유의 한계 안에 있는—즉, 가치를 존재하게 하는 것으로서는, 동시에 나 자신을 존재하게 하는 이 자유 말고는 아무것도 없다는 뜻에서—동시에, 다른 한편으로는, 대자가 자신의 무의 근거로 있으면서도 자신의 존재의 근거로는 있을 수 없는 한에 있어서, 구체적인 사실성의 범위 안에 있다. 따라서 거기에는 '가치를—위한—존재'의 하나의 전면적인 우연성—이것은 이윽고 모든 도덕 위로 돌아와서 도덕을 동결시키고 상대화할 것이다—이

---

*18 아리스토텔레스는 모든 운동의 궁극적인 원인으로서 그 자체는 움직이지 않고 다른 존재를 움직이는 '부동의 동자(不動動者)'를 생각하고, 그것을 '순수형상' 또는 '신(神)'이라고 불렀다. 이런 부동의 동자는 마치 선(善)이 우리에게 욕구와 사모의 마음을 일으키는 것과 같이 모든 사물의 욕구 또는 동경의 대상이 됨으로써 모든 사물 위에 견인력을 미친다.

있는 동시에, 하나의 자유롭고 절대적인 필연성이 있다.*19

근원적 나타남에서의 가치는 대자에 의해 '제기되는' 것이 아니다. 가치는 대자와 동질(同質)이다. 왜냐하면 '자기'의 가치가 따라다니지 않는 의식은 없기 때문이며, 인간존재는 넓은 의미에서 대자와 가치를 품고 있기 때문이다. 가치가 대자에 의해 세워지지 않고 대자에 따라다니는 것은, 가치가 하나의 조정(措定)대상이 아니기 때문이다. 사실, 가치가 그런 대상이 되기 위해서는 대자가 자기 자신에게 조정의 대상이 되어야 할 것이다. 왜냐하면 가치와 대자가 한 쌍의 동질적인 통일 속에서만 나타날 수 있기 때문이다. 그래서 자기(에 대한) 비조정적인 의식으로서의 대자는 라이프니츠의 경우에 모나드(monade, 단자)는 '오직 홀로 신(神)과 직면하여' 존재하는 것과는 달리, 가치와 '직면하여' 존재하는 것은 아니다. 그러므로 가치는 그 단계에서는 '인식'되는 것이 아니다. 인식은 의식의 면전(面前)에 대상을 세우는 것이기 때문이다.

가치는 다만 존재의식으로서 자기를 존재시키는 대자의 비조정적 반투명성과 함께 주어진다. 가치는 도처에 존재하면서 어디에도 존재하지 않고, '반사─반사하는 것'의 무화적인 관계의 핵심에, 현전하면서도 손이 미치지 않는 곳에 있으며, 다만 나의 존재를 현전하게 하는 이 결여의 구체적인 의미로서만 체험된다. 가치가 명제의 대상이 되기 위해서는 가치가 따라다니는 대자가 반성의 시선 앞에 나서야 한다. 사실, 반성적 의식은 반성되는 '체험'을 그 결여적인 본성 속에서 정립하고, 동시에 가치를 '결여를 입는 것'의 손이 닿지 않는 의미로서 꺼내온다. 그러므로 반성적 의식은 본디 도덕적 의식(양심)이라고 할 수 있

---

*19 원주. 이 삼원성을 헤겔적 용어로 옮겨서 즉자를 테제(정립)로, 대자를 안티테제(반정립)로, 즉자─대자 또는 '가치'를 진테제(종합)로 생각하고 싶은 사람이 있을지도 모른다. 그러나 여기서 주의해야 할 것은 '대자'는 '즉자'의 결여이지만, '즉자'는 '대자'의 결여가 아니라는 것이다. 그러므로 이 대립 속에는 가역성(可逆性)이 없다. 간단히 말해서 '대자'는 '즉자'에 대해 어디까지나 비본질적이고 우연적이다. 우리가 대자의 사실성이라고 일컬은 것은 이런 비본질성을 가리킨다. 그 밖에도 종합, 즉 '가치'는 물론 테제로의 귀환, 따라서 자기로의 귀환이지만, 실현 불가능한 전체이므로 대자는 초월될 수 있는 하나의 모멘트는 아니다. 이런 것으로서 대자는 그 본성상 대자를 키르케고르의 '양의적(兩義的)'인 실재에 훨씬 더 가까운 것이다. 그 밖에도 우리는 이 경우, 일방적인 대립의 이중의 희롱을 발견한다. 다시 말해, '대자'는 어떤 의미에서는 '즉자'를 결여하고 있고, 즉자는 대자를 결여하지 않지만, 다른 의미에서는 대자는 자기의 가능(즉 결여분으로서의 대자)을 결여하고 있고, 이 가능은 또한 대자를 결여하고 있지 않다.

다. 그것은, 반성적 의식은 동시에 가치를 드러내 보이지 않고는 나타날 수 없기 때문이다. 물론 나는 나의 반성적 의식 속에서 가치에 주의를 기울이든 가치를 무시하든, 그것은 어디까지나 나의 자유이다. 이를테면 내가 이 탁자 위의 내 만년필과 내 담뱃갑 가운데 어느 쪽을 특별히 주목할지는 나의 자유인 것과 마찬가지이다. 그러나 그것이 면밀한 주의의 대상이 되든 안 되든 가치는 또한 존재한다.

하지만 반성적 시선이 가치를 나타나게 하는 유일한 것이라고 결론지어서는 안 될 것이다. 또 우리는 유추적으로 우리의 대자의 모든 가치를 초월의 세계에 투영해서도 안 된다. 만일 직관의 대상이 인간존재의 하나의 현상, 그것도 초월적인 현상이라면, 이런 대상은 즉시 그 가치와 더불어 주어진다. 왜냐하면 타자의 대자는 하나의 감추어진 현상도 아니고, 유추의 귀결로서만 주어지는 현상도 아니기 때문이다. 타자의 대자는 근원적으로 나의 대자에 대해서 자기를 나타낸다. 그리고 다음에 살펴보겠지만, 대타(對他, pour-autrui)로서 타자의 대자가 현전하는 것은 대자가 대자로서 구성될 때의 필요조건이다. 이런 대타의 나타남 속에서 가치는 다른 존재방식이기는 하지만, 대자의 나타남에 있어서와 마찬가지로 주어진다. 그러나 우리는, 대타의 본성을 해명한 뒤가 아니면, 세계 속의 모든 가치의 객관적인 만남을 다룰 수 없을 것이다. 그러므로 우리는 이 문제에 대한 검토를 이 책의 제3부로 미루기로 한다.

4. 대자(對自)와 여러 가능[*20] 존재

이미 살펴본 것처럼, 인간존재는 하나의 결여이고, 그것은 대자인 한에 있어서 자기 자신과의 어떤 종류의 일치를 결여하고 있다. 구체적으로 말해서 각각의 개별적인 대자(체험, Erlebnis)는 어떤 종류의 개별적이고 구체적인 실재를 결여하는 것이고, 이런 실재와 종합적으로 동화한다면 대자는 '자기'로 변할 것이다. 이지러져 있는 달 표면이 그것을 보충하여 보름달로 변하게 하는 데 필요한 '몫을' 결여하고 있는 것과 마찬가지로, 이 대자는 '……을 위해(pour……)' '……몫을(de……)' 결여하고 있다. 그러므로 '결여분'은 초월의 과정 속에 나타나며, '결여를 입는 것'에서 출발하여 '현실존재자'로 돌아옴으로써 규정된다. 이

---

*20 le possible은 '가능적인 것' 또는 '가능한 일'이라고 번역해도 무방하지만, 여기서는 이미 제1부에서도 나온 것처럼 단순히 '가능'으로 번역하기로 했다.

렇게 규정된 '결여분'은 '현실존재자'에 대해 초월적이고 상호보완적(相互補完的)이다. 따라서 이 '결여분'은 똑같은 본성을 가지고 있다. 이 초승달에 있어서 보름달이 되기 위해 '결여되어 있는 부분', 그것은 바로 달의 일부분이다. 또 2직각을 이루기 위해 둔각 ABC에 있어서 '결여되어 있는 부분'은 예각 CBD이다. 따라서 적분되어 자기가 되기 위해 대자에 있어서 '결여되어 있는 부분'은 또한 대자이다. 하지만 무관한 대자, 즉 내가 그것으로 있지 않은 대자는, 어떤 경우에도 문제가 될 수 없을 것이다. 사실, 나타난 이상(理想)은 자기와의 일치이므로 결여분으로서의 대자는 내가 그것으로 '있는' 하나의 대자이다.

그러나 한편으로, 만일 내가 동일성의 존재방식으로서 대자라면, 모든 것이 즉자가 되어 버릴 것이다. 내가 결여분으로서의 대자인 것은, 자기라고 하는 통일 속에서 이 결여분과 일체가 되기 위해 내가 그것으로 있지 않은 대자로 '있어야 한다'는 방식에 의해서이다. 그러므로 대자와 자기의 근원적이고 초월적인 관계는, 이른바 대자가 스스로 그것으로 '있으면서' 그것을 '결여하고 있는' 하나의 부재하는 대자와 일체가 되고자 하는 기도(企圖)를 끊임없이 소묘하고 있다. 각각의 대자에 있어서 자기 자신의 결여분으로서 주어지는 것, 다른 대자의 것이 아니라 이 대자의 '결여분'으로서 엄밀하게 규정되는 것, 그것은 대자의 가능(le possible)이다. 가능은 대자의 무화를 바탕으로 나타난다. 가능은 자기를 따라붙는 수단으로서 '나중에' 대상적으로 생각되는 것은 아니다. 그렇지만 즉자의 무화로서의, 또 존재의 감압으로서의 대자의 나타남은 이런 존재감압의 한 가지 양상으로서의 가능, 즉 자기로부터 거리를 두고 자기가 있는 그대로의 것으로 있는 하나의 존재방식으로서의 가능을 나타나게 한다. 그러므로 대자는 가치가 자신을 따라다니는 가운데, 자기 자신의 가능을 향해 투기되지 않고는 나타날 수 없다. 그럼에도 대자가 우리에게 그 가능들을 가리켜 보이자마자, 곧 코기토는 대자가 그것으로 있지 않은 방식으로 그것으로 있는 것을 향해 우리를 쫓아낸다.

하지만 인간존재가 자기 자신의 가능성(possibilités)으로 있는 동시에 있지 않는 것은 어째서인가를 훨씬 잘 이해하기 위해서는, '가능'이라는 이 관념으로 되돌아가서, 그것을 밝히도록 시도하지 않으면 안 된다.

가능의 경우도 가치의 경우와 마찬가지이다. 즉 가능의 존재를 이해하는 것이 가장 어려운 일이다. 왜냐하면 가능이란 존재의 순전한 가능성이므로 존재에 앞서는 것으로서 주어지는데, 그럼에도 가능인 한에 있어서 적어도 가능은 존재를 가지고 있어야만 한다. '그가 오는 것은 가능한 일이다'라고 우리는 표현하지 않는가? 라이프니츠 이래, '가능적(possible)'이라는 말은 사건을 확실하게 규정할 수 있는 엄연한 인과적 계열에 결코 구속되지 않는 하나의 사건, 게다가 그 사건 자체에 대해서도, 또 그 체계에 대해서도 아무런 모순을 지니지 않는 하나의 사건에 대해 쓰이는 것이 보통이다. 그렇게 정의하면 가능은 인식에 비추어서만 가능한 것이다. 이는 우리가 그 가능을 긍정할 수도 부정할 수도 없기 때문이다. 여기서 가능에 대한 두 가지 태도가 생긴다. 한편으로는 스피노자처럼 가능은 우리의 무지에 비추어서만 존재하는 것이고, 무지가 사라지면 그 모든 가능도 사라진다고 생각할 수 있다. 이 경우에는 가능은 완전한 인식에 이르는 도중의 주관적인 한 단계에 지나지 않는다. 가능은 어떤 심적인 방식의 실재성밖에 갖지 않는다. 결함이 있거나 혼란된 사고로서 있는 한, 가능은 하나의 구체적인 존재를 가지지만, 세계의 특질로서의 존재를 갖는 것은 아니다. 그러나 다른 면에서 라이프니츠의 방식대로 무한한 가능을 신적(神的) 오성의 사고대상으로 만들 수도 있다. 이것은 가능에 일종의 절대적인 실재성을 부여하는 것이다. 그리고 이 가능들 가운데 최선의 체계를 실현하는 능력은 신적인 '의지'에 대해 보류해 두는 것이다. 이 경우, 모나드(單子)의 지각(知覺)의 연쇄는 엄밀하게 결정되어 있고, 또 전지전능한 존재는 아담의 결의를 그 실체의 명제 자체에서 출발하여 확실하게 설정할 수 있다 해도, '아담이 사과를 따지 않는 것은 가능하다'는 것은 부조리한 표현이 아니다. 그것은 다만 신적 오성의 사고에 있어서는 공존 가능한 또 하나의 체계가 있어서, 거기서는 아담이 '지혜'의 열매를 먹지 않은 것으로서 존재하고 있다는 뜻이다.

그러나 이 사고방식은 스피노자의 사고방식과 그렇게도 많이 다른 것일까? 사실상 가능의 실재성은 전적으로 단순히 신적 '사고'의 실재성이다. 다시 말하면 가능은 지금까지 한 번도 이룬 적이 없었던 사고로서의 존재를 가지고 있다. 말할 것도 없이 주관성이라는 이념이 극한까지 강행된 것이다. 왜냐하면 여기서 문제가 되는 것은 신적인 의식이지 나의 의식은 아니기 때문이다. 만일 우리가 처음부터 주관성과 유한성을 특별히 혼동했더라면, 오성이 무한이 되는 데 따라서 주관성은 사라진다. 그래도 또한 가능은 '사고일 뿐인' 사고로 머문다. 라이프니츠 자신도 가능에 하나의 자율성과 일종의 독특한 무게를 부여하려고 한 것 같다. 왜냐하면 쿠튀라에 의해 펴낸 많은 형이상학적 단편들이 보여 주는 바에 따르면, 가능은 그 자체로서 공존가능한 여러 체계 속에 조직되어 있지만, 그중에서도 가장 충실하고 가장 풍부한 가능이 스스로 자기를 이루는 경향이 있음을 보여 주고 있기 때문이다. 그러나 그곳에는 하나의 학설 초안(草案)이 있을 뿐, 라이프니츠는 그것을 전개하지 않았다—말할 것도 없이 그것은 학설로서 성립될 수 없었기 때문이다.

가능에 대해 존재를 향하는 하나의 경향을 부여하는 것은 다음과 같은 두 가지 의미 가운데 어느 하나이다. 이를테면 꽃봉오리에 꽃이 되는 하나의 경향을 부여할 수 있는 것과 같은 의미에서, 가능은 이미 충실한 존재의 일부이고, 존재와 같은 형태의 존재를 가지고 있다는 의미이거나—아니면 신적인 오성 안에 있는 가능이 이미 하나의 관념—힘이고, 체계적으로 조직된 모든 관념—힘 가운데 가장 큰 것이 자동적으로 신적 의지를 움직인다는 의미, 둘 중의 하나이다. 하지만 이 후자의 경우에도 우리는 주관적인 것에서 벗어나지 못한다. 그러므로 만일 우리가 가능을 모순이 없는 것으로 정의한다면, 가능은 현실적 세계에 앞서는 어떤 존재의 사고로서밖에, 또는 있는 그대로의 세계의 순수한 인식에 앞서는 어떤 존재의 사고로서밖에 존재를 가질 수 없다. 이 둘 중의 어느 경우에도 가능은 그 가능의 본성을 상실하고 표상(表象)이라는 주관적 존재 속에 흡수되어 버린다.

그러나 가능을 '표상되어 있는 존재'라고 한다면, 이런 가능의 존재는 도리어 가능의 본성을 파괴하므로 가능의 본성을 설명할 수 없을 것이다. 우리는 우리의 일상 용법에서는 가능을 결코 우리의 무지의 한 양상으로 파악하지는 않는다. 또한 이 세계 밖에 있어서 실현되지 않는 하나의 세계에 속하는, 모순이 없는 하나의 구조로서 가능을 파악하지도 않는다. 가능은 존재의 한 특질로서 우리에게 나타난다. '비가 오는 것은 가능하다'고 내가 판단하는 것은 하늘을 한번 바라본 뒤의 일이다. 나는 이 경우에 '가능'을 '하늘의 현상(現狀)과의 무모순(無矛盾)'이라고 해석하고 있는 것은 아니다. 이 가능성은 날씨가 나빠질 낌새로서 하늘에 속해 있다. 이 가능성은 내가 지각하는 구름이 비를 향해 뛰어넘는 것을 나타내고 있다. 구름은 이런 뛰어넘기를 그 자신 안에 지니고 있다. 그렇다고 이런 뛰어넘기가 실현될 거라는 의미는 아니다. 다만 구름의 존재구조가 비를 향한 초월이라는 뜻이다. 가능성은 여기서는 어떤 특수한 존재의 부속물로서 주어지며, 가능성은 이런 존재의 하나의 '능력(pouvoir)'이다. 이것은 우리가 벗을 기다리고 있을 때 무심코 '그가 오는 것은 가능하다' 또는 '그는 올 수 있다'고 말하는 사실에서도 분명하다. 그래서 가능은 하나의 주관적 실재성으로 환원될 수 없을 것이다. 가능은 또한 현실적인 것이나 참된 것에 앞서는 것도 아니다. 오히려 가능은 이미 존재하는 현실의 하나의 구체적인 특질이다. 비가 가능하기 위해서는 하늘에 구름이 있어야 한다. 가능을 그 순수한 모습으로 파악하기 위해 존재를 제거하는 것은 부조리한 시도이다. 비존재에서 가능을 거쳐 존재로 가는, 흔히 인용되는 과정은 현실에 대응하지 않는다. 물론 가능한 상태는 아직 존재하지 않는다. 그러나 그것은 어떤 '현실존재자'의 가능한 상태이며, 이 '현실존재자'는 자기의 존재에 의해 자기의 미래상태의 가능성과 비존재를 지탱하고 있다.

확실히 이런 몇 가지 지적들은 우리를 아리스토텔레스의 '잠세(潛勢, puissance)*[21]라는 개념으로 이끌어 갈 위험이 있다. 가능에 대한 순수한 '논리적' 사고방식을 피하려다가 마술적 사고방식에 빠지는 것은 카리브디스를 피하려다 스킬라에 부딪히는 결과가*[22] 될 것이다. 즉자존재는 잠세의 존재도 '잠세의 소유'도 될 수 없다.*[23] 즉자존재는 그 자체로서 그 동일성의 절대적 충실성 속에 그것이 있는 그대로의 것으로 있다. 구름은 '잠세에 있어서의 비'가 아니다. 구름은 그 자체로서는 조금의 수증기이며 주어진 기온과 주어진 기압에 관해 엄밀하게 그것이 있는 그대로의 것으로 있다. 즉자는 '현세(現勢)'에 있어서' 있다. 생각해 보면 알 수 있는 일이지만, 과학적인 견해는 세계를 비인간화하려는 그 시도에서, '잠세'로서의 가능을 만나, 그것을 우리의 논리적 계산과 우리의 무지로 인한 단순한 주관적 결과로 만듦으로써 가능의 문제를 극복해

---

*21 아리스토텔레스의 디나미스(dynamis)와 에네르게이아(energeia)라는 개념은 프랑스어로 puissance와 acte로 번역되고 있다. 이 책의 머리글에서는 '가능태' 및 '현실태'로 번역했지만, 여기서는 인간존재에 의해 생겨나는 가능성(possibilité)과 구별해야 하기 때문에 '가능'이라는 두 글자를 피해 '잠세'와 '현세'라는 진부한 용어로 번역했다.

*22 카리브디스(Charybdis)는 메시나(Messina) 해협에 있는 위험한 소용돌이, 스킬라(Scylla)는 그곳에 있는 바위. 이 해협을 지나는 배가 소용돌이를 피하려고 반대쪽의 바위에 가까이 가면, 거기에 살고 있는 머리가 여섯 개인 여자 괴물의 먹이가 된다고 하는 전설. 'de mal en pis.' '한 가지 난을 피하려다가 더 무서운 재난을 당한다'는 뜻.

*23 '잠세의 존재(être en puissance)'도 '잠세의 소유(avoir des puissances)'도 일반적인 경우에는 '가능성이 있다', '가능성을 가진다'고 해도 무방할 것이다.

왔다. '가능은 인간존재에 의해 세계에 찾아온다'고 하는 최초의 과학적 발걸음은 옳은 것이다. 이 구름은 내가 그것을 비를 향해 뛰어넘지 않으면 변할 수가 없다.

그와 마찬가지로 이지러져 있는 달의 표면은 내가 그 달을 보름달을 향해 뛰어넘지 않으면 초승달이라는 결여자로 변할 수가 없다. 그러나 그 뒤에 가능을 우리의 심적 주관성의 단순한 주어진 것이 되게 할 필요가 있었을까? 자기 자신의 결여로 있는 하나의 존재에 의해 결여가 세계에 찾아오는 것이 아니라면 맨 처음에 세계에 결여 같은 것은 있을 수 없는 것과 마찬가지로, 자기 자신에 대해 자기 자신의 가능성으로 있는 하나의 존재에 의해 가능성이 생기는 것이 아니라면, 맨 처음에 세계에 가능성 같은 것은 있을 수 없을 것이다. 그러나 바로 그 가능성은 본질상 모든 가능성의 순수한 '사고'와 일치할 수 없다. 사실, 가능성이 먼저 모든 존재 또는 하나의 특수한 존재의 객관적 구조로서 주어지는 것이 아니라면, 사고는 아무리 봐도 그 사고내용으로서 가능을 자기 속에 내포할 수는 없을 것이다. 사실 만일 우리가 신적 오성 안에서, 신적 사고의 내용으로서 가능을 생각한다면, 그 경우의 가능은 그야말로 단순히 '구체적인 표상'이 된다. 예를 들어 순수한 가정으로서, 신이 부정하는 능력, 즉 부정적인 판단을 그 표상 위에 가져오는 능력을 가지고 있다고 하자—하기는, 이런 부정적인 능력이, 신이라는 전적으로 긍정적인 하나의 존재에게 어떻게 찾아오는지는 이해할 수 없지만—그렇게 가정해 본다 한들, 그것만으로는 어떻게 신이 그런 표상들을 '가능'으로 바꾸는지 파악할 수는 없을 것이다. 겨우 부정은 이런 표상을 '현실적인 대응을 갖지 않는 것'으로 구성하는 정도로 낙착될 것이다. 그러나 '켄타우로스(半人半馬)는 실재하지 않는다'고 말하는 것은 결코 켄타우로스는 가능하다고 말하는 것이 아니다.

긍정도 부정도 하나의 표상에 가능성의 성격을 부여할 수는 없다. 예를 들어, 가능성이라는 성격은 부정과 긍정의 한 종합에 의해 주어질 수 있다고 말하는 사람이 있어도, 또한 하나의 종합은 하나의 총계가 아니고, 또 이런 종합은 종합되어 있는 요소들에서 출발하여 설명되는 것이 아니라, 하나의 고유한 뜻을 가진 유기적(有機的)인 전체로서 설명되어야 할 것이다. 마찬가지로 우리가 가지고 있는 하나의 관념과 현실의 관계에 대한 우리의 무지에서 유래하는 단순한 주관적·부정적인 확인도, 이 표상이 가지는 가능성이라는 성격을 설명할 수 없을 것이다. 이런 주관적·부정적인 확인은 단순히 우리를 이 표상에 대해 무관심한 상태에 둘 수는 있지만, 표상에 가능의 근본적 구조인 현실에 대한 '권한'을 줄 수는 없을 것이다. 그래도 여전히 어떤 종류의 경향들이 나로 하여금 이것 또는 저것을 우선적으로 기대하게 한다고 말하는 사람이 있다면, 우리로서는 그런 경향들은 초월을 설명하기는커녕 반대로 초월을 예상하는 것이라고 말할 것이다. 다시 말하면, 앞에서 본 것처럼 그런 경향들은 결여자로서 이미 존재하고 있지 않으면 안 된다. 더욱이, 가능이 어떤 방식으로든 주어져 있지 않다면, 그런 경향들은 우리를 촉구하여, 나의 표상이 완전히 실재와 대응하는 것을 '원하게' 할 수는 있겠지만, '현실에 대한 권리'를 나에게 부여할 수는 없을 것이다. 간단하게 말해서 가능을 가능으로 파악하는 것은 하나의 근원적 뛰어넘기를 예상한다. 그것이 있는 그대로의 것으로 있는 하나의 주관성, 즉 자기 속에 틀어박혀 있는 하나의 주관성*24에서 출발하여 가능을 확립하려고 하는 모든 노력은 원리적으로 좌절하도록 운명지워져 있다.

가능이 존재에 대한 선택이라는 것이 사실이라면, 또 가능이 자기 자신의 가능성으로 있는 하나의 존재에 의해서만 세계에 올 수 있다는 것이 사실이라면, 인간존재는 필연적으로 자신의 존재에 관한 선택이라는 형태로 자신의 존재로 있지 않으면 안 되게 된다. 그야말로 단순하게, 내가 있는 그대로의 것으로 있는 대신, 내가 있는 그대로의 것으로 있을 권리(존재권리)로서 존재할 때 가능성이 생긴다. 그러나 이 권리 자체는 내가 그것으로 있을 권리를 가지고 있는 것에서 나를 떼어 놓는다. 소유권은 누가 나의 소유에 대해서 이의를 제기했을 때 외에는, 다시 말해 사실, 어떤 의미에서 이미 그 소유가 나에게 속해 있지 않을 때 외에는 나타나지 않는다. 내가 소유하고 있는 것을 평온하게 누리는 것은 전적으로 단순한 사실이지 권리는 아니다. 그러므로 가능이 있기 위해서는, 인간존재는 그것이 자기 자신인 한에서 자기 자신과는 다른 것이 아니면 안 된다. 이 가능은 대자가 '대자'인 한에서, 본성상 자기로부터 빠져나갈 때의 '대자'의 요소이다. 가능은 '대자' 속에 있는 즉자의 무화작용의 한 새로운 양상이다.

사실, 가능이 자기 자신의 가능성으로 있는 한, 존재에 의해서밖에 세계에

---

*24 신적인 주관성이라는 뜻이다.

찾아올 수 없는 것은, 즉자가 본성상 그것이 있는 그대로의 것으로 있고, 가능을 '가질' 수가 없기 때문이다. 즉자와 가능성의 관계는 가능성 자체에 직면해 있는 하나의 존재에 의해 오직 외부로부터 세울 수 있을 뿐이다. 융단의 주름에 의해 정지당할 가능성은 굴러가는 당구공에 속하는 것도 아니고, 융단에 속하는 것도 아니다. 그 가능성은 모든 가능의 요해를 가지고 있는 하나의 존재가 당구공과 융단을 체계적으로 조직할 때만 나타날 수 있다. 하지만 이 요해는 '외부로부터', 다시 말해 즉자로부터 그 존재에게 찾아올 수도 없고, 의식의 주관적 양상인 하나의 사고에 지나지 않는 것으로서 국한될 수도 없으므로, 이런 요해는 모든 가능을 이해하고 있는 존재의 객관적 구조와 당연히 일치할 것이다. 가능성을 가능성으로 이해하는 것, 또는 자기 자신의 가능성으로 있는 것은 자기 존재에 있어서 자기의 존재가 문제되는 존재에 있어서는 전적으로 똑같은 필연성이다. 그러나 바로 자기 자신의 가능성으로 있는 것, 다시 말해 가능성으로 자기를 정의하는 것은, 자기가 그것으로 있지 않은 자기 자신의 이 부분에 의해 자기를 한정하는 것이고, '……을 향한 자기로부터의 탈출(échappement-à-soi vers……)'로서 자기를 한정하는 것이다. 요컨대 내가 나의 직접적 존재를 단순히 그것이 있지 않은 것으로 있고, 그것이 있는 그대로의 것으로 있지 않은 한에서 파악하려고 하는 순간부터, 나는 손이 닿지 않는 곳에 있는 하나의 의미를 향해 자신의 지접적(止接的)인 존재로부터 밖으로 내던져진다. 여기서 말하는 이 하나의 뜻이 내재적 주관적인 표상과 혼동되는 일은 결코 없을 것이다.

　데카르트는 코기토에 의해 자기를 '의심'으로서 파악하지만, 그 경우, 만일 그가 완전히 순간적인 눈길로 파악하는 것으로 그친다면, 그는 도저히 이 의심을 방법적인 의심으로서, 또는 단순한 의심으로서 한정하는 것조차 불가능할 것이다. 의심은 하나의 명증이 나오면 그것을 '해소'시킨다는, 그에게 항상 열려 있는 가능성으로부터 출발해야만 이해될 수 있다. 의심은 이 의심이, '판단중지'라는 아직 이루지 않았지만 언제나 열려 있는 모든 가능성을 가리키는 한에서만, 의심으로서 파악될 수 있다. 어떤 의식사실도 엄밀하게 말하면 '이 의식'이 아니다—비록 후설처럼 일부러 이 의식에 내부구조적인 미래지향[25]

---

[25] Protention(미래지향)은 Rétention(과거지향)과 더불어 후설에 의해 고안된 의식의 내부구조의 하나이다. 미래는 그것이 지향되고 있는 한, 다시 말해 의식이 그것에 대한 의식인 한에서

을 부여해 본다 해도 그것을 뒤집을 수는 없다. 이 미래지향은 그 존재에 있어서 스스로 그 하나의 구조인 의식을 뛰어넘을 어떤 수단도 가지고 있지 않으므로, 가련하게도 자기 자신 위에 주저앉을 뿐이다.

'미래지향'은 유리를 돌파하지 못하고 유리창에 몸을 부딪히는 파리와 비슷하다―우리가 어떤 의식을 의심·지각(知覺)·목마름 따위로 정의하려 하는 순간, 그 의식은 우리에게 아직 있지 않은 것의 무를 가리켜 보인다. 읽는 것(에 대한) 의식은 이 글자를 읽는 것(에 대한) 의식도 아니고, 이 말, 이 문장, 이 단락을 읽는 것(에 대한) 의식도 아니며―'이 책'을 읽는 것(에 대한) 의식이다. 그것은 아직 읽지 않은 모든 지면, 이미 읽은 모든 지면 쪽으로 나를 향하게 한다. 그것은 정의상(定義上) 의식을 자기로부터 떼어 놓는다. 만일 자신이 있는 그대로의 것에 대한 의식밖에 아닌 의식이 있다고 한다면, 그런 의식은 한 글자씩 끊어서 읽는 수밖에 없을 것이다.

구체적으로 말하면 하나하나의 대자는 자기와의 어떤 종류의 일치의 결여이다. 다시 말하면, 대자가 '자기'로 있기 위해 그것과 일치해야 하는 현전이 대자를 따라다니고 있음을 뜻한다. 그러나 '자기'에 있어서의 이 일치는 또한 '자기'와의 일치이므로, 대자가 '자기'가 될 때 동화해야 하는 존재로서, 대자에 결여되어 있는 것 또한 대자이다. 앞에서 본 것처럼, 대자는 '자기에 대한 현전(자기현전)'이다. 자기현전에 결여되어 있는 것은, 자기현전에 있어서 또한 자기현전으로서밖에 결함이 될 수 없다. 대자와 그 가능의 결정적인 관계는 자기현전의 속박을 무화적(無化的)으로 완화하는 일이다. 이 이완은 이윽고 초월에 이른다. 왜냐하면 '대자'가 결여하고 있는 자기현전은 '존재하지 않는' 자기현전이기 때문이다. 따라서 그것이 '자기'로 있지 않은 한에 있어서의 '대자'는 어떤 종류의 자기현전을 결여하고 있는 하나의 자기현전이다. 그리고 대자가 자기현전인 것은 이런 어떤 종류의 자기현전의 결여로서이다. 모든 의식은 '……을 위해' '……을' '결여하고 있다.' 그러나 유의해야 할 것은, 초승달의 결여가 달에 찾아오는 경우와 달리, 이 결여는 밖으로부터 의식에 찾아오는 것이 아니라는 것이다. 대자의 결여는 대자가 그것으로 '있는' 결여이다. 대자의 존재를 자기 자신의 무의 근거로 구성하는 것과, 대자에 결여되어 있는 것으로서 하나의 자기현전을 소묘하는

는 하나의 현존적인 의식이라는 것이다.

것은 같은 것이다.

가능은 의식이 스스로 자기 자신을 만들어 가는 한, 의식을 구성하는 하나의 부재이다. 예를 들면 하나의 목마름은 그것이 자신을 목마르게 하는 한에 있어서, 결코 충분한 목마름은 아니다. 목마름에는 '자기' 또는 '목마름으로서의 자기현전'이 항상 따라다니고 있다. 그러나 이 목마름은 이런 구체적인 가치가 따라다니고 있는 한, 그 목마름은 자신을 '충만한 목마름*26으로서 실현해 주는, 그리고 자기에게 즉자존재를 부여해 주는 어떤 종류의 '대자'를 결여하고 있는 것으로서, 자신의 존재에 있어서 자신을 문제로 삼는다. 이 결여분으로서의 '대자'가 곧 '가능'이다. 사실, 어떤 '목마름'이 목마름인 한에 있어서 자신의 소멸을 향한다는 것은 정확한 표현이 아니다. 소멸인 한에서의 자신의 소멸을 지향하는 의식이라는 것은 맨 처음에 존재하지 않는다. 하지만 목마름은 하나의 결여자이다. 우리는 앞에서 그것을 지적했다. 그런 것인 한에서 목마름은 '자기를 충만시키기'를 원한다. 그러나 '욕망으로서의 대자' 즉 목마름과, '반성으로서의 대자' 즉 '마시는 행위'의, 일치적 행위에서의 종합적 동화에 의해 실현될 이런 충만한 목마름은, 목마름의 소멸로서 지향되는 것은 아니다. 오히려 그 반대이다. 이런 충만된 목마름은 존재의 충실로 넘어간 목마름이다. 아리스토텔레스적인 형상(形相)이 질료(質料)를 파악하여 그것을 변형시키는 것처럼, 포만(飽滿)을 파악하여 그것을 자기에게 합체시키는 목마름이다. 이런 목마름은 영원한 목마름이 된다.

자기의 목마름을 해결하기 위해 물을 마시는 사람의 관점은 자기의 성욕을 해결하기 위해 유곽에 가는 사람의 관점과 마찬가지로 훨씬 뒤에 오는 반성적인 관점이다. 반성되지 않은 소박한 상태로서의 목마름과 성욕은 자기 자신이 쾌락을 누리고자 포만이라는 자기 자신과의 일치를 추구한다. 그런데 이 목마름은 마시는 행위에 의해 목마름이 해소되는 바로 그때 자기를 목마름으로서 인식한다. 그 경우에 이 목마름은 만족에 있어서, 또 만족에 의해 자기를 목마

---

*26 soif comblée. 오해하면 안 되는 것은, 이 '충만한 목마름'은 만족을 얻어서 더 이상 목마름이 아니게 된 목마름이 아니라, 정반대로 극한까지 긴장된 목마름이다. 다시 말하면, 비반성적이기는 하지만 참고 참다가 끝내 더 참지 못하고 쓰러지기 직전까지 간 목마름의 극치이다. 그 밖의 욕망에 대해서도 마찬가지이다. 바로 뒤에는 이것을 '충만한 공허'라고도 부르고 있다.

름이게 하면서도 만족이라는 사실 자체 때문에 그 결여로서의 성격을 상실한다. 따라서 에피쿠로스의 설(說)은 부당하면서도 동시에 일리가 있다. 실상 욕망은 그 자체로서는 공허한 것이다. 그러나 반성되지 않은 기도는 어떤 것이든, 그저 단순하게 이 공허의 소멸을 지향하는 것은 아니다. 욕망은 그 스스로 자기를 영속시키고자 한다. 인간은 완강하게 자신의 욕망에 집착한다. 욕망이 그것으로 있기를 원하는 것, 그것은 하나의 충만된 공허이지만, 공허는 마치 녹아 있는 청동에 형태를 만들어 주는 거푸집과 마찬가지로 욕망의 만족에 그 형태를 만들어 주는 것이다. 목마름에 대한 의식의 가능은 마시는 것에 대한 의식이다.

그 밖에도 사람들은 '자기'와의 일치가 불가능한 것을 알고 있다. 왜냐하면 이 '가능'의 이룸에 의해 이른 대자는 자신을 대자로서, 다시 말해 모든 가능의 또 하나의 지평을 가진 것으로서 존재하게 할 것이기 때문이다. 그러므로 포만에는 언제나 실망이 뒤따른다. 저 유명한 '그것뿐인가?' 하는 문구는 포만이 주는 구체적인 쾌락을 가리키는 것이 아니라, 자기와의 일치의 소멸을 가리키는 것이다. 그것을 통해 우리는 시간성의 근원을 엿본다. 왜냐하면 목마름은 자신의 가능인 동시에 자신의 가능으로 '있지 않기' 때문이다. 인간존재를 자기 자신으로부터 분리시키는 이 무는 시간의 원천에 존재한다. 그러나 이 문제에 대해서는 뒤에 가서 다시 다루게 될 것이다. 주목해야 할 것은 결여분으로서의 '대자', 즉 가능이 세계의 어떤 상태'에 대한 현전'으로서의 대자인 한, '대자'는 자신에게 결여되어 있고, 더욱이 자기 자신의 가능인 '자기에 대한 현전'으로부터, 어떤 의미에서는 '아무것도 아닌 것'에 의해, 그리고 다른 의미에서는 세계 속에 존재하는 자 전체에 의해 분리되어 있다는 것이다. 그런 의미에서 '대자'가 자기와의 일치를 시도할 때 뛰어넘는 존재는 세계이고, 인간이 자신의 가능과 다시 만나기 위해서 극복해야 하는 무한한 존재거리이다. 우리는 대자와, 대자가 그것으로 있는 가능의 관계를 '자기성(自己性)'의 회로(回路)(circuit de l'ipséité)라 부르고―이 자기성의 회로에 의해서 극복되는 한의 존재 전체를 '세계(monde)'라 부르기로 하자.

여기에 이르러 비로소 우리는 가능의 존재 양상을 밝힐 수 있다. 가능은 대자가 '자기'로 있기 '위해서' 결여하고 있는 '바로 그 부분'이다. 따라서 가능이 가능으로 있는 한에서 '존재한다'는 표현은 적절하지 않다. 적어도 그 경우의 존재라고 하는 의미는, 그것이 존재되지 않는 한에 있어서 '존재되는' 어떤 존재자의 존재라는 의미이며, 다른 표현을 빌리자면, 내가 있는 것으로부터 거리를 두고 나타나는 것이다. 가능은 비록 부인되는 표상이라 할지라도 순수한 표상으로서 존재하는 것이 아니고, 오히려 결여의 자격으로 존재의 저 너머에 있는 하나의 실재적인 존재의 결여로서 존재한다. 가능은 하나의 결여라는 존재를 갖는다. 그리고 결여로서의 가능은 존재를 결여한다. '가능'은 존재하지 않는다. 가능은, 바로 '대자'가 자신을 존재시키는 한에 있어서 자기를 가능하게 한다. 가능은 도식적 소묘에 의해 '대자'가 자기 자신의 저편에 있어서 그것으로 있는 무의 소재(所在)를 규정한다. 말할 것도 없는 일이지만, 가능은 처음에는 추상적으로 조정(措定)되는 것이 아니다. 가능은 세계의 저편에 자신을 소묘한다. 가능은 세계로부터 자기성의 회로 속에 나의 현재적인 지각이 파악되는 한에 있어서 나의 현재적인 지각에 그 의미를 부여한다. 하지만 가능은 알려지지 않은 것도 무의식적인 것도 아니다. 가능은 비조정적 의식인 한에 있어서 자기(에 대한) 비조정적 의식의 한계를 소묘한다. 목마름(에 대한) 비반성적인 의식은 욕망의 목적으로서의 '자기'를 구심적(求心的)으로 정립하지 않고, 바람직한 것으로서의 컵에 든 물'에서' 파악할 수 있다. 그러나 가능한 포만은 '세계 한가운데의 컵'의 지평에 자기(에 대한) 비조정적 의식의 비정립적 상관자로서 나타난다.

5. 자아와 자기성(自己性)의 회로

우리는 《철학연구》에 발표한 어떤 논문[*27] 속에서 '자아(Ego)'가 대자의 영역에 소속하지 않는다는 것을 보여 주려고 시도한 적이 있다. 우리는 그것을 되풀이하지는 않을 것이다. 여기서는 다만 '자아'의 초월의 이유에만 주의를 기울이자. 요컨대 '모든 체험(Erlebnisse)'을 통일하는 극(極)으로서의 '자아'는 즉자적이지 대자적인 것이 아니다. 자아가 '의식에 속하는' 것이라면 사실 자아는 직접태의 반투명성(半透明性) 속에서 자기 자신의 근거가 될 것이다. 그러나 그렇게 되면 자아는 그것이 있지 않은 것으로 있고, 그것이 있는 그대로의 것으로

[*27] 《철학연구(Recherches philosophiques)》는 1931년에 알렉상드르 코이레, 스파이에 등에 의해 창간된 철학 연간지. 1936년에 사르트르 최초의 철학논문 《자아의 초월성(La transcendance de l'Ego)》이 실렸다.

있지 않게 될 것이다. 그런 존재방식은 결코 '나(Je)'의 존재양상이 아니다. 사실 내가 '나'에 대해 갖는 의식은 결코 '나'를 소묘하지는 않는다. 그리고 '나'를 존재에 이르게 하는 것도 의식이 아니다. '나'는, 의식이 있기 전에 거기 '있었던 것'으로서 항상 주어져 있는 동시에, 조금씩 드러내 보여야 하는 깊이를 가진 것으로서 주어져 있다. 그리하여 '자아'는 하나의 초월적 즉자로서 의식'에 대한' 현실존재자가 아니라, 인간세계의 현실존재자로서 의식에 나타난다. 하지만 그 때문에 대자는 하나의 순수하고 단순한 '비인격적'인 관상(觀想)이라고 결론지어서는 안 될 것이다. '자아'는 어떤 의식을 인격화하는 극(極)이고, '자아'가 없으면 의식은 '비인격적인' 단계에 머문다고 할 수 없으며, 오히려 반대로, 어떤 조건 속에서 자기성(ipséité)이 초월적 현상으로서 '자아'의 나타남을 허용하는 것은, 자신의 근본적인 자기성에서의 의식이다.

사실 우리가 본 것처럼, 즉자에 대해서는 '그것은 자기이다'라고 말하는 것조차 불가능한 일이다. 순전하고 단순하게, 즉자는 '존재한다.' 그런 뜻에서, 잘못하여 의식의 거주자로 여겨지고 있는 이 '나(Je)'에 대해서도 '나'는 의식의 '나(Moi)'라고 말할 수 있겠지만, '나'는 나 자신의 '자기'라고는 말하지 못할 것이다. 따라서 대자의 반성된 존재를 하나의 즉자로 실체화했으므로, 사람들은 자기에 대한 반성의 움직임을 응고시키고 파괴하기에 이른다. 그렇게 되면 의식은 단순히 일방적으로 자신의 '자기'인 '자아(Ego)'에 대한 지향이고, '자아'는 이미 어떤 것도 지향하지 않게 될 것이다. 사람들은 반성의 관계를 단순한 구심적 관계로 변형하고, 게다가 그 중심을 불투명한 핵이 되게 했다. 이에 반해, 우리가 보여 준 바에 의하면, '자기(soi)'는 원리적으로 의식 안에서 살 수 없다. '자기'는 말하자면 '반사'가 '반사하는 자'를 향하고, '반사하는 자'가 '반사'를 향할 때의 그 무한운동의 '이법(理法, la raison)'이다. 정의상(定義上)으로는 자기는 하나의 이상(理想)이며 하나의 극한이다. 그리고 자기를 극한으로서 나타나게 하는 것은 존재전형으로서의 존재의 통일 속에서 존재가 존재에 현전할 때의 그 무화적 현실이다. 그러므로 의식은 자기가 나타나자마자 곧 반성이라는 단순히 무화하는 움직임에 의해 자기를 '인격적'으로 만든다. 왜냐하면 어떤 존재에 인격적인 존재(l'existence personnelle)를 부여하는 것은, 하나의 '자아'—이것은 인격의 기호(記號)에 지나지 않는다—의 소유가 아니라 자기에 대한 현전으로서 대자적으로 존재한다는 사실이기 때문이다. 그러나 그 밖에도 이 최초의 반성적 움직임은 이어서 제2의 움직임, 즉 자기성(自己性, ipséité)을 이끌어 온다.

자기성 속에서 나의 가능은 나의 의식 위에 자기를 반영하고, 나의 의식을 그것이 있는 그대로의 것으로 규정한다. 자기성은 반성 이전의 코기토의 자기에 대한 순수한 현전보다 훨씬 더 심화된 무화작용의 한 단계를 나타내고 있다. 왜냐하면 내가 그것으로 있는 가능은 '반사'와 '반사하는 자'의 경우와 같은 단순한 대자에 대한 현전이 아니라, '부재하는 현전(présence-absente)'이기 때문이다. 그런데 이 사실에서 대자의 존재구조로서의 '지향(renvoi)'의 존재가 더욱 뚜렷하게 제시된다. 대자는 대자의 모든 가능성의 아득한 저편, 손이 닿지 않는 곳에 있는 '저편'의 '자기'이다. 그리고 자기성, 즉 인격의 제2의 본질적 양상을 구성하는 것은, '우리가 현재 결여라는 형태에서 있는 그대로의 것'으로, 저편에 있지 않으면 안 된다는, 이 자유로운 필연성이다.

사실 자기와의 자유로운 관계가 아니고서야 어떻게 인격을 정의할 수 있겠는가? 세계, 즉 '모든 존재가 자기성의 회로 내부에 존재하는 한에서의 모든 존재의 전체'에 대해 말한다면, 세계는 인간존재가 자기를 향해 뛰어넘는 것, 다시 말해 하이데거의 정의를 빌린다면 '거기서 출발하여 인간존재가 자신의 무엇인가를 자기에게 알려 주는 것'[*28]이다. 사실 '나의' 가능으로 있는 가능은, 가능한 대자이며, 이런 것으로서 즉자'에 대한' 의식으로서의 '즉자에 대한 현전'이다. 세계의 면전에서 내가 찾는 것은 내가 그것으로 있는 하나의 대자, 세계'에 대한' 의식인 하나의 대자와의 일치이다. 그러나 현재적(現在的)인 의식에 있어서 '비조정적으로는' 부재적─현재적인 이 가능은, 그것이 반성되는 것이 아닌 한, 정립적인 의식의 대상으로서는 현재적이지 않다. 현재 나의 목마름에 따라다니는 충만한 목마름은 충만한 목마름으로서의 자기(에 대해) 의식하고 있는 것이 아니다. 이 충만한 목마름은 '마셔지게 되는 컵'에 대한 조정적인 의식이고, 자기(에 대한) 비정립적인 의식이다. 따라서 이 충만한 목마름은 '자신이 그것에 대한 의식으로 있는' 그 컵을 향해 자기를 초월시킨다. 그리고 이 비조정적이고 가능적인 의식의 상관자로서의 '마셔져 버린 컵'은 '채워진 컵'에 그의 가능으로서 따라다니며, 그것을 '마셔져야 하는 컵'으로서 구성한다.

[*28] 원주. 우리는 잠정적으로 이 정의를 채택하고 있으나 이 정의가 어떤 면에서 불충분하고 그릇된 것인지는 이 책의 제2부와 제3부에서 살펴볼 것이다.

그러므로 세계가 무의 즉자적인 상관자로 있는 한, 다시 말해 세계가 필연적인 장애물임에도 내가 이 장애물 저편에서 나 자신을, '그것으로 있어야 한다'는 형태에 있어서 내가 그것으로 있는 것으로서, 다시 발견하는 한, 세계는 본성상 '나의 세계'이다. 세계가 없다면 자기성도 없고 인격도 없다. 또 자기성이 없고 인격이 없으면 세계도 없다. 그러나 이런 인격에 대한 세계의 소속은 결코 반성 이전의 코기토의 차원에서 '정립되는' 것은 아니다. '세계는 그것이 인식되는 한 나의 세계로서 인식된다'는 표현은 부조리한 것이다. 그렇다 해도 세계의 이런 아성(我性, moïté)은 달아나면서도 항상 현재적인 하나의 구조이며, 이 구조를 나는 '살아가는' 것이다. '내가 있는' 그대로의 자기(에 대한) 가능적인 모든 의식은 모든 가능에 대한 의식인데, 그런 모든 가능이 세계를 따라다니고 있기 때문에 세계는 나의 세계('인') 것이다. 그리고 세계에 세계로서의 통일과 의미를 부여하는 것은 가능인 한에 있어서의 이런 가능들이다.

부정적인 모든 행위와 자기기만에 대해 검토해 본 결과, 우리는 코기토의 존재론적 연구에 접근해 갈 수 있었고, 코기토의 존재는 대자존재로 있는 것으로서 우리에게 나타났다. 이 코기토의 존재는 우리가 본 바로는 가치와 가능을 향해 자기를 초월했다. 우리는 이 코기토의 존재를, 데카르트적인 코기토의 순간[무시간성]의 실체론적 한계 안에 가두어 둘 수가 없었다. 그러나 바로 그것 때문에, 우리는 방금 얻은 성과만으로 만족할 수 없을 것이다. 코기토가 순간성을 거부하고 자기의 가능을 향해 자기를 초월해 가는 것은, 시간적 뛰어넘기 안에서만 가능하다. 대자가 '있지 않음'의 방식으로 자기 자신의 모든 가능으로 있는 것은 '시간 속에서'이다. 나의 모든 가능이 세계의 지평에 나타나서 세계를 나의 세계로 만드는 것은 시간 속에서이다. 따라서 만일 인간존재가 스스로 자기를 시간적인 존재로 파악한다면, 또 인간존재의 초월의 뜻이 그 시간성이라면, 우리는 '시간적인 것'의 의의를 기술(記述)하고 정착시키기 전에는, 대자의 존재가 해명되기를 기대할 수 없을 것이다. 그런 뒤에 비로소 우리는 의식과 존재의 근원적인 관계라고 하는, 당면한 문제의 탐구에 착수할 수 있을 것이다.

제2장

시간성

1. 시간적인 삼차원의 현상학

시간성은 분명 하나의 짜여진 구조이다. 우리는 과거·현재·미래라는 이른바 시간의 3요소를, 그 총계를 구하지 않으면 안 되는 '주어진 것들(data)'의 집합으로—예를 들면 어떤 '지금'은 아직 존재하지 않고 다른 '지금'은 이미 존재하지 않는다는 식의 '지금'의 무한계열로—생각해서는 안 되며, 하나의 근원적인 종합의 구조가 된 계기들로 고찰해야 한다. 그러지 않으면 우리는 먼저 다음과 같은 역설에 부딪히게 될 것이다. "과거는 이미 존재하지 않는다. 미래는 아직 존재하지 않는다. 순간적인 현재는, 누구나 다 알고 있는 것처럼 전혀 존재하지 않는다. 순간적인 현재는 차원을 갖지 않는 점과 마찬가지로 무한분할의 극한이다. 그러므로 모든 계열은 소멸한다. 그것도 이중으로 소멸한다. 예를 들어 미래의 '지금'은 미래인 한에 있어서 하나의 무(無)이며, 그것이 현재의 '지금'의 상태로 넘어갈 때는 자기를 무로서 실현할 것이기 때문이다." 시간성을 연구하는 데 유일하게 가능한 방법은, 시간성의 2차적 구조들을 지배하고 그 구조 하나하나에 알맞은 의의를 부여하는 하나의 전체로서 이 시간성을 다루는 것이다. 이 점을 우리는 결코 놓치지 않도록 하자. 그러나 우리는 시간의 세 차원이 흔히 갖는 애매한 의미를 존재론 이전의 현상학적 기술(記述)을 통해 미리 밝혀 두지 않으면, '시간'의 존재에 대한 검토에 뛰어들 수 없다. 다만 그런 현상학적 기술은 일시적인 작업이고, 그 목적은 오직 우리를 전반적인 시간성의 직관에 이르게 하는 데 있다고 생각해야 한다. 그리고 우리는 특히 각 차원의 '비독립'을 항상 염두에 두고, 시간적인 전체의 '배경 위에' 그 차원이 나타나게 해야 한다.

(A) 과거

기억에 대한 모든 이론은 과거의 존재에 대한 하나의 가정(假定)을 내포하고 있다. 이런 가정은 아직 밝혀진 적이 없었으므로, 나아가서는 상기(想起)에 대한 문제와 시간성 일반에 대한 문제도 애매한 채로 남아 있었다. 따라서 우리는 우선 '어떤 과거적 존재의 '존재'란 어떤 것인가' 하는 문제부터 제기하지 않으면 안 된다. 상식은 똑같이 막연한 두 가지 사고방식 사이에서 흔들리고 있다. 과거는 이미 존재하지 않는다고 사람들은 말한다. 이 관점에서 보면 사람들은 현재에만 존재를 부여하는 것같이 보인다. 이런 존재론적 가정에서 유명한 뇌수흔적설(腦髓痕跡說)*¹이 나왔다. 과거는 이미 존재하지 않으므로, 또 과거는 무로 돌아갔으므로, 상기가 여전히 계속 존재하는 것은 우리의 존재의 현재적인 변양(變樣)으로서 그러하지 않으면 안 된다. 이를테면 그것은 한 덩어리의 뇌세포 위에 현재 새겨져 있는 각인 같은 것이다. 따라서 몸도 현재적인 지각도 몸속에 현재하는 흔적으로서의 과거도 모두 현재적이다. 모든 것은 '현세(現勢, en acte)'로 존재한다. 왜냐하면 흔적은 상기(想起)로서 있는 '한에서' 잠세적인 존재를 가지는 것이 아니기 때문이다. 그 흔적은 그대로 '현세적인(actuelle)' 흔적이다. 상기가 재생하는 것은 현재 속에서이고, 일련의 현재적 과정에서이다.

다시 말하면 상기는 그 뇌세포군(腦細胞群)에 있어서의 원형질적 평형의 파탄으로서 생겨나는 것이다. 순간적이고 시간외적인 입장인 심리—생리평행론은, 이런 생리적인 과정이 어떻게 해서, 엄밀히 말해 심적이지만 똑같이 현존하는 하나의 현상인 의식 속에서의 상기—심상(心像)의 나타남과 상관적일 수 있는지를 설명하기 위해 생겨난 것이다. 엔그램(engramme, 각인)*²이라는 더욱 최근에 나온 관념도, 이런 이론을 의사과학적(擬似科學的)인 용어로 장식하는 것 외에는 더 나은 일을 하는 것도 없었다. 그러나 만일 모든 것이 현재적이라면 어떻게 상기의 '수동성'을 설명할 수 있을 것인가? 다시 말해 떠오르는 하나의 의식이, 자신의 지향에서, 사건을 그것이 '있었던' 곳에 있어서 지향하기

---

*1 흔적설은 플라톤의 《테아이테투스(Theaetetus)》 이래 오랜 역사를 가지고 있으며, 데카르트 또한 그렇게 생각했다. 근대 심리학자들 중에서도 리보가 이 설을 그대로 채용하고 있다.

*2 engramme(각인)은 근대의 심리—생리학자에 의해 흔적을 대신하는 것으로 사용된 술어로서, 보통은 역어를 사용하지 않고 엔그램이라 부르고 있다.

위해 현재를 초월한다는 이 사실을 어떻게 설명할 것인가? 만일 우리가 먼저 심상을 재생적인 지각으로 여겨 버린다면, 지각과 심상을 구별할 아무런 방법도 없다는 것을 우리는 이미 다른 데서*3 밝혔다. 이 경우에도 우리는 그것과 똑같은 불가능에 부딪힐 것이다. 그뿐만 아니라 우리는 상기와 심상을 구별할 수단을 잃어버리게 된다. 즉 우리는 상기의 '허약성', 상기의 퇴색성(褪色性), 상기의 불완전성, 지각의 주어진 것들과 상기와의 모순 등을 가지고도 상기와 허구심상을 구별할 수는 없을 것이다. 그것은 허구심상도 상기와 똑같은 성격을 보여 주기 때문이다. 또한 이런 성격은 상기의 '현재적'인 성질이므로, 우리로 하여금 현재에서 빠져나와 과거를 향하게 할 수 없을 것이다. 클라파레드*4처럼 상기의 '나에 대한 소속', 즉 상기의 '아성(我性)'에 도움을 청해도 헛일일 것이다. 또 제임스처럼 상기의 '친근성'에 호소해도 또한 마찬가지이다.

이런 성격은 다만 상기를 감싸는 하나의 현재적 분위기를 나타내거나―그때는 이런 성격은 현재적으로 머물고 현재만을 지적한다―또는 이런 성격은 이미 과거인 한에서 과거와 맺는 하나의 관계이거나―그러나 그 경우에는 설명되지 않으면 안 되는 것이, 그런 성격 속에 전제되어 있게 된다―둘 중의 하나이다. 사람들은 '재인(再認)'을 '위치부여'라는 하나의 밑그림으로 환원하고, 그것을 다시 '기억의 사회적 틀'의 존재에 의해서 쉬워지는 '지적 조작(知的操作)의 총체'로 환원함으로써, 이 문제를 간단하게 해결할 수 있다고 믿었다.*5 물론 그런 조작이 존재하는 것은 의심할 여지가 없다. 또 그런 조작은 심리학적 연구 대상이 되어야 할 것이다. 그러나 과거와의 관계가 어떤 방법으로든 주어져 있지 않다면, 그런 조작도 이 관계를 만들어 내지 못할 것이다. 요컨대 만일 인간을 처음부터 그 현재라는 순간적인 외딴섬에 갇힌 섬사람으로 만들

---

*3 원주. 사르트르, 《상상력》, 알캉판, 1936.

*4 클라파레드(Claparède, 1873~1940), 스위스의 심리학자.

*5 '위치부여(localisation)'란 특히 시간적 위치부여, 즉 연월일시(年月日時)에 대한 위치부여로, 이 것은 개인적인 역사의 경우도 있지만 사회적·일반적인 역사의 일부와 관련된 경우가 많다. 이를테면 '지진이 일어난 때'라든가 '종전 때' 등과 관련하여 기억에 위치가 부여된다. '기억의 사회적 틀(cadres sociaux de la mémoire)'는 모리스 알박스(M. Halbwachs, 1877~1945)의 같은 이름의 저서에서 지적된 사항으로, 상기(souvenir)[영역에서는 기억(mémoire)과 혼동하여 상기도 memory라고 번역되어 있다)는 우리가 일찍이 속해 있던 사회적 집단을 틀로 하여 거기서부터 출발하는 것이라고 한다. 이를테면 가족·벗·직장·학교 등이 그 틀이 된다.

어 버린다면, 또 인간의 존재양상은 인간이 나타난 이래, 본질적으로 끊임없는 현재에 매여 있도록 운명지워져 있다면, 인간의 과거에 대한 근원적 관계를 이해할 수 있는 모든 방법을 근본적으로 잃어버리게 된다. '발생론자들'이 확대가 없는 요소들을 가지고 확대를 구성하려다가 성공하지 못한 것과 마찬가지로, 우리도 '과거'라는 차원을 다만 현재로부터 빌려온 요소들로 구성하려 해도 성공하지 못할 것이다.

더욱이 통속적인 의식은 과거에 현실적인 존재를 부여하는 것을 확실하게 거부하기 어려워서, 그 결과, 위와 같은 첫 번째 테제와 동시에 똑같이 불명확한 또 하나의 사고방식을 허용한다. 이 사고방식에 의하면 과거는 일종의 명예적 존재를 가진 것이 된다. 어떤 사건이 과거로 있다는 것은 그저 단순히 은퇴를 하지 않을 수 없게 만드는 것이고, 존재를 상실하지 않고 효력을 상실하고 있는 것이다. 베르그송의 철학은 다음과 같은 관념을 되찾았다. 하나의 사건이 과거로 향할 때, 그 사건은 존재하는 것을 멈추지 않는다. 그것은 단순히 작용하기를 그칠 뿐이다. 그렇지만 이 사건은 영원히 '제자리에', 제날짜에 머문다는 것이다. 우리는 그리하여 과거에 존재를 회복시켜 주었다. 그것은 참으로 멋진 솜씨이다. 지속은 다양한 상호침투이고, 과거는 끊임없이 현재와 짜여지고 있다는 점도 우리는 긍정한다고 하자. 그러나 그것만으로는 우리는 이 짜임과 이 상호침투의 이유를 밝힌 것이 아니다. 과거는 '재생할' 수 있고, 우리를 따라다닐 수 있다는 것, 요컨대 '우리를 위해서' 존재할 수 있다는 것을 설명한 것은 아니다. 베르그송이 말한 것처럼, 만일 과거가 무의식적인 것이고, 무의식적인 것은 작용하지 않는 것이라면, 과거는 우리의 현재적인 의식의 씨줄 속에 어떻게 짜여 들어갈 수 있을까? 과거는 하나의 고유한 힘을 가진 것일까? 만일 그렇다고 해도 이 힘은 그것이 현재 위에 작용하는 이상, 또한 현재적인 것이 아닐까? 이런 힘이, 과거인 한에서의 과거로부터 어떻게 유출하는 것일까?

사람들은 후설처럼 문제를 거꾸로 뒤집어, 현재적인 의식 속에는 과거지향이라는 작용이 있어서, 이 작용이 지나간 날의 의식들을 붙들어 매어 그 날짜를 유지하게 함으로써 그것의 소멸을 막고 있다고 말하는 것인가? 하지만 후설적인 코기토가 맨 처음에 순간적인 코기토로서 주어져 있다면, 거기서 밖으로 빠져나갈 수 있는 방법은 아무것도 없다. 조금 전에 앞 장에서 본 것처럼, 미래지향은 현재라는 유리창을 깨지 못하고 헛되이 부딪치기만 한다. 과거지향의 경우도 마찬가지이다. 후설에게는 철학자로서의 삶을 통해 초월과 뛰어넘기의 관념이 항상 따라다니고 있었다. 그러나 그가 이용한 철학적 방법, 특히 현실존재에 대한 그의 관념론적 사고방식은, 그로 하여금 이 초월성을 설명할 방법을 찾을 길을 막아 버렸다. 그가 말하는 지향성(志向性)은 이 초월성의 희화(戱畵)일 뿐이다. 후설적인 의식은 사실상 세계를 향해서도, 미래를 향해서도, 과거를 향해서도 자기를 초월할 수 없다.*6

그리하여 우리는 과거에 존재를 허용해 주고도 아무것도 얻는 바가 없었다. 왜냐하면 이 허용의 조건에 의하면 과거는 우리에게, 존재하지 않는 것으로 존재하게 되어 있기 때문이다. 처음부터 과거와 우리의 현재 사이의 다리를 끊어 버리고 시작한다면, 후설이나 베르그송이 말하려 한 것처럼 과거는 '존재한다'고 하든, 또는 데카르트가 말하려 한 것처럼 과거는 '이미 존재하지 않는다'고 하든 상관없는 일이 된다.

사실, 우리가 현재에 '세계에 대한 현전'으로서의 하나의 특권을 부여한다면, 우리는 과거의 문제에 착수하기 위해 내(內)—세계적인 존재의 시야 속에 몸을 두고 있다. 우리는, 우리가 먼저 이 의자 또는 이 탁자와 동시적인 것으로서 존재하는 것을 본다. 우리는 세계를 통해 시간적인 것의 의의를 본다. 그런데 만일 우리가 세계 한복판에 몸을 둔다면 우리는 '이미 존재하지 않는' 것과 '존재하지 않는' 것을 구별할 수 있는 모든 가능성을 잃어버린다. 그렇다 해도 '이미 존재하지 않는 것'은 적어도 일찍이 존재한 것이지만, '존재하지 않는 것'은 존재와 어떤 관계도 갖지 않는다고 말하는 사람도 있을 것이다. 그것은 맞는 말이다. 내(內)—세계적인 순간의 존재법칙은, 이미 살펴본 것처럼 '존재는 존재한다'는 이 간단한 말로 표현될 수 있다—이 말은 긍정성의 하나의 집괴적(集塊的)인 충실을 가리키는 말이며, 이런 충실에 있어서는 '존재하지 않는 것'은 어떤 것이든 어떤 방법으로든, 설령 흔적에 의해서도, 공허에 의해서도, 점호(點呼)에 의해서도, '히스테레시스(hystérésis)'*7에 의해서도 표상될 수 없다. 존재하는 존재는 전적으로 다만 존재할 뿐이다. 이런 존재는 '존재하지 않는 것'과도 '이미 존재하지 않는 것'과도 아무런 관계가 없다. 철저한 부정이든 '이미……없

---

*6 과거에 대한 의식도 의식인 한에 있어서는 현재적인 의식이다. 의식은 현재적 대상을 지향하면서도 항상 과거지향(Rétention)이거나 미래지향(Protention)이거나 둘 중의 하나이다.

*7 히스테레시스(hystérésis), 자기·전기·탄성 등의 이력현상(履歷現象).

다(ne……plus)'는 형태로 완화된 부정이든, 어떤 부정도 이 절대적인 밀도 속에 그 자리를 발견할 수는 없다. 그렇다면 과거는 '다리(橋)는 끊어져 있다'는 방식으로 훌륭하게 존재할 수 있다. 존재는 자기의 과거를 '잊어버린' 것도 아니다. 잊어버린다는 것도 또한 하나의 연결방식이 될 것이다. 과거는 말하자면 꿈처럼 존재로부터 빠져나간 것이다.

데카르트의 사고방식과 베르그송의 사고방식이 서로 무승부로 여겨지는 것은, 양쪽이 모두 같은 난점(難點)에 빠져 있기 때문이다. 한쪽처럼 과거를 소멸시키는 것이 문제이든, 다른 쪽처럼 과거에 수호신 같은 존재를 남겨 주는 것이 문제이든, 두 사람 모두 과거를 현재로부터 고립시킴으로써 과거의 본성을 '그것만 따로 분리해서' 생각한 것이다. 그들이 의식에 대해 어떻게 생각했든, 그들은 의식에 즉자의 존재를 부여하고, 의식을 '그것이 있는 그대로의 것으로 있는 것'으로 생각했다. 이어서 그들이 과거를 현재에 연관시키는 데 실패한 것도 이상한 일은 아니었다. 왜냐하면 그렇게 생각된 현재는 온 힘을 다해 과거를 거부하기 때문이다. 만일 그들이 시간적 현상을 그 전체 속에서 고찰했더라면 그들은 '나의' 과거는 먼저 '나의 것', 다시 말하면 나의 과거는 내가 그것으로 '있는' 어떤 종류의 존재의 함수로서 존재한다는 것을 간파했을 것이다. 과거는 '아무것도 아니다.' 과거는 또 현재도 아니다. 그러나 과거는 어떤 종류의 현재와 어떤 종류의 미래로 이어지는 것으로서, 바로 과거의 원천 자체에 속해 있다. 클라파레드가 말한 이런 '아성(我性)'은 상기(想起)를 부수러 오는 하나의 주관적 음영(陰影)이 아니다. 그것은 과거를 현재에 연관시키는 하나의 존재론적 관계이다. 나의 과거는 결코 그 '과거성'의 고립 속에는 나타나지 않는다. 그렇다고 과거가 과거로서 '존재할' 수 있다고 생각하는 것은 부조리일 것이다. 과거는 근원적으로 '이' 현재'의' 과거이다. 먼저 밝혀져야 하는 것은 바로 이 점이다.

'폴은 1920년에 고등이공과학교(高等理工科學校)의 학생이었다'고 나는 적는다. '이었다(était)'는 것은 '누구'인가? 말할 것도 없이 폴이다. 하지만 어떤 폴인가? 1920년의 그 청년인가? 그러나 있다(être)고 하는 동사의 시제(時制) 안에서 1920년의 그 폴에게 적용되는 유일한 시제는, 우리가 그에게 고등이공과학교 학생이라는 자격을 부여하는 한에서는 '현재형'이다. 그가 있었던 한에서 그에 대해서는 '그는 있다'고 말하지 않으면 안 되었던 것이다. 만일 옛날에 고등이공과학교 학생이었던 것이, 이미 과거가 된 어떤 폴이라면, 현재와의 모든 관계는 파기된다. 이 자격을 가지고 있었던 인간, 즉 그 주어(主語)는 1920년에, 그 빈사(賓辭)를 가지고 저편에 머물고 있다. 만일 우리가 '추억은 지금도 가능하다'고 말하고자 한다면, 현재에서 떠나 과거와의 접촉을 유지하러 오는 하나의 재인적(再認的)인 종합을, 그 가정 속에 허용하지 않으면 안 될 것이다. 이런 종합은, 만일 그것이 하나의 근원적인 존재양상이 아니라면 도저히 생각할 수 없는 종합이다. 이런 종합이 없다면 우리는 과거를 어찌할 수 없는 고립속에 버려 두어야만 할 것이다. 그리고 인격의 그런 분열은 무엇을 뜻하는 것일까?

프루스트는 물론 '자아'의 계기적(繼起的)인 다원성을 허용하고 있지만, 이 사고방식을 글자 그대로 받아들이면, 우리는 일찍이 관념연합론자들이 부딪힌 해결할 수 없는 어려운 문제들에 다시 빠지게 될 것이다. 그래서 아마도, 변화에 있어서의 항상성이라는 가정(假定)이 제기될 것이다. '고등이공과학교의 학생이었던 것은 1920년에 존재하고 있었고 지금도 존재하고 있는 똑같은 폴이라는 사람이다. 이 사람에 대해 우리는 옛날에는 "그는 고등이공과학교 학생이다"라고 말했지만, 지금은 "그는 고등이공과학교 졸업생이다"라고 말하는 것이다.' 그러나 이렇게 항상성에 의지처를 구한다고 문제가 해결되는 것은 아니다. 시간적 계열을 구성하기 위해서, 그리고 이 계열 속에 항상적인 성격을 구성하기 위해서, 무언가가 모든 '지금'의 경과를 거꾸로 돌려주지 않는다면, 이런 항상성은 하나하나의 개별적인 '지금'의 순간적이고 아무런 두께도 없는 어떤 종류의 내용 외에 아무것도 아니다. 본디 하나의 항상성이 존재하기 위해서는 하나의 과거가 있어야 하고, 따라서 이 과거'였던' 어떤 것, 또는 어떤 사람이 존재하지 않으면 안 된다. 항상성은 시간을 구성하는 데 도움이 되기는커녕, 시간을 전제함으로써 비로소 거기에 드러내 보이는 것이고, 항상성과 함께 변화도 드러내 보이는 것이다. 따라서 우리는 앞에서 잠깐 엿보았던 것으로 다시 돌아온다. 요컨대 과거라는 형태에서의 존재의 현실존재적 잔류가 근원적으로 나의 현실적인 현재로부터 나타나지 않는 한, 다시 말해, 나의 어제의 과거가 하나의 초월로서, 나의 오늘의 현재 뒤에 존재하지 않는 한, 우리는 과거를 현재에 연관시키는 모든 희망을 잃어버린 것이다.

그러므로 만일 내가 폴에 대해서 그는 고등이공과 학생'이었다(il *fut* ou

il *était*)'고 말할 때, 내가 그렇게 말하는 것은 실제로 '존재하는' 이 폴에 대해서이고, 내가 또 '그는 40대이다'라고도 말하는 이 폴에 대해서이다. 고등이공과 학생'이었던' 것은 그 청년이 아니다. 그 청년에 대해서는 그가 '있었던' 한에 있어서 우리는 '그는 있다'고 말해야 했다. 고등이공과 학생'이었던' 것은 이 40대 남자이다. 사실을 말하면 서른 살 때의 이 남자도 또한 고등이공학교 학생'이었다.' 그러나 서른 살 때의 이 남자는 이번에는 서른 살의 남자였던 이 40대 남자가 없으면 대체 무엇일까? 게다가 이 40대 남자 자신이 고등이공과 학생'이었던' 것은, 그의 현재의 최첨단에 있어서이다. 요컨대 '그것으로 있었던 적이 있다(l'avoir-été)'고 하는 방식으로 40대의 남자이고, 서른 살의 남자이며, 청년인 사명을 가진 것은 바로 '체험'의 존재 그 자체이다. 이 '체험'에 대해서는 우리는 오늘날 '그런 체험이 있다'는 표현을 한다. 이 40대 남자에 대해서도, 그 청년에 대해서도, 우리는 각각의 시기에 '그는 있다'는 표현을 한다. 오늘날에는 이 40대의 남자도 그 청년도 과거의 일부를 이루고 있다. 과거 그 자체는 '현재 "그것은" 폴의 과거, 이런 "체험"의 과거"이다"'라는 뜻에서 '존재한다.' 그러므로 완료형이 가지는 두 개의 개개의(여기서는 두 가지) 시제는*8 서로 다른 존재방식이기는 하지만, 모두 현실적으로 존재하는 두 존재(이 40대의 남자, 그 청년), 그것도 한쪽이 '다른 쪽으로', 동시에 '있고' 그리고 '있었던' 두 가지 존재를 가리키고 있다. 과거는 무언가'의' 과거, 또는 누군가'의' 과거로서 특징지어진다. 우리는 하나의 과거를 '가지고 있다.' 이 도구, 이 사회, 이 사람은 각각의 과거를 '가지고 있다.' 먼저 하나의 보편적 과거가 있고, 그것이 다음에 구체적인 각각의 과거로 개별화되는 것은 아니다. 반대로 우리가 처음에 발견하는 것은 '각각의' 과거이다. 중요한 문제는—다음 장에서 그 문제를 다룰 예정이지

---

*8 여기서 사르트르가 완료형(parfait)이라고 말한 것은 물론 과거형(préférit parfait)을 말하는 것이지만, 단순과거(passé simple) 또는 정과거(定過去, passé défini)가 아니라, 복합과거(passé composé) 또는 부정과거(passé indéfini)를 가리킨다. 결국 l'avoir été라는 형태로 표현되는 완료형이다. 따라서 '완료형이 가진 두 가지 시제(원문대로 하면 '완료형의 개개의 시제')라는 말은 avoir에 의해 대표되는 현재시와, été에 의해 대표되는 과거시를 말하는 것이다. 그리고 문법상 passé simple(단순과거)과 passé composé(복합과거)의 '본질적인 구별'은 전자가 과거의 행위를 확실하게 잘라서 말하는 시제임에 비해, 후자는 조동사의 특수한 작용에 의해 과거의 행위와 현재의 연결을 남겨두고, 그 결과가 지금도 여전히 나타나고 있다는 완료태를 구성하는 시제라는 점에 있다.

만—어떤 과정을 거쳐서 이런 개별적 과거가 하나로 결합하여 '과거'를 형성하게 되는가 하는 것이다.

아마도 '있었던' 주체가 지금도 여전히 존재하고 있는 경우를 예로 든 것은 우리의 아전인수(我田引水)라고 이의를 제기하는 사람도 있을 것이다. 이를테면 이미 죽은 피에르에 대해 나는 '그는 음악을 좋아했었다'고 말할 수 있다. 이 경우에 주어와 빈사는 모두 과거이다. 현실적인 한 사람의 피에르가 있어서, 그것에서 이 과거 존재가 나타나는 것은 아니다. 우리는 그것에 동의하기로 하자. 우리는 또 피에르에게 음악의 취미가 결코 '과거'로 있었던 적은 없다는 것에도 동의하자. 피에르는 '그의' 취미였던 이 취미와 항상 동시적이었다. 그의 살아 있는 인격이 이 취미보다 뒤에 살아남아 있는 것이 아니고, 이 취미가 그의 살아 있는 인격보다 뒤에 살아남아 있는 것도 아니다. 따라서 여기서 과거인 것은 '음악을 사랑하는 피에르(Pierre-aimant-la-musique)'이다. 거기서 나는 '이 과거로서의 피에르는 "누구의" 과거인가?' 하는 조금 전의 질문을 제기할 수 있다. 그것은 단순한 존재긍정인 하나의 보편적 현재에 대한 것은 아니다. 따라서 그것은 '나의' 현실성의 과거이다. 사실 피에르는 나에게 있어서 존재한 것이고, 나는 피에르에게 있어서 존재한 것이다. 곧 분명하게 알 수 있겠지만, 피에르의 존재는 나의 뼛속까지 이르러 있었던 것이다. 피에르의 존재는 '세계—속에서의, 나에게 있어서의, 또 타자에게 있어서의' 하나의 현재의 일부를 이루고 있었던 것이고, 이런 현재는 피에르가 생존해 있었을 때의 '나의' 현재였다. 그것은 내가 그것으로 있었던 하나의 현재이다. 그러므로 사라진 구체적인 대상은 그들이 어떤 생자(生者)의 구체적인 과거의 일부를 이루는 한에서 과거이다. '죽음 속에 있는 무서운 사실은 죽음이 삶을 '운명'으로 바꾼다는 것'이라고 말로는 그렇게 표현했다. 이 말은 죽음이 대자—대타를 단순한 대타의 상태로 돌아가게 한다는 뜻이라고 해석해야 할 것이다. 죽은 피에르의 존재에 대해서는, 오늘에 와서는 오직 나만이 나의 자유에 있어서 그 책임자이다. 그리고 어떤 생존자의 구체적인 과거의 영역으로 옮겨지지 않고, 그 영역에서 구원을 받지 못한 죽은 자들은 '과거'로 있는 것이 아니다. 그들도, 그들의 과거도, 모두 소멸되어 버렸다.

따라서 각각의 과거를 '가진' 각각의 존재가 있다. 앞에서 우리는 닥치는 대로 하나의 도구·사회·인간을 들어서 말해 보았다. 그것으로 되는 것일까? 과거는 근원적으로 모든 유한한 현실존재자에게 전가시킬 수 있는 것인가? 또는 그 중의 어떤 부류에만 전가시켜야 할 것인가? 이것은 우리가 하나의 과거를 '가진다'고 하는 매우 특수한 관념을 더욱 자세히 검토한다면 훨씬 더 쉽게 규정될 수 있을 것이다. 우리는 자동차와 경주마를 '가지는' 식으로 하나의 과거를 '가질' 수는 없다. 다시 말해, 과거는 내가 이를테면 나의 만년필에 대해 어디까지나 외적인 것과 같이 과거에 대해 엄밀하게 어디까지나 외적인 하나의 현재적 존재에 의해서는 소유될 수 없을 것이다. 요컨대 소유는 보통 소유하는 자와 소유되는 자의 '외적인' 관계를 표현하는 말이지만, 그런 뜻이라면 소유라는 표현은 불충분하다. 외적 관계는 현실적 교류를 갖지 않는 두 개의 사실적으로 주어진 것으로서의 과거와 현재 사이의 뛰어넘을 수 없는 심연을 감추고 있다.

베르그송이 생각한 과거와 현재의 절대적인 상호침투도 이 문제를 해결해 주지 않는다. 왜냐하면 과거와 현재의 짜임인 이런 상호침투는 결국 과거 그 자체에서 찾아오는 것이며, 상호침투라고는 하지만 실상은 '거주(居住)'의 관계에 불과하기 때문이다. 그렇게 되면 과거는 현재 속에 있는 것이라고 생각될지도 모르지만, 이런 내재성을 돌이 시냇물 속에 있는 것과 같은 내재성과는 완전히 별개의 존재방식으로 보여 주는 수단은 이미 어디에도 없다. 과거는 정말 현재에 따라다닐지도 모르지만 과거가 '현재로 있을' 수는 없다. 자기의 과거로 '있는' 것은 현재이다. 따라서 우리가 만일 과거에서 출발하여 과거와 현재의 관계를 연구한다면, 우리는 상호 간의 '내적' 관계를 결코 세울 수 없을 것이다. 따라서 어떤 즉자의 현재는 그것이 있는 그대로의 것으로 있으며, 이 즉자는 과거를 '가질' 수 없을 것이다. 슈발리에가 자기의 학설을 위해서 인용한 예들, 특히 히스테레시스적인 사실만 해도, 물질의 과거가 그 현재의 상태에 미치는 작용을 세울 수는 없을 것이다. 사실 그런 예의 어떤 것도 기계론적 결정론의 상투적 수단으로 설명될 수 없다. 슈발리에는 이렇게 말했다. "이 두 개의 못 가운데 하나는 방금 만들어진 것이어서 아직 쓴 적이 없다. 다른 하나는 한 번 구부러진 것을 다시 망치로 두드려서 바로잡은 못이다. 이 둘은 겉으로 보기에는 완전히 똑같은 것이다. 그러나 처음의 일격으로 하나는 판자 속에 똑바로 박히지만 다른 못은 또다시 구부러질 것이다. 이것이 과거의 작용이다."

우리의 생각으로는 그것에서 과거의 작용을 보기 위해서는 자신을 조금 기만하지 않으면 안 된다. 밀도(密度) 그 자체인 존재에 대해 이런 이해할 수 없는 설명을 하는 것보다는, 차라리 가능하고 유일한 설명을 하는 편이 더 쉬울 일이다. 이 두 개의 못의 겉으로는 똑같이 보이지만, 그 현재적인 분자구조는 뚜렷하게 다르다. 또 현재적인 분자상태는 순간마다 그것에 앞서는 분자상태의 엄밀한 결과이다. 이것은 과학자에게는 과거의 항상성 속에 한 순간에서 다른 순간으로의 이행이 있다는 뜻이 아니라, 다만 물리적 시간의 두 순간의 내용 사이에는 불가역(不可逆)의 관련이 있다는 뜻일 뿐이다. 이런 과거의 항상성에 대한 증명으로서, 한 조각의 연철(軟鐵)에서 볼 수 있는 자기(磁氣)의 잔류를 끌어대어도 별다른 증거는 되지 않는다. 사실, 여기서는 원인 뒤에 남아 있는 하나의 현상이 문제이며, '과거의 상태 그대로'의 원인으로서의 한(限)에 있어서 원인의 존속이 문제인 것은 아니다. 물속에 들어간 돌이 못 바닥에 닿은 지는 이미 오래지만, 동심원을 그리는 파문은 아직도 수면 위에 퍼져 나가고 있다. 우리는 이 현상을 설명하기 위해서 무엇인지 알 수 없는 과거의 작용에 도움을 구하지는 않는다. 그 메커니즘은 거의 누구의 눈에도 뚜렷하다. 히스테레시스 또는 자기잔류의 사실로 보아도, 별다른 설명을 필요로 하는 것 같지 않다. 사실, 분명하게 '하나의 과거를 가진다'는 것은 소유자가 수동적일 수 있는 소유의 방식을 예상하게 하는 말이며, 그런 것으로서 물질에 적용되는 경우에는 지장이 없으나, 본디는 자기 자신의 과거로 '있다'는 말로 대체되어야 할 것이다.

과거는, 자신의 배후 저편에 자신의 과거로 있지 않고는 존재할 수 없는 하나의 현재에 있어서 외에는 존재하지 않는다. 다시 말해 하나의 과거를 가진 것은 자신의 과거로 있는 것이 자신의 존재 속에서 문제가 되는 존재들뿐이며, 자신의 과거로 '있어야 하는' 존재들뿐이다. 이런 견해에서 본다면, 우리가 즉자에 대해 과거를 선험적(아 프리오리)으로 거부할 수 있다(그렇다고, 즉자를 현재 속에 격리해야 한다는 뜻은 아니다). 우리는 생물의 과거 문제에 대해서는 그 해결을 미루어 둘 것이다. 다만 주의해야 할 것은 만일 생명에 하나의 과거를 인정해야 한다—이것은 결코 확실한 것은 아니지만—고 해도, 그것은 생명의 존재가 하나의 과거를 품고 있다는 것을 입증하고 난 뒤가 아니면 있을 수 없는 일일 것이다. 요컨대 생명이 있는 물질은 물리—화학적인 체계와는 '다른 것'이라는 사실을 미리 입증해야만 할 것이다. 슈발리에가 시도한 그 반대의 노력은 생명의 독자성을 구성하는 것으로서의 과거를 더욱더 강조하려는 데 있지만, 그런 노력은 전적으로 의미가 없는 본말전도(本末顚倒)이다. 하나의 과거의 존재는, 오로지 '인간존재'에 있어서만 분명한 존재이다. 이미 밝혀진 것처럼, 인간존재는 '자신이 그것으로 있는 그대로의 것으로 있어야 하기' 때문이다. 과거가 세계 속에 태어나는 것은 대자에 의해서이다. 왜냐하면 대자의 '나는 "나를" 존재한다(je *me* suis)'는 형태에 있어서 '나는 존재하기' 때문이다.

도대체 '있었다(était)'*9는 무엇을 뜻하는 것일까? 우리는 먼저 그것이 하나의 타동사*10라는 것을 안다. 만일 내가 '폴은 피곤하다(Paul est fatigué)'('폴은 피곤한 자'이다.' 폴은 피로한 자로 존재한다)*11고 말한다면 아마도 계사(繫辭 : 명제의 주사와 빈사를 연결하여 긍정이나 부정을 나타내는 말)가 하나의 존재론적 가치를 가졌다는 것을 부인하는 사람이 있을지도 모른다. 아마도 사람들은 그것에서 하나의 속성적 지시 외에는 보려고 하지 않을 것이다. 그러나 우리가 '폴은 피곤해 있었다(Paul *était* fatigué)'('폴은 피곤한 자로 있었다. 폴은 피곤한 자'를 존재했다')고 말할 때는, '있었다(était)'의 본질적 의의는 일목요연하다. 즉 현재의

---

*9 앞에서는 완료형(parfait)의 avoir été라는 형태로 현재와 과거의 연결을 파악했지만, 여기서는 미완료형(imparfait)—소위 반과거—의 était라는 형태 속에 내포되어 있는 현재와 과거의 연결을 파악하려고 하고 있다. 부언하지만 우리말로는 passé simple(단순과거), passé composé(복합과거), imparfait(반과거)를 구별해서 사용하는 어법이 없으므로 이 번역서에서는 일률적으로 '있었다', 존재했다'라는 우리말의 과거형을 사용했다. 프랑스어의 반과거는 미완료의 행위, 따라서 과거에서의 지속적인 행위를 나타내는 데 쓰이는 것이므로, 그런 경우에는 우리말의 '……하고 있었다'라는 어법이 잘 들어맞는다. 그러나 이것 또한 완전히 일치하는 것은 아니다. 프랑스어의 반과거(半過去)는 우리가 과거의 어떤 시점에 몸을 두고 그 관점에서의 현재적인 행위를 표현하는 데에도 쓰인다. 따라서 반과거는 말하자면 과거에서의 현재라고 할 수 있다.

*10 앞에서 주의해 둔 적이 있지만, 사르트르는 때때로 être(있다)를 타동사로 사용하고 있다. 특히 그 주어가 의식 또는 대자로서의 인간인 경우에는 거의 모두 '……을 존재한다'의 느낌으로 사용하고 있다. '나는 나의 과거이다(Je suis mon passé)'는 '나는 나의 과거를 존재한다'는 의미이며, '자기 자신의 과거이다(être son propre passé)'는 '자기 자신의 과거를 존재한다'는 의미이다. 앞 구절의 끝에 나오는 'Je me suis'도 '나는 나를 존재한다'이다. 이것이 대자의 존재 방식이고, 이미 존재의 동일성 속에 무(無)가 침입해 있는 것이다.

*11 보통의 문법으로 보면 '폴은 피곤해져 있다'고 하는 수동의 현재형이지만, 사르트르가 보여주고자 하는 것은 '폴은 피곤(피곤한 자)을 존재한다'는 의미다. 그러나 현재형의 경우에는 '폴은 피곤(피곤한 자)이다'라는 계사의 '이다'로 해석될 우려가 있는 것을 예상하고 있다.

폴은 현실적으로 '과거에 있어서 이 피곤을 가졌던 것'의 책임자이다. 만일 폴이 자신의 존재와 함께 이 피곤을 지탱하고 있는 것이 아니라면 이 피곤 상태의 망각조차도 있을 수 없을 것이다. 오히려 그것에 있는 것은 '이미 있지 않음(n'être plus)'일 것이다. 이것은 엄밀하게 '있지 않음(n'être pas)'과 똑같다. 그 피곤은 '사라져' 버린 것이 된다. 따라서 현재적인 존재는 자기 자신의 과거의 근거이다. '있었다(était)'가 나타내고 있는 것은 이런 근거적인 성격이다. 그러나 현재적인 존재는 과거에 의해 깊이 변양(變樣)을 입는 일이 없이, 무관심이라는 방식으로 과거에 근거를 부여하고 있다는 식으로 해석해서는 안 된다. '있었다(était)'가 뜻하는 것은 '현재적인 존재는 스스로 자신의 과거로 "있음"으로써 자신의 존재에 있어서 자신의 과거의 근거로 있어야 한다'는 것이다. 이것은 무엇을 뜻하는 것일까? 현재는 어떻게 해서 과거로 '있을' 수 있는 것인가?

문제의 매듭은 분명히 '있었다(était)'는 말 속에 있다. 이 말은 현재와 과거 사이의 매개로 쓰이며, 그것만으로는 온전한 현재도 아니고 온전한 과거도 아니다. 사실, 이 말은 이 둘 중의 어느 것도 될 수 없다. 왜냐하면 어느 것에 속할 경우에는 이 말은 그 존재를 보여 주는 '시간'의 내부에 포함될 것이기 때문이다. 따라서 '있었다'는 말은 과거 속을 향한 현재의 존재론적 비약을 보여 주고, 시간성의 이 두 가지 양상의 근원적 종합을 나타낸다. 이런 종합은 어떤 뜻으로 이해되어야 할 것인가?

먼저 나는 '있었다(était)'라는 말이 하나의 존재양상이라는 것을 안다. 그런 뜻에서 나는 나의 과거'로 있다.' 나는 나의 과거를 가지는 것이 아니라, 나는 나의 과거이다. 내가 어제 한 행위, 내가 어제 느꼈던 기분에 대해 누가 나에게 뭐라고 말할 때, 나는 무관심하게 있을 수 없다. 나는 불쾌한 기분 또는 기쁨을 느낀다. 나는 격앙하거나 그 말을 듣기만 하고 참는다. 나는 뼛속까지 타격을 입는다. 나는 나의 과거와의 연대를 끊지 않고 있다. 물론 오랫동안 그런 연대를 끊으려 할 수 없다. '나는 이미 내가 있었던 것으로 있지 않다'고 나는 선언할 수도 있고, 변화와 진보에 대해 단언할 수도 있다. 그러나 그 경우에는 제2의 반응이 문제가 되는 것이며, 그것은 그것으로서 별도로 주어진다. 이러저러한 개별적인 사항에 대해 나의 과거와의 존재연대를 부인하는 것은, 나의 생활 전체로서 이런 존재연대를 긍정하는 것이다. 극한까지 가서 나와 나의 죽음 사이가 무한소(無限小)가 된 순간에는, 나는 이미 나의 과거밖에 되지 않을 것이다. 나의 과거만이 나를 한정할 것이다.

소포클레스가 《트라키스의 여인》 속에서 디아네이라에게 "옛날부터 세상에 통용되고 있는 격언이지만, 사람이 죽기 전까지는 그 사람의 삶에 대해 판정을 내릴 수 없으며, 그 사람의 일생이 행복했는지 불행했는지 말할 수는 없을 것이다"라고 말하게 했을 때, 소포클레스가 말하고자 한 것이 바로 그것이다. 그것은 또 우리가 앞에서 인용한 '죽음이 삶을 운명으로 바꾼다'고 한 말로의 그 문구의 의미이다. 신자(信者)가 죽음의 순간에 '도박은 끝났다. 더 이상 남아 있는 패는 하나도 없다'는 것을 놀라움과 함께 깨달을 때, 그를 때려눕히는 것도 바로 이것이다. 영원이 우리를 우리 자신으로 바꾼 것과 같이 죽음은 우리를 우리 자신과 합체(合體)시킨다. 죽음의 순간에 이르러 우리는 '존재한다.' 다시 말해 우리는 타자의 판단 앞에 방어할 수단도 없이 존재한다. '우리가 무엇인지'에 대해, 사람은 '진실'로 결정을 내릴 수 없다. 이미 우리는 전지(全知)한 하나의 예지가 할 수 있는 총계에서 빠져나갈 어떤 기회도 가지지 않는다. 그리고 마지막 순간의 뉘우침은 '우리 위에' 서서히 굳어서 고체화된 이 전(全) 존재를 뒤흔들어 놓을 전체의 노력이며, 우리가 그것으로 '있는' 것과의 연대를 끊으려고 하는 마지막 도약이다. 하지만 그 보람도 없이, 죽음은 이 도약을 다른 것들과 함께 응고시킨다. 이 마지막 도약은 수많은 요인 가운데 한 요인으로서, 또 전체에서 출발해서만 이해될 수 있는 하나의 단독적인 한정으로서, 이제는 이미 이 도약에 앞섰던 것과 합체하는 것 말고는 다른 방법이 없다.

죽음에 의해 대자가 통째로 과거 속으로 미끄러져 들어가는 한에 있어서, 대자는 영원히 즉자로 변한다. 그리하여 과거는 우리가 그것으로 있는 즉자가 항상 증대해 가는 전체이다. 그러나 우리가 죽어 버리지 않은 한, 우리는 동일성의 존재방식으로 이런 즉자로 있는 것은 아니다. 우리는 이런 즉자로 '있어야 하는' 것이다. 원한은 보통의 경우에는 죽음과 더불어 끝난다. 그것은 그 사람이 그의 과거와 합체하기 때문이며, 그는 '자신의 과거로 있으면서' 그렇다고 그 과거에 대해 책임을 지는 것은 아니기 때문이다. 그가 살아 있는 한 그는 나의 원한의 대상이다. 다시 말하면 내가 그에게 그의 과거를 책망하는 것은 단순히 그가 그의 '과거로 있는' 한에서가 아니고, 그가 한 순간마다 그의 과거를 되찾아 그것을 존재하게 하는 한에서, 그가 그의 과거에 대한 책임자인 한에서 그러하다. '원한은 상대편의 인간을 그가 있었던 그대로의 것 속에 응고시킨다'는 말은 원한이 죽은 뒤에도 살아남는 것이 아닌 한 진실이 아니다. 생자(生者)는 자유롭게 자기 존재 속에서 그가 있었던 것으로 있는 것인데, 원한은 이런 생자를 향한다. 나는 나의 과거로 있다. 만일 내가 존재하고 있는 것이 아니라면, 나의 과거는 이미 나를 위해서도 다른 '어느 누구를' 위해서도 존재하지 않을 것이다. 나의 과거는 더 이상 현재와 어떤 관계도 갖지 않는다. 그것은 결코 나의 과거가 존재하지 않게 된다는 뜻이 아니라, 다만 나의 과거의 존재가 밝혀질 수 없는 것이 된다는 뜻이다. 나는 나의 과거를 이 세계에 도래하게 하는 자이다.

그러나 명심해야 할 것은, 내가 나의 과거에 존재를 '부여하는' 것이 아니라는 점이다. 바꿔 말하면 나의 과거는 '나의' 표상으로서 존재하는 것이 아니다. 나의 과거가 존재하는 것은 내가 나의 과거를 나에게 '표상하기' 때문이 아니다. 오히려 나의 과거가 세계 속에 들어오는 것은 내가 나의 과거'로 있기' 때문이다. 내가 어떤 종류의 심리적 과정에 따라 나의 과거를 나에게 표상할 수 있는 것은, 나의 과거의 세계—속—존재에서 출발한 뒤의 일이다. 나의 과거는 내가 그것으로 있어야 하는 것이기는 하지만, 그렇다 해도 나의 과거는 본성상 나의 모든 가능과는 다르다. 가능도 또한 내가 그것으로 있어야 하는 것이지만, 그것은 어디까지나 나의 구체적인 가능으로서, 그 반대도 똑같이—정도의 차이는 있지만—가능한 것으로 머문다. 이에 비해 과거는 어떤 종류의 가능성도 가지지 않고 존재하는 것이고, 그 모든 가능성을 소비해 버린 것이다. '나는' 이미 나의 존재—가능에 더 이상 결코 의존하지 않는 것, 이미 그 자체가 그것이 있을 수 있는 모든 것으로 '있어야만 한다.' 나는 나의 과거로 있는 것이지만, 나는 그것으로 있지 않은 어떤 가능성도 없이 그것으로 있어야 한다. 나는 마치 내가 나의 과거를 바꿀 수 있는 것처럼 나의 과거에 관한 모든 책임을 떠맡지만, 그렇다고 해도 나는 나의 과거와는 다른 것으로 있을 수는 없다.

뒤에 살펴보겠지만, 과거가 '하나의 미래를 가지고 있었던' '전—현재(前現在)'인 한에서, 우리는 과거의 '의의(意義)'를 변화시키는 가능성을 끊임없이 유지하고 있다. 그러나 과거로서의 한에서 과거의 내용에 대해서, 나는 거기서 아무것도 없앨 수 없고, 그것에 아무것도 더할 수도 없다. 바꿔 말하면, 내가 그것으로 있었던 과거는 그것이 그것으로 있는 그대로의 것이다. 그것은 세계의 사물과 마찬가지로 하나의 즉자이다. 나는 과거와의 존재관계를 유지해야 하지만, 이런 과거와의 존재관계는 즉자형의 관계이다. 즉 자기와의 동일화이다.

그러나 한편으로 보면, 나는 나의 과거로 있는 것이 아니다. 나는 나의 과거 '로 있었던' 것이므로, 나의 과거'로 있는' 것이 아니다. 타자의 원한은 언제나 나에게는 뜻밖의 일로, 나를 분개하게 하는 원인이다. 어떻게 사람은 내가 그 것으로 '있는' 자에 있어서 내가 그것으로 '있었던' 자를 미워할 수 있을까? 고 대(古代)의 지혜는 다음과 같은 사실을 크게 강조했다. "나는 나에 대해서 아 무것도 입 밖에 내어 표현할 수 없다. 왜냐하면 내가 무엇이든 입 밖에 내어 표현할 때, 그것은 이미 허위가 되어 있기 때문이다." 헤겔도 그런 논법을 쓰는 것을 마다하지 않았다. 내가 무슨 일을 하고 무슨 말을 하든, 내가 그것으로 '있으려' 하는 순간 이미 나는 그 일을 '하고 있었던' 것이고, 그것을 '말하고 있 었던' 것이다.

하지만 이 아포리즘(aphorism)을 좀더 검토해 보자. 그것은 결국, '내가 나에 대해 판단을 내릴 때는, 이미 그 판단은 허위이다. 다시 말하면 나는 "다른 것" 이 되어 있다'는 것이다. 그러나 '다른 것'이라는 말을 어떤 뜻으로 해석해야 할 까? 만일 우리가 이 말을 인간존재의 한 양상이기는 하지만, 다만 현재적인 존재는 아니라고 일컬어지는 존재유형을 가진 한 양상이라고 해석한다면, 결 국 우리가 잘못을 범한 것은 그 술어를 주어에 귀속시킨 것에 있으며, 또 하나 의 술어도 귀속되어도 무방했던 셈이 된다. 즉, 직접적인 미래에 있어서 또 하 나의 술어를 목표로 하기만 하면 되었다는 말이 된다. 그것은 마치 새를 그것 이 '보이는 곳'에서 겨냥하는 사냥꾼이 새를 쏘아 맞추지 못하는 것과 같다. 왜 냐하면 총알이 그것에 이를 때는 그 새는 이미 그곳에 있지 않기 때문이다. 반 대로 이 사냥꾼이 조금 앞쪽을, 즉 새가 아직 이르지 않은 지점을 겨냥한다면 그는 새를 맞출 수 있을 것이다. 그 새가 이미 그 자리에 있지 않은 것은 그것 이 '이미' 다른 자리에 '있기' 때문이다. 어쨌든 그 새는 어딘가에 '있다.'

그러나 우리는 운동에 대한 그런 엘레아학파적인 사고방식이 얼마나 그릇 된 것인지를 보게 될 것이다. 만일 진실로 '그 화살은 AB에 있어서 "있다"고 말할 수 있다면, 그 경우에는 운동은 수많은 부동(不動)의 하나의 계기(繼起)이 다. 마찬가지로 지금은 더 이상 존재하지 않는 무한소(無限小)의 한 순간이 일 찍이 존재하여, 그것에서는 내가 이미 있지 않은 것으로 있었다는 식으로 생 각한다면, 나는 환등기의 영상처럼 계기하는 일련의 응고한 상태를 가진 것으로서 구성된다. 내가 그런 것으로 '있지' 않은 것은 판단적 사고와 존재 사이의 조금의 차이, 즉 판단과 사실 사이의 하나의 지연(遲延)에 기인하는 것은 아니다. 그것은 오히려 원리적으로 나의 직접적인 존재에 있어서 나의 현재의 현전 속에 내가 나의 과거로 '있지 않기' 때문이다. 요컨대 내가 나의 그것으로 '있었던' 것으로 '있지 않은' 것은, 하나의 변화가 있기 때문이 아니다. 다시 말해, 존재라고 하는 동질성 속에서의 이질물(異質物)에 대한 이행으로서 생각된 하나의 생성이 있기 때문이 아니다. 오히려 그 반대로, 하나의 생성이 있을 수 있는 것은, 원리적으로 나의 존재가 나의 여러 존재양식에 대해 이질적이기 때문이다. 생성을 존재와 비존재의 종합이라고 생각하고, 그것으로 세계를 설명하는 것은 간편한 방법이다. 그러나 이미 살펴본 것처럼, 생성 중인 존재는 그것이 자기 자신의 무에 근거를 부여하는 행위 속에서 그 자신이 이런 종합이 아닌 한, 그 종합으로 있을 수는 없다. 나는 이미 내가 있었던 것으로 있지 않다 해도, 나는 나 자신이 존재시키고 있는 무화적 종합의 통일 속에서, 그것으로 있어야 하는 것이 아니면 안 된다. 그렇지 않다면, 나는 내가 이미 있지 않은 것과 어떤 관계도 갖지 않는 것이 될 것이고, 나의 완전한 긍정성은 생성에 있어서 본질적인 비존재와 서로 양립하지 않게 될 것이다.

생성은 하나의 '주어진 것', 즉 존재의 직접적인 하나의 존재방식으로는 있을 수 없다. 왜냐하면 만일 우리가 그런 존재를 생각할 때, 이런 존재의 핵심에서는 존재와 비존재가 나란히 놓이는 수밖에 없을 것이고, 어떤 강제적 또는 외적인 구조도 양자를 서로 융합시킬 수 없기 때문이다. 존재와 비존재의 연결은 내적인 연결일 수밖에 없다. 즉 비존재가 나타나는 것은 존재인 한에서의 존재 속에서가 아니면 안 되고, 존재가 나타나는 것은 비존재 속에서가 아니면 안 된다. 더욱이 이것은 하나의 사실, 하나의 자연법칙일 수는 없을 것이다. 오히려 자기 자신의 존재의 무로 있는 존재의 하나의 나타남이다. 따라서 내가 나 자신의 과거로 '있지 않은' 것은 생성의 근원적 방식에 있어서일 수는 없다. 오히려 '내가 나 자신의 과거로 있지 않기 위해 내가 그것으로 있어야 하는' 한에서, 또 '내가 나 자신의 과거로 있기 위해 그것으로 있지 않아야' 하는 한에서 그러하다. 이것은 '있었다(étais)'라는 존재방식의 본성을 우리에게 해명해 줄 것이다. 내가 나의 있었던 그대로의 것으로 있지 않은 것은 내가 이미 변해 버렸기 때문이 아니라—그런 표현은 이미 주어진 시간을 전제로 하는 것이다—내가 나의 존재에 대해서 '있지 않다'고 하는 내적인 연결방식으로 존재하기 때문이다.

그러므로 내가 나의 과거로 있지 않을 수 있는 것은, 내가 나의 과거로 '있는' 한에서이다. 내가 나의 과거로 있지 않다는 이 사실의 유일하게 가능한 근거는 바로 내가 나의 과거로 있어야 하는 그 필연성이다. 그렇지 않으면 순간마다 나는 나의 과거로 있지 않을 것이다. 또 엄밀하게 외적인 하나의 증인, 그것도 그 사람 자신이 '있지 않다'는 방식으로 자기 과거로 있어야 하는 하나의 증인의 눈으로 보는 것이 아니면, 나는 나의 과거로 있지 않을 것이다.

이렇게 보면, '나는 이미 내가 그것으로 있다고 말하는 것으로 있지 않다'는 것만 강조하는 헤라클레이토스 이래의 회의론에 부정확한 점이 있다는 것을 알 수 있다. 물론 나는 내가 그것으로 있다고 일컬어질 수 있는 모든 것으로 있는 것은 아니다. 그러나 '나는 "이미" 그것으로 있지 않다'는 표현은 맞지 않다. 왜냐하면 이 경우에 있다는 것이 '즉자로 있음'을 뜻한다면, 나는 일찍이 그것으로 있어 본 적이 한 번도 없었기 때문이다. 한편, 그것으로 있다고 말한다고 해서 내가 잘못되었다는 결론이 나오는 것도 아니다. 왜냐하면 나는 그것으로 있지 않기 위해서는 그것으로 있지 않으면 안 되기 때문이다. 즉 나는 '있었다(était)'는 방식에 있어서 그것으로 있다.

그러므로 즉자적으로 완전히 충실한 밀도를 가지고 내가 그것으로 있다는 뜻에서 내가 그것으로 '있다'고 일컬어질 수 있는 모든 것(그는 성격이 급하다. 그는 공무원이다. 그는 불평가이다)은 항상 '나의 과거'이다. 내가 나의 있는 그대로의 것으로 있는 것은 과거에 있어서이다. 그러나 그 반면에 이 답답한 존재의 충실성은 나의 배후에 있다. 그것에는 하나의 절대적인 거리가 있어서 이 거리가 나에게서 그 존재의 충실성을 분리하여, 접촉도 없고 밀착도 없이 내가 미치는 범위 밖으로 그 존재의 충실성을 떨어뜨린다. 내가 행복했던 것은, 또는 내가 행복한 적이 있었던 것은, 내가 지금 행복하지 않기 때문이다. 그렇다고 해서 내가 불행'하다'는 말은 아니다. 단순히 나는 과거에 있어서만 행복하게 '있을' 수 있다는 말이다. 내가 이렇게 나의 존재를 나의 배후에 지니고 있는 것은 내가 하나의 과거를 가지고 있기 '때문이' 아니다. 오히려 과거는 바로 나를 '배후로부터', 내가 있는 그대로의 것으로 있도록 나를 강제하는 이 존재론적 구조일 '뿐이다.' 그것이 '있었다(était)'는 말의 뜻이다.

정의상(定義上) 대자는 자기 존재를 떠맡아야 한다는 강제 아래에서 존재한다. 대자는 '자기에 대해서' 외에는 어떤 것으로도 있을 수 없다. 그러나 바로 대자는 자기 존재에서 자기를 격리하고 있는 이 '존재의 회복'에 의해서만 자신의 존재를 떠맡을 수 있다. 즉자의 방식으로 내가 '있다'고 하는 이 긍정 자체에 의해, 나는 이 긍정에서 빠져나온다. 왜냐하면 이 긍정은 그 본성 자체 속에 하나의 부정을 품고 있기 때문이다. 그러므로 대자가 대자적으로, 자신이 있는 그대로의 것으로 있다는 사실, 대자가 자기가 있는 그대로의 것으로 있어야 한다는 사실에서만, 대자는 항상 자기가 있는 것의 저편에 있다. 그렇지만 그와 동시에 대자의 배후에 남는 것은 '자신의' 존재이지 다른 어떤 존재가 아니다. 그리하여 우리는 '있었다(était)'의 뜻을 이해하는데, 그것은 단적으로 대자의 존재형태, 즉 대자와 그 존재의 관계를 특징짓는 말이다. 과거는 '초월된' 한에 있어서 내가 그것으로 있는 즉자이다.

남은 문제는 대자가 자기 자신의 과거로 '있었던(était)' 것은, 어떤 방법을 통해서인지 고찰하는 일이다. 그런데 이미 알고 있겠지만, 대자는 즉자가 자기에게 근거를 부여하기 위해서 자기를 무화할 때의 그 근원적인 행위 속에서 나타난다. 대자는 대자가 자신의 대자로 있기 위해 자기를 즉자의 좌절이 되게 하는 한에서 자기 자신의 근거이다. 그러나 대자는 그것만으로는 자기를 즉자로부터 해방시키지 못했다. 초월된 즉자는 잔류하여, 대자의 근원적 우연성으로서 대자를 따라다닌다. 대자는 결코 즉자에 이를 수 없으며, 자기를 이것저것으로 '있는 것'으로서 파악할 수도 없지만, 그렇다고 대자는 자기로부터의 거리에 있어서, 자신이 있는 그대로의 것으로 있는 것을 거부할 수도 없다. 대자로부터의 거리에 있어서의 이 우연성, 이 무게는, 대자가 '결코 그것으로 있지 않은' 것이지만, 초월된 무게, 뛰어넘기 자체 속에 보존되어 있는 무게로서는, 대자가 그것으로 있어야 하는 것이다.

이런 우연성, 이런 무게는 '사실성'이지만 그것은 또한 과거이기도 하다. 사실성과 과거는 똑같은 것을 가리키는 두 가지 표현이다. 사실 '과거'는 '사실성'과 마찬가지로 내가 그것으로 있지 않다는 어떤 가능성도 없이, 그것으로 있어야 하는 즉자의 손상될 수 없는 우연성이다. 과거는 필연성으로서가 아니라 사실로서의, 사실적 필연성이 불가피한 것이다. 과거는 사실적 존재인데, 이 사실적 존재는 나의 동기화(動機化)의 내용을 규정할 수는 없으나, 그 우연성에 의해 나의 동기화를 동결시킨다. 왜냐하면 나의 동기화는 과거라고 하는 사실적 존재를 소멸시킬 수도 없고 변화시킬 수도 없기 때문이다. 오히려 그 반대로, 과거라고 하는 이 사실적 존재는 그것을 변양시키기 위해 나의 동기화가 자신과 함께 반드시 가지고 가야 하는 것이고, 그것에서 달아나기 위해 나의 동기화가 보존하고 있는 것이며, 또 그것으로 있지 않기 위한 자신의 노력 자체에 있어서, 나의 동기화가 그것으로 있어야 하는 것이고, 그것에서 출발하여 나의 동기화가 자신을 자신의 있는 그대로의 것이 되게 하는 그 출발점이기 때문이다. 과거라고 하는 이 사실적 존재 때문에, 나는 어떤 순간에도 외교관으로도 선원으로도 있지 않고 교수로 있는 것이다. 하기야 이 경우에도 나는 이런 교수의 존재를 연기(演技)할 뿐이지, 결코 완전하게 이 교수라는 존재가 될 수는 없는 것이다.

내가 과거 속으로 다시 돌아갈 수 없는 것은, 과거를 손이 닿지 않는 곳에 두는 어떤 마술적인 힘이 그렇게 하는 것이 아니라, 다만 단순히 과거는 즉자이고 나는 대사(對私, 대자)이기 때문이다. 과거는 내가 그것으로 있으면서 그것을 살아갈 수 없는 것이다. 과거는 실체이다. 그런 뜻에서 데카르트의 코기토는 차라리 '나는 생각한다. 그러므로 나는 존재하고 있었다(Je pense donc j'étais)'라고 표현되어야 마땅할 것이다. 오류의 근원은 과거와 현재의 표면상의 동질성이다. 왜냐하면 내가 어제 느낀 이 수치(羞恥)는 내가 그것을 느끼고 있었을 때는 대자적인 것이었다. 그래서 사람들은 이 수치가 오늘도 대자인 채로 머물러 있다고 생각하고, '내가 그것으로 다시 돌아갈 수 없는 것은, 이 수치가 이제는 있지 않기 때문'이라고 그릇된 결론을 내린다. 그러나 진상을 알기 위해서는 그 관계를 뒤집어 보아야 한다. 즉 과거와 현재 사이에는 하나의 절대적인 이질성이 있다. 그리고 내가 과거로 들어갈 수 없는 것은 과거가 '존재하기' 때문이다. 그리고 내가 과거로 있을 수 있는 유일한 방법은 나 자신이 즉자적으로 존재하고, 그 결과, 동일화라는 형태로 과거 속에 나를 잃어버리는 것이다.

하지만 그런 것은 본디 나에게는 불가능한 일로 되어 있다. 사실 내가 어제 느낀 이 수치, 그때는 대자적인 수치였던 이 수치는 현재에도 언제나 수치이다. 그리고 그 본질상 이 수치는 지금도 대자로서 기술될 수 있다. 그러나 이 수치는 그 존재에 있어서 더 이상 대자적으로 '있는 것이 아니다.' 왜냐하면 이 수치는 더 이상 '반사—반사하는 것'으로는 존재하지 않기 때문이다. 이 수치는 대자로서 기술되기는 하지만, 전적으로 단순히 '존재한다.' 과거는 즉자'가 된' 대자로서 주어진다. 이 수치는 내가 그것을 살아가는 한, 그것이 있는 그대로의 것으로 있지는 않는다. 그런데 이제는 내가 이 수치로 있었던 것이므로 '그것은 수치 "였었다"고 나는 말할 수 있다. 이 수치는 나의 배후에 있어서 그것이 있었던 것이 되었다. 이 수치는 즉자의 항상성과 불변성을 가지고 있다. 이 수치는 그 날짜에 있어서 영원한 것이다. 이 수치는 그 자신에 대한 즉자의 전면적인 소속을 가지고 있다. 그러므로 대자인 동시에 즉자인 과거는 어떤 의미에서는 우리가 앞 장(章)에서 얘기한 가치 또는 자기와 '비슷하다.' 가치와 마찬가지로 과거는 그것이 있지 않은 것으로 있으며, 그것이 있는 것으로 있지 않은 존재와, 그것이 있는 그대로의 것으로 있는 존재의 일종의 종합을 나타내고 있다. 우리가 차츰 소멸해 가는 과거의 가치에 대해 말할 수 있는 것은 이런 의미에서이다. 그런 까닭에 상기(想起)는 우리에게 우리가 그것으로 있었던 존재를, 마치 존재의 충실성인 것처럼 현전시켜 준다. 이 존재의 충실성이 상기에 일종의 시정(詩情)을 부여하는 것이다.

우리가 '가지고 있었던' 이 고뇌는 과거에 응고되어 있으나, 하나의 대자로서의 의미를 끊임없이 현전시킨다. 그렇다 해도 이 고뇌는 그 자신에 있어서 타자의 고뇌처럼, 조각상의 고뇌처럼, 침묵하는 고정상태로 존재한다. 이 고뇌는 이미 자신을 존재시키기 위해 자기 앞에 출두할 필요를 가지지 않는다. 이 괴로움은 존재한다. 그것에 반해 이 고뇌의 대자적인 성격은 이 고뇌 존재의 존재 양상이기는커녕, 단순한 하나의 존재방식, 하나의 성질이 된다. 심리학자들이 '의식은, 심적(心的)인 것*12을, 그 존재에 있어서 변양하는 일이 없이 띨 수도 있고 띠지 않을 수도 있는 하나의 성질'이라고 주장한 것은, 심적인 것을 '과거에 있어서' 고찰한 까닭이다. 지나가 버린 심적인 것은 '먼저 존재한다.' 이어서 그것은 대자적이다. 예를 들면 피에르가 금발이고, 이 나무가 떡갈나무인 것처럼.

그러나 바로 그렇기 때문에 과거는 가치와 '비슷하지만' 가치는 '아니다.' 가치의 경우에 대자는 자기 존재를 뛰어넘어 근거를 부여함으로써 '자기'가 된다.

---

*12 여기서 심적인 것이라고 한 것은 앞의 예에서 나온 '부끄러움', '고뇌' 같은 것이다.

그것에는 자기에 의한 즉자의 회복이 있다. 이 사실로 인해 존재의 우연성은 필연성에 자리를 양보한다. 그와 반대로 과거는 먼저 즉자적이다. 그것에서는 대자는 즉자에 의해 존재하게 된다. 대자의 존재이유는 이미 대자적으로 존재하는 것이 아니다. 즉 대자는 즉자가 된 것이고, 그 점에서 대자는 그 단순한 우연성에 있어서 우리에게 나타난다. 우리의 과거가 이러저러한 것인 데는 아무런 '이유'도 없다. 우리의 과거는 그 계열 전체에 있어서 사실인 한, 고려에 넣지 않으면 안 되는 단순한 사실로서, 또 '이유가 없는 것'으로서 나타난다. 우리의 과거는 요컨대 가치의 반대로, 즉자에 의해 복원된 대자, 즉자에 의해 응고된 대자, 즉자의 충실한 밀도에 의해 침투되고 맹목적이 된 대자, 즉자에 의해 두툼해진 대자이며, 이미 '반사하는 것'에 대한 '반사'로서도, '반사'에 대한 '반사하는 것'으로서도 존재할 수 없고, 그저 단순히 '반사–반사하는 것'이라는 이 한 쌍을 즉자적으로 지시하는 데 그치는 대자이다. 그러므로 과거는 엄밀하게 말하면, 가치를 '실현'하고자 하는 하나의 대자, 자기의 끊임없는 부재에서 발생하는 불안을 피하려고 하는 하나의 대자에 의해 지향되는 대상일 수 있다. 그러나 과거는 그 본질상 가치와는 근본적으로 구별된다. 과거는 바로 직설법이며, 그것에서는 어떤 명령법도 이끌어 낼 수 없다. 과거는 한 사람 한 사람의 대자 자체의 사실이고, 내가 그것으로 '있었던', 변경될 수 없는 우연적인 사실이다. 따라서 '과거'는 '즉자'에 의해 되돌아와서 침범된 하나의 대자이다.

어째서 그렇게 되는 것일까? 우리는 하나의 사건에 있어서 '과거로 있는 것', 한 사람의 인간존재에 있어서 '하나의 과거를 가지는 것'이 무엇을 뜻하는지에 대해 썼다. 우리가 본 것처럼 '과거'는 '대자'의 존재론적 법칙의 하나이다. 다시 말해, 하나의 '대자'가 있을 수 있는 모든 것에서, 대자가 있기는 하지만, 다만 저 너머, 자기의 배후에서, 손이 닿지 않는 곳에, 그것으로 있지 않으면 안 된다. '본질이란 그것이 있었던 그대로의 것이다(Wesen ist was gewesen ist)'라고 한 헤겔의 말을 우리가 받아들일 수 있는 것은 이런 뜻에서이다. 나의 본질은 과거에 있다. 그것이 나의 본질의 존재론적 법칙이다. 그러나 우리는 어째서 '대자'의 어떤 구체적인 사건이 과거가 '되는지'는 설명하지 않았다. 자신의 과거로 '있었던(était)' 하나의 '대자'가, 하나의 새로운 '대자'가 있어야 하는 '과거'가 되는 것은 어째서일까? 과거에 대한 이행은 존재의 변양이다. 이것은 어떤 변양인가? 그것을 이해하기 위해서는 먼저 '현재적 대자'와 존재의 관계를 파악해야 한다. 그리하여 우리가 예측한 것처럼, '과거'의 연구는 우리를 '현재'의 연구로 향하게 하는 것이다.

(B) 현재

즉자인 '과거'와는 달리 '현재'는 대자이다. 현재는 어떤 존재인가? 현재에는 고유한 하나의 이율배반(antinomie)이 있다. "한편으로는, 우리는 기꺼이 현재를 '존재'에 의해 정의한다. 아직 존재하지 않는 미래와 앞서 존재한 과거에 비해, 존재하는 것이 현재이다. 그러나 다른 한편으로, 현재를 그것으로 있지 않은 모든 것, 다시 말해 직접적인 과거와 미래로부터 해방하고자 하는 엄밀한 분석은, 사실 이미 무한소의 한 순간밖에 발견하지 못할 것이다. 그것은 후설이 그 '내적인 시간의식에 대한 강의'에서 가리킨 것처럼, "무한하게 진행된 분할의 이상적인 종국(終局)이자, 하나의 무(無)이다." 그러므로 하나의 새로운 관점에서 인간존재의 연구에 착수할 때마다 늘 그렇듯이, 여기서도 우리는 '존재와 무'라는 이 떼어 놓으려야 떼어 놓을 수 없는 한 쌍을 다시 발견한다.

'현재'의 제1의(第一義)는 어떤 것인가? 명백하게 현재에 존재하는 것은 그 '현전(現前, présence)'이라는 성격에 의해 다른 모든 존재와 구별된다. 점호할 때 사병이나 학생은 '나는 여기 있다(adsum)'는 뜻으로 '프레장(présent)!'이라고 대답한다. 현재는 '과거'와의 대립인 동시에 '부재(不在)와의 대립'이기도 하다. 그러므로 현재의 의미는 '……에 대한 현전(présence à……)'이다. 그래서 현재는 '무엇에 대한' 현전인지, 그리고 '누가' 현전하는지, 우선 그것부터 문제삼는 것이 좋을 것이다. 그렇게 하면 우리는 이윽고, 현재의 존재 자체를 해명할 수 있게 될 것이 분명하다.

나의 현재는 현전적(présent)으로 있는 것이다. 무엇에 대해 현전적인가? 이 탁자에 대해, 이 방에 대해, 파리에 대해, 세계에 대해, 요컨대 즉자존재에 대해 현전적이다. 하지만 반대로, 즉자존재는 '나에 대해', 또 이 즉자존재가 그것으로 있지 않은 다른 즉자존재에 대해 현전적으로 있는 것일까? 만일 그렇다면 현재는 현전과 현전 사이의 하나의 상호적인 관계가 될 것이다. 그러나 곧 알게 되겠지만 결코 그런 것이 아니다. ……에 대한 현전은 현전적인 존재와, 이 존재가 그것에 대해 현전적으로 있는 여러 존재 사이의 하나의 내적 관계이다. 어떤 경우에도 단순히 외적인 인접관계는 문제가 될 수 없다. '……에 대한 현전'은 '자기의 밖에' '……가까이에' 존재한다는 뜻이다. '……에 대해 현전적'으로 있는 것은 그 존재에 있어서 다른 존재들과의 하나의 존재관계가 자신 속에 있는 것이 아니면 안 된다. 내가 종합이라는 하나의 존재론적 관계에 있어서 이 의자에 연관되어 있지 않다면, 또 내가 이 의자가 '아닌' 것으로서, 저 너머에서 이 의자의 존재 속에 있지 않다면, 나는 이 의자에 대해 현전적일 수 없다. 따라서 '……에 대하여 현전적'인 존재는 '즉자적인' 휴식상태에 있을 수 없다. 즉자는 과거적일 수 없는 것과 마찬가지로 현재적일 수도 없다. 즉자는 매우 단순하게 '존재한다.'

하나의 즉자와 다른 하나의 즉자의 어떤 동시성이 문제가 될 수 있는 것은, 이 두 즉자에 대해 공통현전적(共通現前的)인 하나의 존재, 자기 자신 속에 현전능력을 가지고 있는 하나의 존재의 관점에서가 아니면 안 된다. 그러므로 '현재'는 즉자존재에 대한 대자의 현전일 수밖에 없는 것이다. 또 이런 현전은, 우유성(偶有性)이나 부수성(附隨性)의 결과일 수는 없을 것이다. 반대로, 이런 현전은 모든 부수성에 의해 전제되는 것으로, '대자'의 존재론적 구조의 하나가 아니면 안 된다. 이 탁자가 이 의자에 대해 현전적인 것은 인간존재가 하나의 현전으로서 따라다니고 있는 하나의 세계 속에 있어서가 아니면 안 된다. 다시 말해, '먼저' 대자로 있고 '그다음에' 존재에 대해 현전적으로 있는 방식으로 존재하는 자는 생각도 할 수 없을 것이다. 그러나 '대자'는 자기를 대자로 있게 함으로써 자기를 존재의 현전으로 있게 하는 것이며, 대자로 있는 것을 그만둔다면 현전으로 있는 것을 그만두는 것이다. 이런 '대자'는 존재에 대한 현전으로 정의된다.*13

어떤 존재에 대하여 '대자'는 자기를 현전시키는 것일까? 그 대답은 분명하다. '대자'가 현전하는 것은 모든 즉자존재에 대해서이다. 또는, 대자의 현전은 즉자 존재라는 하나의 전체를 존재하게 하는 것이라고 해도 무방할 것이다. 왜냐하면 존재로서의 한에서, 존재에 대한 현전이라는 이 양상 자체에 의해, '대

---

*13 여기서는 명사인 'le présent'에는 '현재'라는 역어를 사용하고, 'le présence'에는 '현전(現前)'이라는 역어를 사용했다. 형용사 présent은 그것이 '……에 대한 현전'이라는 뜻을 많이 지녔을 때는 '현전적'('현존하는'의 뜻)이라고 번역하고, 단순히 시간적인 의미일 때는 '현재적'이라고 번역하였으나 역어의 상이에 구애되지 말고 동의어로 읽어 주기 바란다.

자'가 다른 여러 존재보다 하나의 특정한 존재에 대해 '훨씬 더 현전적으로' 있을 가능성은 완전히 배제되기 때문이다. 예를 들어 대자의 존재의 사실성이 대자를 다른 곳이 아니라 바로 '그곳'에 있게 한다 하더라도 '그곳'에 있다(être là)는 것은 '현전적'으로 있다는 것이 아니다. '그곳에−있다'는 것은 다만 즉자 전체에 대한 현전이 실현되는 경우의 시야를 규정할 따름이다. 그러므로 '대자'는 여러 존재로 하여금 똑같은 현전'에 있어서' 존재하게 한다. 존재는 공통현전적인 것으로서 하나의 세계 속에 드러내 보이지만, 이 세계 속에서 '대자'는 현전이라고 불리는 탈자적(脫自的, ek-statique de soi)인 이 전면적인 희생에 의해, 자기 자신의 피로 그런 존재들을 결합시키고 있는 것이다. '대자'의 이 희생 '이전에는' 존재들이 함께 존재한다거나, 따로따로 존재한다고 말하는 것은 불가능했을 것이다. 그러나 대자는 현재를 세계 속에 들어오게 하는 존재이다. 사실, 세계의 존재들은 똑같은 대자가 그들 모두에게 현전적으로 있는 한에서 공통현전적으로 있다. 그러므로 흔히 우리가 여러 가지 즉자에 대해 '현재'라고 부르는 것은, 그런 즉자의 존재와는 뚜렷하게 구별된다. 하기는, 흔히 말하는 현재는 '그 이상의 무엇인가로 있는 것은 아니다.' 보통 우리가 말하는 현재는 하나의 '대자'가 그런 즉자존재에 대해 현전적으로 있는 한에서, 그런 즉자의 공통현전에 지나지 않는다.

우리는 이제 '누가 현전적으로 있는지', 현재는 '무엇에 대해' 현전적으로 있는지를 알고 있다. 그러나 현전이라는 것은 도대체 무엇일까?

우리가 이미 보아 온 것처럼, 그것은 단순한 외적 관계로 생각되는 두 현실 존재자의 단순한 공존일 수는 없을 것이다. 왜냐하면 단순한 공존은 이 공존을 확립하기 위해 제3항을 필요로 할 것이기 때문이다. 이 제3항은 세계 한복판에서 사물들이 공존하는 경우에 존재한다. 다시 말해, 모든 사물에 대해 자기를 공통현전자가 되게 함으로써 이 공존을 확립하는 것은 '대자'이다. 하지만 '대자'의 즉자존재에 대한 현전의 경우에는 제3항은 있을 수 없을 것이다. 어떤 증인도, 심지어 신이라 하더라도 이런 현전을 '세울' 수는 없다. 이런 현전이 '이미 존재하고 있는' 것이 아닌 한, 대자 자신조차도 그 현전을 인식할 수 없다. 그러나 이런 현전은 즉자의 존재방식으로는 존재할 수 없을 것이다. 다시 말하면, 대자는 대자가 자기 자신에 대해 자기 자신의 공존증인으로 있는 한, 근원적으로 존재에 대한 현전이다. 우리는 그것을 어떻게 해석해야 할 것인가? 잘 알려진 바와 같이, '대자'는 자신의 존재에 대한 증인이라는 형태로 존재하는 존재이다. 그런데 대자는, 대자가 지향적으로 자기 밖에, 존재의 위로 향해지는 경우에, 이 존재에 대해 현전적이다. 더욱이 대자는 동일화하지 않는 정도로 최대한 밀접하게 이 존재에 밀착하지 않으면 안 된다. '대자'는 존재와의 근원적 결합 속에서 자기에 대해 태어난다는 사실, 즉 대자는 이 존재'로 있지 않은' 것으로서 자기 자신에 대해 자기 증인으로 있다는 사실에서, 이런 밀착이 얼마나 진실한지를 우리는 다음 장에서 살펴볼 것이다.

또 이 사실에서 대자는 자기 밖에, 존재 위에, 그리고 존재 속에 이 존재로 있지 않은 것으로서 존재한다. 그리고 이것은 우리가 앞에서 '현전'의 의의 자체에서 연역할 수 있었던 바이다. 요컨대 어떤 존재에 대한 '현전'이라는 것에는, 우리가 내적인 연관에 의해 이 존재와 맺어져 있다는 뜻이 내포되어 있다. 그렇지 않으면 '현재'와 존재의 어떤 연관도 있을 수 없게 될 것이다. 그러나 이 내적인 연관은 부정적인 연관이다. 이 연관은 현전적 존재에 대해, 그 현전적인 존재가 현전되고 있는 쪽의 존재라는 것을 부정한다. 그렇지 않으면 내적인 연관은 사라지고, 다만 단순한 동일화에 빠져 버릴 것이다. 그러므로 대자의 '존재에 대한 현전'에는, '대자는, 존재의 현전에 있어서 존재로 있지 않은 것으로서의 자기 증인이다'라는 뜻이 내포되어 있다. 존재에 대한 현전은 대자가 존재하지 않는 한에서, '대자'의 현전이다. 왜냐하면 부정은 '대자'와 존재를 구별하는 그런 존재방식의 차이와 관련된 것이 아니라, 존재의 차이[14]와 관련된 것이기 때문이다. 우리가 '현재는 존재하지 않는다'는 말로 간단하게 표현하고 있는 것이 바로 이것이다.

'현재'와 '대자'의 이런 비존재는 무엇을 뜻하는 것일까? 그것을 파악하기 위해서는 '대자'와 그 존재양상으로 돌아와서, 존재에 대한 대자의 존재론적 관계에 대해 간단하게 기술할 필요가 있다. 대자인 한에서의 대자에 대해서는, 우리는 결코 이를테면 지금은 아홉 시'이다'라고 말할 때와 같은 뜻으로, 다시 말해, 자기를 정립시키는 동시에 자기를 소멸시키고, 수동성의 외관을 보여 주는, 존재와 자기 자신의 전면적인 동등성이라는 뜻에서, 대자는 '있다'고 말할 수는 없는 것이다. 왜냐하면 '대자'의 존재는 '반사'가 '반사'하는 어떤 대상도

---

*14 '존재하는가 존재하지 않는가의 차이', '존재와 무의 차이'라는 뜻.

없이, 그저 '반사하는 자'를 가리킬 뿐인 하나의 '반사'와 하나의 증인이 한 쌍을 이룬 하나의 나타남이기 때문이다. '대자'는 존재를 가지지 않는다. 그 까닭은 대자의 존재는 항상 거리를 두고 존재하기 때문이다. 만일 우리가 '반사하는 자'에게 있어서만 나타남 또는 '반사'인 나타남을 생각한다면, 대자의 존재는 저편에, '반사하는 자' 속에 존재한다. 만일 우리가 그것만으로는 이미 '이 반사'를 반사하는 단순한 작용일 뿐인 '반사하는 자'를 생각한다면, 대자의 존재는 저편에, '반사' 속에 있다. 그러나 그뿐만이 아니라 '대자'는 그 자체에 있어서도 존재가 아니다. 왜냐하면 대자는 존재로 있지 않은 것으로서, 분명하게 자기를 대자로 있게 하기 때문이다. 대자는 '……의 내면적 부정'으로서 '……에 대한 의식'이다. 지향성과 자기성(自己性)의 기본적인 구조는 '대자'의 사물에 대한 내적 관계로서의 부정이다.

대자는 사물에서 출발하여 이 사물의 부정으로서 자기를 외부에 구성한다. 그리하여 대자의 즉자적 존재와의 최초의 관계는 부정이다. 대자는 '대자' 나름의 존재방식으로 '존재한다.' 다시 말하면 대자는 자기를 존재로 있지 않은 것으로서 자기 자신에게 드러내는 한에 있어서 분산된 존재자로서 존재한다. 대자는 내면적 분열과 분명한 부정에 의해 존재에서 이중으로 빠져나간다. 현재는 바로 존재의 이런 부정이며, 존재가 우리의 출발점으로서 '그곳'에 존재하는 한에 있어서 이 존재로부터의 탈출이다. '대자'는 도피의 형태로서 존재에 대해 현전적으로 있으며, '현재'는 존재에 직면해서의 끊임없는 도망이다. 이렇게 하여 우리는 '현재는 존재하지 않는다'는, 현재의 제1차적인 뜻을 밝혀 보았다.

현재적인 순간은 '대자'를 실재화하고 사물화(事物化)하는 사고방식에서 생겨난다. 대자를 표현하는 데, '존재'하는 것을, 즉 대자가 어떤 것에 대해 현전적일 때의 그 어떤 것을, 예를 들어 문자판 위의 지침 같은 것을 수단으로 쓰는 것은 이런 사고방식에 의한 것이다. 이런 의미에서 '대자에 있어서 지금은 아홉 시이다'라고 말하는 것은 부조리할 것이다. 그보다는 '대자는 아홉 시를 가리키고 있는 바늘에 대해 현전적으로 있을 수 있다'고 해야 할 것이다. 우리가 '현재'라고 잘못 부르고 있는 것은 무엇인가에 대해 현재가 무언가에 대해 현전적으로 있을 때의 그 무언가에 해당하는 존재이다. 순간의 형태로 '현재'를 파악하는 것은 불가능한 일이다. 왜냐하면 순간은 현재가 '존재하는' 잠깐 사이일 것이기 때문이다. 그런데 현재는 존재하지 않는다. 현재는 도망이라는 형태로 자기를 현재화하는 것이다.

그러나 현재는 다만 단순히 '대자'를 현재화하는 비존재로 있는 것은 아니다. 대자인 한에 있어서 현재는 자기 밖에, 즉 자기의 전방과 배후에 자신의 존재를 가지고 있다. 배후에 있어서는 현재는 자신의 과거로 '있었으나(était)', 전방에 있어서 현재는 자신의 미래로 '있을 것이다(sera).' 현재는 공통현전적인 존재 밖으로의 도망이며, 자신이 그것으로 있었던 존재로부터 자신이 그것으로 있을 존재를 향한 도망이다. 현재로서의 한에서는, 현재는 자신이 그것으로 있는 것(과거)으로 있지 않고, 자신이 그것으로 있지 않은 것(미래)으로 있다. 그리하여 우리는 '미래'로 향하게 된다.

(C) 미래

먼저 주의하기 바라는 것은, 즉자는 미래로 있을 수도 없고 미래의 일부를 포함하고 있을 수도 없다는 것이다. 내가 저 초승달을 바라보고 있을 때, 보름달은 인간존재에 대해 드러내 보이는 '세계 속에서'만 미래적이다. '미래'가 세계 속에 도래하는 것은 인간존재에 의해서이다. 달의 이 4분의 1의 부분은 그 자체에 있어서는 그것이 있는 그대로의 것이다. 이 부분의 어떤 것도 잠재적이지 않다. 그 부분은 현세적이다. 따라서 거기에는 즉자존재의 근원적인 시간성의 현상으로서의 미래도 없거니와 과거도 없다. 즉자의 미래는 그것이 존재한다면 과거와 같이 존재에서 끊어져 즉자로서 존재할 것이다. 비록 라플라스처럼 어떤 미래적인 상태를 '예견'하는 것을 허락하는 전면적인 결정론을 인정하더라도, 이런 미래적인 정황은 장래로서의 한에 있어서 장래의 선행적(先行的)인 드러내 보임 위에, 즉 세계에 올–것으로–되어 있는–하나의–존재(un être-à-venir) 위에 그 윤곽이 그려지지 않으면 안 된다—그렇지 않으면 시간은 하나의 착각이고, 시간적 순서는 연역가능이라는 하나의 엄밀한 논리적 질서를 감추고 있다는 것이 된다.

장래의 윤곽이 세계의 지평에 그려지는 것은, 자기 자신의 장래'로 있는' 하나의 존재에 의해서만 가능한 일이다. 다시 말해 자기 자신에게 있어서 와야 하는(à-venir) 하나의 존재, 그 존재가 자신의 존재의 자기에 대한 도래(un venir-à-soi)에 의해 구성되어 있는 하나의 존재에 의해서만 가능한 일인 것이다. 우리는 여기서도 우리가 '과거'의 경우에 기술한 것과 비슷한 탈자적(脫自的)인 구조를 다시 발견하게 된다. 단순히 자신의 존재로 있는 것이 아니라, 자신의 존재로 있어야 하는 하나의 존재만이 하나의 장래를 가질 수 있다.

그러나 자신의 장래로 있다는 것은 도대체 어떤 것일까? 장래는 어떤 형태의 존재를 가지고 있을까? 먼저 '장래는 "표상"으로서 존재한다'는 생각은 버려야 한다. 무엇보다도 장래가 표상되는 일은 거의 없다. 하이데거가 말한 것처럼, 장래가 표상될 때는 장래는 대상적으로 조정(措定)되어 '나의' 장래로 있는 것을 그만두고, 나의 표상에 있어서 아무래도 상관없는 대상이 되어 버린다. 다음에 예를 들어 장래가 표상된다 하더라도 장래는 나의 표상의 '내용'으로는 있을 수 없을 것이다.

왜냐하면 만일 내용이 있을 수 있다면 그 내용은 현재적이지 않으면 안 되기 때문이다. 이 현재적인 내용은 '미래를 향하는' 하나의 지향에 의해 생기를 얻고 있다고 말하는 사람도 있을 것이다. 하지만 그런 것은 무의미한 것이다. 예를 들어 그런 지향이 존재한다 하더라도, 그것은 그 자신이 현재적인 지향으로 있지 않으면 안 될 것이다—그 경우에는 장래의 문제는 전혀 해결될 수 없다—또는 그런 지향이 현재를 장래 속으로 초월시킨다 해도, 또 그에 따라 그런 존재는 와야 하는 존재라 해도, 단순한 '지각되는 것'과는 다른 하나의 존재를 장래에 대해 인정해야 한다. 그뿐만 아니라 만일 대자가 자신의 현재 속에 한정되어 있다면 대자는 어떻게 자신에게 장래를 표상해 볼 수 있을 것인가? 어떻게 대자는 장래에 대한 인식이나 예감을 가질 수 있을 것인가? 어떤 이념을 생각해 낸다 하더라도, 대자에게 장래에 상당하는 것을 가지게 할 수는 없을 것이다. 만일 처음에 '현재'를 '현재' 속에 가두어 버린다면 현재가 결코 현재에서 나가지 못할 것은 분명한 이치이다. 이 현재를 '장래의 개요(槪要)'로서 묘사하려 해도 소용없는 일이다. 이 표현은 아무런 의미가 없거나, 현재의 현실적 효력을 보여 주고 있는 것이 아니면, 자기 자신에 대해 미래적인 것이라는 '대자'의 존재법칙을 지적하는 것이지만, 이 마지막 경우에도, 그런 표현은 단순히 기술하고 설명하지 않으면 안 되는 사항을 가리키는 데 지나지 않는다.

'대자'는 자기에 대한 자기의 근원적인 판단 이전의 하나의 관계에 근거를 둔 것이 아니라면, '장래의 개요'일 수도 '장래의 기대'일 수도 없고, '장래의 인식'일 수도 없을 것이다. 본디 대자가 장래로부터 출발하여 자기 자신을 찾아오는 존재, 즉 자신의 밖에, 장래에, 자신의 존재를 가진 것으로서 자기를 존재하게 하는 존재가 아니라면, 비록 과학적인 우주의 결정적인 상태에 대해서라 할지라도, 우리는 대자를 위해 대상화적(對象化的)인 예견의 어떤 가능성도 생각해 낼 수가 없는 것이다. 간단한 예를 들어 보자. 내가 테니스코트에서 보여 주는 민첩한 자세는, 다음에 내가 라켓으로 공을 때려 네트 반대쪽으로 돌려보내기 위해서 취할 동작에 의해서만 의미를 가진다. 그러나 나는 미래적인 동작에 대해 '분명한 표상'에 따르고 있는 것도 아니고, 미래의 동작을 수행하려는 '굳은 의지'에 따르고 있는 것도 아니다. 표상과 의지는 심리학자들이 고안해 낸 우상이다. 대상적으로 정립되지도 않고, 차례로 내가 취하는 자세 위에 되돌아와서 그 모든 자세들을 조명하고, 결합하고, 변양시키는 것은, 미래의 동작이다. 나는 먼저 단숨에 테니스코트 위에서 저편으로 공을 넘김으로써 나 자신에 대한 결여로서 존재한다.

내가 취하는 몇 가지의 중간적인 자세는 이런 미래의 상태에 나를 융합시키기 위해 나를 그 상태에 접근시키는 수단에 불과하다. 이 중간적 자세의 하나하나는 이런 미래적인 상태'에 의해서'만 그 모든 의미를 가진다. 나의 의식의 어떤 한 순간이라 할지라도, 마찬가지로, 하나의 미래에 대한 내적 관계에 의해 한정되지 않는 순간이 없다. 내가 글을 쓰든, 담배를 피우든, 술을 마시든, 휴식을 취하든, 나의 의식의 의미는 항상 거리를 두고 저편에, 밖에, 있다. 그런 의미에서 하이데거가 '현존재(Dasein)'는 "그것이 그의 순수한 현재에 한정될 때, 그것이 앞으로 있을 것보다는 항상 무한하게 그 이상의 것이다"라고 말한 것은 정당하다. 더욱 적절하게 말한다면, "이런 한정은 애초에 불가능할 것이다. 왜냐하면 그런 경우에는 '현재'를 하나의 '즉자'가 되게 할 것이기 때문이다." 그러므로 '목적성이란 거꾸로 뒤집어 놓은 원인성이다. 즉, 미래적인 상태의 효력이다'라고 일컬어지고 있는 것은 옳은 일이다. 그러나 사람들은 흔히 이 명제를 글자 그대로 받아들이는 것을 잊고 있다.

미래라는 말을 아직 존재하지 않는 하나의 '지금'이라고 해석해서는 안 된다. 그렇게 되면 우리는 다시 즉자 속에 빠질 것이고, 특히 시간을 하나의 주어진, 그리고 정적(靜的)인 용기(容器)로 여기지 않으면 안 되게 될 것이다. '미래'는 내가 그것으로 있지 않을 수 있는 한에서, '내가 그것으로 있어야 하는'

것이다. '대자'는 존재 앞에, 이 존재로 있지 않은 것으로서, 또 과거에 있어서 자신의 존재로 있었던 것으로서 자기를 현재화한다는 것을 상기하자. 이런 현전은 도피이다. 여기서는 존재 옆에 정체하여 쉬고 있는 현전이 문제가 아니고, 존재의 밖으로 '……을 향한(vers……)' 탈출이 문제이다. 더욱이 이런 도피는 이중(二重)이다. 왜냐하면 '현전'은 자기가 그것으로 있었던 존재로부터 달아나는 것이기 때문이다. 현전은 무엇을 향해 달아나는 것인가? 잊지 말아야 할 것은, '대자'는 존재를 피하기 위해 존재에 대해 자기를 현재화하는 한에서, 하나의 결여자라는 것이다. '가능'은 '대자'가 자기로 있기 위해 결여하고 있는 결여분으로, 다시 말하면, 내가 있는 그대로의 것에서 떨어져 있는 나타남이다.

여기서 우리는 '현전'이라는 도피의 뜻을 파악할 수 있다. 요컨대 현전은 '자신의 존재를' 향한 도피, 다시 말하면 자신에게 결여되어 있는 것과 일치할 때 자신이 있게 될 '자기'를 향한 도피이다. '미래'는 결여로서의 한에서 현전을, '현전'의 즉자에서 떼어 놓는 결여이다. 만일 현전이 아무것도 결여하고 있지 않다면, 현전은 다시 존재 속에 빠져, '존재에 대한 현전'까지 잃어버리고, 그 대신 완전한 동일성의 고립을 얻게 될 것이다. 현전을 현전으로 있을 수 있게 하는 것은 결여로서의 한에서의 결여이다. 왜냐하면 현전은 자기 자신의 밖으로, 세계의 저편에 있는 하나의 결여분을 향해 존재하기 때문이다. 현전이 자기 자신의 밖에, 자신이 있지 않은 즉자에 대한 현전으로서 존재할 수 있는 것도 그 때문이다. '미래'는, 규정하는 존재이고, '대자'가 존재의 저편에서 그것으로 있어야 하는 존재이다. '대자'가 그저 단순하게 자신의 존재로 있는 것이 아니고, 자신의 존재로 '있어야 하기' 때문에 하나의 '미래'가 존재한다. '대자'가 있어야 하는 이런 존재는 공통현재적 즉자의 방식으로는 존재할 수 없을 것이다. 그렇지 않다면 이런 존재는 존재되어야 하는 일이 없이 존재한다는 얘기가 될 것이다.

따라서 우리는 칸트가, '현실존재는 개념에 더 이상 아무것도 부가하지 않는다'고 말한 의미에서, 이런 존재를 다만 현존이 결여되어 있을 뿐인, 완전히 한정된 하나의 상태로 생각할 수는 없을 것이다. 그렇다고 이런 존재는 현실적으로 존재하지 않을 수도 없다. 그렇지 않다면 '대자'는 하나의 '주어진 것'에 불과할 것이다. 이 존재는 대자가 그것에 대해 미완성인 것으로서 끊임없이 자신을 대자적으로 파악함으로써, 자신을 그것으로 있게 하는 것이다. 이런 존재는 '반사—반사하는 것'이라는 이 한 쌍에 거리를 두고 따라다니는 것이며, 그 덕분에 '반사'는 '반사하는 것'에 의해(또 그 반대로) 하나의 '아직—아닌(pas-encore)' 것으로서 파악된다. 그러나 바로 이 결여분은 결여자인 '대자'와 동시 출현의 통일 속에 주어져 있지 않으면 안 된다. 그렇지 않으면, '대자'가 그것에 대해 자신을 '아직—아닌' 것으로서 파악할 단서가 아무것도 없게 될 것이다.

'미래'는 '대자'가 아직 그것으로 있지 않은 것으로서 '대자'에 드러내 보인다. 그것은 '대자'가 이 드러내 보임의 시야에서 자신으로서는 비정립적으로 자기를 '아직—아닌' 것으로서 구성하는 한에서 드러내 보이는 것이고, 또 대자가 '현재'의 밖에 자기가 아직 그것으로 있지 않은 것으로 향하는, 자기 자신의 하나의 기도(企圖)로서 자신을 존재하게 하는 한에서 드러내 보이는 것이다. 확실히 '미래'는 이런 드러내 보임이 없이는 존재할 수 없다. 또 이런 드러내 보임은 그 자신이 자기에 대해 드러내 보이기를 요구한다. 다시 말해, 이 드러내 보임은 '대자'의 자기 자신에 대한 드러내 보임을 요구한다. 그렇지 않으면 이런 '드러내 보임, 드러내 보이는 것'의 총체는 무의식적인 것 속에, 즉 즉자 속에 빠지고 말 것이다. 그러므로 자기 자신에 대해, 드러내 보이는 자신으로 있는 존재, 즉 그 존재가 자기에 있어서 문제가 되는 존재만이 하나의 '미래'를 가질 수 있다. 그러나 반대로 말하면, 그런 존재는 '아직—아닌' 것의 시야에 있어서만 자기에게 존재할 수 있다. 왜냐하면 이런 존재는 자기 자신이 자기를 하나의 무로서, 다시 말해 자신의 존재 보충분(補充分)이 자기와 거리를 두고 있는 하나의 존재로서 파악하기 때문이다. '거리를 두고'라는 것은 '존재의 저편에'라는 말이다. 따라서 '대자'가 존재의 저편에서 그것으로 있는 모든 것이 '미래'이다.

이 '저편(par delà)'이라는 것은 무엇을 뜻하는 것일까? 그것을 파악하기 위해서는 '미래'는 '대자'의 본질적인 특징의 하나를 가졌다는 것, 즉 미래는 존재에 대한(미래적) 현전이라는 것에 유의해야 한다. 그것은 '여기에 있는' 이 '대자'의 현전이며, 미래가 그것의 미래인 '대자'의 현전이다. 내가 '나는 행복할 것이다'라고 말할 때, 행복할 사람은 이 현재적인 '대자'이다. 그것은 체험이 그것으로 '있었던' 모든 것, 체험이 자기 뒤에 끌고 다니는 모든 것과 더불어 현실적인 '체험'이다. 그리고 체험은 존재에 대한 현전으로서, 다시 말해 하나의 공통미래적인 존재에 대한 대자의 미래적 '현전'으로서 행복할 것이다. 따라서 현재적인 '대자'의 뜻으로서 나에게 주어져 있는 것은, 보통 공통미래적인 존재인데, 그것은 이 공통미래적인 존재가 미래적인 '대자'에게 드러내 보일 한에 있어서이고, 그것에 대해 대자가 현재적으로 있을 것으로서이다. 왜냐하면 '대자'는 현전이라는 형태로는 세계'에 대한' 조정적 의식이고, 자기'에 대한' 조정적 의식이 아니기 때문이다. 그러므로 보통, 의식에 대해 드러내 보이는 것은 '미래적인 세계'이지만, 그 경우에 의식은 이 미래적인 세계가 하나의 의식에 나타날 것인 한에 있어서의 세계이며, 이 미래적인 세계가 장차 올 하나의 '대자'의 현전에 의해 미래로서 세워지는 한에 있어서의 세계라는 것을 염두에 두지 않고 있다.

이 세계는 다른 하나의 신체적·감정적·사회적 따위의 위치에서 내가 그것으로 '있을 다른 사람'으로서, 내가 그곳에 현재적으로 있는 한에 있어서만 미래로서의 의미를 갖는다. 그렇다고 해도 나의 현재적 '대자'의 끝, 즉자존재의 저편에 있는 것은 이런 미래적인 세계이다. 그런 까닭에 우리는 자칫하면, 맨 먼저 미래를 세계의 하나의 상태로서 드러낸 다음, 이 세계의 배경 위에 우리 자신을 나타나게 하는 경향을 가지고 있다. 글을 쓸 때, 나는 씌어지는 것으로서의, 그리고 씌어져야 하는 것으로서의 말'에 대한' 의식을 가지고 있다. 말은 그것만으로, 나를 기다리고 있는 미래인 것처럼 보인다. 그러나 말이 '씌어져야 하는' 것으로 나타난다는, 단순히 그것만의 사실에서 알 수 있듯이, 자기(에 대한) 비조정적 의식으로서의 '쓰는 것'은 내가 그것으로 있는 가능성이다. 그러므로 '미래'는 하나의 존재에 대한 '대자'의 미래적인 현전으로서, 자기와 함께 즉자존재를 미래 속으로 끌고 들어간다. 대자가 어떤 존재에 대해 현재적으로 있을 때의 이 존재는, 미래가 '대자'의 의미인 것과 같이 현재적 '대자'에 대한 공통현재적인 즉자의 의미이다.

미래는 공통미래적인 어떤 존재에 대한 현전이다. 왜냐하면 '대자'는 자기 밖에, 존재의 옆에 외에는 현실적으로 존재할 수 없기 때문이며, 미래는 하나의 미래적 '대자'이기 때문이다. 그러나 이리하여 '미래'에 의해 하나의 장래가 '세계'에 도래한다. 다시 말해 '대자'는 존재의 저편에 있는 어떤 존재에 대한 '현전'으로서, 자기 자신의 의미로 '있다.' '대자'에 의해 존재의 저편이 드러내 보이는 것이고, 이 존재의 옆에서 대자는 자신이 있는 그대로의 것으로 있어야 한다. 유명한 문구에 있는 것처럼, 나는 '내가 있었던 그대로의 것이 되어야' 하지만, 내가 있었던 그대로의 것이 되어야 하는 것은, 그 자신이 '생성한' 하나의 세계 속에서의 일이다. 그것도 그것이 있는 그대로의 것에서 '출발하여' 생성한 하나의 세계 속에서이다. 따라서 나는 내가 세계에 대해 파악하는 상태에서 출발하여, 세계에 그 고유한 가능성들을 부여한다. 요컨대 결정론은 나 자신의 미래화하는 기도에 근거하여 나타난다. 따라서 미래는 상상적인 것과는 구별될 것이다. 물론 상상적인 것의 경우에도, 나는 똑같이 내가 있지 않은 것으로 있고, 또 똑같이 내가 있어야 하는 것으로 있는 하나의 존재 속에서 나의 의미를 발견하지만, 그 상상적인 것의 경우에는 내가 있어야 하는 것으로 있는 이 '대자'는, 존재의 세계를 옆에 두고 세계의 무화라는 바탕에서 나타나는 것이다.

그러나 '미래'는 오로지 존재의 저편에 위치한 하나의 존재에 대한 대자의 현전으로만 있는 것이 아니다. 미래는 내가 그것으로 있는 '대자'를 기다리고 있는 그 무엇이다. 그 무엇은 바로 나 자신이다. 즉 '나는 행복할 것이다'라고 내가 말할 때는, 이 행복할 자는 말할 것도 없이 자신의 뒤에 자신의 '과거'를 끌고 다니는 나의 현재적인 나(moi)이다. 그러므로 '미래'는 내가 존재의 저편에 있는 하나의 존재에 대한 현전으로서 나를 기다리고 있는 한에서 나(moi)이다. 나는 '미래'를 향해 나를 기투(企投)함으로써 내가 결여하고 있는 것과, 즉 그것이 나의 '현재'에 종합적으로 부가되면 내가 있는 그대로의 것으로 있게 되는 것과, 미래에서 융합하려고 한다.

따라서 대자가 존재의 저편에 있어서의 존재에 대한 현전으로서 있어야 하는 것은, 대자 그 자신의 가능성이다. '미래'는 이상적인 지점으로, 거기서는 사실성(과거)과 대자(현재)와 그 가능(장래)의 갑작스럽고 무한한 압축이 마침내 '자기(Soi)'를, 대자의 그 자신에 있어서의 존재로서 나타낼 것이다. 대자가 그것으로 '있는' 미래를 향한, '대자'의 기도는 '즉자'를 향한 하나의 기도이다. 그런 의미에서 '대자'는 자신의 미래로 있어야 한다. 왜냐하면 대자는 자기 앞에, 그리고 존재의 저편에서만, 자신이 있는 것의 근거로 있을 수 있기 때문이다.

요컨대 '항상 미래적인 하나의 구멍'으로 있어야 한다는 것이 '대자'의 본성 자체이다. 이런 사실에서 대자는 '미래'에 있어서 자신이 있어야 하는 것으로 '현재' 되어 있는 일은 절대로 있을 수 없는 일이다. 현재적 '대자'가 가진 미래는, 그대로 미래인 채로 이 대자 자체와 함께 과거 속에 빠진다. 이런 미래는 어떤 '대자'의 과거적인 미래, 즉 선행미래(先行未來)*15가 될 것이다. 이런 미래는 '실감'되지 않는다. 실감되는 것은 '미래'에 의해 지적된 하나의 '대자'이며, 이런 미래와의 연결로 자기를 구성하는 하나의 '대자'이다. 이를테면 테니스코트 위에서 내가 지향하는 어떤 목적의 자세는, 장래를 바탕으로 하여 그때까지의 중간적인 나의 모든 자세를 규정한 것이지만, 최후에는, 내가 지향하는 이 목적의 자세는, 그것이 나의 모든 동작의 의미로서, 장래에 있어서 '있었던' 것과 똑같은 종국적인 하나의 자세가 따라붙어서 합쳐진 것이다. 그러나 바로 이런 '따라붙기(rejoignement)'는 순전히 관념적인 것이고 현실에서는 일어나지 않는다.

미래는 따라붙을 수 없다. 미래는 본디의 미래로서 '과거'로 미끄러져 들어간다. 현재적인 '대자'는 자기 자신의 무의 근거로서, 그리고 다시금 하나의 새로운 미래의 결여로서 그 모든 사실성에 있어서 드러내 보인다. 여기서 "공화제는 제정하(帝政下)에서는 얼마나 아름다웠던가!"라는 식으로, 미래의 변두리에서 언제나 대자를 기다리고 있는 이런 존재론적 기만이 발생한다. 예를 들어 나의 현재가 그 내용 면에서, 내가 먼저 존재의 저편에, 나를 그쪽을 향해 기투한 미래와 엄밀하게 동일하다 하더라도, 내가 먼저 나를 그쪽을 향해 기투한 것은 '이' 현재가 아니다. 왜냐하면 나는 미래인 한에 있어서의 미래를 향해, 다시 말해 나의 존재와 합쳐질 지점인 한에서의 미래, 또 '자기'의 출현 장소인 한에서의 미래를 향해, 나를 기투한 것이기 때문이다.

여기서 우리는 더욱 상세하게, '미래'의 존재에 대해 미래에 질문을 던질 수 있다. 왜냐하면 내가 있어야 할 것으로 있는 이 미래가 단순히 존재의 저편에 있어서 존재에 현전할 수 있는 '가능성'이기 때문이다. 이런 의미에서 '미래'는 엄밀하게 '과거'와 대립한다. 과연 과거도 내가 나의 밖에서 그것으로 있는 존재이지만, 과거는 내가 그것으로 있지 않을 수 있는 가능성이 없이, 내가 그것으로 있는 존재이다. 이것을 우리는 '자기의 배후에서 자기의 과거로 있다'고

---

*15 선행미래 또는 전미래(futur antérieur)는 어떤 행위가 미래의 어떤 시점에서 이미 행해져 있을 것을 가리키는 시제이다. 예를 들어 "그가 이를 때는 나는 이미 떠났을 것이다"에서 "그가 이를 ……"은 단순미래이고, "나는 이미 떠났을 것이다"는 선행미래 또는 전미래이다. 따라서 이것은 과거적 미래라고도 부를 수 있다.

말했다. 이에 비해, 내가 있어야 하는 것으로 있는 '미래'는 그 존재에 있어서 단순히 내가 그것으로 있을 '수 있는' 존재이다. 왜냐하면 나의 자유는 미래를, 그 존재에 있어서 밑에서 갉아먹기 때문이다. 그것은 다시 말해, 미래는 나의 현재적인 대자의 의미를, 대자의 가능성의 기도로서 구성하기는 하지만, 미래는 결코 장차 올 나의 '대자'를 미리 결정하는 것은 아니라는 뜻이다. 왜냐하면 '대자'는 항상 자기의 무의 근거로 있다고 하는, 이런 무화적(無化的)인 의무 속에 방치되어 있기 때문이다. '미래'는 '대자'가 또 하나의 미래를 향한, 존재에 대한 현전화적인 도피로서, 자기를 존재하게 할 때의, 틀을 미리 소묘하는 것일 뿐이다.

미래란 내가 자유롭지 않다면 내가 그것으로 있었을 것이고, 내가 자유로워야만 내가 그것으로 '있어야 하는 것을 있을 수 있는' 것이다. 미래는 내가 그것으로 있을 것에서 출발하여, 내가 있는 그대로의 것을 나에게 알려주기('자네는 무엇을 하고 있는가?' '나는 이 깔개를 징으로 고정하고 있는 중"이네."' '이 그림을 벽에 걸려고 하는 중"이네."')[16] 위해서 지평(地平)에 나타나는 동시에, 미래는 대자-현재적 미래라는 그 본성에 의해 무력(無力)해진다. 그것은 (장차) 있을 것인 '대자'는, 존재하도록 스스로 자기를 결정하는 방법으로, 있을 것이기 때문이며, 이런 대자의 미리 그려진 소묘로서 과거적인 미래가 된 미래는, 과거라는 자격으로 대자가 자기를 그것으로 있게 만드는 것으로 있도록 대자를 독촉할 수밖에 없을 것이기 때문이다. 요컨대 나는 그것으로 있지 않을 수 있다는 가능성의 불변의 시야에서 나의 '미래'로 있다.

거기서 우리가 앞에서 기술한 그 불안이 생겨난다. 불안은 내가, 내가 있어야 하는 이 미래로 있는 데 충분하지 않은 데서 온다. 불안은 나의 현재에, '나는 그 의미가 항상 문제적인 하나의 존재'라고 하는 나의 현재의 의미를 부여한다. '대자'는 대자가 자기 자신의 밖에 있으나, 적어도 '확실하게' 자기 자신의 밖에서 그것으로 있는 하나의 존재에 대해 매달리는 것처럼, 자신의 '가능'에 매달리려 해도 헛일이다. 다시 말해 대자는 오로지 문제적으로밖에 자신의 미래로 있을 수 없는 것이다. 왜냐하면 대자는 자기가 그것으로 있는 하나의 '무'에 의해 미래에서 분리되어 있기 때문이다.

---

*16 être en train de는 '지금……하고 있는 중'이라는 현재 진행 중이라는 의미이기도 하지만, 여기서는 미래에서 떠나 현재를 알리는 être disposé à(……하려고 하던 길이다) 뜻이다.

한마디로 대자는 자유롭다. 그리고 대자의 자유는 이 자유 자체에 대해 이 자유 자체의 한계이다. 자유롭다는 것은 자유롭도록 저주받은 것이다(Être libre, c'est être condamé à être libre). 따라서 '미래'는 '미래'인 한에 있어서는 존재를 가지지 않는다. '미래'는 '즉자적'으로 존재하는 것이 아니다. 또한 미래는 '대자'의 존재방식으로 존재하는 것도 아니다. 왜냐하면 미래는 '대자'의 의미이기 때문이다. '미래'는 존재하지 않는다. '미래'는 자기를 '가능화한다.' '미래'는 현재적인 '대자'의 의미로서, 그것도 이 의미가 문제적인 한에 있어서, 또 이 의미가 그런 것으로서 현재적인 대자에서 근본적으로 빠져나가는 한에 있어서 '여러 가능'의 계속적인 가능화이다.

이런 '미래'는 장차 다가올 순간들의 동질적이고 시간순서적인 한 계열에 대응하는 것은 아니다. 물론 나의 여러 가능에는 하나의 서열이 있다. 그러나 이런 서열은 근원적인 시간성의 기초 위에 설정될 보편적인 시간성의 순서에 대응하는 것이 아니다. 나는 무한한 가능성들로 '있다.' 왜냐하면 '대자'의 의미는 복잡하여 하나의 공식으로 다룰 수 없을 것이기 때문이다. 오히려 이러저러한 가능성 쪽이 보편적인 시간에 있어서는 훨씬 가까운 어떤 다른 가능성보다도, 현재적인 대자의 의미로서는 훨씬 더 결정적이다. 이를테면 내가 2년 전부터 만나지 못한 벗을 두 시에 만나러 간다는 이 가능성은, 참으로, 내가 그것으로 '있는' 하나의 가능이다. 그러나 훨씬 더 가까운 가능들—그곳으로 가는 데 택시로도, 버스로도, 지하철로도, 도보로도 갈 수 있는 여러 가능성—은, 현재로서는 결정되지 않은 채 있다.

나는 현재 이런 가능성들의 어떤 것으로도 '있지 않다.' 그런 만큼 나의 여러 가능성의 계열 속에는 수많은 구멍이 있다. 그런 구멍은 인식의 질서에 있어서는 동질적이고 빈틈없는 시간의 구성으로 메워질 것이다—행동의 질서에 있어서는 의지에 의해, 다시 말해 현재 '나의' 가능성으로 있지 않고, 또 결코 '나의' 가능성으로 있지 않을 가능성, 진실로 내가 그것으로 있는 하나의 가능을 '따라잡기 위해서' 완전히 무차별적인 방법으로 내가 실현할 가능성을, 나의 가능의 함수로서 합리적으로 또한 대상적으로 선택함으로써 메워질 것이다.

2. 시간성 존재론

(A) 정적(靜的)인 시간성

우리는 세 가지의 시간적인 탈자(脫自, ek-stases)에 대한 현상학적 기술(記述)을 끝냈으므로, 이제부터 드디어 탈자적인 구조를 부차적인 구조로서 자기 속에 조직해 넣고 있는 전체적 구조로서의 시간성을 검토할 수 있게 되었다. 그런데 이 새로운 연구는 두 가지의 서로 다른 관점에서 이루어져야 한다.

시간성은 흔히 정의할 수 없는 것으로 여겨지고 있다. 그러나 모든 사람은 시간성이란 우선 계기(繼起)라는 것을 인정한다. 계기는 다시 전후관계에 순서를 매기는 원리로 삼는 하나의 순서로 정의될 수 있다. 전후에 따라서 순서가 매겨진 하나의 많음, 이런 것이 시간적인 다수성이다. 그러므로 먼저 '앞(avant)'과 '뒤(après)'라는 두 항(項)의 구성과 요구조건을 고찰하는 것이 좋을 것이다. 이것을 우리는 시간적인 '정태(靜態, statique)'라고 부를 것이다. 왜냐하면 이 앞과 뒤라는 관념은 본디의 뜻에서의 변화와는 별개로 엄밀하게 순서적인 모습하에서 고찰될 수 있기 때문이다. 그러나 시간은 다만 일정한 다수성을 위한 하나의 고정된 순서만은 아니다. 시간성을 더욱 잘 고찰해 보면, 우리는 계기의 '사실', 다시 말하면 어떤 뒤가 하나의 앞이 '된다'는 사실, '현재'가 과거가 '되고' 미래가 선행미래가 된다는 사실을 확인한다. 이것은 다음에 시간적인 '동태(動態, dynamique)'라는 이름하에서 검토해 보기로 한다. 말할 것도 없이 우리는 시간적 동태 속에서 시간의 정태적 구성의 비밀을 탐구하지 않으면 안 된다. 하지만 어려운 점들은 분할하는 것이 낫다. 사실 어떤 의미에서는 시간적 정태는 시간성의 어떤 형식적 구조—이것을 칸트는 시간의 순서라고 부르지만—로서 별개로 고찰할 수 있고, 또한 동태는 시간의 실질적인 경과, 또는 칸트의 용어에 따르면 시간의 '흐름'에 대응한다고 할 수 있다. 그래서 이 순서와 흐름을 차례로 고찰해 가는 것이 유익하다.

'앞뒤'의 순서는 무엇보다도 먼저 불가역성(不可逆性)에 의해 정의된다. 어떤 계열 속의 여러 항이 하나씩 유일한 방향에서만 고찰될 수 있을 때, 우리는 그 한 계열을 계기적이라고 부를 것이다. 그러나 사람들은 '앞' 속에도 '뒤' 속에도—이렇게 말하는 것은 바로, 그 계열의 여러 항이 '하나씩' 드러내 보이며, 각각의 항은 다른 모든 항을 배제하기 때문이다—분리적인 형식을 보고자 했다. 사실 이를테면, 나의 욕망의 이룸에서 나를 분리시키는 것은 바로 시간이다. 내가 이런 이룸을 기다리지 않을 수 없는 것은, 이 이룸이 수많은 사건의 '뒤에' 위치하고 있기 때문이다. '뒤, 또 뒤'의 계기가 없으면, 나는 내가 있고자 하는 것으로 '즉시' 있을 것이고, 그것에는 이미 나와 나 사이의 거리도, 행동과 꿈 사이의 분리도 없을 것이다. 소설가와 시인들이 강조한 것은 본질적으로 시간의 이 분리적 효력에 관한 것이었으며, 아울러 어떤 의미에서는 시간적 동태에 속하는 비슷비슷한 관념, 즉 '모든 "지금"은 곧 "지난날"이 될 운명을 가지고 있다'는 관념에 대한 것이다. 시간은 갉아먹고 구멍을 뚫는다. 시간은 분리한다. 시간은 달아난다. 또 시간은 분리하는 자로서, 인간을 그의 괴로움에서 또는 괴로움의 대상에서 분리함으로써 치유해 준다.

"시간이 하는 대로 맡겨 두어라." 국왕은 돈 로드리고에게 말한다.*17 일반적으로 말하면 사람들은, 특히 서로 잇달아서 일어나는 '뒤'의 무한의 분산에 있어서 멀어져 간다는, 모든 존재에 있어서의 필연성에 깊은 감동을 느꼈던 것이다. '항상적인 것'조차, 내가 변하고 있는 동안 불변으로 머물고 있는 이 탁자까지도, 시간적 분산 속에 자기 존재를 펼치고 접고 하지 않으면 안 된다. 시간은 나를 나 자신으로부터, 내가 있었던 것으로부터, 내가 있고자 하는 것으로부터, 내가 하고자 하는 것으로부터, 사물들로부터, 타자로부터 나를 분리시킨다. 거리의 실제적 척도로서 선택된 것은 시간이다. 예를 들면 '저 도시에서 반 시간, 다른 한 도시에서 한 시간쯤 되는 곳에 있다'든가, '이 일을 마치려면 사흘이 걸린다'고 하는 표현이 그것이다. 이런 전제에서 보면, 세계와 인간의 시간적 모습은 '앞'과 '뒤'의 산산이 부서진 상태로 무너져 버리고 말 것이다. 이런 분쇄의 단위, 즉 시간적 원자(原子)는 '순간'일 것이다. 이 순간은 어느 일정한 순간의 '앞에', 그리고 다른 순간의 '뒤에' 자기를 차지하고 있지만, 그 자신의 형태의 내부에는 앞도 뒤도 포함하지 않는다.

순간은 불가분적이고 무시간적이다. 왜냐하면 시간성은 계기이지만, 세계는 무한한 티끌 같은 순간들로 무너지기 때문이다. 하나의 순간에서 다른 하나의 순간으로의 이행이 어떻게 일어날 수 있는가 하는 것이, 이를테면 데카르트

---

*17 돈 로드리고는 코르네유의 비극 《르 시드》의 주인공. 이 말은 그 막이 끝날 때 임금 돈 페르난도가 로드리고에게 말하는 유명한 대사. '시간과 너의 용맹과 너의 국왕이 하는 대로 맡겨 두어라'이다.

에게는 하나의 문제이다. 왜냐하면 모든 순간은 병치(竝置)되어 있기 때문이다. 다시 말하면 '아무것도 아닌 것'에 의해 분리되어 있으면서 아무런 상호소통도 가지고 있지 않기 때문이다. 마찬가지로 프루스트는 자신의 자아가 한 순간에서 다른 순간으로 넘어갈 수 있는 것은 무엇 때문인가, 이를테면 하룻밤 잠을 자고 난 뒤에 뭔가 다른 자아를 찾아내는 것이 아니라, 바로 전날의 자신의 '자아'를 다시 찾아내는 것은 어째서인가에 대해 자문하고 있다. 그리고 더욱 근본적으로 경험론자들은 '자아'의 항상성을 부인한 뒤에, 심적 생활의 순간들을 통한 횡적 통일이라고도 할 수 있는 것을 세우려고 하지만, 그것도 헛된 노력이다. 그러므로 시간성의 분해적인 힘을 그것만 떼어서 고찰해 보면, 주어진 한 순간에 존재했다는 사실은 다음 순간에 존재하기 위한 권리를 구성하는 것이 아니고, 미래에 대한 저당권이나 선택권을 구성하는 것도 아니라는 것을 인정하지 않을 수 없을 것이다. 여기서 일어나는 문제는 한 세계가 존재한다는 것, 다시 말해 연결된 변화와 시간 속의 항상성이 존재한다는 것을 어떻게 설명하는가이다.

그렇다 해도 '시간성'은 오로지 분리인 것은 아니고, 최초의 분리도 아니다. 시간성을 이해하기 위해서는 '앞'과 '뒤'의 관념을 더욱 정확하게 고찰해 보면 된다. 'A는 B의 뒤에 있다'고 우리는 말한다. 우리는 그것에 의해 A와 B 사이에 '순서'라고 하는 하나의 확실한 관계를 세운 셈이다. 따라서 그것에는 이 순서 자체 속에서의 양자의 통일이 전제되어 있다. 예를 들어 A와 B 사이에 순서 이외의 어떤 관계도 존재하지 않는다 해도, 적어도 양자의 결합을 확인하는 데는 그것으로 충분하다. 왜냐하면 순서는 한쪽에서 다른 쪽으로 가는 것을, 그리고 계기적 판단에 있어서 양자를 하나로 잇는 것을, 사고(思考)에 허락할 것이기 때문이다. 따라서 설령 시간이 분리라 하더라도, 적어도 시간은 어떤 특수한 형태의 분리, 즉 '다시 하나로 결합하는 분할'이다. '그렇기는 하지만' 하고 말하는 사람도 있을 것이다. "하나로 결합하는 이 관계는 무엇보다도 하나의 외적인 관계이다. 관념연합론자들이 정신의 인상(印象)은 전적으로 외적인 유대에 의해 서로 붙잡아 둘 수 없다는 것을 보여 주려고 했을 때, 그들은 마지막으로 모든 연상적인 연관을 단순한 '인접'으로서의 '전후관계'로 환원하지 않았는가?"

물론 그렇다. 그러나 칸트는 조금이라도 경험적인 연상이라고 하는 유대를 생각할 수 있기 위해서는 경험의 통일이, 따라서 시간적 다양의 통일작용이 필요하다는 것을 보여 주지 않았는가? 관념연합론자들의 학설을 좀더 자세히 고찰해 보자. 이 학설은 존재가 어떤 경우에도 즉자존재로 있다고 하는 일원론적 사고방식을 따르고 있다. 정신의 인상은 어느 것이나 그 자신에 있어서, 그것이 있는 그대로의 것으로 있다. 이 인상은 그 현재적인 충실 속에 고립되어 있고, 장래의 어떤 윤곽도, 어떤 결여도 포함하지 않는다. 흄은 그 유명한 도전을 감행했을 때, 스스로 경험에서 이끌어 냈다고 주장하는 다음과 같은 법칙을 세우려고 했다.

"강한 인상을 관찰하든 약한 인상을 관찰하든, 사람들은 그 인상 속에서는 그 인상 이외의 다른 어떤 것도 발견하지 못할 것이다. 따라서 하나의 전건(前件)과 하나의 후건(後件)의 모든 연결은 그것이 아무리 불변하는 연결일지라도 여전히 불가해한 것으로 머문다."

그렇다면 즉자적인 한 존재로서 존재하는 하나의 시간적 내용 A와, 또한 같은 방식으로, 다시 말해 동일률적인 자기에 대한 소속의 방식으로 존재하는 것으로서, 전자 뒤에 오는 또 하나의 시간적 내용 B를 상정해 보자. 먼저 주목해야 할 것은 이런 자기와의 동일성 때문에 양자는 각기 비록 시간적인 분리일지라도 자기와의 어떤 분리도 없이 존재하지 않으면 안 된다. 따라서 양자는 영원 또는 순간 속에 존재하는 것이 아니면 안 된다. 이 경우에 영원이든 순간이든 그 귀결은 똑같다. 왜냐하면 순간은 앞뒤라는 연결에 의해 내적으로 한정되지 않는 것이고, 따라서 무시간적이기 때문이다.

그런데 이런 조건에서 상태 A가 상태 B'보다 앞서는' 것은 무슨 까닭인지 물어 보자. 그것에 대해 앞서거나 뒤에 오는 것은 '상태'가 아니고 상태를 포함하는 각각의 '순간'이라고 대답해도 아무런 도움도 되지 않을 것이다. 왜냐하면 가설에 의해 각각의 순간은 즉자적으로, 상태로서 존재하기 때문이다. 그런데 A가 B보다 앞선다는 것은, A(순간이든 상태이든)의 본성 자체 속에 B쪽을 지향하는 하나의 불완전성이 있음을 예상한 것이다. 만일 A가 B보다 앞선다면 A가 이런 규정을 받을 수 있는 것은 B에 '있어서'이다. 그렇지 않다면 자신의 순간 속에 고립되어 있는 B의 나타남도 소멸도, 마찬가지로 자신의 순간 속에 고립되어 있는 A에 대해, 그런 특정한 성질을 부여하는 것은 전혀 불가능할 것이다. 요컨대 만일 A가 B에 앞서야 하는 것이라면, A는 자신의 존재 자체 속에서 자기에 대한 미래로서의 B로(en B)*18 존재하지 않으면 안 된다. 그리고 반대로 B는 만일 그것이 A보다 뒤에 있어야 한다면, 자신의 배후에 '뒤에 온다'는 의미를 자신에게 부여해 주는 A 안에 꼬리를 끌고 있어야 한다. 따라서 만일 우리가 A에 대해, 그리고 B에 대해 선험적으로 즉자적인 존재를 인정한다면, 이 둘 사이에 계기라는 연결을 확립하는 것은 전혀 불가능해진다. 사실 이 경우의 연결은 단순히 하나의 외적인 관계가 될 것이고, 또 그런 것으로서 이 연결은 기체(基體, hypokeimenon)를 빼앗겨 A에도 B에도 달라붙지 못한 채, 일종의 무시간적인 무 속에서 공중에서 떠돌고 있을 수밖에 없을 것이다.

또한 이런 전후관계는 그것을 세우는 하나의 증인에 있어서만 존재할 수 있는 것이 아닐까 하는 가능성이 남아 있다. 다만 이 증인이 동시에 A에도 B에도 존재할 수 있는 것은, 이 증인 자신이 시간적이기 때문이며, 그렇게 되면 문제는 다시 이 증인에 대해서 제기된다. 아니면 그 반대로, 이 증인은 시간적 편재(遍在)라고 하는, 무시간성과도 같은 선물에 의해 시간을 초월할 수 있을 것인가? 데카르트와 칸트도 이런 해결에 머물렀다. 그들에게 있어서 앞뒤라고 하는 종합적 관계는 시간적인 통일 속에 드러내 보이는 것인데, 이 시간적 통일은 그 자신은 시간성을 벗어나 있는 어떤 하나의 존재에 의해 모든 순간의 다양성에 주어지는 것이다. 데카르트와 칸트도 분할형식으로서의 시간, 저절로 단순한 다수성으로 해소하는 시간을 전제로 출발한다. 시간의 통일성은 시간 자체에 의해 주어질 수는 없으므로 그들은 이런 통일성을 시간외적인 하나의 존재에게 맡긴다.

데카르트의 경우에는 신(神)과 그 연속적인 창조, 칸트의 경우에는 '나는 생각한다'*19와 그 종합적 통일의 형식들이 그것이다. 다만 전자(前者)의 경우에는 시간은 그 실질적 내용에 의해 통일되고, 이 실질적 내용은 끊임없는 '무로부터' 창조에 의해 존재로 유지된다. 그 반대로 후자에 있어서는 순수오성(純粹悟性)의 개념이 적용되는 것은 시간의 형식 자체에 대해서이다. 어쨌든 '무시간적인 것(순간들)'에 그 시간성을 제공하는 역할을 하는 것은 '무시간적인 것(신 또는 나는 생각한다)'이다. 시간성은 무시간적 실체들 사이의 하나의 단순

---

*18 이 경우의 en은 succession(繼起)의 방향을 가리키는 en으로 해석해야 한다. 또는 좀더 강하게 'vers l'intérieur de(……의 속을 향하여)'라는 의미로 해석해야 할 것이다.
*19 칸트는 이것을 순수통각(純粹統覺, rein Apperzeption)이라고 부르고 있다.

한 외적이고 추상적인 관계가 된다. 사람들은 비시간적인 재료로 시간성의 전체를 재구성하려고 한다. 처음부터 시간에 반(反)해서 이루어진 이런 재구성이이어서 시간적인 것에 이를 리가 없는 것은 분명하다. 사실, 우리는 무시간적인 것을 암암리에 슬며시 시간화하게 되거나, 만일 우리가 무시간적인 것에 어디까지나 그 무시간성을 보존시킨다면, 시간은 단순히 인간적인 환영, 또는 하나의 몽상이 되어 버릴 것이다. 만일 시간이 '실재적'이라면, 사실, 신은 '설탕이 녹기를 기다리지'[20] 않으면 안 된다.

여러 시점의 연결이 일어나게 하기 위해서는, 신은 저편의 장래 속에, 그리고 머지않은 과거 속에 있어야만 할 것이다. 왜냐하면 신은 이런 시점들이 존재하는 곳으로 시점들을 붙잡으러 가야만 하기 때문이다. 그리하여 신의 의사(擬似)—무시간성 속에는 다른 개념들, 즉 시간적 무한성의 개념과 시간적 편재성의 개념이 감추어져 있다. 그러나 이 두 개념은 자기로부터의 이탈이라는, 이미 즉자적 존재와는 결코 대응하지 않는 하나의 종합적 형식을 위해서만 의미를 가질 수 있는 것이다. 만일 그와 반대로 사람들이, 예컨대 신의 전지(全知)를 그 시간외성(時間外性)에 의거시킨다면 신은 설탕이 녹는 것을 '보기' 위해 설탕이 녹기를 기다릴 필요는 전혀 없는 것이다. 하지만 그때는 기다릴 필요, 따라서 또한 시간성은 인간적 유한성에서 유래하는 하나의 환영밖에 보여줄 수 없는 것이며, 시간적 순서는 하나의 논리적·영원적 순서의 어수선한 지각 이외에 아무것도 아니게 된다. 이 논법은 칸트적인 '나는 생각한다'에도 그대로 적용될 수 있다.

칸트의 경우에는 시간은, 무시간적인 것에서 '선험적'인 형식으로 나타나는 것이므로, 시간으로서의 한에서 하나의 통일을 가지고 있다고 하는 이론(異論)은 아무 소용이 없다. 왜냐하면 시간 나타남의 전체적 통일을 설명하는 것보다는, 앞과 뒤의 시간내적(時間內的)인 연결을 설명하는 것이 중요하기 때문이다. 잠세적 시간성이라는 것이 있어서 통일작용이 그것을 현세(現勢)로 이행시킨 것이라고 말하는 사람도 있을지 모른다. 그러나 이 잠세적 계기는 위에서 말한 실재적 계기보다 더욱더 이해하기 어려운 것이다. 통일을 기다려야 비로소 계기가 되는 계기란 도대체 무엇인가? 이런 계기는 누구에게, 무엇에 소속

---

[20] 베르그송의 《창조적 진화》 속에 나오는 유명한 비유.

하는가? 하지만 이런 계기가 이미 어떤 곳에 주어져 있지 않다면, 무시간적인 것은 어떻게 해서 그 무시간성을 전혀 잃지 않고 계기를 분비(分泌)할 수 있을 것인가? 또 계기는 어떻게 해서 무시간적인 것을 부수지 않고 거기서 흘러나올 수 있을 것인가? 그뿐만 아니라, 통일작용이라는 관념 자체가 이 경우에는 전혀 이해할 수 없는 것이다.

사실 우리가 상정한 것은, 그곳, 그 날짜에 고립되어 있는 두 개의 즉자이다. 우리는 어떻게 그 둘을 통일할 수 있을 것인가? 문제가 되는 것은 '실제적'인 통일이라는 말인가? 이 경우에는 우리는 말로만 만족한다—그렇게 되면 이 통일작용은 각각 자신의 통일성과 완전성 속에 고립되어 있는 두 개의 즉자 가운데 어느 것에도 달라붙을 수 없을 것이다—그렇지 않으면 하나의 새로운 형(型)의 통일, 즉 '각각의 상태는 그것이 다른 상태의 '앞' 또는 '뒤'에 존재하기 위해서는, 자기의 밖에, 저편에 존재할 것'이라는 그야말로 탈자적인 통일을 구성해야만 한다. 다만 이 두 즉자의 존재를 부수어, 그런 존재를 감압하고, 그런 존재를 시간화하지 않으면 안 되며, 단순히 그 둘을 접근시키기만 해서는 안 되는 것이다.

그런데 단순한 사고능력으로서의 '나는 생각한다'의 무시간적 통일이 어떻게 이런 존재감압을 일으킬 수 있을 것인가? '통일작용은 잠세적'이다. 다시 말하면 여러 인상의 저편에 후설적인 노에마와 비슷한 어떤 형의 통일이 투사(投射)되었다고 우리는 말할 것인가? 그러나 무시간적인 점들을 통일해야 하는 하나의 무시간적인 것이, 어떻게 계기라고 하는 형식의 통일작용을 생각해 낼 수 있을까? 그리고 그때는 인정하지 않으면 안되겠지만, 만일 시간의 '있음'이 '지각되는 것'이라면 '그것이 지각된다'는 것은 어떻게 구성될 것인가? 요컨대 비(非)—시간적인 구조를 가진 하나의 존재는 각각의 무시간성 속에 고립되어 있는 즉자를 어떻게 시간적인 것으로 파악(또는 시간적인 것으로서 지향화)할 수 있을 것인가? 따라서 시간성이 분리의 형식이며 동시에 종합의 형식인 한, 시간성은 어떤 하나의 무시간적인 것에서 도출되는 일도 없고, 또 무시간적인 점들에 대해 '밖으로부터' 강요당하는 일도 없다.

라이프니츠는 데카르트에 반대하고, 또 베르그송은 칸트에 반대하여, 이번에는 시간성 속에 단순한 내재관계와 밀착관계밖에 보려고 하지 않았다. 라이프니츠는 한 순간에서 다른 순간으로의 이행 문제와 그 해결책인 계속적인 창조 따위는 문제의 세우는 방법도 틀렸고 해결방법도 무익하다고 생각한다. 라이프니츠에 따르면 데카르트는 시간의 '연속성(continuité)'을 잊은 것이 될 것이다. 시간의 연속성을 긍정한다면, 우리는 시간이 순간들로 형성된 것이라고는 생각할 수 없게 되는 것이며, 만일 순간이 더 이상 존재하지 않는다면 순간들 사이의 전후관계도 이미 없는 것이 된다. 시간은 하나의 머나먼 연속적 경과이며, 그것에 대해서는 즉자적으로 존재하는 제1의 요소들[21]을 충당할 수는 없는 셈이 된다.

이것은 앞뒤가 분리작용을 하는 하나의 형식이기도 하다는 것을 잊어버린 사고방식이다. 그러나 만일 시간이 분리로의 부인할 수 없는 경향을 가지고 '주어져 있는' 하나의 연속성이라고 하면, 우리는 데카르트의 문제를 다른 형식으로 세워볼 수 있다. 즉 연속성의 밀착력은 어디서 오는가? 물론 하나의 연속적인 것 속에는 병립적(竝立的)인 제1의 요소는 존재하지 않는다. 반대로 그것은 바로 연속적인 것이 '무엇보다 먼저' 통일이기 때문이다. 단 하나의 행위의 통일 속에서 이루어진 직선이 무한한 점들과는 별개인 것은, 칸트가 말한 것처럼 내가 그 직선을 긋기 때문이다. 그렇다면 대체 누가 시간을 '긋는가?' 요컨대 이 연속성은 설명되어야 하는 하나의 '사실'이다. 이 연속성은 하나의 해결일 수는 없을 것이다.

또한 푸앵카레(Poincaré)의 유명한 정의를 상기해 주기 바란다. '일계열(一系列) a, b, c는 a=b, b=c, a≒c라고 표현할 수 있을 때 연속적이다[22]'라고 그는 말한다. 이 정의는, 그것이 바로, 있지 않은 것으로 있고 있는 것으로 있지 않은, 존재의 하나의 형식을 우리에게 예감시켜 준다는 점에서 뛰어난 정의이다. 즉

---

*21 제1요소라는 것은 '다른 것으로 환원할 수 없는 가장 근원적인 것'이라는 뜻이다. 이를테면 모든 말의 요소는 알파벳 A, B, C……이지만 연속성에 그런 의미에서의 요소들을 할당할 수는 없다는 말이다. 덧붙이지만 요소(élément)는 일설에 의하면 'L, M, N적인 것(el-em-en-tum)'으로 근본적으로는 알파벳과 같은 의미이다.

*22 이것은 구체적으로, 이를테면 흑과 백을 양극으로 하는 중간의 회색의 연속을 생각해 보면 쉽게 이해할 수 있을 것이다. 지금 그 회색의 한 곳을 a라 하고, 흰 쪽으로 기울어진 그 옆을 b라고 하며, 흰 쪽에 더욱 가까운 b의 옆을 c라고 가정해 보자. 그렇게 하면 a와 b는 전혀 분간이 되지 않으므로 a=b이며 b와 c도 전혀 분간이 되지 않으므로 b=c이다. 그러나 a와 c에서는 어렴풋이나마 농담의 차이가 나타나 있다. 따라서 a≒c(또는 a≠c)가 된다. 결국 공리(公理)로 보면 a=b, b=c, ∴a=c가 되어야 하지만, 연속성이라고 하는 입장에서 보면 a=b, b=c, a≒c(또는 a≠c)가 아니면 안 되는 것이다.

공리에서 보면 a=c이며, 연속성 자체에서 보면 a≒c이다. 따라서 a는 c와 등가인 동시에 등가가 아니다. 그리고 a와 동등하고 c와 동등한 b는 a가 c와 동등하지 않은 한에 있어서 b 자신과 다르다. 그러나 이런 교묘한 정의도 우리가 이것을 즉자의 시야에서 고찰하는 한, 단순한 정신놀이가 되고 만다. 그리고 이 정의는, 있으며 동시에 있지 않은 하나의 존재의 형식을 우리에게 보여 주지만, 그것에 대한 원칙과 근거는 보여 주지 않는다. 모든 일은 이제부터 해야 할 것으로 남아 있다. 특히 시간성 연구에 있어서는 연속성이 우리에게 얼마나 중요한 역할을 하는지 충분히 이해할 수 있게 된다. 왜냐하면 연속성은 순간 a와 순간 c가 아무리 접근해 있어도 그 사이에 중간항을 삽입하는 것을 허용하기 때문이다. 그것은 a=b, b=c, a≒c라는 공식에 따르면, 이런 중간항 b는 동시에 a와도 구별할 수 없고 c와도 구별할 수 없으나, a와 c는 서로 완전히 구별할 수 있다. 전후관계를 실현시킬 것은 이 중간항 b이다. 자신이 a와도 c와도 구별되지 않는 한, 자기 자신 앞에 있을 것은 이런 중간항 b이다.

이건 정말 기막힌 생각이다. 하지만 이런 존재가 어떻게 존재할 수 있을 것인가? 그의 탈자적 본성은 어디서 오는 것인가? 이 중간항 b 속에 소모되는 이 분열이 완수되지 않는 것은 어찌 된 일일까? 이 중간항 b가 두 항으로 파열하여 하나는 a와 융합하고, 다른 하나는 c와 융합하지 않는 것은 어찌 된 일일까? 여기에 그 중간항의 통일에 관한 하나의 문제가 있음을 어떻게 간과할 수 있을까? 아마도 이런 존재의 가능성의 조건을 좀더 깊이 검토해 보면 알게 되겠지만, 오로지 '대자'만이 자기의 탈자적인(ek-statique de soi) 통일 속에 존재할 수 있다. 그러나 다름 아닌 그 검토는 아직까지 시도된 적이 없었다. 그리고 라이프니츠의 시간적인 밀착은 결국 논리적인 것의 절대적 내재에 의한 점착, 즉 동일성을 감추고 있다. 하지만 만일 시간적인 순서가 연속적이라면, 바로 그 시간적인 순서는 동일성의 순서와 일치할 수 없을 것이다. 왜냐하면 연속적인 것은 똑같은 것과 양립할 수 없기 때문이다.

마찬가지로 베르그송의 경우에도, 그가 주장하는 지속(持續)은 선율적(旋律的)인 짜임이고 침투적인 다수성이지만, 다수성이라는 하나의 짜임에는 그것을 조직하는 하나의 행위가 전제되어 있다는 것을 그는 깨닫지 못한 것처럼 보인다. 베르그송은 데카르트와 반대로 순간을 배제하는 점에서 옳지만, 이 베르그송과 반대로 '주어진' 종합이라는 것은 존재하지 않는다는 것을 인정하는 점에서는 칸트가 옳다. 현재에 점착하고 현재 속에 침투까지 한다는 저 베르그송적인 과거는 아무리 보아도 화려한 수사(修辭)로밖에 생각되지 않는다. 베르그송이 그 기억의 이론에서 부딪힌 여러 가지 문제점들이 그것을 잘 보여 주고 있다. 왜냐하면 만일 '과거'가 그가 단정하는 것처럼 아무런 작용도 하지 않는다면, 과거는 다만 배후에 머물러 있을 수밖에 없다. 과거는 하나의 현재적 존재가 단순히 현재로 있는 것이 아니라 탈자적으로 '과거'에 존재하려고 애쓰고 있는 것이 아니라면, 상기(想起)의 형태로 현재에 침투하기 위해 돌아오는 일은 없을 것이다. 또 말할 것도 없는 일이지만, 베르그송의 경우에는 과거는 지속하는 똑같은 존재이다. 그러나 바로 이것은 존재론적인 해명의 필요성을 더욱 통감하게 할 뿐이다. 왜냐하면 결국은 과거는 존재여서 그 존재가 지속하는 것인지, 아니면 과거는 지속이어서 그 지속이 존재하는 것인지, 그것을 우리는 알지 못하기 때문이다. 만일 지속이 존재로 '있다'면 지속의 존재론적 구조는 어떤 것인지 우리에게 설명해 주어야 한다. 반대로, 만일 과거가 존재여서 그 존재가 지속하는 것이라면, 자신의 존재에 있어서 그에게 존재할 수 있게 해 주는 것은 무엇인지를 우리에게 보여 주어야 한다.

이 논의의 종국에 와서 우리는 어떤 결론을 내릴 수 있을 것인가? 무엇보다 먼저 시간성은 하나의 분해시키는 힘이지만, 어떤 통일시키는 행위의 중심에서 그러하다는 것이다. 시간성은 실제적 다수성―이것은 다음에 어떤 통일도 받아들일 수 없을 것이고, 따라서 다수성으로서 존재할 수도 없을 것이다―이 아니라 오히려 준―다수성(準多數性, quasimultiplicité)이며, 통일의 중심에서의 분해의 소묘이다. 이 두 가지 모습을 따로따로 고찰하려고 해서는 안 된다. 맨 먼저 시간적인 통일을 세운다면 우리는 이 통일의 '의미'로서의 불가역적인 계기에 대해서는 아무것도 이해할 수 없게 될 우려가 있다. 그렇다고 분열시키는 계기를 시간의 근원적인 성격으로 여긴다면, 우리는 '하나의' 시간이 존재한다는 것을 더 이상 이해할 수 없게 될 수도 있다. 따라서 그것에는 다수성에 대한 통일의 우위도 없고 통일에 대한 다수성의 우위도 없다면, 시간성은 '자기'를 다수화하는 통일이라고 생각해야 할 것이다. 다시 말해, 시간성은 똑같은 존재 속에서의 하나의 존재관계밖에 될 수 없다. 우리는 시간성을 존재가 '주어질' 때의 하나의 용기(容器) 같은 것이라고 여길 수는 없다. 왜냐하면 그렇게 되면, 이런 용기라는 즉자적인 존재가 어떻게 해서 다수성으로 분할될 수 있는지, 또 최소한의 용기, 즉 순간들이라고 하는 즉자가 어떻게 '하나의' 시간의 통일 속에서 다시 하나로 이어질 수 있는지 이해하는 것이 영원히 불가능해질 것이기 때문이다.

시간성은 '존재하지 않는다.' 다만 어떤 종류의 존재구조를 가진 어떤 존재만이 자신의 존재의 통일 속에서 시간적일 수 있다. 앞에서 지적한 것처럼, 앞과 뒤는 내적 관계로서만 이해될 수 있다. 앞이 '앞'으로서 규정되는 것은 저편에 '뒤'에 있어서이며, 그 반대 또한 성립된다. 요컨대 '앞'은 그것이 자기 자신의 '앞'에 있는 존재인 경우에만 이해될 수 있다. 다시 말해, 시간성은 자기 밖에서 자기 자신으로 있는 어떤 존재의 존재방식을 지시하는 것밖에 할 수 없다. 시간성은 자기성(自己性, ipséité)이라는 구조를 가지고 있어야 한다. 자기가 자기의 '앞' 또는 '뒤'에 있을 수 있는 것은, 그리고 일반적으로 '앞'과 '뒤'가 있을 수 있는 것은, 사실, 다만 자기가 자기의 존재에 있어서 저편에 자기 밖에서 자기로 있기 때문이다. 시간성은, 자기 존재로 있어야 하는 존재의 내부구조, 다시 말해 '대자'의 내부구조로서만 존재한다. 그렇다고 시간성에 대해 '대자'가 존재론적으로 우위라는 것은 아니다. 오히려 시간성은 대자가 탈자적으로 대자로 있어야 하는 한에서 이 '대자'의 존재이다. 시간성이 존재하는 것이 아니라, '대자'가 존재함으로써 자기를 시간화하는 것이다.

과거·현재·미래에 대한 우리의 현상학적 연구에 의하면, 그렇게 말해도 무방하지만, 반대로 '대자'는 시간적 형태 속에서가 아니면 존재할 수 없다.

즉자의 무화로서 존재 속에 나타나는 '대자'는, 동시에 무화의 모든 가능한 차원하에서 자기를 구성한다. 어떤 방면에서 보아도, 대자는 한 올의 실에 의해서만 자기 자신과 연결되어 있는 존재이다. 또는 더 정확하게 말해서 대자는 자기가 존재함으로써 자기의 무화의 모든 가능한 차원을 존재하게 하는 존재이다. 고대세계에서는 유대민족의 분산과 그 깊은 밀착을 가리키는 데 '디아스포라(diaspora)'*23라는 명칭이 쓰였다. 이 말은 우리에게 있어서, '대자'의 존

---

*23 diaspora는 유대민족이 바빌론에 포로로 잡혀간 뒤 이방인들 사이에 흩어진 것을 말한다. 그러나 여기서는 이방의 각지에 흩어지면 흩어질수록 그 유대는 더욱 강고해진다는 의미로 사용되었다. '분산–점착'이라고 번역해도 무방하다. 이 책에서는 diaspora또는 diasporique라는 말이 자주 나오지만, 이 번역서에서는 그냥 '디아스포라' 또는 '디아스포라적'이라고 번역해 둔다.

재방식을 보여 주는 데 도움이 될 것이다. 즉 대자는 디아스포라적이다. 즉자존재는 하나의 존재 차원밖에 가지고 있지 않지만, 무가 존재의 핵심에 있어서 '존재되는' 것으로서 나타날 때, 이런 무의 나타남은 '자기'의 존재론적 환영을 나타나게 함으로써 존재적 구조를 복잡하게 만든다. 나중에 뒤에 가서 알게 되지만, 반성, 초월, 세계-속-존재, 대(對)-타자-존재(대타존재) 따위는 무화의 여러 차원을 나타내는 것이며, 또는, 말하자면 자기와 존재의 많은 근원적인 관계를 나타내고 있다. 그러므로 무는 존재의 중심에 준-다수성을 도입한다. 이 준-다수성은 모든 세계-내적인 다수성의 근거이다. 왜냐하면 하나의 다수성은 그것이 어떤 최초의 통일 속에서 소요되는 것을 전제로 하기 때문이다. 그런 뜻에서 메이에르송(Meyerson)이 주장하는 '다양함이라고 하는 하나의 좌절이 있다. 이 좌절의 책임은 실재적인 것에 귀착한다'는 설은*24 진실이 아니다. 즉자는 다양하지 않다. 즉자는 다수성이 아니다. 즉자가 그 '세계-한복판에서의-존재'의 특징으로서 다수성을 받기 위해서는, 그 동일성 속에 고립된 각각의 즉자에 대해, 동시에 현전적으로 있는 하나의 존재가 나타나야 한다. 다수성이 세계에 찾아오는 것은 인간존재에 의해서이다. 수(數)로 하여금 세계 속에 드러내 보이도록 하는 것은 대자 존재 속에서의 준-다수성이다. 그러나 '대자'의 이런 다수의, 또는 준-다수의 차원들의 의미는 어떤 것일까? 그것은 대자의 존재에 대한 대자 자신의 여러 가지 다른 관계들이다. 우리가 그저 단순하게 우리의 있는 그대로의 것으로 있다면, 자신의 존재로 있는 방식은 오직 하나뿐이다.

그러나 우리가 일단 자신의 존재로 있지 않게 되는 순간부터, 전혀 자기의 존재로 있지 않으면서도 자기의 존재로 있는 서로 다른 방식들이 동시에 나타난다. '대자'는 우리가 최초로 '세 가지의' 탈자—그런 탈자는 무화의 근원적인 뜻을 가리키는 동시에 '최소한'의 무화를 대표하는 것이지만—를 보존해 두기 위해서는, 동시에 다음과 같은 방식으로 존재할 수 있고, 또 존재해야 한다.

---

*24 메이에르송(Meyerson, 1859~1933), 실증주의·프래그머티즘·진화론에 반대하여 인식능력으로서의 이성의 권리를 재건하려고 한 철학자이다. 그에 의하면 다양(le divers) 속에서 동일(l'identique)을 탐구하고, 他(l'autre)를 同(le même)으로 환원하는 것이 정신의 본질적인 요구이다. 그러나 실재는 정신의 이 요구에 저항한다. "물질적인 세계와 우리 자신의 바탕에 있어서 비합리적인 것이 우리를 거스르고 우리를 배반한다." 메이에르송은 동일성의 근원을 이성에, 다양성의 근원을 실재에서 구한 것으로, 사르트르의 생각과는 정반대이다.

(1) 대자는 자기가 있는 그대로의 것으로 있지 않다. (2) 대자는 자기가 있지 않은 것으로 있다. (3) 대자는 끊임없는 지향의 통일 속에서 자기가 있지 않은 것으로 있고, 자기가 있는 것으로 있지 않다. 물론 탈자의 의미는 '자기와의 거리'라는 것이지만, 여기서는 세 가지의 탈자적인 차원이 문제가 된다. 이런 세 가지 차원에 따라서 존재하는 것이 아닌 하나의 의식을 생각하는 것은 불가능하다. 설령 코기토가 그런 차원 가운데 하나를 최초로 발견하더라도, 그것은 그 차원이 최초의 차원인 것이 아니라, 다만 그 차원이 더 쉽게 드러내 보인 것일 뿐이다. 그러나 그 차원은 그것만으로는 '비독립적'이어서 이내 다른 차원들을 내비치게 된다. '대자'는 동시에 그 모든 차원에서 존재해야 하는 하나의 존재이다.

이 경우, '자기와의 거리'로서 생각되고 있는 '거리'는 실재적인 것이 아니고, 즉자로서 일반적인 방법으로 '존재하는' 것도 아니다. 바꿔 말하면, 이 거리는 그저 아무것도 아닌 것이고, 분리로서 '존재되는' 무(無)이다. 세 가지 차원의 각각은 '자기'를 향해 헛되이 자기를 기투하는 하나의 존재방식이고, 무의 저편에서 우리가 있는 그대로의 것으로 있는 하나의 존재방식이며, '대자'가 있어야 하는 이런 존재의 추락, 존재의 실추로 있는 경우의, 각각의 존재방식이다. 세 가지 차원을 하나씩 차례로 고찰해 보기로 하자.

첫 번째 차원에서는, '대자'는 자신이 그것으로 있으면서 그것의 근거로는 있지 않은 것으로서 자신의 배후에서 자기의 존재로 있어야 한다. 대자의 존재는 자신의 뜻에 반(反)하여 그곳에 존재한다. 그러나 하나의 무가 대자를 그 존재에서 떼어 놓는다. 무는 대자를 사실성으로부터 떼어 놓는다. 자기의 무의 근거로서의 대자—또 그런 것으로서 필연적인 근거인 대자—는 자기의 근원적 우연성을 제거할 수도, 그것과 융합할 수도 없는 점에서 자기의 근원적 우연성에서 분리되어 있다. 대자는 자기 자신을 위해 존재한다. 하지만 치유될 수 없는 것, 대가가 없는 것이라는 양상으로 존재한다. 대자의 존재는 대자를 위해 존재하지만, 대자는 이 존재를 위해 존재하는 것이 아니다. 왜냐하면 바로 이 '반사—반사하는 것'이라는 상호작용은 '존재하는' 것의 근원적인 우연성을 사라지게 할 것이기 때문이다. 바로 '대자'는 존재의 형식으로 자기를 파악하므로, 대자는 즉자 속에 미끄러져 들어간 '반사—반사하는 것'의 희롱으로서, 거리를 두고 존재한다. 이 '반사—반사하는 것' 속에서는 '반사하는 것'을 존재하게 하는 것은 이미 '반사'가 아니고, 또 '반사'를 존재하게 하는 것은 이미 '반사하는 것'이 아니다. '대자'가 그것으로 있어야 하는 이 존재는 위와 같은 사실에서 이미 그것에 복귀할 여지도 없는 무언가로서 주어진다. 왜냐하면 바로 '대자'는 반사—반사하는 것의 양상으로서는 이 존재에 근거를 부여할 수 없는 것으로, 다만 단순히 대자가 자신과 이 존재의 연결에 근거를 부여하는 한에 있어서, 이 존재에 근거를 부여할 수 있을 뿐이기 때문이다. '대자'는 결코 이 존재의 존재에 근거를 부여하는 것이 아니고, 다만 단순히 이 존재가 '주어질' 수 있다는 사실에 근거를 부여할 뿐이다. 여기서는 다음과 같은 무조건의 필연성이 문제가 된다. "그 대자가 어떤 것이든 그 대자는 어떤 의미에 있어서 '존재한다.' 이 대자는 그것에 이름이 붙여질 수 있으므로, 그리고 그 대자에 대해 우리가 뭔가의 성격을 긍정하거나 부정할 수 있으므로 존재한다." 그러나 그 대자가 '대자'인 한에서, 이 대자는 결코 그것이 있는 그대로의 것으로 있는 것은 아니다. 그 대자가 있는 그대로의 것은 그 대자의 배후에 끊임없이 뛰어넘기를 당하는 것으로서 존재한다. 우리가 '과거'라고 일컫는 것은, 바로 그런 뛰어넘기를 당하는 사실성이다. 그러므로 '과거'는 '대자'의 하나의 필연적인 구조이다. 왜냐하면 '대자'는 하나의 무화적인 뛰어넘기로밖에 존재할 수 없기 때문이며, 이런 뛰어넘기는 뛰어넘기를 당하는 어떤 것을 내포하고 있기 때문이다.

따라서 우리가 어떤 시점에 '대자'를 고찰하든, 이 대자를 '아직 과거를 가지지 않은 것'으로 파악하기란 불가능하다. '대자'는 먼저 존재한다. 대자는 과거를 가지지 않은 한 존재의 절대적인 새로움으로 세계에 나타난다. 이어서 차츰 대자는 어떤 '과거'를 자신에게 구성한다'고 생각해서는 안 될 것이다. 그러나 반대로 어떤 사정 속에서 '대자'가 세계에 나타나는 것이든, 대자는 자기 '과거'와의 어떤 관계의 탈자적 통일 속에서 세계에 찾아온다. 과거를 갖지 않고 과거가 될 절대적인 하나의 시초(始初)는 맨 처음에 존재하지 않는다. 반대로 '대자'는 '대자'인 한에 있어서 자신의 과거로 있어야 하므로, 대자는 하나의 '과거'를 '가지고' 세계에 찾아온다. 이런 몇 가지 지적을 통해, 어느 정도 새로운 빛 속에서 탄생에 대한 문제를 고찰할 수 있다. 사실, "의식은 어떤 시점에 있어서 '나타난다.' 의식은 태아(胎兒) 속에 '깃들기 위해' 찾아온다. 다시 말해, 형성 중인 생체(生體)가 의식을 갖지 않고 존재하는 어떤 시점이 있고, 과거를 가지지 않은 하나의 의식이 그 생체 속에 갇히는 어떤 시점이 있다"는 것은 이상한 이야기처럼 들린다. 그러나 과거를 가지지 않은 의식은 있을 수 없다는 것이 분명해지면 이상할 것도 없어질 것이다. 그렇다 해도, 모든 의식은 '즉자' 속에 응고된 하나의 선행하는 의식을 예상하고 있다고 말할 생각은 없다. 현재적인 '대자'와 '즉자'가 '된' 대자의 이런 관계는, 과거성이라는 원초적인 관계, 즉 '대자'와 단순한 '즉자'의 어떤 관계인 '과거성'의 원초적 관계를 우리에게 보이지 않게 가리고 있다. 사실 '대자'가 세계에 나타나는 것은 '즉자'의 무화작용에 있어서이고, '대자'의 '즉자'에 대한 근원적이고 무화적인 관계로서, 과거로서 '과거'가 구성되는 것은 이 절대적인 사건에 의해서이다. 근원적으로 '대자'의 존재를 구성하는 것은 의식으로 '있지 않은' 하나의 존재에 대한 이 관계, 즉 동일성이라고 하는 완전히 어두운 밤 속에 존재하는 어떤 존재에 대한 이 관계이지만, '대자'는 자신의 밖에서, 자신의 배후에서 이 존재로 있지 않으면 안 된다. 어떤 경우에도 '대자'를 이 존재에게 다시 데려갈 수는 없고, '대자'는 이 존재에 대해 하나의 절대적인 새로움을 대표하는 것이지만, 대자는 이 존재와 자신 사이에 하나의 깊은 존재연대가 있는 것을 느낀다. 이 존재연대는, '즉자는 대자가 "앞에" 그것으로 있었던 것'이라고 말할 때의 '앞에'라는 말로 표시되고 있다. 이런 뜻에서 우리의 과거는 결코 오점이 없는 뚜렷한 선에 의해 한계가 정해진 것으로서 우리에게 나타나는 것이 아니라—이것은 의식이 하나의 과거를 갖기 '앞에' 세계 속에 솟아날 수 있다면 일어날 수도 있는 일일 것이다—오히려 그 반대로, 우리의 과거는 차츰 더 어두워져서 결국 어둠 속에 자신을 잃어버리게 되는데, 그렇다 해도 이 어둠은 여전히 '우리들 자신'이다. 태아와의 이런 불쾌한 연대성, 우리가 부정할 수도 이해할 수도 없는 이 연대성의 존재론적 의미를 여기서 생각할 수 있다. 왜냐하면 결국 이 태아는 나로 '있었기' 때문이며, 이 태아는 나의 기억의 사실적인 한계를 나타내는 것이지, 내 과거의 권리상의 한계를 나타내는 것은 아니기 때문이다. 어떻게 해서 그런 태아에서 내가 태어난 것인지 내가 스스로 마음에 둘 수 있는 한, 탄생에 대한 형이상학적인 문제가 발생한다. 그리고 아마 이 문제는 해결이 불가능할 것이다. 그러나 여기에는 존재론적 문제는 존재하지 않는다. 우리는 어째서 여러 의식들의 탄생이 있을 수 있는지 자문할 필요는 없다. 왜냐하면 의식은 즉자의 무화로만, 즉 '이미 탄생된' 것으로서만 자기 자신에 대해 나타날 수 있기 때문이다. 탄생은 의식이 그것으로 있지 않은 '즉자'에 대한, 탈자적인 존재관계로서, 그리고 과거성의 선험적인 구성으로서, '대자'의 존재법칙의 하나이다. 대자로 있다는 것은 '탄생해 있다'는 것이다. 그러나 '대자'가 거기서 태어난 본디의 즉자에 대해, 나중에 아래와 같은 형이상학적인 질문을 제기할 필요는 없다. 이를테면 "어떻게 해서 '대자'의 탄생 '이전에' 하나의 '즉자'가 존재했는가? 어떻게 해서 '대자'가 다른 '즉자'로부터가 아니라 '이' 즉자에서 탄생한 것인가? 등등." 그런 모든 질문은 일반적으로 '과거'가 존재할 수 있는 것은 '대자'에 의해서라는 점을 고려하지 않은 것이다. '앞'이 있는 것은 '대자'가 세계 속에 나타났기 때문이다. 우리가 '앞'을 설정할 수 있는 것은 '대자'에서 출발함으로써 가능한 일이다. '즉자'가 '대자'에 대해 공통현전적인 것이 되는 한에 있어서 즉자적인 수많은 고립을 대신하여 하나의 '세계'가 나타난다. 이 세계 속에서 처음으로 지시행위를 하는 것이 가능해져서, '이'것, '저'것이라고 말할 수 있게 된다. 그런 의미에서 대자가, 그 존재에 대한 나타남에 있어서 공통현전이라는 하나의 세계를 존재하게 하는 한, 대자는 또 자신의 '앞'도, 하나의 세계에서의, 또는 과거를 가진 세계의 하나의 상태 속에서의, 수많은 즉자에 대한 공통현전적인 것으로서 나타나게 한다. 그러므로 어떤 의미에서는, '대자'는 세계'에서' 태어난 것으로서 나타난다. 왜냐하면 대자는 즉자에서 태어났지만, 이 즉자는 수많은 지나가 버린 공통현전적인 것들 사이의 지나가 버린 공통현전적인 것으로서 세계 한복판에 존재하기 때문이다. 요컨대 전에는 존재하지 않았던 어떤 대자의, 그리고 태어난 어떤 '대자'의, 세계 속에서 출발하여 세계 속을 향하는 나타남이 있다.

하지만 다른 의미에서는, 일반적인 방법으로 하나의 '앞'을 존재하게 하는 것은 대자이다. 또 하나의 지나가 버린 세계의 통일 속에 결합되어 있어서, 우리가 그들 가운데 어떤 것을 지시하고 '이것'이라고 말할 수 있는, 수많은 공통현전적인 것들을 그런 '앞'에 있어서 존재하게 하는 것은 대자이다. '우선 처음에' 하나의 보편적인 시간이 있고, 그때 갑자기 아직 '과거'를 가지지 않은 하나의 '대자'가 나타나는 것은 아니다. 그러나 '대자'의 근원적이고 선험적인 존재법칙으로서의 '탄생'에서 출발해야, 하나의 보편적인 시간을 가진 하나의 세계가 드러내 보이는 것이며, 그 시간 속에서 우리는, 대자가 아직 존재하지 않았던 어떤 시점과 '대자'가 나타나는 어떤 시점, 대자가 '거기서' 탄생하지 않은 존재와 '대자'가 '거기서' 출생한 어떤 존재를 지시할 수 있다. 탄생은 '대자'의 탈자적 존재로서의 과거성이라는 절대적 관계의, 즉자 속에 대한 나타남이다. 탄생에 의해 비로소 '세계'의 '과거'라고 하는 것이 나타난다. 하지만 그 문제는 다음에 다시 다루기로 하고, 우선 여기서 우리가 유의해 두어야 할 것은, 의식 또는 대자는 대자가 그것으로 있는 어떤 '돌이킬 수 없는 것'의 저편에서 존재로 나타나는 하나의 존재이고, 이 '돌이킬 수 없는 것'은 그것이 '대자'의 배후에, 세계 한복판에 존재하는 한에서 과거이다. 돌이킬 수 없는 존재로서의 '과거'는, 내가 그것으로 있지 않을 어떤 가능성도 없이, 내가 그것으로 있어야 하는 것이지만, 이런 과거는 '체험'이 가지는 '반사-반사하는 것'의 통일 속에는 들어오지 않는다. 이런 과거는 밖에 존재한다.

그렇다 해도, 예컨대 지각되는 의자는 그것에 대해서 지각적인 의식이 있는 것이지만, 그런 경우와 달리 이런 과거는 '그것에 대해서' 의식이 존재하는 '것'으로서 존재하는 것도 아니다. 의자에 대한 지각의 경우에는 조정(措定)이 있다. 다시 말하면 의식이 그것으로 있지 않은 즉자로서의 의자에 대한 파악과 긍정이 있다. 의식이 '대자'의 존재방식에 있어서 그것으로 있어야 하는 것은 '의자로 있지 않는' 것이다. 왜냐하면 의식의 '의자로 있지 않는' 것은, 나중에 밝혀지겠지만, '있지 않은' 것(에 대한) 의식의 형태로, 즉 '있지 않은' 것의 나타남이라는 형태로, 이런 비존재를 증언하기 위해서만 거기에 있는 하나의 증인에 있어서 존재하기 때문이다. 따라서 그 경우의 부정은 분명하며 지각되는 대상과 대자 사이의 존재의 관계를 구성한다. '대자'는 지각된 사물의 부정이라는 이 반투명한 '아무것도 아닌 것' 이상의 어떤 것도 아니다. 그러나 '과거'는 '밖에' 있기는 하지만 이 경우의 연결은 지각의 경우와 같은 형식이 아니다. 왜냐하면 '대자'는 '과거'로 있는 것으로서 자기를 주기 때문이다. 이런 사실에서 과거에 대한 '조정'은 있을 수 없다. 왜냐하면 우리는 우리가 그것으로 있지 않은 것밖에 정립하지 않기 때문이다. 따라서 대상에 대한 지각에 있어서 '대자'는 이 대상이 아닌 것으로서 자기를 대자적으로 떠맡는 데 비해서, '과거'의 드러내 보임의 경우에는 '대자'는 '과거'로 '있는' 것으로서 자기를 떠맡는 것이며, 대자는 어떤 것으로도 있을 수 없는 '대자'로서의 그 본성에 의해서만 과거로부터 분리되어 있다. 이리하여 '과거'에 대한 '조정'은 존재하지 않지만, 그렇다고 '과거'가 '대자'에 대해서 내재적인 것은 아니다. '대자'가 이러저러한 개별적인 사물이 아닌 것으로서 자기를 떠맡는 바로 그 순간에도 과거는 '대자'에 따라다닌다. 과거는 '대자'의 '시선'의 대상이 아니다. 자기 자신에 대한 이 반투명(半透明)한 시선은 사물을 넘어서 미래를 향한다. '과거'는 우리가 그것을 정립하지 않고 그것으로 '있는' 사물로서의 한에서, 그것인 줄 알지 못하게 따라다니는 것으로서의 한에서, '대자'의 배후에, 대자에 의해서 밝혀지는 것으로서 대자의 전면에 존재하는 주제화의 영역 밖에 존재한다. '과거'는 '대자'와 '대치되어', 대자가 그것으로 있어야 하는 것으로서 맡겨지지만, 대자에 의해 긍정되거나 부정될 수도 없고, 또한 주제화되고 흡수될 수도 없다. 물론 이것은 '과거'가 나에 있어서 조정의 대상이 될 수 없다는 것도 아니고, '과거'가 때때로 주제화되는 일이 없다는 것도 아니다. 그러나 그것은 과거가 하나의 분명한 탐구의 대상이 될 때의 일이며, 이 경우에는 '대자'는 자기가 정립하는 그 과거'로 있지 않은' 것으로서 자기를 긍정한다. '과거'는 이미 '배후에' 있는 것이 아니다. 다시 말해 과거는 과거로 있기를 그만두지 않지만, 나는 과거로 '있기'를 그만두는 것이다.

첫 번째 방식으로는, 나는 나의 과거로 있었으나 나의 과거를 인식하고 있는 것은 아니고(그렇다고 나의 과거에 대해 의식하지 않는다는 말은 아니며), 두 번째 방식으로는 나는 나의 과거를 인식하고 있으나, 나는 이미 나의 과거로 있었던 것은 아니다. "조정적인 방법이 아니고서, 어떻게 내가 나의 '과거'에 대해 의식할 수 있을 것인가?" 하고 반박하는 사람도 있을 것이다. 그러나 과거는 끊임없이 '거기에' 존재한다. 과거는 내가 쳐다보고 있는, 그리고 내가 이미 본 대상의 의미 그 자체이며, 나를 둘러싸고 있는 친근한 얼굴들의 의미 그 자체이다. 과거는 현재 계속되고 있는 이 운동의 발단이지만, 만일 내가 나 자신, '과거'에 있어서, 이 운동의 시작의 증인이 아니었다면, 나는 이 운동에 대해 그것이 순환적이라고 말할 수도 없을 것이다. 과거는 나의 모든 행동의 근원이고 도약판이다. 과거는 세계의 이 두께이며, 끊임없이 주어지고 있는 이 두께 덕분에, 나는 나의 방향을 정하고 나의 위치를 측정할 수 있다. 과거는 하나의 인격(그것에는 '자아(Ego)'에서 유래하는 하나의 구조도 있지만)으로서 살아가는 한에서, 바로 나 자신이다. 요컨대 과거는 내가 끊임없이 그것을 전적인 피투성(被投性)으로서 살아가는 한에서, 세상과 나 자신에 대한 나의 우연적인, 그리고 무상(無償)의 결연이다. 심리학자들은 이 과거라는 결연을 '경험적 지식

(savoir)[*25]이라고 일컬었다. 그러나 이 용어 자체로 인해 그들은 이 결연을 '심리화하는' 것이라면 몰라도, 이 '결연'을 해명할 수단을 잃어버렸다. 왜냐하면 '경험적 지식'은 사방에 있으며, 모든 것에, 심지어 기억에까지 조건을 부여하기 때문이다. 다시 말해 지적인 기억도 지식을 전제로 하는데, 그들이 말하는 경험적 지식은, 만일 그것을 하나의 현재적 사실로 이해해야 한다면, 그것이 하나의 지적 기억이 아니고 무엇이겠는가? 유연하고 암시적이고 또 변하기 쉬운 이런 지식은 우리의 모든 사고의 씨줄을 이루고 있고, 수많은 공허한 지표로 성립되어 있으며, 심상도 언어도 조정도 없이 다만 우리의 배후를 지향하는 수 없는 지시들로 성립되어 있는데, 그것이야말로 실은 내가 과거로 있었던 한에서 나의 구체적인 과거이고, 나의 모든 사고와 나의 모든 감정의 배후에 있는 돌이킬 수 없는 깊이로서의 한에서 나의 구체적인 과거이다.

두 번째 무화적 차원에서는 '대자'는 자기를 어떤 종류의 결여로서 파악한다. 대자는 이 결여자'로 있는' 동시에, 또한 '결여분'이기도 하다. 왜냐하면 대자는 자신이 있는 그대로의 것으로 있어야 하기 때문이다. '마시는' 것, 또는 '마시고 있는 자로 있는' 것은, '결코 마시기가 끝나지 않은' 것이고, '내가 그것으로 있는, 마시는 자의 저편에서 아직도 마시고 있는 자로 있어야 하는' 것이다. 그리고 '내가 마시기를 끝냈을' 때 '나는 마신' 것이다. 즉 총체가 과거로 미끄러져 사라진다. 따라서 현재 마시고 있을 때, 나는 내가 그것으로 있어야 하면서도 그것으로 있지 않은, 그 마시고 있는 자이다. 나 자신에 대한 모든 지시는 만일 그 지시가 엄숙하고 충실한 것이어야 한다면, 또 만일 이 지시가 동일적인 것의 농도를 가져야 하는 것이라면, 나에게서 빠져나가 '과거' 속으로 떨어진다. 만일 그 지시가 '현재'에 있어서 나에게 적중한다면, 그것은 그 지시가 '아직─아닌' 것 속에서 스스로 자기를 갈라놓기 때문이며, 이 지시가 나를 완성되지 않은 전체로서, 완성될 수 없는 전체로서 가리켜 보이기 때문이다. 이 '아직─아님'은 '대자'의 무화하는 자유에 의해 침식당한다. 대자는 단순히 '거리를 두고 존재하는' 것이 아니다. 오히려 그것은 존재의 삭감이다. 무화의 첫 번째 차원에서는 자기의 앞쪽에 존재했던 '대자'가 여기서는 자기의 뒤쪽에 존재한다. 자기의 앞쪽과 자기의 뒤쪽이지 결코 '자기'가 아니다. 이것이 '과거',

─────────────

*25 savoir(지식)를 영역의 empirical knowledge를 따라서 경험적 지식이라고 번역하여 둔다.

'미래'라는 두 가지 탈자의 의미 자체이다. 자체에 있어서의 가치가, 본성상 자기에 있어서의 휴식, 즉 무시간성(無時間性)인 것은 바로 그 때문이다! 인간이 구하고 있는 영원은, 내가 스스로 그 책임자인 자기를 쫓아가는 이 공허한 탐구의 무한, 지속의 무한은 아니다. 오히려 그것은 자기에 있어서의 휴식, 즉 자기와의 절대적인 일치의 무시간성이다.

끝으로 세 번째 차원에서는 '반사하는 것–반사되는 것'이라는 끊임없는 희롱 속에 분산해 있는 '대자'가, 하나의 똑같은 도피의 통일 속에서 자기 자신을 향해 자신으로부터 빠져나간다. 이 경우에는 존재는 어디에나 있으면서 아무 데도 없다. 우리가 존재를 붙들려고 할 때, 존재는 전면에 있으면서 이미 빠져나가 있다. '존재에 대한 현전'이라는 것은 '대자'의 속에서의 이런 교착무용(交錯舞踊, chassé-croisé)[26]이다.

현재·과거·미래라는 세 가지 차원 속에 '동시에' 자신의 존재를 분산시킴으로써, '대자'는 자기를 무화한다는, 다만 그 사실만으로 시간적이다. 이 세 차원의 다른 차원에 대해 존재론적으로 우위를 차지하는 것은 아무것도 없다. 그 가운데 어느 것도 다른 두 차원이 없이는 존재할 수 없다. 그럼에도—하이데거가 미래적 탈자에 중점을 두는 것과는 달리—현재적 탈자에 중점을 두는 것이 마땅하다. 왜냐하면 '대자'가 하나의 무화적인 뛰어넘기에 있어서 대자적으로—그것으로 있어야 하는 것으로서 '대자'가 자신의 과거로 '있는' 것은, 대자자신에 대한 드러내 보임으로써 있는 한에서이기 때문이며, 또 대자가 결여인 것은, 다시 말해 대자가 자신의 미래, 즉 대자가 저편에 거리를 두고 대자적으로 그것으로 있는 것과 함께 붙어다니는 것은 자기에 대한 드러내 보임으로써이기 때문이다. '현재'는 '과거'와 '미래'에 대해 존재론적으로 '앞서는' 것이 아니다. 현재는 과거와 미래에 조건을 부여하고 있는 것만큼 과거와 미래에 의해 조건이 부여되고 있지만, 현재는 '시간성'의 전체적이고 종합적인 형식에 없어서는 안 되는 비존재라는 공동(空洞)이다.

그러므로 '시간성'은 모든 존재, 특히 인간존재를 포용하는 하나의 보편적인 시간이 아니다. 시간성은 밖으로부터 존재에게 강요당하는 하나의 발전법칙도 아니다. 또 시간성은 존재도 아니고, 오히려 존재 자신의 무화라는, 존재의 내

---

*26 교착무용(chassé-croisé)은 'set to partners'와 같은 의미의 무용을 표현한 것이다. 그것에서 부질없는 인원 재배치라는 의미가 파생한다.

부구조이며, 대자존재에 고유한 '존재방식(le mode d'être)'이다. '대자'는 '시간성'이라는 디아스포라(Diaspora, 분산–점착)적인 형태로 자신의 존재로 있어야 하는 존재이다.

(B) 시간성의 동태(動態)

'대자'의 출현은 필연적으로 '시간성'의 세 가지 차원에 따라 생긴다 하더라도, 그것만으로는 시간의 동태(動態)에 속하는 '지속'의 문제에 대해서는 아무것도 가르치는 것이 없다. 얼핏 문제는 이중으로 되어 있는 것처럼 보인다. '대자'가 자신의 존재의 변양을 입고 그것 때문에 과거가 '되는' 것은 어째서일까? 그리고 하나의 새로운 '대자'가 무로부터(ex nihilo) 나타나 이 '과거'의 '현재'가 되는 것은 어째서일까?

이 문제는 인간존재를 '즉자적'으로 보는 사고방식에 의해 오랫동안 가려져 있었다. 변화에는 자연히 항상성이 내포되어 있다는 것은 버클리의 관념론에 대한 칸트의 반박의 골자이며, 라이프니츠가 즐겨 쓰던 논법이다. 따라서 만일 우리가 시간을 통해 머물러 있는 일종의 무시간적인 항상성을 가정한다면, 시간성은 결국 변화의 척도와 순서일 수밖에 없다. 변화가 없으면 시간성도 없다. 왜냐하면 시간은 항상적인 것과 동일적인 것을 지배할 수 없을 것이기 때문이다. 한편으로 보면, 라이프니츠의 경우처럼, 변화 그 자체가 전제와 귀결 관계의 논리적인 설명으로 주어진다면, 다시 말해 어떤 항상적인 주체가 가진 속성의 발전으로 주어진다면, 그때는 이미 실재적 시간성은 존재하지 않는다.

그러나 이런 사고방식은 몇 가지 오류에 근거한 것이다. 하나의 항상적인 요소가 변화하는 것 '옆에' 존속한다 하더라도, 자기 자신이 변화하는 것과 정지해 있는 것의 통일로 있는 하나의 증인의 눈에 있어서만 변화를 변화로 성립시킬 수 있다. 요컨대 변화와 항상의 통일이 변화를 변화로 구성하는 데 필요하다. 하지만 라이프니츠와 칸트가 남용한 이 통일이라는 용어 자체는 여기서 대수로운 의미를 갖지 않는다. 이런 어울리지 않는 두 요소의 통일이 도대체 무슨 의미를 갖는 것일까? 그것은 순전히 외적인 연결일 뿐일까? 그렇다면 이 통일은 의미를 갖지 않는다. 통일은 존재의 통일이 아니면 안 된다. 그러나 이 존재의 통일은 항상적인 것이 변화하는 것으로 '있기'를 강요한다는 말이 된다. 그리고 그 때문에 이런 통일은 먼저 탈자적이고, 또 대자가 본질상 탈자적 존재인 한에 있어서 그것은 '대자'를 가리킨다. 그 밖에도 이런 통일은 항상성과 변화가 가진 '즉자'적인 성격을 부수는 것이다. 그렇다고 항상성과 변화가 여기서는 현상으로서 파악되고 있고, 하나의 '상대적'인 '존재'밖에 가지지 않는다고 말해서도 안 된다. 즉, '즉자'는 본체가 현상에 대립하는 식으로 현상에 대립하는 것은 아니다. 하나의 현상은 그것이 하나의 주체와의 관계에 있어서이든, 다른 하나의 현상과의 관계에 있어서이든, 그것이 있는 그대로의 것으로 있을 때는 우리가 정의(定義)한 어법으로 보면 즉자적이다. 또한 여러 현상들 사이를 규정하는 것으로서의 '관계'의 나타남은, 그에 앞서서 하나의 탈자적인 존재의 나타남을 예상한다. 이런 탈자적인 존재는 그것이 있지 않은 것으로 있음으로써, 다른 것이나 관계 따위에 근거를 부여할 수 있다.

더욱이 변화에 근거를 부여하기 위해 항상성에 의지처를 구하는 것은 완전히 무익한 일이다. 우리가 보여 주고자 하는 것은 하나의 절대적인 변화는, 사실을 말하면 이미 변화가 아니라는 것이다. 왜냐하면 변화하는 것은 아무것도 —또는 그것과 관련하여 변화가 있는 것은 아무것도— 남지 않기 때문이다. 그러나 사실, 항상성이 쓸데없는 것이 되기 위해서는, 변화하는 것이 과거적인 방법으로 자기의 옛 상태'로 있는' 것만으로 충분하다. 이 경우에는 변화는 절대적인 것일 수 있고, 존재 전체에 미치는 변형이 문제가 될 수 있다. 그럼에도 또한 이 변화는 하나의 선행하는 상태에 대해 변화로서 구성될 것이고, 그 변화는 '있었다(était)'는 방식으로 '과거'에 있어서 그 선행하는 하나의 상태로 있을 것이다. 과거에 대한 이런 유대가 항상성을 위한 필요를 대신한다면, 지속의 문제는 절대적 변화에 관해 확립될 수 있을 것이고, 또 확립되어야만 한다. 본디 '세계 속'에서도 절대적인 변화 외의 변화는 없다. 게슈탈트학파의 실험이 보여 준 것처럼, 어떤 의식역(意識閾)까지는 변화는 비실재적이지만, 이 의식역을 넘으면 변화는 모든 형태로 퍼져 나간다.

그러나 그 밖에도 인간존재가 문제인 경우에 필요한 것은 완전히 절대적인 변화인데, 이런 변화는 다른 견지에서 보면, 바로 변화하는 '무언가'가 없는 변화, 지속 자체인 변화일 수도 있다. 예를 들면 우리가 어떤 항상적인 '즉자'에 대한 어떤 '대자'의 절대적으로 공허한 현전을 이 '대자'의 단순한 의식으로 인정한다고 해도, 의식의 현실존재 자체는 시간성을 포함할 것이다. 그것은 의식이 '그것으로 있었다(l'avoir été)'는 형태에 의해, 변화 없이 '자신이 있는 그대로의 것'으로 있어야 하기 때문일 것이다. 그러므로 현재적인 '대자'에 있어서는 하나의 새로운 '현재'의 '과거'로 된다는 끊임없는 필요성이 있는 것이지 영원성이 있는 것은 아닐 것이다. 그리고 하나의 새로운 현재의 과거가 된다는 이 필요성은 의식의 존재 자체에 기인하는 것이다. 그런데 만일 누가 우리에게 하나의 새로운 '현재'에 의해 '현재'가 끊임없이 '과거'로 회수(回收)된다는 것 속에는, '대자'의 내적인 변화가 내포되어 있다고 말하는 사람이 있다면, 우리는 '그 경우, 변화의 근거가 되는 것은 '대자'의 시간성이고, 시간성을 세우는 것이 변화인 것은 아니다'라고 대답할 것이다. 따라서 '현재는 왜 과거'가 되는 것인가? 그때 솟아나는 이 새로운 현재는 무엇인가? 그것은 어디서 오는가? 그리고 그것은 왜 나타나는가?'라고 하는, 얼핏 보기에는 해결이 불가능하게 보이는 이런 문제들을, 어떤 것도 우리의 눈에서 가릴 수는 없을 것이다. 우리가 깊이 명심해 두어야 할 일이지만, '공허한' 의식에 대한 우리의 가설이 잘 보여 주고 있는 것처럼, 여기서 문제가 되는 것은 항상성이 실질적으로는 어디까지나 항상성대로 머물면서 순간에서 순간으로 떨어져 나가지 않으면 안 되는 항상성에 있어서의 필요성이 아니라, 어떤 존재이든, 존재가 그 형식과 내용이 동시에 전체적으로 자체를 변형시켜서 과거 속으로 빠져들어가는 동시에, 미래를 향해 '무에서' 태어난다는 존재에 있어서의 필연성이다.

그러나 두 가지의 문제가 있는 것일까? 좀더 잘 검토해 보자. 현재는 '뒤'로서 자신을 구성하는 하나의 '대자'의 '앞'이 되는 것에 의하지 않는다면, '지나가는' 것은 불가능할 것이다. 그렇다면 다음과 같은 단 하나의 현상이 있을 뿐이다. '하나의 새로운 현재의 나타남이 자신이 있었던(était) "현재"를 과거화한다. 즉 하나의 "현재"의 "과거화"가 하나의 "대자"의 나타남을 불러일으키고, 그 대자에 있어서 이 "현재"가 과거가 되어간다.' 시간적 생성의 현상은 하나의 총괄적인 변양(變樣)이다. 그것은 어떤 것'의 과거도 아닌 하나의 '과거'는 이미 '과거'가 아닐 것이고, 하나의 '현재'는 필연적으로 이 '과거'의 현재가 아니면 안 되기 때문이다. 더욱이 이런 변형은 단순히 전적인 '현재'를 침범하는 것만이 아니다. 앞서는 '과거'와 '미래'도 똑같이 그 영향을 받고 있다. '과거성'이라는 변형을 입은 '현재'의 '과거'는 하나의 '과거'의 '과거', 즉 대과거(大過去)*27가

---

*27 대과거(plus-que-parfait)는 어떤 과거의 사실에 대해 그보다 먼저 이루어진 다른 과거의 사실을 표현하는 데 쓰이는 시제이다.

된다. 이렇게 되면 '현재'와 '과거'의 이질성이 단번에 제거된다. 왜냐하면 자기를 '현재'라고 해서 '과거'로부터 구별하던 것이 '과거'가 되었기 때문이다. 변형이 진행되는 동안 '현재'는 이 '과거'의 '현재'로 머물지만, 현재는 이 '과거'의 과거적인 '현재'가 되어 버린다. 다시 말해, 우선 현재는 현재에서 출생까지 거슬러 올라가는 '과거'의 계열과 동질적이다. 다음에 현재는 이미 '그것으로 있어야 하는' 형태로 자신의 '과거'로 있는 것이 아니고, '그것으로 있어야 했다'는 존재방식으로 자신의 '과거'이다. '과거'와 '대과거' 사이의 연결은 즉자의 방식으로 있는 연결이다. 그리고 이 연결은 현재적 '대자'를 근거로 해서 나타난다. 단 하나의 덩어리로 용접된 '과거'와 대과거의 계열을 지탱하고 있는 것은 이 현재적인 '대자'이다.

한편, '미래'는 마찬가지로 변형에 의해 침범당하더라도 미래로 있기를 그만두지 않는다. 다시 말해 미래는 여전히 '대자' 밖에, 앞쪽에, 존재의 저편에 머물러 있다. 그러나 미래는 어떤 과거의 미래, 또는 선행미래*28가 된다. 미래는 직접적인 미래가 문제인가, 아니면 먼 미래가 문제인가에 따라 새로운 현재와 함께 두 종류의 관계를 가질 수 있다. 첫 번째의 경우, '내가 기다리고 있었던 것은 이것이다'라는 식으로, '현재'는 '과거'에 대해 이 '미래'로 '있는 것'으로서 주어진다. 현재는 이 '과거'의 선행'미래'의 방식으로서, 자신의 '과거'의 '현재'로 있다. 그러나 현재는 이 '과거'의 '미래'로서 '대자'로 있는 동시에, 현재는 '대자'로서, 즉 '미래'가 그것으로 있을 것을 약속하고 있었던 것으로 있지 않은 것으로서 자기를 실감한다. 그것에는 다음과 같은 표리가 있다. 즉 '현재'는 과거의 선행미래'가 되지만 자신이 이 '미래'로 있는 것을 완전히 부정한다. 또 원초적인 미래는 결코 실현되지 않는다. 즉 원초적인 미래는 '현재'와의 관계에서는 이미 미래가 아니지만, 그렇다고 '과거'와의 관계에서는 여전히 미래로 있다. 원초적인 미래는 '현재'의 실현 불가능한 '공통현재'가 되어, 하나의 전면적 이상성(理想性, idéalité)을 유지한다. '도대체 이것이 내가 기다리던 것인가?' 원초적인 미래는 이 현재의 과거의 이루어지지 않은 '미래'로서 관념적으로 '현재'에 공통현재적인 미래로 머문다.

미래가 멀리 있는 경우에는 미래는 새로운 현재에 대해 미래로 머문다. 그러

---

*28 이 경우의 선행미래(futur antérieur)는 단순히 '과거에서 보아 어떤 미래보다 앞에 있는 미래'라는 뜻으로 이해하는 편이 좋을 것이다.

나 만일 현재가 스스로 자기를 '이' 미래의 결여로서 구성하지 않는다면, 이 미래는 가능성이라는 그 성격을 잃는다. 이 경우에 '선행미래'는 새로운 '현재'에 대해서 아무래도 상관없는 가능이 되는 것이지, 이 '새로운 현재 자체의' 가능이 되는 것은 아니다. 이런 의미에서 선행미래는 이미 자기를 가능화하지 않고, 그 대신 가능으로서의 한에서 즉자존재를 받아들인다. 선행미래는 '주어진 가능', 즉 '즉자'가 된 하나의 '대자'의 즉자적인 '가능'이 된다. 어제는 내가 다음 월요일에 시골로 출발한다는 것이—나의 가능으로서—가능적이었다. 오늘은 이 가능은 이미 '나의' 가능이 아니다. 이 '가능'은 '내가 그것으로 있었던' 언제나 미래적인 '가능'으로서는, 여전히 나의 반성적 사고 앞에 놓인 대상이다. 하지만 이 가능과 나의 '현재'의 유일한 유대는, '나는 "있었다(étais)"라는 존재방식으로, 과거가 된 이 현재로 있어야 하며, 이 현재는 나의 현재의 저편에서 과거의 가능으로 있기를 그만두지 않는다'는 것이다. 그러나 '미래'와, 과거가 된 '현재'는, 나의 '현재'를 근거로 하여 '즉자'로 응고되어 버렸다. 그리하여 '미래'는 시간적인 경과에 따라 결코 그 '미래'라는 성격을 잃는 일이 없이 즉자로 이행한다. 미래는 그것이 '현재'에 의해 이르지 않는 한, 단순히 '주어진' 미래가 된다. 미래가 이르렀을 때는 미래는 '관념성'이라는 성격을 띠게 된다. 하지만 이런 이상성은 '즉자적'인 이상성이다. 왜냐하면 이 이상성은 어떤 '주어진' 과거의 '주어진' 결여로서 나타나는 것이고, 하나의 현재적인 '대자'가 '있지 않다'는 존재방식으로, 그것으로 있어야 하는 결여분으로서 나타나는 것이 아니기 때문이다. '미래'가 초월될 때, 미래는 '과거'의 계열의 테두리 밖에 언제까지나 '선행미래'로 머문다. 즉 '대과거'가 된 이러이러한 과거의 선행미래, '과거'가 된 어떤 '현재'에 대해 공통현재적인 것으로서 주어진 이상적인 '미래'가 그것이다.

다음에는 하나의 새로운 '현재'의 연계적 나타남과 더불어 현재적인 '대자'가 '과거'로 변형한다는 문제를 검토하는 일이 남아 있다. 이 경우에 사라진 '현재'의 하나의 심상(心像)을 붙들어 두고 있을 하나의 '즉자적'인 '현재'의 나타남과 동시에, 선행하는 '현재'의 소멸이 있다고 생각하는 데 오류가 있을 것이다. 어떤 의미에서는 진리를 발견하기 위해 관계를 뒤집어 볼 필요가 있다. 왜냐하면 전—현재(前現在)의 과거화는 즉자를 향한 이행이지만, 하나의 새로운 현재의 나타남은 이 즉자'의' 무화이기 때문이다. '현재'는 하나의 새로운 '즉자'가 아니다. '현재'는 있지 않은 것이고, 존재의 저편에 있는 것이다. 현재에 대해서는 '과거'에 있어서만 '그것은 있다'고 말할 수 있다. 과거는 소멸당하는 것이 아니다. 과거는 그것이 있는 그대로의 것이 된 것이다. 과거는 '현재'의 존재이다. 끝으로 우리가 충분히 주목한 바이지만, '현재'와 '과거'의 관계는 하나의 존재관계이지 표상관계가 아니다. 따라서 우리의 주의를 끄는 첫 번째 성격은 '존재'에 의한 '대자'의 탈환이다. 마치 대자는 이미 자기 자신의 무를 지탱할 힘이 없는 것처럼 보인다. '대자'가 그것으로 있어야 하는 깊은 균열은 메워지고, '존재되어야 하는' 무는 무로 있기를 그만둔다. 무는 과거화된 '대자존재'가 '즉자'의 한 '성질'이 되는 한에서 쫓겨난다. 내가 과거에 이런저런 슬픔을 경험한 것은, 이미 내가 그것을 자신에게 경험시킨 한에서 그런 것이 아니다. 스스로 자기 자신의 증인이 되는 하나의 나타남은 엄밀한 존재 척도를 가질 수 있어야 하지만, 이 슬픔은 더 이상 그런 척도를 가지지 않는다. 이 슬픔은 존재했으므로 존재한다. 존재는 이 슬픔에 말하자면 외적인 필연성으로서 찾아온다. '과거'는 거꾸로 된 숙명이다. 다시 말해 '대자'는 자기가 원하는 것이 될 수 있지만, 자기가 그것으로 있기를 원한 것으로 있지 않을 수 없다고 하는, 새로운 '대자'에 있어서는 어찌해 볼 도리가 없는 존재 필연성에서 빠져나올 수가 없다. 그러므로 '과거'는 '즉자'의 초월적 현전이기를 그만둔 하나의 '대자'이다. 과거는 그 자체로서는 '세계 한복판에' 빠져 있다.

내가 그것으로 있어야 하는 것으로 있는 것은, 내가 그것으로 있지 않은 세계에 대한 현전으로서 있는 것에 반하여, 나는 세계 한복판에서 모든 사물의 방식으로, 세계 내부적인 존재자로서, '내가 있었던(étais) 것'으로 있었다. 그러나 대자가 '자신이 있었던 것'으로 있어야 하는 경우의 이 세계는, 대자가 실제로 현전하고 있는 경우의 그 세계일 수는 없다. 그러므로 '대자'의 '과거'는 세계의 어떤 지나가 버린 상태에 대한 지나가 버린 현전으로서 구성된다. 예를 들어 대자가 현재에서 과거로 '지나가 버리는' 동안 세계가 아무런 변동도 겪지 않았다 할지라도, 적어도 세계는 앞에 쓴 대자존재 속에서의 형식적인 변화와 같은 변화를 겪은 것으로서 파악된다. 이런 변화는 의식의 진실한 내적 변화의 한 반영에 불과한 변화이다. 달리 말하면 '대자'는 즉자가 된 '존재에 대한 전-현전(前現前)'으로서 '과거'에 빠짐으로써 '세계-한복판의' 한 존재가 되는 것이며, 세계는 지나가 버린 '대자'가 그것의 한복판에서 즉자로 있는 곳으로서, 과거적인 차원 속에 '붙들려' 있다. 마치 세이렌이 상반신은 인체이고 하반신은 새로 끝나는 것처럼, 세계 외적인 '대자'의 배후는 '세계 속의 사물'로 끝나고 있다. 언제나 나는 성격이 급하고, 나는 우울하고, 나는 오이디푸스 콤플렉스와 열등감을 가지고 있다. 그러나 그것은 과거에 있어서이고, '있었다'는 형태에서 그러하며, 또 세계 한복판에서 그러하다. 그것은 마치 내가 공무원이고, 불구자이며, 프롤레타리아라고 일컬어질 때와 같은 방식이다. 과거에 있어서 세계는 나를 압박한다. 그러면 나는 보편적인 결정론 속에 자기를 상실한다. 하지만 내가 '나의 과거로 있었던' 한에서, 나는 철저하게 장래를 향해 나의 과거를 초월한다.

자신의 무를 완전히 꺼내버린 '대자', '즉자'에 의해 탈환된 대자, 그리고 세계 속에서 희박해진 대자, 이런 것이 내가 있어야 하는 '과거'이고, '대자'의 화신(化身)이다. 그러나 이 화신은 하나의 '대자'의 나타남과 일체를 이루어 생겨나는 것이고, 이 대자는 세계에 대한 '현전'으로서 자기를 무화하며, '과거'로 있어야 하면서도 과거를 초월한다. 이런 나타남의 뜻은 어떤 것일까? 그것에서 하나의 새로운 존재의 나타남을 보려고 하는 것은 삼가야 한다. '현재'는 마치 금방 메워지고는 끊임없이 재생하는 끊임없는 '존재의 구멍'이기라도 한 것처럼, 모든 것이 경과한다. 또 현재는 마치 '즉자'의 덫에 걸리지 않기 위한 끊임없는 도피이기라도 한 것처럼, 모든 것이 경과한다. 이 즉자의 덫은 이미 어떤 대자의 '과거'도 아닌 하나의 '과거' 속에 현재를 끌어넣는 즉자의 마지막 승리에 이를 때까지 현재를 위협한다. 이런 즉자의 마지막 승리는 바로 죽음이다. 왜냐하면 죽음은 체계 전체의 과거화에 의한 '시간성'의 근본적 정지이고, 또는 이른바 '즉자'에 의한 인간적 '전체'의 탈환이기 때문이다.

우리는 어떻게 시간성의 이 동적(動的)인 성격을 '설명할' 수 있을까? 만일 시간성이—우리는 이미 그것을 보여 준 것으로 생각하고 있는데—대자의 존재에 부가되는 하나의 우연적인 성질이 아니라면, 시간성의 동태는 자기 자신의 무로 있어야 하는 존재로서 생각된 대자의, 하나의 본질적인 구조라는 것을 보여 줄 수 있어야 한다. 이제 우리는 다시금 우리의 출발점으로 되돌아온 것 같다.

그러나 사실은, 그것에는 아무런 문제도 없다. 우리가 문제에 부딪힌 것 같은 생각이 든 것은, 대자로서의 대자를 생각하려고 하는 우리의 노력에도 우리는 대자를 즉자로 응고시키지 않을 수 없었기 때문이다. 사실, 변화의 나타남이 '만일 즉자가 그것의 있는 그대로의 것으로 있다면, 어떻게 즉자는 이미 그것의 있는 그대로의 것으로 있지 않을 수 있는 것일까?' 하는 하나의 문제를 구성할 수 있는 것은, 우리가 맨 처음에 즉자에서 출발하기 때문이다. 하지만 반대로, 만일 우리가 대자의 충분한 양해에서 출발한다면, 설명해야 하는 것은 변화가 아니라 오히려 항상성일 것이다. 다만 여기서는 항상성이 존재할 수 있다는 것을 전제로 해야 한다. 사실 우리가 시간의 '순서'에 대한 우리의 기술(記述)을, 시간의 흐름에 의해 시간에 생길 수 있는 모든 것의 외부에서 고찰한다면, 분명하게, 그 순서로 환원된 시간성은 즉시 '즉자적'인 시간성이 되리라고 생각된다. 시간적인 존재의 탈자적인 성격을 끌어대어도 이 사실에는 변함이 없을 것이다. 그것은 이런 탈자적인 성격이 과거에 있어서 다시 발견되는 것은, 대자의 구성요소로서가 아니라, 즉자에 의해 지탱된 성질로서이기 때문이다. 사실, 우리가 하나의 '미래'를 그저 단순하게, 어떤 과거의 대자인 하나의 대자의 '미래'로서 그 미래를 생각한다면, 그리고 만일 우리가 변화를 시간성으로서의 시간성의 기술(記述)에 대한 하나의 새로운 문제라고 생각한다면, 우리는 '이런' 미래로서 생각된 '미래'에 하나의 순간적인 부동성을 부여하게 되며, 대자로서 하나의 응고된 성질, 지시될 수 있는 한 성질로 만들게 된다. 그렇게 되면, 결국 모든 것은 '만들어진' 전체가 되고, 미래와 과거는 대자를 한정하여 대자에 대해 주어진 한계를 구성한다. 미래와 과거의 총체는 '존재하는' 시간성으로서 대자의 현재적 순간이라는 하나의 견고한 핵 주위에 석화(石化)되어 굳어 버린다. 그렇게 되면, 이 순간이 다른 하나의 순간을 과거와 미래의 행렬과 더불어 나타낼 수 있는 것은 어째서인지 설명하는 것이 문제이다.

우리는 순간을 장래라는 하나의 무와 과거라는 하나의 무에 의해 한정된, 유일한 즉자적 실재라고 생각하는 순간주의에서는 벗어나 있었지만, 시간적인 여러 전체의 각각이 하나의 순간의 주위에 집중해 있는, 시간적 전체의 하나의 계기(繼起)를 암묵 속에 인정했으므로, 다시 순간주의에 빠진 것이다. 요컨대 우리는 순간에 탈자적인 여러 차원을 부여했으나, 그것만으로 우리가 순간을 삭감한 것이 되지는 않는다. 그것은 결국 우리가 무시간적인 것을 가지고 시간적인 전체를 지탱한다는 것을 뜻한다. 시간은 그것이 '존재한다면' 또다시 하나의 몽상이 되어 버린다.

그러나 변화는 대자가 자발성인 한, 당연히 이 대자에 속한다. 우리가 '자발성이 존재한다'거나, 아니면 단순하게 '이 자발성'이라고 말할 수 있는 의미에서의 자발성은 그 자체에 의해 한정되어야 할 것이다. 다시 말해 그런 자발성은 자신의 '존재의 무'의 근거일 뿐만 아니라, 자신의 존재근거이며, 동시에 존재는 그런 자발성을 되찾아 그것을 주어진 것으로 응고시킬 것이다. 자발성으로서의 한에서 자기를 세우는 자발성은, 그것과 동시에 자신이 세우는 것을 거부하지 않을 수 없다. 만일 그렇지 않으면, 자발성의 존재는 기득(旣得)의 존재*[29]와의 존재가 되며, 자발성이 자발성으로 있기를 언제까지나 지속하는 것은 이런 기득의 존재 덕택이다. 그리고 이 거부 자체도 자발성이 거부하지 않으면 안 되는 하나의 기득이다. 만일 그렇지 않다면 자발성은 덫에 걸려서 존재의 타성적 연장(延長)이 되어 버릴 것이다. 연장이니 기득이니 하는 관념은 이미 시간성을 전제한다고 말하는 사람도 있을 것이다. 그것은 사실 맞는 말이다. 그러나 그것은 자발성이 스스로 거부에 의해서 기득을 구성하고 기득에 의해 거부를 구성하기 때문이다. 본디 자발성은 자기를 시간화하지 않고는 존재할 수 없다. 자발성의 본성은, 자발성으로서 자기를 이루는 경우에 자신이 구성한 기득을 이용하지 않는 것이다. 자발성을 그 밖의 다른 것으로 생각하는 것은 불가능하다. 만일 그렇지 않다면 자발성을 한 순간 속에 수축시키고, 따라서 자발성을 즉자로 응고시켜, 하나의 초월적 시간을 상정하게 된다. '당신들은 시간적인 형식에서가 아니면 아무것도 생각할 수 없다. 당신들은 존재를 시간화해 놓고, 바로 그 뒤에 존재에서 시간을 끌어냄으로써, 논점선취(論點先取)의 오류를 범하고 있다'고 이의(異議)를 제기해도 헛일이다.

또 칸트가 무시간적 자발성은 불가해하기는 하지만 모순은 아니라고 한 《순수이성비판》*[30]의 한 구절을 인용해 보아도 아무 소용없다. 그와는 반대로 우리에게는 자기 자신에서 탈출하지 않는 자발성, 이런 탈출 자체에서 탈출하지 않는 자발성, '그것은 이것"이다"'라고 사람들이 말할 수 있는 자발성, 하나의 변하지 않는 호칭 속에 갇혀 있는 자발성은 바로 하나의 모순이다. 또 그런 자발성은 결국 하나의 특수한 긍정적 본질, 즉 결코 술어(述語)가 되지 않

---

*29 여기서의 l'acquit(영수증 면제)는 l'acquis(기득)의 오식으로 본다.
*30 순수이성의 이율배반, 특히 그 제3의 모순에 있어서 자유의 원인성, 절대적 자발성을 정립한 부분이 여기에 해당될 것이다.

는 영원한 주어와 같은 것이 될 것이다. 그런데 자발성에 있어서 그 탈출의 불가역성 자체를 구성하는 것은 바로 자발성이라는 그 성격이다. 왜냐하면 바로 자발성이 나타나자마자, 그것은 자기를 거절하기 때문이고, '정립—거부'라는 이 순서는 거꾸로 될 수 없기 때문이다. 사실, 정립 그 자체는 거부로 끝나, 결코 긍정적 충실에 이르는 일이 없다. 만일 그렇지 않다면 이 정립은 하나의 순간적인 즉자 속에서 자기를 잃어버릴 것이다. 이 정립이 자신의 완성의 전체에 있어서 존재로 옮겨가는 것은, 다만 '거부당한 정립'으로서이다. 또한 '기득—거부'라는 이 통일적인 계열은 '변화'에 대해 존재론적 우위를 차지하고 있다. 왜냐하면 변화는 단순히 이 계열의 실질적인 내용 사이의 관계이기 때문이다. 우리는 이것으로, 시간화의 불가역성 자체를 자발성의 전적으로 공허하고 선험적인 형식에 필연적인 것으로서 보여 준 셈이다.

우리는 우리의 견해를 설명하는 데 독자들에게 비교적 친근할 것으로 생각되는 자발성이라는 개념을 사용했다. 그러나 우리는 이제 이런 관념들을 대자의 시야에서 우리 자신의 용어로 다시 파악할 수 있다. 지속하지 않는 경우의 대자는 말할 것도 없이 초월적 즉자의 부정이며, '반사—반사하는 것'이라는 형태로 자기 자신의 무화로 머물 것이다. 하지만 이 무화작용은 하나의 '주어지는 것'이 될 것이다. 다시 말해 이 무화작용은 즉자의 우연성을 획득할 것이고, 그 대자는 자기 자신의 무의 근거가 되기를 그만둘 것이다. 그 대자는, 자기 자신의 무의 근거로 있어야 하는 것으로서는 더 이상 아무것도 아니며, 오히려 '반사—반사하는 것'이라는 한 쌍의 무화적 통일 속에 '있을 것이다.'

대자의 도피는 자기 자신의 무의 근거로 있는 것으로서 대자를 구성하는 행위 자체에 의한 우연성의 거부이다. 그러나 이 도피는 바로 도피당하는 쪽의 것을 우연성으로서 구성한다. 즉 도피당하는 대자는 그 자리에 남겨져 있다. 도피당하는 대자는 소멸할 수는 없을 것이다. 그것은 내가 그것으로 '있기' 때문이다. 그렇다고 도피당하는 쪽의 대자가 자기 자신의 무의 근거로 있을 수는 없을 것이다. 왜냐하면 이 대자는 도피함에 있어서만 자기 자신의 무의 근거로 있을 수 있기 때문이다. 결국 도피당하는 쪽의 대자는 '성취된' 것이다. '⋯⋯에 대한 현전'으로서의 대자에 적용되는 것은 당연히 시간화 전체에도 적용된다. 이 전체는 결코 완료되어 '있는 것이 아니다.' 시간화의 전체는 자기를 거부하고 자기를 벗어나는 전체이다. 시간화의 전체는 하나의 똑같은 나타남의 통일 속에서 자기로부터 이탈하는 것이며, 자기를 주는 순간에 이미 자기의 이 증여(贈與) 저편에 있는 파악할 수 없는 전체이다.

그러므로 의식의 시간이란 곧 스스로 자기 자신의 미완료(未完了)인 전체로서 자기를 시간화하는 인간존재이다. 의식의 시간은 전체를 분해하는 효모로서 하나의 전체 속에 스며들어가는 무(無)이다. 자기의 뒤를 추적하는 동시에 자기를 거부하는 이런 전체, 자기 자신의 뛰어넘기이며 또 자기 자신을 향한 뛰어넘기이기 때문에, 자기 속에 그 뛰어넘기의 어떤 종극(終極)도 발견할 수 없는 이런 전체는, 어떤 경우에도 한 순간의 한계 속에 존재할 수는 없을 것이다. 대자가 존재하는 것이 긍정되는 순간은 결코 존재하지 않는다. 왜냐하면 대자는 결코 존재하는 일이 없기 때문이다. 그와 반대로 시간성은 순간의 거부로서 전면적으로 자기를 시간화한다.

3. 근원적 시간성과 심적 시간성–반성

대자는 지속하는 것(에 대한) 비조정적인 의식의 형태로 지속한다. 그러나 나는 '흐르는 시간을 느낄' 수 있고, 스스로 계기(繼起)적인 통일로서 나를 파악할 수 있다. 이 경우에 나는 지속하는 것'에 대한' 의식을 갖는다. 이런 의식은 조정적이며 하나의 인식과 매우 비슷하다. 그것은 나의 시선 아래 시간화되어 가는 지속이 하나의 인식대상에 매우 가까운 것과 마찬가지다. 근원적인 시간성과, 내가 스스로 '지속중(持續中)'이라고 나를 파악하자마자 내가 이내 부딪히는 이 심적 시간성 사이에는 어떤 관계가 존재할 수 있을까? 이 문제는 우리를 즉시 또 하나의 다른 문제로 이끌어 간다. 왜냐하면 지속'에 대한' 의식은 지속하는 의식에 대한 의식이고, 따라서 지속에 대한 이 조정적 의식의 본성과 권한에 대한 질문을 제기하는 것은, 결국 반성의 본성과 권한에 대한 질문을 제기하는 것에 귀착하기 때문이다. 사실 시간성이 심적 지속의 형태로 나타나는 것은 반성되는 의식에 속하는 것이다. 그러므로 하나의 심적 지속이 어떻게 반성의 내재적인 대상으로 구성될 수 있는가를 자문해 보기 전에, 우리는 과거에 있어서만 존재할 수 있는 하나의 존재(심적 지속)에 대해 어떻게 반성이 가능한가 하는 이 선행해야 하는 질문에 대답하는 것을 시도하지 않으면 안 된다.

반성은 데카르트와 후설에 의해서 하나의 특권적 직관의 한 형태로서 주어진다. 그것은 반성이 현재적 순간적 내재성의 행위 속에서 의식을 파악하기 때문이다. 반성이 인식해야 할 존재가 반성에 대해 과거적으로 있는 경우에도, 반성은 자기 확실성을 보존할 수 있을 것인가? 우리의 존재론은, 모든 점에서 반성적 경험 속에 그 근거를 가지고 있는 만큼, 그 모든 권리를 잃어버릴 우려가 있는 것은 아닐까? 아니면, 결국 반성적인 의식의 대상이 되어야 하는 것은 과거적인 존재인 것일까? 그리고 반성 자체는 그것이 대자적인 한, 하나의 현실존재에, 그리고 하나의 순간적인 확실성에 자기를 한정해야 하는 것인가? 우리는 다시 한번 반성적 현상으로 돌아와서 그 구조를 규정(規定)한 뒤가 아니면 그런 점에 대해서 결정할 수는 없는 것이다.

반성이라는 것은 자기 자신'에 대한' 의식적 대자이다. 대자는 이미 자기'에 대해' 비조정적(非措定的)이므로, 우리는 자칫하면 반성을 하나의 새로운 의식, 갑자기 나타난 의식, 반성되는 의식에 향해져서, 그것과 함께 살고 있는 의식으로서 표상하는 경향이 있다. 그렇게 되면 스피노자의 그 유명한 이데아의 이데아가 다시 나온다.

그러나 반성적인 의식이 '무에서(ex nihilo)' 나타난다는 것을 설명하기는 어렵지만, 특히 반성적인 의식과 반성되는 의식의 절대적 통일, 즉 반성적 직관의 권한과 확실성을 이해할 수 있게 하는 유일한 통일을 설명하는 것은 절대로 불가능하다. 사실 우리는 여기서 반성되는 것의 '존재(esse)'를 하나의 '지각되는 것(percipi)'이라고 정의할 수는 없다. 왜냐하면 바로 반성되는 것의 존재는 존재하기 때문에 지각될 필요가 없는 존재이기 때문이다. 그리고 반성되는 것과 반성의 최초의 관계는, 표상과 사고하는 주체 사이의 일원적인 관계가 될 수는 없다. 만일 인식되는 존재자가 인식하는 존재자와 동격의 존재를 가져야 한다면, 결국 소박한 실재론(實在論)의 입장에서 이 두 존재자의 관계를 기술해야 한다. 그러나 바로 그때 우리는 '두 개의 전적으로 분리되고 독립된 양자(兩者), 독일인들이 "자립성(自立性, selbstständigkeit)"이라고 부르는 이 존재충족을 갖추고 있는 양자가 상호관계를 유지할 수 있는 것은 어찌 된 일인가? 특히 인식이라고 불리는 형식의 내적 관계를 유지하는 것은 어찌 된 일인가?' 하는, 실재론의 가장 큰 어려움에 부딪힐 것이다.

만일 '우리'가 먼저 반성을 하나의 자율적인 의식으로 생각한다면, 우리는 '결코' 다음에 그것을 반성되는 의식과 하나로 결합할 수 없을 것이다. 그리고 반성과 반성되는 의식은 언제까지나 둘로 머물 것이다. 설령 반성적인 의식이 반성되는 의식'에 대한' 의식이 될 수 있다 하더라도, 그것은 이 두 의식 사이의 '외적'인 연결로밖에 있을 수 없다. 겨우 우리는 그 자체 속에 고립된 반성은 반성되는 의식의 하나의 영상 같은 것을 소유한다고 상상해 볼 수 있다. 그리고 우리는 다시 관념론에 빠질 것이다. 반성적인 인식 및 특히 코기토는 그 확실성을 잃어버리고, 그 대신 일종의 개연성, 그것도 도저히 정의할 수 없는 개연성밖에 얻지 못할 것이다. 따라서 '반성은 존재의 유대에 의해 반성되는 것과 하나로 맺어져 있다. 반성적 의식은 반성되는 의식"이다"'라고 하는 것이 정당하다.

그런 반면, 반성하는 것과 반성되는 것을 전면적으로 동일시(同一視)하는 것은, 결국 반성이라는 현상을 소멸시키고, 뒤에는 그저 '반사—반사하는 것'이라는 환영적 이원성밖에 남기지 않게 되므로 여기서는 문제가 될 수 없을 것이다. 우리는 여기서 다시 한번 '반성은 만일 그것이 불가용의적(不可容疑的) 명증이라야 하는 것이라면, 반성하는 것이 반성되는 것"이기"를 요구한다'고 하는 대자를 정의할 때의 존재의 형식을 만날 것이다.*31 그러나 반성이 '인식'인 한에서, 반성되는 것은 반성하는 것의 '대상'이 아니면 안 된다. 이것은 존재의 분리라는 뜻을 내포한다. 그리하여 반성하는 것은 반성되는 것으로 있어야 하고 동시에 있지 않아야 하는 것이다. 우리는 이미 대자의 핵심에서 이런 존재론적 구조를 발견했다. 하지만 대자의 경우에는 이 존재론적 구조는 전적으로 똑같은 의의를 가진 것은 아니었다. 이 구조는 사실 대자의 경우에는 소묘된 이원성의 '반사되는 것과 반사하는 것'이라는 두 항(項)에 있어서 하나의 근본적인 '비자립성'을 예상하고 있었다. 다시 말하면 두 항이 따로따로 별개로 자기를 세울 수 없어서, 그 이원성은 끊임없이 소실되어 가는 이원성이고, 각각의 항은 다른 항을 위해 자기를 세움으로써 다른 항이 '되는' 것이었다.

그러나 반성의 경우에는 조금 느낌이 다르다. 왜냐하면 여기서는, 반성되는

---

*31 le réflexif와 le réfléchi를 이 역문에서는 '반성하는 것'과 '반성되는 것'이라고 번역하고 있는데, 이것은 'la conscience réflexive(반성적인 의식, 반성하는 의식, 반성하는 쪽의 의식)와 la conscience réfléchie(반성되는 의식, 반성되는 쪽의 의식)'의 뜻이다. 또는 le pour-soi réflexif(반성하는 대자)와 pour-soi réfléchi(반성되는 대자)의 뜻이다. 그렇게 생각하고 읽으면 훨씬 더 이해하기 쉽다.

'반사-반사하는 것'은 반성되는 '반사-반사하는 것'에 있어서 존재하기 때문이다. 다시 말해 반성되는 것은 반성하는 것에 대해서 '나타남'이지만, 그렇다고 자기(에 대한) 증인으로 있기를 그만두는 것은 아니다. 또 반성하는 것은 반성되는 것에 대한 '증인'으로 있지만, 그렇다고 자기 자신에게 나타남이기를 그만두는 것이 아니다. 반성되는 것이 반성하는 것에 대한 나타남으로 있는 것은, 반성되는 것이 그 자신에 있어서 자기를 반사하는 '한에서'이다. 또 반성하는 것은 그것이 존재(에 대한) 의식으로 있는 한에서만 증인으로 있을 수 있다. 다시 말해 반성하는 것이 그것으로 있는 이 증인이, 반성하는 것이 또한 그것으로 있는 반사하는 것에 있어서, 바로 반사로 있는 한에 있어서만, 반성하는 것이 증인으로 있을 수 있다. 그러므로 반성되는 것과 반성하는 것은 각기 '자립성'으로 향한다. 그리고 이 둘을 분리시키는 '아무것도 아닌 것(rien)'은, 대자의 무(néant)가 반사와 반사하는 것을 분리할 때보다 훨씬 심하게 이 둘을 갈라놓는다.

다만 유의해야 하는 것은 첫째, 증인으로서의 반성은 나타남 속에, 그리고 오직 나타남에 의해서만 증인으로서의 존재를 가질 수 있다. 다시 말하면 이 증인은 자기 반성성(反省性)에 의해 그 존재를 심각하게 침범하고 있는 것이며, 그런 것으로서의 이 증인은 자기가 노리는 '자립성'까지는 결코 이를 수 없다. 그것은 이 증인이 자신의 기능(機能)에서 자신의 존재를 끌어내고, 자신의 기능은 반성되는 대자에서 끌어내기 때문이다. 둘째로, 반성되는 것은 그것이 이러저러한 초월적 현상'에 대한' 반성되는 의식으로서 자기(에 대한) 의식으로 있다는 뜻에서, 반성에 의해 심각하게 변질된다. 반성되는 것은 자신이 응시당하고 있는 것을 안다. 반성되는 것은, 감각적 비유를 쓴다면, 탁자 위에 몸을 굽히고 뭔가를 쓰고 있는 사람이 사뭇 쓰고 있는 중에도 자기 뒤에 서 있는 누군가에 의해 관찰되고 있는 것을 알고 있을 때의 상태와 비교할 수 있을 것이다. 그러므로 반성되는 것은 어떤 점에서 이미 하나의 '외부'를 가지고 있는 것으로서, 또는 '외부'의 소묘를 가지고 있는 것으로서의 자기(에 대한) 의식을 가지고 있다. 다시 말해, 반성되는 것은 스스로 자기를 '……에 대한 대상'으로 만든다. 따라서 반성되는 것이라는 뜻은, 반성하는 것과 분리할 수 없으며, 저편에 자기와 거리를 두고 그것을 반성하는 의식 속에 존재한다. 그런 뜻에서 반성되는 것은 반성하는 것 자신과 마찬가지로 '자립성'을 가지지 않는다.

후설이 말한 바에 의하면, 반성되는 것은 '반성 이전에 그것에 있었던 것으로서 주어진다.' 그러나 우리는 그 점에서 잘못 이해해서는 안 되는데, 반성되지 않는 것으로서의 한에서 반성되지 않는 것의 '자립성'은 모든 가능한 반성과의 관계에 의해 반성이라는 현상 속으로 이행하는 것은 아니다. 그것은 바로 현상이 반성되지 않는 것의 성격을 상실하기 때문이다. 하나의 의식에 있어서 반성되는 의식이 된다는 것은 그 존재에 심각한 변양을 받는 것이며, 그 의식이 '반사되고–반사하는' 준(準)–전체성으로서의 한에서 가지고 있던 '자립성'을 곧 잃어버리는 일이다. 결국 하나의 무가 반성되는 것과 반성하는 것을 분리하는 한에서, 자신의 존재를 자기 자신에게서 끌어낼 수가 없기 때문에, '존재되지(être été)' 않으면 안 된다. 그것은 결국 이런 의미이다.

일원적 존재의 구조만이 '그것으로 있어야 한다'는 형태로, 자기 자신의 무로 있을 수 있다. 사실 반성하는 것도 반성되는 것도 이 무를 분리자로 만들지 못한다. 반대로, 반성은 반성되지 않는 대자와 완전히 마찬가지로 '하나의 존재'이며, 하나의 존재 부가(附加)는 아니다. 반성은 '자기 자신의 무로 있어야 하는 하나의 존재이다.' 반성은 대자로 향해진 하나의 새로운 의식의 나타남이 아니다. 반성은 자신이 자기 속에 이루는 하나의 내부구조적인 변양이다. 요컨대 반성은 대자가 단순히 '반사–반사하는 것'의 양태로 존재하는 대신, '반성하는 것–반성되는 것'의 양상으로 자기를 존재하게 하는 경우의 그 대자 자신이다. 이 새로운 존재양상은, 말할 것도 없이 '반사–반사하는 것'이라는 양상을 원초적인 내부구조로서 존속시킨다. 나에 관해서 반성하는 반성자는 무엇인지 알 수 없는 순수한 무시간적인 시선은 아니다. 오히려 그것은 나다. 그것은 지속하는 이 나이고, 나의 자기성(自己性, ipséité)의 회로 속에 구속되어 세계 속에서 위험에 처해 있으며, 나의 역사성을 가진 이 나이다. 다만 내가 있는 그대로의 대자는, 이런 역사성, 이런 세계 속의 존재, 또 이런 자기성의 회로를, 반성적인 표리의 양상에서 살아가는 것이다.

이미 살펴본 것처럼, 반성하는 것은 하나의 무에 의해 반성되는 것으로부터 분리되어 있다. 그러므로 반성이라는 현상은 대자의 하나의 무화이지만, 이 무화는 밖에서 대자에게 찾아오는 것이 아니고, 대자가 '있어야 하는 것으로 있는' 무화이다. 이렇게 훨씬 더 진보한 무화는 어디서 올 수 있을까? 그것에 동기를 부여할 수 있는 것은 어떤 것일까?

'존재에 대한 현전'으로서의 대자의 나타남 속에는 하나의 근원적인 분산이 있다. 즉 대자는 밖에, 즉자의 옆에, 세 가지의 시간적인 탈자 속에 자기를 잃는다. 대자는 자기 자신의 밖에 있다. 이 대자존재는 자기의 내부 깊은 곳에서 조차 탈자적이다. 그것은 이 대자존재가 다른 곳에서 자기의 존재를 찾아야 하기 때문이다. 다시 말해 그것이 자신을 '반사'가 되게 할 때는 '반사하는 것' 속에서, 또 그것이 자신을 '반사하는 것'으로서 내세울 때는 '반사' 속에서 자신의 존재를 찾지 않으면 안 되기 때문이다. 대자의 나타남은 자기 자신의 근거로 있을 수 없었던 즉자의 좌절을 확인한다. 반성은 존재회복의 시도로서 또한 대자의 끊임없는 가능성으로 머문다. 자기 밖에서 자기를 상실한 대자는, 반성에 의해 자신의 존재 속에 자기를 내화(內化)하려고 시도한다. 반성은 대자가 자기에게 근거를 부여하려는 제2의 노력이다. 대자에 있어서 중요한 것은 '자기 자신에게 있어서, 자기가 있는 그대로의 것으로 있는 것'이다. 사실 만일 '반사—반사하는 것'의 준–이원성(準二元性)이 이런 준–이원성 자체인 한 사람의 증인에게 있어서 하나의 전체 속에 하나로 통합되어 있다면, 이런 준–이원성은 자기 자신의 눈에 대해, 자신이 있는 그대로의 것으로 있을 것이다. 요컨대 문제는, 있지 않다는 존재방식으로, 있는 그대로의 것으로 있음으로써, 자기로부터 벗어나는 존재, 자기 자신의 경과로 있음으로써, 스스로 경과하는 존재, 자기 자신의 손가락 사이로 사라지는 존재, 이런 존재를 극복하는 것이다.

그리고 이런 존재를 하나의 '주어진 것', 즉 '자기가 있는' 것으로 '있는' 하나의 주어진 것이 되게 하는 것이다. 문제는 그것이 오직 자기 자신에 대해 자기의 미완료로 있으므로 미완료로 있는, 미완료인 이 전체를, 하나의 시선의 통일 속에 통합하는 일이고, 자기 자신에 대한 지향으로 있어야 하는 끊임없는 지향의 권내(圈內)에서 탈출하는 것이고, 또 바로 우리가 이 지향의 사슬에서 탈출했으므로, '이 지향을 보여진' 지향으로서, 다시 말해 자기가 있는 그대로의 것으로 있는 지향으로서 '존재하게 하는' 일이다. 그러나 동시에 자기를 회복하고, 자기에게 주어진 것으로서 근거를 부여하는 이 존재, 즉 존재의 우연성을 자기에게 부여하고 그리하여 우연성에 근거를 부여함으로써 우연성을 구제하는 이 존재는, 그 자신이 자기가 회복하고 근거를 부여하는 것, 즉 자기가 탈자적인 분산에서 구제하는 것으로 있어야만 한다. 반성에 동기를 부여하는 것은 대상화와 내면화라는 동시적인 이중의 시도 속에 있다. 내면화의 절대적 통일 속에서의 즉자적—대상으로서 자기 자신에 대해 존재하는 것, 그것이 바로 '반성—존재'가 있어야 하는 바의 것이다.

자기 자신에 대해 자기 자신의 근거로 있고자 하는 이런 노력, 자기 자신의 도피를 자기 내부에서 회복하여 지배하고자 하는 이런 노력, 요컨대 자기를 벗어나는 도피로서 이 도피를 시간화하는 대신, 이 도피로 '있고자' 하는 이런 노력은, 당연히 좌절로 끝나지 않을 수 없다. 반성이란 바로 이 좌절을 말하는 것이다. 사실 자기를 상실하는 이 존재를 회복하지 않으면 안 되는 것은, 자기를 상실하는 이 '존재 자신'이다. 이 존재는 자신의 것으로 있는 존재방식에 있어서, 다시 말해 대자의 방식으로, 따라서 도피의 방식으로, 이 회복으로 있어야만 하는 것이다. 대자가 자신이 있는 그대로의 것으로 있으려고 시도하는 것은 '대자로서의 한에서'이다. 또는, 말하자면 대자는 '자기에게 있어서' 자신이 대자적으로 있는 그대로의 것일 것이다. 그러므로 반성, 즉 자기를 돌아봄으로써 대자를 회복하려고 하는 시도는 결국 대자에 있어서의 대자의 나타남에 귀착한다. 존재 속에서 근거를 찾고자 하는 존재는, 그 자신이 자기 자신의 무의 근거밖에 되지 않는다. 따라서 그 총체는 무화된 즉자로 머문다. 동시에 이 존재가 자기 자신을 돌아보는 것은, 돌아보는 것과 돌아볼 때의 목표 사이에 하나의 거리가 생기게 할 수밖에 없다. 자기에 대한 이 돌아봄은 자기를 돌아보게 하기 위한 자기로부터의 이탈이다. 반성적 무를 나타나게 하는 것은 이런 돌아봄이다. 왜냐하면 대자의 구조상의 필연성에서 보아, 대자는 대자의 형태하에서*32 그 스스로 존재하는 하나의 존재에 의해서만 자신의 존재 속에 회복될 수 있기 때문이다. 그러므로 회복을 시행하는 존재는 대자의 방식으로 자기를 구성해야 하고, 회복되어야 하는 존재는 대자로서 존재해야 한다.

그리고 이 두 존재는 '똑같은 존재'가 아니면 안 된다. 그러나 바로 이 존재가 '자기를' 회복하는 한에서, 이 존재는 자기와 자기 사이에, 존재의 통일 속에, 하나의 절대적 거리를 존재하게 한다. 반성이라는 이 현상은 대자의 끊임없는 가능성이다. 그것은 반성적 분열이 반성되는 대자 속에 잠세적으로 존재하기 때문이다. 사실 '반사하는 것'인 대자가 '반사에 대한' 증인으로서 자신에

---

*32 원문에는 sans forme de pour-soi(대자의 형태 없이)라고 되어 있어서 의미의 맥락이 닿지 않고, 분명하게 sous forme de pour-soi(대자의 형태하에)의 오식이므로 정정해서 번역했다.

대해 자신을 세우기만 하면 충분하다. 또 '반사'인 대자는 이 '반사하는 것'의 '반사'로서 자신에 대해 자신을 세우기만 하면 충분한 것이다. 그리하여 있지 않는 존재방식으로 그것으로 있는 하나의 대자에 의한 하나의 대자의 회복 노력인 반성은, 순수하고 단순한 대자의 존재와, 있지 않는 존재방식으로 그것으로 있지 않은 하나의 대자에 의한 하나의 대자의 회복행위인 '대타'존재와의 사이의 중간적인 무화의 한 단계이다.*33

위와 같은 것으로서 기술된 반성은 대자가 자기를 시간화한다는 사실에 의해, 자신의 권리와 자신의 범위 속에 제한을 받을 수 있을까? 우리는 그렇게 생각하지 않는다.

만일 우리가 반성적인 현상을 시간성과의 관계 속에서 파악하고자 한다면 다음과 같이 두 종류의 반성을 구별하는 것이 마땅하다. 즉 반성은 순수한 반성으로 있을 수도 있고 불순한 반성으로 있을 수도 있다. 순수한 반성, 즉 반성되는 대자에 대한 반성적인 대자의 단순한 현전은, 반성의 근원적인 형태인 동시에, 반성의 이상적인 형태이기도 하다. 이 반성은 불순한 반성이 나타날 때의 근거가 되는 반성이고, 또한 결코 먼저 '주어지지' 않는 반성이며, 일종의 카타르시스(catharsis)에 의해 획득되어야 하는 반성이다. 뒤에 가서 기술할 불순한 반성 또는 공범적(共犯的)인 반성은 순수한 반성을 포함하지만, 그 요구를 훨씬 멀리 확대하므로 순수한 반성을 뛰어넘는다.

명증이라는 점에서 순수한 반성이 가진 자격과 권리는 어떤 것일까? 그것은 분명하게 반성하는 것은 반성되는 '것이라'는 것이다. 거기서 떠난다면 우리는 반성을 정당화할 아무런 방법도 가지지 못할 것이다. 차라리 반성하는 것은 비록 '즉자적으로 있는 것이 아닌' 형태에서이기는 하더라도, 전적인 내재성에 있어서 반성되는 것'이다.' 이것은 반성되는 것이 완전히 대상으로 있는 것이 아니고, 반성을 위한 준-대상(準對象)으로 있다는 사실이 잘 보여 주는 바이다.

사실 반성되는 의식은 아직 반성에 대해서 하나의 '외부'로서 양도되는 것이

---

*33 원주. 우리는 여기서 헤겔이 의식의 특성으로 삼는 '자기 동일(同一)의 분열'을 다시 발견한다. 그러나 이 분열은 《정신현상학》에서 보여 주는 것처럼 더욱더 고차적인 종합으로 인도하는 것이 아니고, 다만 의식과 자기를 분리하는 무(無)에 더욱 깊게 더욱 고칠 수 없게 파고들 뿐이다. 의식은 헤겔적인 특성을 가진 것이지만, 그 점이 그의 가장 큰 착오이다.

아니다. 다시 말하면 그것에 대해 사람들이 '어떤 관점을 취할' 수 있는 하나의 존재, 그것에 대해 사람들이 하나의 후퇴를 이루고, 그것을 떼어 놓고 있는 거리를 증감할 수 있는 한 존재로서 양도되는 것이 아니다. 반성되는 의식이 '겉으로 보이기' 위해서는, 그리고 반성이 반성되는 의식에 대해 자기를 방향지을 수 있기 위해서는, 반성하는 것은 그것이 있지 않은 것으로 있지 않은 존재 방식으로, 반성되는 것으로 있지 않은 것이 아니면 안 된다. 다만 이런 분열은 '대타(對他)'존재에 있어서만 이루어질 것이다. 반성은 하나의 인식이다. 그것은 의심할 여지가 없다. 반성은 하나의 정립적 성격을 갖추고 있다. 반성은 반성되는 의식을 긍정한다. 그러나 모든 인식은, 앞으로 살펴보겠지만, 하나의 부정에 의해 조건지어져 있다. 이를테면 '이' 대상을 긍정하는 것은 동시에 내가 그 대상임을 부정하는 것이다. 인식하는 것은 '자기'를 타자가 '되게 하는 것'이다.

그런데 반성하는 것은, 자기를, 반성되는 것과는 완전히 다른 타자가 되게 할 수가 없다. 왜냐하면 반성하는 것은 반성되는 것으로 '있기 위해서 있기' 때문이다. 반성의 경우에는 그것의 부정은 완전히 이루어지는 것이 아니므로, 그것의 긍정도 어중간한 상태에 머문다. 따라서 반성하는 것은 반성되는 것으로부터 자기를 완전히 떼어 놓지 않으며, 또 반성되는 것을 '하나의 관점에서' 포괄할 수도 없다. 반성의 경우의 인식은 전체적인 인식이다. 그것은 하나의 섬광적인 직관이며, 요철도 없고, 출발점도 도착점도 없는 직관이다. 모든 것은 동시에, 일종의 절대적 근친성(近親性) 속에 주어진다. 우리가 보통 인식이라고 부르는 것은 여러 가지 요철과 차원, 하나의 순서, 하나의 위계(位階)를 예상하고 있다. 여러 가지 수학적 본질까지 다른 진리와 약간의 귀결에 대한 방향을 가지고 우리들 앞에 나타난다. 이런 수학적 본질은 결코 그들의 모든 특징과 함께 동시에 드러내 보이지는 않는다. 그러나 반성은 반성되는 것을, 하나의 주어진 것으로서가 아니라 우리가 그것으로 있어야 하는 존재로서, 관점이 없는 무차별 속에서 우리에게 건네는 것이므로, 반성은 그 자신에 의해 포위된, 설명이 없는 하나의 인식이다. 동시에 반성은 결코 그 자체에 의해 불시의 기습을 당하는 일이 없다. 반성은 우리에게 아무것도 '가르쳐 주지' 않는다. 반성은 다만 '정립할' 뿐이다.

어떤 초월적인 대상에 대한 인식에서는, 사실, 대상의 '드러내 보임'이 있고, 드러내 보인 대상은 우리를 실망시킬 수도 있고 놀라게 할 수도 있다. 하지만 반성적인 드러내 보임의 경우에는 이미 그 존재에 있어서 드러내 보임이었던 하나의 존재의 정립이 있다. 반성은 이 드러내 보임을 자기에 대해 존재시키는 데 머문다. 드러내 보이는 존재는 하나의 주어진 것으로서 드러내 보이는 것이 아니고, '이미 드러내 보였다'는 성격과 함께 드러내 보인다. 반성은 인식(connaissance)이라기보다는 '재인(再認, reconnaissance)'이다. 반성은 회복의 근원적 동기화로서 반성이 회복하고자 하는 것에 대한 반성 이전의 하나의 요해(了解)를 품고 있다.

그러나 만일 반성하는 것이 '반성되는 것'이라면, 그리고 이런 존재의 통일이 반성의 권리에 근거를 부여하고 그것을 제한하는 것이라면, 반성되는 것 자신은 반성하는 것의 '과거'로 있고 그 '미래'로 있다고 덧붙이는 것이 마땅하리라. 따라서, 말할 것도 없이, 반성하는 것은 자신이 '있지 않는 존재방식'으로 그것으로 있는 반성되는 것 전체에 의해 끊임없이 포위되어 있기는 하지만, 불가용의성(不可容疑性)*34이라는 자신의 권리를, 자신이 그것으로 있는 그 전체 자체에까지 확대한다. 그러므로 데카르트의 반성적 거점(據點, conquête)인 '코기토'는 무한소의 순간으로 제한되어서는 안 된다. 또한 이것은 '사고'가 과거를 구속하는 하나의 행위이며, 장래에 의해 미리 자기를 소묘하게 하는 하나의 행위라는 사실에서도 결론이 내려질 수 있는 일이었다. '나는 "의심한다", 그러므로 나는 존재한다*35고 데카르트는 말한다. 그러나 만일 우리가 이 의문을 순간으로 제한할 수 있다면 방법적 회의에 관해서 무엇이 남아 있을 것인가? 아마도 판단중지가 남을 것이다. 하지만 판단중지는 한 의심은 아니다. 판단중지는 의심의 하나의 필연적인 구조일 뿐이다. 의심이 존재하기 위해서는 이 중지는 긍정하거나 부정하는 이유가 불충분한 것에 의해 동기화되어 있지 않으면 안 된다—이것은 과거를 가리킨다—그리고 이 중지는 새로운 요소가 개입할

---

*34 apodicticité, apodictique를 철학 용어에서는 '개연적' '정언적' '필당연적'이라고 번역하고 있다. 'S는 P로 있지 않으면 안 된다' 하는 식의 판단이 그것이다. 단순히 필연적이라고 해도 무방하다. 나는 내 버릇으로 부가용의적 등으로 번역하는데, '필당연적'과 같은 것으로 이해해 주기 바란다.

*35 원문은 Je doute donc que je suis로 되어 있으나 이 que는 잘못 삽입된 것 같다. 이 문장을 '그러므로, 나는 내가 존재하는 것을 의심한다'라고 번역할 수는 없다. 그것은 douter가 종속문 속에 항상 접속법을 요구하기 때문이다. 이 역문에서는 Je doute donc je suis로 해석하고 번역해 둔다.

때까지 고의적으로 유지되어야 하는데, 이것은 이미 장래의 기도(企圖)이다. 의심은 '인식하는 것'에 대한 존재론 이전의 요해와 진실한 것에 대한 요구를 바탕으로 하여 나타난다. 의심에 그 모든 의의를 주는 이 요해와 이 요구는, 인간존재 전체와 그 세계 속의 존재를 구속한다. 이 요해와 이 요구들은 하나의 인식'대상'의 존재, 의심의 '대상'의 존재를 예상하고 있다. 다시 말해, 보편적인 시간 속에서의 하나의 초월적인 항상성을 예상하고 있다. 따라서 의심이라는 것은 하나의 속박된 행위이며, 인간세계–속–존재의 하나의 존재양식을 나타내고 있는 행위이다.

자신이 의심하고 있는 것을 발견한다는 것은, 이미 자기 자신의 전방에 있어서, 이 의심의 목적과 중지와 의의를 감추고 있는 미래 속에 존재하는 일이고, 자기 배후에 있어서 의심의 구성적 동기화작용과 그 의심의 양상을 감추고 있는 과거의 속에 존재하는 일이며, 또 자기 밖에, 세상 속에, 우리가 의심하는 바로 그 대상에 대한 현전으로서 존재하는 일이다. 이런 세 가지 착안점은 의심의 경우뿐만 아니라 나는 읽는다, 나는 꿈꾼다, 나는 지각한다, 나는 행동한다 하는 식의 다른 어떤 반성적 확인에도 똑같이 적용될 수 있을 것이다. 그런데 이런 세 가지 착안점은 우리로 하여금 반성에 대해서 불가용의적 명증을 거부하게 하거나—그때는 내가 나에 대해 가지고 있는 근원적 인식은 개연적인 것으로 무너져, 나의 존재 자체가 하나의 개연성에 지나지 않게 된다. 왜냐하면 나의 순간–속–존재는 하나의 존재가 아니기 때문이다—또는 반성의 권리를 삶 전체에, 즉 과거에, 장래에, 현전에, 대상에까지 확대하지 않으면 안 된다. 그런데 만일 우리의 견해가 옳았다면, 반성은 끊임없는 미완 상태에 있는 전체로서 스스로 자기를 회복하고자 하는 대자이다.

반성은 자기 자신에 대해 자기 자신의 드러내 보임인 존재의 드러내 보임의 긍정이다. 대자는 자기를 시간화하므로 거기서 다음과 같은 결과가 나온다. 첫째, 반성은 대자의 존재방식이므로 시간화로서 존재해야 한다. 반성은 그 자신이 자신의 과거이고 또 자신의 장래이다. 둘째로, 반성은 그 본성상, 그 권리와 그 확실성을 내가 그것으로 '있는' 모든 가능성에까지, 또 내가 그것으로 '있었던' 과거에까지 확대한다. 반성하는 것은 하나의 순간적으로 반성되는 것을 파악하는 것이 아니다. 반성하는 것은 본디 순간성인 것이 아니다. 그렇다고 반성하는 것이 자신의 미래와 '더불어' 반성되는 것의 미래를 인식한다는 것, 자기 과거와 '더불어' 인식해야 하는 의식의 과거를 인식하는 것도 아니다. 오히려 그 반대로 반성하는 것과 반성되는 것이 그 존재의 통일 속에서 구별되는 것은 미래와 과거에 의해서이다. 반성하는 것의 미래는, 사실 반성하는 것이 반성하는 것으로서 그것으로 있어야 하는 자기 자신의 가능성의 총체이다. 그런 것으로서의 한에서, 반성하는 것의 미래는 반성되는 것의 미래에 대한 의식을 포함할 수는 없을 것이다. 그것은 반성하는 것의 과거에 대해서도 적용될 수 있다. 하기는 이 반성하는 것의 과거는 결국 근원적 대자의 과거 속에 자기 근거를 두는 것이기는 하다.

그러나 반성은 만일 그것이 그 의의를 자신의 장래와 자신의 과거에서 끌어 낸다면, 이미 하나의 도피에 대한 도피적인 현전으로서의 한에서, 그렇게 도피하는 동안 내내 탈자적으로 존재한다. 달리 말하면 반성적인 표리의 존재 방식으로 자기를 존재하게 하는 대자는, 대자로서의 한에서, 그 의미를 자신의 가능성과 자신의 장래에서 이끌어 낸다. 그런 의미에서 반성은 하나의 디아스포라적(diasporique, 分散粘着的)인 현상이다. 하지만 '자기에 대한 현전'으로서의 한에서, 대자는 자기의 모든 탈자적인 차원에 대해 현재적인 현전이다. "아직 문제가 남아 있다. 이른바 불가용의적이라고 하는 이 반성이, "당신의 말로는 과거를 인식할 권리를 가지고 있다고 하는데, 바로 그 과거에 대해 그렇게도 많은 오류를 범하는 것은 무엇 때문인지 설명해 달라"고 말하는 사람도 있을 것이다. 나는 이렇게 대답한다. "반성은 그것이 과거를, 비주제적인 형태로 현재에 따라다니는 것으로서 파악하는 한, 추호의 오류도 범하지 않는다." '나는 읽는다, 나는 의심한다, 나는 희망한다 따위'라고 내가 말할 때, 우리가 앞에서 보여 준 것처럼, 나는 과거를 향해 나의 현재에서 멀리 비어져 나간다. 그런데 이런 것들 가운데 어떤 경우에도 내가 잘못을 저지르는 일은 있을 수 없다. 반성이, 과거로 있어야 하는 것으로 있는 반성되는 의식을 위해서, 바로 그것이 있는 그대로의 과거를 파악하는 한, 반성의 불가용의성은 의심할 여지가 없다. 다른 면에서 내가 반성적인 방식으로 나의 지나간 감정과 관념들을 상기할 때 많은 오류를 범할 수 있는 것은, 내가 기억의 장면에 있기 때문이다. 즉 그 순간에 나는 이미 나의 과거로 '있는' 것이 아니라, 나의 과거를 대상화한다. 그렇게 되면 우리는 이미 반성적인 행위를 문제로 삼고 있지 않다.

그러므로 반성은 '세 가지' 탈자적 차원의 의식이다. 반성은 경과(에 대한) 비조정적 의식이며, 지속(에 대한) 조정적 의식이다. 반성에 있어서 반성되는 것의 과거와 현재는 '준-외부(準外部)'로서 존재하기 시작한다. 그것은 반성되는 것의 과거와 현재는, 그것으로 있어야 함으로써 양자의 존재를 소진하는 하나의 대자의 통일 속에 보존될 뿐만 아니라, 나아가서 하나의 무에 의해 양자에서 분리되어 있는 하나의 대자에 '있어서도', 하나의 존재의 통일 속에 양자와 함께 존재하기는 하지만, 이 양자의 존재로 있어서는 안 되는 하나의 대자에 있어서도 보존되기 때문이다. 또한 반성에 의해 경과는 내재성 속에 소묘된 하나의 외부로서 존재하려는 경향이 있다. 그러나 순수한 반성은 아직도 여전히 그 근원적인 비실체성에 있어서 그 즉자적으로 존재하는 것의 거부에 있어서만 시간성을 발견할 수 있다.

순수한 반성은 대자의 자유에 의해 가벼워진 '가능'으로서의 한도에서 가능을 발견한다. 순수한 반성은 현재를 초월적인 것으로서 드러내 보인다. 그리고 과거가 순수한 반성에 대해 즉자로서 나타나는 것도 또한 현전을 근거로 해서이다. 결국 순수한 반성, 그것(비할 데 없는 개별성)으로 있어야 하는 방법으로 순수한 반성이 '스스로' 그것으로 '있는' 비할 데 없는 개별성으로서의 한에서 그 전체분해적인 전체 속에서 대자를 발견한다. 순수한 반성은 대자를 '더할 나위 없이 반성된 것'으로서, 오직 '자기'로서만 존재하는 존재로서, '장래에 있어서, 과거에 있어서, 세계 속에, 자기 자신에게서 거리를 두고 언제나 이 "자기"로 있는 존재'로서 발견한다. 그러므로 반성은 한 자기성(自己性)의 비할 데 없이 독자적인 존재방식으로서, 다시 말해 역사성(歷史性, historicité)으로서 자기를 드러내 보이는 한에서 시간성을 파악한다.

그러나 우리가 인식하는 심리적 지속, 우리가 일상 속에서 익숙한 심리적 지속은 조직화된 시간적 형식의 계기(繼起)로서의 한에서 역사성의 반대쪽에 존재한다. 사실, 그것은 수많은 심적인 경과적 단위의 구체적인 직물(織物)이다. 이를테면 이 기쁨은 어떤 슬픔 뒤에 나타나는 하나의 짜여진 형식이며, 그 이전에는 내가 어제 경험한 그 굴욕이 있었다. 일반적으로 전후관계가 확립되는 것은, 이런 경과의 단위들, 즉 소질·상태·행위 사이에서이다. 그리고 '날짜를 매기는' 데 소용될 수 있는 것은 이런 단위들이다. 그러므로 세계-속-인간의 반성적 의식은, 그 일상적인 존재에 있어서는 심적 대상과 직면하고 있지만, 그런 대상들은 그것이 있는 그대로의 것으로 있으며, 벽걸이의 그림과 주제처럼 우리의 시간성의 연속적 씨줄 위에 나타나, 보편적인 시간 속에서의 세계의 사물과 같은 방식으로, 다시 말해 계기라고 하는 완전히 외적인 관계 이외의 관계를 그들 사이에 유지하지 않고 교체하면서 차례차례 계기한다.

사람들은 '내가 가진', 또는 '내가 가졌던' 기쁨에 대해 말하면서, 마치 내가 그 기쁨의 받침대라도 되는 것처럼, 또 스피노자에 있어서의 유한한 양태들이 속성에 의해 떨어져 나오는 것처럼,*36 마치 그 기쁨이 나에게서 인출되는 것처럼, '그것은 나의 기쁨'이라고 사람들은 말한다. '나는 이 기쁨을 경험한다'는 표현까지 할 정도이다. 마치 그 기쁨이 나의 시간화의 직물 위에 도장처럼 찍히기 위해 오는 것 같은, 또는 그런 감정, 그런 관념, 그런 상태의 나에 대한 현전이 일종의 방문이라도 된다는 것 같은 말투이다. 우리는 자율적 짜임의 구체적 경과에 의해, 즉 요컨대 심적인 '사실들', 의식의 '사실들'의 계기에 의해, 구성되어 있는 이 심적 지속을 착각이라고 부를 수는 없을 것이다. 사실, 심리학의 대상이 되는 것은 이런 사실들의 실재성이다. 실제로, 인간들 사이의 구체적인 관계, 이를테면 요구·질투·원한·암시·투쟁·책략 따위가 성립되는 것은 심적 사실의 수준에서이다. 그러나 자신의 나타남에 있어서 자기를 역사화하는*37 비반성적인 대자가, '본디' 그런 성질, 그런 상태, 그런 행위'라고는' 도저히 생각할 수 없다. 만일 그렇다고 하면 대자의 존재 통일은 상호 간에 외적인 존재자들의 다수성으로 무너지고 말 것이다. 그리고 또다시 시간성의 존재론적 문제가 나타날 것이다. 게다가 우리는, 이번에는 이 문제를 해결할 수단을 갖지 않을 것이다. 왜냐하면 대자가 자기 자신의 과거로 있는 일이 가능하다면, 나의 기쁨에 대해 그것이 비록 '있지 않는' 방식으로라도 이 기쁨에 선행했던 슬픔으로 있기를 요구하는 것은 부조리한 일일 것이기 때문이다.

심리학자들은 심적 사실들이 서로 관계적이어서, 오랜 정적 뒤에 들리는 천둥소리는 '오랜−정적−뒤의−천둥소리(coup-de-tonnerre-après-un-long-silence)'로서 파악되는 것을 인정하고 있는데,*38 이 경우에 그들은 이런 탈자적인 존재에 대

---

*36 스피노자에 의하면 신적(神的) 실체의 무한의 속성 중에 우리가 인식할 수 있는 것은 사유와 연장(延長)이라는 두 속성뿐이지만, 이 두 속성의 각각에서, 한편으로는 지성과 의지라는 양태, 다른 편으로는 운동과 정지라는 양태가 도출된다.

*37 그 자신을 역사에 둔다. 또는 그 자신을 한 역사로 만든다. 사르트르는 s'historialise라는 말을 사용하는데, 이 말은 'historicizes itself'가 영어에서 지니는 뜻을 프랑스어에서 지닌다.

*38 이것은 형태심리학의 입장이다.

한 막연한 표상을 주고 있는 것이다. 그것까지는 매우 좋았지만, 그들은 이런 관계성에서 모든 존재론적 근거를 없앰으로써 계기 속에서 그 관계성을 설명할 방법을 잃어버렸다. 사실, 만일 우리가 대자를 그 역사성 속에서 파악한다면, 심적 지속은 소멸하고 모든 상태, 모든 성질, 그리고 모든 행위는 사라지고 대자존재인 한에서의 대자존재에게 자리를 물려준다. 이런 대자존재는 독자적 개별성으로서밖에 존재하지 않는 것이고, 그 역사화적인 과정은 불가분의 것이다. 경과하는 것, 장래의 바탕에서 자기를 부르는 것, 자신이 있었던 과거로 무거워진 것은, 이런 대자이다. 자신의 자기성을 역사화하는 것은 이런 대자이다. 그리고 우리가 알고 있는 바와 같이, 대자는 원초적 또는 비반성적 방식으로는 세상에 대한 의식이지 자기'에 대한' 의식은 아니다. 그러므로 심적인 성질과 상태는, 대자의 존재에 있어서의(다시 말해 '기쁨'이라는 경과의 단위가 의식 '내용' 또는 의식 '사실'이라는 의미에서의) 존재로는 있을 수 없을 것이다. 대자에 관해서는 비정립적인 내적 채색(彩色)밖에 존재하지 않는다. 게다가 그런 채색은 이 대자가 대자인 한에서, 대자 자신 이외의 다른 것이 아니며, 이 대자 밖에서는 파악될 수 없는 것이다.

따라서 우리는 두 가지 시간성을 앞에 두고 있는 셈이다. 그 하나는 근원적인 시간성이며, 우리는 그것의 시간화'이다.' 또 하나는 심적 시간성으로, 이것은 우리의 존재의 존재방식과 양립할 수 없는 것으로서 나타나는 동시에, 상호주관적인 실재로서, 과학의 대상으로서, 인간적인 여러 행동의 목적(이를테면 나는 안니(Anny)의 '사랑을 얻기' 위해, '그녀에게 나를 사랑하는 마음이 일어나게 하기' 위해, 모든 수단을 이용한다는 의미에서), 인간적인 행동의 목적으로서 나타난다. 이런 심적 시간성은 분명하게 '파생적'인 시간성이며, 근원적인 시간성에서 직접적으로 생길 수는 없다. 근원적인 시간성은 그 자신 외에는 어떤 것도 구성하지 않는다. 한편, 심적인 시간성은 '자기'를 구성할 수 없다. 왜냐하면 심적인 시간성은 사실들의 계기적인 순서일 뿐이기 때문이다. 또한 심적인 시간성은 비반성적 대자에 대해 나타날 수도 없을 것이다. 비반성적 대자는 세계에 대한 순수한 탈자적인 현전이기 때문이다. 심적 시간성이 드러내 보이는 것은 반성에 대해서이며, 심적 시간성을 구성해야 하는 것은 반성이다. 그러나 만일 반성이 스스로 그것으로 있는 역사성의 순수하고 단순한 발견이라면, 반성은 어떻게 해서 심적 시간성을 구성할 수 있을 것인가?

이 경우, 우리는 순수한 반성과 불순한 반성, 또는 구성하는 반성을 구별하지 않으면 안 된다. 여기서 '구성적'이라고 말한 것도, 심적 사실들의 계기 또는 프시케(psyché)를 구성하는 것은 불순한 반성이기 때문이다. 또 일상생활에 있어서 최초로 주어지는 것은 불순한 반성 또는 구성하는 반성이다. 사실, 불순한 반성이라 해도, 그 근원적인 구조로서 순수한 반성을 자기 속에 포함하고 있다. 그러나 이 순수한 반성은 불순한 반성이 카타르시스라는 형태로 자기 자신 위에 행하는 하나의 변양의 결과로서밖에 이를 수 없다. 하지만 이 카타르시스의 동기화와 구조를 기술하는 것은, 지금은 문제가 되지 않는다. 우리에게 중요한 것은, 불순한 반성이 심적 시간성의 구성이고 드러내 보임인 한에서 이 불순한 반성을 기술하는 일이다.

우리가 이미 살펴본 것처럼, 반성은 대자가 자기 자신에 대해 '자신이 있는 그대로의 것'으로 있기 위해 존재할 때의 존재의 한 형식이다. 따라서 반성은 완전히 아무래도 상관없는 존재에 있어서의 하나의 변덕스러운 나타남이 아니라, 어떤 '위하여(pour)'라고 하는 시야 속에 태어난다. 사실 우리는 바로 여기서 대자는 그 존재 속에 하나의 '위하여'의 근거로 있는 존재인 것을 보았다. 따라서 반성의 의의는 '위하여 존재하는 것(être-pour)'[*39]이다. 특히 반성하는 것은 자기 자신이 자기를 회복하기 '위해' 자기를 무화하는, 반성된 것이다. 그런 의미에서 반성하는 것은 그것이 반성되는 것으로 있어야 하는 한도에서, '반성하는 것이 반성하는 것으로서 "그것으로 있어야 한다"는 형태로, 그것으로 있는 대자'로부터 벗어난다. 그러나 단순히 '반성하는 것이 그것으로 있어야 하는 것으로 있는, 반성되는 것'으로 있기 위해서만 벗어난다면, 반성하는 것은 대자로부터 벗어나도 다시 대자를 발견할 것이다. 어디에 있어서든, 어떤 방법을 자기에게 할당하든, 대자는 '대자-로 있기 위해' 저주받고 있다. 사실 순수한 반성이 발견하는 것은 바로 이 점이다.

하지만 최초의 자발적인(그러나 '근원적'이지 않은) 반성적 운동인 불순한 반성은, 즉자로서의 반성되는 것으로 있기-위해-존재한다. 불순한 반성의 동기화는 그 자신에게 있어서—우리가 이미 기술한 것처럼—내면화와 대상화라는 이중의 운동 속에 있다. 즉 반성되는 것을 즉자로서 파악하고(대상화) 자기

[*39] être-pour. 프랑스어에서는 pour는 for를 의미할 수도 있고, in order to를 의미할 수도 있다. être-pour는 두 가지 뜻을 품는다.

로 하여금 이 파악되는 쪽의 즉자로 있게 하는(내면화) 것이다. 따라서 불순한 반성은 자기성의 회로 속에서만, 반성되는 것으로서의 반성되는 것의 파악이 아닌 것이며, 이 자기성의 회로에 있어서 불순한 반성은, 그것이 있어야 하는 것으로 있는 하나의 즉자와 직접적인 관계에 들어간다.

그런 반면, 불순한 반성이 그것으로 있어야 하는 이 즉자는, 반성하는 것이 반성되는 것을 즉자로 있는 것으로서 파악하려고 시도하는 한에서 '반성되는 것'이다. 다시 말하면, 불순한 반성에는 세 가지 형식이 있다. 즉 반성하는 것, 반성되는 것, 그리고 하나의 즉자인데, 다만 이 즉자는 그것이 반성되는 것으로 있을 것인 한에서, 반성하는 것이 그것으로 있어야 하는 것이며, 그것은 바로 반성적인 현상의 '위하여'(목표)이다. 이런 즉자는 반성되는 것을 꿰뚫고 그것을 회복하며, 그것에 근거를 부여하고자 하는 하나의 반성하는 것에 의해 '대자로서 반성되는 것'의 배후에 미리 소묘되어 있다. 이런 즉자는 의의로서의 한에서 '대자로서 반성되는 것'이 즉자 속에 말하자면 투영된 것이다.

이런 즉자의 존재는 존재하는 것이 아니고 무와 같이 '존재되는 것'이다. 이런 즉자는 반성하는 것에 있어서의 단순한 대상으로서의 한에서 반성되는 것이다. 반성이 반성하는 것*40에 관해 관점을 잡자마자, 반성되는 것이 반성하는 것에 대해 관점이 없이 주어질 때의 그 섬광적이고 요철이 없는 직관에서 반성이 벗어나자마자, 반성이 반성되는 것'으로 있지 않은 것'으로서 자기를 세우자마자, 그리고 '반성되는 것이 그것으로 있는 것을' 반성이 규정하자마자, 반성은 반성되는 것의 배후에 규정되고 성질이 부여될 수 있는 하나의 즉자를 드러나게 한다. 이 초월적인 즉자, 즉 반성되는 것에 의해 존재 속에 던져진 반성되는 것의 그림자, 그것은 바로 반성하는 것이 반성되는 것의 그것'으로 있는' 한에서, 반성하는 것이 그것'으로 있어야 하는' 것으로 있는 것이다. 이 초월적인 즉자는 전체적이고 무차별적인 직관에 있어서 반성에 주어지는, 반성되는 것의 '가치'와 결코 혼동되지 않으며—비조정적인 부재로서, 또 자기(에 대한) 비정립적 의식으로서의 한에서, 반성적 의식의 '위하여(le Pour)'로서 반성하는 것에 따라다니는 '가치'와 혼동되는 일도 없다. 이 초월적 즉자는 모든 반성의 필연적인 대상이다. 그것이 나타나기 위해서는 반성이 반성되는 것을 대상

---

*40 이 말은 원문에는 le réflexif로 되어 있어서 일단 원문대로 번역했지만, 아마도 le réfléchi(반성되는 것)의 오류일 것이다.

으로 여기기만 하면 된다. 반성되는 것의 초월적 대상화로서의 이 즉자를 나타나게 하는 것은, 반성이 반성되는 것을 대상으로 여길 것을 결심할 때의 바로 그 결의이다.

그리고 반성이 반성되는 것을 대상으로 파악할 것을 결심할 때의 행위는, 그 자신에 있어서 (1) 반성되는 것으로 '있지 않은 것으로서' 반성하는 것을 정립하는 것, (2) 반성되는 것에 대해 관점을 잡는 것이다. 처음부터 이 두 계기는, 실은 하나에 불과하다. 왜냐하면 반성하는 것이 반성되는 것에 대해 자기를 그것으로 있게 하는 구체적인 부정은, 바로 관점을 잡는다는 사실 '속에', 또 그 사실에 '의해' 나타나기 때문이다. 분명하게 이 대상화하는 행위는 반성적 표리의 엄격한 연장 속에 존재한다. 왜냐하면 이 표리는 반영과 반영하는 것을 분리시키는 무의 심화에 의해 이루어지기 때문이다. 대상화는 반성되는 것이 반성하는 것에 대해 대상으로 나타나기 '위해서' 반성적인 운동을 반성되는 것이 아닌 것으로서 회복한다. 다만 이 반성은 불성실하다. 왜냐하면 이 반성이 반성되는 것과 반성하는 것을 하나로 이어주는 유대를 끊는 것처럼 보이는 것은, 또 근원적인 반성적 나타남에 있어서는 반성하는 것이 반성되는 것으로 있지 않은 것은, '있지 않은 것으로 있지 않는다'는 존재방식에 있어서 그런 것처럼 보이는 것은, 나중에 동일률적인 긍정을 되찾아, 이 즉자에 대해 '내가 그것으로 있는' 것을 긍정하기 '위한' 것이기 때문이다. 요컨대 이 반성은 그것이 '내가 나 자신으로 있게 하는 대상'*41의 드러내 보임으로써 자신을 구성하는 한에서 자기기만적이다.

그러나 둘째로, 훨씬 더 근본적인 이 무화는 현실적이고 형이상학적인 사건은 아니다. 이 세계의 무화의 단계인 현실적인 사건은 '대타'이다. 불순한 반성은 '어디까지나 자기로 머물면서 타자로 있으려'다가 실패한 대타의 노력이다. 반성되는 대자의 배후에 나타난 이 초월적인 대상은, 반성하는 대자가 그런 의미에서 자신은 '그것으로 있지 않다'고 말할 수 있는 유일한 존재이다. 하지만 이 초월적 대상은 존재의 하나의 그림자이다. 이 대상은 존재되고 있다(est été). 반성하는 것은 이 대상으로 있지 않기 위해 이 대상으로서 있지 않으면 안 된다.

---

*41 objet que je me suis는 '내가 나 자신으로 있게 하는 대상'이라고 번역해 둔다.

심리학자가 '심적 사실'이라는 이름으로 연구하는 것은, 불순한 반성과 필연적으로 끊임없이 붙어 있는 이런 존재의 그림자이다. 심적 사실은 그러므로 반성하는 것이 '있지 않는'다는 방법으로, 탈자적으로, 반성되는 것으로 있어야 하는 한에서의 반성되는 것의 그림자이다. 그러므로 반성은 그것이 '대자를 즉자로서 직관하는 것'으로 나타날 때 불순한 것이다. 그 경우, 반성에 대해 드러내 보이는 것은 반성되는 것의 시간적이고 비실체적인 역사성이 아니라, 이 반성되는 것 저편에 있는 경과의 짜여진 형식들의 실체성 자체이다. 이런 잠재적 존재들의 통일은 '심적 생활' 또는 '프시케(psyché)'라고 불리는데, 그것은 대자의 시간화와 서로 맞서는 잠재적이고 초월적인 즉자이다. 순수한 반성은 어떤 때라도 준–인식(準認識)에 지나지 않는다. 다만 프시케에 대해서만 반성적 인식이 있을 수 있다. 당연한 일로, 사람들은 각각의 심적 대상 속에 현실적으로 반성되는 것의 성격을 다시 발견할 테지만, 이런 성격은 '즉자'로 떨어져 있다. 이것은 프시케에 대해 간단하게 선험적인 기술(記述)을 시도해 보면 쉽사리 이해될 것이다.

(1) 프시케라는 말은 '자아(自我, Ego)'와 그 모든 상태, 그의 성질, 그리고 그 행위를 뜻한다. '자아'는 Je(나, 주어)와 Moi(나, 목적보어 또는 강조대명사) 같은 이중의 문법적 형식하에 초월적·심적 통일로서의 한에서 우리의 인격(人格, personne)을 나타낸다. 우리는 다른 대목에서 그것에 대해 기술했다. 우리는 '자아'로서의 한에서 사실주체·권리주체이고, 능동자·수동자이며, 의지적 발동자이고, 가치판단 또는 책임에 대한 판단이 가능한 대상이다.

'자아'의 성질은 수많은 잠재성·잠복성·잠세성의 총체를 나타내며, 그런 것들은 (그리스어의 헥시스[소질·천성]라는 의미에서의) 우리의 성격과 습성을 구성한다. 성격이 급하다, 부지런하다, 질투심이 많다, 야심적이다, 음란하다 등은 하나의 '성질'이다. 그러나 그런 것과 더불어 우리의 경력에서 유래하는 성질, 우리가 '습성'이라고 부르고 있는 성질이 있는 것도 인정해야 한다. 나는 늙은이 같고, 기력을 잃었으며, 까다로울 수 있다. 나는 보수적일 수도 있고 진취적일 수도 있다. 나는 '성공한 결과, 자신감을 얻은 사람'으로 생각될 수도 있고, 그 반대로 (오랜 병 끝에) '차츰 병자 같은 취미와 습성과 성생활이 몸에 밴 사람'으로 생각될 수도 있다.

자아의 '상태'는 '잠세적으로' 존재하는 성질과는 반대로, 현세적으로(en acte)

존재하는 것으로서 주어진다. 증오·사랑·질투는 상태이다. 질병도 그것이 병자에 의해 심리-생리적 실재로서 파악되는 한에서 하나의 상태이다. 마찬가지로 나의 인격에 대해 외부에서 따라붙어 오는 수많은 특징들은 내가 그렇게 살고 있는 한에서 '상태'가 될 수 있다. 예를 들면(어느 특정한 인물과의 관계에서) 부재·망명·불명예·승리 따위는 상태이다. 소질과 상태를 구별하는 것은 분명하다. 이를테면 어제 내가 화를 낸 뒤에 나의 '급한 성질'은 나에게 화를 잘 내게 하는 잠복적인 단순한 소질로서 지금도 남아 있다. 그와는 반대로 피에르의 행동과, 내가 그에 대해 품었던 원망 뒤에, 지금은 나의 사고는 다른 일로 가득 차 있음에도 나의 증오심은 하나의 '현세적'인 실재로서 살아남아 있다. 그 밖에도 성질은 나의 인격에 '성질을 부여하는' 데 도움이 되는 선천적 또는 후천적인 하나의 정신적 기질이다. 상태는 그 반대로 훨씬 더 부대적(附帶的)이고 우연적이다. 말하자면, 상태는 '나에게 도래하는 어떤 것'이다. 그러나 상태와 성질 사이에는 중간적인 것이 있다. 이를테면 나폴레옹에 대한 포초 디 보르고(Pozzo di Borgo)의 증오심은 사실상 존재하는 것이고, 포초와 나폴레옹 1세 사이의 우연적인 감정관계를 나타내는 것이기는 하지만, 포초라는 '인격'을 구성하는 증오심이었다.*42

'행위'라는 것은, 대자가 자기 자신의 가능성인 한에서가 아니라, 행위가 대자가 살아가야 하는 초월적인 하나의 심적 종합을 나타내고 있는 한에서, 인격의 모든 종합적 활동성, 다시 말하면 목적에 대한 수단의 모든 배치라는 뜻으로 이해해야 할 것이다. 이를테면 권투선수의 연습은 하나의 행위이다. 왜냐하면 그 연습은 '대자'를 초월하여 대자를 지탱하고 있지만, 한편으로 대자는 이 연습 속에, 그리고 이 연습에 의해 자기를 실현하기 때문이다. 학자의 연구에서도 예술가의 제작에서도 정치가의 선거운동에서도 사정은 마찬가지이다. 이런 모든 경우에 있어서 심적 존재로서의 행위는 하나의 초월적 존재를 나타내며, '대자'와 세계의 관계의 객관적인 면을 나타내고 있다.

(2) '심적인 것'은 오로지 인식적인 행위, 즉 반성적인 '대자'의 행위라는 하

---

*42 포초 디 보르고(Pozzo di Borgo, 1764~1842), 코르시카의 알래타 출신. 나폴레옹에게 박해를 받고 평생 동안 그 적으로 행동한 외교가. 러시아에 귀화한 뒤 베르나도트를 동맹에 끌어넣어 나폴레옹을 실각시키는 데 유력한 역할을 했다. 부대적·우연적 상태와, 소질로서의 성질의, 중간적인 의미에서의 증오심이 그 인물의 인격을 구성한 실례로서 인용된 것이다.

나의 특수한 범주에 대해 주어진다. 사실 비반성적 차원에서는 '대자'는 비조정적인 방법이고 자기 자신의 가능성이다. 그 가능성은 세계의 주어진 상태의 저편에서 세계에 대해 가능한 현전이므로, 그런 가능성을 통해 조정적이기는 하지만 비대상적으로 드러내 보이는 것은, 주어진 상태와 종합적으로 연관되어 있는 세계의 한 상태이다. 따라서 세계에 초래되어야 하는 변양은 현전적인 사물 속에 객관적인 잠재성으로서 조정적으로 주어지지만, 이 객관적인 잠재성은 자기를 실현하기 위해 그 실현도구로서 우리의 몸을 빌리지 않으면 안 된다. 그러므로 화를 내고 있는 사람은 그 상대편의 얼굴에 주먹을 한 대 먹이게 하는 객관적 성질을 간파한다. 그래서 '따귀를 후려갈기고 싶은 낯짝'이라든가, '한 대 먹이고 싶은 턱'이라는 표현이 나오는 것이다. 이런 경우에 우리의 몸은 단순히 '불안한 최면상태'에 있는 영매(靈媒)*43같은 것으로서 나타난다.

수많은 사물의 어떤 잠재성(마셔져야-하는-술, 초래되어야-하는-구원, 살해되어야-하는-해로운 동물 따위)이 자기를 실현시켜야 하는 것은, 우리의 몸을 통해서이다. 그때 나타나는 반성은 '대자'와 그 가능들에 대한 존재론적 관계를 파악하지만, 다만 '대상'인 한에서 그 관계를 파악한다. 그러므로 행위는 반성적인 의식의 잠재적인 대상으로서 나타난다. 그러므로 피에르에 '대한' 의식과 그에 대한 나의 우정에 '대한' 의식을 동시에, 그리고 똑같은 평면 위에 갖는 것은 불가능한 일이다. 즉 이 두 존재들은 항상 '대자'의 농도로 분리되어 있다. 그리고 이 '대자' 자체는 하나의 감추어진 실재이다. 비반성적인 의식의 경우에 이 대자는 존재하지만 비조정적으로 존재하는 것이고, 또 대자는 세계의 대상과 그 수많은 잠재성 앞에서 사라진다. 반성적 나타남의 경우에는 이 대자는, 반성하는 것이 그것으로 있어야 하는 잠재적인 대상을 향해 초월된다. 다만 '순수한' 반성적 의식만이 반성되는 '대자'를, 그 실재성에 있어서 발견할 수 있다. 우리가 '프시케'라고 부르는 것은, 불순한 반성에 대해 끊임없는 행렬(行列)을 짓고 있는 이런 잠재적·초월적인 존재들이 짜여진 전체를 가리키는 것으로, 그것이 '심리학적' 연구의 본디의 대상이다.

---

*43 transe는 심령술 용어로서 정령이 바야흐로 영매 속에 나타나려는 순간, 그 영매가 들어가게 되는 불안한 최면상태를 가리킨다. un médium en transes는 그런 '불안한 최면상태에 있는 영매'라는 뜻이며, 여기서는 객관적인 잠재성(마셔져야-하는-술, 후려갈겨져야-하는-낯짝 등등)이 자기를 이루기 위해, 우리의 몸을 매개로 하는 것을 심령술에 비유한 것이다.

(3) 여러 대상은 비록 잠재적이기는 하지만 추상적인 것은 아니다. 이런 대상은 반성하는 것이 헛되이 지향하는 것이 아니다. 그보다도 이런 대상은 반성하는 것이 반성되는 것의 저편에 있어서, 그것으로 있어야 하는 구체적인 즉자로서 주어진다. 우리는 증오와 망명과 방법적 회의가 반성적 대자에 대해 직접적으로, 그리고 '몸소(en personne)' 현전하고 있을 때, 이 현전을 '명증(明證)'이라고 부를 것이다. 이런 현전이 존재하는 것을 확인하기 위해서는 우리가 사라진 사랑, 또는 예전에 체험한 어떤 종류의 지적인 분위기를 떠올리려고 애쓰던 때의, 우리의 개인적인 경험을 회상해 보면 된다. 이런 각기 다른 경우에 우리는 이런 각기 다른 대상을 헛되이 지향하고 있다는 의식을 뚜렷이 가지고 있었다. 우리는 그런 대상에 대해 특수한 개념을 만들 수도 있었고, 어떤 문학적 기술을 시도해 볼 수도 있었지만, 우리는 그런 대상이 거기에 존재하지 않는다는 것을 알고 있었다. 마찬가지로, 실제로 살아있는 사랑의 경우에도 간헐적인 시기가 있으며, 그동안 우리는 사랑하고 있다는 것을 '알고 있지만', 결코 그것을 느끼고 있지는 않다. 그런 '심정의 간단(間斷)'은 프루스트에 의해 참으로 훌륭하게 묘사되어 있다. 그와는 반대로 사랑을 충실하게 파악하고 그것을 응시하는 것도 가능하다. 하지만 그렇게 하기 위해서는 반성되는 '대자'의 특수한 존재방식이 필요하다. 즉 내가 피에르에 대한 나의 우정을 파악할 수 있는 것은, 하나의 반성적인 의식에 의해 반성되는 것이 된 나의 현재의 공감을 '통해서'이다. 요컨대 이런 성질, 이런 상태, 또는 이런 행위를 현재화하는 수단은, 하나의 반성되는 의식을 통해 그런 것들을 파악하는 것 외에는 없다. 게다가 그런 것들은 이 반성되는 의식이 즉자 속에 투영된 그림자이고 즉자 속에 객관화된 것이다.

그러나 하나의 사랑을 현전화하는 이 가능성은, 심적인 것의 초월성을 어떤 논증보다 훌륭하게 증명한다. 내가 뜻밖에 나의 사랑을 발견할 때, 내가 나의 사랑을 '볼' 때, 나는 동시에 이 사랑이 의식 '앞에' 존재한다는 것을 파악한다. 나는 이 사랑에 대해 관점을 취하고, 이 사랑을 판단할 수 있다. 나는 반성하는 것이 반성되는 것 속에 구속되어 있는 것과는 달리, 나는 이 사랑 속에 구속되지 않는다. 이 사실 자체에서, 나는 이 사랑을 '대자'로 '있지 않은' 것으로서 파악한다. 이 사랑은 대자의 그 절대적인 투명성에 비해 훨씬 무겁고, 훨씬 불투명하고, 훨씬 견고하다. 그 때문에 불순한 반성의 직관에 심적인 것이 주어질 때의 명증은 불가용의적(不可容疑的)이지는 않다.

사실, 반성되는 '대자'의 미래는, 나의 자유에 의해 끊임없이 갉아먹히고 끊임없이 가벼워지게 되고, 나의 사랑의 짙고 위압적인 미래는, 나의 사랑에 바로 그 '사랑'이라는 의미를 주지만, 이 두 미래 사이에는 괴리가 있다. 정말이지, 내가 심적인 대상 속에서 그 사랑의 미래를 결정이 끝난 것으로서 파악하지 않는다면, 과연 이 미래는 여전히 하나의 사랑일 수 있을까? 이 미래는 '변덕'의 대열에 떨어지는 것이 아닐까? 또 '변덕' 자체는 그것이 어디까지나 변덕으로 있어야 하는 것으로서, 결코 사랑으로 변해서는 안 되는 것으로 주어지는 한도에서 또한 장래를 구속하는 것은 아닐까? 그러므로 '대자'의 항상 무화되는 미래는, 대자를, 사랑하는 '대자' 또는 증오하는 '대자'로서 즉자적으로 '규정하는' 것을 허용하지 않는다. 그에 비해 반성되는 '대자'가 투영된 것은, 당연한 일이지만 하나의 즉자에 빠진 미래, 다시 말해 그 투영의 뜻을 규정함으로써 그 투영과 일체를 이루는 미래를 소유한다. 그러나 반성되는 '미래'의 연속적인 무화에 비한다면, 조직된 심적인 총체는 그 미래와 더불어 단순히 '개연적'인 것에 머문다. 게다가 이 개연적이라는 뜻은 나의 인식과의 관계에서 유래하는 하나의 외적인 성질, 때로는 확실성으로 변할 수도 있는 하나의 외적인 성질이 아니고, 하나의 존재론적인 특징이다.

(4) 심적인 대상은 반성되는 '대자'의 투영이므로, 정도는 덜하지만 의식의 성격을 가지고 있다. 특히 심적인 대상은 '대자'가 전체분해적인 전체의 디아스포라적(diasporique) 통일 속에 자기를 존재하게 하는 경우에, 완결된 개연적인 하나의 전체로서 나타난다. 그 의미는 시간성의 탈자적 세 차원을 통해서 파악된 '심적인 것을' 하나의 '과거', 하나의 '현재', 하나의 '장래'의 종합으로 구성된 것으로 나타난다. 하나의 사랑, 하나의 기도(企圖)는 이런 세 차원이 조직된 통일이다. 사실 마치 미래가 그것이 성격을 부여하는 대상에 대해 외적인 것처럼, 하나의 사랑은 하나의 장래를 '가진다'고 말하는 것으로는 충분하지 않다. 오히려 장래는 '사랑'이라고 하는, 조직된 경과적인 형식의 일부를 이루는 것이다. 왜냐하면 사랑에 대해 그 사랑이라는 의미를 주는 것은, 미래에 있어서의 사랑의 존재이기 때문이다. 그러나 심적인 것은 즉자적이라고 하는 사실에서, 심적인 것의 현재는 도피일 수는 없을 것이고, 또 그 장래도 단순한 가능성일 수는 없을 것이다. 그런 경과적인 형식들 속에는 '대자'가 '있었던' 것으로 있는

'과거', 이미 '대자'가 '즉자'로 변형하는 것을 예상하고 있는 '과거'의 본질적인 우위가 있다. 반성하는 것은 시간적인 세 차원을 갖추고 있는 하나의 심적인 것을 투영하지만, 반성하는 것은 그런 세 차원을, 반성되는 것이 그것으로 '있었던' 것을 가지고 구성하는 것이다.

미래는 이미 '존재한다.' 만일 그렇지 않다면 어떻게 나의 사랑은 사랑이 될 수 있을 것인가? 다만 미래는 아직 '주어지지' 않았을 뿐이다. 미래는 아직 드러내 보이지 않은 하나의 '지금'이다. 그러므로 미래는 '내가-그것으로-있어야-하는-가능성'이라는 그 성격을 잃는다. 나의 사랑, 나의 기쁨은 그것의 미래로 있어야 하는 것은 아니다. 나의 사랑, 나의 기쁨은 마치 이 만년필이 펜인 동시에, 저편에 있어서 뚜껑이기도 한 것과 마찬가지로, 병존(竝存)이라는 평온한 무관심 속에서 미래'로 있다.'

마찬가지로 현재도 '그곳에-있다'고 하는 그 현실적인 성격으로 파악된다. 다만 이 '그곳에-있다'는 '그곳에-있었던' 것에 의해 구성된다. '현재'는 이미 완전히 구성되어 발끝에서 머리끝까지 무장되어 있다. 그것은 순간이 말하자면 기성복처럼 가져왔다가는 가져가는 하나의 '지금'이다. 그것은 손에 든 패에서 나갔다가 다시 손으로 돌아오는 한 장의 트럼프이다. 미래에서 현재로의, 그리고 현재에서 과거로의 하나의 '지금'의 이행은 '지금'에 아무런 변양도 입히지 않는다. 왜냐하면 미래적이든 아니든, 어쨌든 그 '지금'은 이미 과거적이기 때문이다. 이것은 심리학자들이 심적인 것의 세 가지 '지금'을 구별하기 위해 소박하게도 무의식적인 것에 의지처를 구하는 것을 보아도 분명하다. 우리는 사실, 의식에 대해 현재적으로 있는 지금을 '현재'라고 부를 것이다.

미래에 있어서 과거적인 지금도 똑같은 성격을 가지고 있다. 그러나 이런 '지금'은 무의식적인 것의 혼돈된 주변 속에서 기다리고 있고, 그것을 이런 무차별적인 환경 속에서 문제 삼는다면, 그런 속에서 과거와 미래를 식별하는 것은 우리에게는 불가능한 일이다. 무의식 속에 살아남아 있는 추억은 하나의 과거적인 '지금'이다. 그리고 동시에 그것이 일깨워지기를 기다리는 한에서 하나의 미래적인 '지금'이다. 그러므로 심적인 형식은 '있어야 하는' 것이 아니다. 심적인 형식은 이미 만들어져 있다. 심적인 형식은 '있었다'는 방법으로 이미 전면적으로 과거이고, 현재이고, 장래이다. 심적인 형식을 꾸미고 있는 '지금'에 있어서는, 과거로 복귀하기에 앞서서 하나하나 의식의 세례를 받는 것 외에는 이제 아무 문제도 없다.

따라서 심적인 형식 속에는 서로 모순되는 두 가지 존재양태가 공존하고 있다. 왜냐하면 심적인 형식은 한편으로는 '이미 만들어져' 있으며, 하나의 조직의 밀착된 통일에서 나타나는 동시에, 다른 한편으로는 각각 즉자로 고립하고자 하는 '지금'의 계기에 의해서밖에 존재할 수 없기 때문이다. 이를테면 이 기쁨이 어느 순간에서 다른 순간으로 옮겨가는 것은, 이 기쁨의 미래가 이미 종국적인 귀착점이며, 그 발전의 '주어진' 방향으로서 존재하기 때문이며, 이 기쁨이 있어야 할 것으로가 아니라, 이 기쁨이 장래에 있어서 이미 '있었던' 것으로서 존재하기 때문이다.

사실, 심적인 것의 친밀한 밀착은 즉자 속에 실체화(實體化)된 '대자'의 존재 통일에 불과하다. 하나의 증오는 결코 부분적으로 나눠지는 것이 아니다. 그것은 행위와 의식의 총화(總和)가 아니다. 하나의 증오심은 행위와 의식을 통해 그 나타남의 부분을 갖지 않은 시간적인 통일로서 주어진다. 다만 '대자'의 존재 통일은 '대자'의 존재의 탈자적 성격에 의해서 설명된다. 즉 대자는 완전한 자발성에 있어서 그것이 있을 것으로 있어야 한다. 이에 비해, 심적인 것은 '존재되는' 것이다. 다시 말해, 심적인 것은 자기에 의해 자기를 존재로 결정할 수 없다. 심적인 것은 일종의 타성에 의해 반성하는 것의 면전에서 지탱되고 있다. 더욱이 심리학자들은 자주 심적인 것의 '병리학적' 성격을 강조했다. 데카르트가 '영혼의 정념(情念)'에 대해 말할 수 있는 것도 그런 의미에서이다. 심적인 것은 세상의 존재자들과 똑같은 존재의 차원에 있는 것은 아니지만, 심적인 것이 이런 존재자들과 관계를 맺고 있는 것으로 파악될 수 있는 것은 이런 타성 때문이다. 하나의 사랑은 사랑받는 대상에 의해 '일깨워진 것'으로서 주어진다. 따라서 심적인 형식의 전적인 밀착은 불가해한 것이 된다. 왜냐하면 심적인 형식은 이 점착으로 있어야 하는 것으로 있지 않기 때문이고, 또 그 자신의 종합이 아니기 때문이며, 심적인 형식의 통일은 하나의 주어진 것의 성격을 가지고 있기 때문이다.

하나의 증오가 완성된 타성적인 수많은 '지금'의 주어진 계기인 한에서, 우리는 그 증오 속에 무한분할 가능성의 싹을 발견한다. 그렇지만 심적인 것이 '대자'의 존재론적 통일의 객관화된 것인 한에서, 이 분할 가능성은 은폐되고 부정되고 있다. 그것에서 증오의 계기적인 수많은 '지금' 사이의 일종의 마술적인 밀착이 일어난다. 그것은, 그런 '지금'은 여러 '부분'으로서 주어지지만, 다음에 그 부분들의 외면성을 부정하기 위한 것일 뿐이기 때문이다. 베르그송의 학설이, 지속하는 의식에 관해, 즉 '상호침투적인 다수성'으로서의 의식에 관해 밝힌 것은 이런 양의성(兩義性)이다.

그 경우, 베르그송이 파악하는 것은 심적인 것이지, '대자'로서 생각된 의식은 아니다. 사실 '상호침투'는 무엇을 뜻하는 것일까? 그것은 모든 분할가능성이 이론상으로는 부재한다는 뜻은 아니다. 사실 상호침투가 있기 위해서는 서로 침투해 들어가는 부분들이 있어야 한다. 다만 이론상으로는 그런 여러 부분은 각각의 고립 속에 빠져야 할 터인데도, 전혀 이해할 수 없는 마술적인 밀착에 의해 서로 다른 부분 속으로 흘러들어간다. 그러면 이 전면적인 융합은 이번에는 분석을 무시한다. 베르그송은 심적인 것의 특성에 대해, '대자'의 절대적인 한 구조 위에서 근거를 부여할 생각은 결코 하지 않는다. 그는 이 심적인 것의 특성을 하나의 주어진 것으로서 확인한다. 심적인 것은 하나의 내면화된 다수성이라는 것을 베르그송에게 드러내 보이는 것은 단순한 '직관'이다. 심적인 것의 특성이 수동적인 주어진 것이라는 타성적인 성격의 것임을 특별히 강조하는 것은, 심적인 것의 특성이 조정적인 의식에 있어서이든 비조정적인 의식에 있어서이든, 하나의 의식'에 있어서 있는' 일 없이 존재하기 때문이다. 심적인 것의 특성은 존재(에 대한) 의식으로 있는 일 없이 존재한다. 왜냐하면 자연적인 태도에 있어서는 인간은 심적인 것의 특성을 완전히 오인하고 있으며, 그 특성을 파악하기 위해서는 직관의 도움을 받아야 하기 때문이다.

그러므로 세계의 어떤 대상은, 보이는 일 없이 존재할 수 있고, 우리가 그것을 드러내는 데 필요한 도구를 만들어 낸 뒤에 드러내 보인다. 심적 지속의 성격은 베르그송에게는 경험상의 하나의 단순한 우연적인 사실이다. 즉, 심적인 지속의 성격들은 우리가 이와 같이 만나기 때문에 그런 것일 뿐이다. 그러므로 심적인 시간성은 하나의 타성적 주어진 것이며, 베르그송적 지속과 매우 가까운 것이다. 이런 타성적 주어진 것은 그 친밀한 밀착을 만드는 것이 아니라 '당하는' 것이며, '자기를' 시간화하는 것이 아니라 끊임없이 시간화되는 것이다. 그것에서는 존재의 탈자적 관계를 통해 결합되어 '있는' 것이 아닌 요소들의 비합리적이고 마술적인 사실상의 상호침투는, 떨어져서 거는 주술의 마술적인 작용에밖에 비할 수 없으며, 이미 완성되어 있는 수많은 '지금'들의 다수성을 감추고 있다. 또 이런 성격은 심리학자들의 오류나 인식부족에서 유래하는 것이 아니다. 그것은 심적 시간성에 대해 구성적인 성격으로서 근원적인 시간성의 실체를 이루는 것이다. 사실 심적인 것의 절대적 통일은 대자의 존재론적·탈자적 통일의 투영이다. 그러나 이 투영은 동일성과 거의 다르지 않은 근사성에 있어서, 자기가 있는 것으로 있는 즉자 속에서 이루어지므로, 탈자적 통일은 수없이 많은 '지금'으로 세분된다. 그리고 이런 지금은 그들이 있는 것으로 있는 것이며, 바로 그때 그들의 즉자적–동일성 속에 각기 고립하는 경향이 나타난다. 그리하여 심적인 시간성은 동시에 즉자와 대자의 성질을 띰으로써 극복될 수 없는 모순을 감추고 있다. 그렇다고 우리는 그것을 이상하게 볼 필요는 없다. 심적인 시간성은 불순한 반성에 의해 생긴 것이므로, 그것은 그것이 있지 않은 것으로 '있을 수 있으며', 그것이 '있을 수 있는' 것으로 있지 않은 것은 당연한 일이다.

이것은 심적인 형식들이 심적인 시간 속에 서로 유지하고 있는 관계를 검토해 보면 더욱더 뚜렷해질 것이다. 맨 먼저 인정할 수 있는 일이지만, 이를테면 하나의 복잡한 심적 형식 속에서 여러 가지 감정의 연관을 지배하고 있는 것은 또한 상호침투이다. 누구나 다 아는 것처럼 선망에 의해 '얼룩진' 우정, 자신도 모르게 존경이 '스며들어 있는' 증오, 연애감정이 섞인 친교 등, 이런 심정은 소설가들이 흔히 기술하고 있다. 선망에 의해 얼룩진 우정은, 이를테면 우유를 조금 첨가한 한 잔의 커피 같은 것으로서 떠올릴 수도 있으리라. 물론 이것은 대충의 비교이다. 그렇지만 분명히, 연애가 섞인 우정은, 이등변삼각형도 삼각형의 하나로서 같은 종류인 것과는 달리, 같은 우정이라는 단순한 하나의 종(種)으로서 주어지는 것은 아니다. 우정은 전면적인 사랑에 의해 전면적으로 침투되어 있는 것으로서 주어진다. 그러나 이 우정은 연애는 아니다. 이 우정은 '자기를 연애'가 되게 하지 않는다.' 만일 그것이 연애가 된다면 이 우정은 우정으로서의 자율성을 잃어버릴 것이다. 반대로 이 연애는, 말하자면 말로 표현하기 어려운 타성적이고 즉자적인 하나의 대상으로서 자기를 구성한다. 이 경우에 즉자적·자율적인 이 연애는 마치 스토아학파의 쉉퀴시스(혼합)*44에 있

---

*44 스토아학파. 특히 크리시포스의 설에 의하면, 개개의 물체는 불과 살아 있는 공기의 프네우마(pneuma, 靈氣)에 의해 연속적인 운동 속에서 하나로 맺어져 있다. 이 운동을 토노스 프네우마티코스(영기의 힘)라고 한다. 이것은 의지적인 노력과는 관계가 없으며, 단순히 수축

어서 다리(脚)가 바다 전체를 통해 펼쳐지듯이 우정 전체를 통해 마술적으로 펼쳐진다.

그러나 심적인 과정은 앞서는 형식들이 뒤에 오는 형식들 위에, 멀리서 미치는 작용을 포함하고 있다. 우리는 이런 멀리서 미치는 작용을, 이를테면 고전적인 역학에서 볼 수 있으며, 순간 속에 갇힌 하나의 동인(動因)의 전적으로 타성적인 존재를 전제로 하는 단순한 인과율의 방식으로 생각해 볼 수는 없을 것이다. 그렇다고 해서 스튜어트 밀(式)의 물리적 인과율의 방식으로 멀리서 미치는 이 작용을 생각할 수도 없다. 왜냐하면 물리적 인과율은 각각이 그 자체의 존재에 있어서 서로 다른 것을 배제하는 두 가지 상태의 끊이지 않는 무조건적인 계기에 의해 정의되기 때문이다. 심적인 것은 그것이 대자가 객관화된 것인 한에서, 정도는 떨어지지만 하나의 자발성을 가지고 있으며, 이 자발성은 자기의 형식이 주어져 있는 내적인 성질로서 더욱이 자기의 밀착력과 떼어 놓을 수 없는 성질로서 파악된다. 따라서 심적인 것은 엄밀하게 말해, 앞서는 형식에 의해 '생겨난' 것으로서 주어질 수는 없을 것이다. 그 반면에, 이 자발성은 스스로 자기를 존재로 한정할 수는 없다. 왜냐하면 이 자발성은 다른 존재자들 사이에 주어진 한 존재자의 한정으로밖에 파악되지 않기 때문이다. 따라서 앞서는 형식은 경과의 형식으로서 자발적으로 조직되는 같은 본성을 가진 하나의 형식을, 멀리서 생겨나게 해야 한다. 이 경우의 존재는 자신의 미래, 자신의 과거'로 있어야 하는' 존재가 아니고, 단순히 과거적·현재적·미래

과 팽창이라는 기계적인 과정일 뿐이다. 토노스 프네우마티코스는 밖에서 안으로 감으로써 응집을 규정하고, 안에서 밖으로 감으로써 성질을 만든다. 따라서 모든 물체는 서로 공존할 수 있을 뿐만 아니라, 서로 완전히 침투하여 혼합상태에 들어간다. 실체도 성질과 마찬가지로 이런 혼합상태에 들어간다. 이 '물체의 상호침투설'은 아리스토텔레스의 '장소'의 개념과 양립하기 어렵고, 또 이른바 '물체의 불가입성(不可入性)'과도 양립하기 어려운 기묘하고 마술적인 이론이다. 사르트르는 이 설을 즉자적이고 타성적인 '심적인 것'에 적용한 것으로, 앞의 예에서 말한다면 커피는 우정이고 우유는 연애, 스토아학파의 예로서 말한다면 바다는 우정이고 다리(脚)는 연애에 해당한다. 그리고 아르님의 《초기 스토아철학자의 단편》 중 〈크리시포스〉 471~473페이지에 이 쉥퀴시스라는 개념이 보이는데, 쉥퀴시스는 혼합(믹시스)의 세 가지 종류의 하나로서, 혼합되는 두 개의 요소가 서로 성질을 상쇄하여 다른 성질을 가진 물질을 만들어 내는 경우이다. '다리가 바다 전체에 펼쳐진다'고 하는, 사르트르가 인용한 예는 어디서도 찾아볼 수 없으나 안티파렉타시스라고 하는 개념이 그것에 해당하는 것이 아닌가 싶다.

적인 형식의 계기, 게다가 모두 '그것으로 있었던' 방식으로 존재하며, 서로 멀리서 영향을 미치는 형식들의 계기이다.

이런 영향은 침투에 의해 나타나거나, 동기화에 의해 나타나거나 둘 중의 하나이다. 첫 번째 침투의 경우에는 반성하는 것은 먼저 따로따로 나뉘어 주어져 있었던 두 개의 심적 대상을 단 하나의 대상으로서 파악한다. 그 결과로 생겨나는 것은 하나의 새로운 심적 대상으로서, 그 각각의 특징은 다른 두 가지 대상의 종합이거나 아니면 두 가지 대상 모두 변질되는 일이 없이 한편의 대상 그대로이며, 동시에 다른 편의 대상 그대로 있는, 그 자신으로서는 이해되지 않은 하나의 대상이다. 그 반대로 동기화의 경우에는 두 대상은 각각 자리에 머문다. 그러나 하나의 심적 대상은 조직된 형식이고 상호침투적인 다수성이므로, 다른 하나의 심적 대상 전체 위에, 동시에 전체로서밖에 작용할 수 없다. 그것에서 한쪽이 다른 쪽 위에 마술적인 영향으로 멀리서 전면적으로 미치는 작용이 생겨난다. 예를 들면 오늘 아침의 나의 기분에 전면적으로 동기를 부여하는 것은 어제 내가 경험한 굴욕 같은 것이다. 이 멀리서 미치는 작용이 전적으로 마술적이고 비합리적이라고 하는 것은, 심적인 것의 차원에 머물면서 이 작용을 지적인 분석을 통해 하나의 이해될 수 있는 인과성으로 환원하고자 하는 주지주의적 심리학자들의 헛된 노력이 어떤 분석보다도 훨씬 더 잘 입증하고 있다. 그런 까닭에 프루스트는 주지주의적 분해에 의해 심적 상태의 시간적 계기 속에, 이런 상태들 사이의 합리적인 인과성의 유대를 끊임없이 다시 찾아내려고 애쓴다. 하지만 그런 분석 끝에, 프루스트는 우리에게 다음과 같은 정도의 결과밖에 보여 줄 수 없는 것이다.

스완이 아무런 불안도 느끼지 않고 오데트를 떠올릴 수 있게 되고, 그가 오데트의 미소 속에서 다시 호의를 보게 되며, 또 '그녀를 다른 어느 누구에게서도 떼어 놓고 싶은 욕구가 더 이상 질투심에 의해 그의 사랑에 첨가되는 일이 없게 된' 지금, 이 사랑은 다시 오데트 그 사람이 그에게 주는 여러 가지 감각에 대한 하나의 취향이 '되고', 그녀가 시선을 한 번 쳐드는 것, 그녀가 잠깐 미소짓는 것, 그녀의 목소리가 짧게 억양을 내뱉는 것을, 마치 어떤 광경처럼 칭찬하거나, 뭔가 신비로운 현상처럼 의심스럽게 생각할 때, 그가 느끼는 그 쾌락에 대한 하나의 취향이 되었다. 그리고 다른 어떤 쾌락과도 다른 이 쾌락은, '결국 그의 내부에 그녀를 필요로 하는 생각을 만들어 냈다.' 이 생각은 그녀가 함께 있어 줌으로써, 또는 그녀의 편지에 의해, 그녀만이 채워 줄 수 있는 것이었다……. 그리하여 '그의 불행의 화학작용 자체에 의해 그의 사랑에서 질투를 만들어 낸' 다음, 그는 오데트에 대한 '애정과' 연민을 다시 '만들어 내기' 시작했다.*45

이 인용문은 분명하게 심적인 것에 대한 구절이다. 사실 우리는 거기서, 본디 개별적이고 서로 떨어져 있는 여러 가지 감정들이 서로 다른 것에 대해 작용하는 것을 본다. 그러나 프루스트는 이런 감정의 작용을 맑게 하고 정리함으로써, 스완이 거치지 않으면 안 되는 양자택일을 이해시키려고 한다. 프루스트는 자신이 만들 수 있었던 검증(원망에 찬 질투심에서 다정한 사랑으로의 '동요'에 의한 이행)을 기술하는 것에만 머물지 않고, 그 검증을 설명하려고 한다.

이 분석의 결과는 어떤 것일까? 심적인 것의 불가해성은 과연 해소될 것인가? 쉽게 간파할 수 있는 일이지만, 이렇게 조금 독단적으로, 커다란 심적인 형식을 더욱 단순한 요소로 환원하는 것은, 오히려 심적인 대상들이 그들 사이에 서로 유지하고 있는 관계의 마술적 비합리성을 더욱 두드러지게 할 뿐이다. 어떻게 해서 질투심은 '다른 어느 누구에게서도 그녀를 떼어 놓고 싶은 욕구를' 사랑에 '첨가할 수' 있을까? 그리고 어떻게 해서 한번 사랑에 끼어든 이 욕구(여기서도, 커피에 '첨가된' 적은 양의 우유에 대한 비유가 들어맞는다)는, 사랑이 '다시' '오데트 그 사람이 그에게 주는 여러 가지 감각에 대한 하나의 취향'이 '되는 것을' 막을 수 있는가? 그리고 어떻게 해서 쾌락은 하나의 필요를 '만들어 낼' 수 있는 것인가? 또 사랑이 어떻게, '오데트를 다른 어느 누구에게서도 떼어 놓고 싶다는 욕구'를 이윽고 사랑에 첨가하게 될 그런 질투를 '만들어 내는' 것일까? 그리고 그 욕구에서 해방되면 어떻게 해서 사랑은 다시 애정을 '만들어 내는' 것인가?

프루스트는 여기서 하나의 상징적인 '화학작용'을 설정해 보려고 시도한다. 그러나 그가 사용하는 화학적 비유들은 다만 비합리적 동기화와 작용들을 은폐할 수 있을 뿐이다. 어떤 사람들은 우리를 심적인 것의 기계론적 해석으로

*45 원주.《스완네 집 쪽으로》37판 2권 p.82. 강조는 사르트르 자신이 한 것이다.

끌어들이려고 애쓰지만, 그런 해석은 심적인 것의 본성을 더욱 명료하게 만들기는커녕 완전히 왜곡하고 말 것이다. 하지만 그들은 그런 심적 상태들 사이에 인간들 사이의 관계와 비슷한 기괴한 관계(만들어 낸다, 첨가한다 등)가 있음을 우리에게 보여 주지 않을 수 없는데, 이런 관계는 심적인 대상이 마치 살아 있는 행위자인 것 같은 느낌을 우리에게 준다.

프루스트의 기술방법에서는 주지주의적인 분석이 시시각각으로 그 한계를 드러내고 있다. 즉 주지주의적인 분석은 전면적인 비합리성의 표면 위에 전면적인 비합리성을 근거로 해서만 그 분해와 분류의 조작을 할 수 있다. 심적인 인과성이 가진 비합리적인 것을 줄이는 일은 단념하지 않으면 안 된다. 심적인 인과성이란, 자기로부터의 거리에 있어서 자기의 존재로 있는 하나의 탈자적인 대자가, 자신의 장소에서 자신이 있는 그대로의 것으로 있는 하나의 즉자 속에 마술적으로 떨어지는 일이다. 멀리서 영향을 끼치는 마술적 작용은 존재의 유대가 이렇게 느슨해지는 데서 오는 필연적인 결과이다. 심리학자는 이런 비합리적인 유대를 기술하고, 그것을 심적인 세계의 첫 번째 주어진 것으로서 받아들여야만 한다.

그리하여 반성적 의식은 지속'에 대한' 의식으로서 자기를 구성한다. 그렇게 함으로써 심적인 지속이 의식에 나타난다. 근원적 시간성이 즉자 속에 투영된 것으로서의 이 심적인 시간성은 하나의 잠재적 존재이며, 그 환영 같은 경과는 대자의 탈자적인 시간화가 반성에 의해 파악되는 한에서, 끊임없이 이 대자의 탈자적 시간화를 따른다. 그러나 대자가 비반성적 차원에 머물거나 불순한 반성이 자기를 순화(純化)한다면, 이 심적인 시간성은 완전히 사라진다. 심적인 시간성은 그것이 구체적인 대상들의 존재방식으로 나타나는 것이고, 하나의 틀 또는 미리 설정된 규범으로서 나타나는 것이 아니라는 점에서 근원적인 시간성과 비슷하다. 심적인 시간은 시간적 대상들이 합쳐진 집합에 지나지 않는다. 하지만 심적인 시간과 근원적 시간성의 본질적인 차이는, 전자는 '존재하는' 데 비해 후자는 자기를 시간화한다는 점에 있다. 심적인 시간은 그런 것으로서의 한에서 과거로 구성될 수밖에 없다. 이 경우에 미래는 현재적 과거의 뒤에 올 하나의 과거로서밖에 있을 수 없다. 다시 말하면 앞뒤라는 공허한 형식이 실체화되어, 똑같이 과거적인 대상들 사이의 관계에 순서를 부여하는 것이다. 그와 동시에 자기에 의해 존재할 수 없는 이 심적인 지속은 끊임없이 '존재되는' 것이 아니면 안 된다. 병존적인 다수성과, 탈자적 대자의 절대적인 점착 사이에서 끊임없이 흔들리고 있는 이 심적인 시간성은, 존재한 수많은 '지금'으로 합성되어 있고, 그런 '지금'들은 각각 할당된 곳에 머물면서 전체적으로는 멀리서 서로 영향을 주고받는다.

이 점에서 심적인 시간성은 베르그송 철학의 마술적인 지속과 매우 닮은 것이 된다. 우리가 불순한 반성의 차원에, 다시 말해 '내가 그것으로 있는 존재'를 규정하려고 하는 반성의 차원에 몸을 두게 되면, 즉시 통합된 세계가 나타나며, 그것이 이 심적인 시간성을 번식시킨다. 잠재적 현전이자 나의 반성적 지향의 개연적인 대상인 이 세계는 심적인 세계, 즉 프시케이다. 어떤 의미에서는 이런 심적 세계의 존재는 완전히 이상적인 존재이다. 그러나 또 다른 의미에서 보면, 이런 심적 세계는 존재한다. 그것은 이 심적 세계가 '존재되기' 때문이고 의식 앞에 드러나기 때문이다. 이런 심적 세계는 '나의 그림자'이다. 심적 세계는 내가 '나를 보려고' 할 때 내 앞에 드러나는 것이다. 그 밖에도 이 심적 세계는 거기서 출발하여 대자가 자신이 있어야 하는 것으로 있도록, 자기를 결정하는 것이 될 수 있으므로('나는 이러저러한 사람에 대해 반감을 느끼고 있기 "때문에", 나는 그 사람의 집에 가지 않을 것이다.' '나는 나의 증오 또는 나의 사랑을 고려하여 이러저러한 행동을 결의한다.' '나는 내가 성격이 급하다는 것을 알고 있으며, 화를 낼 위험을 초래하고 싶지 않으므로 정치적인 토론은 사양한다'), 이 환영 같은 세계는 대자의 '현실적 상황'으로서 존재한다.

반역사적인 무관심의 무한한 생성 속에 깃드는 이 초월적인 세계와 함께, 이른바 '내적' 또는 '질적'인 시간성이 바로 존재의 잠재적 통일로서 구성된다. 그런데 이런 시간성은 실상은 근원적 시간성이 즉자로 객관화된 것이다. 거기에 하나의 '외부'에 대한 최초의 소묘가 있다. 다시 말해 대자는 자기 자신의 눈으로, 자신에게 하나의 외부가 부여되어 있는 것과 비슷한 상태를 본다. 그런데 이 외부는 전적으로 잠재적이다. 우리는 더 뒤에 가서 이 '외부'의 소묘가 '대타존재'에 의해 '이루어지는' 것을 보게 될 것이다.

제3장
초월

대자(對自 : 자기를 자각하고 자기 자신과 대립하는 일)에 대해 가능한 한 완전하게 기술(記述)하기 위해서, 우리는 그 실마리로서 여러 가지 부정적인 행위의 검토를 선택했다. 사실 우리가 살펴본 것처럼, 우리가 제기할 수 있는 질문과 그것에 대해 우리가 할 수 있는 대답에 조건을 부여하는 것은, 우리 밖과 안에서의 비존재의 끊임없는 가능성이다. 그렇지만 우리의 최초의 목적은 다만 대자의 부정적 구조를 드러내 보이는 것뿐만이 아니었다. '머리글'에서 우리는 한 가지 문제에 부딪혔다. 그리고 우리가 해결하고자 한 것은 '인간존재와 현상의 존재, 즉 즉자존재와의 근원적인 관계는 어떤 것인가' 하는 문제이다. 실은 이미 '머리글'에서부터 우리는 실재론적 해결책과 관념론적 해결책을 다 같이 배제하지 않을 수 없었다. 우리에게 초월적인 존재는 아무리 해도 의식 위에 작용할 수 없는 것으로 보였고, 또 의식도 자기의 주관성에서 빌려온 요소들을 객관화하는 것으로는 초월적인 것을 '구성할' 수 없는 것으로 보였다.

따라서 우리가 이해한 것처럼, 존재와의 근원적 관계는 원초적으로 고립된 두 실체를 하나로 결합하는 외적인 관계일 수는 없다. "두 개의 존재 영역의 관계는 하나의 원초적인 용출(湧出)이며, 이것은 그런 존재들의 구조 자체의 일부를 이루고 있다"고 우리는 기술했다. 구체적인 것은 종합적인 전체로서 우리에게 드러난 것이며, 의식 및 현상은 이런 종합적인 전체의 분절(分節)밖에 구성하지 않는다. 그러나 예를 들어 어떤 의미에서 고립된 것으로 고찰된 의식이 하나의 추상이라 하더라도, 또 이를테면 현상들이―존재의 현상까지도―하나의 의식에 대해 '나타나지' 않고는 현상으로서 존재하지 않는 한에 있어서, 마찬가지로 추상적이라고 하더라도, 현상의 존재는 그것이 있는 그대로의 것으로 있는 즉자로서 하나의 추상으로는 생각될 수 없을 것이다. 현상의 존재는 존재하기 위해 그 자신밖에 필요로 하지 않는다. 현상의 존재는 현상의 존재

밖에 가리키지 않는다.

한편 대자에 대한 우리의 기술은, 그것과는 반대로 대자를 하나의 실체와 하나의 즉자에서 될 수 있는 대로 멀리 떨어진 것으로서 우리에게 보여 주었다. 우리가 본 것처럼, 대자는 자기 자신의 무화(無化)이며, 자신의 세 가지 탈자의 존재론적 통일 속에서만 존재할 수 있다. 그러므로 대자와 즉자의 관계는 근원적으로 관계 속에 들어가는 존재 자체의 구성요소로 있어야 하는데, 그 경우 우리는 이 관계가 즉자의 구성요소가 될 수 있다고 이해해서는 안 되며, 오히려 대자의 구성요소라고 이해해야 한다. 이를테면 사람들이 인식이라고 부르는 이런 '존재에 대한 관계'의 열쇠는 오로지 대자 속에서만 구해져야 한다. 대자는 그 존재에 있어서 대자와 즉자와의 관계에 대해 책임을 진다. 또는, 말하자면 대자는 근원적으로 즉자와의 관계를 근거로 하여 생겨난다. 이것은 앞에서 우리가 '의식은 그 존재가 그것과는 다른 하나의 존재를 끌어들이는 한에서, 그것에게는 그 존재에 있어서 그 존재가 문제가 되는 하나의 존재'라고 정의했을 때, 이미 예감했던 것이다.

그러나 우리가 이 정의를 성립시켰을 때부터 보면, 우리는 그 뒤 많은 새로운 인식을 얻었다. 특히 우리는 대자의 깊은 뜻을, 자기 자신의 무(無)의 근거로서 파악했다. 지금이야말로 그런 인식을 이용하여 대자와 즉자의 이런 탈자적 관계를 규정하고 설명해야 할 때가 아닐까? 대체로 '인식'과 '행동'이 나타나는 것은 이런 관계를 근거로 해서이다. 우리는 여기서 우리의 최초의 물음에 대답할 수 있지 않을까? 우리가 보여 준 것처럼, 자기(에 대한) 비조정적(非措定的)인 의식으로 있으려면, 의식은 무언가'에 대한' 조정적인 의식으로 있어야 한다. 그런데 우리가 지금까지 연구해 온 것은 자기(에 대한) 비조정적인 의식의 근원적 존재방식으로서의 대자이다. 바로 그것 때문에 우리는 대자와 즉자의 관계가 대자의 존재의 구성요소인 한에서, 대자를 즉자와의 관계 자체 속에서 기술하도록 인도되어 온 것이 아닌가? 이제부터 우리는 '즉자는 그것이 있는 그대로의 것으로 있는데, 어떻게, 그리고 왜, 대자는 자신의 존재에 있어서 즉자에 대한 인식으로 있어야만 하는가, 또 일반적으로 인식이라는 것은 무엇인가'라고 하는 질문에 대해 하나의 해답을 찾아낼 수 있지 않을까?

1. 대자와 즉자 사이 전형적인 관계로서 인식

직관적 인식 이외에 다른 인식은 없다. 연역과 추론은 부당하게도 인식이라고 불리고 있으나, 실은 직관으로 이끌어 주는 방편에 불과하다. 우리가 일단 직관에 이르면, 거기에 이르는 데 쓰인 수단은 직관 앞에서 사라진다. 직관에 이를 수 없는 경우에는, 추리와 추론은 손이 닿지 않는 곳에 있는 하나의 직관을 지향하는 지표로 머문다. 끝으로 직관에 이를 수 있었지만 그 직관이 나의 의식의 현재적인 양상이 아닌 경우에는, 내가 사용하는 준칙(準則)은 먼저 이루어진 조작의 결과로서, 즉 데카르트가 '관념의 상기(想起)'라고 부른 것으로 머문다. 그래서 '직관이란 무엇이냐'고 묻는다면 후설은 다른 대부분의 철학자들의 의견과 마찬가지로 '직관이란 "사물(chose, Sache)"이 의식에 대해 직접 현전(現前)하는 것'이라고 대답할 것이다. 그러므로 인식(connaissance)은 우리가 앞 장(章)에서 '……에 대한 현전'이라는 이름으로 기술한 형식의 존재에 속한다.[*1] 그러나 우리가 확인한 바로는, 즉자는 결코 그 자신으로는 '현전'이 될 수 없다. 사실 '현재적'이라는 것은 대자의 탈자적인 존재방식의 하나이다. 그러므로 우리는 우리의 정의의 두 항을 뒤집어서 '직관은 사물에 대한 의식의 현전'이라고 말하지 않으면 안 된다. 그러므로 우리가 지금 되돌아와야 하는 것은, '존재에 대한 대자의 현전'의 본성과 의미에 관해서이다.

우리는 이 책의 머리글에서 '의식'이라고 하는, 아직 해명되지 않은 개념을 쓰며, 의식은 무언가'에 대한' 의식이 아니면 안 된다는 것을 확인했다. 사실 의식이 자신의 눈으로 자신을 분간하고, 자기(에 대한) 의식으로 있을 수 있는 것은, 의식이 그것에 대한 의식으로 있는 그 무언가에 의해서이다. 무언가'에 대한' 의식으로 있지 않은 의식은, 무언가(에 대한) 의식도 아닐 것이다. 그러나 지금 우리는 이미 의식 또는 대자의 존재론적 의미를 밝혀 낸 것으로 생각하고 있다. 그러므로 우리는 더욱더 정확한 용어로 문제를 세워서 다음과 같이 자문해 볼 수 있다. '의식은 무언가"에 대한" 의식으로 있어야 한다는 이 의식에 있어서의 필요성은, 그것을 존재론적 차원에서, 다시 말해 대자존재의 시야에서 생각한다면 어떤 뜻을 가질 수 있을까?' 잘 알고 있는 바와 같이, 대자는 '반사−반사하는 것'이라는 환영적인 두 가지 성질의 형태에 있어서, 자기 자

[*1] 그리스어의 episteme(인식)는 어원적으로는 '……에 대해서 선다'는 뜻이며, 'Présence à(……에 대한 현전)'라는 구조를 그대로 보여 주고 있다.

신의 무의 근거로 있다. '반사하는 것'은 '반사'를 반사하기 위해서만 존재하며, '반사'는 그것이 '반사하는 것'을 가리키는 한에서만 반사일 수 있다. 그러므로 이 두 가지 성질의 소묘적인 두 항(項)은 서로 다른 것을 지향하며, 각각은 자신의 존재를 다른 쪽의 존재 속에 옭아맨다. 그러나 만일 '반사하는 것'이 이 '반사'를 반사하는 것 이외에 아무것도 아니고, 또 '반사'가 '이 "반사하는 것" 속에 자기를 반사하기 "위해 존재함"'으로써만 자기를 특징지을 수 있다고 한다면, 이런 준-2성(二性)의 두 항은 그런 두 가지의 무(無)를 서로 기대어 의지하게 함으로써 다 함께 소멸해 버린다. 그 총체가 아무것도 아닌 것 속에 무너져 버리지 않기 위해서는 반사하는 것은 '무엇인가를' 반사하지 않으면 안 된다. 하지만 그런 반면에, 만일 반사가 '자기를 반사하기 위해 존재한다'는 것을 떠나서 '무엇인가'로 있다면, 이 반사는 반사가 아니라 즉자로서의 성격을 부여받아야 할 것이다. 그렇게 되면, '반사-반사하는 것'의 체계 속에 불투명성을 도입하게 되고, 특히 소묘되어 있을 뿐인 분열을 완성하게 될 것이다. 왜냐하면 대자에 있어서는 반사는 '또한' 반사하는 '것도 되기' 때문이다. 그러나 만일 반사가 성질을 부여받게 된다면, 반사는 반사하는 것에서 분리되고, 그 외관은 그 실재에서 분리된다. 그리고 '코기토'는 불가능해진다.

반사는 '반사되어야 하는 무언가'가 될 수 있는 동시에, '아무것도 아닌 것'이 될 수도 있는 것은, 오직 반사가 자신이 아닌 다른 것에 의해 성질이 부여되는 경우뿐이며, 또는 반사가 자신이 그것으로 있지 않은 하나의 외부에 대한 관계로서의 한에서, 자기를 반사하는 경우뿐이다. 반사하는 것에 대해서 반사를 규정하는 것은 항상 '반사가 무엇인가에 대해 현전일 때의 그 무엇인가'이다. 비반성의 차원에서 파악된 하나의 기쁨조차도, 행복한 시야(視野) 가득히 활짝 열려 있는 하나의 세계에 대해 '반사된' 현전 이외에 아무것도 아니다. 하지만 이런 표현에서도 이미 헤아릴 수 있듯이, '그것으로 있지 않은 것'이 현전의 본질적인 구조이다. 현실은 사람이 그것으로 있지 않은 것에 대한 현전으로서, 하나의 근본적인 부정을 안고 있다. 나에 대해 현전적으로 있는 것은 나로서 있지 않은 것이다.

여기서 주의할 것은 이 '있지 않음'은 모든 인식이론에 의해 선험적으로 함의(含意)되어 있는 것이다. 만일 우리가 대상을 의식으로 '있지 않은' 것으로서 가리키는 하나의 부정적 관계를 근원적으로 가지고 있지 않다면, 대상의 관념을 구성하기는 불가능하다. 이것은 '비아(非我)'라는 표현이 충분히 보여 준 바이다. 이 표현은 한동안 유행하던 말인데, 사실은 이 표현을 쓰던 사람들에 게서는 외적(外的)인 세계에 근원적으로 성질을 부여하고 있는 이 '비(非)'에 근 거를 주고자 하는 관심을 조금도 볼 수 없었다. 사실, 표상 사이의 연관도, 어 떤 종류의 주관적 종합의 필연성도, 시간적 불가역성(不可逆性)도, 무한한 것 에 대한 의거도, 만일 이런 부정이 '먼저' 주어져 있지 않다면, 그리고 만일 이 부정이 모든 경험의 '선험적' 근거가 아니라면, 대상을 대상으로서 구성하는 데 아무런 도움도 되지 않는다. 다시 말하면 그들 중에 어떤 것도 비아를 잘 라내어, 그것을 자아로서의 자아에 대립시키는 사후의 부정에 대해, 근거로서 소용될 수는 없는 일이다. 사물은 모든 비교, 모든 구성에 앞서서 의식으로 '있지 않은' 것으로서 의식에 현전하고 있는 것이다. 인식의 근거로서의 현전이 라는 근원적 관계는 부정적이다. 그러나 부정은 대자에 의해 세계에 찾아오는 것이고, 사물은 동일성의 절대적인 무차별 속에서 그것이 있는 그대로의 것으 로 있는 것이므로, 대자로 있지 않은 것으로서 자기를 세우는 것은 사물일 수 없는 일이다.

부정은 대자 자체에서 온다. 그렇다고 이런 부정을, 사물 자체를 지향하고, 사물에 대해 그것이 대자임을 부정하는 하나의 판단형식으로 생각해서는 안 된다. 이런 형식의 부정은 대자가 하나의 완성된 하나의 실체가 아닌 경우에 는 도저히 생각할 수 없는 것이며, 설사 그런 경우에라도 이런 형식의 부정은 두 존재 사이의 부정적인 관계를 밖에서 설정해 주는 제3자에 의해서만 이루 어질 수 있을 것이다. 오히려 그 반대로, 근원적인 부정에 의해 사물로 '있지 않은' 것으로서 자기를 구성하는 것은 대자일 것이다. 따라서 우리가 의식에 대해 앞에서 내린 정의는 대자의 시야에 있어서 다음과 같이 표현될 수 있다. "대자는 그 존재가 본질적으로 자신과는 다른 것으로서 동시에 정립하는 어 떤 존재로 '있지 않은' 하나의 방법으로 있는 한에서, 그것에 있어서는 그 존재 에 있어서 그 존재가 문제되는 하나의 존재이다." 그러므로 인식은 하나의 존 재방식(존재양상)으로서 나타난다. 인식한다는 것은, 두 존재 사이에 나중에 설정된 관계도 아니고, 이런 두 존재 중 한쪽의 작용도 아니며, 하나의 성질 또는 고유성, 그리고 덕 같은 것도 아니다. 인식한다는 것은 대자가 '⋯⋯에 대 한 현전'인 한에서, 대자의 존재 자체이다. 다시 말해 인식한다는 것은, 대자가 자기로 하여금 자신이 현전하고 있는 어떤 존재로 있지 않게 함으로써 자신의 존재로 있어야 하는 한, 대자의 존재 자체이다.

요컨대 대자는 어떤 존재로 있지 않은 것으로서 자기를 반사시키는 하나의 '반사'라는 방식으로만 존재할 수 있음을 뜻한다. '반사—반사하는 것'이라는 이 한 쌍이 무(無) 속에 무너지지 않기 위해서 반사되는 것에 성질을 부여할 그 '무엇인가'는 순수한 부정이다. 반사되는 것은 '밖에 있어서', 어느 한 존재 옆에서, 이 존재로 '있지 않은' 것으로서 자기에게 성질을 부여하게 한다. 이것이 바로 우리가 '무언가에 대한 의식으로 있는 존재'라고 부르는 것이다.

그러나 이 근원적인 부정에 의해 우리가 무엇을 뜻하고 있는가를 분명히 해 두지 않으면 안 된다. 사실 외적인 부정과 내적인 부정이라는 두 가지 형식의 부정을 구별하는 것이 좋다. 전자인 외적 부정은 한 증인에 의해 두 존재 사이에 설정된 하나의 순수한 외면성의 연계로서 나타난다. 예를 들면 '찻잔은 잉크병이 아니다'라고 내가 말할 때, 이 부정의 근거는 찻잔*2에 있지도 않고, 잉크병에 있지도 않다. 이런 대상의 어느 쪽에나 그것은 있는 것이다. 다만 그뿐이다. 이 경우의 부정은 내가 어떤 점에서도 그 둘을 변양시키지 않고, 그들의 성질을 조금도 풍부하게 하거나 빈약하게 하지도 않으며, 그 둘 사이에 설정하는 하나의 범주적이고 이상적인 연관으로서 존재한다. 이 둘은 그 부정적 종합에 의해 살짝 접촉되지도 않는다. 부정은 이 둘을 풍부하게 하거나 그들을 구성하는 데도 아무런 도움이 되지 않으므로, 이 부정은 어디까지나 외적인 부정에 머문다. 그러나 만일 우리가 '나는 부자가 아니다'라든가, '나는 아름답지 않다'는 말을 고찰해 본다면 또 하나의 부정의 의미를 재빨리 간파할 수 있다.

어느 정도 비관적인 어조로 나온 이런 말들은 다만 우리가 자신에게 어떤 성질을 거부하는 것을 뜻할 뿐만 아니라, 우리가 이런 성질을 거부한 그 긍정적인 존재(나 자신)에 대해, 이 거부 자체가 그 내적인 구조에 영향을 끼치러 찾아온다는 뜻이다. 내가 '나는 아름답지 않다'고 말할 때, 나는 전적으로 구체적인 것으로서 이해된 나에 대해 어떤 하나의 덕성을 부정하고, 따라서 이 덕성은 무(無) 속으로 이행하지만, 나의 존재의 긍정적인 전체에는 아무런 영

---

*2 원문의 table(탁자)은 tasse(찻잔)의 오기로 보고 정정하여 번역했다.

향도 끼치지 않는다(이를테면 내가 '이 꽃병은 흰색이 아니라 회색이다' '잉크병은 탁자 위가 아니라 벽난로 위에 있다'고 말할 때처럼)고 말하는 것만으로는 끝나지 않는다. '아름답지 않은' 것은 나의 존재에 대한 일종의 부정적인 덕성이라는 뜻으로 나는 말하고 있는 것이다. 이 부정적인 덕성은 부정성으로서의 한에서, 내면으로부터 나를 특징짓고 있다. 아름답지 않다는 것은 나 자신의 하나의 실재적인 성질이고, 이 부정적인 성질은 이를테면 나의 비관이나 나의 사회에서의 실패를 설명해 줄 것이다. 내적 부정이라는 말로 우리가 뜻하고 있는 것은, 이 두 존재 사이에서 한쪽의 존재(대자)에 의해 부정되는 다른 쪽의 존재(즉자)가, 그의 부재(不在) 자체에 의해 그 본질의 핵심 속에서 다른 쪽의 존재(대자)에 성질을 부여하는, 그런 관계이다. 이 경우의 부정은 본질적인 '존재의 유대'가 된다. 왜냐하면 부정의 대상이 되는 두 존재 가운데 적어도 한쪽의 존재(즉자)는, 다른 쪽의 존재(대자)를 지시하는 존재이고, 하나의 부재로서 다른 쪽의 존재(대자)의 핵심과 관련된 존재이기 때문이다. 그렇지만 이런 형식의 부정은 즉자존재에 적용될 수 없는 것은 분명하다.

이런 형식의 부정은 본디 대자에 속한다. 다만 대자만이 그 존재에 있어서 자기가 그것으로 있지 않은 하나의 존재에 의해 규정될 수 있다. 그리고 내적 부정이 세계 속에 나타날 수 있다고—예를 들면 우리가 어떤 진주에 대해 '그 것은 모조품이다'라고 말하거나, 어떤 과일에 대해 '그것은 익지 않았다'고 말하고, 또 어떤 달걀에 대해 '그것은 신선하지 않다'고 말할 때처럼—한다면, 이런 내적인 부정이 세상에 찾아올 수 있는 것은 대체로 모든 부정의 경우와 같이 대자에 의해서이다. 따라서 인식한다는 권한이 홀로 대자에 속하는 것은 자기가 인식하는 것으로 있지 않은 것으로 나타난다는 권한이 홀로 대자에만 속하기 때문이다. 게다가 이 경우, 나타남과 존재는 하나를 이룰 수밖에 없는 것이므로—그것은 대자가 그 나타남의 존재를 가지고 있기 때문이지만— '대자는 그것이 그 존재에 있어서 "대상의 존재"로 있지 않은 것으로서 문제가 되고 있는 한에서, 자신의 존재 속에 자신이 그것으로 있지 않은 대상의 존재를 품고 있다'고 생각하지 않으면 안 된다.

그런데 이 경우, '이러저러한 존재로 "있지 않은 것"'으로서 자기를 구성하기 위해서는 미리 무슨 방법으로든 이 존재에 대한 하나의 인식을 미리 가지고 있어야만 한다. 왜냐하면 나는 내가 그것에 대해 아무것도 모르는 존재와 나의 차이에 대해서는 판단할 수 없기 때문이다'라는 형태로 표현되는 하나의 착각에서 벗어나지 않으면 안 된다. 물론 분명히, 우리의 경험적인 생활에 있어서는 우리가 어떤 점에서 일본인이나 영국인과 다른가, 또 어떤 점에서 노동자나 군주와 다른가는, 그런 각기 다른 존재에 대해 무언가의 관념을 갖기 전에는 알 수가 없다. 그러나 그런 경험적인 구별은 여기서는 우리에게 있어서 기초로서 도움이 될 수 없는 것이다. 왜냐하면 우리는 모든 경험을 가능하게 만들어야 하는 하나의 존재론적 관계의 연구에 착수하고 있는 것이고, 이 연구는 어떻게 해서 일반적으로 하나의 대상이 의식을 위해 존재할 수 있는지를 밝히는 것을 지향하고 있기 때문이다. 그러므로 내가 대상을 대상으로서 구성하기 전에 내가 아닌 대상으로서의 대상에 대해, 뭔가 경험을 갖는다는 것은 있을 수 없는 일이다. 오히려 그 반대로 모든 경험을 가능하게 하는 것은 주관에 대한 대상의 선험적인 나타남이다. 달리 말하면 나타남은 대자의 근원적인 사실이므로, 대자가 그것으로 있지 않은 대상에 대한 현전으로서의, 대자의 근원적인 나타남이다. 따라서 앞에 나온 명제의 두 항(項)을 뒤집어서 다음과 같이 말하는 것이 옳을 것이다. '대자가 스스로 그것에 대해 현전하고 있는 "이" 특정한 존재로 있지 않은 것으로서 존재해야 할 때의 그 기본적인 관계는, 이 존재에 대한 모든 인식의 근거이다.' 그러나 이 원초적 관계를 이해할 수 있게 하려면, 그것을 더욱더 상세하게 기술하지 않으면 안 된다.

우리는 앞에서 주지주의적 착각을 고발했지만, 그 주장에는 여전히 진실임을 잃지 않은 점도 있다. 나는 근원적으로 나와의 모든 유대가 끊어져 있는 하나의 대상으로 있지 않은 것으로서 자기를 규정할 수 없다는 점이 그것이다. 나는 이 존재를 '떠나서는' 내가 '이러저러한' 존재라는 것을 부정할 수 없다. 만일 내가 완전히 자기 위에 갇혀 있는 하나의 존재를 떠올린다면, 이런 존재는 그것만으로 완전히 일의적(一義的)으로, 그것이 있는 그대로의 것으로 있을 것이다. 따라서 이런 존재 속에서는 부정의 여지도 인식의 여지도 찾아볼 수 없을 것이다. 하나의 존재(대자)가 자신이 그것으로 있지 않은 것(즉자)을 '자신에게 알릴' 수 있는 것은, 사실 자신이 그것으로 있지 않은 존재(즉자)에서 출발한 경우이다. 그것은 다음과 같은 뜻이다. 내적인 부정의 경우에는 대자(나)가 자신이 그것으로 있지 않은 것(즉자)으로 있지 않는 것으로서 나타나는 것은 저편에 있어서이고, 자신이 그것으로 있지 않은 존재(즉자) 속에서이며, 또 이 존재 위에서이다. 그런 뜻에서 내적인 부정은 하나의 구체적인 존재론적 유대이다. 여기서 문제되는 것은 결코 경험적인 부정들의 하나는 아니다. 경험적 부정의 경우에는 부정되는 성질은 그 부재에 의해서, 또는 바로 그 비존재에 의해서 처음부터 뚜렷하게 구별된다. 내적 부정에 있어서는 대자는 자신이 부정하는 것 위에 압살당한다. 부정되는 성질은 바로 대자에 대해 더욱 현전적으로 있는 것이다.

대자가 그 부정적인 힘을 끌어내어 그것을 끊임없이 갱신하는 것도 그런 부정된 성질에 의해서이다. 그런 뜻에서 이런 성질들은 대자의 존재의 한 구성요소로 보지 않으면 안 된다. 왜냐하면 대자는 저편에, 자기 밖에 이런 성질들 위에 있어야만 하기 때문이며, 대자는 자신이 이런 성질들로 있는 것을 부정하기 위해서 '이런 성질들로' 있어야 하기 때문이다. 요컨대 내적인 부정의 '근원-항(項)'은 즉자이고, '그곳에 존재하는' 사물이다. 그리고 이 사물의 밖에는 아무것도 존재하지 않는다. 존재한다면 하나의 공허, 하나의 무가 있을 뿐인데, 이런 무는 하나의 순수한 부정에 의해서만 사물과 구별되며, 그 순수한 부정의 내용 자체를 제공하는 것은 '이' 사물이다.

유물론이 인식을 대상에서 끌어내려다가 부딪히는 난관은, 유물론이 하나의 실체를 또 하나의 다른 실체에서 만들어 내려 하는 데서 유래한다. 그러나 이 어려움이 우리를 막을 수는 없을 것이다. 왜냐하면 우리에게 말하라고 한다면, 즉자의 밖에는 '아무것도' 없기 때문이다. 만일 있다고 하면 이 '없는 것'의 하나의 반사가 있을 뿐이지만, 이 '없는 것'은 그것이 바로 '이' 즉자의 무(無)인 한에서, 다시 말하면 즉자로 있지 않다는 것만으로 아무것도 아닌, 개별화된 '없는 것'으로 있는 한에서, 그 자신이 즉자에 의해 극한이 되고 한정되는 것이다. 그리하여 내적인 부정과 인식을 성립시키고 있는 이 탈자적 관계에 있어서는, 그 충실에 있어서 구체적인 극을 이루고 있는 것은 즉자 그 자신이고, 대자는 거기에 즉자가 떠오르는 공허 이외에 아무것도 아니다. 대자는 자신의 밖에, 즉자 속에 존재한다. 왜냐하면 대자는 자신이 그것으로 있지 않은 것에 의해 자기를 한정시키기 때문이다. 따라서 즉자와 대자의 최초의 유대는 '존재의 유대'이다. 그러나 이 유대는 하나의 '결여'도 아니고 하나의 '부재'도 아니다. 부재의 경우에는 사실 나는 내가 그것으로 있지 않은 하나의 존재에 의해 나를 규정시키지만, 이 존재는 실은 존재하지 않는 것, 또는 그곳에 존재하지 않는 것이다. 즉, 나를 규정하는 것은 내가 나의 경험적 충실이라고 부르는 것의 한복판에서 있는 하나의 구멍과 같은 것이다. 그것에 비해, 존재론적인 '존재의 유대'로서 이해된 인식의 경우에는, 내가 그것으로 있지 않은 존재는 즉자의 절대적인 충실을 나타내고 있다. 그리고 나는 반대로 무이고 부재이며, 이 부재는 즉자의 충실에서 출발하여 존재로 자기를 규정한다.

요컨대 우리가 '인식한다'고 말하는 이 형식의 존재에 있어서, 우리가 만날 수 있는 유일한 '존재는', 그리고 끊임없이 '그곳에' 존재하는 유일한 존재는 '인식되는 것'이다. 인식하는 것은 존재하지 않는다. 인식하는 것은 파악될 수 없다. 인식하는 것은 인식되는 것의 하나의 현존(être-là)(그곳에-있음), 즉 하나의 현전을 그곳에 존재하게 하는 것 외에 아무것도 아니다—왜냐하면 자기 자신으로 인식되는 것은 현전적이지도 않고, 부재하는 것도 아니며, 단순히 존재하는 데 지나지 않기 때문이다. 그러나 인식되는 것의 이 현전은 '없는 것(rien)'에 대한 현전이다. 왜냐하면 인식하는 것은 하나의 '없는 존재(un n'être pas)'의 단순한 반사이기 때문이다. 그러므로 이 현전은 '인식하는 것–인식되는 것'의 전체적인 반투명성을 거쳐서 '절대적' 현전으로 나타난다.

이런 근원적 관계에서 심리적·경험적으로 적절한 예는 '황홀(fascination)'의 경우에서 볼 수 있다. 사실 황홀은 인식의 직접적 사실을 나타내는 것으로, 이런 경우에 인식하는 것은 절대적으로 하나의 순수한 부정 이외에 아무것도 아니다. 인식하는 것은 어디서도 발견되지 않고 어디서도 회복되지 않는다. 인식하는 것은 '존재하지 않는다.' 인식하는 것이 맡을 수 있는 유일한 성질 부여는, 바로, '그것'은 황홀하게 하는 이러저러한 대상으로 '있지 않다'는 것이다. 황홀 속에는 머나먼 세계 속에서의 하나의 거대한 대상 외에는 이제 아무것도 존재하지 않는다. 그러나 황홀함이 된 직관은 결코 대상과의 '융합'이 아니다. 왜냐하면 황홀이 있을 수 있는 조건은 대상이 하나의 공허한 배경 위에 절대적으로 선명하게 떠오르는 것, 다시 말해 내가 바로 대상의 직접적인 부정이고 그 밖에 다른 아무것도 아니기 때문이다.

루소가 자기 생애의 구체적인 심적 사건으로서 범신론적 직관*³에 서술한 적이 있는데, 그런 직관의 바탕에서 우리가 만나는 것도 또한 이렇게 순수한

---

*3 intention panthéistique(범신론적 지향)를 intuition panthéistique(범신론적 직관)로 정정한다.

부정이다. 그가 그때 말한 바에 의하면, 자신은 우주와 '융합'했으며, 오로지 세계만이 갑자기 절대적인 현전으로서, 무조건적인 전체로서, 현재적으로 있었다는 것이다. 분명하게 우리는 세계의 멀고 전체적인 이런 현전, 세계의 순수한 '현존(être-là)'을 이해할 수 있다. 분명하게 우리는 이런 특권적인 순간에는 세계 외에는 아무것도 존재하지 않았으리라는 것을 주저없이 인정할 수 있다. 그러나 그것은 루소가 용인하고자 하는 것과는 달리, 의식과 세계의 융합이 있다는 것을 뜻하지는 않는다. 만일 이런 융합이 있다고 한다면, 그것은 대자가 즉자로 고체화한다는 뜻이며, 이어서 현전으로서의 세계와 즉자가 다 같이 소멸하는 것을 뜻할 것이다. 진실을 말하면, 범신론적 직관에 있어서는 즉자로 하여금 세계로서 현전적으로 있게 하는 것, 다시 말해 부정으로서의 자기(에 대한) 비조정적(非措定的) 의식인 하나의 순수한 부정을 제외하면, 세계 외에는 아무것도 존재하지 않는다. 게다가 바로 그 인식은 '부재'가 아니고 '현전'이므로, 인식하는 것과 인식되는 것을 구별하는 것은 '아무것도' 없다. 사람들은 흔히 직관을 인식하는 것에 대한 인식되는 것의 직접적인 현전이라고 정의했다. 하지만 '직접적'이라는 관념에 어떤 요구가 들어 있는지에 대해서는 그리 반성해 본 일이 없었다. 직접성은 모든 매개자의 부재(不在)이다. 물론 그것은 당연한 일이며, 만일 그렇지 않다면 매개자만이 인식되고 매개된 자는 인식되지 않게 될 것이다.

그러나 만일 우리가 어떤 중간자(中間者)도 세울 수 없다면, 우리는 인식되는 것에 대한 인식하는 것의 현전의 형식으로서는 연속성도 불연속성도 동시에 배제하지 않으면 안 된다. 사실, 우리는 인식하는 것과 인식되는 것 사이에 연속성이 있다는 것은 인정하지 않을 것이다. 왜냐하면 이 연속성은 동시에 인식하는 것이며, 인식되는 것인 하나의 중간항을 예상하기 때문이다. 그렇게 되면, 인식되는 것에 대한 인식하는 것의 자율성이 사라져서, 인식하는 것의 존재가 인식되는 것의 존재 속에 구속당하게 된다. 그때는 대상이라는 구조가 사라진다. 그것은 대상이 대자적인 존재로서의 한에서, 대자에 의해 절대적으로 부정되기를 요구하기 때문이다. 그러나 우리는 대자와 즉자의 근원적인 관계를 '불연속성'의 관계로 고찰할 수도 없다. 확실히 불연속적인 두 요소 사이의 분리는 하나의 공허(空虛), 다시 말하면 하나의 '없는 것(rien)'이지만, 그것은 '실감'된 '없는 것', 달리 말하면 '즉자적'인 '없는 것'이다. 이 실체화된 '없는 것'은 그런 것으로서 절연체와 같은 하나의 두께이다. 그것은 현전의 직접성을 부순다. 왜냐하면 그것은 없는 것으로서의 한에서, '무엇인가'가 되어 있기 때문이다. 즉자에 대한 대자의 현전은 연속성이나 불연속성의 관계에 의해서는 표현될 수 없으므로, 그것은 단순히 '부정된 동일성'이다..이것을 더 잘 이해할 수 있도록 다른 비유를 써 보자.

여기 두 개의 곡선이 서로 접해 있다고 하자. 이 경우에 두 곡선은 중간항을 갖지 않는 현전의 한 형식을 보여 주고 있다. 그렇다 해도 눈으로는 양자(兩者)가 접촉하고 있는 전구간(全區間)에 걸쳐서 하나의 선(線)밖에 파악되지 않는다. 만일 다시 이 두 곡선을 보이지 않게 하되, 다만 두 곡선이 서로 붙어 있는 구간 AB만 보이게 해 둔다면, 그 둘을 분간하는 것은 불가능할 것이다. 왜냐하면 사실 그 둘을 분리하는 것은 '아무것도 아니기' 때문이다. 거기는 연속성도 불연속성도 없고 다만 단순한 동일성이 있을 뿐이다. 이제 갑자기 이 두 도형을 드러내 보자. 우리는 다시 그것을 전구간에 걸쳐서 두 개인 것으로 파악할 것이다. 이것은 양자 사이에 갑자기 이루어질, 돌연한 사실상의 분리에서 오는 것은 아니다. 오히려 우리가 이 두 곡선을 지각하기 위해 두 곡선을 더듬어 갈 때의 두 움직임이, 각각 하나의 부정을, 구성적인 작용으로서 포함하고 있는 데서 유래한다. 그러므로 이 두 곡선이 접해 있는 장소에서 그것을 분리하는 것은 '아무것도 아니다.' 그것은 하나의 거리도 아니다. 그것은 하나의 구성적인 종합의 대응부분인 하나의 순수한 부정성이다.

이 비유는 인식하는 것과 인식되는 것을 근원적으로 하나로 결합하고 있는 직접성이라는 관계를 더욱더 잘 이해하게 해 줄 것이다. 사실 일반적인 경우에는 하나의 부정은 어떤 '무언가'의 위를 지향하는 것이며, 그 '무언가'는 그 부정에 앞서서 존재하면서 그 부정의 소재를 구성한다. 이를테면 잉크병은 탁자가 아니라고 내가 말할 때, 탁자와 잉크병은 이미 구성된 대상들이고, 그런 대상의 존재는 그 자체에 있어서 부정적인 판단의 버팀대가 될 것이다. 그러나 '인식하는 것-인식되는 것'의 관계에서는 인식하는 쪽에서는 부정의 버팀목이 될 만한 것은 아무것도 없다. 그것에는 인식하는 것과 인식되는 것을 즉자적으로 분리하기 위한 어떤 차이도, 어떤 구별의 원칙도 '존재하지 않는다.' 하지만 존재의 전체적 무차별 속에는 존재하지도 않는 하나의 부정(否定), '존재해야 하는' 하나의 부정, 부정으로서 자기를 세우지도 않는 하나의 부정 외

에는 아무것도 없다. 그래서 결국 인식과 인식하는 것 자체는, 존재는 '존재한
다'는 사실, 존재는 그 자체로서 '주어지며', 존재가 없는 것을 배경으로 선명하
게 떠올라 온다는 사실 이외에 아무것도 아니다. 그런 뜻에서 우리는 인식을
인식되는 것의 순수한 독거(獨居)라고 부를 수 있다.

더 말할 것도 없는 일이지만, 인식의 근원적인 현상은 존재에 아무것도 덧
붙이지 않고, 아무것도 만들어 내지 않는다. 인식이라는 이 근원적인 현상에
의해 존재가 풍부해지는 것도 아니다. 왜냐하면 인식은 순수한 부정성이기 때
문이다. 인식은 다만 존재가 '거기 있게' 할 따름이다. 그러나 존재가 '거기 있
다'는 이 사실은 존재—그것이 있는 그대로의 것으로 있는 존재—의 내적인
규정이 아니라 부정성의 내적 규정이다. 이런 뜻에서 존재의 긍정적인 성격의
모든 드러내 보임은 대자를 그 존재에 있어서 순수한 부정성으로서 존재론적
으로 규정하는 경우의 대응부분(對應部分)이다. 이를테면 뒤에 가서 살펴보겠
지만, 존재의 공간성의 드러내 보임은 대자가 대자 자신을 '비연장(非延長)'으
로서 비정립적으로 파악하는 것과 한 가지 사항일 뿐이다. 다만 대자의 비연
장적인 성격은 부정적인 이름 아래 가려져 있는 정신성이라는 긍정적인 하나
의 신비한 힘은 결코 아니다. 대자의 비연장적인 성격은 본디 하나의 탈자적
인 관계이다. 왜냐하면 대자가 자기 자신의 비연장적인 성격을 자신에게 알리
고 그것을 실감하는 것은 초월적인 즉자의 연장성에 의한 것이며, 또 초월적
인 즉자의 연장성 속에서 하는 것이기 때문이다. 대자는 우선 처음에는 비연
장적이고, 그다음에 하나의 연장적인 존재와 관계를 맺는 식으로는 되지 않을
것이다. 왜냐하면 아무리 생각한다 해도 비연장이라는 개념은 그것만으로는
의미를 가질 수 없을 것이기 때문이다.

그것은 연장의 부정 외에 아무것도 아니다. 만일 우리가 즉자의 드러내 보
인 여러 규정에서 연장을 제거하는 일이 있다면, 대자도 비공간적인 채로 머
물 수는 없을 것이다. 대자는 연장적이지도 비연장적이지도 않게 될 것이고,
대자를 연장과 관련시켜 어떤 방식으로든 특징을 부여하는 것은 불가능해질
것이다. 그런 뜻에서 연장은, 대자가 스스로 자기를 연장적인 것으로서는 부정
하는 한에서, 대자가 파악해야 할 하나의 초월적인 규정이다. 그런 까닭에 '인
식하다'와 '존재하다'의 내적인 관계의 의미를 가장 잘 나타내고 있는 것으로
생각되는 말은 우리가 방금 존재론적 의미와 인식론적 의미를 이중으로 부여

하여 사용한 '이루다(réaliser, 실감하다)'*4라는 말이다. 나는 하나의 계획을 내가 그것에 존재를 주는 한에서 이룬다. 그러나 나는 또한 나의 상황을 내가 그것을 살아가는 한에서, 즉 내가 이 상황을 나의 존재에 의해 그것을 존재하게 하는 한에서 '실감한다.' 나는 어떤 파국(破局)의 중대함, 어떤 기획의 어려움을 '실감한다.' 인식한다는 것은 그 이중의 의미에서 이룬다(réaliser, 실감한다)는 것이다. 인식한다는 것은 존재의 반사된 부정으로 있어야 함으로써 이 존재를 거기에 있게 하는 일이다. 즉 '현실적'인 것은 '이룸(réalisation, 실감)'이다. 대자를 그 존재에 있어서 규정함으로써 즉자를 드러내 보이는 이 내적인 부정, 이루고 실감하는 이 부정을 우리는 초월이라고 부를 것이다.

2. 부정으로서의 규정에 대하여

'어떤' 존재에 대해 대자는 현전인 것인가? 이내 알 수 있듯이 이것은 좀 어색한 질문이다. 존재는 그것이 있는 그대로의 것으로 있으므로, 존재는 '어떤 것인가'라는 질문에 대답하는 '이것'이라는 규정을 자기 스스로는 가질 수 없다. 요컨대 질문은, 그것이 하나의 세계 속에서 정립되지 않는 한 의미가 없다. 따라서 대자는 '저것'에 대해 현전적이기보다는 오히려 '이것'에 대해 현전적인 일은 있을 수 없는 것이다. 왜냐하면 하나의 '저것'보다 오히려 하나의 '이것'을 '거기 있게' 하는 것은, 대자의 현전이기 때문이다. 그러나 우리가 든 몇 가지 예가 우리에게 보여 준 바에 의하면, 대자는 자신이 이러이러한 개별적인 존재라는 것을 구체적으로 부정하는 것이다. 그러나 그것은 우리가 무엇보다 인식이 가진 부정성의 구조를 밝히기 위해 인식이라는 관계를 기술하였기 때문이다. 그런 의미에서, 인식의 부정적인 구조가 그런 예를 바탕으로 드러내 보였다는 사실 자체에서, 이 부정성은 제2차적인 부정성이었다. 근원적인 초월로서의 부정성은 하나의 '이것'에서 출발하여 자기를 규정하는 것이 아니다. 근원적인 초월로서의 부정성은 오히려 하나의 '이것'을 존재하게 하는 것이다. 대자의 근원적인 현전은 존재에 대한 '현전'이다.

그렇다면 우리는 이 현전이 '모든' 존재에 대한 현전이라고 말할 것인가? 그

---

*4 réaliser의 이중의 의미 가운데 '실감하다', '이해하다', '알다' 같은 인식적인 의미 쪽은 realize에서 온 이른바 잉글리시즘의 하나로서, 이 용법은 본디의 프랑스어에서는 찾아볼 수 없는 것이다.

러나 그렇게 한다면 우리는 앞에 나온 우리의 오류에 또다시 빠지게 될 것이다. 왜냐하면 전체는 대자에 의해서만 존재에게 찾아올 수 있기 때문이다. 사실, 하나의 전체는 준–다수성(準多數性)의 여러 항 사이에, 하나의 내적인 존재관계를 예상하고, 또 마찬가지로 하나의 다수성은, 이 다수성으로 있기 위해서 그 요소들 사이에 전체화하는 하나의 내적 관계를 예상한다. 덧셈 자체가 하나의 종합적인 행위인 것은 이런 뜻에서이다. 전체는 존재의 현전에 있어서 자기 자신의 전체로 있어야 하는 하나의 존재에 의해서만 존재에게 찾아올 수 있다. 이것은 바로 하나의 끊임없는 미완료 속에 자기를 시간화하는 전체분해적(全體分解的)인 전체, 즉 대자의 경우이다. 전존재(全存在)를 거기 있게 하는 것은 존재에 대한 현전에 있어서 대자가 하는 일이다. 사실 '이' 존재는 전존재의 현전을 배경*⁵으로 한 경우에만 '이것'으로 지명될 수 있다는 것을 잘 이해해 두자. 그것은 '하나의' 존재가 존재하기 위해서는 전존재를 필요로 한다고 말하려는 것이 아니다. 차라리 대자는 전존재에 대한 실현적*⁶ 현전을 근원적 배경으로 하며, 이 존재에 대한 실현적 현전으로서 자기를 이룬다는 것을 말하려는 것이다. 그러나 또한 반대로, 전체는 '이것'들의 존재론적인 내적 관계이므로 개별적인 '이것'들 속에서, 그리고 개별적인 '이것'들에 의해서만 드러내 보여질 수 있다.

이 말의 뜻은, 대자는 '이것'들에 대한 실현적 현전인 한에서는 전존재에 대한 실현적 현전으로서 자기를 이루고, 전존재에 대한 실현적 현전인 한에서는 개별적인 '이것'들에 대한 실현적 현전으로서 자기를 이룬다. 다시 말하면 대자의 '세계'에 대한 현전은 하나 또는 여러 개의 개별적 사물에 대한 대자의 현전에 의해서만 이루어질 수 있다. 또 반대로, 하나의 개별적 사물에 대한 대자의 현전은 세계에 대한 현전을 배경으로 해서만 이루어질 수 있다. 지각(知覺)은 세계에 대한 현전을 존재론적 배경으로 해서만 하나하나 뚜렷하게 분절(分節)되고, 또 세계는 각각의 개별적 지각의 배경으로서 구체적으로 드러내 보여진다. 따라서 존재에 대한 대자의 나타남이 어떻게 하여 하나의 '전체'와 개

---

*5 이 절에서는 fond과 forme의 관계가 '전체'와 '이것'과의 관계를 설명하는 데 쓰였는데, 이 두 낱말에 '배경'·'형태'라는 역어를 붙인 것은 '머리글'의 역주 17을 참조할 것.

*6 réalisant은 앞 절의 끝 규정에 의하면 '이루고 실감하는'이라는 뜻이지만 편의상 '실현적'이라고 번역해 둔다.

개의 '이것'들을 그곳에 있도록 할 수 있는지 설명하지 않으면 안 된다.

'전체로서의' 존재에 대한 대자의 현전은, 대자가 '있지 않은 것으로 있고, 있는 것으로 있지 않는' 존재방식에 있어서, 전체분해적인 전체로서의 자기 자신의 전체로 있어야 한다는 데서 유래한다. 사실 대자가 똑같은 나타남의 통일에 있어서 존재로 있지 않은 '전체'로서 자기를 존재하게 하는 한에서, 존재는 대자가 그것으로 있지 않은 '전체'로서 대자 앞에 나타난다. 근원적인 부정은 사실, 철두철미한 부정이다. 자기 자신의 전체로서 존재 앞에 서는 대자는, 맨 처음에 자신이 부정의 전체이므로 전체의 부정이다. 그러므로 완결된 전체 또는 세계는, 전체의 존재를 존재로 나타나게 하는 미완결된 전체의 존재를 구성하는 것으로서 드러내 보여진다. 대자가 전체분해적 전체로서의 자기를 자기 자신에게 알려 주는 것은 '세계'에 의해서이다. 다시 말해 대자는 전체분해적인 존재방식으로 자기 자신의 전체로 있어야 하는 한에서, 대자는 자기의 나타남 자체에 의해 전체로서의 존재의 드러내 보임이다. 그러므로 대자의 의미 자체는 바깥에, 존재의 속에 있지만, 존재의 의미가 나타나는 것은 대자에 의해서이다. 존재의 이 전체화는 존재에 '아무것도 덧붙이지 않는다.' 이 전체화는 존재가 대자로 있지 않은 것으로서 자기를 드러내 보이는 방식, 존재가 '거기 있을' 때의 방법 이외에 아무것도 아니다. 이 전체화는 대자를 그 존재에 있어서 규정하는 것으로서, '대자의 밖'에 나타나며, 손이 미치는 한계점을 벗어난다. 그러나 전체로서의 존재를 드러내 보인다는 사실은 추호도 존재에 손상을 가하는 것이 아니다. 그것은 마치 탁자 위의 '두 개'의 찻잔을 헤아린다는 사실이, 어느 찻잔의 존재도 그 본성을 손상시키지 않는 것과 마찬가지이다. 그렇다 해도, 이것은 대자의 단순한 주관적 변양은 아니다. 그것은, 모든 주관성이 가능해지는 것은, 그 반대로 대자에 의하는 것이기 때문이다. 그러나 만일 대자가 존재를 '그곳에 있게' 하는 무(無)라야만 한다면, 근원적으로 존재는 전체로서만 그곳에 있을 수 있다.

그러므로 인식은 '세계'이다. 하이데거처럼 말한다면, 인식은 세계이고 그 이외에는 '아무것도 아니다.' 다만 이 '아무것도 아닌 것(rien)'은 근원적으로, 그 속에 인간존재가 나타나는 곳 같은 것이 아니다. 이 '아무것도 아닌 것'은 철저한 부정으로서 인간존재 그 자체이며, 그 철저한 부정에 의해 세계가 드러내 보여지는 것이다. 또 확실히 세계를 전체로서 파악할 때만, '세계의 저편에'

이 전체를 지탱하고, 이 전체를 에워싸는 하나의 무(無)가 나타난다. 그리고 전체의 밖에 남겨지는 절대적인 '아무것도 아닌 것'으로서의 한에서, 전체를 전체로서 규정하는 것은 바로 이 무이다. 전체화가 존재에게 아무것도 덧붙이지 않는 것은 바로 이 때문이다. 왜냐하면 전체화는 단순히 존재의 한계로서 무가 나타난 결과이기 때문이다. 하지만 이 무는 '아무것도 아닌 것'과 교류함으로써 존재로부터 배제당하고, 끊임없이 존재의 저편에 있는 것으로서 스스로 자기를 파악하는 인간존재 이외에 아무것도 '아니다.' 바꾸어 말하면 인간존재는 존재를 전체로서 드러내 보여지도록 하는 것이다—또는 인간존재는 존재의 바깥에는 아무것도 '존재하지 않도록' 하는 것이다. 세계의 하나의 '저편'이 있을 수 있다는 가능성으로서의 이 무는 (1) 이런 가능성이 존재를 세계로서 드러내 보이는 한에서, (2) 또 인간존재가 이런 가능성으로 있어야 하는 한에서—존재에 대한 근원적 현전을 가지고 자기성(自己性)의 회로(回路)를 구성한다.

그러나 인간존재는 자신이 존재에 대한 현실적인 현전으로서, 그것으로 있어야 하는 하나의 구체적인 부정에서 넘쳐흐르는 한에서만, 자기를 여러 가지 부정의 완결되지 않은 전체가 되게 한다. 만일 인간존재가 사실상 단순히 통합적이고 무차별적인 부정으로 있는 것(에 대한) 의식이라면, 인간존재는 스스로 자기를 규정할 수 없을 것이다. 따라서 또한 인간존재는 비록 전체분해적인 형태에서일지라도 자기의 규정들의 구체적인 전체로 있을 수 없을 것이다. 인간존재는, 자신이 현재 그것으로 있는 구체적인 부정에서, 자신의 다른 모든 부정을 통해, 벗어나는 한에서만 전체일 수 있다. 인간존재는, 자신이 그것으로 있는 부분적 구조로부터 자신이 그것으로 있어야 하는 전체를 향한 초월인 한에서만 자기 자신의 전체로 '있을' 수 있다. 그렇지 않다면 인간존재는 단순히 자신이 있는 그대로의 것으로 있을 것이고, 결코 전체로서도 비전체로서도 생각될 수 없을 것이다. 따라서 하나의 부분적이고 부정적인 구조는, 내가 그것으로 있는 무차별적인 부정—부분적이고 부정적인 구조도 이 부정의 일부를 이루고 있지만—을 배경으로 해서 나타나야 한다는 뜻에서, 나는 즉자존재를 통해 내가 그것으로 있지 않아야 하는 어떤 종류의 구체적인 실재를 자신에게 알려 준다.

내가 현재 그것으로 '있지 않은' 존재는, 그것이 존재 전체의 배경 위에 나타나는 한에서 '이것'이다. '이것'이란 내가 존재 속에 아무것도 아닌 것으로 있어야 하는 한에서, 현재 내가 그것으로 있지 않은 것이다. '이것'은 나의 부정의 전체화적(全體化的)인 배경 위에 내가 그것으로 있어야 하는 구체적 부정을 나에게 알려 주기 위해, 존재의 무차별적 배경 위에 자기를 드러내 보이는 것이다. 전체와 '이것'의 이 근원적인 관계는 '게슈탈트(Gestalt, 형태주의) 이론'이 밝혀 놓은 배경과 형태(地와 圖) 사이의 관계의 원천을 이루는 것이다. '이것'은 항상 하나의 배경 위에 나타난다. 다시 말해 '이것'은 '대자'가 존재의 무차별적인 전체에 대한 철저하고 통합적인 부정인 한에서, 이런 존재의 무차별적 전체 위에 나타난다. 그러나 '이것'은 또 하나의 다른 '이것'이 나타날 때는 항상 이 무차별적인 전체 속에 희석화될 수 있다. 하지만 배경 위에서의 '이것' 또는 형태의 나타남은 하나의 철저한 부정을 통합적인 배경으로 하는 나 자신의 구체적인 부정의 나타남과 상관적이므로, 다음과 같은 뜻을 내포하고 있다. 즉 나는 이 전체적인 부정인 동시에 부정이 아니다. 또는, 말하자면 나는 '있지 않다'는 존재방식으로 이 전체적인 부정으로 있으며, 나는 '그것으로 있다'는 존재방식으로는 이 전체적인 부정으로 있지 않다. 사실 이런 방식으로 해서 현재적(現在的)인 부정은 이 부정이 그것으로 있는 철저한 부정 위에 나타날 것이다. 그렇지 않다면 사실, 현재적 부정은 철저한 부정에서 전적으로 단절되거나 또는 철저한 부정 속에 녹아들어가 버릴 것이다.

'전체' 위에서의 '이것'의 나타남은 '대자'가 자기 자신의 부정으로 있을 때의 어떤 방식과 상관적이다. 나는 아직 나의 미래적인 부정으로 있지 않고, 이미 나의 과거적인 부정으로 있지 않으므로, 하나의 '이것'이 그곳에 있다. 그러나 '이것'의 드러내 보임은 어떤 하나의 부정 위에 '중점(重點)이 놓이고', 동시에 그 밖의 부정들이 배경의 통합적인 소실 속으로 후퇴하는 것을 예상하고 있다. 다시 말해 대자는 철저한 부정성의 전체로 후퇴한 뒤에 구성되는 하나의 부정으로서밖에 존재할 수 없다. '대자'는 세계도, 공간성도, 항상성도, 물질도 '아니다.' 요컨대 일반적인 즉자는 아니지만, '그런 것들로 있지 않다'고 하는 대자의 이 방식은, 부정성이라는 전체적 배경을 바탕으로 이 탁자, 이 컵, 이 방으로 있지 않아야 한다는 것이다. '이것'은 그러므로 부정에 대한 하나의 부정을 전제로 한다―그러나 이 부정은 그것이 부정하는 바의 철저한 부정으로 있어야 하는 하나의 부정, 존재론적인 한 가닥의 실로 철저한 부정과 끊임없이 연결되어 있는 하나의 부정, 다른 '이것'이 나타나면 언제든지 철저한 부정 속에 녹아들어 갈 각오가 되어 있는 하나의 부정이다. 그런 의미에서 '이것'은 다른 모든 '이것'이 '세계라는 배경 속에 후퇴함'으로써, '이것'으로서 드러내 보여진다. 이것이라고 하는 규정—이것이 모든 규정의 기원이지만—은 하나의 부정이다. 말할 것도 없이 이 부정은—'이것' 쪽에서 보면—전적으로 관념적인 부정이다. 이 부정은 존재에 아무것도 덧붙이지 않으며, 존재에서 아무것도 가져가지 않는다. '이것'으로서 파악된 존재는 그것이 있는 그대로의 것으로 있으며, 그런 것으로 있기를 그만두지 않는다. 그것은 생성(生成)하지 않는다. 그런 것으로서의 한에서 이 존재는 그 자신의 밖에, 전체 '속에' 전체의 구조로서 존재할 수도 없고, 그 자신의 밖에, 전체 속에 존재함으로써, 그 자신에 대해 전체와 자기의 동일성을 부정할 수도 없다.

부정은 존재 전체와 '이것'에 대해 현전적으로 있어야 하는 하나의 존재에 의해, 즉 탈자적인 하나의 존재에 의해서만 '이것'에 찾아올 수 있다. 그리고 이 부정은 '이것'을 즉자존재로서의 한에서 손끝 하나 대지 않고 내버려 두는 것으로, 모든 '이것'을 전체를 향해 현실적으로 종합하지도 않으므로 '이것'을 구성하고 있는 부정은 하나의 외적인 형식의 부정이며, '이것'과 전체의 관계는 하나의 외면적인 관계이다. 그러므로 우리가 살펴본 것처럼, 규정은 '내가' 그것으로 있는 내적이고 철저하며 탈자적인 부정의 상관자인 외적 부정으로서 나타난다. '세계'는 종합적인 전체로서, 또한 모든 '이것'의 단순한 총화로서 드러내 보여지는데, 세계의 이 양의적(兩義的)인 성격도 그것으로 설명할 수 있다. 사실, 세계가 전체이고, 이 전체는 '대자'가 철저하게 자기 자신의 무로 있어야 할 때의 배경으로서 드러내 보여지는 한에서, 세계는 무차별적인 통합으로서 나타난다. 그러나 이 철저한 무화가 항상 하나의 구체적이고 현재적인 무화의 저편에 있는 한, 세계는 '이미 존재하고 있었던' 하나의 이것 또는 여러 개의 '이것'을, 배경의 무차별 속에서 그것들이 차별화된 형태로 지금 존재하는 대로 나타나게 하기 위해, 항상 상자처럼 열리기를 기다리고 있는 것으로 생각된다. 그리하여 몇 개의 커다란 덩어리로서 우리에게 주어졌던 하나의 풍경에 우리가 차츰 접근해 감에 따라서 우리는 이미 거기 있었던 것으로서 주어지는 대상들이 '이것'의 하나의 불연속적인 수집의 요소로서 나타나는 것을 본다.

그러므로 게슈탈트(형태주의) 이론의 경험에서는 연속적인 배경은 그것이 형태로서 파악되는 경우에는 불연속적인 요소의 다수성으로 파열된다.[*7] 그러므로 하나의 전체분해적인 전체의 상관자로서의 세계는, 그것이 결코 '이것'의 집합의 현실적인 종합이 아니라, '이것'의 집합의, 아무것도 아닌 것에 의한 관념적인 한정이라는 뜻에서, 차츰 소멸해 가는 전체로서 나타난다. 따라서 배경의 형식적인 성질로서의 '연속'은 '이것'과 전체 사이의 외적인 관계의 형식으로서 비연속을 나타나게 한다. 사람들이 '공간'이라고 부르는 것은 이런 전체에서 집합으로의, 연속에서 비연속으로의 끊임없는 소멸을 가리킨다. 공간은 하나의 '존재'로 있을 수는 없을 것이다. 공간은 아무런 관계도 없는 존재들 사이의 하나의 움직이는 관계이다. 공간은 즉자들의 독립이 '모든' 즉자에 대한 현전으로 있는 하나의 존재에 대해, '즉자 사이의' 독립으로서 드러내 보여지는 한에서, 이런 즉자들의 독립이다. 공간이란, 존재들이, 관계를 세계에 가져오는 존재 앞에, 어떤 관계도 갖지 않은 것으로서 드러내 보여질 수 있을 때의, 유일한 방식이다. 달리 말하면, 순수한 외면성(外面性)이다. 게다가 이 외면성은 그 '이것'들 가운데 어느 것에도 속할 수 없고, 나아가서 순전히 장소적(場所的)인 부정성으로서의 한에서 자기 자신을 파괴하는 것이므로, 그것 자체로서 존재할 수도 없고 '존재될' 수도 없다. 공간화시키는 존재는 전체와 '이것'에 대해 공통현전적으로 있는 한에서의 '대자'이다. 공간은 세계가 아니다. 오히려 공간은 그것이 항상 외적인 다수성으로 분해될 수 있는 한에서, 전체로서 파악된 세계의 불안정성이다. 공간은 배경도 형태도 아니다. 오히려 그것은 항상 형태로 분해될 수 있는 한에서의 배경의 관념성이다. 공간은 연속도 아니고 불연속도 아니다. 오히려 그것은 연속에서 불연속으로의 끊임없는 이행이다.

공간의 존재는 '대자'가 존재를 '거기 있게' 함으로써 존재에 '아무것도' 덧붙이지 않는다는 증거이다. 공간은 종합의 관념성이다. 그런 뜻에서 공간은 그것이 그 근원을 세계에서 이끌어 내고 있는 한에서 전체인 동시에, 그것이 '이

[*7] 이를테면 흰 바탕에 무엇인지 검은 단편적인 도형이 그려져 있는 그림을 누가 보여 주었다고 하자. 처음에는 하양은 배경으로서 연속적이다. 그런데 한번 하양을 배경으로 여기고 하양을 형태로서 바라보자마자, 바로 이 하양은 검은 바탕에 하얗게 떠오른 ITA 같은 글자인 것을 깨닫게 된다. 지금까지 배경으로서 연속적이었던 하양은 단번에 ITA라는 비연속적 요소로 변한다.

것'들의 급격한 번식으로 끝나는 한에서 동시에 '아무것도 아닌 것'이다. 공간은 구체적인 직관에 의해서는 파악될 수 없다. 왜냐하면 그것은 존재하는 것이 아니고, 연속적으로 공간화하는 것이기 때문이다. 공간은 그것이 시간화(時間化)를 자신의 존재방식으로 삼는 하나의 존재에 의해서만 세계에 올 수 있는 한에서 시간성에 의존하고 시간성 속에 나타난다. 왜냐하면 공간은 시간화를 자신의 존재방식으로 삼는 이 존재가, 존재를 실현하기 위해 탈자적으로 자기를 잃을 때의 방식이기 때문이다. '이것'의 공간적인 특징은 '이것'에 종합적으로 덧붙여지는 것이 아니라, 단순히 '이것'의 '장소'이다. 다시 말하면 배경 자체가 형태의 다수성으로 분해될 때, 배경에 대한 '이것'의 외면적인 관계가 다른 '이것'들과 함께 외적(外的)인 관계들의 다수성으로 무너질 수 있는 한에서, 공간적인 특징은 배경에 대한 '이것'의 외면적인 관계이다. 그런 뜻에서 공간을 우리의 감성의 선험적(先驗的, a priori)인 구조에 의해 현상에 할당되는 하나의 형식*8이라고 생각하는 것은 헛된 일일 것이다. 공간은 하나의 형태가 될 수는 없다. 왜냐하면 공간은 '아무것도 아니기' 때문이다. 반대로 공간은 어떤 것도, 부정을 빼고는—게다가 공간이 맺어 주고 있는 것을 건드리지 않고 그대로 내버려 두는 외적인 관계의 형식으로서의 부정을 제외하고는—'대자'에 의해 즉자에 초래될 수 없다는 것의 표시이다.

그런데 대자가 공간이 아닌 것은, 즉자가 대자에 대해 연장(延長)이라고 하는 외면성의 방식으로 드러내 보여지는 한에서, 대자는 바로 즉자존재로 있지 않은 것으로서 자기를 파악하기 때문이다. 대자가 공간을 공간화하는 것은 바로 대자가 자기를 탈자적으로 파악함으로써 자기 자신에 대해 외면성을 부인하는 한에서이다. 왜냐하면 '대자'는 즉자에 대해 하나의 병존적인 관계나 무차별한 외면적인 관계에 있지 않기 때문이다. 대자의 즉자에 대한 관계는 모든 관계의 근거로서 내적인 부정이다. 대자는 반대로, 즉자존재를 하나의 세계 속에 존재하는 다른 존재들에 대한 무차별적인 외면성에 이르게 하는 것이다. 무차별적인 외면성이 그 자체에 있어서, 그리고 그 자체에 의해서 존재하는 실체로서 실체화될 때—그것은 인식의 저급(低級)한 단계에서만 일어날 수 있는 일이지만—이 무차별적 외면성은 기하학이라는 이름하에서 특수한 형식의 연구

---

*8 이것은 공간에 대한 칸트적인 견해이다.

대상이 되며, 다수성에 대한 추상적인 이론의 단순한 명세서(明細書)가 된다.

또한 외적인 부정은, 그것이 '대자'에 의해 세계에 도입되는 한에서, 어떤 형식의 존재를 가지는지 규정되지 않으면 안 된다. 우리는 이 외적인 부정이 '이것'에 속하지 않는다는 것을 알고 있다. 이를테면 이 신문은 자기 자신에 대해 자신이 얹혀 있는 탁자임을 부정하지는 않는다. 만일 부정하는 경우에는, 신문은 탈자적으로 자기 밖에, 자기가 부정하는 탁자 속에 있을 것이고, 탁자에 대한 신문의 관계는 하나의 내적인 부정이 될 것이다. 그렇게 되면 이 신문은 즉자로 있기를 그치고 대자가 될 것이다. 따라서 '이것'의 규정적(規定的)인 관계는 '이것'에도 '저것'에도 속할 수가 없다. 이 규정적인 관계는 그들을 둘러싸지만, 그들에게 접촉하지도 않고 그들에게 새로운 성격은 조금도 부여하지 않는다. 이 규정적인 관계는 그런 것으로 하여금, 그들이 있는 그대로 놓아둔다. 그런 뜻에서 우리는 헤겔이 그 풍부성이 무한하다고 평가한 스피노자의 유명한 명제, '모든 규정은 부정이다'를 본떠, 오히려 다음과 같이 말하지 않으면 안 된다. "자기 자신의 모든 규정으로 있어야 하는 존재에 속하지 않는 모든 규정은 관념적인 부정이다." 다른 방법으로는 생각할 방법이 없다.

설령 우리가 사물을 경험비판론적인 심리주의 방식으로 순수하게 주관적 내용들로 여겼다 하더라도, 주관이 그런 내용들 사이에 내적·종합적인 부정을 이룬다는 것은, 본디 주관이 철저하고 탈자적(脫自的)인 내재에 있어서, '그런 내용으로 있는 것'이 아닌 한, 생각할 수 없는 것이다. 그러나 그토록 철저한 내재는, 객관성에 대한 이행의 모든 바람을 끊어 버리게 될 것이다. 하물며 '대자'가 자신이 그것으로 있지 않은 초월적 대상들 사이에 변형력(變形力)을 가진 종합적인 부정을 작용시킨다는 것은 도저히 생각할 수 없는 일이다. 그런 뜻에서 만일 우리가 객관적이라는 말로 본디 즉자에 속하는 것—또는 이런 방식으로든 저런 방식으로든, 대상을 그것이 있는 대로 '현실적으로' 구성하고 있는 것이라는 뜻으로 해석한다면, '이것'을 구성하고 있는 외적인 부정을, 사물이 가진 하나의 '객관적'인 성격으로 볼 수는 없다.

그러나 우리는 그것으로 외적인 부정이 '대자'의 단순한 존재방식처럼 하나의 주관적인 존재를 가졌다고 결론지어서는 안 된다. '대자'의 이런 형식의 존재는 순수한 내적인 부정이다. 대자 속에 하나의 외적 부정이 존재한다는 것은 대자의 존재 자체에 있어서 파멸적인 일이 될 것이다. 따라서 외적인 부정은 현상들을 그것들이 주관적 환영에 지나지 않는 한에서, 정리하고 분류하는 하나의 방식일 수는 없다. 외적인 부정은 존재의 드러내 보임이 '대자'에 있어서 구성적인 한에서, 존재를 '주관화(主觀化)하는' 것도 또한 불가능할 것이다. 그러므로 외적인 부정의 외면성 자체로 인해, 외적인 부정은 '즉자'나 마찬가지로 '대자'에도 '외적인 것으로서' '공중'에 머물러 있지 않으면 안 된다. 그런 반면, 외적인 부정은 바로 외면성이므로 자기에 의해 존재할 수 없다. 그것은 모든 버팀목을 거부한다. 그것은 본성상 '비독립적'이다. 게다가 어떤 실체에도 귀속할 수 없다. 그것은 하나의 '없는 것'이다. 우리가 잉크병을 잉크병으로 파악할 수 있는 것은, 잉크병은 탁자가 아니기 때문이며—파이프도, 컵도, 그 밖의 어떤 것도 아니기 때문이다. 그렇다 해도, "잉크병은 탁자가 아니다"라고 내가 말할 때, 나는 '어떤 것도 생각하고' 있지 않다. 그래서 규정은 하나의 '없는 것'이고, 이 '없는 것'은 내적(內的)인 구조로서 사물에도 의식에도 속하지 않는 것이며, 그것의 존재는 오히려 내적인 부정을 통해, 대자에 의해 '부름을 받고 있는(être-cité)' 것이다. 게다가 이런 내적인 부정들 속에서, 즉자는 자기가 아닌 모든 것에 대한 무차별의 상태에서 드러내 보여진다. '대자'가 내적 부정의 방법으로, 자신이 그것으로 있지 않은 것을 '즉자'를 통해 자신에게 알려 주는 한에서, '대자'가 그것으로 있어서는 안 되는 무차별로서의, '즉자'의 무차별이, 세계 속에 규정이라는 형태로 드러내 보여지는 것이다.

3. 질과 양, 잠재성, 도구성

성질[*9]이란 '이것'이 세계 또는 다른 '이것'들과의 모든 외적 관계의 밖에서 파악될 때의 '이것'의 존재 이외에 아무것도 아니다. 성질은 너무나 자주, 단순한 주관적 규정으로 생각되었다. 이 경우에 그것의 성질—존재(성질로 있는 것)는 심적인 것의 주관성과 혼동되었다. 거기서는, 여러 성질의 초월적 통일로 생각되는 하나의 '대상—극(對象極)'이 어떻게 해서 성립되는지를 설명하는 것이 특별히 중요한 문제라고 생각되었다. 그러나 이미 우리가 보여 준 것처럼 이 문제는 해결이 불가능하다. 하나의 성질은 만일 그것이 주관적이라면 객관화되는 일이 없다. 설령 우리가 모든 성질의 저편에 하나의 '대상—극'의 통일

[*9] 질이나 성질은 다같이 qualité의 역어이다. 사르트르에 의하면 성질이란 '그곳에 있다'는 형식으로 파악되는 '이것(ceci)'의 존재 이외에 아무것도 아니다.

을 투영시킨다 하더라도, 이런 성질들의 하나하나는 직접적으로는, 겨우 우리에 대한 사물의 작용의 주관적인 결과로서 주어지는 정도일 것이다. 오히려 그 반대로, 레몬의 노랑은 레몬을 파악할 때의 주관적인 하나의 방법은 아니다. 다시 말하면, 레몬의 노랑은 레몬'이다.' 그리고 '대상—x'는 서로 어울리지 않는 성질들의 총체를 지탱하는 공허한 형식으로 나타나는 것이라고 하는 것도 또한 진실이 아니다. 사실, 레몬은 그 성질들을 통해 남김없이 퍼져 있고, 또 그 성질들의 각각은 다른 성질들의 각각을 통해 남김없이 퍼져 있다. 노란 것은 레몬의 신맛이고, 신 것은 레몬의 노랑이다.

사람들은 과자의 빛깔을 먹는 것이고, 이 과자의 맛은 말하자면 식품직관(食品直觀)이라고 할 수 있는 것에 대해 그 형태와 색깔을 드러내 보이는 수단이다. 거꾸로, 또 만일 내가 잼 항아리에 손가락을 집어넣는다면, 이 잼의 끈적거리는 냉기(冷氣)는 내 손가락에 대한 잼의 달콤한 맛의 드러내 보임이다. 어떤 연못물의 유동성, 미지근함, 푸르죽죽한 색깔, 파동성 따위는 그들 상호 간을 통해서 단번에 주어진다. 그리고 이 전적인 상호침투가 '이것'이라고 불리는 것이다. 이것은 화가들의 경험, 그리고 특히 세잔의 경험이 잘 보여 준 바와 같다. 후설은 하나의 종합적인 필연성이 무제약적으로 색깔과 형태를 결합한다고 생각하고 있지만, 그것은 사실이 아니다. 차라리 그 반대로 형태가 색깔이고 빛인 것이다. 만일 화가가 이런 인자(因子)들 가운데 아무것이나 하나를 변화시키면, 다른 인자들 또한 변화한다. 그것은 이 인자들이 무엇인가의 법칙에 의해 연관되어 있기 때문이 아니라, 그런 인자가 결국 하나의 똑같은 존재일 뿐이기 때문이다. 그런 뜻에서 존재의 모든 성질은 그대로 존재이다. 존재의 모든 성질은 그 존재의 절대적 우연성의 현전이다. 그것은 그 존재의 무차별적인 불가환원성(不可還元性)이다. 성질의 파악은 그 존재에 대해, "'이것'으로서 그 존재가 그곳에 있다'는 사실 말고는 아무것도 덧붙이지 않는다. 그런 뜻에서 성질은 존재의 하나의 외관이 아니다. 왜냐하면 존재는 '안'을 가지지 않은 이상 '밖'도 가질 수 없기 때문이다. 다만 성질이 그것에 있기 위해서는 본디 존재로 '있지 않은' 하나의 무(無)를 위해 존재가 '그것에 있지' 않으면 안 된다. 그러나 존재는 비록 그것이 성질 이상의 것도 이하의 것도 아니지만, '즉자적으로' 성질로 있는 것은 아니다. 오히려 성질은 '그것에 있다'고 하는 범위 안에서 자기를 드러내 보이는 '그 존재 전체'이다.

성질은 결코 존재의 '외부'가 아니다. 성질은 존재'에 있어서' 존재가 그것에 있는 것이 아니라, 다만 자기를 존재로 있지 않게 하는 것에 있어서만, 존재가 그것에 있을 수 있는 한에서, 그대로 존재이다. '대자'와 성질의 관계는 존재론적인 관계이다. 성질의 직관(直觀)은 결코 하나의 주어진 것에 대한 수동적인 관상(觀想)이 아니다. 또 정신은 이런 관상 속에서 그것이 있는 그대로의 것으로 머무는 하나의 '즉자'가 아닌, 즉 관상되고 있는 '이것'에 대해 무차별의 존재방식으로 머무는 하나의 즉자는 아니다. 오히려 '대자'는 자신이 그것으로 있지 않은 것을 성질에 의해 자신에게 알려 준다. 이 수첩의 색깔로서 빨강을 지각하는 것은 대자가 이 성질에 관한 내적인 부정으로서 스스로 자신을 반사하는 일이다. 다시 말해 성질을 파악하는 것은 후설이 말하고자 하는 '충실(Erfüllung)'이 아니고, 오히려 이 성질'에 대한' 한정된 공허(空虛)로서, 하나의 공허를 알려 주는 일이다. 그런 뜻에서 성질은 끊임없이 손이 닿지 않는 곳에 있는 현전이다. 인식에 대한 기술은 흔히 너무나 식물 섭취적(食物攝取的)인 방법으로 이루어져 있다.

인식론적 철학에는 아직도 너무나 많이 논리이전(論理以前)의 것이 남아 있다. 그리고 우리는 아직도(우리는 뒤에 가서 그것을 해명하지 않으면 안 될 것이다) 이 원시적인 착각에서 벗어나지 못하고 있다. 이 착각에 의하면, '인식하는 것'은 '먹는 것'이다. 다시 말하면 인식된 대상을 '삼켜', 그것으로 배를 가득 채우고(충실), 그것을 소화하는 것(同化)이다. 우리로서는 다음과 같은 사실을 강조함으로써 지각의 근원적 현상을 더욱더 정확하게 설명할 것이다. 즉 성질은 우리에 대해 자기를 주지도 않고 자기를 거부하지도 않으며, 절대적인 근접의 관계—성질은 '그곳에 존재한다', 성질은 우리를 따라다닌다—속에 머물러 있다는 사실이 그것이다. 다만 이 근접은 어떤 거리를 가진다는 것을 덧붙이지 않을 수 없다. 성질은 손이 닿지 않는 곳에 직접적으로 존재하는 것이며, 정의상(定義上) 우리에게 우리 자신을 하나의 공허로써 가리키는 것이다. 마치 손이 닿지 않는 곳에 있는 음식물을 보고 탄탈로스가 배고픔이 더욱 심해진 것처럼, 이 성질의 관상은 우리의 존재에 갈증을 더욱 증대시킬 수밖에 없다.

성질은 우리가 그것으로 있지 않은 것의 지시이고, 우리에게 거부당하고 있는 존재방법의 지시이다. 하양의 지각은 '대자'가 색깔로서, 다시 말해 자기가 있는 그대로의 것으로 있는 방식으로 존재하는 것이 원칙상 불가능하다는 의식이다. 그런 뜻에서 존재는 그 존재의 여러 성질에서 구별되지 않을 뿐만 아니라, 나아가서 성질의 모든 파악은 하나의 '이것'의 파악이며, 성질은 그것이 어떤 성질이든 우리에게 하나의 존재로서 드러내 보여진다. 내가 두 눈을 감고 있다가 갑자기 들이마시는 향기는, 내가 그것을, 향기를 뿜어내는 어떤 대상과 연관시키기도 전에 이미 하나의 '향기-존재'이며, 하나의 주관적인 인상은 아니다. 아침에 나의 감겨 있는 눈꺼풀을 통해 내 두 눈에 비쳐드는 빛은 이미 하나의 '빛-존재'이다. 이것은 적어도 성질이 '존재한다'는 것을 우리가 반성해 보기만 해도 분명해질 것이다. 자신이 있는 그대로의 것으로 있는 존재로서의 한에서, 성질은 분명히 하나의 주관성에 대해 '나타날' 수 있다. 그러나 성질은 자기가 있지 않은 것으로 있고, 자기가 있는 것으로 있지 않은 이 주관의 씨실 속에 끼어들 수는 없다. 성질은 하나의 '성질-존재'라고 말했다 해서, 결코 성질에 실체와 비슷한 하나의 신비로운 버팀목을 부여하는 것은 아니다. 그것은 단순히 성질의 존재방식이 근본적으로 '대자'의 존재방식과 다르다는 것을 주의시키는 일이다.

사실 하양의 존재, 또는 신맛의 존재는 아무리 해도 탈자적으로 파악될 수는 없는 것이다. 그런데 '이것'이 어떻게 해서 '수많은' 성질을 가지게 되는 것이냐고 묻는 사람이 있다면, 우리는 이렇게 대답할 것이다. 사실 '이것'은 전체로서 세계의 배경 위에 내던져지며, 무차별적인 통일로서 주어진다. '이것'과 마주하여 여러 관점에서 자기를 부정할 수 있는 것은 대자이다. 또 사물이라는 배경 위에 성질을 하나의 새로운 '이것'으로서 드러내 보이는 것은 대자이다. '대자'의 자유가 자발적으로 자기 존재를 구성하는 각각의 부정적 행위는 '하나의 프로필에 의한' 존재의 전면적인 드러내 보임이 대응한다. 이 프로필은 '대자' 자신에 의해 이루어진 '대자'와 사물의 하나의 관계 이외에 아무것도 아니다. 그것은 부정성의 절대적인 규정이다. 왜냐하면 대자가 하나의 근원적 부정에 의해 존재로 '있지 않은' 것만으로는 충분하지 않고, 대자가 '이' 존재로 있지 않은 것만으로도 충분하지 않으며, 대자의 규정이 '존재의 무'로서 완전하기 위해서는, 그 위에 대자가 '이' 존재로 있지 않은 어떤 유일하고 독자적인 방법으로서, 자기를 실감하는 것이라야만 하기 때문이다. 이런 절대적인 규정은 '이것'의 프로필로서의 성질의 규정이며, 그것은 '대자'의 자유에 속한다. 이런 절대적인 규정은 '존재하지' 않는다. 그것은 이른바 '존재되어야 하는' 것으로 있다. 이것은 사물의 '하나의' 성질의 드러내 보임이 항상 어떤 자유를 '통해' 파악되는 사실적인 무상성(無償性)으로서 나타나는 것을 아울러 생각한다면, 충분히 짐작이 될 것이다.

나는 이 나무껍질이 '초록'으로 있지 않도록 할 수는 없다. 그러나 이 나무껍질을 '거친–초록'으로 또는 '초록의–거친' 것으로서 파악하게 하는 것은 나(noi)이다. 다만 '배경–형태'의 관계는, 여기서는 '이것'과 세계의 관계와는 매우 다르다. 왜냐하면 이 경우에는, 형태가 무차별적인 배경 위에 나타나는 것이 아니라, 형태는 배경에 의해 완전히 침투되어, 자기 자신의 무차별적인 밀도(密度)로서 배경을 자신 속에 지니고 있기 때문이다. 만일 내가 그 나무껍질을 초록으로 파악한다면, 그것의 '밝은–거침'은 무차별적인 내적 배경으로서, 그리고 초록의 존재의 충실로서 드러내 보여진다. 만일 결합하고 있는 것을 분리하는 것이 추상(抽象)이라는 것의 의미라면, 여기서는 어떤 추상도 존재하지 않는다. 왜냐하면 존재는 그 옆얼굴 속에 항상 전체적으로 나타나기 때문이다. 오히려 반대로, 여기서는 존재의 실감이 추상을 조건짓고 있다. 왜냐하면 추상은 '공중에 떠 있는' 하나의 성질을 파악하는 것이 아니라, 하나의 '성질–이것'을 파악하는 것이며, 이런 '성질–이것'에 있어서는, 내적 배경의 무차별 상태가 절대적인 평형을 지향하고 있기 때문이다. 추상적 초록은 그 존재밀도를 잃어버리지는 않는다―그렇지 않으면 초록은, 이미 대자의 주관적인 한 양식에 지나지 않게 될 것이다―오히려 초록을 통해서 주어지는 밝음·모양·거침 따위는 완전히 단순한 덩어리(massivité)의 무화적(無化的) 평형 속에 녹아든다.

하지만 추상은 존재에 대한 현전의 한 현상이다. 그것은 추상적인 존재는 그 초월성을 지니고 있기 때문이다. 그러나 추상은 존재의 저편에서 존재에 대한 현전으로서밖에 이루어질 수 없을 것이다. 추상은 뛰어넘기이다. 이 존재의 현전은 가능성의 수준에서만, 그리고 '대자'가 자기 자신의 가능성들로 있어야 하는 한에서만 이루어질 수 있다. 추상적인 것은 다가올 하나의 대자의 현전에 대해 공통현전적인 성질인 한에서, 성질이 그것으로 있어야 하는 것이라는 뜻으로서 드러내 보여진다. 그러므로 추상적인 초록은 그것이 '거칠고–밝은–초록'이라는 그 프로필에 의해 나에게 드러내 보여지는 한에서, 구체적인 '이것'의 '와야–하는–의미(le sens-à-venir)'이다. 추상적인 초록은 이 프로필의 가능성 자체인데, 그것은 이 가능성이 내가 그것으로 있는 가능성들을 통해 드러내 보여지는 한에서이며, 달리 말하면 이 가능성이 '존재되는(est étée)' 한도에서이다.

그러나 '이것'은 우리를 세계의 도구성과 시간성으로 향하게 한다. 그것에 대해서는 뒤에 다시 다루기로 하자. 우선 우리는, 이렇게 말해 두는 것으로 충분할 것이다. "추상적인 것은 즉자 속에 응고된 하나의 가능성으로서, 게다가 구체적인 것이 그것으로 있어야 하는 하나의 가능성으로서, 구체적인 것에 붙어 다닌다." 존재와의 근원적인 접촉으로서 우리의 지각이 어떤 것이든, 추상적인 것은 항상 '그것에(là)' 존재하지만, '오기 위해(à venir)' 존재한다. 내가 추상적인 것을 파악하는 것은 장래에 있어서이며, 나의 장래와 함께하는 것이다. 추상적인 것은 나의 현재적이고 구체적인 부정의 가능성 자체와 상관적이지만, 그것은 '이미' 이 부정'으로밖에 있지 않을' 가능성으로서의 한에서이다. 추상적인 것은 그것이 내가 있어야 하는 것으로 있는 부정을 즉자로 응고시키는 나의 가능성을 통해, 장래에 있어서 드러내 보여지는 한에서 '이것'의 의미이다. 만일 우리에게 추상에 관한 고전적인 아포리아(aporia, 논리적 문제)를 상기시키는 사람이 있다면, 우리는 이렇게 대답할 것이다. 그런 아포리아는 우리가 '이것'의 구성과 추상의 작용을 별개의 것으로 생각하는 데서 유래한다고. 분명히, 만일 '이것'이 자기 자신의 추상적인 것들을 지니고 있지 않다면, 나중에 그 추상적인 것들을 '이것'에서 이끌어 낼 수 있는 어떤 가능성도 존재하지 않는다. 그보다는 오히려 추상작용이 나의 장래에 대한 프로필의 드러내 보임으로써 이루어지는 것은, '이것'을 '이것'으로서 구성하는 것에 있어서이다.

'대자'는 '추상을 행하는 자'이다. 그것은 대자가 추상의 심리학적 작용을 이룰 줄 알아서가 아니라, 오히려 대자가 하나의 장래와 더불어, 즉 존재의 하나의 저편과 더불어, 존재에 대한 현전으로서 나타나기 때문이다. 즉자적으로 보면, 존재는 구체적이지도 추상적이지도 않고, 현재적·미래적이지도 않다. 존재는 그것이 있는 것이다. 그러나 추상은 존재를 풍부하게 하지 않는다. 추상은 존재 저편에 있는 하나의 존재의 무(無)의 드러내 보임일 뿐이다. 하지만 추상에 대한 고전적 이론은, 존재를 '이것'으로 여기는 것에서 암암리에 그런 이론을 '이것'으로서 존재를 고찰하는 데서 이끌어 내는 것이 아니라면, 도저히 그런 것은 얘기조차 할 수 없을 것이다.

'이것'들 사이의 근원적인 관계는 상호작용과 인과관계는 물론, 세계라는 똑같은 배경 위의 나타남일 수도 없을 것이다. 사실, 만일 우리가 하나의 '이것'에 현전하는 '대자'를 상상해 본다면, 다른 이것들은 동시에 '세계 속에' 존재하고는 있지만, 그것은 무차별이라는 자격에서이다. 그런 '이것'들은 배경을 구성하고 있고, 게다가 그 '이것'이 부각되어 있다. 하나의 '이것'과 다른 하나의 '이것' 사이에 무언가의 관계가 성립되기 위해서는 '대자'가 있어야 하는 하나의 분명한 부정에 처했을 때, 두 번째 '이것'은 세상을 배경으로 하여 나타남으로써 드러내 보여지지 않으면 안 된다. 그러나 그것과 동시에 각각의 '이것'은 완전히 외적인 형식의 부정에 의해 다른 '이것'으로 '있지 않은' 것으로서 다른 쪽과 떨어져 있는 것이 당연하다. 그러므로 '이것'과 '저것'의 근원적인 관계는 하나의 외적인 부정이다. '저것'은 '이것'이 아닌 것으로서 나타난다. 그리고 이 외적인 부정은 '대자'에 하나의 초월적인 것으로서 드러내 보여진다. 이 외적인 부정은 외부에 존재한다. 그것은 '즉자적으로' 존재한다. 우리는 이런 외적 부정을 어떻게 이해해야 할 것인가?

'이것─저것'의 나타남은 처음에는 전체로서만 이루어질 수 있다. 이 경우에 최초의 관계는 하나의 분해될 수 있는 전체의 통일이다. '대자'는 세상을 배경으로 하여 '이것─저것'이 아니도록 한덩어리로 자기를 규정한다. '이것─저것'은 내가 그곳에 현전하고 있는 한에서의 나의 방 전체이다. 이 구체적인 부정은 이 구체적인 한덩어리의 이것'과' 저것으로 분해할 때도 소멸하지 않을 것이다. 그 반대로 이 구체적인 부정은 분해작용의 조건 자체이다. 그러나 현전이라는 이 배경 위에, 그리고 현전이라는 이 배경에 의해, 존재는 그 무차별적인 외면성을 드러낸다. 이 외면성은 내가 그것으로 있는 부정이 하나의 무차별적인 전체라기보다는 차라리 하나의 다수성─단일성이라는 점으로서 나에게 드러내 보여진다. 나의 존재에 대한 부정적인 나타남은 독립적인 여러 부정으로 분할되는데, 이 독립적인 부정은 내가 그것으로 있어야 할 것으로 있는 여러 부정으로 있다는 것 외에는 어떤 관계도 가지고 있지 않다. 다시 말하면 이런 독립적 부정들은 그런 내적 통일을, 나에게서 이끌어 내는 것이지, 존재에서 이끌어 내는 것이 아니다.

나는 이 탁자에 대해, 이 의자에 대해 현전적으로 있으며, 그런 것으로서, 나는 나를 종합적으로 다면적인 부정으로서 구성하지만, 이 순수하게 내적인 부정은 그것이 존재'에 대한' 부정인 한에서 무(無)의 지대에 동결되어 있다.

이 내적인 부정은 부정의 자격으로서 자기를 무화한다. 이 내적인 부정은 전체분해적인 부정이다. 부정이라고 하는 나 자신의 무로서, 내가 그것으로 있어야 하는 여러 갈래의 무를 통해 존재의 무차별이 나타난다. 그러나 이 무차별을 나는, 내가 그것으로 있어야 하는 부정이라는 무에 의해 이루어야 하며, 더욱이 그것은 내가 근원적으로 '이것'에 대해 현전적으로 있는 한에서가 아니라, 내가 '저것'에도 현전적으로 있는 한에서이다. 내가 의자의—현재 나는 또한 의자로도 있지 않아야 하지만—무차별을 도약대의 부재(不在)로서, '있지 않음'에 대한 나의 비약의 중지(中止)로서, 회로의 끊음으로서, 이루는 것은, 탁자에 대한 나의 현전에 있어서, 또 탁자에 대한 나의 현전에 의해서이다.

'저것'은 하나의 전체적인 드러내 보임의 한복판에서, '이것' 옆에, 내가 나 자신을 '이것'으로 있지 않도록 규정하기 위해, 내가 아무리 해도 이용할 수 없는 것으로서 나타난다. 그러므로 이런 분열은 존재에서 일어난다. 그러나 '대자'의 전존재에 대한 현전에 의해서가 아니면, 분열도 분리도 '그곳에 존재하지 않는다.' 모든 부정의 통일에 대한 부정은, 이 부정이 존재의 무차별의 드러내 보임인 한에서, 그리고 이 부정이 '저것' 위에 '이것'의 무차별을 파악하고 '이것' 위에 '저것'의 무차별을 파악하는 한에서, 외적 부정으로서의 '이것'들의 근원적인 관계의 드러내 보임이다. '이것'은 '저것'이 아니다. 하나의 분해할 수 있는 전체의 통일 속의 이 외적인 부정은 '과(et)'라는 말로 표현된다. "'이것'은 '저것'이 아니다"는 이것'과' 저것이라는 식으로 표기된다. 외적 부정은 즉자존재인 동시에, 순수한 이상성이라는 이중의 성격을 가지고 있다. 외적 부정은 그것이 결코 '대자'에 속하지 않는다는 점에서 즉자적이다. '대자'가 존재의 무차별을 외면성으로서 발견하는 것은, 다름 아닌 대자 자신의 부정이라는 절대적인 내면성을 통해서이다(그것은 미적(美的) 직관에 있어서는, 나는 하나의 이상적인 대상을 파악하기 때문이다).

그러나 존재가 그것으로 있어야 하는 부정이라는 것은 전혀 문제가 되지 않는다. 다시 말해, 외적인 부정은 바로 그 '이것'들의 어느 것에도 속하지 않는다. 외적 부정은 그저 단순히 '존재한다.' 외적 부정은 그것이 있는 그대로의 것이다. 하지만 동시에 외적 부정은 결코 '이것'이 가진 하나의 성격이 아니다. 외적 부정은 '이것'이 가진 여러 성질의 하나와 같은 것은 아니다. 외적 부정은 '이것'들에서 완전히 독립된 부정이라고도 할 수 있다. 왜냐하면 바로 외적 부정은 '이것'들 가운데 어느 것에도 속하지 않기 때문이다. 생각건대 존재의 무차별은 '아무것도 아니다.' 우리는 그것을 생각할 수도 없고, 그것을 지각할 수도 없다. 외적인 부정은 단순히, '저것'의 절멸이나 변화는 '이것'들에 아무런 구속도 가할 수 없다는 것을 의미할 뿐이다. 그런 뜻에서 외적 부정은 단순히 '이것'들을 분리시키는 하나의 즉자적인 무이다. 이 무는 의식이 존재의 특징인 동일적인 밀착을 이룰 수 있는 유일한 방법이다. 이 이상적이고 즉자적인 무가 곧 '양(量, quantité)'이다. 사실, 양은 순전한 외면성이다. 양은 결코 덧붙여진 항들에 의존하지 않는다. 양은 그런 항들의 독립성의 긍정에 지나지 않는다.

헤아린다는 것은 이미 주어져 있는, 분해할 수 있는 하나의 전체의 내부에서 이상적으로 변별하는 일이다. 덧셈을 통해 얻어진 수는 헤아려진 '이것'들의 어느 것에도 속하지 않고, 분해할 수 있는 전체가 전체로서 드러내 보여지는 한에서, 분해할 수 있는 전체에도 속하지 않는다. 내 앞에서 얘기하고 있는 이 세 사람을 내가 헤아리는 것은, 내가 먼저 그들을 '서로 이야기하고 있는 그룹'으로서 파악했기 때문이 아니다. 내가 그들을 '세 사람'이라고 헤아리는 것은, 그들 그룹의 구체적인 통일에는 전혀 상관하지 않고 내버려 두는 일이다. '세 사람의 그룹'으로 있다는 것은 그룹이라는 것의 구체적인 본성은 아니다. 그렇다고 그 멤버들의 본성인 것도 아니다. 그들 가운데 누구에 대해서도 '그는 세 사람이다'라고 말할 수는 없으며, '그는 세 사람째이다'라고 말할 수도 없다—왜냐하면 세 사람째라는 성질은 헤아리는 쪽의 대자가 가진 자유의 하나의 반사일 뿐이기 때문이다. 그들의 각자는 세 사람째일 수 있지만. 그들 가운데 누구도 세 사람째로 있지 않다.

따라서 양이라는 관계는 즉자적인, 그러나 완전히 부정적인, 하나의 외면적인 관계이다. 이 관계가 존재 위에서의 무의 반사로서, 세계의 표면에 고립되어 두드러지게 보이는 것은, 바로 이 관계가 개개의 사물에도 전체에도 속하지 않기 때문이다. 이 관계는 '이것'들 사이의 순수한 외적인 관계이므로, 그 자신이 '이것'들에 대해 외적이고, 결국 자기 자신에 대해 외적이다. 이 관계는 존재의 파악될 수 없는 무차별이다—이 관계는 존재가 '그것에 있는' 경우 외에는 나타날 수 없다. 또 이 관계는 존재에 속하기는 하지만, 하나의 대자에 의해서만 존재에 도래할 수 있다. 왜냐하면 이런 무차별이 존재에 대해서든 자기 자신에 대해서든 외적으로 있어야만 하는 하나의 외적인 관계의 끝없는 외면화에 의해서만 드러내 보여질 수 있기 때문이다. 그러므로 공간과 양은 전적으로 같은 형식의 부정일뿐이다.

'이것'과 '저것'은 내가 나 자신에 대한 관계로 있는 것과는 반대로, 나와는 어떤 관계도 갖지 않는 것으로서 드러내 보여진다는, 다만 그 사실만으로 공간과 양은 세계에 도래하는 것이다. 왜냐하면 공간과 양은 아무런 관계도 갖지 않은 사물들 상호 간의 관계이며, 말하자면 자기 자신에 대한 관계인 존재에 의해 파악된 '관계의 무'이기 때문이다. 그 사실에서도 알 수 있는 것처럼, 사람들이 후설과 함께 '여러 범주'라고 부르는 것(전체와 부분의 통일성–다수성–관계—더 많음과 더 적음—주위에—옆에—뒤에—첫째, 둘째 등등—1, 2, 3 등등—안에와 밖에—등등)은, 사물들에 대한 이념적 혼합일 뿐이다. 이 혼합은 사물을 전혀 건드리지 않고 그대로 두면서, 조금도 사물을 풍부하게 하지도 않고 빈약하게 하지도 않는다. 그런 범주들은 다만 대자의 자유가 존재의 무차별을 이룰 때의 그 무한하게 다양한 방식들을 가리킬 뿐이다.

우리는 대자와 존재의 근원적인 관계의 문제를, 마치 대자가 데카르트적인 '코기토'에 드러내 보여질 수 있는 단순한 순간적 의식인 것처럼 다루어왔다. 사실을 말하면 우리는 이미, 대자가 '이것'들과 추상적인 것들이 나타나는 데 있어서 필요조건인 한에서, 대자의 '자기로부터의 탈출'을 만난 것이다. 그러나 대자의 탈자적 성격은 아직 충분히 전개되지 않았다. 우리는 명료한 설명을 위해 그런 단계를 밟아오지 않으면 안 되었지만, 그렇다 해도 거기서 '존재는 먼저 현전이고, 이어서 미래로서의 자기를 구성하는 하나의 존재에 대해 드러내 보여진다'는 결론을 내려서는 안 될 것이다. 오히려 그 반대로, 즉자존재는, 자기 자신에게 장차 와야 하는 것으로서 나타나는 하나의 존재에 대해 드러내 보여지는 것이다. 다시 말하면 대자가 존재의 현전에서 자기를 그것으로 있게 하는 부정은 장래라고 하는 하나의 탈자적인 차원을 가지고 있다. 내가 '이것'의 드러내 보임의 실현으로서 즉자존재로 있지 않아야 하는 것은, 내가 나의 있는 그대로의 것으로 있지 않은(나 자신의 모든 가능성에 대한 탈자적인 관계) 한에서이다. 달리 말하면, 나는 하나의 전체분해적인 전체의 미완료 속에서 '이것'에 대한 현전으로 있다. 거기서, '이것'의 드러내 보임에 있어서 어떤 결과가 나올 것인가?

내가 항상, 내가 있는 그대로의 것 저편에서, 나 자신에게 장차 와야 할 것으로 있는 한에서, 내가 현전하고 있는 '이것'은, 내가 나 자신을 향해 그것을 뛰어넘는 어떤 것으로서 나에게 나타난다. 지각된 것은 근원적으로 초월된 것이다. 지각된 것은 자기성(自己性)의 회로의 하나의 도체(導體)로서 존재하며, 이 회로의 한계 안에 나타난다. 내가 나를 '이것'의 부정으로 있게 하는 한에서, 나는 부정으로부터, 하나의 상호보완적인 부정을 향해 도피한다. 이 보완적 부정과 최초의 부정의 융합은, 내가 그것으로 있는 즉자를 나타나게 할 것이다. 게다가 이 가능적인 부정은 최초의 부정과 존재적으로 연관되어 있다. 이 가능적인 부정은 어떤 부정이라도 상관없는 것은 아니다. 오히려 이 가능적인 부정은 바로 사물에 대한 나의 현전의 보완적인 부정이다. 그러나 대자는 현전인 한에서 자기에 대한 비정립적인 의식으로서 자기를 구성하는 만큼, 대자는 자기가 그것으로 있지 않은 것을 자기 밖에서 존재에 의해 자기에게 알린다. 대자는 '반사─반사하는 것'의 방식으로 밖에서 자기 존재를 회복한다.

대자가 자기 자신의 가능성으로서, 그것으로 있는 이 보완적인 부정은, 그러므로 '현전─부정'이다. 다시 말하면 대자는 자기(에 대한) 비조정적 의식으로서, 또 '존재─저편의─존재'에 대한 조정적 의식으로서, 이 보완적인 부정으로 있어야 한다. '존재─저편의─존재'는 어떤 외면적인 관계에 의해서가 아니라, 대자와 그 장래의 관계에 대해 그야말로 상관성적인 관계에 있는 상호보완성이라는 분명한 유대에 의해, 현재적인 '이것'에 연관되어 있다. 그리고 무엇보다 먼저, '이것'은 자기를 이것으로 있지 않게 하는 하나의 존재의 부정 속에 자기를 드러내 보인다. 게다가 이 하나의 존재가 자기를 '이것'으로 있지 않게 하는 것은, 단순한 현전의 자격으로서가 아니라, 부정 자신에게 와야 하는 것으로 있는 부정, 그것의 현재의 저편에서 그 자신의 가능성으로 있는 부정으로서이다. 이 가능성은 순수한 현전을, 손이 미치지 않는 곳에 있는 의미로서, 단순한 현전에 있어서 '즉자적'으로 존재하기 위해 결여되어 있는 부분으로서 따라다니지만, 이런 가능성은 먼저 구속이라는 자격으로, 현재적인 부정의 투영으로서 존재한다.

사실 어떤 부정이든, 이 부정이 도래할 가능성으로서, 또 이 부정이 자기를 벗어날 때의 목표가 될 가능성으로서, 하나의 구속의 뜻을 그 자신의 저편에, 미래에, 가지지 않은 부정은, 맨 처음에 부정이라는 의의를 모두 잃어버릴 것이다. '이것은 저것이 아니다', '이 의자는 하나의 탁자가 아니다'라고 하는 외적인 부정이 문제가 되든—또는 자기 자신을 지향하는 내적인 부정이 문제가 되든, 대자는 자신이 부정하는 것을 '장래의 차원에서' 부정한다. '이것은 그것이 아니다'라고 말하는 것은 지금과 장래에 걸쳐서이든—또는 엄밀한 '지금'에 있어서이든, '저것'에 대한 '이것'의 외면성을 확립하는 것이다. 그러나 엄밀한 '지금'의 경우에, 이 부정은 하나의 잠정적인 성격을 가지며, 이 잠정적인 성격은 '이것과 저것'이라는 현재적인 규정에 대한 순수한 외면성으로서 장래를 구성한다. 이 두 가지의 어느 경우에도, 의미는 미래에서 출발하여 부정에 찾아온다.

모든 부정은 탈자적(ekstatique)이다. 대자가 장래에 있어서 자기를 부정하는 한에서, 대자가 자기를 그것의 부정이 되게 하는 '이것'은, 장래에서 이것 자체에 찾아오는 것으로서 드러내 보여진다. 의식이 '이것'으로 있지 않을 수 있는 (것에 대한) 의식으로서, 비조정적으로 그것으로 있을 가능성(possibilité)은, 있는 그대로의 것으로 있을 수 있다는 '이것'이 가진 '잠재성(potentialité)'으로서 드러내 보여진다. 구속의 상관자로서의, 부정의 존재론적 구조로서의, 대상의 첫 번째 잠재성은, 끊임없이 장래의 배경에서 찾아오는 '항상성(permanence)'이다. 이 탈자가 탈자로서 드러내 보여지기 위해서는 탈자'의' 항상성을 필요로 하는데, 이런 항상성은 미래에서 탈자에 찾아오는 것이다. 이 항상성은 완전히 확인된 하나의 주어진 것이 아니라 하나의 잠재성이다. 그렇다 해도 이 항상성은 시간적인 무한 속에 자리잡은 하나의 미래에서 이 탈자에 찾아오는 것이 아니다. 달리 말하면, 무한한 시간은 아직 존재하지 않는다. 이 탈자는 영원히 탈자로 있을 수 있는 가능성을 가진 것으로서 드러내 보여지는 것은 아니다. 여기서 문제가 되는 시간은 유한하지도 무한하지도 않다. 다만 잠재성이 미래의 차원을 나타나게 할 뿐이다.

그러나 부정이 와야 하는 의미는, 대자의 부정이 '즉자적인' 부정이 되기 위해 대자의 부정에 결여되어 있는 부분으로 있다는 것이다. 그런 뜻에서 부정은 미래에 있어서는 현재적인 부정의 명확화이다. 내가 있지 않아야 하는 것의 정확한 뜻이, 내가 있어야 하는 정확한 부정의 상관자로서 드러내 보여지는 것은 미래에 있어서이다. '이것'에 있어서 초록은 '밝음—거침'이라는 하나의 전체에 의해 형성되어 있지만, 이런 '이것'의 다양한 부정은 그것이 초록(에 대한) 부정, 다시 말해 무차별적 균형을 향하는 배경을 가진 하나의 '초록—존재'의 부정으로 있어야 하는 한에서만 그 뜻을 가질 수 있다. 요컨대 나의 다양한 부정의 '부재-의미'는 무차별적인 배경 위의 더욱더 순수하게 초록인 하나의 초록에 대한 압축된 부정이다. 그러므로 순수한 초록은 장래의 배경으로부터 '밝음-거침-초록'에, 그 의미로서 찾아온다. 우리는 여기서 우리가 '추상(抽象)'이라고 부른 것의 의미를 파악한다. 존재하는 것은 그 본질을 하나의 현재적인 성질로서 '소유하고 있는' 것은 아니다. 존재하는 것은 본질의 부정이기조차 하다. 즉 그 초록은 '결코' 초록이 '아니다.' 반대로 본질은, 장래의 배경으로부터 존재하는 것에, 결코 주어지는 일이 없이 항상 이 존재자를 따라다니는 하나의 의미로서 찾아온다. 본질은 나의 부정의 순수한 이상성의 단순한 상관자이다. 그런 의미에서 만일 우리가 추상작용이라는 말을, 하나의 성숙한 정신에 의해 이뤄지는 심리학적이고 긍정적인 선택행위라는 의미로 해석한다면, 맨 처음에 추상작용이라는 것은 존재하지 않는다.

　우리는 여러 사물에서 출발하여 몇 가지 성질을 추상하지 않는 것은 물론이고, 반대로 대자의 근원적인 존재방식으로서의 추상은, 일반적으로 사물과 하나의 세계가 존재하기 위해 없어서는 안 되는 것임을 알아야 한다. 추상적인 것은 구체적인 것의 나타남에 필요한 세계의 구조이며, 구체적인 것은 그것이 그 추상을 향해 가는 한에서만, 또 그것이 자신의 있는 그대로의 것을 추상에 의해 자신에게 알려 주는 한에서만 구체적이다. 다시 말해, 대자는 그 존재에 있어서 '드러내 보여지는 것—추상하는 것'이다. 이 관점에서 보면 항상성과 추상은 하나일 뿐임을 알 수 있다. 이 탁자가 탁자인 한에서 하나의 항상성의 잠재성을 가지는 것은, 이 탁자가 탁자로 있어야 하는 한에서이다. 항상성은 어떤 '이것'이 그 본질과 합치할 수 있다는, '이것'에 있어서의 단순한 가능성이다.

　우리가 이 책의 제2부에서 살펴본 것처럼[*10] 내가 있는 바의 가능과 내가 도피하는 바의 현재는, 서로 '결여되어 있는 것'(결여분)과 '결여분을 결여하고 있는 자'(결여자, 즉 현실존재자)의 관계에 있다. '결여되어 있는 것'과 '결여분을 결여하고 있는 자'의 이상적인 융합은 실현 불가능한 전체로서 대자를 따라다니며, 대자를 그 존재 자체에 있어서 존재의 무로서 구성한다. 이것은 우리가

---

*10 제2부 제1장 제3절 '대자와 가치의 존재' 및 제2부 제1장의 역주 14를 참조할 것.

말했듯이 '즉자-대자' 또는 '가치'이다. 그러나 이 가치는 비반성적인 면에서는 대자에 의해 조정적(措定的)으로 파악되는 것은 아니다. 이 가치는 단순히 존재조건이다. 만일 우리의 추론이 올바르다면, 하나의 실현 불가능한 융합의 이 끊임없는 지시는 비반성적인 의식의 구조로서가 아니라, 대상의 이상적인 구조를 초월적으로 지시하는 것으로서 나타나야 한다. 이 구조는 쉽게 드러내 보여질 수 있다. 다양한 부정과 부정의 의미로서의 추상적인 부정의, 융합 지시와 관련하여, 하나의 초월적이고 이상적인 지시, 즉 현실에 존재하는 '이것' 과, 와야 하는 그 본질의 융합 지시가, 드러내 보여질 것이다. 더욱이 이 융합은, 추상이 구체의 근거인 동시에, 구체는 추상의 근거이어야 한다. 달리 말하면 '피가 통하는(생명이 있는)' 구체적인 현실존재는 본질로 '있어야' 하고, 본질은 스스로 자기를 전면적인 구체화로서 만들어 내야 한다. 즉, 본질은 구체적인 것의 온전한 풍부함을 갖춘 채로, 자기를 만들어 내야 하며, 게다가 그 속에 그 전적인 순수성에서의 그 자신 이외의 다른 것이 발견되어서는 안 된다. 또는, 형상은 스스로—그것도 전면적으로—그 자신의 질료로 있어야 한다. 또 거꾸로, 질료는 절대적 형상으로서 자기를 만들어 내야 한다.

본질과 현실존재의 이 불가능하지만 끊임없이 지시되는 융합은 현재에도 장래에도 속하지 않는다. 그것은 오히려 과거와 현재와 장래의 융합을 가리키며, 시간적인 전체의, '이룩되어야 하는(à opérer)' 종합으로서 제시된다. 그것은 초월로서의 한에서는 가치이다. 우리가 '미(美)'라고 이름붙인 것은 바로 그것이다. 그러므로 미는 대자의 이상적인 실현의 상관자인 세계에 있어서, 하나의 이상적인 상태를 제시한다. 이 상태에서는 사물의 본질과 현실존재는 하나의 존재에 대한 동일성으로서 드러내 보여질 것이지만, 그것이 드러내 보여지는 것은, 이 드러내 보임 자체 속에 즉자의 절대적인 통일 속에서 자기 자신과 융합할 하나의 존재에 대해서이다. 그것은 바로, 미는 단순히 성취해야 할 하나의 초월적 종합일 뿐만 아니라, 우리 자신의 전체화 속에, 그리고 전체화에 의해서만 이루어질 수 있기 때문이다. 바로 그렇기 때문에 우리는 미를 '원하는' 것이고, 우리가 자기 자신을 하나의 결여로 파악하는 한에서 우주를 미의 '결여분'으로서 파악하는 것이다. 그러나 '즉자-대자'가 대자의 고유한 가능성이 아닌 것과 마찬가지로, 미는 사물의 잠재성이 아니다. 미는 이룰 수 없는 것으로서 세계에 붙어다닌다. 그리고 인간이 미를 세계 속에 '실현하는' 한에서, 인간은 상상적인 방법으로 미를 이룬다. 다시 말하면, 미적 직관에 있어서 나는 즉자적이고 대자적인 전체로서 나 자신을 상상적으로 실현함으로써 하나의 상상적 대상을 파악한다. 보통, 가치로서의 미는 '세계의-범위 밖의-가치'로서 주제적(主題的)으로 해명되는 것은 아니다. 미는 사물의 위에, 하나의 부재(不在)로서 암암리에 파악되는 것이다. 미는 세계의 '불완전'을 통해 암암리에 드러내 보여진다.

이런 근원적 잠재성은 '이것'을 특징짓는 유일한 잠재성은 아니다. 사실 대자가 자기의 현재의 저편에서 자기의 존재로 있어야 하는 한, 대자는 존재의 배경에서 '이것'에 찾아올 성질이 부여된 존재의 '하나의 저편'의 드러내 보임이다. 대자가 초승달 저편에 미래의 보름달인 하나의 '존재의—저편에 있는—존재' 옆에 있는 한에서, 보름달은 초승달의 잠재성이 된다. 대자가 싹의 저편에서 꽃 가까이 존재하는 한, 꽃은 싹의 잠재성이다. 이런 새로운 잠재성의 드러내 보임은 과거에 대한 하나의 근원적인 관계를 품고 있다. 초승달과 보름달의 연관, 싹과 꽃의 연관이 조금씩 드러난 것은 과거에 있어서이다. 그리고 대자의 과거는 대자에는 지식(savoir)으로서 존재한다. 그러나 이 지식은 하나의 타성적으로 주어진 것으로서 머무는 것은 아니다. 물론 이 지식은 대자의 배후에 존재하며, 그 자체로서는 인식될 수 없고 손이 닿지 않는 곳에 있다. 하지만 대자의 존재의 탈자적 통일에 있어서, 대자는 이런 과거에서 출발하여, 장래에 있어서 자신이 있는 그대로의 것을 자신에게 알려 주는 것이다. 달에 대한 나의 지식은 주제적인 인식으로서의 한에서는 나에게서 벗어난다. 그러나 나는 '그 지식으로' 있다. 그리고 내가 그 지식으로 있는 방식은—적어도 어떤 경우에는—내가 그것으로 아직 있지 않은 형태로, 이미 내가 그것으로 있지 않은 것을 나에게 오게 하는 일이다. 나는 '이미 있지 않은' 그리고 '아직 있지 않은' 이중의 방법으로, '이것'에 대한 이런 부정—내가 그것으로 있었던—이다.

나는 이 달을 원만한 시표면(視表面)으로서는 근본적으로 부정하는 가능성으로서 초승달 저편에 존재한다. 그리고 나의 미래적인 부정에서 나의 현재에 대한 복귀와 관련하여, 보름달은 다시 초승달로 돌아와 초승달을 부정으로 규정함으로써 '이것'이 되게 한다. 즉 보름달은 이 초승달에 결여되어 있는 것이고, 그것의 결여가 초승달을 초승달로 존재하게 하는 것이다. 그리하여 하나의 똑같은 존재론적 부정의 통일에 있어서, 나는 초승달로서의 한에서 초승달에 —항상성과 본질의 형식으로—미래의 차원을 부여한다. 그리고 나는 초승달에 결여되어 있는 것(즉 보름달)*11에서 초승달로의, 규정적 복귀에 의해 그것을 초승달로서 구성한다. 그리하여 항상성에서 수많은 잠세(潛勢, puissances)에 이르는 수많은 잠재성(潛在性, potentialités)의 계층이 구성된다. 인간존재는 부정이라고 하는 자기 자신의 가능성(possibilité)*12을 향해 자기를 뛰어넘음으로써, 그 뛰어넘음에 의한 부정을 세계에 오게 하는 것이 된다. '결여'가 '잠세', '미완결', '유예', '잠재성' 따위의 형태로 사물에 찾아오는 것은 인간존재에 의해서이다.

그러나 결여의 초월적 존재는 내재성 속에서의 탈자적 결여의 본성을 가질 수는 없다. 이것에 대해 좀더 고찰해 보자. 즉자는 '아직……없다'는 방법으로 자기 자신의 잠재성으로 있어야 하는 것은 아니다. 즉자의 드러내 보임은 근원적으로 무차별적인 동일성의 드러내 보임이다. 즉자는 자기 존재의 탈자적 분산도 없이, 그것이 있는 그대로의 것으로 있다. 즉자는 따라서 내가 나의 장래로 있어야 하는 것과는 달리, 결코 자신의 항상성이나 자신의 본질, 또는 자신에게 결여되어 있는 결여분으로 '있어야 하는' 것은 아니다. 세계 속에서의 나의 나타남은 상관적으로 수많은 잠재성을 나타나게 한다. 그러나 이런 잠재성은 그 나타남 자체 속에 응고된다. 이 잠재성은 '외현성'에 의해서 잠식된다. 우리는 여기서 초월적인 것의 다음과 같은 이중의 모습을 다시 발견할 수 있는데, 이 모습은 그 양의성(兩義性) 자체에 있어서 공간을 만들어 냈다.

즉 외면성이라는 관계 속으로 흩어지는 하나의 전체가 그것이다. 잠재성은 장래의 배경에서 '이것' 위로 돌아와서 '이것'을 규정하지만, 즉자로서의 '이것'과 그 잠재성의 관계는 하나의 외면적인 관계이다. 초승달은—보름달과 관련하여—'결여자'*13 또는 '……을 결여하고 있는 자'로 규정된다. 그러나 그것과 동

*11 여기서는 제2부 제1장에 있는 결여의 3원성이 반드시 엄밀하게 지켜진 것은 아니다. '결여를 당하는 전체', 즉 보름달이 '결여분'이라고 표현되어 있다.

*12 이 자리의 용례에 의해서도 분명한 것처럼 사르트르는 인간 또는 대자 쪽의 가능성에 한해 possibilité라는 말을 쓰고, 그것과 대응하는 사물 또는 즉자의 가능성에는 potentialité(잠재성)라는 말을 쓰고 있다. 이 potentialité 가운데 불변하는 극(極), 다시 말해 본질적이고 형상적인 극이 permanence(항상성)이고, 변해 가는 쪽의 이른바 질료적인 층이 puissances(수많은 잠세)이다.

*13 여기서 manquant ou privé de라고 한 것은 모두 '……을 결여한 자', 즉 '결여자'의 뜻이 아니면

시에 이 초승달은 온전히 그것이 있는 그대로의 것으로 있는 것으로서 드러내 보여진다. 하늘에 걸려 있는 이 구체적인 기호(記號)는 그것이 있는 그대로의 것으로 있기 위해 아무것도 필요로 하지 않는다. 이 싹에 있어서도, 이 성냥에 있어서도 마찬가지이다. 이 성냥은 그것이 있는 그대로의 것으로 있으며, 그 성냥으로 있다는 의미는 성냥에 대해 어디까지나 외면적으로 머문다. 이 성냥은 정말로 불이 붙을 수도 있으나 지금 당장은 검은 머리가 붙은 흰 나뭇조각이다. '이것'이 가지고 있는 여러 가지 잠재성은 이것과 아무리 밀접하게 연관되어 있다 해도 즉자로서 나타나는 것이며, 이것에 대해 무차별적인 상태에 있다.

이 잉크병은 벽난로의 대리석에 던져져서 깨어지고 부서질 '수도 있다.' 그러나 이 잠재성은 잉크병과는 전적으로 끊어져 있다. 왜냐하면 이 잠재성은 벽난로의 대리석에 잉크병을 던지는 '나의' 가능성의 초월적인 상관자일 뿐이기 때문이다. 잉크병 자체로서는 그것은 깨어지는 것도 깨어지지 않는 것도 아니다. 그것은 '존재'한다. 그렇다고 그것은 내가 하나의 '이것'을 모든 잠재성 밖에서 고찰할 수 있다는 뜻은 아니다. 내가 나 자신의 미래로 있다는, 다만 그 사실만으로 '이것'은 잠재성을 갖춘 것으로서 드러내 보여진다. 성냥개비를 검은 머리가 달려 있는 흰 나뭇조각으로 파악하는 것은 성냥개비에서 모든 잠재성을 빼앗는 것이 아니라, 다만 성냥에 새로운 잠재성(하나의 새로운 항상성—하나의 새로운 본질)을 부여하는 일이다. '이것'이 모든 잠재성을 완전히 빼앗기기 위해서는 내가 오로지 전적으로 현재로 있지 않으면 안 될 것이다.

그러나 그것은 생각할 수 없는 일이다. 다만 '이것'은 온갖 종류의 잠재성을 가지고 있다고 해도, 그런 잠재성은 모두 '등가(等價)'이다. 다시 말하면 '이것'에 대해 등가의 상태에 있다. 왜냐하면 사실 '이것'은 '그런 잠재성으로 있어야 하는' 것은 아니기 때문이다. 그 밖에도 나의 모든 가능은, 나의 자유에 의해 내부적으로 잠식되고 있기 때문에 존재하는 것이 아니라 자기를 가능화하는 것이다. 다시 말하면 나의 가능에 대해서는, 그것이 어떤 것이든 그 반대가 똑같이 가능하다. 나는 이 잉크병을 깰 수도 있지만, 그것을 서랍 안에 넣어 둘 수도 있다. 나는 초승달 저편에서 보름달을 지향할 수도 있지만, 초승달로서의

안 된다. 앞에서는 '결여분'을 manquant이라고 표현했지만, 이 경우의 manquant은 manquer de……(……을 결여하고 있는)의 현재분사로 보아야 할 것이다. 다음의 문절에서는 '결여자'가 ce qui manque de…… 및 l'être qui manque de……라는 표현을 쓰고 있다.

초승달의 항상성을 요구할 수도 있다. 그러고 보면 이 잉크병은 서랍 안에 들어가거나 깨진다는, 등가의 가능성을 가지고 있다. 이 초승달은 하늘에 보이는 열린 곡선일 수도, 아니면 아직 완성되어 가는 중인 원반일 수도 있다. '이것'에 의해 존재되는 것도 아니고, '이것'으로 있어야 하는 것도 아니며, '이것' 위에 복귀하는 그런 잠재성을 우리는 '개연성(probabilités)'이라고 부르는데, 그것은 그런 잠재성이 즉자의 존재방식으로 존재하는 것을 가리키기 위한 것이다. 나의 모든 가능은 존재하는 것이 아니라, 자기를 가능화(se possibiliser)하는 것이다. 그런데 개연적인 것은 결코 자기를 '개연화(se probabiliser)'하지 않는다. 그것은, 개연적인 것으로서의 한에서 '그 자체에 있어서 존재한다.' 그런 의미에서 잉크병은 '존재한다.' 그러나 그 '잉크병으로 있는 것'은 개연적인 것이다. 왜냐하면 이 잉크병의 '잉크병으로 있어야 하는 것'은 즉시 외면적인 관계에 녹아드는 하나의 단순한 나타남이기 때문이다.

존재의 저편에 존재의 의미로 있는 이런 잠재성 또는 개연성은, 바로 그것들이 '존재의 저편에 즉자적으로 존재하기' 때문에, '아무것도 아닌 것'이다. 잉크병의 본질은 대자의 가능적인 부정의 상관자로서 '존재되지만', 잉크병의 본질은 잉크병이 아니고, 존재가 아니다. 잉크병의 본질은 즉자적으로 존재하는 한에서, 기체화(基體化)되고 사물화(事物化)된 부정이다. 다시 말하면 본질은 그야말로 아무것도 아닌 것이다. 본질은 세계를 에워싸고 세계를 규정하는 무의 외피(外皮)에 속한다. 대자는 잉크병을 잉크병으로서 드러내 보인다. 그러나 이 드러내 보임은 잉크병의 존재 저편에, 존재하지 않는 이 미래 속에서 이루어진다. 항상성에서 잠재성에 이르는, 성질이 부여된 존재의 모든 잠재성은 존재가 '아직 그것으로 있지 않은' 것으로서 정의되지만, 존재는 결코 진정하게 '그것을 있어야 하는' 것은 아니다. 이 경우에도 또한 인식은 존재에 아무것도 부가하지 않고, 존재에서 아무것도 가져가지 않는다. 인식은 어떤 새로운 성질로 존재를 장식하지는 않는다. 인식은 하나의 무를 향해 존재를 뛰어넘음으로써, 존재가 거기 존재하게 하지만, 이 무는 존재와의 사이에 외면적인 부정관계밖에 가지고 있지 않다. 잠재성이 가진 순수한 무라는 이 성격은, 과학의 변천에 비추어 봐도 분명하다. 과학은 단순한 외면적인 관계들을 확립하려 함으로써, 잠재적인 것, 즉 본질과 모든 잠세를 철저히 제거한다. 하지만 그 반면에 지각의, 의미를 부여하는 구조로서 잠재성이 필요한 것은 너무나 분명하므로 새삼

강조할 것도 없다. 사실 과학적 인식은 지각의 잠재화하는 구조를 극복할 수도 없고 제거할 수도 없다. 오히려 그 반대로, 과학적 인식은 지각의 잠재화적 구조를 전제로 하고 있다.

우리는 대자의 존재에 대한 현전이 어떻게 해서 존재를 '사물'로서 드러내 보이는가를 보여 주려고 시도했다. 그리고 서술을 명료하게 하기 위해, 우리는 사물의 각각 다른 구조들, 즉 '이것'·공간성·항상성·본질, 그리고 모든 잠재성을 차례차례 보여 주지 않으면 안 되었다. 그러나 말할 것도 없는 일이지만, 순서대로 설명했다고 해서 그런 여러 계기(契機) 가운데 어떤 것이 그 밖의 계기에 대해 현실적인 우위를 가진 것은 아니다. 다시 말해, 대자의 나타남은 사물을, 그 모든 구조의 전체를 갖춘 상태에서 드러내 보이게 한다. 더욱이 그 구조의 어느 것 하나도 다른 모든 구조를 품지 않은 것은 없다. '이것'은 본질에 대해 논리적인 우선성을 가지고 있는 것도 아니다. 그 반대로 이것은 본질을 예상하고, 거꾸로 또한 본질은 이것'의' 본질이다. 마찬가지로 성질—존재로서의 이것은 세계라는 배경 위에서만 나타날 수 있지만, 세상은 '이것'들의 집합이다. 그리고 세계의 '이것'들에 대한 분해적(分解的)인 관계와 '이것'들의 세계에 대한 분해적인 관계가 공간성이다. 따라서 거기서는 현상의 다양한 나타남의 '배후에서' 기다리고 있는 어떤 실체적 형상도 어떤 통일적 원칙도 존재하지 않는다. 모든 것은 어떤 우월성도 없이 단번에 주어진다. 같은 이유에서 '표상적인 것'이 무언가의 우월성을 가지고 있다고 생각하는 것도 잘못일 것이다.

사실 우리의 기술(記述)에 의해 우리는 '세계 속의 사물'을 부각시키는 데까지 이르렀다. 그 때문에 우리는 자칫하면 세계와 사물이 일종의 관상적(觀想的)인 직관 속에서 대자에 대해 드러내 보여진다고 생각하기 쉽다. 또 대상들이 각각의 도구성이라고 하는 하나의 실천적인 질서로 배치되는 것은, 다만 나중이 된 뒤의 일일 것이라고 생각하기 쉽다. 이와 같은 오류는 만일 사람들이 세계는 자기성(自己性)의 회로 내부에 나타난다는 사실을 깊이 생각해 볼 용의만 있다면 피할 수 있는 것이다. 세계는 대자를 대자 자신으로부터 분리시키는 것이다. 또는 하이데거식의 표현을 빌린다면, 세계는, 거기서 출발하여, 인간존재가 자신이 무엇인지를 자신에게 알려 주는 것이다. 자기성을 구성하는 것은 대자의 자기를 향한 이 시도이지만, 그것은 결코 하나의 관상적인 휴식이 아니다. 이 시도는 우리가 이미 말한 것처럼 하나의 결여이다. 그러나 결코

'주어진' 결여는 아니다. 그것은 스스로 자기 자신의 결여로 있어야 하는 하나의 결여이다. 사실 하나의 확인된 결여, 또는 즉자적 결여는 외면성 속에 소멸한다는 것을 충분히 이해하지 않으면 안 된다. 우리는 앞의 서술에서 그것을 지적했다. 하지만 스스로 자기를 결여로서 구성하는 하나의 존재는 자신에게 결여되어 있는 '저것', 자신이 그것'으로 있는 '저것'을 바탕으로, 요컨대 자신이 있어야 하는 자기를 향한, 자기로부터의 끊임없는 이탈에 의해, 저곳에 있어서만 자기를 한정할 수 있다.

다시 말하면, 이 결여는 '거부당한 결여'로서만 스스로 자기 자신의 결여일 수 있다. 즉 결여자의 결여분에 대한 진실로 '내적인' 유일한 연관은 거부이다. 사실 '결여자'인 존재가 '결여분'으로 '있지 않은' 한에서, 우리는 이 존재 속에 하나의 부정을 파악한다. 그러나 만일 이 부정이—그와 함께 일반적인 부정의 모든 가능성이—완전한 외면성 속에 소멸해서는 안 되는 것이라면, 부정의 근거는 '결여자'인 존재가 '결여분'으로 있지 않으면 안 된다는 필연성 속에 있다. 그러므로 부정의 근거는 부정의 부정이다. 하지만 이 '근거-부정'(근거로서의 부정)은 부정을 하나의 본질적인 계기(契機)로 삼는 결여의 경우와 마찬가지로, 하나의 '주어진 것'은 아니다. 이 '근거-부정'은 존재해야 하는 것으로서 존재한다. 대자는 '반사-반사하는 것'이라는 환영적(幻影的)인 통일에 있어서 자기를 자기 자신의 결여가 되게 한다. 다시 말하면 대자는 결여를 거부함으로써 결여를 향해 자기를 기투(企投)한다. 결여가 대자를 위해 내적 결여로 있을 수 있는 것은 오직 '제거되어야 하는' 결여로서뿐이다. 대자는 자기 자신의 결여로 있어야 한다는 사실에 의해서만, 다시 말해 결여의 제거를 향한 시도(試圖)로 있음으로써만 자기 자신의 결여를 실감할 수 있다.

그러므로 대자와 그 장래의 관계는 결코 정적(靜的)인 것도 아니고 주어진 것도 아니다. 오히려 장래는, 대자가 이미 저편에, 장래에 있어서, 결여의 제거로서 존재하는 한에서, 대자를 그 핵심에서 규정하기 위해 대자의 현재에 찾아온다. 대자는 '저편에서' 결여의 제거로 있지 않으면, '이편에서' 결여로 있을 수 없다. 그러나 이 제거는 대자가 '있지 않는' 방식으로 그것으로 있어야 하는 제거이다. 이 근원적인 관계가 있음으로써, 그다음에 비로소 개개의 결여를, '감당된' 결여 또는 '인내된' 결여로서 경험적으로 확인할 수 있게 되는 것이다. 이 근원적인 관계는 일반적으로 감수성의 근거이다. 또한 사람들이 심적인 것 속에 '경향' 또는 '욕망'이라고 부르는 그 우상 또는 환영을 설정함으로써 심리적으로 설명하려고 시도하는 것도 또한 이 근원적인 관계이다. 사람들은 프시케(심리현상) 속에 이런 경향 또는 힘을 무리하게 삽입하지만, 그런 것은 그것만으로는 이해할 수 없다. 왜냐하면 심리학자는 이런 경향 또는 힘을 즉자적으로 존재하는 것으로서 부여하기 때문이다. 다시 말해 '힘'이라고 하는 그런 성격 자체가 그들이 가진 무차별적인 내적 휴식과 모순되고, 또 그런 통일이 단순한 외적 관계 속에 분산되어 버리기 때문이다. 우리는 이런 경향과 힘을 자기에 대한 대자의 내재적인 존재관계가 즉자 속에 투영된 것으로서밖에 파악할 수가 없다. 이 존재론적 관계가 바로 '결여'이다.

그러나 이 결여는 조정적으로 파악될 수가 없으며, 비반성적 의식에 의해서 인식될 수 없다(그리고 이 결여는 그것을 심적 대상으로서, 즉 경향 또는 감정으로 파악하는 공범적 반성에 대해서도 나타나지 않는다). 이 결여는 순화(純化)하는 반성에 있어서만 접근할 수 있는 것이지만, 우리는 여기서 이 순화하는 반성의 문제를 다루고 있는 것은 아니다. 그러므로 세계'에 대한' 의식면에서는 이 결여는 투영의 형태로, 하나의 초월적이고 이상적인 성격을 가진 것으로밖에 나타날 수 없다. 사실, 만일 대자에 결여되어 있는 것이 하나의 '존재의−저편에 있는−존재'에 대한 이상적인 현전이라면, 이 '존재의−저편에 있는−존재'는 근원적으로 '존재−에 대한−결여'이다. 그러므로 세계는 이루어져야 하는 모든 부재(不在)가 따라다니는 것으로서 드러내 보여진다. 또 각각의 '이것'은, 이것을 지시하고 이것을 규정하는 일련의 부재와 함께 나타난다. 그런 부재는 요컨대 갖가지 잠재성과 다른 것이 아니다. 다만 우리는 부재에 대해 그 의의를 더 잘 파악한다. 그리하여 부재는 '이것'을 '이것'으로서 가리키고, 반대로 '이것'은 부재를 지향한다. 각각의 부재는 '존재의−저편에 있는−존재'이므로, 다시 말해 부재하는 즉자이므로 각각의 '이것'은 자기 존재의 다른 상태, 또는 다른 존재들을 지향한다.

더 말할 나위도 없지만, 지시적 복합의 이 조직은 즉자 속에 응고되고 화석화한다. 왜냐하면 여기서는 즉자가 문제이기 때문이다. 이런 화석화된 무언의 지시는 그들이 나타나는 즉시 고립된 무차별 속에 빠지는 것으로, 그것은 마치 돌의 미소, 조상(彫像)의 공허한 눈과도 닮았다. 따라서 사물의 배후에 나타나는 부재(不在)는 사물에 의해서 '현재화되어야 하는' 부재로서 나타나는 것은 아니다. 그렇다고 이 부재는 '나에 의해서' 실감되어야 하는 것으로서 드러내 보여진다고 할 수도 없다. 왜냐하면 '나'는 다만 반성적 의식에만 나타나는 프시케(심리현상)의 하나의 초월적 구조이기 때문이다. 이 부재는 자기성의 회로 한복판에 '채워져야 하는 공허'로서 우뚝 서는 단순한 요구이다. 다만 '대자에 의해 채워져야 하는 공허'로서의 이 요구의 성격은 어떤 직접적이고 개인적 긴급성이 '누군가에게' 귀속되지도 않고 주제화되지도 않은 채 그대로 '체험될' 때 비반성적인 의식 앞에 나타난다. 이 부재를 포부로서 체험한다는 사실 자체 속에, 또 그 사실에 의해, 비로소 우리가 앞 장에서 부재의 자기성이라고 부른 것이 드러내 보여진다. 그것은 갖가지 '책무(tâches)'이다. 그리고 이 세계는 '책무'의 세계이다.

책무와의 관련에서 이 책무가 가리키는 '이것'은 '그런 책무의 이것'—즉 책무에 의해서 규정되는 유일한 즉자, 책무를 '충족시킬' 수 있는 것으로서 책무가 가리키는 유일한 즉자—이며, 동시에 동일성의 절대적 통일 속에 있기 때문에 결코 그런 책무로 '있어야 한다'고 할 수 없는 것이다. 고립 속의 이 관계, 동태(動態) 속에서의 이런 타성적인 관계, 이것을 우리는 목적에 대한 수단의 관계라고 이름 붙이려는 것이다. 그것은 '……을 위한 존재(être-pour)'이기는 하지만, 외면성에 의해 손상되어 납작하게 펴진 존재이다. 그 초월적인 이상성은 대자가 그것으로 있어야 하는 '……을 위한 존재'의 상관자로서밖에 생각될 수 없다. 그런데 사물은, 자신이 무차별의 안온한 행복 속에 휴식하고 있으면서도, 동시에 자신의 저편에, 채워져야 하는 '책무'를 가리키고, 이 '책무'로부터 자신이 있어야 하는 바의 것이 고지되는 한에서, 도구 또는 연장이다. 사물들 사이의 근원적인 관계, '이것'들의 양적인 관계를 근거로 나타나는 관계는, 그렇기 때문에 '도구' 관계이다. 이 도구성은 먼저 지시된 여러 구조의 뒤에 오는 것도 아니고 그것에 종속되는 것도 아니다. 어떤 의미에서는 도구성은 앞의 여러 구조를 전제로 하고 있지만, 또 다른 의미에서는 도구성은 앞의 여러 구조에 의해 전제되고 있다.

사물은, 먼저 사물로 있고 그다음에 도구로 있는 것이 아니다. 또한 사물은 먼저 도구로 있고 그다음에 사물로서 드러내 보여지는 것도 아니다. 그것은 '사물–도구'이다. 물론 사물은 학자가 나중에 시도할 연구에서는 순수하게 '사물'로서, 다시 말해 모든 도구성을 박탈당한 사물로서 나타날 것이다. 그러나 그것은 학자의 관심이 단순히 외적인 관계를 확립하는 데만 향하기 때문이다. 더욱이 이 과학적 연구의 결과로 사물 자체는 모든 도구성을 빼앗겨 마침내 절대적 외면성으로 증발해 버리기 때문이다. 여기서 우리는 하이데거의 정의를 어느 정도 수정해야 한다는 것을 알 수 있다. 분명히, 세계는 자기성의 회로 속에 나타난다. 하지만 회로는 비조정적이므로, '나는 무엇인가'에 대한 알림은 그 자체가 조정적이 될 수는 없다. 세계 속에 있다고 하는 것은 세계에서 탈출하여 자기 자신을 향하는 일이 아니라, 오히려 세계에서 탈출하여 세계의 저편으로, 다시 말해 미래적인 세계로 향하는 일이다. 세계가 나에게 알려 주는 것은 오로지 '세계적'이다.

그리고 갖가지 도구의 무한지향은, 결코 내가 있는 그대로의 대자를 가리키는 것은 아닌데, 그렇다면 갖가지 도구의 전체는 나의 모든 가능의 엄밀한 상관자이다. 게다가 나는 나의 모든 가능성으로 '있으므로' 세계 속에서의 갖가지 도구의 질서는 나의 모든 가능성이, 즉 내가 있는 그대로의 것이 즉자 속에 투영된 영상이다. 그러나 이 세계적인 영상을 나는 결코 해독(解讀)하지 못한다. 나는 행동 속에, 그리고 행동에 의해서 나를 거기에 적응시킨다. 내가 나 자신에게 하나의 대상이 될 수 있기 위해서는 반성적인 분열이 필요하다. 그러므로 인간존재가 세계 속에 자기를 상실하는 것은 비정통성〔비본래성〕에 의해서가 아니다. 그것은 오히려 '세계-속-존재'는 인간존재에 있어서, 세계를 그곳에 있게 하는 드러내 보임 그 자체에 의해, 근본적으로 세계 속에 자기를 상실하는 일이다. '세계-속-존재'라는 것은 느슨해지는 일이 없이, '무언가 도움이 될' 가능성조차 없이, 도구에서 도구로 지향되며, 반성적인 순환 이외에 아무런 의지처도 가지지 않는 것이다. 이 경우에 "'목적이 되는 무엇인가(pour quoi)'의 연쇄는 "목적이 되는 누군가(pour qui, Worumwillen)"에 이르러 정지된다*[14]는 말로, 우리에게 이론(異論)을 제기해 보아도 소용없을 것이다. 확실히

---

*[14] 'pour quoi'는 '무엇 때문인가?'라는 물음에 대해서 '이런저런 것 때문이다'라고 대답할 때의 '이런저런 것', 즉 '목적이 되는 무엇' 또는 '목적이 되는 무슨 일', 다시 말하면 '목적으로 되는 사물'이다. 한편, 'pour qui'는 '누구를 위해서인가?'라는 물음에 대해 '누구누구를 위해서이다'라고 대답할 때의 '누구', 즉 '목적이 되는 누구', 다시 말하면 '목적이 되는 인간'이다. 하이데거가 Wozu라고 말한 것은 전자에 해당하고 Worumwillen이라고 말한 것은 후자에 해당한다. 그러나 하이데거에 있어서는 '목적이 되는 무엇' 또는 '목적이 되는 무슨 일'의 지향적인 연쇄는 '목적이 되는 누구'에 이르러 정지한다고 생각되고 있다. 예를 들면 망치는 무엇

'목적이 되는 누군가'는 우리가 아직 해명하지 않은 존재의 한 구조, 즉 대타라는 존재의 구조를 우리에게 가리킨다. 그리고 '목적이 되는 누군가'는 갖가지 도구의 배후에 끊임없이 나타난다. 그러나 이 '목적이 되는 누군가'는 그 구성이 '목적이 되는 무엇인가'와는 다르지만 그 연쇄를 중단하는 것은 아니다. 이 '목적이 되는 누군가'는 다만 이 연쇄의 한 고리를 이루고 있을 뿐이다.

'목적이 되는 누군가'는, 도구성의 관점에서 본다면, 즉자에서 벗어나는 것을 허용하지 않는다. 확실히 이 작업복은 직공을 위해서 존재한다. 그러나 그것은 직공이 자기 옷을 더럽히지 않고 지붕을 수리할 수 있게 하기 위한 것이다. 그러면 직공은 왜 자기 옷을 더럽혀서는 안 되는가? 그것은 자신의 급료의 대부분을 의복 구매에 소비하지 않기 위해서이다. 그것은 사실, 이 급료라는 것이 그가 생계를 유지할 수 있는 최소한의 금액이기 때문이다. 그런데 그가 '생계를 꾸려가는' 것은 바로 자신의 작업능력을 지붕을 수리하는 데 사용할 수 있기 위해서이다. 그렇다면 그는 왜 지붕을 수리해야 하는가? 그것은 사무원들이 회계사무를 보고 있는 사무실에 비가 새지 않도록 하기 위해서이다 등등. 이것은 우리가 항상 타인을 하나의 특수한 형식의 도구로서 파악해야 한다는 의미가 아니라, 오히려 다만 우리가 세계에서 출발하여 타인을 생각할 때, 우리는 그것만으로는 도구 복합의 무한지향에서 벗어나는 일이 없을 것이라는 의미이다.

그리하여 대자가 자기를 향한 그 비약과 상관적으로, 거부로서 자기 자신의 결여로 있는 한에서, 존재는 세계라는 배경 위에 대자에 대해 '사물-도구'로서 드러내 보여지며, 세계는 도구성이라는 지시적 복합의 무차별적인 배경으로서 나타난다. 이런 지향의 총체는 의의를 상실했지만, 그것은 이 차원에서는 의의에 대한 문제를 제기하기 위한 가능성조차 존재하지 않는다는 의미에서이다. 우리는 살기 위해 일하고, 일하기 위해 살고 있다. '생활-노동'이라는 이 전체의 '의미'에 대한 문제, 즉 '살고 있는 내가 일하는 것은 무엇 때문인가? 그것이

을 위한 것인가? 그것은 물건을 치기 위한 것이다. 치는 것은 무엇 때문인가? 집을 짓기 위한 것이다. 집을 짓는 것은 무엇을 위한 것인가? 비바람을 피하기 위해서이다. 비바람을 피하는 것은 무엇 때문인가? 인간의 생존, 즉 '현존재(Dasein)'의 존재 가능을 위한 것이다. 그리하여 마지막에 이른 이 '현존재'는 이미 무엇을 위해 있는 것이 아니라, 그것을 위해 모든 도구 존재가 있는 존재이다. 그러나 사르트르는 아래의 예에서도 알 수 있듯이, 이런 지향적 연쇄의 정지가 성립되지 않는 것을 여기서 보여 주고자 하는 것이다.

일하기 위한 일이라면, 어째서 살아야 하는가?' 하는 문제는 그것이 대자 자신에 의한 대자의 발견을 품고 있기 때문에 반성적 차원에서밖에 제기될 수 없는 일이다.

다음에는 내가 그것으로 있는 순수한 부정의 상관자로서 어째서 도구성이 세계 속에 나타날 수 있는가를 설명하는 일이 남아 있다. 내가 단순한 '이것'인 한에서, '이것'에 대해 무한정하게 되풀이되는 불모의 부정으로 있지 않은 것은 어찌 된 일인가? 만일 내가, 내가 그것으로 있어야 하는 단순한 무(無) 외에 아무것도 아니라면, 이 부정은 어떻게 해서 나의 영상(影像)인 다수의 책무를 드러내 보일 수 있을 것인가? 이 문제에 답하기 위해서는, 대자는 단순히, 현재에 찾아오는 하나의 장래가 아니라는 것을 상기하지 않으면 안 된다. 대자는 또한 '있었다'는 형태로 자신의 과거로 있어야 한다. 세 가지 시간적 차원의 탈자적인 연루(連累)는 다음과 같은 것이다. 대자가, 자신이 있었던 그대로의 것의 의미를 자신의 장래에 의해, 자신에게 알려 주는 존재라면, 대자는 그 같은 나타남에 있어서 자신이 도피하는 어떤 하나의 '있었다'의 관점에서 자신의 '있을 것이다'(장래)로 있어야 하는 존재이기도 하다. 그런 뜻에서 하나의 시간적 차원의 의의는 항상 다른 곳에, 또 하나의 차원 속에서 찾지 않으면 안 된다. 이것이 바로 우리가 디아스포라(Diaspora)라고 부르는 것이다.

생각건대 디아스포라적인 존재통일은 '주어진' 단순한 덤이 아니다. 그것은 자기라는 통일 속에 있으면서 자기를 저편에, 밖에서 조건지움으로써 디아스포라를 '실현해야' 하는 필연성이다. 따라서 내가 그것으로 있는 부정, '이것'을 드러내 보이는 부정은, 따라서 '있었다'의 방식으로 '존재해야' 하는 것이다. 단순한 '현전'으로서의 한에서는 존재하지 않는 이 전적인 부정은, 자신의 배후에 과거 또는 사실성으로서 자신의 존재를 가진다. 이런 것으로서의 한에서, 그것은 결코 뿌리 없는 부정은 아니라는 것을 인정해야만 한다. 오히려 반대로 그것은 '성질이 부여된' 부정이다. 다만 '성질이 부여되었다'는 뜻은 이 부정이 '있었다'는 형태에서는, 자신이 그것으로 있지 않아야 하는 존재로서 자신의 배후에 자신의 의의를 끌고 다닌다는 뜻이다. 부정은 그것이 자기를 '이것'의 조정적인 부정으로 만드는 한에서, 내적 규정의 방식에서는 과거에 대한 비조정적 부정으로서 나타난다. 이 나타남은 이중의 '……을 위한 존재'의 통일 속에 이루어진다. 왜냐하면 이 부정은 '반사–반사하는 것'의 존재방식에서는,

자신이 그것으로 있는 과거에서 벗어나기 '위해' 이것'에 대한' 부정으로서, 현실 존재에 대해 나타나며, 또 이 부정은 자신이 존재 속에서 장래를 향해 과거에 도전함으로써, '이것'에서 자기를 해방하기 '위해' 과거에서 탈출하기 때문이다. 이것을 우리는 세계에 대한 대자의 관점이라고 부를 것이다.

이 관점은 사실성과 비슷하지만, 즉자에 대한 근원적인 관계로서는 부정이 가진 탈자적인 성질 부여이다. 그러나 다른 면에서 우리가 이미 본 것처럼 무슨 일이든 대자가 그것으로 있는 모든 방식은, 세상에 대한 탈자적 종속으로서 '있었다'의 방식으로 그런 것이다. 미래는 세계를 장차 와야 하는 의식의 상관자로서 세상을 나에게 맡기므로, 내가 '나의' 현전을 다시 발견하는 것은 미래에서가 아니다. 오히려 나의 존재는 비록 비주제적이기는 하지만, 즉자존재의 테두리 속에, 다시 말해 세계 한복판에 떠올라서, 과거에 있어서 나에게 나타난다. 물론 이 존재는 또한 '……에 대한 의식'이고 대자이다. 그러나 그것은 즉자 속에 응고된 하나의 대자이며, 따라서 하나의 세계'에 대한' 의식이지만, 세계 한복판에서 타락해 있는 의식이다. 실재론·자연주의·유물론의 의미는 과거에 있다. 즉 이런 세 가지의 철학은 과거를 마치 현재인 것처럼 기술하는 것이다.

그러므로 대자는 세계로부터의 이중의 도피이다. 대자는 하나의 세계에 대한 현전으로서, 세계 한복판에서의 자신의 존재에서 탈출하는 동시에, 자신이 현전하고 있는 그 세계에서 도피한다. 가능은 이런 도피의 자유로운 종착점이다. 대자는 자신이 그것으로 있지 않은 하나의 초월적인 것을 향해 도피할 수는 없다. 오히려 대자는, 다만 자신이 그것으로 있는 하나의 초월적인 것을 향해 도피할 수 있을 뿐이다. 그러므로, 이 끊임없는 도피에서의 정지의 가능성은 모조리 제거되어 있다. 진부한 비유이나마, 내 생각을 더욱 잘 이해할 수 있도록 하나의 비유를 쓰는 것이 허락된다면, 끌채의 멍에목에 매달려 있는 당근을 쫓아가느라고, 뒤에 있는 수레를 끌고 가는 당나귀의 이야기를 떠올려 보기 바란다. 당근을 덥석 물려는 당나귀의 모든 노력은 결과적으로 수레 전체를 전진하게 만들지만, 당근 자체는 언제까지나 당나귀로부터 같은 거리에 머물러 있다. 이와 같이 우리는 하나의 가능을 쫓아서 달리지만, 이 가능은, 우리의 질주 자체가 나타나게 하는 가능이며, 우리의 질주 이외에 아무것도 아니다. 그러므로 이 가능은 우리의 손이 미치지 않는 것으로 정의된다. 우리는 우리 자신을 향해 달리는 것이고, 따라서 우리는 자신을 따라잡을 수 없는 존재이다. 어떤 의미에서는, 달리는 것은 전혀 의미가 없다. 왜냐하면 종착점은 결코 주어지지 않는 것이고, 우리가 그쪽을 향해 달리는 정도에 따라 고안되고 투영될 뿐이기 때문이다. 그러나 다른 의미에서는, 우리는 질주가 내던져 버리는 이 의의를 질주에 주지 않을 수가 없다. 왜냐하면 그럼에도 가능은 대자의 의미이기 때문이다. 오히려 도피의 의미는 존재하고 또한 존재하지 않는다.

그런데 내가 그것으로 있는 과거로부터 내가 그것으로 있는 장래를 향한 이 도피 자체 속에서, 장래는 과거에 그 모든 의미를 부여하는 동시에, 과거와 관련하여 미리 자기를 보여 준다. 장래는 자기 자신의 근거로 있을 하나의 즉자를 향해, 다시 말해 내가 그것으로 있어야 하는 한에서 존재할 하나의 즉자를 향해, 과거가 주어진 즉자로서 초월된 것이다. 나의 가능은 나의 과거의 자유로운 회복이지만, 다만 그것은 이 회복이 과거에 근거를 부여함으로써 과거를 구제할 수 있는 한에서이다. 나는 내가 있었던, 근거가 없는 존재에서 벗어나, 내가 '있을 수도 있다(serais)'는 방법에 있어서만 그것으로 있을 수 있는 근거를 부여하는 행위를 향한다. 그러므로 가능은 대자가 자기를 그것으로 있게 하는 결여이다. 달리 말하면, 현재적인 부정이 '성질이 부여된' 부정(즉 자기의 밖에, 과거에 있어서, 자신의 성질을 가진 부정)인 한에서, 이 현재적인 부정에 결여되어 있는 것, 그것이 가능이다. 이런 것으로서의 한에서, 가능은 그 자신, 성질이 부여되어 있다. 그것은 즉자의 방식으로[*15] 그 자신의 성질로 있는 '주어진 것'으로서가 아니라, 대자가 그것으로 '있었던' 탈자적인 성질 부여에 근거를 제공하는 회복의 지시로서 성질이 부여되어 있다.

그러므로 갈증은 3차원적이다. 즉 갈증은 대자가 그것으로 있었던 하나의 공허한 상태로부터의 현재적인 도피이다. '주어진' 상태에 공허 또는 결여라는 성격을 부여하는 것은 바로 이 도피이다. 다시 말해 과거에 있어서는 결여는 결여로 있을 수 없을 것이다. 왜냐하면 '주어진 것'은, 자기 자신의 초월인 하나의 존재에 의해 ……를 향하여 초월되지 않는 한 '결여할' 수 없기 때문이다. 그러나 이 도피는 ……를 향한 도피이다. 또 이 도피에 의미를 주는 것은 바로 이 '……를 향하여'이다. 그런 것으로서의 한에서, 도피는 그 자신이 '자기를 만

---

*15 원문 그대로도 읽을 수 없는 것은 아니지만, sur le monde de l'en-soi(즉자의 세상 위에)를 sur le mode de l'en-soi(즉자의 방식으로)로 정정한다.

드는 결여'이다. 다시 말해 이 도피는 주어진 것을 결여나 잠재성으로서 과거에 있어서 구성하는 일이며, 동시에 '반사―반사하는 것'의 형태로, 즉 결여의식으로서 자기를 결여가 되게 하는 하나의 대자에 의해, 주어진 것을 자유롭게 회복하는 일이다. 그리고 결여가 결여분에 의해 자기의 결여존재 속에 조건지어지는 한에서, 이 결여가 자기를 벗어나서 '향해 가는 목표(ce vers quoi)'는 '이미 결여로 있지 않은 갈증이다'라고 하는 결여가 그것으로 있는 가능성, 즉 포만―갈증[16]이다. 가능은 포만을 지시하는 것이며, 가치는 대자를 둘러싸고 여기저기서 대자에 침투해 들어가는 '환영―존재'로서 하나의 갈증을 지시하는 것이다. 이 갈증은 '주어진 것'―그것은 이 갈증이 '갈증으로 있었던' 것이기 때문이지만―인 동시에 회복―그것은 '반사―반사하는 것'의 작용이 이 갈증을 탈자적으로 구성하기 때문이지만―일 것이다. 다 아는 것으로 생각되지만, 여기서 문제가 되는 것은 스스로 자기를 갈증으로 규정하는 하나의 충실이다. 이런 충실을 소묘할 때, 과거적―현재적인 탈자적 관계는 그 의미로서 '갈증'이라는 구조를 제공한다. 그리고 내가 그것으로 있는 가능성은, 밀도 자체를, 자기의 충실한 보충을, 반성으로서 제공할 것이다.

그러므로 '이것'을 향해 존재를 규정하는 나의 존재에 대한 현전은, 내가 '"이것" 옆에서 성질이 부여되는 결여'인 '한에서' '이것'에 대한 부정이다. 또 나의 가능이 존재 저편의 존재에 대한 가능적인 현전인 한에서, 나의 가능의 성질 부여는 하나의 '존재의―저편에서의―존재'를, 그것의 공통현전이 와야 할 하나의 포만에 엄밀하게 결부된 공통현전인 존재로서 드러내 보인다. 그러므로 이루어져야 하는 존재로서의 '부재'는, 이 존재가 내가 결여하고 있는 '가능―존재'의 상관자인 한에서, 세계 속에 드러내 보여진다. 컵 속의 물은 '마셔져야―하는 것'으로서 나타난다. 다시 말하면 '채워져야 하는 것'으로서 비조정적으로 그 존재 자체 속에 파악되는 하나의 갈증의 상관자로서 나타난다. 그러나 이런 기술은 모두 미래와 세계의 하나의 관계를 포함하고 있으므로, 그런 것을 훨씬 분명하게 밝히기 위해서 우리는, 우선 근원적인 부정을 근거로 하여, 세계의 시간 또는 보편적인 시간이 의식에 어떻게 드러내 보여지는지를 보여주지 않으면 안 된다.

---

[16] 제2부 제1장 제4절 참조. '포만―갈증'은 '포만으로서의 갈증', 즉 극한에 이르도록 긴장된 목마름이라는 뜻이다.

4. 세계의 시간

보편적인 시간은 '대자'에 의해 세계에 찾아온다. 즉자는 시간성을 마음대로 다룰 수 없다. 그것은 바로, 즉자는 즉자적이기 때문이고, 시간성은 끊임없이 자기를 위해 자기로부터 거리를 두고 자기에 대해 존재하는 하나의 존재에 특유한 존재방식이기 때문이다. 그 반대로 '대자'는 시간성이다. 그러나 대자는 그것이 '반성하는 것—반성되는 것'이라는 관계에서 스스로 자기를 만들어 낼 때가 아닌 한, 시간성'에 대한' 의식이 아니다. 비반성적인 방식에 있어서는, 대자는 존재 '위에', 다시 말해 밖에서 시간성을 발견한다. 보편적인 시간성은 '객관적'이다.

(A) 과거

'이것'은 전에는 미래였으나 이윽고 과거가 되어야 하는 하나의 현재로서 나타나는 것은 아니다. 이 잉크병은 내가 그것을 지각하는 순간, 이미 그의 존재 속에 그 시간적인 3차원을 가지고 있다. 비록 내가 나의 현실적 현전에 있어서 이 잉크병에 현전하는 것이 아니라, '나 자신에게 와야 하는 것'으로서 현전하고 있다 하더라도, 내가 이 잉크병을 항상성, 즉 본질로서 파악하는 한에서, 이 잉크병은 이미 미래에 있어서 존재한다. 그와 동시에 내가 이미 나 자신이 현전으로서 거기에 있었던 한에서, 나는 이 잉크병을 이미 거기 존재하고 있었던 것으로밖에 파악할 수 없다. 그런 뜻에서 만일 우리가 '재인적(再認的) 종합'이라는 말을, 여러 '지금'의 계기적(繼起的)인 짜임에 의해, 그 지각된 사물에 하나의 지속을 부여하는, 동일화라고 하는 하나의 점진적 조작으로 이해한다면, 그런 '재인적 종합'이라는 것은 맨 처음에 존재하지 않는다. 오히려 '대자'는 자기 시간성의 작렬(炸裂)을, 마치 끝이 보이지 않는 단조로운 벽을 따라가기라도 하는 것처럼, 드러내 보여진 즉자를 따라 배치한다. 나는 그것이 있는 그대로의 것으로 있는 존재 옆에서 '아직은' 및 '이미'라는 존재방식으로, 내가 그것으로 있어야 하는 이 근원적인 부정이다. 따라서 만일 우리가 불변적으로 그것이 있을 하나의 단독 존재 옆에 불변하는 하나의 세계 속에 나타나는 하나의 의식을 상정한다면, 이 존재는 아무런 종합적 '조작'도 필요로 하지 않을 것이고, 또 그 드러내 보임 자체와 하나를 이룰 뿐인 불변의 과거와 장래를 갖추고, 드러내 보여질 것이다.

종합이라는 '조작'은 '대자'가 동시에 자기 자신의 과거를 보유하고 구성하지 않으면 안 될 때 외에는 필요하지 않을 것이다. 하지만 대자는 자기 자신의 과거로도 '있고' 또 자기 자신의 장래로도 '있다'고 하는 그 사실만으로, 즉자의 드러내 보임은 시간화된 것일 수밖에 없다. '이것'이 시간적으로 드러내 보여지는 것은, '이것'이 내감(內感)의 선험적인 하나의 형식을 통해 굴절하기 때문이 아니라, 자신의 존재 자체가 시간화인 하나의 드러내 보임에 대해, '이것'이 드러내 보이기 때문이다. 그러나 존재의 비시간성은 그 드러내 보임 자체 속에 '표상되어' 있다. '이것'이 자기를 시간화하는 하나의 시간성에 의해, 그리고 그 시간성 속에 파악되는 한에서, '이것'은 근원적으로 시간적인 것으로서 나타나지만, '이것'이 있는 그대로의 것으로 있는 한에서, '이것'은 자신의 시간성으로 '있기'를 거부하고 단순히 시간을 반영할 뿐이다. 그 밖에도 '이것'은 내적인 탈자적 관계—시간성의 원천에 있는 관계—를 하나의 단순한 외면성의 객관적 관계로서 가리킨다. 따라서 무시간적인 동일성과 시간화의 탈자적 통일 사이의 화해로서의 항상성은 비시간적인 불변성을 유지하고 있는 하나의 존재의 표면에, 말하자면 즉자적인 순간들의 단순한 활주(滑走)로서, 이른바 즉자적인 순간들의 단순한 활주로서, 다시 말해 서로 분리되어 있으면서도 단순한 외적 관계에 의해 연관되어 있는 수많은 작은 무(無)의 활주로서 나타날 것이다.

따라서 존재의 무시간성이 우리에게서 달아난다는 것은 진실이 아니다. 그 반대로 존재의 무시간성은 '시간 속에 주어져 있다.' 존재의 무시간성은 보편적 시간의 존재방식에 근거를 부여한다. 그러므로 '대자'가 자신이 있는 그대로의 것으로 '있었던' 한에서 도구 또는 사물은 대자에 대해 '이미' 거기 존재하고 있었던 것으로 나타난다. '대자'는 '있었던' 현전으로만 '이것'에 대해 현전으로 있을 수 있다. 모든 지각은 그 자체로서 아무런 '조작'도 없이 하나의 재인(再認)으로 있다. 그런데 '과거'와 '현재'의 탈자적 통일을 통해 드러내 보여지는 것은 하나의 똑같은 존재이다. 이 존재는 결코 과거에도 현재에도 '똑같은 것'으로서 파악되는 것이 아니며, '그것(lui)'으로 있는 것으로서 파악된다. 시간성은 하나의 시각기관(視覺器官)일 따름이다. 그렇다 해도 '이것'은 그것이 '있는' 그대로의 '그것'으로 '이미 있었던' 것이다. 그러므로 '이것'은 하나의 과거를 가진 것으로서 나타난다. 다만 '이것'은 그 과거로 있기를 거부한다. '이것'은 다만 그 과거를 '가지고 있을' 뿐이다.

따라서 시간성은, 그것이 객관적으로 파악되는 한에서 하나의 단순한 환영(幻影)이다. 왜냐하면 그 경우에 시간성은 대자의 시간성으로서 자기를 제공하는 것도 아니고, 즉자가 있어야 하는 시간성으로서 자기를 제공하는 것도 아니기 때문이다. 동시에 또한 초월이라는 자격으로 즉자적으로 있는 초월적인 과거는, 현재가 그것으로 있어야 하는 것으로서 존재할 수는 없을 것이다. 이런 초월적인 과거는 '독립성(Selbstständigkeit)'이라는 환영 상태 속에 고립된다. 과거의 각각의 순간은 '현재로 있었던 것'이므로, 이 고립은 바로 '과거'의 내부에서 일어난다. 따라서 불변하는 '이것'은 즉자적인 환영들의 수없는 반짝임, 즉자적인 환영들의 무수한 분할을 통해 드러내 보여진다. 그렇게 하여 이 컵이나 이 탁자가 나에게 드러내 보여진다. 그것들은 지속하는 것이 아니다. 그것들은 '존재한다.' 그리고 시간이 그것들 위로 흘러간다. 어쩌면 "당신은 그런 것들의 변화를 '보지' 않지 않느냐?"고 말하는 사람도 있을 것이다. 그러나 그 말은 여기에 생각지도 않았던 과학적인 관점을 끌어들이게 된다. 이 과학적인 관점은 전혀 정당화될 수 없는 것이고, 우리의 지각 자체와도 모순된다.

'이' 파이프, '이' 연필, 이 모든 존재는 그런 '프로필'의 하나하나 속에 있는 그대로 주어지는 것이고, 그런 존재의 항상성은 다수의 프로필과는 완전히 별개의 것이다. 그 존재는 시간성 속에 드러내 보여지기는 하지만, 모든 시간성에 대해 또한 초월적이다. '사물'은 '형태'로서, 다시 말해 우리가 거기서 볼 수 있는 어떤 표면적이고 기생적인 변양에 의해서도 영향을 받지 않는 하나의 전체로서 한꺼번에 존재한다. 각각의 '이것'은 그 '문턱'을 규정하는 하나의 존재법칙, 즉 그것을 넘어서면 '이것'이 있는 것으로 있기를 그만두고, 단순히 이미 있는 것으로 있지 않게 되는 변화 수준을 규정하는 하나의 존재법칙을 가지고 드러내 보일 뿐이다. 그리고 '항상성'을 밝히는 이 존재법칙은 '이것'의 본질이 직접적으로 드러내 보여진 하나의 구조이고, '이것'이 가진 하나의 '한계—잠재성'—세계에서 사라져 버린다는 잠재성—을 규정한다.

하지만 이 점에 대해서는 뒷부분에 가서 다시 다루기로 하자. 그리하여 대자는, 시간성을 존재의 '위에서' 파악하며, 게다가 존재를 변양시킬 어떤 가능성도 가지지 않고 존재의 표면에서 노는 단순한 반영으로서 파악된다. 시간의 이 절대적이고 환영적인 무성(無性, néantité)을 학자는 동질성(homogénéité)이라는 이름 아래 개념적으로 고정할 것이다. 그러나 시간화하는 '대자'의 탈자적 통일을 즉자의 위에서 초월적으로 파악하는 것은, 말하자면 '이 통일로 있음으로써', 이 통일에 근거를 부여하는 어떤 존재도 가지지 않은 시간적 통일의 하나의 공허한 형식을 파악하는 것이다. 그러므로 '과거—현재'라는 차원 위에, 외적 시간성이라는 절대적 분산의 이 기묘한 통일이 나타난다. 거기서는 앞과 뒤가, 하나하나, 그 무차별적인 외면성에 의해 다른 것으로부터 고립된 하나의 '즉자'이면서, 또한 그 모든 순간이 똑같은 존재의 존재 통일 속에서 결합되어 있다. 왜냐하면 이 공통의 존재, 즉 '시간'은, 필연성으로서 또 실체성으로서 생각된 분산 그 자체 이외에 아무것도 아니기 때문이다. 이런 모순되는 본성은 '대자'와 '즉자'의 이중의 근거 위에서만 '나타날' 수 있을 것이다. 그 점에 의해서, 과학적 반성이 외적 관계를 실체화하려는 한에서, 과학적 반성에 있어서는, '즉자'는 시간을 통해 지향되는 하나의 초월로서가 아니라, 순간에서 순간으로 옮겨가는 하나의 내용으로서, 더욱 적절하게 말하면, 서로 외면적이며 서로 한 치도 다르지 않은 비슷한 내용들의 집합으로서 개념적으로 생각될 것이다—다시 말하면 헛되이 사고될 것이다.

　보편적인 시간성에 대한 우리들의 기술은, 이제까지는 존재의 무시간적인 불변성 외에는 존재에서 아무것도 나오지 않을 것이라는 가정 아래 시도되어 왔다. 그러나 존재에서는 분명히 '무언가'가 나온다. 그것을 우리는, 달리 부를 말이 없으므로 폐멸(廢滅, abolition)과 나타남(apparition)이라 부르기로 하자. 그런 나타남과 폐멸은 순전히 형이상학적인 해명의 대상이 되어야지, 존재론적 해명의 대상이 되어서는 안 된다. 왜냐하면 우리는 나타남과 폐멸의 필요성을, '대자'의 존재구조에서도 '즉자'의 존재구조에서도 생각할 수 없을 것이기 때문이다. 그런 나타남과 폐멸의 현존은 하나의 우발적이고 형이상학적인 사실의 현존이다. 우리는 나타남이라는 현상 속에서, 존재에서 무엇이 생겨나는가를 확실히 알지 못한다. 나타남이라는 현상은, 이미 하나의 시간화된 '이것'의 사실이기 때문이다. 그렇다 해도 우리는 온갖 종류의 '이것'의 생성과 소멸이 있음을 경험으로 알고 있다. 또한 지금은 우리도 알고 있는 것처럼, 지각은 '즉자'를 드러내 보이는 것이고, '즉자'의 바깥에는 '아무것도' 드러내 보이지 않는 것이므로, 우리는 즉자를 그런 생성과 소멸의 근거로 여길 수 있다. 그리고 우리가 밝힌 것처럼, 즉자의 존재법칙으로서의 동일성 원리는, 폐멸과 나타남이 없어진 즉자 또는 나타내어진 즉자에 대해 전적으로 외적(外的)이기를 요구한다. 그렇지 않으면 즉자는 존재하는 동시에 존재하지 않는 것이 될 것이다. 폐멸은 하나의 '끝'이라는 의미에서의 존재실격(存在失格)일 수는 없을 것이다. 다만 '대자'만이 그런 실격을 인식할 수 있다. 대자는 스스로 자기의 목적이기 때문이다.

존재는 이른바 준-긍정(準肯定, quasi-affirmation)이며, 거기서는 긍정하는 것과 긍정되는 것이 서로 점착해 있다. 이런 존재는 내적인 유한성(有限性)을 가지지 않고, 그 '자기-긍정'의 고유한 긴장 속에 존재한다. 이 존재가 가진 '거기까지(jusque-là)'는 이 존재에 있어서 전적으로 외적이다. 그러므로 폐멸이 뜻하는 것은 하나의 세계 속에 하나의 즉자에 대해서만 나타날 수 있는 하나의 '뒤'의 필연성이 아니라 하나의 '준-후(準後, quasi-après)'의 필연성이다. 이 '준-후'는 다음과 같이 표현된다. "즉자존재는 그 자체와 그것의 무 사이에 매개가 될 수는 없다." 마찬가지로 나타남은 나타나는 존재의 '모험'이 아니다. 모험이 예상하는 이 '자기에 대한 선행(先行)'을 우리는 '대자' 속에서만 발견할 수 있다. 왜냐하면 내적인 모험은 목적으로서의 대자의 나타남이기 때문이다. 존재는 그것이 있는 바의 것이다. 존재는 '존재하기 시작하는' 일도 없고 소년기도 청년기도 없이 존재한다. 나타난 것은 그 자신의 새로움이 아니다. 나타난 것은, 단숨에 존재로 나타나며, '있지 않다'는 존재방식으로 그것이 '있어야 하는' 하나의 '앞', 그것이 완전한 부재로서 거기 '있어야 하는' 하나의 '앞'과 어떤 관계도 가지지 않는다. 여기서도 또한 우리는 '준-계기(準繼起, quasi-succession)'를 발견한다. 다시 말하면 나타난 것이 그것의 무에 대해 완전히 외적이라는 사실을 우리는 발견한다.

그러나 이 절대적인 외면성이 '거기에 존재하는(il y a)' 형태로 주어지기 위해서는 이미 하나의 세계가 있지 않으면 안 된다. 즉, 하나의 '대자'의 나타남이 있지 않으면 안 되는 것이다. 즉자와 즉자 사이의 절대적인 외면성 때문에 나타남의 '준-전(準前)' 또는 폐멸의 '준-후(準後)'로서의 무(無) 자체는 존재의 충실성 속에 자리를 찾는 것조차 불가능하다. '존재하지 않았던' 하나의 '이것'이 나타날 수 있는 것은, 오직 하나의 세계의 통일 속에서, 세계를 배경으로 했을 때뿐이다. 외면성이라는 이 관계 부재의 관계가 드러내 보여질 수 있는 것도, 오직 하나의 세계의 통일 속에서 세계를 배경으로 했을 때뿐이다. '존재하지 않았던' 하나의 출현물에 대한, 선행성으로서 '존재의 무'는, 자기 자신의 무이고 자기 자신의 선행성인 하나의 '대자'에 의해, 회고적으로밖에 하나의 세계에 찾아올 수 없다. 그러므로 '이것'의 생성과 소멸은 양의적(兩義的)인 현상이다. '대자'에 의해 존재에 찾아오는 것은 이 경우에도 또한 하나의 단순한 무, 즉 '아직 있지 않음'과 '이제는 있지 않음'이다. 여기서 고찰된 존재는 이런 무의 근거가 아니며, 앞이나 뒤로 파악된 전체로서의 세계도 이런 무의 근거가 아니다. 그러나 다른 면에서 생성이 자기 자신의 앞과 자기 자신의 뒤인 하나의 '대자'에 의해서 세계 속에 드러내 보여지는 한에서, 나타남은 먼저 하나의 모험으로서 주어진다. 우리는 우리 자신이 '이것'이 부재였을 때의 하나의 세계에 대해 이미 현전하고 있었던 한에서, 나타난 '이것'을, 그 자체의 부재로서 세계 속에 이미 거기 있었던 것으로 파악한다. 그리하여 사물은 그 자체의 무에서 나타날 수 있다. 여기서는 정신의 개념적 고찰이 문제가 아니라, 지각의 근원적 구조가 문제이다.

게슈탈트(형태주의) 이론의 여러 가지 실험이 분명하게 보여 준 것처럼, 단순한 나타남은 항상 동적인 생성으로 파악되며, 출현물은 무의 배경에서 존재를 향해 '달려간다.' 우리는 그와 동시에 거기서 '인과율'의 근원을 발견한다. 인과성의 이상(理想)은 출현물인 한에서의 출현물의 부정—메이에르송은 그렇게 말하겠지만—은 아니다. 그것은 또 두 개의 현상 사이에 외면성이라는 항상적인 유대를 부여하는 것도 아니다. 최초의 인과성은 출현물이 나타나기 이전에, 그 나타남을 준비하기 위해 그 자체의 무 속에 이미 존재하는 것으로서 출현물을 파악하는 일이다. 인과성은 단순히 출현물의 시간성을 존재의 탈자적 양상으로서 최초로 파악하는 일이다. 그러나 나타남의 탈자적인 구성으로서의 사건의 '모험적'인 성격은 지각 자체 속에서 분해된다. 앞과 뒤는 그 '즉자−무(卽自無)' 속에 응고되고, 출현물은 그 무차별적인 동일성 속에 응고된다. 선행하는 순간에서의 출현물의 비존재는, 바로 이 순간에 현존하는 존재의 무차별적인 충실로서 드러내 보여지고, 인과성의 관계는 출현물에 선행하는 '이것'들과 출현물 자체 사이의 단순한 외적관계로 분해된다. 그러므로 나타남과 소멸이 가진 양의성은, 양자가, 끊임없이 분해되는 전체의 모습 속에서, 세계로서, 공간으로서, 잠재성과 도구성으로서, 보편적인 시간 자체로서 주어지는 데서 유래한다.

그러므로 위와 같은 것이 단순한 외적 관계에 의해 서로 이어져 있는 동질의 순간들로 이루어진 '세계의 과거'이다. 우리가 이미 살펴본 것처럼 '대자'는 자신의 과거에 의해 '즉자' 속에 융합되어 있다. '과거'에 있어서는 '즉자'가 된 '대자'는 '세계의—한복판에—존재하는 것'으로서 드러내 보여진다. 대자는 '존재한다.' 대자는 자신의 초월성을 잃어버리고 있다. 또 이 사실에서 대자의 존재는 시간 '속에' 과거화된다. '대자'의 '과거'와 대자에 대해 공통현전적이었던 세계의 과거 사이에는, '대자'가 자기 자신의 과거로 있어야 한다는 점을 제외하면 아무런 차이도 없다. 그러므로 '하나의' 과거밖에 존재하지 않는다. 그것은 존재의 과거이다. 또는 그 '속에' 내가 있었던 '객관적인 과거'이다. 나의 과거는 세계 속의 과거이고, 과거적 존재 전체에 대한 나의 종속이지만, 나는 그런 종속으로 있으면서, 그 종속에서 벗어난다. 다시 말하면 내가 그것으로 있어야 하는 탈자적인 시간성과, 단순히 주어진 무로서의 '세계의 시간' 사이에는, 시간적인 3차원 가운데 하나의 차원에 관해 일치가 존재한다는 것이다. 내가 보편적인 시간성에 속하는 것은 '과거'에 의해서이다. 내가 보편적인 시간성에서 벗어나는 것은 현재와 미래에 의해서이다.

(B) 현재

대자의 현재는 존재에 대한 현전이고, 그런 것으로서의 한에서, 대자의 현재는 존재하지 않는다. 그러나 대자의 현재는 존재'에 대한' 드러내 보임이다. '현전'에 대해 나타나는 존재는 '현재'에 있어서 존재하는 것으로 주어진다. 이런 이유에서 '현재'는 이율배반적으로, 그것이 살아갈 수 있을 때는 '있지 않은 것'으로서 주어지고, 존재가 현재 그것이 있는 그대로의 것으로 드러내 보여지는 한에서는 존재의 유일한 척도로 '있는 것'으로서 주어진다. 존재는 '현재'에서 넘쳐나는 일이 없다는 말이 아니다. 오히려 이런 존재 과잉은 '과거'라고 하는 파악수단을 통해서, 다시 말해 이미 사라진 것으로만 파악될 수 있다는 얘기이다. 그러므로 내 탁자 위의 이 책은 현재에 있어서 '존재한다.' 그리고 그것은 과거에 있어서(그 자신과 똑같은 것으로서) 존재했다. 그러므로 현재는 근원적 시간성을 통해서 보편적 존재로서 드러내 보여지는데, 그와 동시에 현재는 아무것도 아니다—존재 이상의 어떤 것도 아니다—현재는 존재를 따라 일어나는 단순한 활주이며, 단순한 무(無)이다.

위와 같은 고찰에 의하면, 존재를 제외하면, 어떤 것도 존재에서 현재로 찾아오지 않는 것처럼 생각될지도 모른다. 그러나 그렇게 생각한다면, 존재는 대자에 대해서 때로는 부동(不動)의 것으로, 때로는 운동하고 있는 것으로 드러내 보여진다는 것을 간과하게 되어, 운동과 정지, 이 두 가지 관념은 변증법적 관계에 있다는 것을 잊게 될 것이다. 그런데 운동은 '대자'의 본성에서도, '즉자'에 대한 대자의 기본적 관계에서도, 또 우리가 '존재'의 현상 속에 근원적으로 발견할 수 있는 것에서도, 존재론적으로는 도출될 수 없을 것이다. 운동이 없는 하나의 세계는 생각해 볼 수 있을 것이다. 확실히 변화가 없는 하나의 세계의 가능성은 전적으로 형식적인 가능성의 경우 말고는 생각할 수 없다. 그러나 변화는 운동이 아니다. 변화는 '이것'의 성질의 변질이다. 우리가 이미 살펴본 것처럼, 이 변화는 하나의 형태의 나타남 또는 분해에 의해서 일괄적으로 이루어진다. 그 반대로 운동은 실질(實質, quiddité)의 항상성을 전제로 한다. 만일 하나의 '이것'이 어떤 장소에서 다른 장소로 운반되며, 그와 동시에 이 이동 도중에 그 존재에 관하여 근본적인 변질을 입게 된다면, 그런 변질은 운동을 부정하는 것이 될 것이다. 왜냐하면 거기에는 운동하고 있는 '무언가'가 이미 존재하지 않게 되기 때문이다.

운동은 하나의 '이것'이 다른 점에서는 변하지 않으면서, 오직 '이것'의 장소만 변화하는 것이다. 그것은 공간의 동질성의 요청에 의해서도 충분히 알 수 있다. 운동은 현전하고 있는 존재자들의 어떤 본질적 특징에서도 이끌어 낼 수 없는 것이고, 엘레아학파의 존재론에 의해 부인된[17] 것이며, 데카르트적 존재론에서는 널리 알려진 것처럼, 저 유명한 '손가락 튕기기'[18]에 의지처를 구하지 않으면 안 되었던 것이지만, 바로 그 때문에, 하나의 사실로서의 가치를 가지고 있다. 운동은 존재의 전적인 우연성에 관여하고 있는 것으로, 하나의 주어진 것으로서 받아들여져서 마땅하다. 곧 뒤에 가서 알게 되겠지만, 분명히,

---

[17] 엘레아학파의 시조 파르메니데스는 '있는 것은 있고, 있지 않은 것은 있지 않다'는 명제에서 출발하여, 진실로 있는 것은 불가분이고, 일체(一體)요, 불생불멸이며, 운동도 변화도 하지 않는 전체라고 생각했다. 그의 후계자 제논은 '아킬레우스와 거북', '날아가는 화살은 움직이지 않는다' 등의 변증법으로 운동의 불가능을 논증했다.

[18] 이 말은 데카르트에 대한 파스칼의 비평에 의해 알려져 있다. 《팡세》 77에서 그는 이렇게 말했다. "나는 데카르트를 용서할 수 없다. 그는 자신의 모든 철학 속에서 가능하면 신을 배제하고자 했다. 그러나 그는 세상을 움직이게 하기 위해 신에게 최초의 '손가락 튕기기(une chiquenaude)'를 시키지 않을 수 없었다. 그것이 끝나면 그는 더 이상 신을 필요로 하지 않는다."

운동이 '거기 존재하기' 위해서는 하나의 '대자'가 있어야만 한다. 그 때문에 순수한 운동 안에 존재에서 유래하는 것을 정확하게 할당하는 것은 특히 어려운 일이다. 그러나 어쨌든 '대자'는 이 경우에도 다른 경우와 마찬가지로, 존재에 대해 '아무것도 덧붙이지 않는 것'은 말할 것도 없는 일이다. 이 경우에도 다른 경우와 마찬가지로, 대자는 그야말로 '아무것도 아닌 것'이며, 이 아무것도 아닌 것을 근거로 해서 운동이 떠오른다. 그런데 운동의 본성 자체에 의해 운동의 '연역'을 시도하는 것은 우리에게 금지되어 있기는 하지만, 적어도 운동에 대해 '기술(記述)'하는 일은 가능하며 또 필요한 일이기도 하다. 그렇다면 운동의 '의미'로서 생각해야 하는 것은 무엇일까?

운동은 존재의 단순한 '수상(受相, affection)'으로 여겨지고 있다. 왜냐하면 동체(動體)는 운동의 '뒤'에도 전에 있었던 그대로 다시 발견되기 때문이다. 사람들은 흔히 '이동은 이동되는 것의 형태를 바꾸지 않는다'는 것을 원리로 내세웠다. 운동은 존재에 대해 나중에 덧붙여지는 것이지 존재의 형태를 바꾸지는 않는다는 것이 그토록 분명한 일로 보였던 것이다. 확실히, 우리가 살펴본 것처럼, '이것'의 실질은 변하지 않은 채 머문다. 피츠제럴드(Fitzgerald)의 '단축설(短縮說)'*19과 아인슈타인의 '질량변화설' 같은 학설이 부딪힌 저항만큼, 이런 사고방식을 전형적으로 보여 주는 것은 없다. 이런 이론들이 특별히 동체의 존재를 이루고 있는 것을 침범하는 것처럼 보였기 때문이다. 그러나 거기서 분명하게 운동의 상대성 원리가 나온다. 만일 운동이 존재의 하나의 외적인 특징이고, 어떤 내부구조적인 변양도 운동을 규정하지 않는다면, 이 운동의 상대성 원리는 매우 훌륭한 이론이 될 것이다. 그 경우에는 운동은 존재와 그 주위에 있는 것들 사이의 하나의 외적인 관계가 되기 때문에 그 존재는 움직이고 있는데 그 주위는 정지해 있다는 것도, 또는 반대로 주위는 움직이고 있는데 고찰된 존재는 정지하고 있다고 하는 말이 같은 값어치의 말이 되고 만다. 이 관점에서 보면 운동은 하나의 존재로 나타나는 것도 아니고, 하나의 존재방식으로 나타나는 것도 아니며, 완전히 비실체화된 관계로 나타난다.

그러나 동체가 출발점과 도착점에서, 다시 말해 운동의 테두리를 이루는 두 정지 상태에서, 그 자체와 똑같다고 하는 사실은, 이 동체가 '동체'였을 때 그

---

*19 '운동하는 물체는 그 운동 방향으로 길이를 단축한다'는 가설.

것이 어떤 것이었는가에 대해 어떤 억측도 허용하지 않는다. 이런 억측은 마치 고압 냄비 속에서 끓고 있는 물이 처음에 차가웠을 때와 나중에 식어서 다시 차가워졌을 때도 같은 성질을 보여 주고 있다고 해서, 그것이 끓고 있는 동안 아무런 변화도 겪지 않는다고 말하는 것과 같다. 동체가 운동하고 있는 동안, 그 동체에 차례차례로 각기 다른 위치를 지정해 줄 수 있다는 사실, 그리고 그 각각의 위치에서 동체가 그 자체와 같은 것처럼 보인다는 사실도, 또한 우리를 방해하지 못한다. 왜냐하면 이런 위치들은 거쳐 지나간 공간을 규정하는 것이고, 운동 자체를 규정하는 것이 아니기 때문이다. 반대로 동체를 마치 하나의 정지해 있는 존재로 다루며, 이 존재를 하나의 선에 다라 이동시키면서도, 정지상태에서 구해 내려고 하지 않는, 그런 수학적인 경향이 바로 엘레아학파의 아포리아(논리적 궁지)의 근원에 놓여 있는 것이다.

그러므로 존재가 정지해 있든 운동하고 있든, 그 존재에 있어서는 어디까지나 불변이라는 단정은, 우리에게는 하나의 단순한 요청으로밖에 생각되지 않으며, 이것은 우리에게는 비판 없이 받아들일 수 없는 것이다. 이 요청을 그 비판 앞에 내세우기 위해 엘레아학파의 논의, 특히 '화살의 논의'로 돌아가 보자. 그들이 말한 바에 의하면, 화살이 위치 AB를 통과할 때, 그 화살은 정지해 있는 하나의 화살이 그곳에 존재하는 것과 완전히 같은 방법으로, 거기에 '존재하며', 화살촉은 A점에 있고, 그 오늬는 B점에 있다. 만일 우리가 운동은 존재에 겹친다는 것, 따라서 존재가 운동하고 있는지, 멈추어 있는지를 밝혀내려고 오는 것이 아무것도 없다는 것을 인정한다면, 그것은 분명한 것처럼 생각된다. 요컨대 만일 운동이 존재의 하나의 우유성(偶有性=附帶性)이라면 운동과 정지는 식별할 수 없게 된다.

엘레아학파의 아포리아 가운데 가장 유명한 '아킬레우스와 거북'의 아포리아를 반박하기 위해 사람들이 어김없이 이끌어 내는 논법은 여기서는 효력이 없다. 사실 엘레아학파는 공간의 무한 분할을 계산에 넣으면서 시간의 무한 분할은 그만큼 고려하지 않았다고 이의를 제기해 보아도 무슨 소용이 있을 것인가? 여기서는 '위치'나 순간이 문제가 아니라 '존재'가 문제이다. 우리는 엘레아학파 사람들에게 '당신들은 운동을 고찰한 것이 아니라, 운동을 지탱하는 공간을 고찰한 것'이라고 대답한다면, 우리는 올바른 사고방식에 접근한 것이다. 그러나 그렇게 말하는 것만으로는, 우리는 문제를 해결하는 것이 아니라 문제를 제시하는 데 그치는 것이다. 사실 동체의 존재는, 그 실질이 불변인 채 머물러 있으면서도 그 존재에 있어서 하나의 정지해 있는 존재와 구별되기 위해서는, 어떤 것으로 있어야 하는 것일까?

만일 우리가 제논의 논의에 대한 우리의 반감을 공개하고자 할 때, 우리는 이 반감의 근원에 운동에 대한 어떤 종류의 자연적인 사고방식이 깔려 있음을 확인한다. 즉 우리는 화살이 AB를 '통과하는' 것을 인정하지만, 우리에게는, '어떤 곳을 통과하는 것'은 '그곳에 머무는 것', 즉 '그곳에 존재하는 것'과 등가일 수 없는 것처럼 보인다. 다만 우리는 일반적으로 하나의 중대한 혼동을 일으키고 있다. 왜냐하면 우리는 동체가 AB를 '통과할' 뿐이라고(다시 말해 동체가 결코 그곳에 '존재하지' 않는다고) 생각하면서, 동시에 다른 한편으로는, 우리는 여전히 그 자체에 있어서 이 동체는 '존재한다'고 상정하고 있기 때문이다. 그렇다면 자체에 있어서는 존재하는 동시에, AB에 있어서는 존재하지 않는다는 얘기가 될 것이다. 여기에 '화살은 어떻게 AB에 있어서 존재하지 않을 수 있는가? 그것은 AB에 있어서 화살은(자체적으로) 존재하기 때문이다'라는 엘레아학파의 아포리아의 근원이 있다. 달리 표현하면, 엘레아학파의 아포리아를 피하기 위해서는 '운동하고 있는 존재는 그 즉자존재(그 자체에 있어서의 존재)를 보존하고 있다'고 하는 일반적으로 인정받고 있는 가정을 포기할 필요가 있다.

다만 AB를 통과한다는 것은 '통과의 존재(être-de-passage)'이다. 그렇다면 통과한다는 것은 어떤 것일까? 그것은 어떤 곳에 존재하는 동시에 그곳에 존재하지 않는 것이다. 어떤 순간에도 사람들은 통과의 존재가 이곳에 '존재한다'고 말할 수 없다. 만일 그렇게 말한다면, 통과의 존재를 갑자기 정지시키게 된다. 그렇다고 또, 우리는, '통과의 존재는 존재하지 않는다'고 말할 수도 없고, '통과의 존재는 "그곳에는 존재하지 않지만 다른 곳에는 존재한다'고 말할 수도 없을 것이다. 통과의 존재와 장소의 관계는 '점유'의 관계가 아니다. 그러나 우리가 앞에서 살펴본 것처럼, 정지해 있는 어떤 '이것'의 '장소'는 결국 '이것'의 외적 관계이다. 다만 그것은 배경 자체가 다수의 형태로 분해될 때, 이 관계가 다른 '이것'들과의 다수의 외적 관계로 해체될 수 있는 경우이다.*20 그

---

*20 원주: 제3장 제2절.

러므로 공간의 근거는 '대자'에 의해서 존재에 찾아오는 상호적인 외면성이고, 이런 외면성의 기원은, '존재는 그것이 있는 그대로의 것으로 있다'는 것이다.

요컨대 다른 존재들에 대해 무차별의 것으로서 하나의 '대자'에 대해 드러내 보여짐으로써 자기의 장소를 한정하는 것은 존재이다. 그리고 이런 무차별은, 그것이 이미 다른 '이것'들에 대한 현전으로 있는 하나의 '대자'에 의해 파악되는 한에서, 존재의 동일성 자체일 뿐이며, 탈자적 현실이 존재에게는 부재라는 것 이외에 아무것도 아니다. 그러므로 '이것'은 그것이 있는 그대로의 것으로 있다는 사실만으로, 하나의 위치를 '차지하면서' 어떤 곳에 존재한다. 다시 말하면 이것은 '다른 이것들과 아무런 관계도 없는' 것으로서 '대자'에 의해 다른 이것들과의 관계에 놓인다. 공간은 자기 자신의 관계로 있는 존재(대자)에 의해 관계로서 파악된 '관계의 무'이다. 어떤 곳을 '통과하지만' 거기에 존재하지는 않는다는 사실은, 그러므로 존재관계에 의해서만 설명될 수 있다. 즉, 장소는 존재에 의해 근거가 부여되지만, 존재는 자기의 장소에 근거를 부여하기에 충분하지 않다는 것이다. 존재는 다만 그것의 장소를 그릴 뿐이다. 존재와 다른 '이것'들의 외적인 관계들은 '대자'에 의해서는 세워질 수 없다. 왜냐하면 대자는 '존재하는' 하나의 '이것'에서 출발하여 그런 관계들을 세우지 않으면 안 되기 때문이다. 그러나 그렇다 해도 그런 관계는 소멸해 버릴 수는 없을 것이다. 그것은 이런 관계들을 세우는 경우의 출발점이 되는 존재는 단순한 무일 수는 없기 때문이다. 다만 이런 관계들이 세워질 때의 바로 그 '지금'에 있어서, 존재는 이미 그런 관계들에 대해 외적(外的)이다. 다시 말하면 이런 관계들의 드러내 보임인 동시에, 그 '이것'을 근거로 하는 새로운 외적 관계들, 최초의 관계에 대해 하나의 외적인 관계에 있어서 어떤 새로운 외적 관계가 '이미' 드러내 보여진다.

그러나 존재의 장소를 한정하는 공간적 관계의 이 연속된 외면성은, 그 '이것'이 자기에 대해 외적이라고 하는 사실 속에서만 그 근거를 발견할 수 있다. 그리고 사실 '이것'이 어떤 장소를 통과한다고 말하는 것은, 그것이 아직 그곳에 있을 때 그것은 이미 그곳에 있지 않다는 것을 의미하며, 다시 말하면 '이것'은 자기 자신에 대해 존재의 탈자적 관계 속에 있는 것이 아니라, 단순한 외적 관계 속에 있다는 것을 뜻한다. 그러므로 '이것'이 다른 '이것'들에 대해 외적인 것으로서 드러내 보여지는 한에서, '장소가 존재한다. 또 존재가 이 외면성 속에 갇히는 것이 아니라, 반대로 이 외면성에 대해 이미 외적으로 있는 한에서 이 장소를 지나가는 '통과'가 있다. 그러므로 운동은 자기에 대해 외적인 하나의 존재의 존재이다. 운동에 대해 제기되는 유일한 형이상학적인 문제는, 자기에 대한 외면성의 문제이다. 이것을 우리는 어떻게 해석해야 할 것인가?

운동의 경우에는 존재가 A에서 B로 통과할 때, 존재는 '어떤 것으로도' 변화하지 않는다. 다시 말해, 존재의 '성질'은 그것이 '대자'에 대해 '이것'으로서 드러내 보여지는 존재를 나타내고 있는 한에서, 다른 하나의 다른 성질로 변하지 않는다는 것을 뜻한다. 운동은 결코 생성과 동일시될 수는 없다. 운동은 성질을 그 '본질'에 있어서 변질시키지는 않으며, 그렇다고 성질을 '현실화'시키지도 않는다. 성질은 바로 그것이 있는 그대로의 것으로 머물러 있다. 변화한 것은 그 존재방식이다. 당구대 위에 구르는 이 빨간 당구공은 '빨강으로 있는' 것을 그만두지 않는다. 그러나 이 공은 그것이 '있는' 그대로의 그 빨강으로 있다 해도, 이 공이 정지해 있었을 때와 같은 존재방식으로 있는 것은 아니다. 이 빨강은 폐멸과 항상성 사이의 허공에 떠 있다. 사실 이미 B점에서는, 이 빨강이, A점에서 그것으로 있었던 것에 대해 외적으로 있는데, 그런 한에서 거기에는 이 빨강의 소멸이 있다. 그러나 이 빨강은 B점 저편의 C점에서 다시 발견되는 한에서는, 그 소멸 자체에 대해 외적이다. 그러므로 이 빨강은 폐멸에 의해 존재에서 탈출하는 동시에, 존재에 의해 폐멸에서 탈출한다. 따라서 이 빨강은 세계 속에서, '이것'이라는 하나의 범주에 부딪힌다.

이 범주의 특성은 '결코 존재하는 것은 아니지만, 그렇다고 "이것"들은 무(無)가 아니라는' 것이다. 그런 '이것'들에 대해서 '대자'가 근원적으로 파악할 수 있는 유일한 관계는 '자기에 대한 외면성'이라는 관계이다. 생각건대 이 외면성은 '아무것도 아닌 것(없는 것)'이므로, 본디 이런 '자기에 대한 외면성'이 존재하기 위해서는, 자기 자신에 대해 자기 자신의 관계로 있는 하나의 존재가 있지 않으면 안 된다. 요컨대 하나의 '대자'에 대해 '자기에 대한 외면성'으로서 드러내 보여지는 것을, 전적인 즉자관계에 의해 정의하는 것은 우리에게는 불가능한 일이다. 이런 외면성은 어떤 하나의 존재, 즉 '그것이, 그 자신 이미 "저편에 있어서" "그것이 여기서 그것으로 있는 것"인 하나의 존재'에 있어서만, 다시 말해 하나의 의식에 있어서만 발견될 수 있다. 이런 외면성은 존재의 단순한 질병으로서, 다시 말해 자체로 있는 동시에 그 자체의 무로 있다고 하는, 어떤 종류의 '이것'에 있어서는 애초에 있을 수 없는 불가능성으로서 나타나는데, 이런 외면성을 보여 주기 위해서는, '세계 속에서의' 하나의 '없는 것', 즉 하나의 실체화된 '없는 것(rien)'으로서 존재하는 무언가에 의하지 않으면 안 된다.

'자기에 대한 외면성'은, 결코 탈자적이지 않으므로, 사실, 동체의 그 자체에 대한 관계는 단순한 무차별의 관계이며, 하나의 증인에 의해서만 발견될 수 있다. 그것은 자기를 만들 수 없는 폐멸이고, 자기를 만들 수 없는 나타남이다. '자기에 대한 외면성'을 측정하고 그것을 나타내는, 이 '없는 것'은, 똑같은 존재의 통일 속에서 외면성을 구성하는 '탄도(彈道)'이다. 탄도는 그어지는 선이고, 공간 속에서의 종합적 통일의 돌연한 나타남이며, 금방 무한한 다수의 외면성으로 해체되는 거짓 외관(外觀)이다. '이것'이 정지해 있을 때, 공간은 '존재한다.' '이것'이 운동하고 있을 때, 공간은 '발생하거나' '생성된다.' 탄도는 결코 '존재하지 않는다.' 그것은 탄도가 '없는 것'이기 때문이다. 탄도는 즉시 수없는 장소 상호 간의 단순한 외면적 관계 속에, 즉 무차별 또는 공간성이라는 단순한 외면성 속에 소멸된다. 그리고 운동도 '존재하는 것이 아니다.' 운동은 폐멸하기에 이를 수도 없지만, 그렇다고 완전히 존재하기에 이를 수도 없는, 하나의 존재의 '극소-존재'이다. 운동은 바로 즉자의 핵심 속에서의 무차별적인 외면성의 나타남이다. 이 단순한 존재의 명멸(明滅)은 존재의 우연적인 모험이다. '대자'는 시간적 탈자를 통해서만, 그리고 자기와 동체의 탈자적이며 항상적인 일종의 동일화에 있어서만 운동을 파악할 수 있다.

이 동일화는 어떤 조작도, 특히 어떤 '재인적(再認的)인 종합'도 예상하지 않는다. 오히려 이 동일화는 '대자'에 있어서 '과거'와 '현재'의 탈자적인 존재 통일 이외에 아무것도 아니다. 그러므로 자기와 동체의 '시간적'인 동일화는 끊임없이 그 자신의 외면성을 정립함으로써 탄도를 드러내 보이게 한다. 다시 말해, 소멸해 가는 생성이라는 형태로 공간을 나타낸다. 운동에 의해 시간 속에 공간이 발생한다. 운동은 말하자면 '자기에 대한 외면성'이 지나가는 코스로서 선을 긋는다. 이 선은 운동과 동시에 소멸하고, 공간의 시간적 통일이라는 이 환영은, 끊임없이 무시간적인 공간 속에, 즉 생성하는 일 없이 '존재하는' 분산의 단순한 다수성 속에 녹아든다.

'대자'는 현재에 있어서는 존재에 대한 현전이다. 그러나 항상적인 것의 영원한 동일성은 이 현전을 하나의 반사로서, 모든 사물 위에 파악하는 것을 허용하지 않는다. 그것은 존재하는 것과 항상성 속에 존재하고 있었던 것을 차별하러 찾아오는 것은 아무것도 없기 때문이다. 그러므로 만일 운동이 없다면 보편적 시간의 '현재적'인 차원은 파악될 수 없을 것이다. 보편적 시간을 단순한 현재로서 규정하는 것은 운동이다. 먼저 보편적 시간은 '현재적'인 명멸로서 드러내 보여지므로, 이미 과거에 있어서는 그것은, 하나의 소멸해 가는 선, 무너져 가는 항적(航跡)에 지나지 않는다. 또한 그것은, 미래에 있어서는 그 자신의 시도로 있을 수 없으므로 전혀 존재하지 않는다. 보편적 시간은, 말하자면 벽 위를 기어가는 도마뱀의 끊임없는 전진과 같은 것이다. 그뿐만 아니라, 보편적 시간의 존재는 순간의 파악할 수 없는 양의성을 지니고 있다. 왜냐하면 우리는 그것이 존재한다고도 존재하지 않는다고도 말할 수 없기 때문이다. 또 보편적 시간은, 그것이 나타나자마자 벌써 초월되어, 자기에 대해 외적으로 있다. 그러므로 보편적 시간은 '대자'의 '현재'와 완전히 부합한다. 다시 말해 존재할 수도 존재하지 않을 수도 없는 존재의 '자기에 대한 외면성'은, 대자로 하여금, '그것이 있지 않은 것으로 있고, 있는 것으로 있지 않아야 하는 하나의 존재'의 그림자—즉자의 면에 투영된 그림자—를 지향하게 한다. 이 양자의 차이는, 다만 한쪽은 '자기에 대한 외면성'—거기서는, 존재는 그 자신의 외면성으로 있기 위해 존재하는 것이 아니며, 오히려 그 반대로, 탈자적인 하나의 증인이 행하는 동일화에 의해 비로소 '존재로 있다'—이고, 다른 한쪽은 '시간화하는 순수한 탈자'—거기서는, 존재는 그것이 있지 않은 것으로 있어야 한다—라는 것뿐이다. '대자'는 움직이는 것에 의해 자신의 '현재'를 자신에게 알려 준다.

대자는 현재의 운동과 동시적으로 자기 자신의 현재이다. '대자'가 동체의 현재에 의해 자기 자신의 현재를 자신에게 알려 주는 한에서, 보편적 시간을 '실현'하는 역할을 맡고 있는 것은 운동이다. 그것이 실현되면 모든 순간의 상호적인 외면성에 가치가 생길 것이다. 그것은 동체의 현재가—운동의 본성 자체 때문에—자기 자신의 과거에 대한 외면성으로서, 그리고 이 외면성에 대한 외면성으로서 정의되기 때문이다. 시간의 무한분할은 이 절대적인 외면성 속에 근거를 두고 있다.

(C) 미래

나는 현실적인 즉자 저편에 있는 하나의 즉자에 대해, 현실의 저편에 있어서 현전해야 하지만, 근원적인 미래는, 내가 그것으로 있어야 하는 이런 현전의 가능성이다. 나의 미래는 미래적 공통현전(共通現前)으로서 하나의 미래적 세계의 소묘를 불러일으킨다. 그리고 이미 우리가 살펴본 것처럼, 내가 그것으로 있을 '대자'에 대해 드러내 보여지는 것은, 이 미래적인 세계이지 대자의 가능성 자체는 아니다. 대자의 가능성은 반성적 시선을 통해서만 인식될 수 있다. 나의 모든 가능은 내가 현재 그것으로 있는 것이라는 의미인 동시에, 나에 의해 현재 현전되고 있는 즉자의 하나의 '저편'으로서 나타나는 것이므로, 나의 미래에 대해 드러내 보여지는 즉자의 미래는, 나에 의해 현전되고 있는 현실과 직접적이고 밀접한 연관을 가지고 있다. 즉자의 미래는 변양을 입은 현재적인 즉자이다. 왜냐하면 나의 미래는, 그때까지 내가 변양시킬 하나의 즉자에 대한 나의 현전 가능성, 바로 그것이기 때문이다. 이리하여 세계의 미래는 나의 미래에 대해 드러내 보여진다. 세계의 미래는 사물의 단순한 항상성과 순수한 본질에서 온갖 잠세에 이르기까지의, 모든 잠재성의 계단으로 이루어져 있다. 내가 사물의 본질을 고정하자마자, 또 내가 사물을 탁자나 잉크병으로 파악하자마자, 이미 나는 저편에, 미래에 있다. 그것은, 먼저 사물의 본질은 '이미 이 부정일 수밖에 없다'고 하는 나의 그 뒤의 가능성에 대한, 하나의 공통현전일 수밖에 없기 때문이다.

다음에, 탁자나 잉크병이 가진 항상성과 도구성 자체가 우리를 미래로 향하게 하기 때문이다. 우리는 그런 점을 앞에서 충분히 전개했으므로, 여기서 다시 그것을 강조할 필요는 없다. 다만 여기서 지적하고 싶은 것은, 모든 사물은 그것이 '도구-사물'로서 나타난 이래, 그 약간의 구조와 특질을 한꺼번에 미래 속에 던져 넣는다는 것이다. 세계와 '이것'들이 나타난 이래, '거기에'는 하나의 보편적인 미래가 '존재한다.' 다만 앞에서도 말했듯이, 세계의 미래적 '상태'는 모두, 세계에 있어서는 외부자로서, 무차별적인 완전한 상호외면성으로 머무르고 있다. 세계의 미래는 여러 가지가 있으며, 그것은 '운(運, chance)'에 의해서 정의되어 자율적인 개연(蓋然)이 된다. 그러나 이 개연은 자기를 개연화하는 것이 아니라 개연으로서의 한에서 완성된 수많은 '지금'으로서 '존재한다.' 그런데 그 내용은 충분히 규정되어 있기는 하지만, 아직 실현된 것은 아니다. 그런 미래는 '이것'의 하나하나에도 '이것'의 집합에도 속해 있지만, 그런 미래는 '밖에' 있다.

그렇다면 보편적 '장래(avenir)'란 어떤 것일까? 이 장래는 미래라고 하는 등 가물(等價物)의 이런 계층의 추상적인 테두리로서 상호외면성의 용기(容器)일 뿐만 아니라, 그 자신이 외면성인 용기로서 즉자의 총화(總和)이며, 또한 그 자신이 즉자적인 총화로 여겨지지 않으면 안 된다. 다시 말하면 수많은 개연 가운데 어느 개연이 우위에 서든, 하나의 장래가 거기에 존재하고 있고, 또 거기에 존재할 것이다. 그러나 이 사실에서 서로 무차별적인 수많은 '지금'이 실체화된 전후관계에 의해 결합되어(이 전후관계가 그 탈자적 성격을 잃고, 이미 외적인 부정의 의미밖에 가지지 않는 한에서) 만들어진 이런 무차별적인, 그리고 현재에 대해 외적인 이 장래는, 분산의 통일에 의해서 서로 결합된 일련의 공허한 용기(容器)들이다. 이런 뜻에서 때로는 장래가 긴급성으로서, 또 위협으로서 나타나는 일도 있다. 다만 그것은 내가 나 자신의 모든 가능성을 공통현전적인 것의 저편에 기투(企投)함으로써, 어떤 '이것'의 미래를 그 현재에 긴밀하게 연관시키는 한에서이다. 때로는 이 위협은 단순한 외면성으로 분해되기도 한다. 그 경우에는 나는 장래를 이미 하나의 단순한 형식적 용기의 양상으로밖에 파악하지 않는다. 그런 용기는 그것을 채우고 있는 것에는 무관심하며, 단순한 외면성의 법칙으로서의 한에서 공간과 동질이다. 그리고 또 어떤 때는 장래가 존재의 저편에서의 완전한 분산인 한에서, 장래는 하나의 즉자적인 무로서 드러난다.

그러므로 무시간적인 '이것'이 그 비시간성 자체와 함께, 우리에게 주어지는 것은 시간적인 3차원을 통해서이기는 하지만, 이 시간적인 3차원은 그것이 대상 위에 나타날 때는 즉자존재, 객관성, 무차별적 외면성, 절대적 분산 같은 새로운 성질들을 띠게 된다. '시간'은 자기를 시간화하는 탈자적 시간성에 대해 자기를 드러내는 한에서, 어디에서든 '자기에 대한 초월'이고, '앞'에서 '뒤'로의, 또 '뒤'에서 '앞'으로의 지향이다. 그러나 이 '자기에 대한 초월'도 시간이 즉자 위에서 파악되는 한에서, 시간은 이런 초월로 '있어야 하는' 것이 아니라, 오히려 이런 초월이 시간 속에 존재되는 것이다. '시간'이 가진 점착력은 '대자'의 자기 자신을 향한 탈자적 시도, 즉 인간존재의 동적인 점착력의 객관적 반영이고, 하나의 단순한 환영(幻影)이다. 하지만 시간이 가진 이 점착력은, 만일 우리가 '시간'을 그 자체만으로서 생각한다면, '어떤 존재 이유도' 가지지 않는다. 이 점착력은 단번에 모든 순간의 절대적인 다수성으로 해체된다. 그리고 그런 순간들은 따로따로 고찰되면 모든 시간적 본성을 상실하여, 완전히 오직 '이것'의 전면적인 비시간성으로 환원되고 만다.

그리하여 '시간'은 단순한 즉자적인 무이며, 이 무는 '대자'가 그것을 이용하기 위해 그것을 뛰어넘는 경우의 행위 자체에 의해서만 하나의 '존재'를 가질 수 있는 것같이 보인다. 더욱이 이 존재는 시간의 무차별화된 배경 위에 떠오르는 하나의 특수한 형태의 존재로서, 그것을 우리는 '기간(期間, laps de temps)'이라고 부를 것이다. 사실 객관적인 시간에 대한 우리의 최초의 파악은 '실천적'이다. 다시 말하면 내가 나의 가능으로부터 나를 떼어 놓고 있는 무의, 세계 안에서의 상관자로서 객관적인 시간을 발견하는 것은, 공통현존적인 존재의 저편에서 나의 여러 가능성으로 '있음으로써'이다. 이 관점에서 보면 시간은 무한한 분산의 핵심에서 유한한 조직된 형태로서 나타난다. '기간'은 절대적 감압(減壓)의 핵심에서 압축을 실현하는 것은 우리의 모든 가능을 향한 우리 자신의 시도이다. 이 압축된 시간은 확실히 분산과 분리의 하나의 형태이다. 왜냐하면 그것은 세상 속에서 나를 나 자신으로부터 떼어 놓는 거리를 나타내기 때문이다. 그러나 그 반면에 나는 '⋯⋯를 위해, 내가 그것으로 있어야 하는 것'이라는 일련의 조직된 종속적인 가능을 거치지 않는 한, 결코 하나의 가능을 향해 나를 기투하지 않으며, 또 그런 종속적인 가능의 비조정적이고 비정립적인 드러내 보임은, 내가 나를 기투할 때의 목표가 되는 훨씬 중대한 가능의 비정립적인 드러내 보임 속에 주어지는 것이므로, 시간은 나에게 객관적인 시간적 형태로서, 또 여러 가지 개연(蓋然)이 조직된 계단으로서 드러내 보여진다. 이 객관적인 형태, 즉 '기간(期間)'은 나의 행위의 이른바 '탄도(彈道)'와 같은 것이다.

그러므로 시간은 수많은 '탄도'를 통해 나타난다. 그러나 공간적인 탄도가 감압되고 해체되어 단순히 정적(靜的)인 공간성이 되는 것과 마찬가지로, 시간적인 탄도도 그것이 객관적으로 우리 자신에 대한 우리의 기대를 암시하는 것으로서 솔직하게 체험되지 않게 되면, 그 즉시 해체되고 만다. 사실 나에 대해 나타나는 갖가지 개연은 저절로 '그 자체에 있어서의 개연'으로서 고립하여, 객관적 시간의 격리된 일부분을 차지하려는 경향을 가지고 있다. 그렇게 되면 기

간은 소멸하고, 시간은 완전히 비시간적인 하나의 존재의 표면에서 일어나는
무의 반짝임으로서 드러내 보여진다.

5. 인식

이것으로 우리는 세계가 '대자'에 대해 어떻게 드러내 보여지는지 대체적으
로 살펴보았으므로, 이쯤에서 결론을 내려도 무방할 것이다. 우리는 '대자'의
존재가 존재의 인식이라는 점에서 관념론에 동의하지만, 다만 그때 이 인식이
라는 하나의 존재가 있다는 것을 덧붙일 것이다. '대자'의 존재와 인식의 동일
성은 인식이 존재의 척도라는 데서 나오는 것이 아니며, '대자'는 있는 그대로
의 자기를 즉자를 통해 자신에게 알려 준다는 것, 다시 말해 대자는 그 존재
에 있어서 존재와의 관계라고 하는 것에서 유래한다. 인식은 존재의 '대자'에
대한 현전이라는 것 이외에 아무것도 아니며, '대자'는 이 현전을 이루는 '아무
것도 아닌 것'일 뿐이다. 그러므로 인식은 그 본성상 탈자적인 존재이며, 따라
서 인식은 '대자'의 탈자적 존재와 하나로 융합된다. '대자'는 먼저 존재하고, 다
음에 인식하는 것이 아니다. 그리고 대자는 그것이 인식하는 한에서, 또는 그
것이 인식되는 한에서만 존재한다고도 할 수 없다. 그런 표현은 존재를 수없는
개별적인 인식이라는 일정한 무한으로 해소시키게 될 것이다. 그러나 인식은
존재의 한복판에, 또 존재의 저편에 '대자'가 자신이 그것으로 있지 않은 존재
에서 출발하여 이 존재의 부정 및 자기의 무화(無化)로서 절대적으로 나타나
는 일이다. 이 절대적이며 원초적인 사건이 인식이다. 요컨대 관념론적 입장을
근본적으로 뒤집음으로써 인식은 다시 존재 속에 흡수된다. 인식은 존재의 하
나의 속성도, 하나의 기능도, 하나의 우유성도 아니다. 오히려 그 반대로, '거
기에는' 존재밖에 '존재하지 않는다.' 이런 관점에서 보면 관념론적 입장을 전적
으로 포기하는 것이 필요할 것같은 생각이 든다. 그리고 특히 '대자'와 '즉자'의
관계를 하나의 기본적인 존재론적 관계로서 고찰할 수 있게 된다.

우리는 이 책의 마지막에 이르러 즉자에 대한 대자의 이 관계를 '존재'라고
부를 수 있는 하나의 '준−전체성(準全體性)'의, 끊임없이 움직이고 있는 소묘
로서 고찰할 수 있게 될 것이다. 이 전체성의 관점에서 '대자'의 나타남은 다만
'대자'에 있어서의 절대적인 사건일 뿐만 아니라, '즉자의 신상에 일어나는 무
슨 일', 즉 '즉자'의 유일하게 가능한 모험이기도 하다. 사실 대자는 자신의 무

화 그 자체에 의해, 자기를 '……에 대한 의식'으로 구성한다. 다시 말해 대자는 자신의 초월 그 자체에 의해 '즉자'의 법칙에서 벗어나지만, 즉자 속에서는 긍정과 긍정되는 것이 접착되어 있다. 이것이 양자의 사정이다. '대자'는 그 자기 부정에 의해 즉자'에 대한' 긍정이 된다. 지향적인 긍정은 내적 부정의 이면(裏面) 같은 것이다. 본디 긍정이라는 것은 자기 자신의 무로 있는 하나의 존재(대자)에 의해서만, 그리고 자기가 긍정하는 존재가 아닌 하나의 존재(즉자)에 대해서만 있을 수 있다. 그러나 그때는 '존재'의 '준-전체성' 속에서, 긍정이 '즉자'의 신상에 '일어난다.' '긍정된다는 것'은 '즉자'의 모험(일어나는 사건)이다. 이 긍정은 만일 그것을, '즉자'가 자기'에 대한' 긍정으로서 실현하는 일이 있으면, 자신의 즉자존재를 파멸시키지 않을 수 없게 되는데, 이런 긍정이 '대자'에 의해 이루어지는 사태가 '즉자'의 신상에 일어나는 것이다. 긍정은 '즉자'의 수동적인 탈자 같은 것이다. 이 수동적 탈자는 즉자를 바꾸지 않고 그대로 두는데, 게다가 즉자에서 출발하여 즉자 속에 이루어진다. 그동안의 사정은 마치 '대자의 수난(Passion du Pour soi)'*21이라도 있는 것처럼 돌아간다. 그것은 대자는 스스로 자기를 잃어버리고, 그 결과 '세계'로서의 긍정이 '즉자'의 신상에 일어나기 때문이다. 확실히 이 긍정은 대자'에 있어서'만 존재한다. 긍정은 '대자' 자체이며 대자와 함께 소멸한다. 그러나 이 긍정은 대자 '속에' 있는 것은 아니다. 왜냐하면 이 긍정은 탈자 자체이기 때문이고, 만일 '대자'가 긍정의 두 항(項) 가운데 하나(긍정하는 자)라면, 다른 항, 즉 '즉자'가 대자에 대해 '실재적으로' 현전하고 있기 때문이다. 내 앞에 드러나는 하나의 세계가 존재하는 것은, 외부에서, 존재 쪽에 있어서이다.

한편 실재론자에 대해, 우리는 인식할 때 의식에 대해 현전하고 있는 것은 존재 자체이고, '대자'는 즉자가 '거기 존재한다는' 사실 자체, 즉 긍정적인 부정

---

*21 물론 이것은 대자의 자기 부정을 그리스도의 수난에 견주어서 하는 말이다. 제4부 끝에서도 사르트르는 다음과 같이 말하고 있다. "모든 인간존재는 그가 존재에 근거를 부여하기 위해, 또 동시에 그 자신의 근거로 있음으로써 우연성에서 벗어난 '즉자', 즉 종교에서는 신이라는 이름으로 불리고 있는 '자기원인자(自己原因者)'를 구성하기 위해, 굳이 자기를 잃어버리기를 기도한다는 점에서 하나의 수난이다. 그러므로 인간의 수난은 그리스도의 수난과는 반대이다. 왜냐하면 인간은 신을 탄생시키기 위해, 인간으로서의 한에서는 자기를 잃어버리기 때문이다. 그러나 신의 관념은 모순되어 있다. 우리는 헛되이 자기를 잃어버린다. 인간은 하나의 무익한 수난이다."

말고는 즉자에 '아무것도' 덧붙이지 않는다는 것을 인정할 것이다. 사실 우리가 보여 주려고 애써 온 것처럼, 세계·도구−사물·공간·양(量) 등은 보편적인 시간과 마찬가지로 실체화된 단순한 무(無)이며, 그것들을 통하여 드러내 보여지는 순수한 존재를 결코 변양(變樣)시키지 않는다. 그런 의미에서 모든 것은 주어져 있고, 그 완전한 실재성에 있어서 아무런 거리 없이 나에 대해 현전하고 있다. 내가 보고 있는 것은 '어느 것도' 나에게서 나오는 것이 아니다. 내가 보고 있는 것, 또는 내가 볼 수 있는 것 외에는 '아무것도' 존재하지 않는다. 존재는 내 주위에 곳곳마다 있다. 나는 존재를 만지고 붙잡을 수 있을 것처럼 생각된다. 심적인 사건으로서의 '표상'이라는 것은 순전히 철학자들이 꾸며낸 말이다. 그런데 사방에서 '나를 에워싸고 있는' 이 존재, 그것과 나 사이를 갈라 놓는 '아무것도 없는(rien)' 이 존재는, 바로 거기서 나를 갈라놓는 '아무것도 아닌 것(rien)'이고, 이 '아무것도 아닌 것'은 무(néant)이기 때문에 내가 뛰어넘을 수 없는 것이다. 내가 존재의 부정이므로 존재가 '거기에 존재한다(il y a).' 세계성·공간성·양·도구성·시간성 등은 오직 내가 존재의 부정이라는 것 때문에 존재에 찾아온다. 그것들은 존재에 아무것도 덧붙이지 않는다. 그것들은 '거기에 존재함'으로써 무화(無化)되는 단순한 조건이다. 그것들은 '거기에 존재하는 것'을 이루는 일밖에 하지 않는다. 그러나 '아무것도 아닌' 그런 조건들이 근본적으로 나를 존재로부터 떼어 놓는다. 그것에 비하면 프리즘에 의한 왜곡이 차라리 낫고, 오히려 그것을 통해서 보는 편이 존재를 발견할 가능성이 더 클 것으로 생각될 정도이다. '존재가 거기 존재한다'고 말해 봤자 아무런 도움도 되지 않는다. 그러면서도 그것은 전면적인 변형을 일으킨다. 왜냐하면 '대자'에 있어서만 존재가 '거기 존재하기' 때문이다.

존재가 '대자'에 대해 '상대적'인 것은, 대자 자신의 성질 속에서가 아니고 대자의 존재 속에서도 아니다. 그 점에서 우리는 칸트적인 상대주의에서 벗어나 있다. 오히려 그것은 '대자'의 '거기에 존재함'에 있어서이다. 왜냐하면 자기의 내적 부정에서 '대자'는 그 자체를 긍정할 수 없는 것을 긍정하기 때문이며, 본디 '있는 그대로'는 존재에 속할 수 없는 것인데도 존재를 '있는 그대로' 인식하기 때문이다. 그런 의미에서 대자는 존재에 대한 직접적인 현전인 동시에, 자기 자신과 존재 사이의 무한한 거리로서 잠입한다. 왜냐하면 '인식하는 것'의 이상(理想)은 '내가 인식하는 것으로—있는 것'이지만, '인식하는 것'의 근원적인 구조는 '인식된 것으로—있지 않는 것'이기 때문이다. 세계성·공간성 등등은 이 '있지 않음'을 표현하는 일밖에 하지 않는다. 그러므로 나는 도처에서 나와 존재 사이에 존재로 '있지 않은 아무것도 아닌 것'으로서, 나를 다시 발견한다.

세계는 인간적이다. 우리는 의식이 차지하고 있는 매우 특수한 위치를 안다. 존재는 나를 거역하며 내 주위 곳곳에 있다. 존재는 내 위로 무겁게 덮쳐 온다. 존재는 나를 에워싼다. 나는 끊임없이 존재에서 존재로 지향된다. 거기 있는 이 탁자는 존재이고, 그 이상의 '아무것도 아니다.' 이 바위, 이 나무, 이 경치는 존재이며, 그 밖에 '아무것도 아니다.' 나는 이런 존재를 파악하기를 원하면서도 이제 '나'밖에 발견하지 못한다. 존재와 비존재 사이의 매개자인 인식은, 내가 주관적인 것으로서의 인식을 원한다면 나를 절대적 존재로 향하게 하지만, 내가 그 절대적인 것을 파악하려고 할 때에는 나를 나 자신으로 향하게 하기 때문이다. 인식의 의미 자체는, 그것이 그것으로 있지 않은 것으로 있고, 그것이 그것으로 있는 것으로 있지 않다. 왜냐하면 존재를 있는 그대로 인식하기 위해서는 내가 이 존재로 있어야만 하는데, '있는 그대로(tel qu'il est)'라는 것은 내가 나의 인식하는 존재로 있지 않으므로 있을 수 있는 일이며, 만일 내가 그 존재가 된다면 '있는 그대로'는 소멸하여 더 이상 생각될 수도 없기 때문이다. 여기서 문제가 되는 것은 회의론(懷疑論)—이것은 바로 '있는 그대로'가 존재에 속하는 것을 예상하고 있다—도 아니고 상대론도 아니다. 인식은 우리를 절대자의 현전에 둔다. 거기에는 인식이 가지는 하나의 진리가 있다. 그러나 이 진리는 그것이 절대자보다 이상의 어떤 것도, 또 그 이하의 어떤 것도 우리에게 양도하지 않는다 해도, 또한 어디까지나 인간적이다.

아마도 우리가 인식의 문제를 다루면서 몸과 감각에 대한 문제를 제기하지 않고 또 단 한 번도 그것에 대해 말하지 않는 것을 보고, 미심쩍게 여기는 사람도 있을 것이다. 우리는 몸이 하는 역할을 무시하거나 소홀히 다룰 생각은 없다. 하지만 존재론의 경우에도 다른 경우와 마찬가지로, 논술의 순서를 엄격하게 지키는 것이 중요하다. 그런데 몸은 그 기능이 어떤 것이든, 먼저 '인식되는 것'으로서 나타난다. 따라서 우리는 인식을 몸에 돌릴 수도 없고, 인식을 충분히 정의하기 이전에 몸에 대해 논할 수도 없으며, 또 어떤 방법으로든 인식을 그 근본적 구조에 있어서 몸으로부터 이끌어 낼 수도 없을 것이다. 게다가 몸—우리의 몸—은 그 특수한 성격으로서 본질적으로 '타자에 의해 인식되는 것'이라는 존재방식을 가지고 있다. 달리 말하면, 내가 인식하는 것은 타인의 몸이며, 내가 나의 몸에 대해 '알고 있는' 것의 본질적인 점은, 타인이 나의 몸을 볼 때의 방식에서 나온다. 그러므로 '나의' 몸의 본성은 타자의 존재로, 그리고 나의 대타존재로 나를 향하게 한다. 나는 몸에 의해서 비로소, 인간존재에 있어서 대자존재와 똑같이 근본적인 또 하나의 존재방식이 있는 것을 발견한다. 나는 그것을 '대타존재(être-pour-autrui)'라고 일컬을 것이다. 만일 내가 인간과 존재의 관계를 남김없이 기술할 생각이라면, 나는 이제부터 나의 존재의 이 새로운 구조, 즉 '대타'의 연구에 착수하지 않으면 안 된다. 왜냐하면 인간존재는 그 존재에 있어서, 같은 하나의 나타남에 의해 '대자—대타(pour-soi-pour-autrui)'로 있지 않으면 안 되기 때문이다.

제3부
대타존재

제1장
타자의 존재

1. 문제

  지금까지 우리는 부정적인 여러 행위와 '코기토'에서 출발하여 인간존재에 대해 기술해 왔다. 우리는 이 실마리를 따라서 인간존재가 대자(對自)라는 것을 발견했다. 인간존재가 있다는 것의 '모든' 것은 그것뿐일까? 반성적 기술이라는 우리의 태도에서 벗어나지 않고, 우리는 그 자신이 엄밀하게 대자로 머물면서도 근본적으로 다른 형식의 존재론적 구조를 가리키는 것처럼 생각되는 의식의 다른 존재방식을 만날 수 있다. 이 존재론적 구조는 '나의 존재론적 구조'이고 내가 염려하는 것은 '나 자신의' 문제에 대한 것이지만, 그렇다 해도 이 '대아적(對我的)'인 염려는, '나'의 존재로 있으면서 대아적으로 있지 않은 하나의 존재를 나에게 드러내 보여 준다.

  이를테면 부끄러움에 대해 생각해 보자. 이 경우에도 문제가 되는 것은, 우리가 지금까지 기술해 온 모든 의식 구조와 똑같은 구조를 가진 의식의 하나의 존재방식이다. 부끄러움은 부끄러움으로서의 자기(에 대한) 비정립적인 의식이며, 그런 것으로서 그것은 독일인들이 '체험(Erlebnis)'이라고 부르는 것의 한 예이다. 부끄러움은 반성의 손이 미치는 곳에 있다. 그 밖에도 부끄러움의 구조는 지향적이다. 부끄러움은 무언가'에 대한' 부끄러운 파악이며, 그 무언가는 바로 '나'이다. 나는 내가 그것으로 '있는' 것에 대해 부끄러움을 느낀다. 그러므로 부끄러움은 나에 대한 나 자신의 내적인 관계를 실현한다. 즉 나는 부끄러움에 의해 '내' 존재의 하나의 모습을 발견한 것이 된다. 그러나 부끄러움의 복합적이고 파생적인 어떤 종류의 형태는 반성적 차원에서 나타날 수 있다 해도, 부끄러움은 본디 하나의 반성 현상은 아니다. 사실 우리가 부끄러움의 종교적 '실천'에 의해 고독 속에서 획득할 수 있는 결과가 어떤 것이든, 부끄러움은 그 것의 제1차적인 구조에 있어서는 '누군가의 앞에서'의 부끄러움이다.

나는 방금 하나의 서툰 몸짓, 또는 야비한 몸짓을 했다. 이 몸짓은 나에게 밀착해 있다. 나는 그것을 판단하지도 않고 책망하지도 않는다. 나는 그저 단순히 그 몸짓으로 살아간다. 나는 대자의 방식으로 그것을 실현한다. 그런데 이때 나는 갑자기 고개를 쳐든다. 그러자 누군가가 그곳에서 나를 보고 있었다. 나는 갑자기 내 몸짓의 야비함을 온전히 실감한다. 그리고 나는 부끄러움을 느낀다. 나의 부끄러움이 반성적이 아닌 것은 확실하다. 왜냐하면 나의 의식에 대한 타자의 현전(現前)은 비록 촉매 같은 방법이라고 할지라도 반성적 태도와는 양립하지 않기 때문이다. 다시 말해, 나의 반성의 장(場)에서는 나는 오직 나의 것인 의식만을 만날 수 있기 때문이다. 그런데 타자는 나와 나 자신 사이의 불가결한 매개자이다. 바꿔 말하면, 나는 타자에 대해 '드러나 있는' 나에 대해 부끄러워하는 것이다. 타자의 나타남 자체에 의해 나는, 어떤 대상에 대해 판단을 내리는 것과 마찬가지로, 나 자신에 대해 판단을 내릴 수 있게 된다. 왜냐하면 나는 타자에게는 대상으로서 나타나기 때문이다. 그러나 그렇다 해도 타자에게 나타난 이 대상은 타인의 정신에 어린 하나의 헛된 심상은 아니다. 물론 그런 심상은, 실은 전적으로 타자의 지레짐작이고, 나의 '급소를 찌르는' 일은 될 수 없을 것이다. 그런 심상에 대해 내가 분개하는 일은 있을지도 모른다. 그것은 마치, 나와는 전혀 닮지 않은 추한 표정이나 비열한 표정을 짓도록 나에게 억지로 시킨 졸렬한 나의 초상화를 눈앞에 보았을 때와 같은 것이다. 하지만 그것이 나의 뼛속까지 사무칠 리는 없다.

　생각건대 부끄러움은 본디 '자인(自認)'이다. 나는 타자가 나를 보는 그대로 내가 '존재하는' 것을 스스로 인정한다. 그렇다 해도 여기서 문제가 되는 것은, 내가 나로서 있는 것과, 내가 타자로서 있는 것의 비교가 아니다. 만일 그런 비교가 문제라면, 나는 내가 타자로서 있는 것과 동등한 것을, 대자의 존재방식에 있어서 내 안에서 발견하게 된다. 첫째로 그런 비교는 구체적인 심적 조작으로서는 우리에게 일어나지 않는다. 부끄러움은 어떤 추리적 조짐도 없이, 내 머리끝에서 발끝까지 달리는 하나의 직접적인 전율이다. 둘째로 그런 비교는 불가능하다. 나는 거리도 없고 후퇴도 없고 전망도 없는 '대자'의 친밀성 속에 내가 있는 것과, 타자로서 내가 있는, 그런 이유를 붙일 수 없는 즉자적인 존재 사이에, 관계를 부여할 수 없다. 여기에는 기준도 없고 대조표도 없다. 게다가 본디 '야비하다'는 관념이 단자(單子, monade) 상호 간의 관계를 포함하고 있다.

우리는 자기 혼자서는 야비해지지 않는다. 따라서 타자는, 다만 내가 있는 바의 것을 나에게 드러내 보였을 뿐이 아니다. 타자는 새로운 자격을 지니고 있어야 하는 하나의 존재 유형에 따라서 나를 구성한 것이다.

이런 존재는 타자의 나타남 이전에 내 안에 잠세적(潛勢的)으로 존재하고 있었던 것은 아니다. 왜냐하면 이런 존재는 '대자' 속에 장소를 발견할 수 없었기 때문이다. 또 나의 몸은, 그것이 타인에 있어서 존재하기 '전에' 이미 완성되어 있으므로 어떻게 손댈 수 없다고 사람들은 말하고 싶어 하지만, 그렇다고 해서 나의 야비함이나 나의 서투름을 잠세적으로 내 몸속에 깃들게 할 수는 없을 것이다. 왜냐하면 나의 야비함이나 나의 서투름은 의미이기 때문이며, 그런 것으로서 그것들은 몸을 뛰어넘고, 그것들을 이해할 수 있는 한 사람의 증인을 가리키는 동시에 인간존재로서의 나의 전체를 가리키기 때문이다. 그러나 타자에 '있어서' 나타나는 이 새로운 존재는 타자 '속에' 사는 것은 아니다. 이 새로운 존재의 책임자는 나다. 그 좋은 예가, 벌을 받고 있는 자신의 모습에 대해 아이들에게 '부끄러움을 주는' 것을 목적으로 하는 교육법이다. 그러므로 부끄러움은 '타자 앞에서의 자기에 대한' 부끄러움이다. 이 이중의 구조는 분리될 수가 없다. 그런데 그와 동시에 나는 내 존재의 모든 구조를 완전히 파악하기 위해 타자를 필요로 한다. '대자'는 '대타'를 가리킨다. 그러므로 만일 우리가 인간과 즉자존재의 존재관계를 그 전체 속에서 파악하고자 한다면, 우리는 이 책 첫머리의 몇 장에서 소묘한 기술만으로 만족할 수 없을 것이다. 우리는 훨씬 무서운 두 가지 문제에 대답하지 않으면 안 된다. 첫 번째는 타자의 존재에 대한 문제이고, 다음은 타자의 존재에 관한 나의 '존재관계'에 대한 문제이다.

2. 유아론(唯我論)의 암초

기묘하게도 '타인'의 문제는 지금까지 실재론자들을 진실로 괴롭힌 적이 한 번도 없었다. 실재론자가 '모든 것을 주어진 것으로서 받아들이는' 한에서, 실재론자에게 있어서는 말할 것도 없이 타자도 주어지고 있는 것처럼 보인다. 사실, 실재적인 것 가운데 타자보다 더 실재적인 것이 있을까? 그것은 나와 똑같은 본질을 가진 하나의 사고(思考)하는 실체이다. 이 실체는 제2의 성질도 제1의 성질도 해소할 수 없는 것으로, 나는 이 실체의 본질적인 구조를 내 안에서 발견한다. 그러나 실재론이 사고하는 실체에 가해지는 세계의 작용에 의해 인식을 설명하려 하는 한에서, 실재론은 사고하는 실체들 서로 간의 직접적이고 교호적(交互的)인 작용을 확립하려고는 하지 않았다. 사고하는 실체들이 서로 교섭하는 것은 세계를 매개로 해서이다. 타자의 의식과 나의 의식 사이에는 세계 속 사물로서의 나의 몸과 타자의 몸이 필요불가결한 매개이다. 그러므로 타자의 영혼과 나의 영혼은, 먼저 나의 영혼과 나의 몸 사이에 있는 거리, 다음에는 나의 몸과 타자의 몸 사이에 있는 거리, 마지막으로 타자의 몸과 그 영혼 사이에 있는 거리에 의해 격리되어 있다. 또 '대자'와 몸의 관계가 외면성의 관계인가 아닌가는(이 문제는 다음에 가서 다루지 않으면 안 될 것이다) 잠시 제쳐두더라도, 나의 몸과 타자의 몸 사이의 관계가 무차별적인 단순한 외면성의 관계인 것은 분명하다.

어떤 영혼과 다른 영혼이 각각의 몸에 의해 서로 격리되어 있다면, 이 둘은 이 잉크병이 이 책과 다른 물건인 것처럼 서로 다른 것이다. 다시 말하면 우리는 한 영혼과 다른 영혼 사이의 어떤 직접적 현전도 생각할 수 없다. 또, 이를테면 우리가, 타자의 몸에 대한 내 영혼의 직접적 현전을 인정한다 하더라도 내가 그 타자의 영혼에 이르기 위해서는 아직도 하나의 몸의 모든 두께를 넘어서지 않으면 안 된다. 그러므로 실재론이, 나의 의식에 대해 시간과 공간 속의 사물이 '스스로 직접' 현전한다는 점에 그 확실성의 근거를 둔다면, 실재론은 타자의 영혼의 실재에 관해서는 똑같은 명증을 요구할 수 없을 것이다. 그 까닭은 실재론이 스스로 인정하는 것처럼, 이 타자의 영혼은 나의 영혼에게 직접 주어지는 것이 아니기 때문이다. 타자의 영혼은 하나의 부재이고 하나의 의미이다. 몸은 그것을 가리키기는 하지만 그것을 넘겨주지는 않는다. 요약하면 직관에 근거를 두는 철학 속에는 타자의 영혼에 대한 어떤 직관도 존재하지 않는다. 그런데 우리가 말장난을 하고 있는 것이 아니라고 한다면, 그것은 실재론이 '타자'에 대한 직관에 어떤 여지도 인정하지 않는다는 뜻이다. 그 경우, 적어도 타인의 몸은 우리에게 주어져 있고, 이 몸은 타자의 어떤 의미에서 타자의 현전, 또는 타자의 일부분의 현전이라고 말하는 것은 아무런 의미가 없을 것이다.

물론 몸은, 우리가 '인간존재'라고 부르는 것의 전체성에 그 구조의 하나로 속해 있다. 그러나 기관(器官)이 유기체의 전체성 속에서만 살아 있는 기관인 것처럼, 바로 몸은 그것이 인간존재라는 이 전체성의 분해될 수 없는 통일 속에 존재하는 한에서만 '인간의 몸'인 것이다. 그것은 기관이 유기체의 전체성 속에서만 살아 있는 기관이 아닌 것과 마찬가지이다. 실재론의 입장이 우리에게 제공하는 몸은, 인간적 전체성 속에 포함된 것이 아니라 한 개의 돌, 한 조각의 나무, 한 덩어리의 밀랍처럼 그것만 따로 분리된 것이므로, 실재론의 입장은 마치 생리학자의 메스가 생체(生體)의 전체성으로부터 살 한 점을 떼어낼 때처럼, 마치 몸을 죽여버린 것과 같다. 실재론적 직관에 현전하고 있는 것은 '타자의 몸'이 아니라 '하나의' 물체이다. 그것은 참으로 특수한 외관과 하나의 특수한 '소질(hexis)'을 가진 물체이지만, 물체라는 하나의 큰 유(類)에 속해 있다. 정신주의적(유심론적) 실재론에는 영혼은 몸보다 인식하기가 쉽다는 말이 진실이라 하더라도 몸은 타자의 영혼보다는 인식하기가 더 쉬울 것이다.

사실은, 실재론자는 이 문제에 그렇게 관심을 두지 않는다. 그것은 실재론자가 타자의 몸을 확실한 것으로 여기기 때문이다. 그래서 19세기의 실재론적·실증적 심리학은 나의 이웃의 존재를 이미 승인이 끝난 것으로 생각하고, 오로지 이 이웃의 존재를 인식하는 데 있어서, 그리고 나에게는 외적인 하나의 의식이 가진 뉘앙스를 몸 위에서 읽어내는 것에, 나에게는 어떤 수단이 있는지 찾아보고자 한다. 몸은 하나의 대상이며, 이 대상의 소질(hexis)이 하나의 특수한 해석을 요구한다고 사람들은 말할 것이다. 몸의 행동을 가장 잘 설명해 주는 가설(假說)은, 나의 의식과 비슷한 하나의 의식이 있어서 이 의식의 여러 가지 다른 움직임을 몸이 반영한다는 것이다. 남아 있는 문제는 우리는 어떻게 해서 이 가설에 이르는지를 설명하는 일이다. 그것은 내가 나 자신에 대해 알고 있는 것과의 비교에 의한다거나, 또 이를테면 얼굴빛이 갑자기 변하는 것을 보고 구타와 고함소리의 조짐으로 해석하도록 우리에게 가르쳐 주는 경험에 의한 것이라고 사람들은 말할 것이다.

쉽게 이해할 수 있을 거라고 생각하지만, 그런 방법은 다만 타자에 대해 하나의 '개연적'인 인식을 우리에게 줄 수 있을 뿐이다. 타자가 하나의 물체에 지나지 않는다는 것은 언제나 있을 수 있는 일이다. 만일 동물이 기계라고 한다면, 내가 보고 있는 저 거리에 지나가는 사람은 어째서 기계의 하나가 아닐 것인가? 행동주의 심리학자들의 철저한 가설이 올바른 가설이 아닌 것은 어째서일까? 내가 이 얼굴에서 파악하는 것은 어떤 근육이 수축된 결과일 뿐이고,

또 이 근육의 수축은 내가 그 과정을 알고 있는 하나의 신경충동일 뿐이다. 이런 반응의 총체를 왜 단순한 반사 또는 조건반사로 환원하지 않는 것인가? 그러나 대부분의 심리학자들은 여전히 타자의 존재를 그들 자신의 구조와 같은 구조를 가진 전체적 실재라고 확신하고 있다. 그들에게는 타자의 존재는 확실한 것이고, 그것에 대해서 우리가 가지고 있는 인식은 개연적이다. 이것이 실재론의 궤변이다. 사실은 이 단정(斷定)의 두 항을 거꾸로 뒤집지 않으면 안 된다. 그리고 만일, 우리가 타자에게 다가갈 수 있는 것은 우리가 타자에 대해 가지고 있는 인식에 의해서일 뿐이고, 더욱이 이 인식이 다만 억측 같은 것이라면, 타자의 존재는 단순히 억측적이고, 그 개연성의 정밀도를 결정하는 것은 비판적 반성의 역할이라는 것을 인정하지 않으면 안 된다. 그리하여 실재론자는 외적 세계의 실재성을 정립했으므로, 그는 타자의 존재에 부딪히면 기묘한 전도(顚倒)에 의해 관념론 속에 빠지지 않을 수 없게 된다.

만일 몸이 사고하는 실체 위에 현실적으로 작용하는 하나의 실재적 대상이라면, 타자는 하나의 순수한 표상이 되어, 그것의 '존재하는 것(esse)'은 단순히 '지각되는 것(percipi)'이고, 그것의 존재는 우리가 그것에 대해 가지고 있는 인식에 의해 측량된다. '감정이입(Einfühlung)'이라든가, '공감(sympathie)'이라든가, '형태(formes(Gestalten))' 따위에 관한 최근의 학설은, 우리가 어떻게 타자를 현전시킬 것인가에 대한 기술을 완전하게 만드는 데 그칠 뿐, 논쟁을 그 참된 자리에 두는 것이 아니다. 타자가, 먼저 '감지'되는 것이건, 또는 타자가 모든 습관에 앞서서 모든 비유적인 추리도 없이, 하나의 독특한 형태로서 경험 속에 나타나는 것이든, 의미를 가지고 감지되는 이 대상, 즉 표현적인 형태는 늘 마찬가지로 억측적인 존재를 지니는 것에 지나지 않는 하나의 인간적인 전체성을 순수하고 단순하게 가리킬 뿐이다.

실재론이 우리를 이렇게 관념론으로 지향하게 하는 것이라면, 우리는 즉각적으로 관념론적이고 비판적인 입장에 몸을 두는 편이 현명한 일이 아니겠는가? 타자는 '나의 표상'이므로, 차라리 대상의 총체를, 결합된 한 무리의 표상으로 환원하는 하나의 체계, 즉 모든 존재를 내가 그것에 대해 가지는 인식에 의해 측량하는 체계 속에 있어서, 타자라고 하는 이 표상을 문제삼는 것이 낫지 않을까?

그렇다 해도, 이 경우, 칸트는 그다지 도움이 되지 않을 것 같다. 사실 칸트는 만인을 위해서 똑같은 주관성의 보편적 법칙을 세우는 데 전념하여, 수많은 '인격'의 문제는 다루려고 하지 않았다. 칸트가 말하는 주관은 단순히 그런 인격에 공통되는 본질이다. 이런 주관은 수많은 인격의 다수성을 규정하는 것을 허용하지 않을 것이다. 스피노자의 경우도 그와 마찬가지여서, 인간의 본질은 구체적인 개개의 인간의 본질을 규정하는 것을 허용하지 않는다. 그러고 보면 가장 먼저, 칸트는 타자의 문제를 그의 비판의 관할에는 속하지 않는 문제 가운데 하나로 다루고 있는 것처럼 보인다. 그러나 좀더 살펴 두자. 타자는 그런 것으로서 우리의 경험 속에 주어져 있다. 그것은 하나의 대상이고, 게다가 특수한 대상이다. 칸트는 순수한 주관의 관점에서 단순히 일반적으로 하나의 대상에 대해서뿐만 아니라 물리적 대상, 수학적 대상, 미추(美醜)의 대상, 목적론적 성격을 보여 주는 대상 등, 수많은 대상의 온갖 범주에 대해 그 가능성의 조건을 규정하려고 했다. 이런 관점에서 그의 업적의 결함을 지적하는 것은 가능했다. 이를테면 딜타이를 본받아 역사적 대상의 가능성의 조건을 세우는 것, 다시 말해 역사적 이성의 비판을 시도할 수도 있었다. 마찬가지로 타자가 우리의 경험에 나타나는 하나의 특수한 형식의 대상을 대표하는 것이 사실이라면, 엄밀한 칸트주의의 입장에서 타자의 인식은 어떻게 가능한가를 자문하지 않으면 안 된다. 다시 말해 타인을 경험하기 위한 가능성의 조건을 세우지 않으면 안 된다.

타자의 문제를 본체적인 실재의 문제와 동일시하는 것은 사실 전적으로 잘못된 일일 것이다. 확실히, 만일 '타자'들이 존재하고 있고, 그들이 나와 비슷한 것이라면, 그들의 예지적 존재의 문제는, 나의 본체적 문제가 나에게 있어서 제기되는 것과 마찬가지로, 그들에게 있어서 세워질 수 있는 일이다.[*1] 또, 분명히 그들의 경우에나 나의 경우에나, '이런 본체적인 존재는 단순히 생각될 수 있을 뿐, 납득될 수는 없다'고 하는 이 똑같은 대답이 타당할 것이다. 그러나 내가 나의 일상 경험 속에서 타자를 지향할 때, 내가 지향하고 있는 것은 결코 하나의 본체적인 실재는 아니다. 그것은 마치 내가 나의 감정 또는 경험적 사상을 인식할 때, 내가 나의 예지적 실재를 파악하거나 지향하지 않는 것과 마찬가지이다. 타자는 하나의 현상이며, 이 현상은 다른 현상들, 이를테면 이 타

[*1] 예지적 존재와 본체적 존재라고 하는 것은 거의 같은 의미로, 양쪽 모두 현상의 배후에 있는 참된 실체를 가리킨다.

자가 나에게 품고 있는 분노-현상과, 그의 내부감각의 현상으로서 그 자신에게 나타나는 일련의 사상들을 가리킨다. 내가 타자 속에 지향하는 것은 내가 나 자신 속에서 발견하는 것, 그 이상의 것도 아니다. 다만 그런 현상은 다른 모든 현상과 근본적으로 다르다.

우선 첫째로, 내 경험 속으로의 타자의 나타남은 몸짓과 표현, 행위와 행동 같은 조직된 형태의 현전에 의해 일어난다. 이렇게 조직된 형태는 원칙적으로 우리의 경험 밖에 있는 하나의 조직화하는 통일체를 가리킨다. 타자의 분노는 그것이 그의 내부감각에 나타나는 한에서, 또 그것이 본성상 나의 지각에 주어지지 않는 한에서 의미를 제시하고 있으며, 아마도 내가 몸짓이나 표현이라는 이름으로 나의 경험 속에서 파악하는 일련의 현상의 원인을 이루고 있을 것이다. 타자는 그의 모든 경험의 종합적 통일로서, 또 의지와 정념으로서, '나의' 경험을 조직하기 위해 찾아온다. 여기서는 나의 감수성 위에 미치는, 알 수 없는 하나의 본체의 단순한 작용이 문제가 아니라, 내 경험의 영역에서, 내가 아닌 하나의 존재에 의해 결합된 일군의 현상이 구성되는 것이 문제가 된다. 그런 현상들은 모든 다른 현상들과는 달라서 가능한 경험들을 가리키는 것이 아니고, 원리적으로 내 경험의 밖에 있고, 내가 근접할 수 없는 하나의 체계에 속하는 경험을 가리킨다. 그러나 그 반면, 모든 경험의 가능성의 조건은 주관이 그 모든 인상을 결합된 체계로 조직한다는 것이다. 그러므로 우리가 사물 속에서 발견하는 것은 '우리가 이미 그곳에 둔 것'밖에 없다. 그렇게 되면 우리의 경험을 조직하는 자라고 하는 뜻에서의 '타인'은, 모순 없이는 우리에게 나타날 수 없다. 다시 말하면 거기에는 현상의 다원적인 결정*²이 있게 될 것이다.

이 경우에도 우리는 여전히 인과성을 적용할 수 있을 것인가? 이 질문은 칸트의 철학에서 '타자'의 성격이 얼마나 애매한지를 보여 주는 데 매우 적절하다. 사실 인과성은 현상들을 서로 묶어 놓기만 할 수 있을 뿐이다. 그러나 타자가 느끼고 있는 분노는 바로 하나의 현상이고, 내가 지각하고 있는 격앙된 표현은 하나의 다른 현상이다. 이 양자 사이에는 과연 하나의 인과적 결합이 있을 수 있을 것인가? 이런 결합은 물론 양자가 가진 현상적인 성질에는 잘 어울릴 것이다. 그런 뜻에서 나는 폴의 얼굴에 나타난 홍조를 그의 분노의 결과

---

*2 다원적 결정이란, 같은 심상이, 서로 다투는 온갖 작용에 의해 일깨워지는 것을 말한다. 사르트르는 여기서, 이 프로이트의 용어를 칸트를 비판하는 데 전용(轉用)한 셈이다.

라고 여기지 않을 수 없다. 이것은 내가 늘 말하고 있는 사항이다.

하지만 다른 면에서 인과성은, 그것이 '같은 하나의' 경험에 속하는 현상들을 결합하고, 그 경험을 구성하는 데 도움이 되는 경우에만 의미를 가진다. 인과성은 근본적으로 분리되어 있는 두 경험 사이를 잇는 다리 노릇을 할 수 있을 것인가? 여기서 주의해야 할 것은, 만일 그런 다리의 자격으로 인과성을 적용한다면, 나는 수많은 경험적인 나타남의 '이상적인' 통일이라는, 인과성이 가진 본성을 잃어버리게 될 거라는 사실이다. 칸트적 인과성은 불가역성(不可逆性)의 형태로 '나의' 시간의 시점들을 통일하는 것이다. 그 인과성이 나의 시간과 타인의 시간을 통일하리라는 것을 어떻게 부인할 수 있을까? 타자의 경험의 바탕 속에 나타난 현상인 자기감정을 표현하는 결정과 '내' 경험의 현상인 표현 사이에 어떤 시간적 관계를 확립할 수 있을까? 동시성인가? 계기성(繼起性)인가? 그러나 어떻게 '내' 시간의 한순간이 타자의 시간의 한순간과 동시성이거나 계기성의 관계로 있을 수 있다는 것인가? 예정된 조화라고 하는 것은 (본디 칸트적인 관점에서는 불가해한 일이지만) 설령 하나의 예정된 조화가 순간마다 이런 두 사람의 시간을 대응시킨다 해도, 이 두 가지 시간은 마찬가지로 관계없는 '둘의' 시간으로 머물 것이다. 그 까닭은 이 두 시간의 각각에 있어서, 시점의 통일적 종합은 주관의 작용의 하나이기 때문이다.

시간의 보편성은 칸트에 있어서는 하나의 개념의 보편성에 지나지 않는다. 시간의 보편성이 뜻하는 것은, 단순히 각 개인의 시간성은 일정한 구조를 가지고 있을 것이고, 어느 누구의 시간성에도 시간적인 경험의 가능성의 조건은 타당하다는 것이다. 하지만 시간적 본질의 이 동일성은, 각자의 시간의 소통 불가능한 차이를 방해하지 않는다. 그것은 마치 인간적 본질의 동일성이, 각자의 의식의 소통 불가능한 차이를 방해하지 않는 것과 같다. 그리하여 의식 서로 간의 관계는, 그 본성으로 생각될 수 없는 것이므로, '타자'라는 개념은 우리의 경험을 '구성할' 수 없을 것이다. 즉 타자라는 개념은 목적론적 개념과 아울러 규제적 개념 속에 넣어 정리하지 않으면 안 될 것이다. 그러므로 타자는 '~인 것처럼(comme si〔als ob〕)'*³의 부류에 속한다. 그것은 하나의 선험적인 가설

---

*3 칸트의 철학에서는, 이를테면 신·자유·영혼·세계 등과 같은 개념, 즉 선험적 이데아〔관념〕라고 불리는 것은 이론적으로 입증하기가 불가능하기 때문에, 우리는 '마치 그런 것들이 현실에 존재하는 것을 알고 있는 것처럼(als ob) 행위하지 않으면 안 된다'고 되어 있다. 이 사상을

이며, 이 가설은, 그것이 있으므로 우리의 경험 속에 통일이 초래된다는 것 외에는 아무런 이유도 갖지 않으며, 모순 없이는 생각할 수 없는 것이다. 우리의 감수성에 대한 하나의 예지적 실재의 작용을 순수한 인식의 기회로 생각하는 것이 사실 가능하다면, 그와는 반대로 어떤 현상의 실재가 타자의 경험 속에서의 그 나타남과 엄밀하게 상대적인 경우에, 이 현상이 '내 경험'의 하나의 현상 위에 '현실적'으로 작용한다는 것은 생각도 할 수 없는 일이다. 이를테면 어떤 예지적인 것의 작용이 내 경험과 타자의 경험 위에 동시에 작용한다(예지적 실재는, 그것이 나에게 작용하는 것과 비슷한 정도로 타자에게도 작용한다는 의미에서)는 것을 우리가 인정한다 하더라도, 자발적으로 자기를 구성하는 두 체계 사이에 병행관계와 대조표를 확립하는 것은 물론이고, 그것을 요구하는 것조차 똑같이 근본적으로 불가능할 것이다.*4

그러나 한편, 규제적 개념인 자격은 타자라는 개념에 어울릴 것인가? 사실, 여기서는 단순히 나에게 나타나는 대상들 속에서 세부적인 발견을 가능하게 하는 완전히 형식적인 하나의 개념을 수단으로 하여, 내 경험에 속하는 현상들 사이에 더욱더 굳센 통일을 세우는 것은 문제가 되지 않는다. 또 여기서는 내 경험의 영역을 뛰어넘지 않고 이 영역의 한계 속에서 새로운 탐구로 유도하는 일종의 선험적인 가설이 문제되는 것도 아니다. 대상—타자에 대한 지각은 온갖 표상의 정합적(整合的)인 한 체계를 가리키는 것으로, 이 체계는 '나의 체계가 아니다.' 다시 말해 타자는 내 경험 속에서는, 내 경험을 가리키는 하나

발전시켜서 '……인 것처럼'의 철학(*Philosophie des Als Ob*)'을 세운 것은 파이잉거(H. Vaihinger)이다. 그에 의하면 무한자·절대자·인격·영혼·자유·물자체·물질·원자·힘·우주·범주 등의 개념들은, 인간이 생활 목적을 이루기 위한 수단으로 설정해 놓은 가구(假構, Fiktion)에 지나지 않는다. 이것을 표현하는 데는 단언적 명제를 사용할 수 없기 때문에 '……인 것처럼'이라는 형식에 의존하지 않을 수 없다. 칸트에서는 요청(postulat)이었던 것이 파이잉거에서는 Fiktion이 되기에 이르렀다. 사르트르가 여기서 '……인 것처럼'의 범주라고 말한 것은 이런 '가구(허구)의 부류'라는 의미다. 덧붙이건대, 칸트의 철학에서 규제적이라고 하는 것은 구성적에 대응하는 말이다. 순수오성의 개념(범주)이나 순수오성의 원칙 같은 구성적 원리는, 인식에 있어서 대상을 구성하지만, 순수이성의 선험적인 이데아(관념)와 같은 규제적 원리는 경험계에 있어서 그 대상을 구성할 수 없기 때문에, 오히려 선험적 이데아의 대상을 경험계에 요구하지 않도록 인식을 규제하는 소극적인 역할을 맡는다.

*4 원주. 가령 자연에 대한 칸트적 형이상학이나 칸트가 세운 원리들의 표를 우리가 인정한다 하더라도, 이런 원리에서 출발하여 근본적으로 다른 종류의 물리학을 생각해 볼 수도 있을 것이다.

의 현상이 아니다. 오히려 타자는 원리적으로 나에게 있어서 가능한 모든 경험의 밖에 있는 현상들에 귀착하는 것이다. 또, 확실히 타자라는 개념은 나의 표상체계의 한복판에서 여러 가지 발견과 예견을 가능하게 한다. 그것은 말하자면 그런 현상들의 씨실의 수축을 가능하게 하는 것이다. 즉 '타인'의 가정에 의해, 나는 '이러이러한' 표정에서 출발하여 '이러이러한' 몸짓을 예견할 수 있다. 그러나 타자라는 이 개념은 과학상의 관념(예를 들면 허수) 같은 것으로 나타나는 것이 아니다. 이런 과학적 관념은 문제의 경험적인 기술(記述) 속에 나타나는 일 없이, 다만 도구로서 물리학상의 계산 도중에 개입할 뿐, 얻어진 결과로부터는 제거된다.

타자라는 개념은 단순히 도구적인 개념이 아니다. 그것은 여러 현상의 통일에 이바지하기 '위해' 존재하기는커녕 오히려 그 반대로 어떤 종류의 현상들은 타자라는 개념을 '위해서'만 존재하는 것으로 보인다고 해야 할 것이다. 나의 체계와는 근본적으로 구별되는 의미와 경험의 한 체계의 존재는 고정된 틀이고, 여러 가지 현상 계열이 각각의 경과 그 자체에 있어서 이 틀을 '가리킨다.' 더욱이 이 틀은 본디 나의 경험에 대해 외적인 것으로, 조금씩 속이 채워져간다. 우리는 타자와 나의 관계를 파악할 수 없고, 타자는 결코 주어지는 일이 없지만, 우리는 그것을 하나의 구체적인 대상으로서 조금씩 구성해 간다. 이런 타자는 내 경험에 속하는 하나의 사건을 예견하는 데 도움이 되는 도구는 아니다. 오히려 그 반대로, 타자인 한에서의 타자, 즉 손이 미치지 않는 곳에 있는 표상체계인 한에서의 타자를, 하나의 구체적이고 인식 가능한 대상으로서 구성하는 데 도움이 되는 것은, 나의 경험에 속하는 온갖 사건들이다. 내가 나의 경험을 통해서 끊임없이 지향하는 것은, 타자의 감정, 타자의 생각, 타자의 의욕, 그리고 타자의 성격이다. 그것은 사실, 타자는 단순히 내가 보는 대상일 뿐만 아니라 나를 보는 자이기도 하기 때문이다. 나는 타자가 내 손이 미치지 않는 곳에 있는 경험들이 결합한 체계인 한에서 타자를 지향하고, 그 체계 안에서는 나도 다른 대상들 사이의 하나의 대상으로서 등장한다.

하지만 내가 이 표상체계의 구체적인 본성과, 대상으로서 내가 그 속에 차지하는 위치를 규정하려고 노력하는 한에서, 나는 내 경험의 영역을 근본적으로 초월한다. 다시 말해 나는 나의 직관이 원리적으로 결코 다가갈 수 없는 일련의 현상에 구애된다. 따라서 나는 나의 인식의 권한을 밟고 넘어선다. 나는 결코 나의 경험이 되지 않는 경험들을, 그들끼리 결합시키려고 애쓴다. 따라서 이 구성작업과 이 통일작업은 나 자신의 경험의 통일에는 아무런 소용이 없는 것이다. 타자가 하나의 부재(absence)인 한에서 '타자'는 '본성'에서 빠져나간다. 그러므로 사람들은 타자에 규제적 개념이라는 자격을 부여할 수는 없을 것이다. 물론, 이를테면 세계라고 하는 이데아도 또한 원리적으로 나의 경험에서 빠져나간다. 그러나 적어도 그런 이데아는 나의 경험과 관계를 맺고 있고, 내 경험에 의해서만 의미를 갖는다. 타자는 그 반대로 어떤 의미에서 내 경험의 근본적 부정으로서 나타난다. 그 까닭은 타자는 그에게 있어서 내가 주체가 아니고 대상으로 있기 때문이다. 그러므로 인식의 주관으로서의 나는 저쪽의 주관을 대상으로 규정하려 하지만, 저쪽의 주관은 내가 가진 주관이라는 성격을 부정하고, 저쪽도 저쪽대로 나를 대상으로 규정한다.

그러므로 '타인'은 관념론적인 입장에서는 나의 인식의 구성적 개념으로도 여겨질 수 없고, 규제적 개념으로도 여겨질 수 없다. 타인은 '현실적인 것'으로 파악되지만, 그럼에도 나는 그 타인과 나의 현실적 관계를 파악할 수 없다. 나는 그를 대상으로서 구성하지만, 그럼에도 타인은 직관에 의해서는 주어지지 않는다. 나는 타인을 '주관'으로서 세우지만, 그럼에도 내가 타인을 고찰하는 것은 나의 사고의 대상으로서이다. 그러므로 관념론자에게는 두 가지 해결책만이 남아 있다. 즉 타인의 개념에서 전적으로 벗어나서 타인의 개념이라는 것이 내 경험의 구성에 쓸모없다는 것을 입증하거나, 아니면 타인의 현실적 존재를 긍정하거나, 다시 말해 의식개체 서로 간의 경험 밖의 현실적인 교섭을 인정하거나 이 둘 중의 하나이다.

첫 번째 해결책은 유아론(唯我論, solipsisme)이라는 이름으로 알려져 있다. 그러나 이 해결책이 그 명칭에 어울리게 나의 존재론적 '고독'의 긍정으로서 표현된다면, 이 해결책은 단순한 형이상학적 가설이며, 아무런 근거도 이유도 없는 것이 된다. 왜냐하면 이런 해결책은 결국 '나 이외에는 아무것도 존재하지 않는다'는 말이 되며, 따라서 그것은 내 경험의 본디의 영역을 뛰어넘기 때문이다. 그러나 만일 이 해결책이 더욱 겸허하게 경험의 굳건한 지반을 떠나기를 거부하는 것으로서, 타자라는 개념을 사용하지 않기 위한 실증적인 시도로서 나타난다면, 이 해결책은 완전히 논리적이며, 비판적 실증주의의 차원에 머무는 것이 된다. 그리고 비록 이 해결책이 우리의 존재의 가장 깊은 경향에 반하는 것이기는 하지만, 이 해결책은 관념론의 입장에서 고찰된 '타인'의 관념 속에 들어 있는 모순에서 그것의 정당성을 이끌어 낸다. 와트슨(Watson)의 '행동주의'처럼 엄밀하고 객관적이고자 하는 심리학에서조차 결국 유아론을 작업가설로서 채택하는 수밖에 없다. 이 경우 문제는, '심적 존재'라고도 부를 수 있는 대상들이 나의 경험의 영역에 현전하고 있는 것을 부정하는 것이 아니라, 단순히, 하나의 주관에 의해 조직되어 내 경험의 밖에 있는 표상체계의 존재에 대해 일종의 판단정지(epoche)를 하는 일일 것이다.

이런 해결책에 대해 칸트와 그의 후계자들은 계속해서 타자의 존재를 긍정하고 있다. 그러나 그들은 자신들의 긍정을 정당화하는 데, 양식(良識) 또는 우리의 깊은 내부의 경향 외에는 의지할 데가 없다. 다 아는 바와 같이, 쇼펜하우어는 유아론자를 '난공불락의 요새 속에 들어앉은 광인(狂人)'으로 다루고 있다. 이것이야말로 무력(無力)한 고백이다. 왜냐하면 사실 우리가 타인의 존재를 정립한다면 관념론의 틀은 이내 부서지고, 우리는 또다시 형이상학적 실재론에 빠질 것이기 때문이다. 가장 먼저, 우리가, 서로 외면적으로밖에 교섭할 수 없는 폐쇄된 다수의 체계를 세운다면, 우리는 암암리에 다시 실체의 관념을 세우는 것이 된다. 물론 그런 체계는 단순한 표상체계이므로 비실체적이다. 그러나 그런 체계들의 상호적인 외면성은 '그 자체의' 외면성이다. 이런 외면성은 인식되지 않고 존재한다. 우리는 이런 외면성의 결과를 확실한 방법으로 파악하지도 않는다. 그 까닭은 유아론적 가설은 항상 가능한 것으로 머물기 때문이다. 우리는 이 즉자적인 무를 하나의 절대적 사실로 세워 놓을 뿐이다. 사실 이 즉자적인 무는 우리의 타자에 대한 의식에 대해 상대적인 것이 아니다. 오히려 반대로 그 인식을 조건짓는 것은 이런 즉자적인 무이다. 그러므로 비록 의식개체들이 단순한 개념적인 현상결합에 지나지 않는다 하더라도, 또 그런 의식개체의 존재법칙이 '지각하는 것(percipere)'과 '지각되는 것(percipi)'이라 하더라도, 또한 그런 관계적인 체계의 '다수성'은 즉자적 다수성이며, 이 다수성은 그런 체계를 즉각 그 자체의 체계로 바꾸어 버린다.

하지만 그 밖에도 타자의 분노에 대한 나의 경험은 상관자로서 하나의 다른 체계 속에 분노에 대한 하나의 주관적 경험을 가지고 있다는 것을 내가 인정한다면, 나는 칸트가 그토록 심혈을 기울여 제거하려 했던 참된 모사(模寫)의 체계를 다시 세우게 된다. 확실히 여기서 문제가 되는 것은, 몸짓과 행동 속에 지각되는 분노와 내부감각의 현상적 실재로서 파악되는 분노, 이 두 가지 현상 사이의 대응관계이고, 현상과 물자체(物自體) 사이의 관계는 아니다. 그러나 그래도 여전히, 여기서는 진리의 기준이 사고와 그 대상의 일치라는 점에 놓여 있고, 표상 사이의 일치가 진리의 기준이 되어 있지는 않다. 사실 여기서는 본체에 의지처를 구할 길이 완전히 막혀 있기 때문에, 오히려 저쪽이 느끼고 있는 분노의 현상과 이쪽이 확인한 분노의 현상 사이의 관계가, 마치 '객관적인 실재'와 그 모사의 관계가 되고 말았다. 그렇게 되면 그야말로 완전한 표상이 문제가 된다. 왜냐하면 거기에는 하나의 '실재'와 이 실재를 파악하는 하나의 방법이 있기 때문이다. 나 자신의 분노가 문제가 되는 경우라면, 나는 분노의 주관적인 나타남과 객관적으로 밝힐 수 있는 분노의 생리학적 나타남을, 사실 하나의 똑같은 원인에 의한 두 계열의 결과로 볼 수 있을 것이다. 그리고 한쪽의 계열은 분노의 '진리' 또는 그 '실재'를 의미하고, 다른 쪽의 계열은 단순히 그것의 결과 또는 그것의 모사를 의미한다고 생각하는 일은 없을 것이다. 하지만 현상의 한쪽 계열은 타자 속에 있고 다른 쪽의 계열은 내 안에 있을 경우에는, 한쪽은 다른 쪽에 대해 실재로서의 기능을 가지게 되고, 실재론적인 존재방식이 이 경우에 적용될 수 있는 유일한 방식이 된다.

그리하여 우리는 먼저, 문제의 실재론적 설정이 필연적으로 관념론에 귀착하기 때문에 이 실재론적 설정을 포기했다. 그래서 우리는 일부러 관념론적인 입장에 서 보았지만 아무것도 얻은 바가 없었다. 왜냐하면 이제는 거꾸로, 이 입장은, 그것이 유아론적인 가설을 거부하는 한, 독단적이고 결코 정당화될 수 없는 하나의 실재론에 귀착하기 때문이다. 이 두 학설의 급격한 반전을 과연 우리가 이해할 수 있을 것인지, 또 이런 역설에서 문제의 올바른 설정을 쉽게 하는 어떤 교훈을 우리가 이끌어 낼 수 있을 것인지 어떤지에 대해 고찰해 보자.

타자의 존재에 대한 문제의 근원에는 하나의 근본적인 전제, 즉 '타자는 사실 "타인"이다. 다시 말하면 나'로 있지 않은" 나이다(autrui, en effet, c'est l'autre, c'est-à-dire le moi qui n'est pas moi)'라는 전제가 도사리고 있다. 그러므로 우리는 여기서 타자−존재의 구성적인 구조로서 하나의 부정을 파악한다. 관념론과 실재론에 공통되는 전제는 이 구성적인 부정이 외면성의 부정이라는 것이다. 타자는 내가 아닌 자이며, 내가 그것으로 있지 않은 자이다. 이 '있지 않다'는 것은 타자와 나 자신 사이에 '주어져 있는' 분리요소로서의 하나의 무(無)를 가리킨다. 타자와 나 자신 사이에는 하나의 분리적인 무가 '있다.' 이 무는 그 기원을 나 자신에게서 끌어 내는 것도 아니고, 타자에게서 끌어내는 것도 아니며, 타자와 나의 상호 관계에서 끌어내는 것도 아니다. 오히려 그 반대로, 이 무는 관계의 원초적인 부재로서, 근원적으로 타자와 나 사이의 모든 관계의 근거이다. 그 이유는, 사실 타자는 내가 하나의 몸을 지각할 때 경험적으로 나에게 나타나는 것으로, 이런 몸은 나의 몸에 대해 하나의 외면적인 즉자이기 때문이다. 이 두 몸을 결합하거나 분리하는 관계의 유형은 서로 아무런 관계도 갖지 않는 사물들 사이의 관계로서, 또 주어져 있는 한에서의 단순한 외면성으로서, 공간적인 관계이다. 타자의 몸을 통해 '타자'를 파악한다고 믿고 있는 실재론자는, 그러므로 어떤 물체가 다른 물체에서 분리되어 있는 것과 같은 방법으로, 자신이 타자에게서 분리되어 있다고 생각한다.

다시 말해 '나는 폴이 아니다'라는 판단 속에 포함된 부정의 존재론적 의미는, '탁자는 의자가 아니다'라는 판단 속에 포함된 부정의 존재론적 의미와 같은 형태의 것이다. 그리하여 의식개체 사이의 분리는 몸의 탓이므로, 다른 의식개체들 사이에는 하나의 근원적인 공간 같은 것, 그러니까 하나의 '주어진' 무, 수동적으로 체험되는 하나의 절대적인 거리가 있다. 한편, 확실히 관념론은 나의 몸과 타자의 몸을 객관적인 표상체계로 환원한다. 쇼펜하우어에게 있어서 나의 몸은 '직접적인 대상' 이외에 아무것도 아니다. 그러나 이 견해는 의식개체들 사이의 절대적인 거리는 사라지지 않는다. 하나의 전체적인 표상체계—즉 각각의 단자(單子, monade)—는 그 자신에 의해서만 제한될 수 있으므로 자기가 아닌 것과의 관계를 유지할 수는 없을 것이다.

인식주관은 다른 주관을 한정할 수도 없고, 다른 하나의 주관에 의해 한정될 수도 없다. 인식주관은 자기의 적극적인 충실에 의해 고립되어 있고, 따라서 그 자신과 똑같이 고립되어 있는 다른 체계와의 사이에 하나의 '공간적' 분리가 외면성의 유형 자체로서 보존되어 있다. 그러므로 나의 의식과 타자의 의식을 암암리에 분리하고 있는 것은 또한 공간이다. 관념론자는 이런 외면성의 부정을 나타나게 하기 위해, 자신은 의식하지 못한 채 어떤 '제3의 인간*5'에

─────────────

*5 아리스토텔레스가 플라톤의 이데아론을 비판하는 데 사용한 유명한 비유. 다만 여기서는 이데아와 개체 사이(예를 들면 이데아적 인간과 현실적인 개개의 인간 사이)에 있어서 양자에

의지처를 구한다. 왜냐하면 우리가 이미 본 것처럼 모든 외적인 관계는 그 관계의 두 항(타자와 나) 자체에 의해 구성되지 않는 경우에는 이 관계를 세우기 위해서 하나의 증인을 요구하기 때문이다. 그리하여 관념론자에게나 실재론자에게나 마찬가지로 다음과 같은 결론이 적용된다. 즉, 타자가 우리에게 하나의 공간적인 세계 안에 드러내 보여진다는 사실에서, 우리와 타자를 분리시키는 것은 실재적인, 또는 관념적인 하나의 공간이라는 것이다.

이 전제는 하나의 중대한 귀결을 가져온다. 사실, 만일 내가 무차별적인 외면성의 방식으로 타자와 관계를 맺고 있다면, 나는 하나의 즉자가 다른 하나의 즉자의 나타남이나 소멸에 의해 영향을 받지 않는 것과 마찬가지로 타자의 나타남이나 소멸에 의해 나의 존재에 아무런 영향도 받지 않을 것이다. 따라서 타자가 그 존재에 의해 나의 존재 위에 작용할 수 없게 된다면, 타자가 나에게 자기를 드러내 보일 때의 유일한 방법은 나의 인식에 '대상'으로서 나타나는 것이다. 그러나 이것은 다음과 같은 뜻으로 해석하지 않으면 안 된다. 나는 나의 자발성이 수많은 인상의 어떤 다양성에 강요하는 통일로서 타자를 구성할 것이다. 다시 말해, 나는 자신의 경험의 영역에서 타자를 구성하는 자이다. 그렇게 되면, 내가 쌓아올린 인식이론 전체가, 다른 경우에는 심상(心像)이라는 관념을 배제하려고 하고 있음에도, 타자는 나에게는 하나의 '심상'에 지나지 않는 것이다. 나 자신에 대해서도 타자에 대해서도 동시에 외적으로 있을 하나의 증인만이 심상과 원상(原像)을 비교하고, 이 심상이 참인가 아닌가를 결정할 수 있을 것이다. 그뿐만 아니라 이 증인은 권위를 얻기 위해서는, 이번에는 나 자신에 대해서도 타자에 대해서도 외면적인 관계에 있어서는 안 될 것이다. 외면적인 관계에 선다면 그는 우리를 심상에 의해서만 인식하게 될 것이다. 이런 증인은 그 존재의 탈자적 통일 속에서 '이곳'에, 내 위에 나 자신의 '내적' 부정으로서 존재하는 동시에, '저곳'에 타자 위에 타자의 내적 부정으로서 존재하지 않으면 안 될 것이다.

그러므로 라이프니츠의 경우에 볼 수 있는 '신'에 대한 이런 의지(依支)는 참으로 단순하게 내면적인 부정에 대한 의지이다. '창조'라고 하는 신학적인 관념 속에 감추어져 있는 것은 바로 이것이다. '신'은 나 자신으로도 있고 타자로도

게 공통되는 '제3의 인간'이라는 의미가 아니고, 타자의 표상체계와 나의 표상체계 사이에서 양자 사이의 관계를 세우는 증인이라는 의미에서 사용되고 있다.

있는 동시에 나 자신으로 있지 않고 타자로도 있지 않다. 왜냐하면 신은 우리를 창조하기 때문이다. 사실 나의 실재를 매개 없이 하나의 불가용의적(不可容疑的) 명증으로 파악하기 위해서는, 신은 나 자신으로 있는 것이 좋고, 또 증인으로서의 공평성을 유지하고, 저편에서 타자로 있는 동시에 타자로 있지 않기 위해서는, 신은 나로 있지 않는 것이 좋다. 창조의 모습은 이 경우에 가장 완전한 것이다. 그것은 창조적 행위 속에 나는 내가 창조하는 것을 속속들이 들여다보지만—왜냐하면 내가 창조하는 것은 나이기 때문이다—그럼에도 내가 창조하는 것은 객관성을 가진다는 점에서 자기 위에 자기를 가둠으로써 나에게 대립하기 때문이다. 그러므로 공간화하는 이 전제는 우리에게 선택의 여지를 주지 않는다. 신에게 의지처를 찾든가, 그렇지 않으면 유아론에 이르는 문을 활짝 열어 두고 있는 개연론에 빠지는 수밖에 없다.

그러나 '자신의 피조물로 있는 신'이라는 이 사고방식은 우리를 새로운 곤경에 빠뜨린다. 그것은 데카르트 이후의 사상에서 실체의 문제가 보여 주고 있는 곤경이다. 만일 신이 나로 있다면, 그리고 만일 신이 타자로 있다면, 나 자신의 존재를 보증하는 것은 도대체 무엇인가? 만일 그 창조가 '연속적인' 창조임이 틀림없다면, 나는 하나의 확실한 현실존재와, '창조자'라는 '존재' 속에서의 범신론적 융합 사이에, 언제까지나 허공에 머물러 있게 된다. 만일 창조가 하나의 근원적 행위라면, 그리고 만일 내가 신을 거슬러 자기를 닫아 둔다면, 더 이상 아무것도 신에 대해 나의 존재를 보증해 주지 않는다. 왜냐하면 신은 이미 조각가와 완성된 조상(彫像)의 관계처럼, 하나의 외면적 관계에 의해서만 나와 맺어져 있기 때문이고, 또 신은 심상에 의해서만 나를 인식할 수 있기 때문이다. 그런 사정에서, 신이라는 관념은 의식개체 서로 간의 유일하고 가능한 연결로서 내면적 부정을 우리에게 드러내 보이면서도, 그 무력함을 속속들이 드러낸다.

즉, 신은 타자의 존재의 보증인으로서 필요하지도 않고 충분하지도 않다. 그 밖에도 나와 타자 사이의 매개자로 있는 신의 존재는, 이미 타자가 나 자신에 대해 내면적인 연관에 있어서 현전하고 있는 것을 전제로 한다. 왜냐하면 신은 '정령(精靈)'의 본질적인 성질을 갖추고 있으므로 타자의 제5원소[6]로서 나타나

---

[6] 제5원소(quintessence)는 엠페도클레스에 의해 최초로 확립된 4원소 외에 천체를 구성하는 원소로서 아리스토텔레스가 인정한 것이다. 즉 에테르(aithēr)를 가리킨다. 사르트르는 신의 관

기 때문이며, 또 타자의 존재의 현실적 근거가 나에게 있어서 타당하기 위해서는, 이미 나 자신과의 내면적인 연관에 있어서 존재하지 않으면 안 되기 때문이다. 그러므로 타자의 존재에 대한 적극적인 이론은, 만일 그것이 타자에 대한 나의 근원적 관계를 하나의 내면적 부정으로서, 다시 말해 나를 타자에 의해 규정하고 타자를 나에 의해 규정하는 한에서, 타자와 나 자신의 근원적 구별을 세우는 하나의 부정으로 보는 입장에 있다 해도, 유아론을 피하는 동시에 신에게 의거하지 않을 수 있는 이론이 아니면 안 될 것이다. 그런 관점에서 이 문제를 고찰할 수 있을 것인가?

3. 후설, 헤겔, 하이데거

19세기와 20세기의 철학은 가까스로 그 점을 이해하게 된 것 같은데, 만일 사람들이 가장 먼저 나 자신과 타자를 분리된 두 개의 실체라는 형태로 파악한다면, 우리는 유아론을 피할 수 없다. 사실, 이 두 가지 실체의 결합은 불가능한 일로 생각되지 않을 수 없다. 그래서 현대의 학설들을 검토해 보면, 각각의 의식을 그 나타남 자체에 있어서 구성하는 하나의 근본적이고 초월적인 '타자와의 결합'을 바로 수많은 의식개체 속에서 파악하려는 노력이 우리 앞에 펼쳐진다. 그러나 외적 부정의 요청은 방치되고 있는 것처럼 보여도, 이 요청의 본질적 귀결은 남아 있다. 즉 나와 타자의 근본적인 결합은 '인식'에 의해 이루어진다는 주장이 그것이다.

사실, 후설은 《데카르트적 성찰(Méditations Cartésiennes)》과 《형식적 및 선험적 논리학(Formale und Transzendentale Logik)》에서 유아론을 반박하려고 노력했는데, 그때 그는 타자에 대한 의지가 세계의 구성에 불가결한 조건이라는 것을 보여 주면 그것으로 충분하다고 생각했다. 우리는 이 학설의 세부까지 파고들 것 없이, 그 중요한 동기, 즉 '후설에게는 의식에 대해 드러내 보여지는 대로의 세계는 간단자적(間單子的)*7인 세계'라는 것만 지적해 두기로 한다. 타자

넘에서 도출되는 불가해한 편재적인 정령을 에테르에 비유하고 있다.

*7 intermonadique는 '상호단자적'이라고 번역하는 편이 이해하기 쉬우나 철학용어로는 보통 '간단자적'이라고 번역되고 있다. 후설에 의하면 각각의 자아는 단자(Monade)인데, 이것은 라이프니츠가 생각한 '창을 가지고 있지 않은 단자'가 아니라, 서로 통하는 '창을 가진 단자'이고, 그것이 모여서 개방적인 다수성을 형성하고 있다. 이런 상호단자적 소통에 의해 다수의 자아에 의한 공동적인 환원이 가능해지고, 초월적인 세계가 완전히 내재화된다.

는 단순히 구체적이고 경험적인 이러이러한 나타남으로써 세계에 현전하고 있을 뿐만 아니라, 세계의 통일과 세계의 풍부함의 항상적(恒常的)인 조건으로서 세계에 현전하고 있다. 내가 이 탁자, 이 나무, 이 벽면을 혼자 바라보든, 다른 사람과 함께 바라보든, 타자는 항상 내가 바라보는 대상 그 자체에 속하는 하나의 구성적인 의미층으로서, 요컨대 그 대상이 대상인 것의 참된 보증으로서 거기에 존재한다. 또 우리의 심리─물리적인 '나'는 세계와 동시적이고, 세계의 일부를 이루고 있으며, 세계와 함께 현상학적 환원의 일격을 받는 것이므로, 타자는 이 나의 구성 자체에 필요한 것으로 나타난다. 나의 벗 피에르의 존재─또는 일반적으로 타인들의 존재─가 원칙적으로 내 경험의 밖에 있는 한에서, 만일 내가 이 존재를 의심해야 한다면, 나는 나의 구체적 존재, 즉 이러이러한 버릇, 이러이러한 습관들, 이러이러한 성격을 가진 교수로서의 나의 경험적 실재도 의심해야 한다.

나의 '나'에게만 특권이 있는 것은 아니다. 즉 나의 경험적인 '자아'도, 타자의 경험적인 '자아'도 동시에 세계 속에 나타난다. 그리고 '타자'라는 일반적 의미는 이 두 '자아' 가운데 어느 쪽의 구성에도 필요한 것이다. 그러므로 각각의 대상은 칸트의 경우와 달리, 단순한 '주관에 대한 관계'에 의해 구성되는 것이 아니라, 오히려 가치가 높은 것으로서 나의 구체적인 경험 속에 나타난다. 각각의 대상은 근원적으로 의식개체들의 무한한 다수성에 대한 관계계(關係系)[*8]를 가지는 것으로서 근원적으로 주어진다. 타자는 탁자 '위에서', 벽 '위에서', 피에르와 폴이 구체적으로 나타날 때와 마찬가지로 그 대상이 끊임없이 관계하는 것으로 나에게 나타난다.

확실히 이런 견해는 고전적 학설에 비해 하나의 진보를 보여 주고 있다. 도구─사물은 그것이 발견되자마자 '대자'의 다수성을 가리킨다는 것은 이론의 여지가 없다. 우리는 나중에 다시 그 점에 대해 다룰 것이다. '타자'라는 의미는 경험에서 오는 것도 아니고, 경험할 때 일어나는 유추에서 오는 것도 아닌 것 또한 확실하다. 오히려 그와 반대로, 경험이 설명되는 것은 타자라는 개념의 빛에 의해서이다. 그렇다면 타자라는 개념은 '선험적'이라는 말인가? 우리

[*8] systèmes de références는 게슈탈트(형태) 심리학의 용어로 '관계계(關係系)'라고 번역되고 있지만, 여기서는 반드시 그것에 구애되지 않고 '지시체계' 또는 '지시계'라고 번역하는 편이 더 이해하기 쉬울지도 모른다.

는 뒤에 가서 이 개념을 규정해 볼 것이다. 그러나 이론의 여지가 없는 이런 장점들에도, 후설의 이론은 우리에게 칸트의 이론과 두드러지게 다른 것으로는 보이지 않는다. 그것은 사실 나의 경험적 '자아'가 타자의 자아보다 더 확실할 것도 없는 것인데, 후설은 나의 자아와는 근본적으로 다르고 칸트적 주관에 매우 가까운 선험적 주관을 보존했기 때문이다. 그런데 입증해야 할 것은 누구에게도 의문의 여지가 없는 경험적 '자아' 서로 간의 병행현상이 아니라 선험적 주관의 병행현상이다. 그것은 사실 타자는 '결코' 나의 경험 속에서 만나게 되는 경험적 인물이 아니고, 오히려 이 인물이, 본성상 가리키고 있는 선험적인 주관이기 때문이다. 그러므로 참된 문제는 경험의 저편에 있는 수많은 선험적 사이의 연관에 관한 문제이다.

만일, 선험적 주관은 본디 노에마(사유)적 총체의 '구성을 위해', 다른 수많은 주관을 가리킨다고 대답하는 사람이 있다면, 선험적 주관이 그런 주관을 가리키는 것은, 말하자면 '의미'를 가리키는 것이라고 응수하기는 쉬운 일이다. 타자는 여기서는 하나의 세계를 구성하는 것을 가능하게 하는 하나의 보충적인 범주로서 존재하는 것이고, 그 세계 저편에 있는 하나의 현실적 존재로서 존재하는 것은 아닐 것이다. 또, 물론 타자라는 '범주'는 그 뜻 자체 속에 세계의 저편에서 하나의 주관에 대한 지향을 포함하고는 있지만, 이런 지향은 가설적 지향밖에 되지 않을 것이다. 이런 지향은 단순히 통일적인 개념내용으로서의 가치를 가질 뿐이다. 또한 그것은 세계 속에서, 세계에 있어서 타당한 것이고, 그 권리는 세계에 한정되어 있다. 게다가 타자는 본성상 세계의 밖에 존재한다. 또 후설은 타자의 세계외적인 '존재'가 무엇을 뜻하는지를 이해하는 가능성 자체를 스스로 포기했다. 그것은 그가 존재를 수행되어야 하는 조작의 무한계열의 단순한 지시로서 정의하고 있기 때문이다. 존재를 인식을 통해 측정하는 데 이보다 더 좋은 방법은 없을 것이다.

그런데 일반적으로 인식이 존재의 척도라는 것을 인정한다 하더라도 타자의 존재가 그 실재에 있어서 측정되는 것은 타자가 스스로 품는 인식에 의하는 것이고, 내가 타자에 대해서 가지는 인식에 의하는 것은 아니다. 나에 의해 이르러야 하는 것은 내가 타자에 대해 인식하는 한에서의 타자가 아니고, 타자가 자기에 대해 인식하는 한에서의 타자이다. 그러나 그것은 불가능한 일이다. 사실 그것은 나 자신과 타자의 내면적 동일을 전제로 해야 하는 것이기 때문이다. 그러므로 우리는 여기서 타자와 나 자신 사이의 원칙적인 구별을 다시 발견한다. 이 구별은 우리 몸의 외면성에서 오는 것이 아니라 오히려 우리들 각자가 내면성으로 존재한다는 사실, 그리고 내면성의 타당한 인식은 내면성에서만 이루어진다는 사실에서 유래하는 것이다. 그렇다면 타자가 스스로 인식하는 대로, 다시 말해 타자가 있는 그대로, 타자를 '인식하는' 것은 원칙상 전적으로 불가능하다. 후설은 한편으로는 그것을 이해하고 있었다. 왜냐하면 그는 타자가 우리의 구체적인 경험에 나타나는 '타자'를 하나의 '부재'로서 정의하고 있기 때문이다.

그러나 적어도 후설의 철학에서는, 부재에 대해 완전한 직관을 가지는 것이 어떻게 가능할 것인가? 타자는 공허한 지향의 대상이다. 타자는 원리적으로 우리에 대해 자기를 거부하고 달아나 버린다. 남아 있는 유일한 실재는, 그러므로 '나의' 지향의 실재이다. 타자는 그것이 구체적으로 나의 경험 속에 나타나는 한에서, 타자를 향하는 나의 목적에 대응하는 공허한 노에마이다. 타자는 그것이 하나의 초월적 개념으로 나타나는 한에서, 내 경험의 통일적이고 구성적인 조작의 하나의 총체이다. 후설은 유아론자(唯我論者)에게 대답하기를, 타자의 존재는 세계의 존재—이 경우에 세계 속에 나의 심리-물리적 존재를 포함하고 있다—와 똑같이 확실하다고 한다. 하지만 유아론자도 다른 얘기를 하는 것이 아니다. 유아론자는 이렇게 말할 것이다. "타자의 존재는 세계의 존재와 마찬가지로 확실하지만, 세계의 존재 이상으로 확실한 것은 아니다." 그리고 이렇게 덧붙일 것이다. "세계의 존재는 내가 거기서 얻는 인식에 의해 측정되며, 타자의 존재에 대해서도 마찬가지일 것이다."

나는 전에는 후설에 대해 그의 선험적 '자아'의 존재를 거부함으로써 유아론에서 벗어날 수 있다고 생각했다.[9] 당시에 내 생각으로는, 내가 나의 의식에서 그 주제를 제거한 만큼, 나의 의식에는 타자에 비해 특권을 가질 아무것도 남아 있지 않을 것으로 여겨졌다. 그러나 사실은 나는 하나의 선험적 주관의 가설이 무익하고 유해하다고 확신하고 있었지만, 그런 선험적 주관을 폐기했다고, 타자의 존재에 대한 문제가 한 걸음이라도 전진하는 것은 아니다. 설령 경험적 자아의 밖에는 이 자아'에 대한' 의식—다시 말해 주제가 없는 하나

---

*9 원주.《자아의 초월성》,《철학연구》1937년.

의 선험적 분야—외에는 아무것도 없다 하더라도, 또한 타자에 대한 나의 긍정은 세계의 저편에 하나의 비슷한 선험적 분야가 존재하지 않으면 안 된다는 것을, 요청하고 요구한다. 따라서 유아론을 면하는 유일한 길은, 이 경우에도 나의 선험적 의식이, 자신의 존재 자체에 있어서 마찬가지로 선험적인 다른 수많은 의식의 세계외적인 존재에 의해 영향 받고 있다는 것을 입증하는 것이다. 그런데 후설은 존재를 의미계열로 환원해 버렸으므로, 나의 존재와 타자의 존재 사이에 후설이 세울 수 있었던 유일한 연관은 '인식'의 연관이다. 그러므로 그는 칸트와 마찬가지로 유아론에서 벗어날 수 없을 것이다.

연대적인 순서의 규칙을 도외시하고, 일종의 무시간적 변증법의 규칙을 따른다면, 헤겔의《정신현상학》제1권에서 이 문제에 제안한 해결책은, 우리에게 있어서 후설이 제공하는 해결책 위에 중요한 한 걸음을 전진한 것처럼 생각될 것이다. 사실 타자의 나타남이 불가결한 것은, 이미 세계의 구성과 나의 경험적 '자아'의 구성에 있어서가 아니라, 오히려 자기의식인 나의 의식의 존재 자체에 있어서이다. 사실 자기의식으로서의 한에서 '나(Moi)'는 스스로 자기를 파악한다. '나=나(moi=moi)', 또는 '나는 나다(Je suis je)'라는 동등성은 바로 이 사실을 표현한 것이다. 우선 먼저, 이 자기의식은 그 자신과의 단순한 동일성이며, 단순한 대자존재(existence pour soi(Für-sich-dasein))이다. 이 자기의식은 자기 자신에 대한 확실성을 가진다. 그러나 이 확실성은 아직 진리를 결여하고 있다. 사실 그 자신의 대자적 존재가 이 자기의식에 대해 독립적인 대상으로서 나타나는 한에서만, 이 확실성은 참된 확실성이 될 것이다. 그러므로 자기의식은, 처음에는 하나의 주관과, 이 주관 자체이고 아직 대상화되지 않은 하나의 대상과의 사이의, 진리를 가지지 않은 혼합적인 관계로서 존재한다. 자기의식의 충동은 모든 면에서 자기 자신을 의식하게 됨으로써 자기의 개념을 이루는 데 있으므로, 이 자기의식은 자기에게 대상성과 분명한 존재를 부여함으로써, 외면적으로 자기에게 타당성을 주려고 한다.

여기서 문제가 되는 것은 '나는 나다'를 전개하여 스스로 자기를 대상으로 만들고, 그리하여 발전의 궁극적인 단계에 이르는 것이다—궁극적인 단계는 물론 다른 의미에서는 의식 생성의 원동력이다—더욱이 이 단계는 자기의식 일반이며, 이 자기의식 일반은 온갖 다른 자기의식개체 속에 자기를 재인하고, 그런 것과 똑같은 동시에 자기 자신과도 똑같다. 매개자는 '타인'이다. 타인은 나 자신과 함께 나타난다. 자기의식은 모든 타인을 배제함으로써 그 자신과 똑같기 때문이다. 그러므로 최초의 사실은 의식개체의 다수성이고, 이 다수성은 이중의 상호적인 배제관계라는 형태로 이루어진다. 여기서 우리는 방금 우리가 요구한 내면성에 의한 부정의 유대에 직면한다. 외적이고 즉자적인 어떤 무(無)도 나의 의식을 타자의 의식에서 분리하지는 않는다. 오히려, 내가 타인을 배제하는 것은 '나로 있다'는 사실 자체에 의해서이다. 즉, 타인은 그가 자기로 있음으로써 '나를 배제하는 자'이며, 나는 나로 있음으로써 '내가 배제하는 자'이다. 수많은 의식개체는 그런 존재의 상호적인 고기비늘 같은 형상 안에서 서로 직접적으로 의존하고 있다. 이 일에서 우리는, 동시에, 타인이 어떻게 해서 나에게 나타나는지를 규정할 수 있다.

요컨대 타인은 나와는 다른 자이다. 따라서 그는 비본질적 대상으로서 부정성(否定性)이라는 성격을 가지고 주어진다. 그러나 이 타인은 또한 하나의 자기의식이다. 그런 것으로서 타인은, 생명의 존재에 급급한 하나의 평범한 대상으로서 나에게 나타난다. 또 내가 타인에게 나타나는 것도 마찬가지로 구체적·감각적·직접적인 존재로서이다. 헤겔은 이 경우에 나(코기토에 의해 파악된 나)에게서 타인을 향하는 일의적(一義的)인 관계의 지반에 서는 것이 아니라, 오히려 '한쪽의 다른 쪽에 의한 자기파악'으로서 정의하는 상호적인 관계의 지반 위에 서 있다. 사실 각자가 절대적으로 자기에 있어서 존재하는 것은, 다만 그가 타자에 대립하는 한에서이다. 각자는 타인에 대해, 타인과 마주하여, 개인이라고 하는 자기의 권리를 주장한다. 그래서 코기토 그 자체는, 철학에 있어서 출발점이 될 수는 없을 것이다. 코기토는 사실 내가 나에게 있어서 개인으로서 나타나는 결과로만 생겨날 수 있을 것이고, 그런 나타남은 타인의 승인에 의해 조건이 부여되어 있다. '타인'의 문제가 코기토에서 출발하여 세워지기는커녕, 그 반대로 코기토를 '내'가 대상으로서 자기를 파악할 때의 추상적인 계기(契機)로서 가능하게 하는 것은 타인의 존재이다. 그래서 헤겔이 '타자에 있어서의 존재(대타존재)'라고 이름지은 '계기'는 자기의식의 발전의 필연적인 한 단계이다. 내면성의 길은 타인을 거친다. 그러나 타인은 그가 다른 하나의 '나', 즉 나에게 있어서의 대상인 하나의 '나'인 한에서만, 그리고 거꾸로 그가 나의 '나'를 반영하는 한에서, 다시 말해 나에게 있어서 대상으로 있는 한에서만, 나에게 있어서 관계를 가진다.

나는 저편에서 '타인' 속에서만 나에게 있어서 대상으로 있지만, 내가 처해 있는 이 필연성 때문에 나는 타인으로부터 나의 존재를 승인받지 않으면 안 된다. 그러나 만일 나의 '대자적' 의식이 하나의 다른 의식개체에 의해 매개되어 그 자신이 되는 것이라면, 내 의식의 대자존재는—따라서 일반적으로 내 의식의 존재는—타인에게 의존하는 것이 된다. 내가 타인에게 나타나는 대로, 나는 존재한다. 또, 타인은 그가 나에게 나타나는 대로 존재하는 것이고, 나의 존재는 타인에게 의존하므로 내가 나에게 나타나는 방식—다시 말해 나의 자기의식이 발전하는 계기—은 타인이 나에게 나타나는 방식에 의존한다. 타인에 의한 나의 승인의 가치는 나에 의한 타인의 승인의 가치에 의존한다. 그런 뜻에서 타인이 나를 하나의 몸에 묶여 있는 자, '생명'에 급급한 자로서 파악하는 한에서, 나는 나 스스로 '한 사람의 타인'일 뿐이다. 타인에게 나를 깨닫게 하기 위해서 나는 나 자신의 생명을 걸고 위험을 무릅써야만 한다.

사실 자기의 생명을 위험에 노출하는 것은, 자신이 대상적인 형태 또는 어떤 한정된 존재에 묶여 있지 않다는 것, 다시 말해 생명에 얽매여 있지 않다는 것을 타인에게 보여 주는 일이다. 그러나 그것과 동시에 나는 타인의 '죽음'을 추구한다. 달리 말하면 내가 다만 타인일 뿐인 한 사람의 타인에 의해, 즉 그 본질적인 성격이 한 사람의 타인을 위해서만 존재하는 하나의 종속적 의식개체에 의해 나를 매개시키고자 한다. 그것은 내가 나의 생명을 걸고 나서는 바로 그 순간에 일어날 것이다. 왜냐하면 나는 타인에 대항하는 투쟁에서 나의 감각적 존재를 '위험에 노출함으로써' 이것을 무시한 것인데, 타인은 반대로 생명과 자유에 집착함으로써, 그가 대상적인 형태에 묶여 있지 않은 자로서 처신할 수 없었음을 드러내기 때문이다. 그러므로 그는 여전히 외적인 사물 전반에 묶여 있다. 그는 나에게 있어서도 그 자신에게 있어서도 '비본질적'인 것으로 나에게 나타난다. 그는 '노예'이고 나는 '주인'이다. 그에게 있어서 본질로 있는 자는 나이다. 그리하여 '주인-노예'의 유명한 관계가 나타난다.

이것은 나중에 마르크스에게 매우 깊은 영향을 끼치게 되었다. 우리는 이 관계의 세부까지 파고들 필요는 없다. 우리에게는 '노예'는 '주인'의 '진리'라는 것을 지적하는 것만으로 충분하다. 그러나 이 일방적이고 불평등한 승인은 불충분한 것이다. 왜냐하면 노예의 자기 확신의 진리는 '주인'에게 있어서는 비본질적인 의식이기 때문이다. 따라서 주인은 진리인 한에서의 대자존재에 대해 확신하고 있는 것은 아니다. 이 '진리'가 이룩되기 위해서는 '주인이 노예에 대해 하는 것을 주인이 자기에게 하고, 노예가 자기에 대해 하는 것을 노예가 주인에게 하는 하나의 계기'[10]가 필요할 것이다. 그때가 되어서야 비로소, 다른 수많은 자기의식개체 속에 자신을 재인하고 또 그것과도 자기 자신과도 똑같은, 자기의식 일반이 나타날 것이다.

그러므로 이 경우, 헤겔의 천재적인 착상은, 나를 '나의 존재에 있어서' 타인에게 의존하게 하는 점이다. 그의 말에 의하면, 나는 한 사람의 타인에 의해서만 대자적으로 존재하는 하나의 대자적 존재이다. 그러므로 타인이 나에게 침입해 들어오는 것은 나의 핵심에 대해서이다. '자기의식은 그것이 다른 하나의 자기의식 속에서 자신의 반향(및 자신의 반영)을 아는 한에서만 현실적인 자기의식'[11]이므로, '타인'은 내가 나 자신을 의심하지 않는 한, 의심받을 수 없을 것이다. 그리고 의문 자체가 대자적으로 존재하는 하나의 의식을 품고 있으므로, 타인의 존재는 데카르트의 경우에 나의 존재가 방법적 의문을 조건짓는 것과 같은 자격으로, 타인의 존재를 의심하려는 나의 시도에 조건을 부여한다. 이리하여 유아론은 결정적으로 전투력을 빼앗긴 것처럼 보인다. 후설에서 헤겔로 넘어감으로써 우리는 매우 빠른 진보를 이룩했다. 첫째, 타자를 구성하는 부정은 직접적이고 내적이며 상호적이다. 둘째, 이 부정은 각각의 의식을 그 존재의 가장 깊은 내부를 엄습하여 상처를 준다. 문제는 내적 존재의 수준, 즉 보편적이고 선험적인 '나(주어)'의 수준에 제기된다. 마지막으로 나의 본질적 존재에 있어서 나는 타자의 본질적 존재에 의존한다. 그리고 나 자신에게 있어서의 나의 존재를 타자에게 있어서의 나의 존재에 대립시키는 것이 아니라, 대타존재(l'être-pour-autrui)가 나 자신에게 있어서의 나의 존재에 대한 필요조건으로서 나타난다.

그렇다고 해도 이 해결책은 그 폭넓은 넓이에도, 또 세심하게 논의되고 있는 '주인과 노예'의 풍부하고 심오한 이론에도, 과연 우리를 만족시켜 줄 것인가?

확실히 헤겔은 온갖 의식개체의 존재에 대한 문제를 제기했다. 그가 연구한 것은 대자존재와 대타존재이며, 그는 각각의 의식이 타인의 의식의 실재성을 포함하는 것이라고 생각하고 있다. 그러나 이 존재론적 문제가 처음부터 끝까

---

[10] 원주.《정신현상학(Phénoménologie de l'Esprit)》p.148. Edition Cosson.
[11] 원주.《프로페도이티크(Propedeutik)》전집 제1판 p.20.

지 인식의 용어로 표현되어 있는 것 또한 확실하다. 의식 서로 간의 투쟁의 원동력은 각각의 의식이 각각 자기의 확신을 '진리로' 변형시키려 하는 노력에 있다. 또 널리 알려진 것처럼, 이 진리는 나의 의식이 타인의 의식에 있어서의 '대상'이 되는 동시에, 타인의 의식이 나의 의식에 있어서의 '대상'이 되는 한에서만 이룩될 수 있다. 그러므로 '타인은 어떻게 해서 나에게 있어서의 대상이 될 수 있는 것인가?'라고 하는 관념론에 의해 제기된 물음에 대해, 헤겔은 여전히 관념론의 지반에 서서 이렇게 대답한다. 하나의 '내'가 존재하고 있고 이 '나'에게 있어서 '타인'이 진실로 대상으로 있는 것은, 한 사람의 '타인이' 존재하고 있고 그에게 있어서 '내'가 대상으로 있기 때문이다. 여기서 존재의 척도가 되는 것은 또한 인식이다.

헤겔은 궁극적으로 '대상—존재'로 환원될 수 없는, 하나의 대타존재가 있을 수 있다는 것은 생각해 보지도 않는다. 그러므로 이런 모든 변증법적 단계를 통해 자기를 해방시키려고 애쓰는 보편적인 자기의식은, 그 자신이 인정하고 있듯이, '나는 나다'라는 하나의 단순하고 공허한 형식으로 환원될 수 있다. 그 자신이 말하는 바에 의하면, '자기의식에 대한 이 명제에는 모든 내용이 결여되어 있다.'[*12] 그리고 다른 대목에 의하면 '(그것은) 절대적인 추상의 과정으로, 이런 절대적 추상은 모든 직접적인 존재를 뛰어넘는 곳에 있으며, 그 자신과 똑같은 의식의 완전히 부정적 존재에 귀착한다.' 이 변증법적인 상극(相剋)의 종국 그 자체, 즉 보편적인 자기의식은 그 유위전변(有爲轉變)의 한복판에서도 풍부해지지는 않았다. 반대로 이 보편적인 자기의식은 모조리 빼앗겼다. 이런 자기의식은 '나는 타인이 나를 나 자신으로서 알고 있음을 알고 있다'는 것일 뿐이다. 물론 이것은 절대적 관념론에 있어서는 존재와 인식이 똑같기 때문일 것이다. 그러나 이런 동일화는 우리를 어디로 데리고 갈 것인가?

가장 먼저, 이 '나는 나다'라고 하는 동일성의 단순한 보편적 공식은, 우리가 이 책의 머리글에서 기술하려고 시도한 구체적인 의식과는 아무런 공통점도 가지고 있지 않다. 우리가 그때 확인한 것처럼, 자기(에 대한) 의식의 존재는 인식 용어로는 정의될 수 없다. 인식은 '반성'과 함께 시작되는데, '반사—반사하는 것'의 희롱은 비록 암암리이기는 하지만 한 쌍의 '주관—객관'이 아니다.

---

*12 원주. 앞의 책 p.20.

'반사-반사하는 것'의 희롱은 '그 존재에 있어서' 어떤 초월적 의식에도 의존하지 않는다. 오히려 그 존재방식은 바로 자기 자신에게 있어서 문제라는 것이다. 다음에 우리는 이 작품의 제2부 제1장에서 반영과 반영하는 것의 관계는 결코 하나의 동일성의 관계가 아니며, 헤겔의 '나=나' 또는 '나는 나다'로 환원될 수는 없다는 것을 보여 주었다. 반사는 자기를 반사하는 것으로 있지 않게 만든다. 거기서는 자기 존재에 있어서 자기를 무화하는 하나의 존재, 자기 자신과 융합하여 '자기(soi)'가 되도록 애써 봐도 아무 소용없는 하나의 존재가 문제이다. 만일 참으로 이 기술이 의식이라는 근원적인 사실을 이해할 수 있게 하는 유일한 기술이라면, 헤겔은 그가 자기의식에 상당하는 것으로서 들고 나오는 '나'의 이런 추상적 이중화를 설명할 수 없게 될 것이다.

끝으로 우리는 비반성적인 순수의식에서 이것을 애매하게 만들고 있는 선험적인 '나'를 성공적으로 몰아낼 수 있었다. 그리고 우리는 개인적인 존재의 근거인 자기성(自己性, ipséité)이, 하나의 '자아(Ego)' 또는 이런 자아의 그 자신에 대한 하나의 지향(renvoi)과는 완전히 다른 것임을 보여 주었다. 그러므로 의식을 선험적 자아론의 용어로 정의하는 것은 문제가 될 수 없을 것이다. 요컨대 의식은 구체적이고 또한 '독특한' 하나의 존재이고, 동일성이라고 하는 추상적이고 부조리한 하나의 관계는 아니다. 의식은 자기성이고, 불투명하고 쓸모없는 '자아'의 자리는 아니다. 의식의 존재는 선험적인 반성을 통해 이를 수 있는 것이다. 그리고 타자에게 의존하지 않는 의식에 대한 하나의 '진리'가 있는데, 이 진리는 타자에 의존하지는 않지만, 의식의 '존재' 자체는 인식에 의존하지 않으므로 인식상의 '진리'에 앞서서 존재한다. 이 입장에서는 소박한 실재론의 경우처럼 진리의 척도는 존재이다. 왜냐하면 하나의 반성적 직관의 진리는 존재와 그것의 일치에 따라서 측정되기 때문이다. 다시 말해 의식은 인식되기 이전에 '그곳에 존재하고 있었다.' 그러므로 의식이 타자의 면전에서 자기를 주장하는 것은, 의식이 자기의 존재를 인정해 주기를 요구하기 때문이지, 하나의 추상적 진리를 인정해 주기를 요구하기 때문이 아니다.

사실 주인과 노예의 그 치열하고 위험한 투쟁이 '나는 나다'라고 하는 빈약하고 추상적인 공식(公式)의 승인을 유일한 판돈으로 걸고 있다는 것은 도무지 이해가 가지 않는다. 또한 최후에 이를 목표가 보편적인 자기의식, 다시 말해 '존재하는 자기의, 자기에 의한 직관'이라고 한다면, 맨 처음에 이 투쟁 자체 속에 뭔가 속임수가 있는 것이 틀림없다. 다른 모든 경우와 마찬가지로 이 경우에도, 헤겔에 대해 개별자로서의 한에서 개별자의 복권요구를 대변하는 키르케고르를 대치시키지 않으면 안 된다. 개별자가 요구하는 것은 개별자로서의 자기완성이다. 개별자는 자기의 구체적인 존재의 승인을 요구하는 것이지, 보편적인 구조의 객관적 설명을 요구하는 것이 아니다. 물론 내가 타자에게 요구하는 '권리'는 '자기'의 보편성을 전제로 한다. 즉, 인격을 존중하기 위해서는 나의 인격을 어떤 보편적인 것으로 인정하는 것이 필요하다. 그러나 이 보편적인 것 속에 흘러들어 그것을 채우는 것은 나의 구체적이고 개별적인 존재이다. 내가 권리를 요구하는 것은 이 '현'존재(être-là)를 위해서이다. 여기서는 개별자가 보편자의 지주요 근거가 된다. 이 경우에 보편자는, 그것이 개별자'를 위해' 존재하는 것이 아니면 아무런 의미를 가질 수 없을 것이다.

존재와 인식을 이렇게 동일시하는 것에서, 더욱 많은 오류와 불가해한 일이 일어난다. 우리는 여기서 그런 것들을 두 조항으로 정리할 것이다. 다시 말해, 우리는 헤겔에 대해, 그리고 그의 낙관론을 근거로 이중의 고발을 제기할 것이다.

첫째로, 헤겔은 인식론적인 낙관론 때문에 실수를 범한 것으로 생각된다. 사실 그가 보는 바에 의하면, 자기의식의 '진리'는 나타날 수 있다. 다시 말하면 타자에 의한 나의 승인과 나에 의한 타자의 승인이라는 명목으로, 하나의 객관적 일치가 의식개체들 서로 간에 나타낼 수 있다. '타자가 나를 자기 자신으로서 알고 있다는 것을 나는 알고 있다'고 하는 이 승인은 동시적이고 상호적일 수 있다. 이 승인은 진리에 있어서 자기의식의 보편성을 만들어 낸다. 그러나 타자의 문제의 정확한 파악은 보편적인 것으로의 그런 이행을 불가능하게 만든다. 사실, 만일 타자가 나에게 나의 '자기'를 나에게 가리키는 것이라면, 적어도 변증법적인 발전의 종국에 있어서는, '내가 그에게 있어서 있는 그대로의 것', '그가 나에게 있어서 있는 그대로의 것', '내가 나에게 있어서 있는 그대로의 것', '그가 그에게 있어서 있는 그대로의 것' 사이에 하나의 공통되는 척도가 있어야 한다. 확실히 이런 동질성은 출발점에서는 존재하지 않는다. 헤겔도 그것은 인정하고 있다. '주인—노예'의 관계는 상호적인 관계가 아니다. 하지만 헤겔은 상호관계가 세워질 수 있다고 그는 주장한다. 왜냐하면 사실, 그는 출발점에 있어서 '대상성'과 '생명' 사이에 하나의 혼동—일부러 그렇게 만든 것처럼 보일 정도로 교묘한 혼동——을 일으키고 있기 때문이다.

헤겔에 의하면 타인은 나에게 대상으로서 나타난다. 그런데 이 대상은 타인에 있어서의 '나'이다. 또 헤겔은 이 대상성을 더욱 잘 정의하기 위해 거기에 세 가지 요소를 구별한다.[13] "한쪽의 다른 쪽에 있어서의 이런 자기파악은, (1) 자기와의 동일성의 추상적인 계기(契機)이다. (2) 그런데도 또한 각자는 외적 대상으로서의 한에서, 그리고 직접적인 구체적·감각적 존재로서의 한에서 타인에 대해 나타나는, 이런 특수성을 가지고 있다. (3) 각자는 절대적으로 자기에게 있어서 존재하고, 타인에 대립하는 한에서 개별적이다. ……" 이와 같이, 자기와의 동일성의 추상적인 계기는 타인의 인식 속에 주어진다. 이 계기는 전체적인 구조의 다른 두 계기와 함께 주어져 있다. 그러나 종합의 철학자로서는 기묘하게도, 헤겔은 이런 세 가지 요소가 분석에 저항하는 하나의 새로운 형태를 구성하는 방법으로 서로 작용하고 있지 않은지에 대해서는 문제삼지 않았다. 그는 《정신현상학》 속에서 자신의 입장을 밝히면서, 타인은 우선 비본질적인 것(이것이 위에 든 제3의 계기의 의미이다)으로서, 그리고 '생명의 존재에 급급한 의식'으로서 나타난다고 말했다. 그러나 여기서는 추상적인 계기와 '생명'의 단순한 공존이 문제가 된다.

그러므로 나 자신이든 타인이든, 우리가 우리의 생명을 위험에 노출시키기만 하면 그것으로 충분하며, 우리는 위험에 몸을 내던지는 이 행위 자체에 있어서 생명과 의식의 분석적인 분리를 이룰 수 있다. "각자의 의식에 있어서 타인이 무엇인가 하는 것은, 타인에 있어서 각자의 의식이 무엇인가 하는 것이다. 각자의 의식은 그 자신 안에서, 자기 나름대로 자신의 작용에 의해, 또 타인의 작용에 의해 대자존재의 이 순수한 추상을 이룩한다. ……자기의식의 순수한 추상으로서 자기를 나타내는 것은, 자기의 객관적 형태의 순수한 부정으로서 자기를 보여 주는 것이고, 어떤 한정된 존재에도 묶여 있지 않은 것으로서 자기를 보여 주는 것이며, ……생명에 묶여 있지 않은 자로서 자기를 보여 주는 것이다."[14] 물론 헤겔은 더 뒤에 가서 말할 것이다. "자기의식은 죽음의 위험을 무릅쓰는 이 경험을 통해 자신에게는 생명도 순수한 자기의식도 다 같이 본질적인 것임을 알게 된다"고. 그러나 이것은 매우 다른 관점에서 하는 말이며,

---

*13 원주. 앞의 책 p.18.
*14 원주. 《정신현상학》 p.143.

그럼에도 불구하고 마찬가지로 나는 타인에게 있어서 그 '생명'과 자기의식의 순수한 '진리'를 언제든지 분리시킬 수 있다. 그리하여 노예는 주인의 자기의식을 파악한다. 노예는 주인의 '진리'이다. 그렇다 해도 우리가 이미 살펴본 것처럼, 이 진리는 아직 결코 완전하지는 않다.

하지만 '타자는 원리적으로 대상으로서 나에게 나타난다'고 말하는 것과, '타자는 어떤 특수한 존재에 묶여 있는 자이며, "생명"에 급급한 자로서 나에게 나타난다'고 말하는 것은 같은 것일까? 이 경우, 만일 우리가 단순한 논리적 가정의 차원에 머문다면, 우리가 가장 먼저 깨닫게 되는 것처럼, 타자는 과연 하나의 의식에 대해 대상이라는 형태로 주어지기는 하지만, 이 대상은 반드시 살아 있는 몸이라고 불리는 이 우연적인 대상에 묶여 있는 것은 아니다. '사실상'으로 말하면 우리의 경험은 살아 있는 의식적인 개별자들만을 우리에게 보여 준다. 그러나 권리상으로 말하면 당연히 인정하지 않으면 안 되는 일이지만, 타자가 나에게 있어서 대상인 것은 그가 타자이기 때문이지, 그가 하나의 대상—몸에 따라 나타나기 때문이 아니다. 그렇지 않으면 우리는 위에서 말한 공간화의 착오에 다시 빠지고 말 것이다. 그러므로 타자로서의 한에서 타자에게 본질적인 것은 대상성이지 생명이 아니다. 본디 헤겔은 이 논리적 확인에서 출발했다. 그러나 하나의 의식과 생명의 연관이 '자기의식의 추상적인 계기'를 그 본성에 있어서 조금도 왜곡시키지 않고, 이 계기로 하여금 거기에 잠긴 채, 항상 발견될 수 있는 상태로 머물러 있게 하는 것이 참이라 해서, 대상성에 대해서도 같은 말을 할 수 있을까? 달리 말하면, 우리는 하나의 의식이 인식되기 전에 '존재한다'는 것을 알고 있는 이상, 하나의 인식된 의식은 그것이 인식된다는 사실 그 자체에 의해서는 전면적으로 변양(變樣)되는 일이 없다고 할 수 있을 것인가? 하나의 의식에 있어서 대상으로서 나타나는 것 또한 의식으로 있는 것일까? 이 물음에 대답하는 것은 쉬운 일이다.

즉 자기의식의 존재는 '자신의 존재에 있어서 자신의 존재가 문제인 존재'이다. 다시 말하면, 의식은 순전한 내면성이다. 의식은 끊임없이 자신이 있어야 하는 하나의 '자기'에 대한 지향이다. 의식의 존재는, '의식은 그것이 있지 않은 것으로 있고, 그것이 있는 것으로 있지 않은 존재방식으로, 이 존재"로 있다"'는 것에 의해 정의된다. 그러므로 의식의 존재는 모든 대상성의 철저한 배제이다. 즉 나는 나 자신에게 있어서 대상으로 있을 수 없는 자이며, 자기에 대해서는 대상이라는 형태의 존재를 생각해 볼 수조차 없는 자이다(다만 반성적인 표리(表裏)의 면에서는 사정이 다르다—그러나 우리가 이미 살펴본 것처럼, 반성은 그 자신에게 있어서 대상으로 있을 수 없는 존재의 갈등이다). 그 이유는 후퇴의 결여나 지적(知的)인 선입관, 또는 나의 인식 위에 정해져 있는 한계 따위에 의한 것이 아니라, 오히려 대상성이 하나의 명백한 부정을 요구하기 때문이다. 즉 대상은 '내가 나로 하여금 그것으로 있지 않도록 할 때의 바로 그것'이지만, 이에 비해 나 자신 쪽은, '내가 나로 하여금 그것으로 있도록 할 때의 바로 그것'이다. 나는 도처에서 나를 쫓아간다.*15 나는 나한테서 달아날 수가 없다. 나는 나를 뒤에서 다시 붙잡는다. 그리고 설사 내가 나를 대상으로 만들려고 시도한다 해도, 이미 나는 내가 그것으로 있는 이 대상의 핵심에 있어서 나로 있을 것이며, 또 이 대상의 바로 중심부에서 나는 그것을 쳐다보는 주관으로 있지 않으면 안 될 것이다.

더욱이 이것은, '내가 나에게 있어서 대상으로 있기 위해서는 타인의 존재가 필요하다'고 말했을 때, 그 자신이 예감하고 있던 것이다. 그렇지만 헤겔은 자기의식을 나타내는 데, '나는 나다'로 자기의식을 자기인식과 동일시했으므로, 이런 최초의 확인에서 이끌어 내야 하는 귀결을 놓쳤다. 그 까닭은 헤겔이 의식 자체 속에, 미리 잠재적인 대상이라고도 할 수 있는 무언가를 끌어들여, 나중에 타자가 이 잠재적인 대상을 변양시키지 않고 다만 꺼내기만 하면 되도록 해 두었기 때문이다. 그러나 만일 그야말로 '대상으로 있는 것(être objet)'이 '나로 있지 않는 것(n'être-pas-moi)'이라면, 하나의 의식에 있어서 대상으로 있다는 사실은, 의식을 그것이 자기에게 있어서 (대자적으로) 있는 것에서가 아니라, 타자에 대한 그 나타남에 있어서 근본적으로 변양시킨다. 타자의 의식은 내가 단순히 상기할 수 있는 데 머무는 것으로, 이 사실에서 타자의 의식은, 단순한 주어진 것으로 나에게 나타나는 것이며, '나로 있어야 하는 것'은 아니다. 타자의 의식은 보편적인 시간 속에서, 즉 수많은 시점(時點)의 근원적인 분산 속에서 나에게 넘어오는 것이지, 타자 자신의 시간화의 통일에 있어서 나에게 나타나는 것이 아니다. 왜냐하면 자기 자신의 시간화 속에 나에게 나타날 수 있는 유일한 의식은 '나의 의식'이기 때문이다. 그리고 나의 의식은 모든 객관성을

---

*15 Je me suis를 일역에서는 être 동사로 보고 '나는 나를 존재한다'고 번역했지만, 나는 suivre로 보고, '나는 나를 쫓아간다'고 해석한다. 영역도 나와 같은 의견으로 pursue라고 번역했다.

포기해야지만 나에게 나타날 수 있다.

요컨대 '대자'는 타자에 의해 대자로서 파악될 수 없는 것이다. 내가 타자라는 이름으로 파악하는 대상은 근본적으로 '타(他)'라는 형태로 나에게 나타난다. 타자는 대자적으로는 그가 나에게 나타나는 식으로 있는 것은 아니다. 나는 내가 '타자에게 있어서(대타적으로)' 있는 것처럼, 나에게 나타나지는 않는다. 나는 대타적으로는 내가 타자에게 있어서 있는 것처럼, 나를 파악할 수도 없고, 나에게 나타나는 대상—타자에서 출발하여 타자가 대자적으로 무엇인가를 파악할 수도 없다. 그렇다면 '나에게 있어서의, 또 나(에 대한), 나의 의식(나의 대아적인 자기의식)'과 '타자에 대한 나의 인식'을, 자기의식이라는 이름 아래 포괄하는 하나의 보편적 개념을, 우리는 어떻게 세울 수 있을 것인가? 그러나 그뿐만이 아니다. 헤겔에 따르면 '타인은 대상이고', '나는 타인 속에서의 대상으로서 나를 파악한다.' 그런데 이 두 가지 주장은 서로를 부순다. 내가 타인 속에서의 대상으로서, 나에게 나타날 수 있기 위해서는, 나는 타인을 주관으로서의 한에서 파악하지 않으면 안 될 것이다. 다시 말해, 나는 타인을 그 내면성에서 파악해야 할 것이다.

하지만 타인이 대상으로서 나에게 나타나는 한에서, 타인에 있어서의 나의 대상성은 나에게 나타날 수 없을 것이다. 물론 나는 대상—타인이 여러 가지 의도와 행위를 통해 '나와 관계를 맺고 있다'는 것을 파악한다. 그러나 타인이 대상이라는 사실 자체에서 타자라는 거울은 흐려지고 아무것도 반영하지 않는다. 왜냐하면 그런 의도와 행위는, 세계의 사물로서, 세계의 시간 속에서 파악되고 확인되고 응시되는 것이며, 나에 대한 대상으로 있는 것에 그 뜻이 있기 때문이다. 그리하여 나는 타인의 여러 가지 의도와 행위가 귀착하는 초월적 성질로서, 나에게 나타날 뿐이다. 그렇지만 바로, 타자의 대상성은, 타자에 대한 나의 대상성을 부수기 때문에, 그런 의도와 행위가 관계하는 귀착점으로서의 나를 내가 파악하는 것은 내적 주관으로서의 한에서이다. 또 나 자신에 의한 나의 이런 파악은 인식용어가 아니라 순수한 의식용어에 있어서 다음과 같이 이해하지 않으면 안 된다.

즉 '나는 나(에 대한) 탈자적인 의식이라는 형태로, 내가 있는 그대로의 것으로 있어야 하므로, 나는 타자를 내 쪽을 지향하는 하나의 대상으로서 파악한다.' 그런 까닭으로, 헤겔의 낙관론은 좌절로 끝난다. 대상—타자와 주관—나 사이에는 어떤 공통의 척도도 존재하지 않는다. 하물며 자기(에 대한) 의식과 타자'에 대한' 의식 사이에서는 더 말할 것도 없다. 만일 타자가 맨 먼저 나에게 있어서의 대상으로 있다면, 내가 타자 속에서 나를 인식하는 것은 불가능하다. 또 내가 타자를 그 참된 존재에 있어서, 다시 말해 그 주관성에 있어서 파악하는 것도 또한 불가능하다. 어떤 보편적 인식도 의식 서로 간의 관계에서는 도출될 수 없다. 이것을 우리는 의식개체들 서로 간의 존재론적 분리라고 부를 것이다.

그러나 헤겔에 있어서는 더욱 근본적인 하나의 다른 형태의 낙관론이 있다. 그것은 존재론적 낙관론이라고 이름 붙여서 마땅한 것이다. 헤겔에 있어서는, 사실 진리는 '전체'의 진리이다. 헤겔은 타인의 문제를 고찰하기 위해 진리의 관점, 다시 말하면 '전체'의 관점에 몸을 둔다. 그러므로 헤겔적인 일원론은 의식개체 서로 간의 관계를 고찰할 때, 어떤 개별적인 의식개체 속에도 몸을 두지 않는다. '전체'는 비록 이루어져야 하는 것이기는 하지만, 전체는 이미 참된 모든 것의 진리로서 거기에 있다. 따라서 헤겔이 '모든 의식은 그 자신과 똑같은 것이므로 타인보다는 다르게 있다'고 말할 때, 그는 온갖 의식개체 밖에 전체 속에 몸을 두고, 절대자의 관점에서 그 의식개체들을 바라보고 있는 것이다. 왜냐하면 '온갖' 의식개체는 전체의 계기들, 즉 그 자신은 '비독립적'인 계기들이기 때문이며, 전체는 온갖 의식개체들 사이의 매개자이기 때문이다. 거기서 인식론적 낙관론에 병행하는 존재론적 낙관론이 나온다. 즉 '다수성은 전체성을 향해 초월될 수 있고, 또 초월되지 않으면 안 된다'는 낙관론이 그것이다. 그러나 헤겔이 이 뛰어넘기의 실재성을 주장할 수 있는 것은 그가 이미 출발점에서 이런 뛰어넘기의 실재성을 자신에게 주었기 때문이다.

사실상 헤겔은 자기 자신의 의식을 망각했다. 그는 전체'로 있다.' 그리고 그런 뜻에서 의식개체들'에 대한' 문제를 그가 그토록 쉽게 해결해 치운 것은, 맨 처음에 헤겔에게 있어서는 그것에 대해 참된 문제가 없었기 때문이다. 헤겔은 사실 자기 자신의 의식과 타자의 의식의 관계를 문제삼지 않았다. 오히려 그는 자기 자신의 의식은 완전히 도외시하고, 단순히 타자의 의식 사이의 관계를 연구했던 것이다. 그런 의식개체는 헤겔에 있어서는 이미 대상이고, 그 본성은 그에 따르면 어떤 특수한 형식의 대상—즉 주관–대상—으로 있는 것이며, 그의 입장인 전체적인 관점에서 본다면, 그런 의식개체들은 그들 서로 간에 엄격하게 같은 가치를 가지고 있고, 이런 의식개체 가운데 어느 것도 다른 의식개체로부터 어떤 개별적인 특권에 의해 분리되어 있는 일이 결코 없다. 그러나 헤겔이 자신을 망각하고 있다 해도, 우리는 헤겔을 잊어버릴 수가 없다. 다시 말하면, 우리는 코기토를 지향하게 된다. 사실 우리가 밝힌 것처럼, 나의 의식의 존재가 엄밀하게 인식으로 환원될 수 없다고 하면, 나는, 하나의 보편적이고 상호적인 관계를 향해 나의 존재를 초월할 수도 없고, 또 거기서 나의 존재와 수많은 타인의 존재를 같은 가치를 지닌 것으로서 바라볼 수도 없다. 그 반대로 나는 '나의 존재 속에' 몸을 두고, 나의 존재에서 출발하여 타자의 문제를 제기하지 않으면 안 된다. 요컨대 유일하게 확실한 출발점은 '코기토'의 내면성이다. 그것은 이런 의미로 해석되어야 한다. "각자는 자기 자신의 내면성에서 출발하여, 이 내면성의 존재 자체를 조건짓는 하나의 초월로서 타자의 존재를 다시 발견할 수 있을 것이다."

그렇다면 필연적으로, 의식개체의 다수성은 원리적으로 초월될 수 없게 된다. 왜냐하면 나는 물론 하나의 '전체'를 '향해' 나를 초월할 수 있지만, 그 '전체' 속에 몸을 두고 나를 바라보는 동시에 타자를 바라보는 것은 불가능하기 때문이다. 그러므로 어떤 논리적 또는 인식론적 낙관론도 의식개체의 다수성이라는 '차질'을 제거할 수는 없을 것이다. 그것을 헤겔이 가능하다고 생각한 것은 그가 자기(에 대한) 의식이라는 이 특수한 존재차원의 본성을 파악한 적이 없기 때문이다. 하나의 존재론이 시도할 수 있는 과업은, 이 '차질'을 기술하는 것이고, 이 '차질'에 존재의 본성 자체 속에서 근거를 부여하는 것이다. 그러나 존재론은 이 차질을 뛰어넘을 수 없다. 과연—우리가 이제부터 살펴보려 하는 것처럼—우리는 유아론(唯我論)을 논파하고, 타자의 존재가 우리에게 분명하고 확실하다는 것을 보여 줄 수 있을지도 모른다. 하지만 비록 우리가 타자의 존재를 '코기토'—즉 나 자신의 존재—의 불가용의적 확실성에 관여하게 한다 하더라도, 우리는 그것만으로는 무언가의 간단자적(間單子的)인 전체성을 향해 타자를 '뛰어넘지'는 못할 것이다. 의식개체들의 분산과 투쟁은 본디대로 머물 것이다. 우리는 다만 의식개체의 분산과 투쟁의 근거, 그리고 그들의 참된 영역을 발견한 것에 머물 것이다.

이 긴 비판은 우리에게 무엇을 가져왔을까? 그것은 오직 다음과 같은 것뿐이다. 유아론이 논파될 수 있다면, 나의 타자에 대한 관계가 무엇보다 먼저, 그리고 근본적으로, 존재와 존재의 관계이고, 인식과 인식의 관계는 아니기 때문이다. 사실 우리가 살펴본 것처럼 후설은, 이런 특수한 경우인데도, 존재를 인식에 의해 측정하려다가 실패했고, 헤겔은 인식과 존재를 동일화하려다가 실패했다. 그러나 우리가 똑같이 인정한 바이지만, 헤겔은 절대적 관념론의 요청에 의해 통찰력이 흐려지기는 했어도 이 논쟁을 참된 수준에 올려놓을 수는 있었다. 하이데거는 그의 《존재와 시간》 속에서 그 선인들의 고찰에서 얻은 바가 있어, 다음과 같은 이중의 필요를 마음속 깊이 담아둔 것으로 보인다. (1) '인간존재' 서로 간의 관계는 하나의 존재관계가 아니면 안 된다. (2) 이 관계는 '인간존재'를 그 본질적인 존재에 있어서 서로 의존하게 하지 않으면 안 된다. 적어도 하이데거의 이론은 이 두 가지 요구에 대답하고 있다. 어려운 문제의 실마리를 풀어 보려고 노력하기보다는, 그것을 일도양단(一刀兩斷 : 칼로 쳐서 두 도막을 내듯 어떤 일을 선뜻결정함)하는, 성급하고 조금 난폭한 방법으로, 그는 당면한 문제에 대해 그저 단순한 '정의'에 의해 대답하고 있다.

　하이데거는 인간존재를 특징짓는 '세계―속―존재' 안에서 몇 가지 계기―물론 이런 계기는 추상에 의하지 않으면 분리될 수 없지만―를 발견했다. '세계(monade(Welt))', '속의―존재(être-dans(In-Sein)', '존재(être(Sein)', 이 세 가지 계기가 그것이다. 그는 '세계'를, '그것을 매개로 하여, 인간존재가, 자신이 무엇인가를 자신에게 알려주는 것'이라고 기술했다. 그는 '속의―존재'를 '심상성(心狀性, Befindlichkeit)' 및 요해(了解, Verstand)'로 정의했다.*16 남은 문제는 '존재'에 대해, 즉 인간존재가 그 세계―속―존재로 있을 때의 존재방식에 대해 얘기하는 것이다. 그것은 'Mit-Sein', 다시 말해 '함께―있음(l'être-avec……)'이라고 하이데거는 말한다. 그리하여 인간존재의 존재 특징은 인간이 다른 사람들'과 함께' 존재한다는 것이다. 여기서는 우연이 문제가 되는 것이 아니다. 내가 '먼저' 존재하고, 다음에 하나의 우연이 나를 타자와 만나게 하는 것이 아니다.

　여기서 문제는 내 존재의 본질적인 구조이다. 그러나 이 구조는 헤겔의 경우

---

*16 심상성(心狀性, Befindlichkeit)과 요해(了解, Verstand) 모두, 현존재의 '세계―속―존재'의 양식(인간존재가 세계 속에 있을 때의 존재방식)을 존재론적으로 표현하는 실존적 범주이다. 다만 전자, 즉 심상성은 현존재의 '피투성(被投性, 인간존재가 세상 속에 내던져져 있다는 사실성)'을 가리키는 데 비해, 요해는 현존재의 기투(企投 : 인간존재가 세계 속에 있어서 스스로 자기를 내던질 때의 존재 가능)를 가리킨다. 심상성은 일반적으로는 Stimmung(기분)이라고 불리는 것에 해당한다.

와는 달라서, 외부로부터 전체적인 관점에서 세워진 것은 아니다. 물론 하이데 거는 의식 자체에 의한 의식의 발견이라는 데카르트적 의미에서의 '코기토'에서 출발하지는 않았다. 하지만 그에게 드러내 보여지는 인간존재, 그가 개념에 의해 그 구조를 정착시키려고 하는 인간존재는 그 자신의 인간존재이다. "현존 재는 그때마다 '나의 현존재'로 있다"고 그는 쓰고 있다. 내가 '타자와 함께하는 존재'를 내 존재의 하나의 본질적인 특징으로 파악하는 것은, 내가 나 자신에 대해 가지고 있는 존재론 이전의 요해를 밝힘으로써 가능하다. 요컨대 내가 타자에 대한 초월적인 관계를 나 자신의 존재의 구성요소로서 발견하는 것은, 앞에서 내가 '세계-속-존재'를 나의 '인간존재'의 척도로서 발견한 것과 마찬가지이다. 그렇게 되면 타자의 문제는 이미 외관상의 문제일 뿐이다.

첫째로, 타자는 이미 내가 세계 속에서 만나는 이러이러한 개별적인 존재가 아니다—나는 이러이러한 개별적인 존재를 만나기 이전에 존재하고 있기 때문에, 그런 개별적인 존재는, 나 자신의 존재에 있어서 불가결한 것일 수는 없을 것이다—오히려 타자는, 나의 존재의 구성에 이바지하는 원심적(遠心的)인 극한이다. 타자는 그가 나를, 나의 외부에서, 나에게서 벗어나는 동시에 나를 한 정하는 구조를 향해, 되던지는 한에서, 나의 존재의 시련이다. 나에 대해 근원적으로 타자를 드러내 보이는 것은 이런 시련이다. 나아가서 타자에 대한 연관의 형식이 변화한 것에 주목하자.

실재론·관념론·후설·헤겔의 경우에는, 의식개체 서로 간의 관계의 형식은 '……에 대하여 있음(l'être-pour)'이었다. 바꿔 말하면, 타자는 그가 나에 '대해' 존재하거나 내가 그에 '대해' 존재하는 한에서 나에게 나타나는 것으로, 나를 구성하기까지 했다. 거기서는 서로 '세계 속에' 나타나는 것이고, 서로 얼굴을 맞대고 있는 것처럼 마주 보고 있는 수많은 의식개체의 상호적 승인이 문제였다. 그런데 '……와 함께 있음'은 매우 다른 뜻을 가지고 있다. '~와 함께'는 나의 인간존재와는 다른 하나의 인간존재가 세계 '한복판'에서 나타남으로써 생기는 승인과 투쟁 같은, 상호관계를 지적하는 것은 아니다. '~와 함께'는 차라리 이 세계의 경영을 위한 일종의 존재론적 연대성을 표현하는 말이다. 타인과 나의 근원적인 연관은 세계 한복판에 '온갖 도구'들 사이에 특수한 대상형태로 나타나는 하나의 '존재적 실재(réalité ontique)'의 경우와는 다르다. 만일 그렇다고 한다면, 그 타인은 이미 퇴락한 것이 되며, 그와 나를 이어주는 관계는 결코 상호성을 얻을 수 없을 것이다.

　타인은 '대상'이 아니다. 타인은 나와의 연관에 있어서 여전히 인간존재이다. 타인이 나를, 나의 존재에 있어서 한정하는 경우에 의지처로 삼는 존재는 '세계–속–존재'로서 파악된 순수한 그 자신의 존재이다―이미 알고 있듯이, '속 (內, dans)'은 '영위한다(colo)', '거주한다(habito)'의 의미로 해석해야 하며, '속에 있다(insum)'는 의미로 해석해서는 안 된다. '세계–속–존재'는 '세계를 따라다니는 것(hanter le monde)'이지, '세계 속에 끈끈이로 붙여져 있는 것(y être englué)'은 아니다―게다가, 타인은 '세계–속–존재'에 있어서 나를 한정한다. 우리의 관계는 '정면으로부터'의 대립이 아니라, 오히려 '측면으로부터'의 상호의존이다. 다시 말해, 내가 나의 인간존재를 위해 이용하는 도구복합으로서, 하나의 세계를 존재하게 하는 한에서, 나는 하나의 다른 존재에 의해, 나의 존재에 있어서 나를 한정시키고 있지만, 이 '하나의 다른 존재'는, 그 자신의 인간존재를 위한 도구복합으로서 똑같은 세계를 존재하게 한다. 그리고 이 '……와 함께 있음'을 병립관계로 해석하고, 그것이 나의 존재에 의해 수동적으로 받아들여진다고 생각해서는 안 될 것이다.

　하이데거에게 있어서 '존재한다'는 것은 '자기 자신의 가능성으로 있는 것'이고, '자기를 존재시키는 것'이다. 그러므로 '존재한다'는 것은 '내가 나를 존재시킬' 때의 하나의 존재방식이다. 바로 그러므로, 내가 자유롭게 내 존재를 본래성 또는 비본래성에 있어서 이루는 한에서, 나는 타자에 대해 나의 존재에 대한 책임자이다. 이를테면 내가 나의 '함께 있는 존재(être-avec(Mit-sein))'를 '사람(on(man))'이라는 형태로 이루는 것은, 전적인 자유에 있어서 하나의 근원적인 선택에 의해 하는 것이다. 그리고 만일 사람들이 나에게, 어떻게 해서 나의 '함께 있는 존재'가 대아적으로 존재할 수 있느냐고 묻는다면, '나는 내가 무엇으로 있는지를 세계를 통해 나에게 알려 준다'고 대답하지 않으면 안 된다. 특히 내가 비본래성의 방식으로, 즉 '사람'이라는 존재방식으로 존재할 때, 세계는 나를, 도구와 도구복합이라는 모습에 있어서 나의 비본래적 가능성의 비인격적인 반영으로서 가리킨다. 이런 도구와 도구복합은 '모두(tout le monde)'의 것이고, 내가 '모두'로 있는 한에서 나의 것이기도 하다. 기성복·교통기관·공원·정원·광장, '누구나' 피난할 수 있도록 되어 있는 방공호 따위가 그것이다. 그러므로 나는 '목적이 되는 누군가(pour qui, Worumwillen)'로서 나를 가리키는 지시적 도구복합에 의해 '누구라도 상관없는 누군가(quiconque(irgendeiner))'로서 나를 알려 준다. 또 비본래적 상태—내가 본래성으로의 회심(回心)을 이루지 않은 한에서, 나의 일상적인 상태인 비본래적 상태—는 나의 '함께 있는 존재'를, 독자적인 인격과, 다른 똑같이 독자적인 수많은 인격의 관계로서가 아니고, '무엇보다도 소중한 존재들'의 상호적인 유대로서도 아니며, 오히려 관계의 어떤 항을 어떻게 바꿔 넣어도 상관없는 하나의 전면적인 교환가능성으로서 나에게 나타내 보인다.

항(項)의 규정은 아직 충분하지 않다. 나는 타인과 대립하고 있는 것이 아니다. 왜냐하면 나는 '내'가 아니기 때문이다. 우리는 '사람'이라는 사회적 통일을 가지고 있다. 수많은 개별적 주관이라고 하는, 교통이 불가능한 면에 문제를 두는 것은, 이만저만한 본말전도(本末顚倒)가 아니어서 세상을 거꾸로 뒤집는 일이었다. 본래성과 개별성은 서로 다툰다. 내가 양심의 부름(Ruf des Gewissens)에 따라 움직이며, 결의(Entschlossenheit)를 가지고 나의 가장 본래적인 가능성으로서의 죽음을 향해 앞서서 달려갈 때만, 나는 나 자신의 본래성으로 있게 될 것이다. 그 순간 비로소, 나는 나 자신에 대해 본래성 속에서 자기를 드러내 보이고, 또 나와 함께 타인들까지 본래적인 것을 향해 높이 올리게 된다.

하이데거의 착상을 가장 잘 상징하는 구체적인 비유는 투쟁의 비유가 아니라 '보트 승무원'의 비유일 것이다. 타인과 나의 의식의 근원적인 관계는 '너'와 '나'가 아니라 '우리'이다. 하이데거가 말하는 '함께 있는 존재'는 어떤 개별자와 다른 하나의 개별자의 명확하고 뚜렷한 대치가 아니고, '인식'도 아니다. 그것은 자신의 동료와 팀워크를 이루는 암묵의 공동존재이다. 다시 말하면 노(櫓)의 리듬 또는 키잡이의 규칙적인 동작들이 노잡이들에게 감지시키는 공동존재이며, 이르러야 하는 공통의 목표, 추월되어야 하는 보트, 시계(視界)에 비치는 전세계(관중, 다른 보트의 속도 등)가 그들에게 드러내는 공동존재이다. 나의 '죽음에의 존재(être-pour-mourir(Sein-zum-Tode))'의 돌연한 드러내 보임이 홀연히 나를 하나의 절대적인 '공통의 고독' 속에 떠오르게 하는 동시에, 다른 사람들도 이런 고독까지 올려놓는 것은, 그런 공동존재의 공통의 지반 위에서이다.

이번에야말로 우리가 원하고 있던 것, 즉 '자신의 존재 속에 타자의 존재를 품고 있는 하나의 존재'가 우리에게 주어졌다. 그러나 우리는 그것으로 만족하지 않는다. 무엇보다, 하이데거의 이론은 찾아내야 할 해결책의 지시를 우리에게 제공해 줄 뿐, 그 해결책 자체를 제공해 주지는 않는다. 비록 우리가 '함께 있는 존재(l'être-avec)'를 '마주 대하고 있는 존재(l'être-pour)'로 대체한 것은 우리도 충분히 인정하지만, 이 대체는 우리에게는 여전히 근거 없는 단순한 주장에 지나지 않는다. 물론 우리는 우리의 존재의 일종의 경험적인 상태—특히 독일인들이 Stimmung(기분)이라는 하는, 프랑스어로는 표현할 수 없는 말로 부르는 상태—를 만나면, 그것이 대립관계보다 오히려 갖가지 의식개체의 공존을 드러내 보여 준다고 생각될 때가 있을 것이다.

그러나 설명되어야 하는 것은 바로 이 공존(coexistence)이다. 어째서 이 공존이 우리의 존재의 유일한 근거가 되는 것인가? 어째서 공존은 다른 사람들과 우리의 관계의 기본적 전형이 되는 것인가? 어째서 하이데거는 '함께 있는 존재'에 대한 이 경험적이고 존재적인 확인에서, 공존을 나의 '세계—속—존재'의 존재론적 구조로서 정립하는 것으로 이행할 권한을 가지고 있다고 스스로 믿었던 것인가? 그리고 이 공존은 어떤 존재유형을 가지고 있는 것인가? '타자'로 하여금 '하나의 타인'이 되게 하고, 타자를 비본질적인 것으로 구성하는 부정은 어디까지 유지되는 것인가? 만일 우리가 이 부정을 전면적으로 폐기해 버린다면 우리는 일원론에 빠지게 되는 것이 아닐까? 그리고 사람들이 타자에 대한 본질적 구조로서 이 부정을 보존해야 한다면, 이 부정이 '대타존재'의 경우에 가지고 있었던 '대립'적인 성격을 잃어버리고, 새롭게 '함께 있는 존재'의 구조 자체인 연대적인 결합이라는 이 성격을 획득하기 위해서는, 이 부정에 어떤 변양을 주어야 하는 것인가? 또, 어떻게 해서, 그런 입장에서, 이를테면 내가 창문에 기대어 길을 걸어가는 사람을 바라볼 때 같은, 세계 속에 있는 타자의 구체적인 경험으로 이행할 수 있을 것인가? 확실히 그 경우, 나는 나를, '인간적인 것의 무차별적인 배경 위에, 나의 자유의 비약에 의해서, 즉 나의 독자적인 가능성의 선택에 의해서 나를 부각시키는 것'으로서 생각하고 싶어질 것이다—그리고 아마도 이 사고방식은 진리의 중요한 부분을 내포하고 있다고 할 수 있으리라. 그러나 적어도 그런 형태에서는, 이 사고방식은 매우 중대한 이론(異論)을 불러일으킨다.

무엇보다 여기서는, 존재론적 관점이 칸트적 주관의 추상적 관점과 다시 합쳐진다. 인간존재'인 것'—비록 그것이 '나의' 인간존재라 하더라도—이 존재론적 구조에 의해 '함께 존재한다'고 말하는 것은, 인간존재가 본성상, 다시 말해 본질적이고 보편적인 자격으로 '함께 존재한다'는 말이다. 이런 단정은, 설령 그것이 입증되었다 할지라도, 그것만으로는 어떤 구체적인 '함께 있는 존재'도 설명할 수 없을 것이다. 달리 말하면 나의 '세계—속—존재'로 나타나는 존재론적 공존은, 예를 들면 나와 피에르의 우정 속에, 또는 안니와 나의 부부관계 속에 나타나는 공존처럼, 하나의 존재적인 '함께 있는 존재'에 있어서는 어떤 근거로서 도움이 될 수 없는 것이다. 사실 증명하게 될 것은, '피에르와 함께 있는 존재' 또는 '안니와 함께 있는 존재'가 나의 '구체적—존재'를 구성하는 하나의 구조라는 것이다. 그러나 하이데거가 서 있는 관점에서는 그것을 증명하는 것은 불가능하다. 존재론적인 차원에서 파악된 '함께'라는 관계 속의 타인은, 직접 마주하고 있을 때의 인간존재, 타인이 그것의 타아(他我)인 인간존재의 경우와 마찬가지로, 사실 구체적으로 규정될 수는 없을 것이다. 이런 타인은 추상적인 하나의 항이고, 따라서 '비독립적'이며, 피에르나 안니라는 '이 타인'이 될 힘을 결코 자기 안에 가지고 있지 않다. 그러므로 '함께 있는 존재'의 관계는 타자를 승인할 때의 심리적이고 구체적인 문제를 해결하는 데, 우리에게 아무런 도움도 줄 수 없을 것이다.

거기에는 교통이 불가능한 두 개의 차원, 따로따로 해결을 필요로 하는 두 가지 문제가 있다. 그것은 하이데거가 일반적으로는 존재론적인 차원에서 존재적인 차원으로, 또 '세계—속—존재'에서 특정한 '이' 도구에 대한 나의 관계에, 더 나아가서 나의 죽음을 나의 가장 본질적인 가능성으로 만드는 나의 '죽음에의 존재'에서, 내가 이러이러한 외적 존재자와의 만남에 의해 입게 될 '이' '존재적인' 죽음으로 이행할 때 느끼는 어려움의 일면일 뿐이라고 말하는 사람들도 있을 것이다. 그러나 이 어려움은 다른 모든 경우에는 어떻게든 은폐될 수도 있을 것이다. 왜냐하면 예를 들어 인간존재와 관계가 있는 죽음의 위협이 도사리고 있는 하나의 세계를 존재하게 하는 것은 다름 아닌 인간존재이기 때문이고, 나아가서, 세계가 존재하는 것은 어떤 상처가 치명적이라고 사람들이 말하는 의미에서 세계가 '치명적(mortel)'이기 때문이다.

하지만 반대로 타자의 문제에 있어서는, 한쪽 차원에서 다른 쪽 차원으로의 이행이 불가능하다는 것이 당장 드러난다. 그것은 사실 그 '세계—속—존재'의 탈자적(脫自的)인 나타남에 있어서 인간존재가 하나의 세계를 존재하게 하지만, 그것만으로는 그 '함께 있는 존재'에 대해, 그것이 또 한 사람의 인간존재를 나타낸다고는 말할 수 없을 것이기 때문이다. 물론 나는 존재로 하여금 '거기에 존재하게(il y a(es gibt)' 하는 존재이다. 그러나 나는 또 한 사람의 인간존재로 하여금 '거기에 존재하게' 하는 존재라고 말할 수 있을 것인가? 만일 우리가 이 말을 '또 한 사람의 인간존재가 나로 인해 그곳에 존재하는 것은, 나라는 존재에 있어서이다'라는 뜻으로 이해한다면, 그것은 전적으로 자명한 이치가 되고 만다. 만일 우리가 '나는 일반적으로 다른 사람들로 하여금 "거기에 있게" 하는 존재이다'라고 말하려 한다면, 우리는 또다시 유아론에 빠진다. 사실 내가 '그 사람과 함께' 존재하는 이 인간존재는, 그 자신이 '세계 속에, 나와 함께' 존재하는 것이고, 하나의 세계의 자유로운 근거이며(어떻게 그 세계가 나의 세계로 있게 될 것인가? 모든 인간존재가 '그 속에' 존재하는 모든 세계의 동일성을 '함께 있는 존재'에서 도출하고자 해도 불가능할 것이다), 그 자신의 모든 가능성이다. 따라서 이 인간존재는 '그 자신에게 있어서' 존재한다.

그는, 그 존재를 '거기에 존재한다'는 형태로 내가 존재시킨다고는 생각조차 하지 않는다. 그러므로 나는 하나의 세계를 '치명적'인 세계로서 구성할 수는 있지만, 한 사람의 인간존재를 그 자신의 온갖 가능성인 구체적인 존재로서 구성할 수는 없다. '나의' 존재에서 출발하여 파악된 나의 '함께 있는 존재'는 '나의' 존재 속에 근거를 둔 하나의 순수한 요구로서만 고찰될 수 있으며, 이 '함께 있는 존재'는 타자의 존재에 대한 추호의 증거도 구성하지 않으며, 조금도 나와 타인 사이의 다리 역할을 하는 것도 아니다.

또 그 위에, 나와 추상적인 타자의 이런 관계는 바로 이 관계가 일반적으로 나와 타자의 관계를 규정하고 있다는 사실 자체에서, 나와 피에르의 특수한 존재적 관계를 쉽게 하기는커녕, 오히려 나의 존재와 나의 경험 속에 주어진 하나의 개별적 타자 사이의 모든 구체적 유대를 근본적으로 불가능하게 만든다. 사실, 만일 나와 타자의 관계가 선험적이라고 한다면, 이런 선험적인 관계는 타자와의 관계의 모든 가능성을 탕진한다. 경험적이고 우발적 관계는 이런 선험적인 관계의 특수화일 수도 없고, 개별적인 사례일 수도 없을 것이다. 맨 처음에 어떤 법칙의 특수화는 다음의 두 가지 경우에만 존재한다.

하나는, 그 법칙이 경험적이고 개별적인 수많은 사실에서 귀납적으로 도출되고 있는 경우이다. 그러나 그것은 여기서는 통용되지 않는다. 다른 하나는 그 법칙이 칸트의 개념처럼 '선험적'일 뿐만 아니라 경험을 통일하는 경우이다.

하지만 이 경우의 법칙은, 바로 경험의 한계 안에서만 타당하다. 즉 내가 사물 속에서 발견하는 것은, 내가 이미 거기에 둔 것뿐이다. 그런데 두 가지의 구체적인 '세계–속–존재'에 관계를 부여하는 것은 '나의' 경험에 속하는 사항일 수는 없을 것이다. 그러므로 이 둘에 관계를 부여하는 것은 '함께 있는 존재'의 영역에서 벗어난다. 그러나 그야말로, 법칙은 그 자신의 영역을 구성하므로, 이 법칙은 그것에 의해 구성되지 않는 모든 현실적 사실을 선험적으로 배제한다. 나의 감성의 선험적인 형식으로 있는 시간의 존재는, 또한 하나의 존재로서의 성격을 가지고 있는 사유적인 시간과의 모든 연관으로부터 나를 선험적으로 배제할 것이다. 그러므로, 하나의 존재론적인, 따라서 '선험'적인 '함께 있는 존재'의 존재는, 절대적 초월자로서 '대자적(對自的)'으로 나타나는 하나의 구체적인 인간존재와의 모든 존재적 유대를 불가능하게 만든다.

나의 존재구조로서 생각된 '함께 있는 존재'는 유아론의 논법과 마찬가지로 확실하게 나를 고립시킨다. 그것은 하이데거가 말하는 '초월(transcendance)'이 하나의 불성실한 개념이기 때문이다. 그가 말하는 초월은 확실히 관념론의 초극을 지향한다. 또 분명히 그것은 관념론이 자기 자신(주관성) 속에 머무르며 자기 자신의 심상을 바라볼 뿐인 하나의 주관성을 우리에게 제공하는 한에서, 이런 관념론을 초극하는 데 성공한다. 그러나 이렇게 초극된 관념론은 관념론의 사생아적인 한 형태, 즉 일종의 경험비판적 심리주의의 일종에 불과하다. 말할 나위도 없이 하이데거의 인간존재는 '자기 밖에 존재한다(exister hors de soi(existieren sich vorweg)).' 하지만 이 '자기 밖의 존재(existence hors de soi (Existenz sich vorweg))는 바로, 하이데거의 학설에서는 '자기'의 정의이다. 이런 '자기 밖의 존재'는 플라톤의 탈자와 닮지 않았다. 플라톤적인 탈자에 있어서는, 존재는 현실적으로 타유화(他有化, aliénation)로 있으며, 어떤 다른 것의 내부에 있는 존재이다. 또 이런 '자기 밖의 존재'는 말브랑슈(Malebranche)가 말하는 '신에게 있어서 보는 것(vision en Dieu)'과도 닮지 않았고, 우리 자신이 생각하고 있는 탈자(ek-stase)와 내적인 부정(négation interne)과도 닮지 않았다. 하이데거는 관념론에서 탈출하지 못하고 있다.

자기존재의 선험적인 구조로서 그가 말하는 '자기 밖으로의 도피(fuite hors de soi(Flucht von sich weg))'는 우리의 경험의 선험적인 조건에 대한 칸트의 반성과 마찬가지로, 확실하게 자기를 고립시킨다. 사실, 인간존재가 이런 '자기 밖으로의 도피'의 접근할 수 없는 극한에서 다시 발견하는 것은 또한 자기이다. 즉 '자기 밖으로의 도피'는 '자기를 향한 도피'이고, 세계는 자기에서 자기로의 단순한 거리로 나타난다. 따라서 《존재와 시간》 속에 모든 관념론과 모든 실재론의 동시적인 초극을 찾으려 해도 아무 소용 없을 것이다. 그리고 우리와 똑같은 구체적인 존재자들의 존재를, 게다가 이런 존재자로서의 한에서 우리의 경험에서 벗어나, 그 구성 자체에 있어서 우리의 '선험'에 속하지 않는 존재자들의 존재에 근거를 부여하는 것이 문제가 되는 경우에, 일반적으로 관념론이 봉착하는 어려움은, '인간존재'를 그 고독에서 벗어나게 하려는 하이데거의 시도에서도 또한 일어난다. 그가 이런 어려움에서 벗어난 것처럼 보이는 것은, 그가 '자기 밖으로(hors-de-soi(sich-vorweg))'를, 어떤 때는 '자기 밖으로, 자기를 향하여(hors-de-soi-vers-soi(sich-vorweg-zu-sich-hin))'의 뜻으로 해석하고, 어떤 때는 '자기 밖으로, 타자 속으로(hors-de-soi-en-autrui(sich-vorweg-im-Anderen))'의 뜻으로 해석했기 때문이다. 그러나 그가 그 추리의 우여곡절 속에 슬그머니 집어넣는 '자기 밖으로'의 이 두 번째 어의(語義)는 첫 번째 어의와 전혀 양립하지 않는다.

인간존재는 그 탈자의 핵심에서조차 여전히 홀로 머문다. 왜냐하면—실은 이것이 하이데거의 학설에 대한 비판적 검토에서 이끌어 낼 수 있었던 새로운 수확일 것이다—타자의 존재는 우발적이고 환원 불가능한 하나의 사실이라는 본성을 가지고 있기 때문이다. 우리는 타자를 '만난다(rencontrer(begegnen)).' 우리는 타자를 구성하는 것이 아니다. 그리고 설사 이 사실이 필연성의 각도에서 우리에게 나타나야 한다 할지라도, 그것은 '우리 경험의 가능성의 조건'에 속하는 필연성, 또는 말하자면 존재론적인 필연성으로서는 결코 아니다. 타자의 존재의 필연성은, 만일 그런 필연성이 존재한다면, 하나의 '우연적인 필연성(nécessité contingente)'이 아니면 안 된다. 다시 말해 타자의 존재의 필연성은 '코기토'가 싫든 좋든 받아들여야 하는 '사실적인 필연성(nécessité de fait)'이라는 형식에 속하는 것이 아니면 안 된다. 타자가 우리에게 주어질 수 있어야만 하는 것은, 하나의 직접적인 파악에 의하는 것인데, 이 직접적인 파악은 그 사실성이라는 성격을 '만남(rencontre)'에 맡기고 있다. 그것은 마치, 코기토 자체가 그 모든 사실성을 나 자신의 사고에 맡기고 있는 것과 마찬가지이다. 그렇다 해도 이 직접적인 파악은 코기토 자체의 불가용의성에 관여하고 있다. 다시 말하면 코기토 자체의 '의심할 수 없다는 성질'에 관여하고 있는 것이다.

지금까지 우리는 이렇게 길게 학설을 해설해 왔지만, 이로써 타자의 존재에 대한 이론이 성립하는 데 필요하고도 충분한 조건을 밝힐 수 있다면, 이 해설도 결코 헛된 일은 아닐 것이다.

(1) 위와 같은 이론은 타자의 존재에 대한 하나의 새로운 '증거'나 유아론에 반대하는 다른 논법보다 뛰어난 논법을 제공하는 것은 아니다. 사실 유아론이 배제되어야 하는 것은 이 유아론이 성립 불가능한 것이기 때문이며, 또 말하자면 아무도 진실로 유아론자가 될 수 없기 때문이다. 나는, 사실은 그런 것은 생각도 할 수 없으면서 '나는 나 자신의 존재를 의심한다'고 쓸 수 있는 것과 마찬가지로, 우리가 그저 말로만, 그리고 추상적으로만 타자를 의심한다면, 타자의 존재는 언제든지 의심받을 수 있을 것이다. 요컨대 타자의 존재는 하나의 '개연성'일 리가 없다. 사실 개연성은 우리의 경험 속에 나타나는 대상, 또는 그 새로운 결과가 우리의 경험 속에 나타날 수 있는 대상에게만 관계할 수 있다. 개연성은 그 정도가 높아지거나 얕아지는 일이 언제든지 가능한 경우에만 존재한다. 만일 '타자'가 원리상, 그리고 그 '대자'(의식)에 있어서 나의 경험의 밖에 존재한다면, 하나의 '다른 자기'로서의 그 존재의 개연성은 결코 높아지지도 않고 낮아지지도 않을 것이다. 타인의 존재의 개연성은 결코 커질 수도 없고 줄 수도 없으며 측량할 수도 없다.

그러므로 이런 개연성은 개연성으로서의 존재 자체를 상실하고 하나의 단순한 공상적인 억측에 지나지 않게 된다. 이를테면 랄랑드(M. Lalande)가 보여 준 것처럼,*17 화성에 생물이 존재한다고 하는 가설은, 우리가 과학적 도구와 이론을 구사해서 이 가설의 신빙도를 높이거나 낮출 수 있게 하는 사실들을 나타낼 수 없는 한, 진실일 '가능성'도 거짓일 '가능성'도 없이, 단순히 억측적인 것에 머무르는데, 이 경우도 그것과 마찬가지이다. 그러나 타자의 구조는, 원리상 어떤 새로운 실험도 결코 고안될 수 없는 것이고, 어떤 새로운 이론도 타자의 존재의 가설에 대한 신빙도를 높여 주거나 낮춰 주지는 않는 것이며,

---

*17 원주. 《귀납과 실험에 관한 이론집(Les théories de l'induction et de l'expérimentation)》.

어떤 도구도 이 가설을 긍정하거나 부정하도록 나를 이끄는 새로운 사실을 발견하게 해 주지 않는 것이다. 그러므로 만일 타자가 직접적으로 나에게 현전하는 것이 아니라면, 또 만일 그 존재가 나의 존재와 마찬가지로 확실한 것이 아니라면, 이 타자에 대한 모든 억측은 전적으로 무의미한 것이 되어 버린다. 하지만 분명히 나는 타자의 존재를 억측하지 않는다. 나는 타자의 존재를 긍정한다. 그러므로 타자의 존재에 대한 하나의 이론은, 단순히 나의 존재 속에서 나에게 질문을 던지고, 이 긍정의 뜻을 확실하게 밝혀서 명확해지게 해야 한다. 특히 증거를 생각해 내려 하지 않고, 이 확실성의 근거 자체를 분명하게 해야 한다. 달리 표현하면, 데카르트 또한 자신의 존재를 '입증한' 것은 아니다. 왜냐하면 사실 나는 내가 존재하고 있다는 것을 항상 알고 있기 때문이고, 지금까지 코기토를 실천하기를 그만둔 적이 한 번도 없기 때문이다. 마찬가지로 유아론에 대한 나의 저항—그것은 코기토를 의심하기 위한 시도가 일으킬 수 있는 저항과 똑같이 격심한 것이지만—은 타자가 존재하고 있는 것을 내가 알고 있었던 것, 그리고 나는 암묵리에 하는 일이기는 하였지만, 타자의 존재에 대해 항상 나의 전면적 요해를 가졌다는 것, 그리고 이 '존재론 이전(以前)'의 요해는 타자의 본성과 나의 존재에 대한 타자의 존재관계에 관해서 우리가 이런 요해의 범위 밖에 세울 수 있는 모든 이론보다 더욱 확실하고 더욱 심오한 하나의 지혜를 품고 있다는 것을 입증한다. 만일 타자의 존재가 하나의 헛된 억측이나 단순한 소설이 아니라면, 타자의 존재와 관계되는 일종의 '코기토' 같은 무엇인가가 거기 있기 때문이다. 이런 코기토야말로 밝은 곳으로 이끌어 내어, 그 구조를 밝히고, 그 효력과 권한을 확인하지 않으면 안 된다.

(2) 그러나 한편, 헤겔의 좌절이 우리에게 보여 준 것처럼, 가능하고 유일한 출발점은 데카르트의 '코기토'이다. 이 코기토만이 타자의 존재의 터전인 이 사실적 필연성의 터전 위에 우리를 세워 준다. 그러므로 우리가 하는 수 없이 '타자의 존재의 코기토'라고 부른 것은, 나 자신의 '코기토'와 하나가 된다. '코기토'를 한 번 더 검토해 본다면, 그것이 나를 자기 밖으로 '즉자' 위에 내던져진 것처럼, 코기토는 나를 자기 밖으로 타자의 위에 내던져야만 한다. 그것도 '선험'적인 한 사람의 타자를 향해 가리킬 나 자신의 '선험'적인 구조를 나에게 드러내 보이는 것이 아니라, 마치 먼저 코기토가 비할 데 없이 우연적이고도 필연적인, 그리고 구체적인 나의 존재를 나에게 드러내 보인 것처럼, '이러이러한'

구체적 타자의 구체적이고 의문의 여지가 없는 현전을 나에게 드러내 주는 것이 아니면 안 된다. 그러므로 우리에게 '대타'를 주도록 요구하지 않으면 안 되는 것은 '대자'를 향해서이고, 우리를 절대적인 초월 속에 도로 내던져 달라고 요구해야 하는 것은 절대적인 내재성에 대해서이다. 다시 말해 나 자신의 내부 가장 깊은 곳에서, 나는 타자의 존재를 '믿는 이유'를 찾아내야 하는 것이 아니라, 오히려 '나로는 있지 않은 자'로서의 타자 그 자신을 찾아내야 한다.

(3) '코기토'가 우리에게 드러내 보일 것은 하나의 대상—타자가 아니다. 사람이 '대상(objet)'이라고 말할 때, 그 속에는 '개연적(probable)'이라는 뜻이 담겨 있는데, 이것에 대해서는 오래전부터 마땅히 반성했어야 할 일이다. 만일 타자가 나에게 있어서의 대상으로 있다면 타자는 나로 하여금 개연성을 향하게 한다. 그러나 개연성은 오직 우리의 표상들의 무한한 합치에 근거를 두고 있다. 그런데 타자는 하나의 표상도 아니고, 하나의 표상체계도 아니며, 우리의 표상의 필연적인 통일도 아니므로 '개연적'일 수 없다. 타자는 '맨 먼저' 대상으로 있을 수는 없을 것이다. 그러므로 타자가 '우리에 대해' 존재하는 것은, 세계에 대한 우리의 인식의 구성요소로서도 아니고, 나에 대한 우리의 인식의 구성요소로서도 아니며, 다만 타자가 우리의 존재에 '관계를 가지는' 한에서 그럴 뿐이다. 더욱이 타자가 우리의 존재를 구성하는 데 '선험'적으로 이바지하는 한에서가 아니라, 오히려 타자가 우리의 사실성의 경험적 상황 속에서, 구체적으로 그리고 '존재적'으로 나의 존재에 관련을 가지는 한에서이다.

(4) 데카르트가 '완전성의 관념에 의한 증명'이라는, 전적인 초월의 직관에 의해 고취된 그 경탄할 만한 증명을 '신'의 경우에 시도하려고 했는데, 말하자면 '타자'의 경우에도 그와 같은 것을 적용한다면, 우리는 타자를 타자로서 파악할 때는 우리가 앞에서 외적 부정이라고 부른 부정의 한 형식을 배격하지 않으면 안 된다. 타자는 '나로 있지 않은 것'으로서 '코기토'에 나타날 것이다. 이 부정은 두 가지로 생각될 수 있다. 하나는 그것이 단순한 부정이며, 이 부정은 어떤 실체와 다른 실체를 분리하는 식으로, 타자와 나 자신을 분리한다—이 경우에는 타자의 어떤 파악도 정의상(定義上) 불가능하다—또 하나는 내적 부정일 것이다. 이것은 두 항의 종합적 능동적 연결을 의미하며 이 두 항의 각각은 자기를 다른 것으로부터 부정함으로써 구성된다. 그러므로 이 부정적 관계는 상호적이고, 이중의 내면성을 가질 것이다. 그것은 먼저 '타자'의 다수

성은 하나의 집합이 아니고 하나의 '전체'라는 의미이다—그런 의미에서 우리는 헤겔이 옳다고 생각한다—그 까닭은 각각의 타자는 타인 속에 자신의 존재를 발견하기 때문이다. 그렇지만 또 이것은, 이런 '전체'는 '전체자의 관점'에 서기가 원칙상 불가능하다는 것을 의미한다. 사실 우리가 보아온 것처럼 의식에 대한 어떤 추상적 개념도, '나 자신에 있어서의 나의 존재'와 '타자에 있어서의 나의 대상성'의 비교에서 생겨날 수가 없는 것이다. 그 밖에도 이런 전체는 —'대자'의 전체처럼—전체분해적인 전체이다. 왜냐하면 대타존재는 타자의 근본적인 거부이므로 '타자'의 전체적이고 통일적인 종합은 어떤 것도 불가능하기 때문이다.

이런 약간의 이해에서 출발하여, 우리는, 이번에는 우리의 입장에서 '타자'의 문제에 접근할 것이다.

4. 시선

이쪽으로 다가오는 것이 보이는 저 여자, 거리를 지나가는 저 남자, 창 밑에서 노래하는 소리가 들리는 저 거지, 그들은 나에게 있어서 대상이다. 그것은 의문의 여지가 없다. 그러므로 나에 대한 타자의 현전의, 적어도 하나의 양상이 '대상성'이라는 것은 분명하다. 그러나 만일 이런 대상성의 관계가 타자와 나 자신의 근본적인 관계라면, 타자의 존재는 단순히 억측적인 것에 머문다. 그런데 내가 지금 듣고 있는 소리가 인간의 소리이고 축음기의 노랫소리가 아니라는 것은, 억측적일 뿐만 아니라 또한 '개연적'이다. 그리고 내가 지각하는 통행인이 한 인간이고 완벽하게 만들어진 로봇이 아니라는 것은 무한하게 '개연적'이다. 이것은 내가 타자를 대상으로서 파악하는 것은 개연성의 한계를 벗어나지 않고, 또 이 개연성 자체 때문에 본질적으로 타자의 근본적인 하나의 파악을 가리키는 것이며, 이 근본적인 파악에 있어서는 타자는 나에 대해 이미 대상으로 나타나는 것이 아니라, 오히려 '직접적인 현전(présence en personne)'으로서 나타날 것을 뜻한다. 요컨대 타자가 개연적인 대상이고, 꿈같은 대상이 아니기 위해서는, 타자의 대상성은 내 손이 미치지 않는 곳에 있는 근원적인 하나의 고독을 가리키는 것이 아니라, 내가 그에 대해 가지고 있는 인식에 의한 것과는 다른 방법으로 타자가 나타날 때의, 근본적인 하나의 연관을 가리키는 것이 아니면 안 된다.

고전적 이론이 올바르게 고찰하고 있는 것처럼, 모든 인체는 그것이 지각될 때 무엇인가를 '가리킨다(renvoie à quelque chose(auf etwas verweist)).' 이 인체가 가리키는 것은 그 인체의 근거이고 보증이다. 그러나 고전적 이론의 오류는, 이런 지향이 하나의 분리된 존재, 즉 칸트가 말하는 감각의 배후에 본체가 존재하는 것과 마찬가지로, 지각될 수 있는 그 인체의 수많은 나타남의 배후에 있는 하나의 의식을 가리킨다고 생각하는 점에 있다. 이런 의식이 떨어져서 존재하든 존재하지 않든, 내가 보고 있는 이 얼굴이 가리키는 것은 이런 배후의 의식이 아니다. 내가 지각하는 개연적 대상의 '진리'를 이루는 것도 이런 배후의 의식이 아니다. 타인이 나에게 현전하는 것은 말하자면 쌍둥이의 나타남과 같은 것으로, 이런 쌍둥이 같은 나타남으로의 사실상의 지시, 요컨대 '타인과—함께 인—한 쌍의—존재(être-en-couple-avec-l'autre)'를 향한 사실상의 지시는, 본디의 뜻에서의 인식—비록 그것이 직관과 비슷한, 뭐라 표현하기 어려운 애매한 형태를 가진 인식이라 하더라도—의 밖에서 주어진다. 다른 말로 하면, 사람들은 일반적으로 타자의 문제를 마치 타자가 나타날 때의 최초의 관계가 대상성인 것처럼, 즉 마치 타자가 맨 먼저—직접적으로든 간접적으로든—우리의 지각에 드러내 보여지고 있는 것처럼 다뤄져 왔다. 그러나 이 지각은 그 본성 자체로서 지각 자체보다는 다른 사물과 관련된 것이고, 또—마치 관념론에 있어서 탁자나 의자의 지각이 하는 식으로—같은 형식의 무한한 나타남의 계열을 가리키는 것도 아니며, 원칙상 나의 손이 미치지 않는 곳에 자리잡은 하나의 고립된 본체(존재)를 지향하는 것도 아니므로, 이 지각의 본질은 나의 의식과 타자의 의식의 최초의 관계에 관련되어야 하는 것이며, 이 최초의 관계에 있어서 타자는 비록 나와 유대를 맺고 있는 것이기는 하지만, 주체로서 직접적으로 나에게 주어져 있어야 하는 것이다. 이 최초의 관계는 근본적인 관계이며 나의 '대타존재(être-pour-autrui)의 전형 자체이다.

그렇다 해도 어떤 신비로운 경험이나 말로 형용할 수 없는 것에 우리를 향하게 하는 것은, 여기서는 문제가 될 수 없을 것이다. 타자가 우리에게 나타나는 것은 일상의 현실에 있어서이며, 타자의 개연성은 일상적 현실과 관련되는 것이다. 따라서 문제는 명확해진다. 즉, 문제는 '타자에 대한 근원적 관계이며, 게다가 언제나 지적될 수 있는, 따라서 종교적 또는 신비로운 불가지(不可知)에 대한 모든 관계를 벗어나서 나에게 나타날 수 있는 하나의 관계가 일상적인 현실 속에 있을 수 있느냐' 하는 것이다. 이 문제를 알아내기 위해서는 나의 지각의 영역에서 일어나는 타자의 상투적인 나타남을 더욱더 깊이 검토해 보아야 할 것이다. 이 기본적인 관계와 관련되는 것은 이 지각인 이상, 지각은 적어도 그것이 관련되는 관계를 우리에게 발견시켜 줄 것이다. 나는 지금 어느 공원 안에 있다. 내게서 멀지 않은 곳에 잔디밭이 있고, 그 잔디밭을 따라서 의자들이 놓여 있다. 남자 하나가 의자 옆을 지나간다. 나는 이 남자를 본다. 나는 그를 하나의 대상으로, 동시에 한 인간으로 파악한다. 그것은 무엇을 의미하는가? 내가 이 대상을 가지고 '그는 한 인간'이라고 인정할 때 나는 무엇을 말하려는 것인가?

만일 내가 '그는 인형 이외에 아무것도 아니다'라고 생각해야 한다면, 나는 보통, 시간 공간적인 '사물'을 통합하는 데 나에게 있어서 도움이 되는 온갖 범주를 그에게 적용하게 될 것이다. 다시 말하면 나는 그를 의자 옆, 잔디밭에서 2미터 20센티미터의 거리에 있는 것으로서, 땅 위에 어느 정도의 압력을 가하고 있다는 따위로 파악할 것이다. 다른 수많은 대상에 대한 그의 관계는 단순히 부가적인 관계일 것이다. 다시 말해, 나는 다른 대상들 사이의 관계를 별로 바꾸지 않고 그를 소멸시킬 수도 있을 것이다. 요컨대 어떤 새로운 관계도, '그에 의해' 나의 우주의 그런 사물들 사이에 나타나지는 않을 것이다. 이런 사물은 '나의 편에서 보면' 도구복합으로 통합되고 종합되어 있지만, '그의 편에서 보면' 무차별적인 관계의 다양성 속에 분해될 것이다. '이에 비해' 그를 '인간'으로서 지각하는 것은, 그와 의자의 부가적이지 않은 하나의 관계를 파악하는 것이고, 그것은 이 특권적인 대상의 주위에 나의 우주의 사물로 이루어져 있고 '거리를 가지지 않은' 하나의 조직이 만들어져 있는 것을 인정하는 일이다.

확실히 잔디밭은 그에게서 2미터 20센티미터의 거리에 있다. 그러나 잔디밭은 거리를 초월하며 동시에 거리를 포함하는 하나의 관계 속에 '잔디밭으로서' 또한 그와 연결되어 있다. 이 거리의 양 끝(그와 잔디밭)은 이제 무차별적이지도 않고, 교환이 가능하지도 않으며, 상호관계에 있어서 있는 것도 아니다. 오히려 이 거리는 일방적인 관계의 종합적 나타남으로써, 내가 보는 그 남자로부터 출발하여 잔디밭까지 전개된다. 여기서 문제되는 것은 부분을 갖지 않은 하나의 관계이고, 단번에 주어진 하나의 관계이며, 그 관계의 내부에는 '나의' 공간성이 아닌 하나의 공간성이 전개된다. 왜냐하면 여기서는 '나를 향한' 사물들의 하나의 통합이 문제가 아니라, 나에게서 달아나는 방향(orientation)이 문제이기 때문이다. 물론 거리도 부분도 가지지 않은 이 관계는, 내가 찾고 있는 타자와 나 자신의 근원적인 관계는 결코 아니다. 먼저 이 관계는 단순히 그 남자와 세계의 사물들만이 관련될 뿐이다. 다음에, 이 관계는 여전히 인식의 대상이다. 나는 이 관계를 표현하기 위해, 이를테면 '그 남자는 잔디밭을 보고 있다'거나, '그 남자는 출입금지 표찰이 있는데도 잔디밭에 들어가려고 한다'고 말한다.

끝으로 이 관계는 단순한 개연성의 성격을 유지하고 있다. 즉 먼저 이 대상이 인간인 것은 '개연적인' 일이다. 다음에 그 객체가 하나의 인간인 것은 확실하다 하더라도 내가 그를 지각하고 있는 순간에 그가 잔디밭을 '보고 있다'는 것은 단순히 개연적인 것으로 머문다. 그는 자신의 주위를 뚜렷이 의식하지 않고, 어떤 시도(試圖)를 몽상하고 있을지도 모른다. 그는 맹인일 수도 있다 따위. 그렇다 해도 대상–인간과, 대상–잔디밭의, 이 새로운 관계는 하나의 특수한 성격을 띠고 있다. 맨 처음에 이 관계는 내가 인식할 수 있는 하나의 대상으로서, 그곳에, 세계 속에, 존재하고 있으므로, (사실 이 관계는 내가 '피에르는 힐끗 시계를 쳐다보았다' '잔은 창문 밖을 내다보았다' 따위와 같은 식으로 표현하고 하나의 대상적 관계이다) 이 관계는 전면적으로 나에게 주어진다. 그러나 그것과 동시에 이 관계는 전면적으로 나에게서 달아난다. 그 대상–인간이 이 관계의 기본항이 되는 한에서, 그리고 이 관계가 '그 대상–인간 쪽을 향하고 있는' 한에서, 이 관계는 나에게서 달아나고, 나는 나를 중심에 둘 수 없다. 이 제1차적인 관계의 종합적 나타남을 통해 잔디밭과 그 남자 사이에 전개되는 거리는 내가—전형적인 외적 부정으로서—이 두 대상 사이에 세우는 거리에 대한 하나의 부정이다.

이런 거리는 나의 우주의 모든 사물 사이에 내가 파악하는 수많은 관계의 전적인 '붕괴'로 나타난다. 그리고 이 붕괴를 이루는 것은 내가 아니다. 이 붕괴는 내가 본디 사물들 사이에 세우고 있었던 거리를 통해 내가 헛되이 지향하는 하나의 관계로서 나에게 나타난다. 그것은 원칙상 나에게서 벗어나는 사물들의 하나의 배경, 그런 사물에 외부로부터 주어지는 하나의 배경으로서 나타난다. 그러므로 '나의' 우주의 대상들 사이에 이 우주를 붕괴시키는 하나의 요소가 나타나는 것은, 내가 나의 우주 속으로의 '한' 인간의 나타남이라고 부르는 것이다. '타자'란, 먼저 내가 나로부터의 어떤 거리에 있어서 동시에 대상으로서 파악하는 하나의 항(項)을 향한 사물들의 끊임없는 도피이며, 이 하나의 항은 자기 주위에 그 자신의 거리를 차례차례 전개하는 한에서 나에게서 벗어나는 것이다. 그러나 이 분해는 차츰 확대되어 간다. 만일 잔디밭과 타자 사이에 거리를 가지지 않고 거리를 만들어 내는 하나의 관계가 존재한다면, 그 관계는 필연적으로 잔디밭 '한복판'의 대좌(臺座) 위에 있는 조각상과 타자 사이에도, 그리고 오솔길을 따라 늘어선 마로니에 가로수와 타자 사이에도 존재한다. 타자 주위에 모여 있는 것은 하나의 공간 전체이며, 이 공간은 '나의 공간으로(avec mon espace)' 만들어져 있다.

나는 나의 우주를 채우고 있는 모든 대상의 재편성에 입회하며, 이 재편성은 나에게서 벗어난다. 이 재편성은 거기서 정지하지는 않는다. 풀밭은 성질을 가진 사물이다. 타자에게 있어서 존재하는 것은 이 푸른 풀밭이다. 그런 뜻에서 대상의 성질 자체, 그 짙고 싱싱한 초록은 이 남자와의 직접적 관계에서 발견된다. 이 초록은 나에게서 얼굴을 돌려 타자에게 향한다. 나는 초록과 타자의 '관계'를 하나의 대상적인 관계로서 파악하지만, 나는 그 초록을 그것이 타자에게 나타나는 그대로 파악할 수는 없다. 그리하여 갑자기 하나의 대상이 나타나 나에게서 세계를 빼앗아갔다. 모든 것은 제자리에 있다. 모든 것은 지금도 나에게 있어서 존재한다. 하지만 모든 것은 하나의 눈에 보이지 않는 도피에 의해 관철되며, 하나의 새로운 대상을 향해 응고한다. 그러므로 세계 속으로의 타자의 나타남은 전 우주의 응고된 활주에 대응한다. 그것은 내가 집행하는 세계의 집중에, 그와 동시에 속속들이 무너뜨려져 가는 세계의 분산에 대응한다.

그러나 '타자'는 또한 '나에게 있어서' 대상이다. 타자는 '나의' 거리에 속해 있다. 즉 그 남자는 그곳에, 나에게서 20걸음의 거리에 있다. 그는 '나에게' 등을 돌리고 있다. 그런 것으로서의 한에서, 그는 다시 잔디밭에서 2미터 20센티미터, 조각상에서 6미터 되는 곳에 있다. 그러므로 나의 우주의 붕괴는 이 우주 자체의 한계 안에 포함되어 있다. 여기서는 무(無)를 향한 세계의 도피나 그 자신 밖으로의 세계의 도피는 문제되지 않는다. 오히려 나의 우주는 그 존재의 한복판에서 배수 구멍이 뚫려 그 구멍으로 나의 세계가 끊임없이 흘러나

가는 것처럼 보인다. 우주·흘러나감·배수공, 그 밖의 모든 것이 다시 회복되고, 다시 파악되어, 대상으로 응고된다. 이런 모든 것은 비록 사실상 우주의 전체적 붕괴가 문제된다 하더라도, 세계의 하나의 부분적인 구조로서 '나에게 있어서' 그곳에 존재한다. 또한 이런 붕괴는 더 좁은 한계 안에 가둬두는 것이 나에게 가능한 경우도 때때로 있다. 예를 들면 여기 산책을 하면서 책을 읽는 남자가 있다. 그가 가져오는 우주의 붕괴는 완전히 잠재적이다. 그는 귀를 가지고도 듣지 못한다. 그의 눈은 책밖에 아무것도 보지 못한다. 그의 책과 그 사이에 나는 전에 이 산책객과 풀밭을 연결시켰던 관계와 같은 유형의, 거리를 가지지 않은 부정할 수 없는 하나의 관계를 파악한다. 그러나 이번에는 형태는 그 자체 속에 폐쇄되어 있다. 즉 나는 파악해야 할 하나의 충만한 대상을 가진 것이다. 세계 한복판에서 나는 내가 '차가운 돌'이나 '가는 비[雨]'라고 말할 때처럼 '책을 읽고 있는 남자'라고 말할 수 있다.

나는 하나의 폐쇄된 '게슈탈트(형태)'를 파악하며, '책 읽는 것'은 이 게슈탈트 안에서 본질적 성질을 형성하는 것임을 파악한다. 그 밖에 이 게슈탈트는 장님이자 귀머거리로, 시간과 공간 속의 단순한 하나의 사물로서 인식되고 지각되는 대로 있으며, 세계의 나머지 모든 것과는 단순한 무차별적 외면성의 관계에 있는 것처럼 보인다. 다만 그 남자와 그 책의 관계인 '책을 읽고 있는 남자'의 성질 자체는, 나의 우주 속의 하나의 특수한 작은 균열이다. 이 눈에 보이는 단단한 형태의 핵심에 하나의 특수한 공허가 생긴다. 이 형태는 다만 외관상으로만 부피를 가지고 있다. 이 형태의 고유한 뜻은 내 우주 한복판에, 나에게서 열 걸음쯤 되는 곳에, 이런 집괴성(集塊性)의 한가운데서 굳게 다져진 국부적인 하나의 도피처라는 것이다.

이런 모든 것은 우리를 결코 타자가 '대상'으로 존재하는 영역에서 빠져나가지 못하게 한다. 다만 우리가 문제삼고 있는 것은 하나의 특수한 형태의 대상성이다. 그것은 후설이 '부재(absence(Abwesendes, Abwesenheit)'라는 말로 지적한 형태에 매우 가까운 것이다. 그러나 이것은 후설이 지적하지 않은 점이지만, 타자는 내가 보고 있는 몸과 관련된 '하나의 의식의 부재'로서가 아니라, 이 세계에 대한 나의 지각의 중심에 있어서 내가 지각하는 '세계의 부재'로서 정의된다. 타자는 이 차원에 있어서는 세계 속의 하나의 대상이며, 이 대상은 세계에 의해 정의된다. 하지만 나와 관련하여 세계의 도피와 세계의 부재라는 이 관계는 다만 개연적일 뿐이다. 만일 타자의 대상성을 정의하는 것이 이 관계라면, 이 관계가 관련되는 것은, 타자의 어떤 근원적 현전에 대해서일 것인가? 우리는 이제는 이렇게 대답할 수 있다. 만일 대상-타자가 세계와의 연관에 있어서, '내가 보고 있는 것을 "보고 있는" 대상'으로 정의된다면, 주관-타자와 나의 근본적인 연관은 '타자에 의해 "보인다"'는 나의 끊임없는 가능성에 귀착할 수 있을 것이다. 내가 타자의 주관-존재의 현전을 파악할 수 있는 것은, 타자를 위한 나의 대상-존재의 드러내 보임에 있어서이고, 또 그 드러내 보임에 의해서이다. 왜냐하면 타자는 주관-내게 있어서 하나의 개연적인 대상인데, 그것과 마찬가지로 나는 어떤 한 사람의 주관에 있어서만 자신이 개연적인 대상이 되고 있음을 발견할 수 있기 때문이다. 이 드러내 보임은 '나의 우주가 타자-대상에 있어서 대상으로 있다'는 사실에서 유래하는 것일 수는 없을 것이다.

만일 그렇다면, 타자의 시선은 마치, 잔디밭이나 그 주위의 모든 대상 위를 헤매고 난 뒤, 일정한 길을 지나 내게 쏠리게 된다. 내가 지적한 것처럼, 나는 어떤 대상에 있어서 대상으로 있을 수는 없을 것이다. 거기에는 타자를 대상성에서 탈출하게 하는 타자의 근본적인 전향이 필요하다. 그러므로 나는 타자가 나에게 던지는 시선을, 그의 대상적인 존재의 가능한 나타남의 하나라고 여길 수는 없을 것이다. 타자는, 그가 풀밭을 바라보는 식으로 '나를' 바라볼 수는 없을 것이다. 그리고 또한, 나의 대상성은, '나에게 있어서' 그 스스로 세계의 대상성에서 유래할 수는 없을 것이다. 왜냐하면 나는 바로, 하나의 세계를 '거기에 존재하게' 하는 자이기 때문이고, 원리적으로 자기 자신에게 있어서 대상이 될 수 없는 자이기 때문이다. 그러므로 '타자에 의해 보이고 있다(être-vu-par-autrui)'고 내가 부르는 이 관계는, 특히 '인간'이라는 말로 뜻이 부여되는 관계들 가운데 하나이기는커녕, 대상-타자의 본질에서도, 나의 주관-존재에서도 도출될 수 없는, 하나의 환원 불가능한 사실을 나타내는 것이다. 그러나 반대로 만일 대상-타자라는 개념이 하나의 뜻을 가져야 하는 것이라면, 이 개념은 그런 근원적 관계의 전향과 전락에서만 그 뜻을 얻을 수 있다.

요컨대 내가 세계 속에서 타자를 '개연적으로, 하나의 인간으로 있는 것으로' 파악할 때, 나의 이 파악이 가리키는 것은 '타자에 의해 보이고 있다'는 나의 끊임없는 가능성이며, '나에 의해 보이고 있는 그 대상을 대신하는 것이, 나를 보고 있는 한 사람의 주관에 있어서 언제라도 가능하다'는 끊임없는 가능성이다. '타자에 의해 보이고 있는 것(être-vu-par-autrui)'은 '타자를 보고 있는 것 (voir-autrui)'의 '진리'이다.*18 그러므로 타자라는 관념은 어떤 경우에도 내가 생각할 수조차 없는 세계 밖에 있는, 고독한 하나의 의식을 지향하는 것일 수는 없을 것이다. 즉 인간은 세계와의 관련에 있어서, 그리고 나 자신과의 관련에 있어서 정의된다. 인간은 우주의 하나의 내적인 유출, 하나의 내출혈 (hémorragie interne)을 일으키는 대상이다. 또 인간은 주관이지만, 이 주관은 대상화를 향하는 나 자신의 이런 도피 속에서, 나에게 나타난다. 그러나 나 자신과 타자의 근원적인 관계는 단순히 나의 우주 속에서의 한 객체의 구체적인 현전을 거쳐서 지향되는 하나의 부재하는 진리인 것은 아니다. 이 근원적 관계는 또한 내가 순간마다 경험하는, 하나의 구체적이고 일상적인 관계이기도 하다. 즉 어떤 순간에도 타자는 '나에게 시선을 향하고 있다.' 그러므로 타자에 대한 모든 이론의 기초가 되어야 하는 이 근본적인 연관을, 구체적인 사례를 근거로 기술하려고 시도하는 것은, 우리에게 어려운 일이 아니다. 만일 타자가 원리적으로, '나에게 시선을 향하고 있는 자(celui qui me regarde)'라면 우리는 타자의 시선(regard d'autrui)의 의미를 밝힐 수 있을 것이다.

나를 향하고 있는 시선은 우리의 지각 영역에서의 하나의 감각적인 형태의 나타남과 연관하여 나타난다. 하지만 흔히 그렇게 생각되고 있는 것과는 반대로, 시선은 일정한 어떤 형태에도 연관되지 않는다. 물론 '가장 많은 경우', 시선을 나타내는 것은 두 눈의 나를 향한 집중이다. 그러나 시선은 나뭇가지들이 스치는 경우, 발자국 소리가 들리다가 뚝 그칠 때, 덧창이 빠끔히 열릴 때, 커튼이 가볍게 움직일 때도, 마찬가지로 주어질 것이다. 기습작전 때, 수풀 속을 기어서 전진하고 있는 병사들이 '피해야 하는 시선'은, 두 개의 눈이 아니라 언덕 위에, 하늘과 맞닿아 부각되는 한 채의 하얀 농가 전체이다. 이렇게 구성된 대상이 아직은 개연적인 것으로 나타나는 것은 분명한 이치이다. 방금 부스럭거린 나뭇가지 뒤에 누군가가 나를 엿보며 숨어 있다는 것은 단순히 개연적이다. 하지만 우리는 당분간 이 개연성의 문제에 붙들려 있을 수는 없다. 그 문제는 나중에 다시 논하기로 하자. 가장 중요한 것은, 시선 그 자체에 대해 정

---

*18 이것은 헤겔의 "노예는 주인의 진리이다"를 본떠 표현한 것이다. "'타자를 보고 있다'는 것은 실은 뒤집어 보면 '타자에 의해 보이고 있는' 것이다"라고 바꾸어 말하면 이해하기 쉬울 것이다.

의하는 것이다. 그런데 그 수풀, 그 농가는 시선이 아니다. 그것은 다만 '눈'을 대표할 뿐이다. 왜냐하면 눈은 먼저 시각기관으로서 파악되는 것이 아니라, 시선을 지닌 것으로서 파악되기 때문이다. 그러므로 수풀과 농가와 그 밖의 것은, 결코 커튼 뒤에, 농가의 창문 뒤에 숨어 있는 복병의 눈을 가리키는 것은 아니다. 그것은 다만 그것만으로 이미 눈이다. 한편, 시선은 눈의 작용을 하는 대상물의 여러 가지 성질 가운데 하나의 성질도 아니고, 이 대상의 형태 전체도 아니며, 이 대상과 나와 사이에 성립되는 하나의 '세계적'인 관계도 아니다. 그것과는 정반대로, 시선을 나타내는 그런 대상물 '위에' 시선을 지각하기는 커녕, 나에게 향해진 하나의 시선을 내가 파악하는 것은 '나에게 시선을 향하고 있는' 눈의 파괴의 배경 위에 나타난다. 내가 시선을 파악할 때는 나는 눈을 지각하는 것을 그만둔다. 물론 눈은 그곳에 있다. 눈은 여전히 나의 지각 영역에 단순한 '표상'으로서 존재한다. 그러나 내 쪽에서는 그 눈은 소용이 없다. 그 눈은 무효화하여 장외로 밀려나고 더 이상 문제의 대상이 되지 않는다. 눈은 말하자면 '스위치를 끈' 상태에 머문다. 그런 상태에서는, 세계는 후설이 말한 현상학적 환원을 일으키는 하나의 의식에 있어서 존재한다.

우리가 상대의 눈이 아름답다거나 밉다고 생각하고, 상대의 눈 빛깔에 주목하기도 하는 것은, 결코 상대의 눈이 우리에게 시선을 향하고 있는 바로 그 때가 아니다. 타자의 시선은 타자의 눈을 가리고 있다. 타자의 시선은 마치 '눈의 앞쪽을' 나아가는 것처럼 보인다. 이 착각은 나의 지각대상인 상대의 눈은 나에게서 그 눈까지 전개되어 있는 일정한 거리에 머물러 있는 것—요컨대 내 쪽에서는 거리 없이 상대편의 눈에 현전하고 있지만, 상대의 눈은 내가 '있는' 곳에서 떨어져 있는 것—에 반해, 상대의 시선은 거리 없이 내 위에 있는 동시에, 거리를 두고 나를 유지하고 있기 때문이다. 다시 말하면, 상대의 시선의 나에 대한 직접적 현전은, 나를 그 시선에서 떼어 놓는 하나의 거리를 두기 때문이다. 그러므로 내가 상대편의 시선에 주의를 돌릴 때는, 반드시 그와 동시에 나의 지각은 해체되어 배경으로 물러나지 않을 수 없다. 이 경우에, 내가 다른 곳에서 《상상적인 것》*19이라는 제목으로 보여 주려고 시도한 것과 비슷한 일이 일어난다.

---

*19 원주. 《상상적인 것(L'imaginaire)》 N.R.F. 1940.

그때 나는 이렇게 말했다. "지각하는 동시에 상상하는 것은 우리에게는 불가능한 일이다. 둘 중의 어느 한쪽이 아니면 안 된다." 이 경우에도 나는 이렇게 말하고 싶다. "세계를 지각하는 동시에 우리를 향하고 있는 하나의 시선을 파악하는 것은 우리에게는 불가능한 일이다. 둘 중의 어느 한쪽이 아니면 안 된다." 왜냐하면 지각한다는 것은 시선을 향하고 있는 것이고, 하나의 시선을 파악한다는 것은 세계 속의 '대상―시선'을 파악하는 것이 아니라(이 시선이 우리를 향하고 있지 않은 경우는 예외지만), '시선이 향해져 있는' 것을 의식하는 것이기 때문이다. 상대편의 '눈'이 나타내고 있는 시선은 그 눈이 어떤 종류의 것이든, 전적으로 나 자신을 향한 지향이다. 나의 배후에 나뭇가지가 술렁이는 소리를 들을 때 내가 직접적으로 파악하는 것은 '거기 누군가가 있다'는 것이 아니라, '나는 상처받기 쉬운 자'라는 것, '나는 상처입을 우려가 있는 하나의 몸을 가지고 있다'는 것, '나는 어떤 곳을 차지하고 있다'는 것, 그리고 '거기서는 나는 무방비 상태이며, 아무리 해도 그곳에서 달아날 수 없다'는 것, 요컨대 '나는 "보이고 있다"'는 것이다. 그러므로 시선은 먼저 나에게서 나 자신으로 지향하는 하나의 중개자이다. 이 중개자는 어떤 본성을 가진 것일까? '보이고 있다'는 것은 나에게 있어서 무엇을 의미하는 것일까?

이를테면 내가 질투심에 불타서, 호기심이 일어나, 또는 못된 버릇이 고개를 쳐들어, 문에 귀를 바짝 붙이고 열쇠구멍으로 안을 들여다본다고 상상해 보자. 나는 오직 홀로 나(에 대한) 비조정적(非措定的)인 의식의 차원에 있다. 그것이 뜻하는 것은, 나라는 존재가 먼저 있고, 이어서 그것이 내 의식에 들어와서 사는 것은 아니라는 것이다. 그러므로 나는 나의 모든 행위를 무언가에 돌리고, 그럼으로써 나의 모든 행위에 성질을 부여할 수 있는 것은 아니다. 나의 모든 행위는 결코 인식되는 것이 아니다. 반대로, '나는 나의 모든 행위로 있다. 다만 이 사실만으로서 나의 행위는 그 자체 속에 전면적인 정당성을 가지고 있다. 나는 사물(에 대한) 단순한 의식이고, 사물은 그것이 나의 자기성(自己性)의 회로 속에 도입될 때, 나의 고유한 가능성들(에 대한) 나의 비조정적인 의식에 대응하는 것으로서, 그런 사물의 잠재성을 나에게 제시한다. 다시 말해, 그 문 뒤에 어떤 광경이 '보여야 하는' 것으로서 제공되고, 어떤 대화가 '들려야 하는' 것으로서 제공되고 있다. 그 경우 문과 열쇠구멍은 도구인 동시에 장애물이다. 그것은 '조심스럽게 다루어야 하는' 것으로서 주어져 있다. 자물쇠는 '가까이 다가가 조금 옆에서 들여다보아야 하는' 것으로서 주어져 있다 등등. 그 때부터 '나는 내가 해야 할 일을 한다.' 나의 행위에 대해 판단의 대상이 될 수 있는 '주어진 것'이라는 성격을 부여하러 찾아오는 초월적인 시선은 아무것도 없다. 나의 의식은 나의 행위에 밀착해 있다. 나의 의식은 나의 모든 행위에 '존재한다.' 나의 행위는 단순히 이르러야 하는 목적과 사용해야 하는 도구의 지휘를 받고 있다. 예를 들면 나의 태도는 어떤 '외부'도 갖지 않는다. 나의 태도는 단순히 도구(열쇠구멍)와 이루어야 하는 목적과 '엿보아야 하는 광경'을 어떻게 관련지어 줄까 하는 것이다.

나의 태도는 단순히 하나의 목표를 지향하는 도구복합을 세계의 배경 위에 부각시키기 위해, 어떻게 나를 세계 속에 소멸시킬 것인가, 어떻게 마치 잉크가 흡수지 속에 빨려들 듯 나를 사물들 속에 흡수되게 할 것인가 하는 점이다. 그 순서는 인과적 순서와는 반대이다. 다시 말해, 이르러야 하는 목적이, 이 목적에 앞서는 모든 시점을 조직하고 있다. 목적은 수단을 정당화한다. 수단들은 목적의 밖에, 그들 자체만으로 존재하는 것은 아니다. 그리고 그 총체는 나의 가능성의 하나의 자유로운 시도와 관련해서만 존재한다. 다시 말하면, 이 도구복합을 자기 자신 쪽을 향해 초월함으로써 이 도구복합을 조직하고 있는 것은 바로 내가 그것'으로 있는' 가능성으로서의 질투심이다. 그러나 나는 이 질투심이면서, 이 질투심을 인식하지 않는다. 다만, 외적 세계의 이 도구복합만이, 만일 그것을 내가 형성하는 것을 그만두고 관찰한다면, 나에게 이 질투심을 가르쳐 줄지도 모른다.

우리가 '상황(situation)'이라고 부를 것은 그 이중의 상반되는 규정을 가진 세계 속의 이 총체이다—문 뒤에 '보여야 하는' 하나의 광경이 존재하는 것은 오로지 내가 질투하고 있기 때문이다. 그러나 나의 질투는 문 뒤에 '보여야 하는' 하나의 광경이 '존재한다'는 객관적인 사실이 없으면 아무것도 아니다—이런 상황은 동시에 나의 사실성과 나의 자유를 나에게 반영한다. 나를 둘러싸는 세계의 어떤 종류의 객관적 구조를 계기로 하여, 상황은 자유롭게 이루어져야 할 의무(tâches)라는 형태로 나의 자유를 나에게 가리킨다. 거기에는 아무런 강제도 없다. 그것은 나의 자유가 나의 가능들을 갉아먹기 때문이며, 그것과 상관적으로 세계의 수많은 잠재성이 단순히 자기를 가리키고, 자기를 제공하기 때문이다. 그런 만큼 나는 진실로 나를 '상황 속에 존재하는 것'으로서 정의할 수 없다. 그것은 첫째로, 나는 나 자신에 대한 정립적인 의식으로 있지 않기 때문이다. 다음으로, 나는 나 자신의 무로 있기 때문이다.

그런 뜻에서—또 나는 내가 있지 않은 것으로 있고, 내가 있는 것으로 있지 않은 이상—나는 내가 문 뒤에서 엿듣고 '있는 것'으로서 나를 정의할 수도 없다.[20] 나는 나의 모든 초월성에 의해 나 자신에 대한 이런 잠정적 정의에서 벗어난다. 우리가 살펴본 것처럼, 불성실의 근원은 여기에 있다. 그리하여 나는 나를 '인식할' 수 없을 뿐만 아니라, 나의 존재까지 나에게서 탈출한다—하기는 나는 나 자신으로부터의 이 탈출 자체이기는 하지만—그리고 나는 진실로 아무것도 아니다. '거기에는' 세계 속에 부각되는 어떤 하나의 객관적 총체, 하나의 실재적 체계, 하나의 목적을 위한 수단들의 배치 같은 것을 둘러싸고, 그것을 성립시키고 있는 하나의 단순한 무 이외에는 아무것도 존재하지 않는다.

그런데 갑자기, 복도에서 발소리가 들려왔다. 누군가가 나에게 시선을 보내고 있다(누군가가 나를 보고 있다). 이것은 무엇을 뜻하는 것일까? 그것은 이런 것이다. 나는 갑자기 나의 존재에 습격을 받는다. 본질적인 변양이 나의 구조 속에 나타난다—이 변양을 내가 파악하여 개념적으로 정착시킬 수 있는 것은 반성적인 '코기토'에 의한 것이다.

먼저 이 경우, 나는 '나(moi)'로서의 한에서, 비반성적인 나의 의식에 있어서 존재한다. 사람들이 흔히 기술해 온 것은, 바로 나의 이 침입이다. "'내가 나를' 보는 것은, "사람들이" 나를 보기 때문이다'라는 표현이 쓰여져 왔다. 이런 형태에서는, 그것은 아직 충분히 정확하게 표현되어 있지 않다. 하지만 좀더 잘 검토해 보기로 하자. 우리가 대자를 그 고독에 있어서 고찰한 결과, 우리는 '비반성적인 의식 속에 하나의 "나(moi)"가 사는 일은 있을 수 없다. "나(le moi, 목적격)"는 대상으로서는 반성적인 의식에 있어서만 주어진다'고 주장할 수 있었다. 그러나 지금의 경우에는, '나(le moi)'가 찾아와서 비반성적인 의식을 따라다닌다. 그런데 비반성적인 의식은 세계'에 대한' 의식이다. 그러므로 '나'는 비반

---

[20] 내가 '진실로' 엿듣고 있을 때는, 나는 나 자신이 엿듣고 있음을 깨닫지 못할 것이고, 거꾸로 내가 엿듣고 있음을 '진실로' 깨달을 때는 나는 엿듣고 있는 것이 아니다. 그런데 자기가 엿듣고 있음을 깨닫지 않을 때, 자기는 '진실로' 엿듣고 있는 것이 아니라고 생각하고, 자기가 엿듣고 있는 것을 깨닫고 있을 때, 자기는 '진실로' 엿듣고 있는 것이라고 생각한다. 이것이 자기 기만이다.

성적인 의식에 있어서는 세계의 모든 대상의 차원에만 존재한다. 그런데 나의 현재화라는, 반성적 의식에만 귀속되어 있던 이 역할이, 지금 여기서는 비반성적 의식에 속해 있다. 다만 비반성적 의식은 나를 직접 대상으로 삼는다. 비반성적 의식은 '인격을' 직접, '자신의' 대상으로서 파악하는 것이 아니다. 즉 인격은 '그것이 타자에 있어서 대상인 한에서' 의식에 현전한다.

　달리 말하면, 내가 나에게서 탈출하는 한에서 나는 단번에 나를 의식한다. 게다가 그것은, 내가 나 자신의 무의 근거로 있는 한에서가 아니라, 자기 밖에 나의 근거를 가지는 한에서 나를 의식한다는 것을 뜻한다. 나는 오직 타자를 위한 단순한 지향으로서만 나를 위해 존재한다. 그러나 이 경우에 대상은 타자이고, 나의 의식에 현전하는 '자아'는 타자-대상의 하나의 부차적 구조 또는 하나의 뜻으로 해석해서는 안 된다. 동시에 내가 타자에 있어서의 대상으로 있기를 그만두고 소멸해 버리는 것이 아니고는, 타자는 이 경우에 객체로 있지 않으며, 객체로 있을 수 없다는 것은 우리가 이미 보여 준 바와 같다. 그러므로 나는 타자를 대상으로서 지향하는 것이 아니라, 나의 '자아'를 나 자신에게 있어서의 대상으로서 지향하는 것도 아니다. 나는 마치 현재 나의 손이 미치지 않는 곳에 있는 하나의 대상을 향하는 것처럼 이런 '자아'를 향해 나의 공허한 지향을 돌릴 수도 없다. 사실, 이 자아는 내가 채울 수 없는 하나의 무에 의해 나에게서 분리되어 있다. 왜냐하면 나는 이 자아를, '그것이 나에게 있어서 존재하지 않고', 원리적으로 '타인'에게 있어서 존재하는 한에서 파악하기 때문이다. 그러므로 나는 이 자아가 언젠가 주어질 수 있는 한에서가 아니라, 오히려 그 반대로 이 자아가 원리적으로 나한테서 달아나 결코 나에게 속하지 않는 한에서, 이 자아를 지향하는 것이다. 그러나 그래도 나는 이런 자아 '로 있다.'

　나는 이런 자아를 하나의 무관한 형상으로서 배척하지는 않는다. 오히려 이런 자아는 내가 그것'으로 있으면서' 그것을 '인식'하지 않는 하나의 '나'로서 나에게 현전한다. 왜냐하면 내가 이 자아를 발견하는 것은 부끄러움 속에서 (다른 경우에는 오만 속에서)이기 때문이다. 나에게 타자의 시선을 드러내 보이고, 이 시선의 말단에서 나 자신을 드러내 보이는 것은 부끄러움 또는 자부심이다. 나로 하여금 '시선을 받고 있는 자'의 상황을 '인식'하게 하는 것이 아니라 살게 하는 것은 부끄러움 또는 자부심이다. 그런데 우리가 이 장의 처음에 지적한 것처럼 부끄러움은 '자기'에 대한 부끄러움이다. 부끄러움은 '나는 바로 타자가 시선을 향하고 판단하고 있는 이 대상으로 있다'는 것의 승인이다. 나는 나의 자유가 나에게서 탈출하여, '주어진' 대상이 되는 한에서, 이 나의 자유에 대해서만 부끄러움을 가질 수 있다. 그러므로 본디 나의 비반성적 의식과 나의 '시선을 받고 있는 자아(ego-regardé)'의 유대는 인식의 유대가 아니라 존재의 유대이다. 나는 내가 가질 수 있는 모든 인식을 넘어서 어떤 타인이 인식하고 있는 '이 나'이다. 더욱이 나는 타자가 나에게서 빼앗아 타유화(他有化)한 하나의 세계 속에서, 내가 그것으로 있는 '이 나'이다. 왜냐하면 타자의 시선은 나의 존재뿐만 아니라, 그것과 상관적으로 벽·문·열쇠구멍 따위도 받아들이기 때문이다.

나는 그런 도구—사물의 한복판에 존재하고 있는데, 그런 도구—사물은 원리적으로 나에게서 탈출하는 하나의 얼굴을 타인을 향해 돌린다. 이리하여 나는 타인을 향해 흘러가는 하나의 세계의 한복판에서, 타인에게 있어서 나의 '자아(ego)'로 있다. 그러나 앞에서 우리는 타자—대상을 향한 '나의' 세계의 유출을 '내출혈'이라고 부를 수 있었다. 그것은 사실 타자를 향해 이 세계가 출혈할 때, 나는 이 타자를 나의 세계의 대상으로서 응고시킨다는 사실 자체에 의해, 그 출혈은 저지되고 국소화되어 있었기 때문이다. 그리하여 한 방울의 피도 흘리지 않고, 내가 비집고 들어갈 수 없는 하나의 존재 속에서이기는 하지만, 모든 것은 회복되고 국소화되어 있었다. 그런데 여기서는 반대로, 이 도피는 끝이 없다. 이 도피는 외부로 사라진다. 세계는 세계 밖으로 흘러나가고, 나는 나의 밖으로 흘러나간다. 타자의 시선은 이 세계에 있어서의 나의 존재 저편에, '이 세계'이면서 동시에 이 세계의 저편에 있는 하나의 세계 한복판에 나를 존재시킨다. 내가 그것으로 있는 이 존재, 부끄러움이 나에게 나타내 보여주는 이 존재와, 나는 어떤 종류의 관계를 유지할 수 있을 것인가?

우선 첫째로 거기에는 하나의 존재관계가 있다. 나는 이 존재로 '있다.' 나는 한순간도 그것을 부인할 생각은 없다. 나의 부끄러움이 하나의 고백이다. 나는 더 뒤에 가서 나에게 그것을 가리기 위해 자기기만을 이용할 수도 있을 것이다. 그러나 자기기만도 또한 하나의 고백이다. 왜냐하면 자기기만은 내가 그것으로 있는 존재로부터 도피하기 위한 하나의 노력이기 때문이다. 하지만 내가 그것으로 있는 이 존재는 '있어야 한다'는 존재방식으로 이 존재로 있는 것도 아니고, '있었다'는 존재방식으로 이 존재로 있는 것도 아니다. 나는 이 존재에, 그것의 존재에 있어서 근거를 부여하는 것이 아니다. 나는 이 존재를 직접적으로 만들어 낼 수는 없지만, 그래도 이 존재는 지면에 비치는 나의 그림자, 거울에 비치는 나의 영상이 나의 동작과 함께 움직일 때처럼, 나의 행위의 간접적이고 엄밀한 결과인 것도 아니다. 내가 그것으로 있는 이 존재는 일종의 불확정, 일종의 예견 불가능이라는 성질을 가지고 있다. 게다가 이런 새로운 성격은 다만 내가 타자를 '인식'할 수 없는 데서 올 뿐만 아니라, 특히 타자가 자유롭다는 데서 유래한다. 또는, 정확을 기하기 위해 말의 순서를 바꿔서 말한다면, 타자의 자유는, 내가 그에게 있어서 그것으로 있는 이 존재의 불안한 불확정을 통해 나에게 드러내 보여진다. 그러므로 이 존재는 나의 가능이 아니다. 이 존재는 항상 내 자유 속에서 문제되는 것은 아니다. 이 존재는 반대로 내 자유의 한계이며, '카드의 이면(裏面)'이라고 사람들이 말하는 의미에서 내 자유의 '이면'이다.

이 존재는 말하자면 내가 지고 다니는 하나의 짐으로서, 나에게 주어져 있으면서, 나는 결코 그것을 인식하기 위해 그쪽으로 몸을 돌릴 수가 없고, 그 무게를 느낄 수조차 없다. 만일 이 존재를 내 그림자에 비교한다면, 그것은 움직이고 있어서 예견할 수 없는 어떤 소재 위에 투영되는 그림자이며, 어떤 대조표를 가지고도 그 소재의 운동에서 비롯되는 그림자의 왜곡을 계산할 수는 없을 것이다. 그러나 여기서 문제가 되는 것은 바로 나의 존재이지, 나의 존재의 형상이 아니다. 여기서 문제는 타자의 자유 속에, 그리고 타자의 자유에 의해 묘사되는 나의 존재이다. 마치 나는, 하나의 근본적인 무에 의해 내가 거기서 격리되어 있는 하나의 존재차원을 가지고 있는 것 같다. 그리고 이 무가 바로 타자의 자유이다. 타자는 그가 자기의 존재로 있어야 하는 한에서, '그에게 있어서의 나의 존재'를 존재하게 해야 한다. 그러므로 나의 자유로운 행위의 하나하나가 나를 하나의 새로운 환경에 구속하는 것이고, 거기서는 나의 존재의 소재 자체가 어떤 타인의 예견될 수 없는 자유이다. 그렇다 해도 나의 부끄러움 자체에 의해 나는 타인의 이 자유를 나의 것으로서 요구한다. 나는 의식 개체들 사이의 하나의 깊은 통일을 긍정한다. 게다가 내가 긍정하는 것은 사람들이 가끔 객관성의 보증으로 여기던 단자(單子)들 서로 간의 조화가 아니고, 하나의 존재통일이다. 왜냐하면 '타인들이 나에게 하나의 존재를 부여하고,

내가 그 존재를 승인하는 것'을 나는 받아들이고 또 원하기 때문이다.

그러나 부끄러움이 나에게 드러내 보이는 것처럼, 나는 이 존재'로 있다.' 게 다가 '있었다'는 존재방식에 있어서도 아니고, '있어야 한다'는 존재방식에 있 어서도 아니며, 오히려 '즉자적으로' 나는 이 존재로 있다. 나는 혼자서는 나 의 '앉아 있는 존재(être-assis)'를 실감할 수 없다. 우리가 기껏 말할 수 있는 것 은, '나는 이 존재로 있는 동시에 이 존재로 있지 않다'는 것 정도이다. '내가 있 는 그대로의 것으로 있기' 위해서는 타자가 나에게 시선을 향하고 있는 것만 으로 충분하다. 물론 내가 있는 그대로의 것으로 있는 것은 나 자신에게 있어 서가 아니다. 나는 내가 타자의 시선 속에 파악하는 이 '앉아 있는 존재'를 결 코 실감하기에 이르지는 않을 것이다. 나는 여전히 언제나 의식으로 있을 것이 다. 오히려 '내가 있는 그대로의 것으로 있는' 것은 타자에게 있어서일 것이다. 거기서 또다시 대자의 무화적(無化的)인 탈출이 응고한다. 또다시 즉자가 대자 위에 새롭게 형성된다. 그러나 또다시 이 변신은 '거리를 두고' 이루어진다. 다 시 말하면, 타인에게 있어서 나는 이 잉크병이 탁자의 '위에 존재하는' 것처럼 '앉아서 존재한다.' 타자에게 있어서는, 나무가 바람 때문에 '기울어져서 존재 하는' 것처럼 열쇠구멍 위에 '몸을 굽히고 존재한다.'

그와 같이 타인에게 있어서는 나는 나의 초월을 포기하고 있다. 왜냐하면 사실 나의 초월에 대한 증인이 되어 있는 자, 즉 이 초월로 '있지 않은' 것으로 서 자기를 규정하고 있는 자에게는, 나의 초월은 단순히 확인된 초월이 되고, 주어진 초월이 된다. 다시 말해 나의 초월은 '타인'이 그의 범주를 통해 나의 초월에 강요하는 뭔가의 왜곡 또는 굴절에 의해서가 아니라, 그의 존재 자체에 의해 나의 초월에 하나의 외부를 부여한다는, 다만 그 사실만으로 하나의 개 성(nature)을 얻게 된다. 하나의 '타인'이 존재한다면 그가 누구이든, 그가 어디 있든, 그가 나와 어떤 관계이든, 또 그의 존재의 단순한 나타남 이외에 그가 내 위에 어떤 영향도 미치지 않는다 해도, 나는 하나의 외부를 가지고, 하나의 '개성'을 가지게 된다. 나의 근원적인 실추는 타인의 존재이다. 부끄러움은—자 부심과 마찬가지로—개성으로서의 나 자신의 파악이다. 물론 이 개성 자체는 나에게서 탈출하는 것이며, 그런 것으로서 인식될 수 없는 것이기는 하다.

더욱 정확하게 말해서, 나는 나의 자유를 잃고, 내가 '사물'이 되는 것을 느 끼는 것이 아니며, 오히려 나의 자유는 저편에서 체험되는 나의 자유 밖에서,

'내가 타인에게 있어서 그것으로 있는 이 존재의, 하나의 주어진 속성'으로서 존재하는 것이다. 나는 타인의 시선을, 나의 '행위'의 한복판에 있어서, 나 자신의 모든 가능성의 고체화 및 타유화로서 파악한다. 내가 그것으로 '있는' 이런 가능성은 나의 초월의 조건인 셈인데, 나는 두려움을 느낄 때, 또 불안한 기대 또는 신중한 기대를 느낄 때, 그런 가능성이 다른 곳에서 한 사람의 타인에게 주어지고, 이번에는 나의 가능성들이 그 타인 자신의 가능성들에 의해 초월될 차례가 되었음을 느낀다. 타인은, 시선으로서는 나의 '초월되는 초월(ma transcendance transcendée)'일 뿐이다. 말할 것도 없이, 나는 이런 가능성들(에 대한) 비조정적인 의식이라는 존재방식으로 여전히 나의 가능성들로 '있다.' 그러나 그것과 동시에 시선은 이런 가능성들을 나에게서 빼앗아 그것을 타유화한다. 그때까지 나는 그런 가능성을 세계 위에, 또 세계 속에 온갖 도구의 잠재성으로서, 조정적으로 파악하고 있었던 것이다. 복도 속의 어두컴컴한 구석은, 내 몸을 숨기는 가능성을, 그 어둠이 지닌 하나의 단순한 잠재적 성질로서, 그 어둠의 하나의 유혹으로서 나에게 가리키고 있었다. 대상의 이런 성질 또는 도구성은 다만 그 대상에게만 속하는 것이었다.

　이런 성질이나 도구성은 객관적이고 이상적인 하나의 고유성으로서 주어지며, 우리가 '상황'이라고 부르고 있는 이 복합에 대한 그 현실적 소속을 가리키는 것이었다. 하지만 타자의 시선과 함께 그런 복합의 하나의 새로운 조직이 태어나, 최초의 조직 위에 겹쳐진다. 사실, 보이고 있는 것으로서 나를 파악하는 것은, '세계 속에', 세계로부터 출발하여, 보이고 있는 것으로서 나를 파악하는 것이다. 타자의 시선은 우주 속에 나를 떠오르게 하는 것은 아니다. 타자의 시선은, 나의 상황 속에 나를 찾으러 온다. 타자의 시선은 나에 대해서 온갖 도구와 분해할 수 없는 온갖 관계만 파악한다. 만일 내가 앉아 있는 것으로서 보인다면, 나는 하나의 '어떤-의자-위에-앉아 있는 것'으로 보일 것이고, 내가 몸을 굽히고 있는 것으로서 보이는 것은, '열쇠구멍-위에-몸을 굽히고 있는 것'으로서이다 등등. 그러나 '나'의 이런 타유화, 즉 '시선이 나에게 향해져 있는 것'은, 결국은 내가 조직하고 있는 세계의 타유화를 내포한다. 내가 이 의자에 앉아 있는 것으로 보이는 것은, 내가 그 의자를 결코 보지 않는 한에서이고, 내가 그 의자를 보는 것이 나에게는 불가능한 한에서이며, 그 의자가 나에게서 탈출하여, 그 결과, 다른 모든 관계와 거리를 가지며, 마찬가지로 나에게는 보이지 않는 한 면을 가진 다른 대상들의 한복판에, 다른 방향으로 향해진 새로운 복합 속에 조직되는 한에서이다.

그러므로 '나'는, 내가 나의 가능들인 한에서는 '내가 있지 않은 자로 있고, 내가 있는 자로 있지 않지만', 이제는 그 '내가' 누군가'로 있다.' '내가 그것으로 있는 자'—이자는 원리적으로 나에게서 탈출하지만—나는 세계가 나에게서 탈출하는 한에서, '세계 한복판에서' 이자로 있다. 이 사실에서 대상에 대한 나의 관계, 또는 대상의 잠재성에 대한 나의 관계는, 타자의 시선 아래 해체된다. 그리고 이 관계는 그 대상을 쓰는 나의 가능성으로서 세계 속에 나에게 나타나지만, 그것은 나의 가능성이 원리적으로 나에게서 탈출하는 한에서, 다시 말하면 그 가능성이 타인에 의해 그 자신의 가능성 쪽을 향해 초월되는 한에서이다. 이를테면 어두컴컴한 구석의 잠재성이, 나에게 있어서 그 구석에 몸을 숨긴다는, 주어진 가능성이 되는 것은, 타인이 나의 가능성을 그 자신의 가능성을 향해 초월하여, 그 구석을 손전등으로 비추어 볼지도 모른다는, 다만 그것만의 사실에 의해서이다. 타인의 이 가능성은 거기에 존재한다. 나는 이 가능성을, 이른바 부재하는 가능성으로서, '타인의' 가능성으로서, 나의 불안에 의해, '그다지 안전하지 않은' 이 은신처를 포기하는 나의 결심에 의해, 파악한다. 그러므로 나의 모든 가능성은 타인이 '나를 엿보고 있는' 한에서 나의 비반성적 의식에 대해 현전하고 있다.

만일 내가 준비가 되어 있는 그의 태도, 호주머니에 손을 찔러넣고 무기를 쥐고 있는 듯한 모습, 비상벨에 손가락을 갖다 대고 '이쪽이 조금이라도 움직이면' 경찰에 연락하려는 듯한 그의 눈치를 보면, 그 경우, 나는 나의 모든 가능성으로 '있으면서', 동시에 나의 가능성들을 외부로부터, 타인을 통해 파악한다. 마치 우리가 사상을 언어에 흘려 넣기 위해, 그 사상을 생각하면서 동시에 그것을 언어에 의해 대상적으로 파악하는 경우와 조금 비슷하다. 달아나고 싶어 하는 나의 이 경향, 나를 지배하고, 나를 부추기는 이 경향, 게다가 내가 그것'으로 있는' 이 경향을, 나는 숨어서 기다리고 있는 이 시선 속에, '내 위에 향해져 있는 무기'라는, 시선 아닌 이 시선 속에서 읽는다. 타인은 그가 나의 이 경향을 미리 짐작하고, 이미 거기에 대비하고 있는 한에서 나에게 이 경향을 깨닫게 해 준다. 타인은 그가 나의 이 경향을 뛰어넘고 그것을 무력하게 만드는 한에서, 나에게 이 경향을 깨닫게 해 준다.

그러나 나는 타인의 이 초월 자체를 파악하지 않는다. 나는 다만 나의 가능성의 죽음을 파악한다. 미묘한 죽음이다. 왜냐하면 몸을 숨긴다는 나의 가능성은 아직도 '나의' 가능성으로 있기 때문이다. 내가 그 가능성으로 '있는' 한, 나의 그 가능성은 지금도 또한 살아 있다. 그리고 그 컴컴한 구석은 나에게 신호하는 것을 그만두지 않으며, 그 잠재성을 나에게 가리키는 것을 그만두지 않는다. 그러나 만일 도구성의 정의가 '……를 향해 초월될 수 있다(pouvoir être dépassé vers…)'는 것이라면, 나의 가능성 자체는 도구성이 된다. 구석에 내 몸을 감춘다는 나의 가능성은 타자가 '나를 간파하고 나를 꿰뚫어 보고 나를 파악한다'고 하는 그 자신의 가능성을 향해 초월될 수 있는 것이 된다. '타자에게 있어서는' 나의 그 가능성은 모든 도구와 마찬가지로 하나의 장애인 동시에 하나의 수단이다. 장애라고 하는 것도, 나의 그 가능성은 타자에게 어떤 새로운 행위(내 쪽으로 나아가기, 손전등을 켜기 따위)를 하지 않을 수 없게 만들 것이기 때문이다. 또 수단이라는 것도, 한번 막다른 골목에서 발견된 이상에는 나는 '붙잡힌' 것이나 다름없기 때문이다.

요컨대 타자에게 반항하여 이루어지는 모든 행위는, 원리적으로 타자에게 있어서, 나에게 반항하여 그에게 도움이 되는 하나의 용구로 있을 수 있다. 게다가 나는 그 타자를, 그가 나의 행위를 어떻게 이용할지를 내가 확실히 봄으로써가 아니라, 바로, 나의 모든 가능성이 애매한 상태에서 살아가는 하나의 두려움 속에 파악하는 것이다. 타자는 나의 가능성들의 감추어진 죽음이다. 다만 그것은, 내가 이 죽음을 세계 한복판에 감추어져 있는 것으로서 살아가는 한에서의 일이다. 나의 가능성과 도구의 연관은 이미 나에게서 탈출하는 하나의 목적을 위해, 외부로부터 서로 편성되는 두 개의 용구 사이의 연관에 지나지 않는다. 만일 내가 거기서 달아나기 위해 몸을 움직이기 전에, 타자가 그 등불로 이 구석을 비춘다면, 그때는 어두컴컴한 구석의 어둠과 거기에 몸을 감추는 나의 가능성이 '동시에' 타자에 의해서 초월된다. 그러므로 내가 타자의 시선을 파악할 때, 나를 뒤흔드는 갑작스러운 충격 속에 존재하는 것은, 갑자기 내가, 나의 모든 가능성의 하나의 미묘한 타유화를 살아가는 것이고, 나의 모든 가능성이 나에게서 멀리 떠나, 세계 한복판에, 세계의 모든 대상과 함께 편성되는 것이다.

그러나 거기서 두 가지 중요한 결과가 나온다. 첫 번째는 나의 가능성이 나의 외부에서 '개연성'이 된다는 것이다. 타자는 나의 가능성을 하나의 자유에 의해 잠식되는 것으로서 파악하지만, 그 타자는 이 자유로 있는 것이 아니며, 이 자유의 증인이 되어 자유의 결과를 예측할 뿐이다. 그런 한에 있어서, 나의 가능성은 모든 가능성의 희롱의 전적인 불확정이며, 내가 나의 가능성을 간파하는 것은 바로 이런 방식을 통해서이다. 더 뒤에 가서, 우리가 언어에 의해 타자와 직접적인 연관을 갖게 되고, 차츰 타자가 우리에 대해 무슨 생각을 하고 있는지 알게 될 때, 그것은 우리를 그 자리에 얼어붙게 하고 전율시키는 경우가 있을 것이다. "자네한테 맹세하네만, 나는 틀림없이 그렇게 할 거야."—"아마 그럴지도 모르지. 자네가 그렇게 말하니, 나도 자네 말을 믿고 싶네. 사실 자네가 그렇게 하는 것은 있을 수 있는 일이야." 이 대화의 의미 자체 속에 들어 있는 것처럼, 타자는 본디 불확정한 하나의 주어진 고유성 앞에서와 같이, 나의 자유 앞에 서 있으며, 나의 모든 개연 앞에서와 같이, 나의 모든 가능 앞에 서 있다. 다시 말하면, 나는 본디 자신이 '타자에게 있어서', 저편에 존재하는 것을 느끼고 있으면서, 게다가 나의 존재의 이런 환영—소묘는 나 자신의 핵심에서 나를 엄습한다. 왜냐하면 부끄러움과 격분과 두려움에 의해 나는 또한 이런 자로서 나를 떠맡기를 그만두지 않기 때문이다. 그것도 맹목적으로 나를 떠맡는다. 그 까닭은, 나는 내가 떠맡는 것을 '인식하고 있지 않기' 때문이다. 나는 단순히 내가 떠맡는 자로 있다.*21

두 번째로 '도구'와 '도구에 대한 나 자신의 가능성'으로 성립되어 있는 총체는 타자에 의해 초월되는 것, 타자에 의해 세계 속에 조직되는 것으로서 나에게 나타난다. 타자의 시선과 더불어 '상황'은 나에게서 탈출한다. 또는 낡은 표현이기는 하지만, 우리의 생각을 잘 나타내는 표현을 쓴다면 '나는 더 이상 상황의 주인이 아니다.' 또는 더 정확하게 말하면, 나는 여전히 상황의 주인이지만, 이 상황은 하나의 실재적 차원을 가지고 있으며, 이 차원을 통해 상황은 나에게서 탈출하고, 이 차원을 통해 예상하지 못한 회전(回轉)이 나에게 나타

---

*21 이 구절은 약간 난해하다. 한편으로는 사르트르의 설명이 불충분한 탓도 있다. 요컨대 나의 가능성은 타자에게는 개연성이 된다. 그것을 잘 알고 있으면서도 타자에 의해 개연성으로 파악된 나의 모습에 나는 전율한다. 나는 부끄러움과 심한 분노를 느낀다. 그러나 부끄러움과 분노를 느끼는 것은, 내가 맹목적으로 그와 같은 모습의 나를 떠맡고 있다는 증거이다.

날 때의 상황의 존재방식과는 다른 방법으로 상황을 '존재하게' 한다. 확실히 엄밀한 고독 속에서도 나는 나의 예측과 나의 욕망과는 엄밀하게 반대되는 결과를 일으키는 행위를 저지르는 경우가 있다. 나는 이 깨지기 쉬운 꽃병을 이쪽으로 옮기려고 받침째로 가만히 끌어온다. 그러나 이런 행동이 오히려 결과적으로는 청동 조각상을 쓰러뜨려서 꽃병을 산산조각나게 할 수도 있다. 그렇다 해도 이 경우에는, 만일 내가 좀더 조심성이 있었더라면, 만일 내가 물건들의 배치를 눈여겨 보았더라면, 내가 예상하지 못할 것은 아무것도 없다. 요컨대 거기에는 '원리적으로 나에게서 탈출하는 것은 아무것도 존재하지 않는다.' 그에 비해, 타인의 나타남은 상황 속에 내가 원하지도 않았던 하나의 국면이 나타나게 한다. 나는 그 국면의 주인이 아니며, 이 국면은 원리적으로 나에게서 탈출한다. 왜냐하면 그 양상은 '타인에게 있어서' 존재하기 때문이다. 이것이 바로, 지드가 절묘하게도 '악마의 몫(la part du diable)'이라고 부른 그것이다.

이것은 예견할 수 없는, 게다가 실재하는 '이면(裏面)'이다. 이를테면 카프카가 《심판》과 《성(城)》 속에서 말하고자 한 것은 이런 예견 불가능성이다. 어떤 의미에서 'K'와 측량기사가 하는 것은 모두 당연한 일로 그들에게 속한 일이다. 그들이 세계 위에 작용하는 한에서, 그 결과는 엄밀하게 그들의 예측과 꼭들어맞고 있다. 즉 그런 행위는 성공한 행위이다. 하지만 그것과 동시에 그런 행위의 '진리'는 끊임없이 그런 행위로부터 탈출한다. 그 행위들은 원리적으로 하나의 뜻을 가지고 있으며, 그것이 그 행위들의 '참된 뜻'이지만, 'K'나 측량기사나 영영 그 뜻을 인식하지 못한다. 물론 카프카는 여기서 신적(神的)인 것의 초월에 이르고자 했다. 인간적 행위가 진리로 구성되는 것은 신적인 것에 대해서이다. 그러나 이 경우 '신'은, 타자의 극한의 개념일 뿐이다. 우리는 다음에 다시 이 문제로 돌아올 것이다. 《심판》의 그 종잡을 수 없는 음울한 분위기, 무지(無知)로서 스스로 살아가는 그 무지, 하나의 전체적인 반투명성을 통해서 단순히 예감될 수 있는 데 머무는 그 전면적인 불투명성, 이런 것들은 다만 우리의 '세계-한복판에서의-타자에게-있어서의-존재(être-au-milieu-du-monde-pour-autrui)'의 묘사 이외에 아무것도 아니다.

그러므로 상황은 타자에게 있어서의 그 초월에 있어서, 또 그 초월에 의해서 나의 주위에 응고하여 조직되며, 게슈탈트 심리학자들이 말하는 뜻에서의 '형태'를 취한다. 즉, 거기에는 하나의 주어진 종합이 있고, 나는 이 종합의 본질적인 구조로 있다. 이런 종합은 탈자적인 점착력과 즉자의 성격을 동시에 가지고 있다. 서로 얘기를 나누고 있는 그 사람들을, 지금 나는 가만히 엿보고 있는데, 그 사람들과 나의 유대는 내가 스스로 설정한 유대의 인식될 수 없는 하나의 기체(基體)로서, 대번에, 나의 외부에 주어진다. 특히 나 자신의 '시선' 또는 그 사람들과의 거리가 없는 연관은, 나의 시선이 '시선을 받고 있는 시선(regard-regardé)'이라는 사실 자체에 의해, 그 초월을 빼앗긴다. 내가 '보고 있는' 그 사람들을, 사실, 나는 대상으로서 응고시키고 있다. 나의 그 사람들에 대한 관계는 타자의 나에 대한 관계와 마찬가지이다. 나는 그 사람들에게 시선을 향함으로써, 나의 능력을 잰다. 그러나 만일 타자가 그 사람들을 보는 동시에 나를 본다면, 나의 시선은 그 능력을 잃어버린다. 나의 시선은 그 사람들을 타자에 있어서의 대상으로 바꿀 수는 없을 것이다. 왜냐하면 그들은 이미 타자의 시선의 대상이기 때문이다. 나의 시선은 단순히 '대상-나'와 '시선을 받고 있는-대상'의, 세계 한복판에서의 하나의 관계, 즉 두 개의 질량이 거리를 두고 서로 작용하는 인력과 같은 무언가를 나타내고 있을 뿐이다. 이 시선 주위에, 한편으로는, 수많은 대상들이 배치된다―나와 시선을 받고 있는 그런 것 사이의 거리는, 현재에 '존재하고' 있지만, 그 거리는 나의 시선에 의해 줄어들고 한계가 정해지며 압축되어 있다. '거리-여러 대상'의 총체는, 마치 '이것'이 세계라는 배경 위에 떠오르는 것처럼, 시선이 떠오를 때의 배경으로서 존재한다―다른 한편으로는, 이 시선 주위에 나의 온갖 태도가 배치되어, 시선을 '유지하기' 위해 쓰이는 일련의 수단으로서 주어진다. 그런 뜻에서 나는 하나의 조직적 전체를 구성하고 있으며, 이 전체가 시선'이다.' 나는 하나의 '시선-대상'이다.

다시 말하면 나는 내적인 목적성이 부여된 하나의 도구복합이며, 이 도구복합은 목적에 대한 수단의 관계 속에 스스로 자기를 두고, 그리하여 거리 저편에 있어서 이러이러한 다른 대상에 대한 하나의 현전을 이룰 수 있다. 그러나 거리는 나에게 주어져 있다. 내가 시선을 받고 있는 한, 나는 거리를 전개하지 않는다. 나는 다만 거리를 건너뛰는 데 그칠 뿐이다. 타자의 시선은 나에게 공간성을 부여한다. '시선을 받고 있는 것'으로서 자기를 파악하는 것은, '공간화되는-공간화하는 것(spatialisant-spatialisé)' 것으로서 자기를 파악하는 일이다.

하지만 타자의 시선은 단순히 공간화하는 것으로서 파악될 뿐만 아니라, '시간화하는 것(temporalisant)'이다. 타자의 시선의 나타남은, 나에게는 고독 속에서는 원리적으로 획득할 수 없었던 하나의 체험, 즉 동시성의 체험을 통해서 나타난다. 단 하나의 대자에 있어서의 세계는 동시성을 포함할 수 없고, 다만 공통현전을 포함할 수 있을 뿐이다. 왜냐하면 대자는 자기 밖에, 세계 속의 곳곳에서 자기를 상실하고, 또 자기 혼자만의 현전의 통일에 의해 모든 존재를 결속하기 때문이다. 그런데 동시성은 시간적인 결속 이외의 어떤 관계에 의해서도 결속되어 있지 않은 두 존재자의 시간적인 결속을 전제로 한다. 양쪽이 서로 작용을 주고받는 두 존재자는, 바로 그들이 똑같은 체계에 속해 있으므로 동시적이지 않다. 그러므로 동시성은 세계의 존재자들에게 속하는 것이 아니다. 동시성은 '……에 대한 현전(présence-à)'으로 여겨지는 두 현전자(現前者)의 세계에 대한 공통현전을 전제로 한다. 세계'에 대한' 피에르의 현전은 세계에 대한 나의 현전'이 있어야 비로소' 동시적이다. 그런 뜻에서 동시성의 근원적 현상은 이 컵이 나에게 있어서 존재하는 '동시에' 폴에게 있어서 존재한다는 것이다.

그러므로 거기에 전제되고 있는 모든 동시성의 근거는, 필연적으로 나 자신의 시간화에 대해, 똑같이 자기를 시간화하는 하나의 타자가 현전해 있지 않으면 안 된다. 그러나 바로, 타자가 '자기를' 시간화하는 한에서 타자는 그 자신과 함께 '나를' 시간화한다. 즉 타자가 자기 자신의 시간을 향해 나아가는 한에서, 나는 그에게 있어서 보편적 시간 속에 나타난다. '타자의 시선'은 내가 그 시선을 파악하는 한에서, '나의' 시간에 하나의 새로운 차원을 부여하러 온다. 나의 현전은 나의 현재로서 타자에 의해 '나의' 현전으로서 파악된 현재인 한에서, 하나의 외부를 가지고 있다. '대아적(對我的)으로' 자기를 현재화하는 이 현전은, 타자가 자기를 현재적으로 만들 때의 현재 속에 나의 몫으로서 타유화된다. 나는 타자가 자기를 나에 대한 현전으로 만드는 한에서, 보편적 시간 속에 던져진다. 그러나 내가 와서 자리를 차지하는 보편적 현재는 나의 보편적 현재의 단순한 타유화이다. 물리적 시간은 내가 그것으로 있지 않은 하나의 단순한 자유로운 시간화를 향해 유출된다. 내가 살고 있는 이 동시성의 지평에 윤곽을 나타내는 것은 하나의 절대적 시간화이며, 나는 하나의 무에 의해 거기서 격리되어 있다.

세계의 시간, 공간적인 대상으로서의 한에서, 세계 속의 하나의 시간, 공간적인 하나의 상황의 본질적인 구조로서의 한에서, 나는 타자의 평가에 몸을 내맡긴다. 또한 그것을 나는 단순한 '코기토'의 행사에 의해서도 파악한다. '시선을 받고 있다'는 것은 인식할 수 없는 평가의, 특히 가치평가의, 인식되지 않는 대상으로서 나를 파악하는 일이다. 하지만 바로 부끄러움 또는 자부심에 의해, 나는 그런 평가들에 정당성이 있음을 인정하는 동시에, 또한 이 평가들을 단순한 평가에 불과한 것으로서, 즉 주어진 것에서 모든 가능성을 향한 하나의 자유로운 초월로서 받아들이기를 그만두지 않는다. 하나의 판단은 어떤 자유로운 존재의 초월적(선험적) 행위이다. 그러므로 '보이고 있다'는 것은 나의 자유가 아닌 하나의 자유에 대한 하나의 무방비한 존재로서 나를 구성한다. 우리가 타자에게 나타나는 한에서 우리가 자신을 '노예'로 여길 수 있는 것은 이런 뜻에서이다. 그러나 이 노예상태는, 의식의 추상적인 형식에 있어서 하나의 '생명의'—역사적이고 극복될 수 있는—결과는 아니다. 나의 자유가 아닌 하나의 자유, 나의 존재의 조건 자체인 하나의 자유의 중심에서 내가 예속적으로 있는 한, 나는 노예이다. 내가 나에게 성질을 부여하기 위해 찾아오는 모든 가치의 대상으로 있으면서, 내 쪽에서는 그 성질부여에 아무런 작용도 할 수 없고, 이 성질부여를 인식할 수도 없는 한에서 나는 노예상태에 있다. 그와 동시에 내가 나의 가능성이 아닌 가능성의 용구(用具)로 있으면서, 내 쪽에서는 나의 존재 저편에서의 그런 가능성의 단순한 현전을 엿보기만 하고, 그런 가능성이 나의 초월을 부정하며 나로 하여금 내가 알지 못하는 목적들을 위한 하나의 수단이 되게 하는 한에서, 나는 '위험에 처해' 있다. 더욱이 그런 위험은 나의 '대타존재(être-pour-autrui)'의 하나의 부수적인 성질이 아니고, 그것의 항상적인 구조이다.

우리는 가까스로 이 설명의 종점에 이르렀다. 우리가 이 설명을 이용하여 타자를 우리 앞에 드러내기 전에, 먼저 유의해 두어야 할 것은, 이 설명은 '전적으로 코기토의' 차원에서 이루어졌다는 것이다. 우리는 타자의 시선에 대한 주관적인 이런 반응을 밝혔을 뿐이다. 이를테면 두려움(타자의 자유 앞에서 위험에 처해 있다는 감정), 자부심 또는 부끄러움(결국 내가 그것으로 있는 것이라는 감정, 게다가 다른 곳에서, 저편에서, 타자에 대해 그렇게 있다는 감정), 나의 노예상태의 승인(나의 모든 가능성의 타유화에 대한 감정)이 그것이다. 더욱이 우리의 이 해명은 결코 조금 애매한 인식을 개념적으로 정착시키려는 것은 아니다. 각자가 자기 경험에 비추어 보면 알 일이다. 자신이 잘못된 태도, 또는 단순히 우스꽝스러운 태도를 취하고 있는 현장을 들켜 본 경험이 없는 사람은 아무도 없을 것이다. 그런 때 우리가 체험하는 돌연변이는 결코 하나의 인식의 침입에 의해 도발된 것은 아니다. 이런 돌연변이는 오히려 그 자신에게 있어서 하나의 고체화이고 하나의 돌연한 성층(成層)이다. 이 돌연성층은 나의 가능과 나의 '대아적'인 구조에는 손대지 않은 채 그대로 두고, 갑자기 하나의 새로운 차원, 즉 '드러내 보여지지 않는 것(non-révélé)'의 차원으로 나를 밀어낸다.

그러므로 시선의 나타남은 나에 의해서 하나의 탈자적인 존재관계의 나타남으로써 파악되며, 그 한쪽의 항은 '그것이 있지 않은 것으로 있고, 그것이 있는 것으로 있지 않은 대자'인 한에서 '나'이며, 다른 항은 또한 '나'이면서, 나의 범위 밖에, 나의 행동 밖에, 나의 인식 밖에 존재한다. 게다가 이 다른 항은 바로 그것이 하나의 자유로운 타자의 무한한 가능성과 연관되어 있으므로, 그 자신에게 있어서, 드러내 보여지지 않는 수많은 고유성의 무궁무진한 종합이다. 타자의 시선 속에서는, 나는 세계 한복판에 응고된 것으로서, 위험에 처한 것으로서, 치유될 수 없는 것으로서, 나를 '살아간다.' 그러나 나는 내가 '어떤 것'인지 '알지 못하고', 세계 속에서의 나의 위치가 '어떤 것'인지 '알지 못하며', 내가 있는 이 세계가 어떤 면을 타자를 향해 돌리고 있는지 '알지 못한다.'

여기서 우리는 타자의 시선 속에, 그리고 타자의 시선에 의한, 타자의 이 나타남의 뜻을 밝혀 볼 수 있다. 어떤 방식으로도 타자는 대상으로서 우리에게 주어지는 일이 없다. 타자를 대상화한다면 그 '시선-존재'는 붕괴될 것이다. 또한 우리가 살펴본 것처럼, 타자의 시선은 그 시선을 나타내는 대상으로서의, 타자의 '두 눈'의 소멸 그 자체이다. 타자는 타자에게 있어서의 나의 존재의 지평에, 헛되이 지향되는 대상으로도 있을 수 없을 것이다. 타자를 대상화하는 일은, 다음에 보게 되듯이, 나의 존재의 방어이며, 이 방어는 '나에게 있어서의 존재'를 타자에게 부여함으로써, '타자에게 있어서의 나의 존재'로부터 나를 해방한다. 시선의 현상에 있어서는, 타자는 원리적으로 대상으로 있을 수 없는 것이다. 동시에 우리가 지금 보는 바와 같이, 타자는 나와 나 자신의 관계, 즉 나를 '드러내 보여지지 않는 것'으로서 나 자신에 대해 나타내게 하는 관계의 하나의 '항'일 수도 없을 것이다. 타자는 나의 '주의(注意)'에 의해 지향될 수도 없을 것이다. 타자의 시선이 나타날 때, 내가 시선 또는 타자에게 '주의를 돌린다'면 그것은 '대상에' 주의를 돌리는 것과 같은 것밖에 되지 않는다. 왜냐하면 주의는 대상을 향한 지향이기 때문이다.

그렇다고 해서 '타자는 이 탈자적 관계의 하나의 추상적인 조건, 하나의 개념적인 구조'라고 결론지어서는 안 될 것이다. 사실 이 경우에는, 타자가 그것의 보편적이고 형식적인 하나의 구조일 수 있는, 현실적으로 사고되고 있는 대상이 존재하는 것은 아니다. 타자는 물론 나의 '드러내 보여지지 않는 존재'의 조건이다. 그러나 타자는 구체적이고 개별적인 조건이다. 타자는 세계 한복판에서의 나의 존재 속에, 이 존재의 적분적(積分的) 부분의 하나로서 구속되는 것은 아니다. 왜냐하면 바로 타자는 내가 '드러내 보여지지 않는 것'으로서 세계 한복판에 존재하고 있을 때의 그 세계를 초월하는 자이기 때문이다. 그러므로 타자는, 그런 자로서, 대상으로도 있을 수 없고, 또 어떤 대상의 형식적이고 구성적인 요소로 있을 수도 없을 것이다. 타자는—앞에서 살펴본 것처럼—나의 경험의 통일적 또는 규제적인 하나의 범주로서, 나에게 나타날 수 없다. 왜냐하면 타자가 나에게 찾아오는 것은, 만남(rencontre)에 의해서이기 때문이다. 그렇다면 타자란 도대체 무엇일까?

먼저, 타자는 내가 그쪽을 향해 나의 주의를 돌리지 않는 존재이다. 타자는 나에게 시선을 보내고 있는 자이고, 내가 아직 시선을 돌리지 않은 자이다. 타자는 '드러내 보여지지 않는 것'으로서의 나를 나 자신에게 넘겨주지만, 그 자신은 자기를 드러내 보이지 않는 자이다. 타자는 그가 지향되고 있는 한에서가 아니라, 그가 나를 지향하고 있는 한에서, 나에 대해 현전적으로 있는 자이다. 타자는 나의 도피의 손이 미치지 않는 곳에 있는 구체적인 극(極)이고, 나의 모든 가능의 타유화의 극이며, 이 세계와 '똑같은' 세계이면서도 이 세계와 교통이 불가능한 하나의 다른 세계를 향한, 나의 세계 유출(流出)의 극이다. 그러나 타자는 이런 타유화 자체, 이런 유출 자체와 다를 수는 없을 것이다. 타자는 이런 타유화, 이런 유출의 의미이고 방향이다. 타자가 이 유출을 따라다니는 것은, '실재적' 또는 '범주적' 요소로서가 아니라 하나의 현전으로서이다. 게다가 이 현전은, 만일 내가 태도를 바꿔 그것을 더욱 '현재화'하려고 시도한다면, 응고되어 세계의 일부가 되지만, 내 쪽에서 그것을 깨닫지 못할 때는, 더할 나위 없이 현전적이고 절박한 것이다. 이를테면 만일 내가 전적으로 나의 부끄러움 속에 잠겨 있으면, 타자는 이 부끄러움을 지탱하며 전면적으로 이 부끄러움을 감싸는, 측량할 수 없고 눈으로 볼 수도 없는 현전이다. 그 경우에는, 타자는 나의 '드러내 보여지지 않는 존재'를 지탱하는 중심이다. 그렇다면 '다음에', '드러내 보여지지 않는 것'으로서의 나의 체험을 통해, '드러내 보여질 수 없는 것(non-révélable)'으로서의 타자에 대해, 무엇이 나타나는지를 살펴보기로 하자.

첫째로, 나의 대상성의 필요조건으로서 '타자의 시선은', 나에게 있어서의 모든 대상성의 파괴이다. 타자의 시선은 세계를 통해 나를 엄습한다. 타자의 시선은 단순히 나 자신에 변형을 가져올 뿐만 아니라, '세계에' 전면적인 변모를 가져온다. 나는 시선을 받고 있는 하나의 세계 속에서, 시선을 받고 있다. 특히 타자의 시선—그것은 '시선을 향하는 시선(regard-regardant)'이고, '시선을 받는 시선(regard-regardé)'이 아니다—은 대상에 대한 나의 거리를 부정하고 타자 자신의 거리를 전개시킨다. 타자의 이 시선은 세계에 거리를 오게 하는 것으로서, 거리를 가지지 않는 하나의 현전 속에 직접적으로 주어진다. 나는 후퇴한다. 나는 나의 세계에 대한, 거리를 가지지 않는 나의 현전을 빼앗긴다. 그리고 나는 타자에 대한 하나의 거리를 할당받는다. 예를 들면 지금 나는 출입문에서 15걸음, 창문에서 6미터의 거리에 있다. 그러나 타자는 나를 찾으러 와서, 그로부터 일정한 거리에 나를 구성한다. 타자가 나를 그로부터 6미터 거리에 있는 것으로 구성하는 한, 타자는 거리를 가지지 않고 나에 대해 현전적으로 있지 않으면 안 된다. 그러므로 사물과 타자에 대한 나의 거리의 경험 자체에 있어서, 나는 나에 대한 타자의, 거리를 가지지 않는 현전을 체험한다. 누구든지, 때때로 자신을 부끄러움으로 가득 채운 타자의 시선의, 그 직접적이며, 태워버릴 듯이 각인시키는 현전을, 이 추상적인 기술 속에 인정할 것이다.

달리 말하면, 내가 '시선을 받고 있는 자'로서 나를 느끼고 있는 한에서, 타자의 초세계적인 하나의 현전이 이루어진다. 타자가 나에게 시선을 돌리는 것은, 그가 '나의' 세계 '한복판에' 있는 한에서가 아니라, 그가 그 모든 초월에 의해, 세계를 향해, 그리고 나를 향해 찾아오는 한에서이며, 그가 어떤 거리에 의해서도, 세계 속의 현실적이거나 관념적인 어떤 대상에 의해서도, 세계 속의 어떤 몸에 의해서도, 나에게서 분리되어 있는 것이 아니라, 타자라는 다만 그것만의 본성에 의해 나에게서 분리되어 있는 한에서이다. 그러므로 타자의 시선의 나타남은 '나의 세계' 속에서의 나타남도 아니고, '타자의 세계' 속에서의 나타남도 아니다. 요컨대 '세계 속에서의 나타남'이 아니다. 나와 타자를 잇는 관계는 세계 내부에서의 외면성의 관계가 될 수는 없다. 오히려 타자의 시선에 의해, 나는 세계의 하나의 '저편(un au-delà du monde)'이 존재한다는, 구체적인 체험을 가진다. 타자는 '나'의 초월이 아닌 하나의 초월로서 아무런 매개도 없이 나에 대해 현전적으로 있다. 그러나 이 현전은 상호적이지 않다. 내 쪽에서 타자에 대해 현전적이기 위해서는 세계의 모든 두께가 부족하다. 세계에 보편적으로 있으며 손에 잡히지 않는 초월, 그것은 내가 나의 '드러내 보여지지 않는 존재'로 있는 한에서 매개 없이 내 위에 놓여 있는 초월이며, 내가 이 시선에 의해 수많은 거리와 도구를 갖춘 하나의 완전한 세계 속에 침잠해 있는 한에서, 무한한 존재에 의해 나에게서 격리되어 있는 초월이다. 내가 우선 시선으로서 체험할 때의 타자의 시선은 그런 것이다.

그러나 또한 타자는 나의 모든 가능성을 응고시킴으로써, 내가 다른 한 인간의 자유에 있어서만 대상으로 있을 수 있다는 것을 나에게 드러내 보인다. 나는 나 자신에게 있어서는 대상이 될 수 없다. 왜냐하면 나는 내가 있는 그대로의 것이기 때문이다. 그런 표리를 향한 반성적인 노력은, 오직 자신의 밑천에만 달려 있으므로 결국 좌절로 끝나며, 나는 항상 나에 의해서 회복된다. 또 내가 그 이유는 모르면서, 자신은 하나의 대상적 존재로 있을 수도 있다고 소박하게 생각할 때도, 나는 바로 그것으로 인해 암암리에 타자의 존재를 전제하고 있다. 왜냐하면 하나의 주관에 대한 대상이 아니고서, 내가 어떻게 대상으로 있을 수 있단 말인가? 그러므로 타자는 먼저 나에게 있어서, '내가 누군가에게 있어서 대상으로 있을' 때의 그 누군가의 존재, 즉 '내가 누군가에 의해 나의 대상성을 얻을' 때의 그 누군가의 존재이다. 만일 내가 나의 특징의 하나를 대상적으로 생각해 보는 것만이라도 가능하다면, 타자는 이미 주어져 있다. 게다가 타자는 나의 우주의 존재로서가 아니라 순수한 주관으로서 주어져 있다. 그러므로 정의상 내가 '인정할' 수 없는 이 순수한 주관, 즉 내가 대상으로서 세울 수 없는 이 순수한 주관은, 내가 나를 대상으로서 파악하려고 시도할 때도, 항상 '거기에' 손이 닿지 않는 곳에 거리를 가지지 않고 존재하고 있다. 시선의 체험에 있어서 나는 드러내 보여지지 않는 대상존재로서의 나를 체험함으로써, 나는 직접적으로, 그리고 나의 존재와 함께 타자의 파악할 수 없는 주관성을 체험한다.

그것과 동시에 나는 타자의 무한한 자유를 체험한다. 왜냐하면 나의 가능들이 제한되고 응고되는 것은, 하나의 자유에 있어서, 하나의 자유에 의해서이며, 오로지 자유에 있어서, 오로지 자유에 의해서이기 때문이다. 어떤 물질적인 장애는 나의 가능성을 응고시킬 수 없을 것이다. 물질적인 장애는 나에게 있어서, 단순히 다른 가능성을 향해 나를 기투하는 기회가 될 뿐이다. 물질적인 장애는 나의 가능성에 하나의 '외부'를 부여할 수 없을 것이다. 비가 오기 때문에 집에 있는 것과, 외출을 금지당해서 집에 있는 것은 다르다. 앞의 경우에는, 나는 자신의 행위의 결과를 고려하여 집에 있도록 스스로 나를 결정한다. 나는 '비'라는 장애를, 나 자신을 향해 뛰어넘는다. 나는 그것을 하나의 용구로 만든다. 두 번째 경우에는 외출한다든가 집에 머문다든가 하는 나의 가능성 자체가 초월되어 응고된 가능성으로서 나에 대해 현전적이며, 하나의 자유가 나의 가능성을 예견하는 동시에 예방하고 있다.

만일 타인이 우리에게 그것을 명령한다면 화를 내고 반발했을 일을, 우리가 흔히 아주 당연한 일로 불평 없이 행하고 있는 것은 결코 변덕에 의한 것이 아니다. 그것은 명령과 금지가 우리 자신의 노예상태를 통해 우리가 타자의 자유를 체험하도록 강요하기 때문이다. 그러므로 시선에 있어서 나의 가능성의 죽음은 나에게 타자의 자유를 체험하도록 요구하기 때문이다. 나의 가능성의 죽음은 이 자유 속에서밖에 이루어지지 않는다. 나는 근접할 수 없는 나 자신으로서, 더욱이 타자의 자유 속에 내던져지고 초월된 나 자신으로서, '나'로 있다. 이 체험과 연관하여 보편적 시간을 향한 나의 소속은 오직 하나의 자율적 시간화에 의해 포함되고 이루어지는 것으로서만 나에게 나타날 수 있다. 다만 자기를 시간화하는 어떤 대자만이 나를 시간 속에 던져 넣을 수 있다.

그러므로 시선에 의해서 나는 타자를 자유롭고 의식적인 주관으로서 구체적으로 체험한다. 이런 주관은 자기 고유의 가능성을 향해 자기를 시간화함으로써 하나의 세계가 있게 한다. 이 주관이 매개 없이 현전하고 있는 것은, 내가 나 자신에 대해 형성하려고 시도하는 모든 사상의 필요조건이다. 타자란, 그의 '순수하고 전적인 자유' 이외에 어떤 것도, 다시 말해 그만이 자기에게 있어서, 그리고 자기에 의해서 그것으로 있어야 하는 '자기 자신의 이 불확정' 이외에 어떤 것도, 절대로 그 이외에 어떤 것도 나를 거기서 격리하는 일이 없는 바로 나 자신이다.

여기까지 온 지금, 양식(良識)이 항상 유아론자의 논법에 반대해 온 불굴의 저항을 설명하려고 시도하는 데 충분한 지식을 우리는 가지고 있다. 사실을 말하면, 이 저항의 의지처가 되고 있는 것은, 타자가 하나의 구체적이고 명증적인 현전으로서 나에게 주어진다는 사실이다. 이 현전은 아무리 해도 내가 나에게서 이끌어 낼 수 없는 것이고, 아무리 해도 의심받을 수 없는 것이며, 현상학적 환원 또는 그 밖의 어떤 '판단중지(에포케)'의 대상도 될 수 없는 것이다.

사실 만일 누가 나에게 시선을 향하고 있다면, 나는 대상'으로 있다'는 의식을 갖는다. 그러나 이 의식은 타자의 존재 속에, 그리고 타자의 존재에 의해서만 생겨날 수 있다. 이 점에서 헤겔은 옳았다. 다만 이 '다른' 의식과 이 '다른' 자유는 나에게 결코 주어지지 않는다. 왜냐하면 만일 그것이 주어진다면 그것은 인식될 것이고, 따라서 대상이 될 것이며, 나는 대상으로 있기를 그만둘 것이기 때문이다. 또 나는 그것에 대한 개념 또는 표상을, 나 자신의 깊은 내부로부터 이끌어 낼 수도 없다.

그것은 첫째로, 내가 그것을 '생각하는' 것도 아니고, 그것을 '표상하는' 것도 아니기 때문이다. 이와 같은 표현은 우리를 또다시 '인식'을 향하게 하겠지만, '인식'은 맨 처음에 문제 밖에 놓여 있을 터이다. 그뿐만 아니라 둘째로, 내가 나 자신에 의해 경험할 수 있는 자유에 대한 구체적인 체험은, '나의' 자유에 대한 체험이고, 의식에 대한 모든 구체적인 파악은 '나의 의식(에 대한) 의식'이며, 본디 의식이라는 관념은 '나의' 가능한 의식들을 가리킬 뿐이다. 사실 우리가 이 저서의 머리글에서 세워 놓은 것처럼, 자유의 '존재', 의식의 '존재'는 그 '본질'에 선행하고, 그들의 '본질'에 조건을 부여한다. 따라서 자유의 본질, 의식의 본질은 다만 '나의' 의식, '나의' 자유의 구체적 실례만을 포섭할 수 있다. 셋째로, 타자의 자유와 의식은 또한 나의 표상의 통일에 소용되는 범주도 될 수 없을 것이다. 과연 후설이 보여 준 바와 같이 '나의' 세계의 존재론적 구조는 이 세계가 또한 '타자를 위한 세계'이기를 요구한다.

그러나 타자가 '나의' 세계의 대상들에게 하나의 특수한 형식의 대상성을 부여하는 한에서이고, 게다가 타자가 이미 대상의 자격으로, 이 나의 세계 속에 존재하기 때문이다. '내 앞에서 책을 읽고 있는 피에르는, 그에게 향하고 있는 책의 지면에 하나의 특수한 형식의 대상성을 부여하고 있다'는 것이 들어맞는 것은, 원리적으로 내가 볼 수 있는 지면(지면이라고 해도 우리가 살펴본 것처럼,

그것이 읽히고 있는 한에서는 나에게서 탈출하고 있는 것이지만)에 대해서이고, 내가 있는 이 세계에 속하는 지면에 대해서이며, 따라서 거리의 저편에 어떤 마술적인 유대에 의해, 대상-피에르에 연관되어 있는 지면에 대해서이다. 이런 사정에서는 타자의 개념은 사실 공허한 형식으로서 고정될 수 있고, 나의 것인 이 세계에 있어서 대상성의 보강으로서 끊임없이 이용될 수 있다. 하지만 '시선을 향하고 있는 시선'의 경우의 타자의 현전은 세계를 강화하는 데 이바지할 수 없을 것이다. 오히려 그 반대로, 이 경우의 타자의 현전은 이 세계를 해체시킨다. 왜냐하면 이 타자의 현전은 이 세계로 하여금 나한테서 탈출하게 하기 때문이다. 세계가 나에게서 탈출하는 것은, 그것이 '상대적'일 때, 즉 그것이 대상-타자를 향한 탈출일 때는 대상성을 강화한다.

그런데 세계와 나 자신이 나로부터의 탈출하는 것은, 그것이 절대적일 때, 즉 그것이 나의 자유가 아닌 하나의 자유를 향해 일어날 때는, 나의 인식의 분해이다. 나의 이 세계는 붕괴하여, 저편에서 또 하나의 세계 속에 다시 적분된다. 그러나 이런 붕괴는 나에게 있어서 주어지는 것이 아니다. 나는 이런 붕괴를 인식할 수도 없고, 그것을 다만 생각하는 것도 불가능하다. 그러므로 나에 대한 '시선-타자'의 현전은 하나의 인식도 아니고, 나의 존재의 하나의 투영도 아니며, 하나의 통일 형식 또는 범주도 아니다. '시선-타자'의 현전은 '존재한다.' 나는 그것을 나에게서 이끌어 낼 수가 없다.

그와 동시에 나는 이런 '시선-타자'의 현전을 현상학적인 판단중지(에포케)의 처치하에 둘 수도 없을 것이다. 사실 이 현상학적 판단중지는 세계를 괄호 안에 넣고, 선험적인 의식을 그 절대적인 실재성에 있어서 드러내는 것을 목표로 하고 있다. 이런 조작이 일반적으로 가능한지 여부는, 우리가 여기서 논의할 문제가 아니다. 그러나 당면한 문제에 있어서 판단중지라는 이 조작은 '타자'를 장외(場外)에 둘 수 없을 것이다. 그것은 '시선을 향하고 있는 시선'으로서의 한에서는, 타자는 바로 세계에 속해 있지 않기 때문이다. '나는 타자 "앞에서" 나에 "대해" 부끄러움을 느낀다'고 우리는 말했다. 현상학적 환원은 결국, 부끄러움의 대상을 장외에 두고, 그리하여 부끄러움 자체를 그 절대적인 주관성에 있어서 더욱더 뚜렷이 나타나게 하는 것을 지향하고 있다. 하지만 타자는 부끄러움의 '대상'이 아니다. 부끄러움의 대상이 되는 것은 세계 속에서의 나의 행위 또는 나의 상황이다. 만일 '환원'될 수 있는 무언가가 있다고 한다면, 겨우 나의 행위와 나의 상황뿐일 것이다. 타자는 나의 부끄러움의 하나의 객관적 조건도 아니다. 그러나 그래도 타자는 나의 부끄러움의 존재 그 자체로서 존재한다. 부끄러움은 타자를 드러내 보이지만, 그것은 하나의 의식이 하나의 대상을 드러내 보이는 방식에 의해서가 아니라, 의식의 하나의 계기가 또 하나의 계기를, 그 동기화(動機化)로서 측면적으로 포함하는 방식에 의해서이다. 이를테면 우리가 코기토에 의해 순수 의식에 이르렀다고 치고, 이 순수 의식이 부끄러움(으로 있는 것에 대한) 의식일 뿐이라 해도, 타자의 의식은 파악할 수 없는 현전으로서 또한 이 부끄러움 의식을 따라다닐 것이고, 그로 인해 모든 환원에서 탈출할 것이다.

이 사실에서도 충분히 알 수 있듯이, 타자를 먼저 원하지 않으면 안 되는 것은, 세계 속에서가 아니라 오히려 나의 의식의 한쪽에 있어서이고, 또 하나의 의식으로서이다. 이 또 하나의 의식에 있어서, 또 이 또 하나의 의식에 의해서, 나의 의식은 자신으로 하여금 자신이 있는 그대로의 것으로 있게 한다. '코기토'에 의해 파악된 나의 의식이, 의심할 여지 없이 그 자신에 대해, 또 그 자신의 존재에 대해 증언하는 것과 마찬가지로, 어떤 특수한 의식, 이를테면 '부끄러움—의식'과 같은 것은, '코기토'에 대해 의심할 여지 없이 그 자신에 대해, 또 타자의 존재에 대해 증언한다.

그러나 이렇게 말하는 사람도 있으리라. "타자의 시선은 단순히, 나의 '나에게 있어서의 대상성'의 '의미'인 것이 아닐까?" 그렇게 말한다면 우리는 다시 유아론에 빠지게 될 것이다. 즉 '내가 나의 모든 표상의 구체적인 체계에, 나를 대상으로서 적분할 때, 이런 대상성의 의미는 나의 외부로 투영되어 '타자'로서 실체화될 것이다.

하지만 여기서 다음의 사항을 염두에 두지 않으면 안 된다.

(1) 나에게 있어서의 나의 대상성은 결코 헤겔이 말하는 '나(주어)는 나(주어)이다'의 전개는 아니다. 여기서 문제되는 것은 결코 형식적인 동일성이 아니다. 나의 대상—존재(être-objet) 또는 대타—존재(être-pour-autrui)는 나의 대아—존재(être-pour-moi)와는 매우 다른 것이다. 사실 '대상성'이라는 관념은 우리가 이 책의 제1부에서 지적한 것처럼, 하나의 명백한 부정을 요구한다. 대상이란 나의 의식으로 있지 않은 것이다. 따라서 의식의 성격을 갖고 있지 않다. 왜냐하

면 나에게 있어서 의식의 성격을 가진 유일한 존재자는 '나의 의식'으로 있는 의식이기 때문이다. 그러므로 '나에게 있어서 대상인 나(moi-objet-pour-moi)'는 나로 '있지 않은' 하나의 나, 다시 말해서 의식의 성격을 갖지 않는 하나의 나이다. 이런 나는 '하락한' 의식이다. 대상화는 하나의 근본적인 변모이다. 이를테면 내가 나를 대상으로서 뚜렷하고 확실하게 볼 수 있다 할지라도 내가 보게 될 것은, 내가 나 자신에게 있어서, 또 나 자신으로서 존재하는 것의 완전한 표상은 아닐 것이고, 말로(Malraux)의 이른바 '무엇보다 뛰어나며 비할 데 없는 이 괴물'의 완전한 표상은 아닐 것이다. 오히려 반대로, 내가 보게 될 것은 타인에게 있어서의 나의 '나-밖-존재(être-hors-de-moi)'의 파악이며, 다시 말하면 나의 '타-존재(autre-être)'의 대상적인 파악일 것이다. 이런 나의 '타-존재'는 나의 '대아-존재(être-pour-moi)'와는 근본적으로 다른 것으로, 결코 그것을 가리키지 않는다. 이를테면 나를 '심술궂은' 자로 파악하는 것은, 내가 나 자신으로서 있는 것(대아-존재)과 관련이 있을 수는 없을 것이다.

왜냐하면 나는, 나에게 있어서는 심술쟁이가 아니고 심술쟁이일 수도 없기 때문이다. 첫째로, 나는 나 자신에게 있어서는(대아적으로는), 내가 공무원 또는 의사'로 있지' 않은 것과 마찬가지로 심술쟁이'로 있지' 않다. 사실 나는 내가 있는 것으로 있지 않고, 내가 있지 않은 것으로 있는 방식으로 존재한다. 이와 반대로, 심술쟁이라는 성질부여는 나를 하나의 '즉자'로서 특징짓는다. 둘째로 만일 내가 나에게 있어서 심술쟁이로 '있어야' 한다면, 나는 '그런 자로 있어야 하는(avoir à l'être)' 방식으로 심술쟁이로 있지 않으면 안 될 것이다. 다시 말해 나는 나를 심술쟁이로서 파악하고, 나를 심술쟁이로서 원하지 않으면 안 될 것이다. 그러나 그렇게 되면, 심술쟁이는 다름 아닌 악 또는 나의 선의 반대이므로, 나는 나 자신에게 있어서 나의 '선'의 반대로 보이는 사항을 원하는 자로서 나를 발견하지 않으면 안 될 것이다. 그러므로 분명하게 나는 똑같은 순간에 똑같은 관계에 있어서 내가 원하는 것의 반대를 원하지 않으면 안 된다.

다시 말하면 나는 당연히 내가 나 자신으로 있는 한에서, 나 스스로 나를 증오하지 않으면 안 된다. 또 이런 심술쟁이의 본질을, 대자의 영역에서 완전히 이루기 위해서는, 나는 나를 심술쟁이로서 받아들여야 할 것이다. 다시 말해, 나는 나로 하여금 나를 힐책하게 하는 바로 그 행위에 의해서 나를 시인하지 않으면 안 될 것이다. 뻔한 일이지만, 이런 심술쟁이의 관념은 결코 내가 나로 있는 한에서의 '나'로부터는 유래할 수가 없을 것이다. 이를테면 내가 대아적으로 나를 구성하고 있는 '탈자' 또는 '자기로부터의 이탈'이라는 관념을 그 극한까지 몰아넣는다 해도 아무 소용 없을 것이다. 내가 나 자신의 밑천에 의존하고 있는 한, 나는 결코 나에게 심술궂음을 부여할 수 없을 것이고, 나에게 있어서 심술궂음을 생각조차 할 수 없을 것이다. 왜냐하면 나는 나의 '나 자신으로부터의 이탈로 있기' 때문이며, 나는 나 자신의 무로 있기' 때문이다. 나와 나 사이에서 모든 대상성이 사라지기 위해서는 내가 나 자신의 중개자로 있으면 충분하다. 그런데 나와 '대상—나'를 분리하는 이 무가 문제인데, 나는 '그런 무로 있을 리가 없다. 왜냐하면 내가 그것으로 있는 대상의 나에 대한 '나타남'이 존재해야 하기 때문이다. 그러므로 나 자신의 능력이 아닌 하나의 대상화하는 능력, 내가 사칭할 수도 날조할 수도 없는 하나의 대상화하는 능력에 있어서, 그것이 중개하는 것이 아니면 나는 나에게 어떤 성질도 부여할 수 없을 것이다.

물론 이런 말은 예전부터 있어 왔다. '내가 어떤 인간인지는 타인이 가르쳐 준다'는 말이 옛날부터 있었던 것이다. 그러나 이 명제를 지지하던 똑같은 사람들이, 다른 한편으로는 '나는 나 자신의 능력에 대한 반성을 통해, 또 투영과 비교를 통해 타자의 개념을 나 자신으로부터 이끌어 낸다'고 주장했다. 그래서 그들은 악순환에 빠진 채, 거기서 빠져나올 수 없었다. 사실, 타자는 나의 대상성의 의미가 될 수는 없을 것이다. 타자는 나의 대상성의 구체적이고 초월적인 조건이다. 왜냐하면 사실, 이런 '심술궂다'거나 '질투심이 강하다', '호감이 간다 또는 마음에 들지 않는다' 따위의 성질은 공허한 빈말이 아니기 때문이다. 내가 타자에게 성질을 부여하기 위해 그런 말들을 쓸 때, 타자를 그 존재에 있어서 습격하려는 것임을 나는 잘 알고 있다. 그래도 나는 그런 성질을 나 자신의 현실성으로 삼고 살아갈 수는 없다.

그러나 만일 타자가 그런 성질을 나에게 부여한다면, 그 성질은 내가 대아적으로 있는 것에 대해 결코 자기를 거부하지 않는다. 타자가 나의 성격에 대해 기술한 것을 내가 보게 될 때, 나는 결코 거기서 자신의 모습을 '인정'할 수는 없지만, 그럼에도 나는 '그것이 나'라는 것을 안다. 사람들이 나에게 제시하는 이 낯선 모습을, 나는 즉각 떠맡지만, 그것이 낯선 모습인 것은 변함이 없다. 왜냐하면 이 모습은 나의 주관적인 표상들의 단순한 하나의 통일도 아니고, '나는 나이다(Ich bin Ich)'라는 뜻에서, 내가 그것으로 있는 하나의 '나'도 아니며, 타자가 나에 대해 멋대로 지어낸 것으로, 다만 그에게만 책임이 있는 하나의 헛된 심상도 아니기 때문이다. 내가 그것으로 있어야 하는 나와는 전혀 닮지 않은 이 '나'는 또한 나이지만, 하나의 새로운 환경에 의해 변모당하고 이 환경에 적응된 '나'이다. 그것은 하나의 존재이며, '나의' 존재이다. 그러나 전적으로 새로운 존재 차원과 양상을 지닌 나의 존재이다. 그것은 통과할 수 없는 하나의 무에 의해 나한테서 격리된 나이다. 왜냐하면 나는 이 나로 '있지만', 나는 나를 나한테서 격리시키는 이 무(無)로 있지 않기 때문이다. 그것은 모든 '나의 탈자'를 초월하는 하나의 궁극적인 탈자에 의해 내가 그것으로 있는 나이다. 그 까닭은 이 궁극적인 탈자는 내가 그것으로 있어야 하는 탈자가 아니기 때문이다. 나의 대타존재는 절대적 공허를 통해 대상성을 향하는 하나의 전락(轉落, chute)이다. 그리고 이런 전락은 '타유화(aliénation)'이므로, 나는 나 자신에게 있어서 나를 대상이 되게 할 수 없다. 왜냐하면 어떤 경우에도 나는, 나 자신으로는 나를 타유화할 수 없기 때문이다.

(2) 또한 타자는 나를 나 자신에게 있어서의 대상으로 구성하는 것이 아니고 '그에게 있어서의' 대상으로서 구성한다. 달리 말하면 타자는, 내가 나에 대해 가지게 될 여러 가지 '인식'에 있어서, 규제적이거나 구성적인 개념으로서 도움이 되는 것은 아니다. 그러므로 타자의 현전은 대상—나를 '나타나게' 하지 않는다. 내가 파악하는 것은, '……를 향한 나로부터의 탈출' 이외에는 아무것도 없다. 타자가 나를 심술쟁이나 질투심이 강한 놈으로 생각하고 있음이, 언어를 통해 나에게 나타났을 때도, 나는 결코 나의 심술이나 나의 질투심에 대해 하나의 구체적인 직관을 가지지는 않을 것이다. 나의 심술이나 질투심은 한 순간의 관념에 지나지 않으며, 그런 본성은 바로 나에게서 탈출하는 데 있다고 할 수 있을 것이다. 나는 나의 심술을 파악할 수 없을 것이다. 오히려 이러이러한 행위에 대해 나는 스스로 나에게서 탈출할 것이다. 나는 나의 타유화와 나의 '……를 향한 유출'을 느낄 것이다. 그것은 이를테면, 내가 심술쟁이로서 그저 공허하게 생각할 수 있는 하나의 존재, 그런데도 내가 스스로 그것으로 있음을 '느낄' 하나의 존재, 또 내가 부끄러움 또는 두려움에 의해 거리를 두고 살아갈 하나의 존재를 향한 유출이다.

그러므로 나의 '대상-나'는 인식도 아니고, 인식의 통일도 아니며, 오히려 불여의(不如意)이고, 대자의 탈자적 통일에서 이탈하는 체험이며, 내가 이를 수 없는, 그러나 내가 그것으로 있는 한계이다. 그리고 이 나는 타인에 의해 '나에게 찾아오는' 것으로, 그 타인은 인식도 아니고 범주도 아니고, 오히려 낯선 하나의 자유가 현전하는 '사실'이다. 사실, 나의 '나로부터의 이탈'과, 타자의 자유의 나타남은 한 가지 일에 불과하다. 나는 이 두 가지를 한 가지 일로서밖에 느낄 수가 없고, 한 가지 일로서밖에 살아갈 수가 없다. 나는 이 두 가지를 따로따로 생각해 볼 수조차 없다. 타자의 사실은 논의할 여지가 없는 사실이며, 나를 핵심에서 엄습해 온다. 나는 '불여의(不如意)'를 통해 타자의 사실을 실감한다. 타자의 사실에 의해 나는 '이' 세계이면서도 나에게는 예감밖에 할 수 없는 하나의 세계 속에 끊임없이 '위험에 처해' 있다. 타자는 먼저 구성되고, 그런 다음에 나를 만나는 하나의 존재로서 나에게 나타나는 것이 아니라, 오히려 나와의 근원적인 존재관계 속에 나타나는 하나의 존재로서, 또 나 자신의 의식과 마찬가지로 의심할 여지 없는, '사실적 필연성'을 가진 하나의 존재로서 나에게 나타나는 것이다.

그렇다 해도 아직 많은 난점들이 남아 있다. 특히 우리는 부끄러움을 통해 타자에게 의심할 여지가 없는 현전을 부여한다. 그런데 앞에서 살펴본 것처럼, 타자가 나에게 시선을 향하고 있다는 것은, 단순히 '개연적'이다. 언덕 꼭대기에서, 훤히 내려다보이는 우리 병사들에게 시선을 향하고 있는 것처럼 '보이는' 그 농가가 적군에 의해 점령되어 있는 것은 확실하다. 그러나 적군 병사들이 바로 지금 그 창문을 통해서 감시하고 있는지는 확실하지 않다. 내 뒤에서 발소리가 들리는 그 남자가 나에게 시선을 향하고 있는지는 확실하지 않다. 그는 얼굴을 다른 방향으로 돌리고 있을지도 모른다. 그는 시선을 땅바닥 또는 책 위로 향하고 있을 수도 있다. 결국 일반적으로 말하면, 내 위에 고정되어 있는 눈이, 진짜 눈인지 어떤지는 확실하지 않다. 그것은 다만 실제의 눈과 닮게 '만들어진' 의안(義眼)일 수도 있다. 요컨대 나는 시선을 받고 있지 않은데도 시선을 받고 있다고 늘 생각할 수도 있다는 사실에서, 이번에는 맨 처음에 '시선'이 개연적인 것이 되는 것은 아닐까? 그리고 타자의 존재에 대한 우리의 모든 확실성은 이 사실에서 단순히 가설적인 성격을 띠지는 않을 것인가?

이 난점은 다음과 같이 표현할 수도 있다. "하나의 시선을 나타내고 있는 것처럼 나에게 보이는 어떤 종류의 현상이 세계 속에 있으며, 그런 현상을 계기로 나는 나 자신 속에 일종의 '시선을 받고 있는 존재'를 파악하는 것이며, 이 '시선을 받고 있는 존재' 자체의 구조가 나에게 타자의 현실적 존재를 가리키는 것이다. 그러나 내가 잘못 생각한 것일 수도 있다. 내가 눈이라고 생각했던 세계 속의 대상이 눈이 아니었을 수도 있다. 다만 바람이 내 뒤에서 나무덤불을 흔들고 있었던 것일 수도 있다. 요컨대 이런 구체적인 대상이 '실제로' 시선을 나타내는 것이 아니었을 수도 있다. 이 경우에 '시선을 받고 있다'는 나의 확신은 도대체 어떻게 되는 것인가? 사실 나의 부끄러움은 '누군가의 앞에서의 부끄러움(honte devant quelqu'un)'이었다. 하지만 거기에는 아무도 없다. 그리고 보면 이 부끄러움은 '누구도 아닌 자 앞에서의 부끄러움(honte devant personne)'이 되는 것은 아닐까? 다시 말하면 이 부끄러움은 그곳에 누군가를 세웠지만, 거기에는 아무도 없었으므로 그것은 '거짓' 부끄러움이라는 것이 되는 것은 아닐까?

이 어려움이 우리를 오래 붙잡아 두는 것은 없을 것이다. 이 어려움이 오히려 우리의 대타존재의 본성을 더욱 순수하게 지적해 주는 장점을 갖고 있지 않았더라면, 우리는 여기에 언급조차 하지 않았을 것이다. 사실 이 어려움은 아주 다른 두 인식 질서와 비교할 수 없는 두 존재 유형들을 혼동하고 있다. 우리는 '세계-속-객체'가 개연적으로 있을 수밖에 없다는 것을 늘 잘 알고 있다. 그것은 대상이라는 것의 성격 자체에서 유래한다. 길을 지나간 이자가 하나의 인간이라는 것은 개연적이다. 그리고 만일 그가 나를 향해 시선을 돌린다면, 그 즉시 나는 '시선을 받고 있는' 것을 확신을 가지고 체험하지만, 그렇다 해도 나는 이 확신을 '대상-타자'에 대한 나의 경험 속에 이행시킬 수는 없다. 사실 이 확신이 나에게 나타내 보여 주는 것은, '주관-타자', 즉 세계를 향한 초월적 현전인 동시에 나의 '대상-존재'의 현실적 조건인 '주관-타자'밖에 없다. 그러므로 어떤 경우에도 '주관-타자'에 대한 나의 확신을, 이 확신의 계기가 된 '대상-타자' 위로 옮기는 것은 불가능하다. 또 반대로 '대상-타자'의 구성적 개연성에서 출발하여 '주관-타자'의 나타남의 명증을 무효화하는 것도 불가능하다.

더욱 정확하게 말한다면, '시선'은, 앞에서 우리가 보여 준 것처럼, 시선을 나타내는 대상의 파괴를 근거로 나타난다. 내 쪽을 향해 어슬렁어슬렁 걸어오는 뚱뚱하고 못생긴 통행인이 갑자기 나에게 시선을 향한다면, 그 순간에, 그의 추함도, 그의 뚱뚱함도, 그의 보기 흉한 걸음걸이도, 그것으로 모두 끝이다. 나에게 시선이 향해져 있는 것을 내가 느끼는 동안 내내, 그는 나 자신과 나 사이를 중개하는 순수한 자유이다. 그러므로 '시선을 받고 있는 존재'는 시선을 나타내는 대상에 '의존할' 수 없을 것이다. 그리고 나의 부끄러움은 반성적으로 파악될 수 있는 '체험'으로서, 그 자체와 똑같은 자격으로 타자에 대해 증언하는 것이므로, 나는 원리적으로 의문을 가질 여지가 있는 세계의 어떤 대상을 계기로 하여, 나의 부끄러움을 다시 의문 속에 두려고는 생각하지 않는다. 그렇게 하는 것은, 내가 나 자신의 몸에 대해 가지고 있는 지각(이를테면 내가 자신의 손을 볼 때의 지각)이 자칫하면 잘못되기 쉽다는 이유로, 나 자신의 존재를 의심하는 것과 마찬가지일 것이다. 그러므로 순수한 형태로 드러난 '시선을 받고 있는 존재'가 '타자의 몸'에 연관되어 있지 않은 것은, 의식으로 있는 나의 의식이 코기토의 순수한 이룸에 있어서 '나 자신의 몸'에 연관되어 있지 않은 것과 마찬가지라면, 내 경험의 영역 속에서의 어떤 대상의 나타남, 특히 나를 향한 타자의 두 눈의 집중은, 나의 '시선을 받고 있는 존재'를 이루기 위한 하나의 단순한 '고시(告示)', 하나의 단순한 계기로 여기지 않으면 안 된다.

이를테면 플라톤의 경우에, 감각적 세계의 수많은 모순이 하나의 철학적 회심(回心)을 일으키는 계기가 되는 것과 같다. 요컨대 확실한 것은 '내가 시선을 받고 있다'는 것이고, 단순히 개연적인 것은 그 시선이 세계 내부의 이런저런 존재자와 연관되어 있다는 것이다. 그렇다고 해서 굳이 놀랄 것까지는 없다. 그것은 우리가 살펴본 것처럼, 우리에게 시선을 향하고 있는 것은 결코 '눈'이 아니기 때문이다. 그것은 주관으로서의 타자이다. "그렇다 해도, 나는 자신이 잘못 알고 있다는 것을 발견하는 경우도 있지 않은가?" 이렇게 말하는 사람도 있을 것이다. 나는 지금 열쇠구멍 위에 몸을 구부리고 있다. 갑자기 발소리가 들린다. 누군가가 나를 보았다는 부끄러움으로 온몸이 바르르 떨린다. 나는 일어나서 조용한 복도를 재빨리 둘러본다. 그건 내 기분 탓이었다. 나는 안도한다. 거기에 있었던 것은 스스로 무너져 버린 하나의 경험이 아닐까?

좀더 자세히 살펴보자. 잘못 생각한 것으로 밝혀진 것은, 타자에 있어서의 나의 대상적인 존재일까? 결코 그렇지 않다. 타자의 존재는 의심스럽기는커녕, 오히려 단순한 이 착각이 나로 하여금 나의 시도를 단념하게 하는 데 충분할 정도이다. 반대로 내가 나의 시도를 계속한다면, 나는 가슴이 두근거리는 것을 느낄 것이고, 하찮은 소리에도 신경을 쓰며 계단의 층계가 삐걱거리지 않나 하고 귀를 기울일 것이다. 타자는, 그것이 나의 착각이었다는 것을 안 순간 동시에 사라져 버리기는커녕, 이제는 곳곳에, 내 위에, 내 아래에, 옆방에 존재한다. 나는 여전히 나의 대타존재를 깊이 느낀다. 나의 부끄러움이 사라지지 않는 경우도 있다. 내가 열쇠구멍 위에 몸을 구부리는 것은, 이제는 얼굴을 붉히는 일이다. 나는 나의 대타존재를 '체험하기'를 그만두지 않는다. 나의 가능성은 끊임없이 '죽음'을 맛본다. 거리(距離)는 누군가가 있을 '수도 있는' 계단에서 출발하여, 하나의 인간적 현전이 숨어 있을 '수도 있는' 저 컴컴한 구석에서 출발하여, 끊임없이 나를 향해 전개된다. 차라리 이렇게 말하는 편이 낫겠다. 내가 사소한 소리에도 두려움을 느끼는 것은, 또는 뭔가가 삐걱거릴 때마다 그것이 나에게 하나의 시선을 고지하는 것은, 내가 이미 '시선을 받고 있는' 상태에 있기 때문이다. 그렇다면 결국 나의 기분 탓이었음을 알았을 때, 도대체 무엇이 거짓으로 나타났고 무엇이 스스로 사라져 버린 것인가? 그것은 '주관-타자'가 아니다. 또, '주관-타자'의 나에 대한 현전도 아니다. 그것은 타자의 '사실성(facticité)'이다. 다시 말해 그것은 타자와, '나의' 세계 속에 있는 하나의 대상-존재의 우연적인 결합이다. 그러므로 의심스러운 것은 타자 자신이 아니라, 타자가 '거기에-있는 것(être-là(Da Sein))'이다. 다시 말해, '이 방 안에 누군가가 있다'고 하는 말로 우리가 표현할 수 있는 이런 역사적이고 구체적인 사건이다.

이런 점에 착안함으로써 우리는 더욱 앞으로 나아갈 수 있다. '세계 속의 타자의 현전'은 사실, '나에 대한 주관-타자의 현전'에서 분석적으로 나올 수가 없을 것이다. 왜냐하면 주관-타자의 근원적인 현전은 초월적인 현전이며, '세계-저편의-존재'이기 때문이다. 나는 타자가 방 안에 현전해 있다고 생각했다. 그러나 나는 잘못 알고 있었다. 그는 '거기에' 있지 않았다. 그는 '부재'였다. 그렇다면 이 '부재(absence)'란 어떤 것일까?

부재라는 표현의 경험적 일상적 용법을 생각해 보면 알 수 있지만, 나는 이 말을 아무런 거리낌 없이 '거기-존재하지-않는' 것을 나타내는 데 쓰지는 않을 것이다. 첫째로, 이를테면 내 담뱃갑이 늘 두던 자리에 보이지 않을 때, 나는 "거기에 있을 텐데" 하고 말할 수는 있지만, "담뱃갑이 부재한다"고 말하지는 않는다. 그것은 어떤 물리적인 대상 또는 용구의 위치는, 때로는 그 위치가 정확하게 그 물건에 할당되는 일이 있다 하더라도, 그것의 본성에서 나오는 것은 아니기 때문이다. 본성은 당연히 그 물건에 하나의 장소(lieu)를 부여할 수 있지만, 어떤 용구의 위치(place)가 이루어지는 것은, 나에 의해서이다. 인간존재는 각각의 대상에 하나의 '위치'를 가져오는 존재이다. 또 근원적으로 하나의 위치를 잡을 수 있는 것은 인간존재뿐이며, 이 인간존재가 자기 자신의 가능성인 한에서이다. 또 그 반면에, 나는 '아가 칸(Aga khan) 또는 모로코의 술탄이 이 아파트에 부재한다'고도 말하지 않을 것이다. 그렇지만 '늘 거기 살고 있는 피에르가 15분 정도 부재한다'고는 말할 것이다.

요컨대 부재는 인간존재가 스스로 자기의 현전에 의해 규정한 장소나 위치와의 관계에 있어서, 인간존재의 존재방식의 하나로서 정의된다. 부재는 하나의 위치와 관련한 무(無)를 말하는 것이 아니다. 그와는 반대로 나는, '피에르는 부재한다'고 말함으로써, 일정한 위치와의 관련에 있어서 그를 규정한다. 결국 나는 자연의 한 장소와의 관계에 있어서는, 이를테면 그가 늘 거기를 지나간다 하더라도 피에르의 부재에 대해 말하지 않을 것이다. 그런 반면, 나는 그가 한 번도 가 본 적이 없는 어느 시골에서 '열리는(시골을 장소로 하는)(a lieu)' 소풍에서 그의 부재를 서운하게 생각할 수도 있을 것이다. 피에르의 부재가 한정되는 것은, 그가 그곳에 함께 있도록 스스로 자기를 규정해야 하는 하나의 위치와의 관계에 있어서이지만, 이 위치 자체가 위치로서 한정되는 것은, 풍경에 의해서도 아니고, 그 장소와 피에르의 단독적인 관계에 의해서도 아니며, 오히려 다른 인간존재들의 현전에 의해서이다. 피에르가 부재인 것은 '다른 사람들'과의 관계에 있어서이다. 그 부재는 테레즈와의 관계에서의 피에르의 구체적인 존재방식의 하나이다. 부재는 인간존재들 사이의 하나의 유대관계이지 인간존재와 세계 사이의 유대관계가 아니다. 피에르가 '이 장소에(de ce lieu)' 부재하는 것은 테레즈와의 관계에 있어서이다. 그러므로 부재는 둘 또는 그 이상의 인간존재들 사이에서의 존재의 유대이고, 이런 인간존재들 사이에서의 하나의 근본적인 현전을 필요로 하는 것이며, 또한 이런 현전의 특수한 구체화의 하나에 지나지 않는다. 테레즈와의 관계에 있어서의 피에르의 경우에, 부재한다는 것은, '그녀에게 현전하고 있는 것'의 특수한 하나의 존재방식이다. 사실 부재는 피에르와 테레즈 사이의 모든 관계, 이를테면 '그는 그녀를 사랑한다', '그는 그녀의 남편이다', '그는 그녀의 생활을 보장하고 있다' 따위의 관계가 그대로 유지되고 있는 한에서만 의미를 갖는다. 특히 부재는 피에르의 '구체적'인 존재의 존속을 전제로 한다.

죽음은 부재가 아니다. 이 사실에서 피에르와 테레즈 사이의 '거리'는 그들의 상호적 현전이라는 근본적 사실에 어떤 변화도 가하지 않는다. 사실 우리가 이 현전을 피에르의 관점에서 생각해 본다면, 이 현전은 '먼저' '테레즈는 대상–타자로서 세계 한복판에 존재하고 있다'는 뜻이거나, '또는 두 번째로', '피에르는 주관–타자로서의 테레즈에게 있어서, 자신이 존재하고 있다'는 것을 느끼고 있다는 뜻이거나, 둘 중의 하나임을 알 수 있다. 그런데 첫 번째의 경우에는, 거리는 우연한 사실이고, '하나의 세계를 "전체"로서 "거기 존재하도록" 하고 있는 자인 피에르는, 거리를 존재하게 하는 자로서 이 세계에 대해 거리를 가지지 않고 현전하고 있다'는 이 근본적인 사실에 관해서는, 거리는 아무런 의미도 갖지 않는다. 두 번째 경우에는, 피에르가 어디에 있든, 그는 자신이 테레즈에게 있어서는 거리 없이 존재하고 있는 것을 느끼고 있다. 하기는 테레즈가 피에르한테서 멀리 떨어져서 그와 자신 사이에 하나의 거리를 전개시키고 있는 한에서는, 그녀는 그로부터 '거리를 두고' 존재한다.

세계 전체가 그녀를 그에게서 떼어 놓는다. 그러나 그가, 그녀가 존재시키고 있는 세계 속의 대상으로 있는 한에서, 그는 그녀에게 있어서 거리 없이 존재한다. 따라서 어느 경우에도, 거리는 그런 본질적인 관계를 바꿀 수 없을 것이다. 거리가 가깝든 멀든 대상–피에르와 주관–테레즈 사이, 대상–테레즈와 주관–피에르 사이에는, 하나의 세계의 무한한 두께가 존재한다. 주관–피에르와 대상–테레즈 사이, 주관–테레즈와 대상체–피에르 사이에는 거리가 전혀 존재하지 않는다. 그러므로 부재와 현전의 이 경험적 개념은 피에르의 테레즈에 대한, 그리고 테레즈의 피에르에 대한 하나의 근본적 현전의 두 가지 특수화이다. 이 두 개념은 다만 서로가 다른 방식으로 이 현전을 표현할 뿐이다. 런던에서든, 인도에서든, 미국에서든, 어떤 무인도에 있어서든, 피에르는 파리에 머물고 있는 테레즈에 현전하고 있다. 피에르는 자신의 죽음에 의해서만 테레즈에 대해 현전하는 것을 그만둘 것이다. 그것은 하나의 존재(인간존재)는 장소와의 관계에 있어서 위치가 부여되는 것도 아니고, 경도나 위도에 의해서 위치가 부여되는 것도 아니기 때문이다. 이 존재는 하나의 인간적 공간 속에, 이를테면 '게르망트(Guermant) 쪽'과 '스완(Swann)네 집 쪽' 사이에 자기의 위치를 부여한다. 인간존재는 그런 '호돌로지(旅路, hodology) 공간'*22 속에 자기의 위치를 부여하는 것인데, 이 '호돌로지 공간'을 전개하는 것을 가능하게 하는 것은 스완의 직접적인 현전이며, 게르망트 공작부인의 직접적인 현전이다.

그런데 이 현전은 초월 속에 장소를 가지고 있다. 모로코에 있는 나의 사촌이 초월 속에 나에 대해 현전하고 있으므로, 나는 나를 세계 속에 위치하게 하는 이 길, 모로코로 가는 길이라고도 명명될 수 있는 이 길을, 나와 나의 사촌 사이에 전개시킬 수 있는 것이다. 사실 이 길은 내가 나의 '……에 있어서의 존재'와의 연관에 있어서 '지각할' 수 있는 '대상-타자'와, 나에 대해 거리 없이 현전하는 '주관-타자' 사이의 거리 이외에 아무것도 아니다. 그러므로 나는 온갖 초월적인 주관의 직접적인 현전과의 상관관계에 있어서 '나의' 세계 속의 대상들을 향해 나를 이끄는 무한하게 다양한 길에 의해 '위치가 부여되어' 있다. 또 세계는 그 모든 존재와 함께 단번에 나에게 주어져 있는 것이므로, 이런 무한하게 다양한 길은 단순히 도구적 복합의 총체를 표현하는 것이며, 그 도구적 복합은 이미 암암리에, 그리고 현실적으로 세계 속에 포함되어 있는 하나의 대상-타자를 세계의 배경 위에 '이것'으로서 나타나게 하는 것을 (나에게) 가능하게 한다.

그러나 이런 고찰은 일반화해도 무방하다. 근원적인 현전의 배경 위에 나와의 관계에 있어서, 부재 또는 현전적인 것은, 단순히 피에르나 르네나 뤼시앵뿐이 아니다. 왜냐하면 그들만이 나에게 위치를 부여하는 데 이바지하고 있는 것이 아니기 때문이다. 그것과 아울러 나는 아시아인이나 흑인과의 관계에서는 유럽인으로, 젊은이들과의 관계에서는 노인으로서, 범죄자들과의 관계에서는 재판관으로서, 노동자들과의 관계에서는 부르주아로서 등등, 여러 가지 관계에 있어서 나에게 위치를 부여한다. 요컨대 모든 인간존재가 근원적 현전의

---

*22 espace hodologique는 레빈(Lewin) 일파의 위상심리학(topological psychology) 용어로, 보통 역어를 두지 않고 '호돌로지 공간'이라고 부르고 있다. (어원으로 말하면 '여로(旅路)공간'이라고나 번역할 수 있을 것이다.) 여기서는 단순히 생활공간의 의미로 해석해도 무방하다. 위상심리학에 의하면 타자에 의한 관찰이 가능한 심리적 사상, 즉 행동 B는 개인 P와 그 환경 E를 포함하는 심리학적 전체 상황, 즉 생활공간 S의 함수이다. $B=f(S)=f(P, E)$ 이런 생활공간이라는 개념을 더욱 현실화하여 거리와 방향의 차이까지 포함할 수 있는 새로운 개념으로서 성립된 것이 '호돌로지 공간'이다.

배경 위에 현전하거나 부재하는 것은, 모든 살아 있는 인간과의 관계에 있어서이다. 게다가 이 근원적인 현전은 '시선을 받고 있는 존재' 또는 '시선을 향하고 있는 존재'로서만 의미를 가질 수 있다. 다시 말해 이 근원적인 현전은 '타자가 나에게 있어서 대상으로 있거나', '나 자신이 타자에게 있어서 대상으로 있거나', 어느 하나에 의해서만 의미를 가질 수 있다. '대타존재'는 나의 인간존재의 하나의 항상적인 사실이다. 그리고 내가 나 자신에 대해 형성하는 아무리 사소한 사상의 속에도, 나는 대타존재를 그 사실적 필요성과 함께 파악한다. 내가 어디를 가든, 내가 무슨 일을 하든, 나는 대상-타자에 대한 나의 거리를 변경시킬 수밖에 없고, 타자로 향하는 수많은 길을 이용할 수밖에 없다. 내가 멀어지든, 내가 가까이 다가가든, 또 이러이러한 특정한 대상-타자를 발견하든, 그런 것은 나의 '대타존재'의 근본적인 주제 위에 경험적인 변화를 가하는 데 지나지 않는다.

타자는 나를 대상이 되게 하는 자로서 곳곳에서 나에 대해 현전하고 있다. 그러므로 나는 내가 방금 도중에 만난 하나의 대상-타자의 경험적 현전에 대해 착각을 할 수도 있다. 저쪽에서 나를 향해 걸어오고 있는 사람이 안니인 줄 알았다가 모르는 사람임을 깨닫는 경우도 있을 수 있다. 그렇다고 해서, 나에 대한 안니의 근본적인 현전이 특별히 변화하는 것은 아니다. 어스름 속에서 나를 보고 있는 것을 사람이라고 생각했다가, 나무둥치를 하나의 인간존재로 잘못 본 것임을 발견하는 경우도 있을 수 있다. 그렇다고 해서 모든 인간에 대한 나의 근본적인 현전, 나 자신에 대한 모든 인간의 현전이 특별히 변질되는 것은 아니다. 왜냐하면 나의 경험의 영역에 한 인간이 대상으로서 나타남으로써, 나는 인간들이 '존재한다'는 것을 배우는 것은 아니기 때문이다. 타자의 존재에 대한 나의 확신은 그런 경험에 의존하는 것이 아니다. 오히려 반대로, 그런 경험을 가능하게 하는 것은 타자의 존재에 대한 나의 확신이다. 경험할 때 나에게 나타나는 것, 그리고 그것에 대해 내가 잘못 생각할 수도 있는 것은, '타자'가 아니고, '타자'와 나의 현실적이고 구체적인 유대도 아니며, 오히려 하나의 '이것(un ceci)'인데, 이런 '이것'은 대상-인간을 나타내는 경우도, 나타내지 않는 경우도 '있을 수 있다.' 다만 개연적인 것은 타자의 거리와 타자의 현실적 접근성이다.

다시 말해 타자의 대상으로서의 성격과, 내가 드러내 보이게 하는 세계에 대한 타자의 소속은, 단순히 나의 나타남 자체에 의해 내가 하나의 '타자'를 나타나게 하는 한에서만 의문의 여지가 없는 것이다. 다만 이 대상성은 '세계 속 어딘가에서의 타자'라는 자격으로 세계 속에 녹아들어 있다. 타자—대상은 나의 주관성의 탈환과 상관적인 나타남으로서는 확실하지만, 타자가 '이' 대상이라는 것은 결코 확실하지 않다. 또 마찬가지로, 한 사람의 주관에 있어서의 나의 대상—존재는 반성적 명증과 같은 형식의 명증을 가지고 있다. 그러나 바로 이 순간에, 어떤 특정한 타자에게 있어서, 내가 세계의 무차별적인 배경 속에 빠진 채 있는 것이 아니라, 오히려 세계의 배경 위에 내가 '이것'으로서 떠오른다는 사실은, 그런 명증을 가지고 있는 것이 아니다. 실제로 지금, 내가, 누군가 어떤 한 사람의 독일인에게 대상으로서 존재하고 있다는 것은 의문의 여지가 없다. 그러나 내가 유럽 인으로서, 프랑스 인으로서, 파리 시민으로서, 그런 집단의 무차별성 속에서 존재하는 것인가, 아니면 그 주위에 파리 시민 전체나 프랑스 인 전체가 갑자기 이 한 사람을 위해서 배경이 되어 조직되고, 그런 배경 위에 떠오른 '이' 파리 시민으로서 내가 존재하는 것인가? 이 점에 대해, 내가 얻을 수 있는 인식은 설령 무한하게 개연적인(진실에 가까운) 인식이기는 해도, 여전히 개연적인 인식의 영역을 벗어나지 않을 것이다.

여기서 우리는 시선의 본성을 파악할 수 있다. 어떤 시선 속에도, 나의 지각 영역 속에서의 구체적이고 개연적인 현전으로서 하나의 대상—타자의 나타남이 존재한다. 그리고 이 타자의 어떤 종류의 태도를 접할 때, 나는 부끄러움, 불안 따위를 통해서 나의 '시선을 받고 있는 존재'를 파악하도록 나 스스로 나를 결정한다. 이 '시선을 받고 있는 존재'는 내가 지금 이 구체적인 '이것'으로 있다는 단순한 개연성으로서 나타난다.—이런 개연성은, 나는 항상 '타자에 있어서' 존재하는 한에서 타자는 언제나 나에 대해 현전적으로 있다고 하는 하나의 근본적인 확신에서만, 그 의미와 그 개연으로서의 본성 자체를 이끌어내 올 수 있다. 나의 인간조건의 체험은 다른 '모든' 살아 있는 인간들에 대한 대상이 되어, 수백만 개의 시선 아래 투기장에 내던져져 수백만 번이고 나 스스로 나에게서 탈출한다고 하는데, '나의' 우주 속에 하나의 대상이 나타날 때 내가 이런 체험을 구체적으로 실감하는 것은, 이 대상이 나에 대해 '나는 실제로 지금, 하나의 (타자의) 의식에 있어서 "구별된 이것"으로서, 개연적인 대상으로 있다'는 것을 지시하는 경우이다. 이 체험이 우리가 '시선'이라고 부르는 현상의 총체이다.

각각의 시선이 우리에게 구체적으로—게다가 코기토의 의심할 수 없는 확신에 있어서—체험하게 하는 것은, '우리는 모든 살아 있는 인간에게 있어서 존재한다는 것, 다시 말해 '(몇 개의) 의식개체가 존재하며(il y a(des) consciences), 그것에 있어서 우리는 존재한다'는 것이다. 우리가 '몇 개의(des)'를 괄호 안에 넣은 것은, 이런 시선에 있어서 나에 대해 현전적인 주관–타자는, 다수성이라는 형태로 주어지는 것도 아니고, 그렇다고 단일성으로서 주어지는 것도 아니라는 것('한 사람의' 특정한 대상–타자에 대한 주관의 구체적인 관계의 경우는 제쳐 놓고)을 확실하게 보여 주기 위한 것이다. 사실 다수성은 수많은 대상에만 속하고, 세계를 성립시키는 하나의 대자의 나타남에 의해 존재하게 된다. '시선을 받고 있는 존재'는 우리에게 (여러 가지) 주제를 나타냄으로써, 수를 갖지 않은 어떤 실재의 현전에 우리를 둔다. 그와 반대로, 나에게 시선을 향하고 있는 자들에게 내가 '시선을 향하자'마자, '다른' 의식개체는 저마다 고립하여 다양성이 된다. 또 한편으로, 만일 내가 구체적인 체험의 계기로서의 시선을 외면하면서, 인간적인 현전의 무한한 무차별성을 헛되이 생각하려 하고, 결코 대상이 되지 않는 무한한 주관의 개념 아래 이런 무차별성을 통일하려고 한다면, 나는 타자의 현전에 관한 일련의 무한한 신비적 체험과 관련된 하나의 단순한 형식적인 관념, 즉 '그에게 있어서' 내가 존재하는 보편적이고 무한한 주관으로서의 '신'의 관념을 얻는다.

그러나 구체적이고 열거적인 대상화와 통일적이고 추상적인 대상화인 이 두 가지 대상화는 어느 쪽이나 체험되는 현실을 결여하고 있다. 다시 말하면 수(數) 이전(以前)의 현전을 결여하고 있다. 그런 점은, 누구라도 할 수 있는 관찰을 통해 훨씬 구체적으로 밝혀질 것이다. 예를 들면 어쩌다가 우리가 하나의 역할을 연기하기 위해서, 또는 강연을 하기 위해 '대중 앞에' 나서는 일이 있다면, 우리는 자신이 시선을 받고 있는 것을 결코 시야에서 놓치지 않는다. 그리고 우리는 우리가 하러 온 행위의 총체를 그 시선의 '현전에서' 수행한다. 즉, 우리는 이 시선'에 있어서의' 하나의 존재, 이 시선'에 있어서의' 대상들의 하나의 총체를 구성하려고 시도한다. 그러나 우리는 그 시선을 하나하나 헤아리지는 않는다. 우리가 설명하고자 하는 관념들에만 주의를 집중하여 얘기하고 있는 한, 타자의 현전은 여전히 무차별인 채로 머문다. '학급', '청중' 따위의 명목하에 타자의 현전을 통일하려고 하는 것은 그릇된 일일 것이다. 사실 우리는 하나의 집단적 의식을 가지고서는 하나의 구체적이고 개별적인 하나의 존재를 의식하는 일은 없다. 그런 명목은 우리의 경험을 해석하는 데 나중에 도움이 될지도 모르지만, 반 이상은 우리의 경험을 배반하게 될 말이다. 그러나 우리는 그렇다고 해서 다수의 시선을 파악하는 것도 아니다. 여기서 문제가 되는 것은 오히려, 감지할 수 없고 사라지기 쉬우며 보편적으로 현전하는 하나의 실재인데, 이 실재는 우리의 면전에서 우리의 '드러내 보여지지 않는 나'를 실현하고, 우리에게 협조하며, 우리에게서 탈출하는 '이 나'를 낳는다. 그와 반대로, 만일 내 생각이 얼마나 잘 이해되었는지 확인하기 위해, 이번에는 내쪽에서 청중에게 시선을 보낸다면, 나는 즉시 '수많은' 머리와 '수많은' 눈이 나타나는 것을 볼 것이다.

타자라는, 수(數) 이전의 실재는 객관화됨으로써 이렇게 해체되어 다수가 되고 말았다. 그러나 그것과 동시에 시선도 소멸되었다. '사람(on)(man)'이라는 말은, [하이데거에 있어서는] 인간존재의 비정통적인 상태[*23]보다 오히려 이 타자라는 수 이전의 구체적인 실재에 쓰는 것이 마땅하다. 내가 어디 있든 '사람'들은 끊임없이 나를 쳐다본다. '사람'들은 결코 대상으로 파악되지 않는다. '사람'들은 대상이 되면 즉각 분해된다.

그리하여 시선은 우리를 우리의 '대타존재'의 발자국 위에 두었다. 시선에 의해 우리에게 드러내 보여진 것은, 타자의 의심할 수 없는 존재이고, 이런 타자에게 있어서 우리가 존재한다는 사실이다. 그러나 시선은 우리를 더 이상 멀리 인도해 주지는 못할 것이다. 지금 당장 우리가 검토해야 하는 것은 우리에게 드러난 그대로의 '나'와 '타자'의 근본적인 관계이다. 또는 이렇게 말해도 무방하다면, 우리는 이제 이 근원적 관계의 한계 속에 들어 있는 모든 것을 밝히고, 그것을 주제적으로 정착시키지 않으면 안 된다. 그리고 이 대타존재의 '존재'는 어떤 것인지 자문해 보아야 하는 것이다.

지금까지의 고찰에서 나온 지적 가운데 우리의 과제 연구에 도움이 될 하나의 논거는, '대타존재는 대자의 존재론적 구조의 하나가 아니라는' 것이다. 사실 우리는 하나의 귀결을 하나의 원칙에서 이끌어 내는 것과 같이, 대타존

---

*23 사람(on, man)은 하이데거에 의하면 인간존재의 비정통적 또는 비본래적 상태를 나타내는 데 사용되고 있다.

재를 대자존재에서, 또는 거꾸로 대자존재를 대타존재에서 이끌어 내려고 해도 그것은 불가능한 일이다. 물론 우리의 인간존재는 동시에 대자로 있는 동시에 대타로 있기를 요구하지만, 우리의 현재의 탐구는 하나의 인간학을 구성하는 것을 지향하는 것은 아니다. 모든 '대타'로부터 완전히 자유롭고, 대상이 될 가능성은 털끝만큼도 없이 존재하는 하나의 '대자'를 생각해 내는 것도 아마 불가능하지는 않을 것이다. 다만 그런 '대자'는 '인간'은 아닐 것이다. 지금의 경우, '코기토'가 우리에게 드러내 보여 주는 것은, 단순히 '자기의 대자존재와의 관련에 있어서, 우리의 존재는, 또 타자에게 있어서도 존재한다는 것이 인정된다—그리고 이것은 의심할 여지가 없다'고 하는, 하나의 사실적 필연성이다. 반성적 의식에 대해 드러내 보여지는 존재는 '대자—대타'이다. 데카르트의 코기토는 하나의 '사실', 즉 나의 존재라는 사실에 대한 절대적 진리를 긍정할 뿐이다. 마찬가지로 우리가 여기서 쓰고 있는 조금 확대된 의미의 코기토는, 하나의 사실로서 타자의 존재와 타자에 있어서의 나의 존재를 우리에게 드러내 보인다. 이것이 우리가 말할 수 있는 모두이다. 그런 만큼 '대타존재'도 나의 의식의 '존재에 대한 나타남'과 마찬가지로 하나의 절대적 사건의 성격을 가진다.

이 사건은 역사화—왜냐하면 나는 타자에 대한 현전으로서 나를 시간화하기 때문이다—이며, 동시에 모든 역사의 조건이므로, 우리는 이 사건을 역사이전의 역사화라고 부를 것이다. 우리가 여기서 이 사건을 고찰하는 것은, 그런 자격, 즉 동시성의 역사이전적 시간화의 자격에 있어서이다. 역사이전적이라고 해도, 이 사건이 역사에 앞서는 어떤 시간 속에 있다는 뜻은 아니다—그런 것은 무의미한 것이다—오히려 이 사건은 역사를 가능하게 만듦으로써 자기를 역사화하는, 그런 근원적 시간화의 일부를 이룬다는 뜻이다. 우리가 대타존재를 연구하려고 하는 것은, 사실로서—첫 번째의 끊임없는 사실로서—이지 본질상의 필연성으로서가 아니다.

우리는 앞에서 내적인 형식의 부정과 외적인 부정을 구별하는 차이를 보았다. 특히 우리는 어떤 일정한 존재에 대한 모든 의식의 근거는 '대자'가 자신의 나타남 자체에 있어서, '이' 존재로 있지 않은 것으로서 존재해야 하는 경우의 근원적 관계라는 것을 지적했다. '대자'가 이렇게 하여 실현하는 부정은 내적인 부정이다. '대자'는 자신의 완전한 자유에 있어서 이런 내적 부정을 이룬다. 더욱 적절하게 말하면, 대자는 자기를 유한한 것으로 선택하는 한에서, 이런 부정으로 '있다.' 그러나 이 부정은 다시 대자를, 대자가 그것으로 있지 않은 존재에게, 떨어지지 않도록 묶어 놓는다. 그래서 우리는 다음과 같이 쓸 수 있었다. "대자는, 그것이 그 존재에 있어서 '대상'의 존재로 있지 않은 것으로서 문제가 되는 한에서, 자신의 존재 속에, 자신이 그것으로 있지 않은 대상의 존재를 품고 있다." 이런 고찰은 '대자'와 타자의 최초의 관계에 대해서도 본질적인 변화 없이 적용될 수 있다. 일반적으로 하나의 '타자'가 존재한다면 무엇보다 먼저 나는 '이 타인으로 있지 않은 자'로 있어야만 한다. 그리고 내가 나를 존재시키고 '타자'가 '타자'로서 나타나는 것은 나에 의해서 나의 위에 시행된 이 부정 자체 속에서의 일이다. 나의 존재를 구성하는 이 부정, 즉 헤겔이 말한 것처럼 '타인'의 면전에 나를 '똑같은 자'로서 나타나게 하는 이 부정은 나를 비조정적 자기성(自己性)의 바탕 위에 '나-자신'으로 구성한다. 그렇다고 해서 하나의 '나'가 우리의 의식 속에 들어온다고 생각해서는 안 된다. 오히려 자기성은 하나의 다른 자기성의 부정으로 나타남으로써 자기를 강화하는 것이고, 이 강화는 적극적으로 보면 자기성 자체가 자기성을 '똑같은' 자기성으로서, 그리고 '이 자기성 자체로서' 계속적으로 선택되고 파악되는 것이라고 이해해야 할 것이다. '자기-자신'으로 있지 않고, 자기의 자기로 있어야 하는 하나의 '대자'도 생각할 수 없지는 않을 것이다. 다만 내가 그것으로 있는 '대자'는 타인을 거부한다는 형태로, 다시 말해 자기 자신으로서, 자신이 있는 그대로의 것으로 있어야 할 것이다.

그러므로 '비아(非我)'의 일반적인 인식에 적용되는 공식을 이용하여, 우리는 다음과 같이 말할 수 있다. "자기 자신으로서의 '대자'는, 그것이 그 존재에 있어서 '타자'로 있지 않은 것으로서 문제가 되는 한에서, 자신의 존재 속에 '타자'의 존재를 포함한다." 다른 말로 표현하면 의식이 '타자'로 있지 않을 수 있기 위해서는, 따라서 한 사람의 타자가 거기 '존재할' 수 있기 위해서는, 게다가 자기 자신의 조건인 이 '있지 않음'이 단순히 '제3의 인간'이라고도 할 수 있는 하나의 증인에 대한 확인의 대상이 되지 않기 위해서는, 의식은 그 자신이 자발적으로 이 '있지 않음'으로 있지 않으면 안 된다. 의식은 단순히 '타인'에 대해서 타인으로 있는 하나의 무로 자기를 선택함으로써, 자유롭게 '타자'에게서 자기를 해방시켜 타인에게서 탈출하며, 이렇게 해서 '자기 자신' 속에 자기를 다시 합치는 것이라야만 한다. 그리고 '대자'의 존재인 이 이탈 자체는 거기에 하나의 '타자'를 존재하게 한다. 그렇다고 이 이탈이 '타인'에게 존재를 준다는 뜻이 아니고, 이 이탈이 타인에게 '다른 자로 있는 것(他者存在)'을, 즉 '거기 존재하는' 것의 본질적인 조건을 부여한다는 뜻이다. "또 말할 것도 없는 일이지만, '대자'로서는 '타자로-있지-않은-것으로-있는' 존재방식은 무에 의해 전면적으로 두려움에 떨고 있다. '대자'가, '타자로 있지 않은 것'으로 있는 것은, '반사-반사하는 것'이라는 무화적(無化的)인 존재방식에 있어서이다. '타자로-있지 않는-것'은 결코 '주어지고 있는' 것이 아니고, 끊임없는 부활에 있어서 끊임없이 선택되는 것이다. 의식은, 그것이 '타자로 있지 않은 것'으로서의 자기 자신(에 대한) 의식으로 있는 한에서만 '타자'로 '있지 않을' 수 있다. 그러므로 내적인 부정은 지금의 경우에나 세계에 대한 현전의 경우에도 마찬가지이지만, 존재의 통일적인 유대이다.

의식을 덫으로 붙잡을 우려가 있는 이 타자로부터, 의식이 그야말로 '무엇으로도 있지 않음'으로써 탈출할 수 있기 위해서는, 타자가 곳곳에서 의식에 대해 현전적으로 있지 않으면 안 되고, 나아가서 타자가 의식을 철저하게 관통하고 있지 않으면 안 된다. 만일 의식이 갑자기 '무엇인가'로 있다'면, 자기 자신과 타자의 구별은 하나의 전면적인 무차별 속으로 사라져 버릴 것이다.

그러나 이 기술(記述)은 그것의 범위를 근본적으로 변화시키게 될 하나의 본질적인 추가를 용인해야 한다. 사실, 의식이 세계 속의 이러저러한 '이것'으로 있지 않은 것으로서 자기를 이루었을 때, 그 부정적 관계는 상호적인 것이 아니었다. 그 경우의 '이것'은 자기를 의식으로 있지 않게 하지는 않았다. 의식은 자신에게 있어서, 자신에 의해, 자기를 '이것'으로 있지 않도록 규정했지만, '이것'은 의식에 대해 하나의 순수한 무차별적 외면성 속에 머물러 있었다. 그 것은 사실, '이것'이 '즉자'라고 하는 그 본성을 보존하고 있었기 때문이다. 또 '대자'는 자기에 대해서 자기가 즉자인 것을 부정함으로써 자기를 존재시킨 것인데, 이런 부정 자체 속에서 '이것'이 의식에 대해 자기를 드러낸 것은 '즉자'로서 그런 것이기 때문이다. 그러나 반대로 '타자'가 문제될 때는 내적인 부정의 관계는 하나의 상호적인 관계이다. 의식이 그것으로 있지 않아야 하는 존재(타자)는 이 의식으로 있지 않아야 하는 하나의 존재로서 정의된다. 그것은 사실, 세계 속의 '이것'을 지각할 때는, 의식은 단순히 자기 자신의 개별성에 의해 '이것'과 달랐을 뿐만 아니라, 자신의 존재방식에 의해서도 '이것'과 달랐기 때문이다. 의식은 '즉자'의 면전에서 '대자'로 있었다. 그와는 반대로 '타자'의 나타남에 있어서는, 의식은 그 존재방식에 있어서 '타인'과 조금도 다른 데가 없다. '타인'은 의식이 그것으로 있는 그대로의 것이다. 타인은 '대자'이고 의식이다. 타인은 자기의 여러 가능인 가능성들을 가리킨다. '타인'은 '타인'을 거부함으로써 자기 자신으로 있다. 단순히 수적(數的)인 규정에 의해 자기를 '타인'에게 대립시키는 것은 문제가 될 수 없을 것이다.

여기에는 '둘' 또는 '다수'의 의식개체가 존재하는 것은 아니다. 사실, 계산은 하나의 외적인 증인을 전제로 한다. 계산은 단순한 외면적 확인이다. '대자'에 있어서는 하나의 자발적이고 수이전적(數以前的)인 부정 속에만 '타인'은 존재할 수 있다. 의식에 있어서 타인은 '거부당한 자기 자신(soi-même refusé)'으로서만 존재한다. 그러나 '타인'은 바로 하나의 자기 자신이므로, 그는 자기가 '나를 거부하는 자기 자신(soi-même qui me refuse)'으로 있는 한에서만, 나에게 있어서, 그리고 나에 의해서 거부당한 자기 자신으로 있을 수 있다. 나는 결코 나를 파악하지 않는 하나의 의식은 파악할 수도 없고, 생각할 수도 없다. 결코 나를 파악하는 일도 없고 나를 거부하는 일도 없이 존재하는 유일한 의식, 게다가 내가 나 스스로 생각할 수 있는 유일한 의식은, 어딘가 세계 밖에 고립되어 있는 의식이 아니라 나 자신의 의식이다. 그러므로 내가 타인으로 있기를 거부하기 위해서 내가 인정하는 타인은, 무엇보다 먼저 '그것에 있어서 나의 대자가 존재하는 것(celui pour qui mon Pour-soi est)'이다.

사실 '내가 나로 하여금 그것으로 있지 않도록 하는 것'(타자)이, 나로 있지 않은 것은, 단순히 내가 나에 대해 그것(타자)을 부정하는 한에서뿐만 아니라, 바로 내가 나로 하여금, '자기로 하여금 나로 있지 않도록 하는 하나의 존재'(나를 거부하는 타자)로 있지 않도록 하는 한에서이기도 하다. 그렇다 해도, 이 이중의 부정은 어떤 의미에서는 자기 자신을 파괴하는 부정이다. 이 경우에는 두 가지 중에 하나의 경우가 발생한다. 한편으로는, 나는 나로 하여금 어느 한 존재로 있지 않도록 한다. 그러면 그때는 이 존재는 나에 대해 대상이며, 나는 이 존재에 대한 나의 대상성을 잃어버린다. 그렇게 되면 '타인'은 '다른 나', 즉 '나로 있는 것을 거부함으로써 나로 하여금 대상으로 있게 하는 하나의 주관'으로 있기를 그만둔다. 그 반대로, 만일 이 존재가, 사실 '타인'이며, 자기로 하여금 나로 있지 않게 한다면, 그 경우에는 나는 이 존재에 대해 대상이 되고, 이 존재는 그 자신의 대상성을 잃어버린다. 그러므로 타인은 근원적으로 '비아—비대상(非我非對象)'이다.

타인에 대한 변증법이 그 이후 어떤 과정을 거치든, 만일 타인이 먼저 타인으로 있어야 한다면, 타인은 내가 이 타인으로 있기를 부인할 때의 나타남 자체 속에는, 원리적으로 드러내 보여질 수 없는 자이다. 그런 의미에서 나의 근본적인 부정은 직접적일 수 없다. 왜냐하면 거기에는 나의 부정이 미칠 수 있는 아무것도 없기 때문이다. 내가 궁극적으로 그것으로 있기를 거부하는 것은, 타인이 '나'로 있기를 거부함으로써 나를 대상으로 만들 때의 이 거부 이외에 어떤 것도 아니다. 말하자면 나는, 나의 '거부당한 나(Moi-refusé)'(타인)를 거부한다. 내가 나를 나 자신으로서 규정하는 것은 '거부당한 나'를 거부함으로써이다. 나는 내가 '타자'로부터 나를 탈출하게 하는 나타남 자체 속에 이 '거부당한 나'를 '타유화된 나(Moi-aliéné)'로서 내세운다. 그러나 바로 그 때문에 나는 '타자'뿐만 아니라 나의 '대타—아(對他我)'의 존재를 인정하고 긍정한다. 그 까닭은 사실 만일 내가 '타자'를 위한 나의 '대상—존재'를 떠맡지 않는다면, 나는 '타자'로 '있지 않을' 수가 없기 때문이다. '타유화된 내'가 소멸한다면, '나 자신'의 붕괴에 의해 '타자'도 소멸하게 될 것이다. 나는 나의 '타유화된 나'를 타자의 두 손 안에 남긴 채 '타자'로부터 탈출한다. 하지만 나는 타자로부터의 이탈로서 나를 선택함으로써 이 '타유화된 나'를 나의 것으로 떠맡고 나의 것으로 인정한다. 나의 '타자'로부터의 이탈, 즉 나의 '나 자신'은 본질적인 구조에서 보면 타자가 거부하는 이 '나'를 '나의 것'으로서 떠맡는 것이다. 타자로부터의 이탈이란 다만 '그것뿐'인 것에 지나지 않는다. 그러므로 이 타유화되고 거부된 '나'는 타자에 대한 나의 유대인 동시에, 우리의 절대적인 분리의 상징이다.

사실 내가 나의 자기성의 긍정에 의해 하나의 '타자'를 '거기 존재하게' 하는 자인 한에서, '대상—나'는 나의 것이고 나는 '대상—나'를 요구한다. 왜냐하면 '타자'와 나 자신의 분리는 결코 주어지지 않는 것이며, 나는 나의 존재에 있어서 이 분리에 대해 끊임없이 책임을 지고 있기 때문이다. 그러나 타자가 우리의 근원적인 분리의 공동책임자인 한에서, 이 '나'는 나에게서 탈출한다. 왜냐하면 이 나는 타자가 자기로 하여금 그것으로 있지 않게 하는 것이기 때문이다. 그러므로 나는 나에게서 탈출하는 하나의 '나'를 '나의 것'으로서, 나에 있어서, 요구한다. 또 타자가 나의 자발성과 똑같은 자발성인 한에서, 나는 나로 하여금 '타자'로 있지 않게 하는 것이므로 내가 이 '대상-나'를 요구하는 것은 바로 '나에게서 탈출하는 나'로서이다. 이 '대상-나'는 바로 그것이 나에게서 탈출하는 한에서 '내가 그것으로 있는' 나이다. 그리고 이 '대상-나'가 순전한 자기성에 있어서 나 자신과 합치할 수 있다면, 나는 반대로 이 '대상-나'가 나의 것임을 거부할 것이다. 그러므로 나의 대타존재, 즉 '대상-나'는 나에게서 잘려나가 다른 사람의 의식 속에서 성장하는 하나의 심상은 아니다. 그것은 완전히 현실적인 하나의 존재이며, 타자와 마주한 나의 자기성의 조건으로서, 그리고 나와 마주한 타자의 자기성의 조건으로서 '나의' 존재이다. 그것은 나의 '외부-존재'이다. 그렇다고 해서 작용을 입은 존재, 저절로 외부에서 찾아온 존재가 아니고, '나의' 외부로서 받아들여지고 인정된 하나의 외부이다. 사실 '타자'는 그 자신이 '주관'인 한에서만 나에 대해 '타자'임을 부정하는 것이 나에게 있어서 가능하다. 만일 내가 직접적으로 '타자'를 단순한 대상으로서—다시 말하면, 세계 한복판에 있는 존재자로서—거부하는 일이 있다면, 내가 거절하고 있는 것은 '타자'가 아니라, 원리적으로 주관성과 아무런 공통점을 가지지 않은 하나의 대상이다.

나는 여전히 아무런 대책도 없이, 타자에 대한 나의 전면적인 동화에 맞닥뜨린 채 머물러 있을 것이다. 왜냐하면 타자의 참된 영역이고 또한 '나의' 영역이기도 한 주관성 속에서, 나는 스스로 몸을 보호할 방도가 없기 때문이다. 나는 나의 주관성에 대한 하나의 한계를 인정함으로써만 거리를 두고 타자를 보유할 수 있다. 그러나 이 한계는 나에게서 생길 수도 없고, 나에 의해 사고될 수도 없을 것이다. 왜냐하면 내가 하나의 완결된 전체가 아닌 한, 나는 스스로 자신을 한정할 수 없기 때문이다. 그런데 그런 반면, 스피노자가 말한 바에 따르면, 사고는 오직 사고에 의해서만 한정될 수 있다. 의식은 오직 나의 의식에 의해서만 한정될 수 있다. 두 개의 의식개체 사이의 한계는 이 한계가 한정하는 의식에 의해 생겨나고, 한정되는 의식에 의해 받아들여지는 한에서, 바로 나의 '대상-나'이다.

게다가 우리는 그것을 '한계'라는 말의 두 가지 의미에서 이해하지 않으면 안 된다. 사실 한정하는 자 쪽에서 보면, 한계는 나를 포함하고 나를 에워싸는 내용*24으로서, 즉 나를 장외에 둠으로써 나를 전체로서 제외하는 공허한 외피(外皮)로서 파악된다. 한정되는 쪽에서 보면 한계와 자기성의 모든 현상의 관계는, 마치 수학적 극한과 결코 그 극한에 이르지 못하면서 그리로 향하는 급수의 관계와 같은 것이다. 내가 그것으로 있어야 하는 모든 존재와 그것의 한계의 관계는, 마치 하나의 점근(漸近)곡선과 하나의 직선의 관계와 같다. 그러므로 나는 하나의 완결된 전체 속에 포함된 전체분해적이고 무규정적(無規定的)인 하나의 전체이다. 이 완결된 전체는 거리를 두고 나라고 하는 이 전체분해적이고 무규정적인 전체를 에워싸고 있으며, 나는 나의 외부에서 이 완결된 전체로 있으면서 결코 그것을 실현하지도 거기에 이르지도 못하는 것이다. '나 자신'을 파악하려고 하는 나의 노력과 그런 노력이 헛된 것임을 보여 주는 좋은 비유로서, 푸앵카레(Poincaré)가 말한, 중심에서 표면으로 갈수록 온도가 낮아지는 구체(球體)를 들 수 있다. 생물은 이 구체의 중심에서 출발하여 그 표면에 이르려고 시도한다. 그러나 온도의 저하는 그들에게 계속 증대하는 수축을 불러일으킨다.

생물은 목표에 다가갈수록 무한히 납작해지려고 한다. 그 때문에 그들은 무한한 거리에 의해 목표에서 격리되어 있다. 나의 '대상-나'는, 이런 도달 불가능한 한계이지만, 그렇다 해도, 이 한계는 이상적인 한계는 아니다. 오히려 그것은 하나의 현실적인 존재이다. 이 존재는 결코 '즉자'가 아니다. 왜냐하면 이 존재는 순수한 무차별적 외면성 속에서 생겨난 것이 아니기 때문이다. 그렇다고 해서 이 존재는 '대자'도 아니다. 이 존재는 내가 나를 무화(無化)함으로써 내가 그것으로 있어야 하는 존재가 아니기 때문이다. 이 존재는 바로 나의 '대타존재'이다. 대립되는 근원에서 출발하여 정반대 방향을 향하는 두 부정 사이에서 찢어진 이 존재가 나의 대타존재이다. 왜냐하면 타자는, 그가 그것에 대해 직관을 가지고 있는 이 '나'로 '있지 않기' 때문이며, '나는' 내가 그것으로 있는 이 '나'에 대해 '직관을 가지고 있지 않기' 때문이다. 그러나 한쪽에 의해 생산되고 다른 쪽에 의해서 떠맡아지는 이 '나'는, 어디서 그 절대적인 실재성

---

*24 일역에는(영역도 같음) contenu(내용)를 '용기(容器)'라고 해석하고 exciper(주장하다)를 excepter(제외하다)로 고쳐서 번역했지만, 이 두 낱말이 모두 혼동이나 오기를 일으킬 성질의 것으로 보이지 않으므로 나는 원문 그대로 번역하며, 저자가 여기에 자신이 잘 사용하는 모순 논법을 쓴 것으로 해석한다.

을 이끌어 내오는 것일까? 그것은, 이 '나'야말로 각각의 존재방식에서는 근본적으로 똑같으며, 서로 직접적으로 현전하고 있는 두 존재 사이의 유일하고 가능한 분리로 있다는 사실로부터이다. 왜냐하면 오로지 의식만이 의식을 한정할 수 있다고 한다면, 이 둘 사이에는 어떤 중간 조항도 생각할 수 없기 때문이다.

우리가 '타자'의 대상화를 '타인'에 대한 나의 관계에 있어서 제2의 계기로 이해할 수 있는 것은, '타자—주관'의 나에 대한 이 현전에서 출발해서이며, 내가 떠맡은 나의 대상성에 있어서, 나의 대상성에 의해서이다. 사실 드러내 보여지지 않는 나의 한계 저편에서의 '타자'의 현전은, 자유로운 자기성으로서의 한에서 나 자신을 내가 되찾는 데, 동기부여로서 도움이 될 수 있다. 내가 나에 대해 '타자'임을 부정하는 한에서, 그리고 타자가 먼저 자기를 나타내는 한에서, 타자는 '타자'로서만, 다시 말해 나의 한계 저편의 주관으로서만, 즉 나를 한정하는 자로서만 자기를 나타낼 수 있다. 사실 '타자'가 아니고서는 아무것도 나를 한정할 수 없다. 그러므로 타자는 그 완전한 자유에 있어서, 자기의 가능들을 향한 그 자유로운 기투(企投)에 있어서, 나를 장외에 두고 나에게서 나의 초월을 빼앗아, '협력하는 것'(독일어의 mit-machen의 의미로)을 거부하는 자로서 나타난다.

그러므로 나는, 우선 주로, 앞에 나온 이중의 부정 가운데, 나의 책임이 아닌 부정, 나에 의해 나에게 찾아오는 것이 아닌 부정을 파악하지 않으면 안 된다. 그러나 이 부정의 파악 자체 속에 나 자신으로서의 나(에 대한) 의식이 나타난다. 다시 말하면 내가 나 자신의 가능성으로서 타자를 부정하는 것에도 책임을 지는 한에서, 나는 나(에 대한) 하나의 분명한 의식을 가질 수 있는 것이다. 그것에 의해 제2의 부정, 즉 나에게서 타자를 향하는 부정이 해명된다. 진실을 말하면 이 제2의 부정은 이미 거기에 있었다. 다만 다른 쪽의 부정에 의해 가려져 있었는데 그 까닭은 제2의 부정은 제1의 부정을 나타나게 하기 위해 자체를 소멸시키는 것이었기 때문이다. 하지만 제1의 부정은 새로운 제2의 부정이 나타나기 위한 동기가 된다. 왜냐하면 나의 초월을 단순히 관망된 초월로서 확립함으로써, 나를 장외에 두는, 한 사람의 '타자'가 거기 있는 것은, 내가 나의 한계를 떠맡음으로써 나를 '타자'로부터 탈출하게 하기 때문이다. 이 탈출(에 대한) 의식, 또는 '타인'에 대해 '동일자'(로 있다는) 의식은 나의 자유로운 자발성(에 대한) 의식이다. 타인으로 하여금 나의 한계를 소유하게 하는 이 탈출 자체에 의해서, 나는 이미 '타인'을 장외로 내던지고 있다. 그러므로 내가 나의 자유로운 가능성의 하나로서의 나 자신(에 대한) 의식을 가지는 한에서, 그리고 이 자기성을 이루기 위해 내가 나 자신을 향해 나를 기투하는 한에서, 이 내가 바로 '타자'의 존재의 책임자가 된다. 나의 자유로운 자발성의 긍정 자체에 의해, 단순히 의식에서 의식으로의 하나의 무한지향을 존재하게 할 뿐만 아니라, 하나의 '타자'가 '거기에 존재하게' 하는 것은 바로 이 나이다.

그러므로 '타자'는 나 하나에 의해 타자로 있지 않을 수 있는 자로서, 자신이 장외에 놓여 있는 것을 발견한다. 따라서 그의 초월은 이미 그 자신을 향해 '나를 초월하는' 초월이 아니라, 단순히 관망된 초월이고 단순히 '주어진' 자기성의 회로(回路)이다. 게다가 나는 동시에 두 개의 부정을 이룰 수는 없으므로, 새로운 제2의 부정은, 제1의 부정이 그 동기부여가 되어 있다 해도 이번에는 자신이 제1의 부정을 가린다. 다시 말하면, 타자는 하락한 현전으로서 나에게 나타난다. 사실, 타인과 나는 타인의 존재에 대한 공동책임자인데, 그것은 내가 즉시 한쪽의 부정을 가리지 않고서는 다른 쪽의 부정을 체험할 수 없는, 두 개의 부정에 의해서이다. 그러므로 '타자'는, 지금은 '타자로 있지 않기' 위한 나의 기투 자체에 있어서, 내가 한정하는 것이 된다. 물론 이 경우에, 이런 이행의 동기부여는 감정적 질서에 속하는 것임을 이해해야 한다. 이를테면 만일 내가 '저편을 가진 이 드러내 보여지지 않는 것'을 그야말로 두려움과 부끄러움과 자부심 속에서 실감하지 않는다면, 나는 이 '드러내 보여지지 않는 것'에 매료된 채 언제까지나 거기서 나오지 못할 것이다. 게다가 바로 그런 동기화의 감정적인 성격이야말로, 관점의 그런 변화의 경험적 우연성을 설명해 주는 것이다.

그러나 이런 감정 자체는, 우리가 우리의 대타존재를 감정적으로 체험할 때의 체험방식 이외에 아무것도 아니다. 사실 두려움 속에 들어 있는 것은, 내가 하나의 세계를 거기에 존재하게 하는 '대자'라는 자격에서가 아니라, 세계 한복판에서의 현전이라는 자격에서, 위협받고 있는 자로서 나에게 나타난다는 뜻을 갖는다. 세계 속에서 위험에 처해 있는 것은, '내가' 그것으로 있는 대상〔'나'라고 하는 대상〕이다. 그리고 위험에 처한 이 대상은, '내가 그것으로 있어야 하는 존재'와 분리할 수 없는 존재통일을 가지고 있기 때문에, 이 대상 자신의 붕괴와 아울러 '내가 그것으로 있어야 하는 대자'의 붕괴도 불러일으킬 수 있다. 그러므로 두려움은 나의 지각 영역에서 다른 하나의 대상이 나타나는 것을 계기로, 나의 '대상-존재'를 발견한다. 이 발견은 모든 두려움의 근원을 가리킨다. 즉 그것은 나의 대상성이 나의 가능이 아닌 가능에 의해 극복되고 초월되는 한에서, 단순한 나의 대상성을 조심스럽게 발견하는 것이다. 내가 나의 대상성을 비본질적인 것으로 여기는 한에서 나는 두려움에서 탈출하겠지만, 그것은 나를 나 자신의 가능을 향해 내던짐으로써 가능한 일이다. 그것은 내가 타자의 존재에 대한 책임자인 한에서, 내가 나를 파악하는 경우에만 있을 수 있다. 그때 타자는 '내가 나로 하여금 그것으로 있지 않게 하는 자'가 된다.

타자의 여러 가능성들은, 이제 내가 거부하는 가능성, 내가 단순히 관망할 수 있는 가능성, 따라서 '죽은 가능성'이다. 그러므로 나는 나의 현재의 가능성을 타자의 가능성에 의해 항상 뛰어넘을 수 있는 것으로 여기는 한에서, 나는 나의 현재의 가능성을 뛰어넘는다. 그러나 나는 타자의 가능성을, 타자의 성질이 그 자신의 가능성이 아니라, 타자가 가지고 있는 유일한 성질—내가 한 사람의 '타자'를 거기에 존재하게 하는 한에서의 타자의 그 성격 자체—로 여김으로써, 또 타자의 가능성을 내 쪽에서 항상 새로운 가능성을 향해 뛰어넘을 수 있는 나의 자기초월의 가능성으로 여김으로써, 나는 '타자'의 가능성을 뛰어넘는다. 그리하여 나는 무한한 가능성의 끊임없는 화로(火爐)라고도 할 수 있는 나의 '나(에 대한) 의식'에 의해 나의 대자존재를 되찾는 동시에, 나는 타자의 가능성들을 '죽은 가능성'으로 바꾸고, 타자의 가능성에 대해, 모조리 '나에 의해서 체험되지 않는 것', 다시 말해 '단순히 주어진 것'의 성격을 띠게 한 것이다.

마찬가지로 부끄러움은, 내가 나의 존재를 '외부'에 가지고 있고, 이 나의 존재가 다른 하나의 존재 안에 구속되어, 그런 것으로서 아무런 방어책이 없는 채, 하나의 순수주관에서 흘러나오는 절대적인 빛에 의해 비쳐지고 있다고 하는, 근원적인 감정일 뿐이다. 부끄러움은 내가 항상 '미결상태'에 있어서, 즉 '아직 있지 않은' 존재방식이나, '이미 있지 않은' 존재방식에 있어서, 그것으로 있었던 것으로, '실제로 있고, 이제 와서 어떻게 할 방법이 없는' 의식이다. 순수한 부끄러움은 비난받아야 할 이러이러한 대상으로 있다는 감정이 아니고, 오히려 일반적으로 '하나의' 대상으로 있다는 감정, 다시 말해 내가 타자에게 있어서 그것으로 있는 이 존재, 하락한, 의존적이고 응고된 이 존재 속에서 '내 모습을 볼' 때의 감정이다. 부끄러움은 '근원적인 실추(chute originelle)'의 감정이다. 그것은 내가 이러이러한 잘못을 범했을 거라는 사실에서가 아니라, 단순히 내가 세계 속에, 수많은 사물들의 한복판에 '떨어졌다'는 사실, 그리고 내가 있는 그대로의 것으로 있기 위해서는 타자의 중개가 필요하다는 사실에서 유래하는 것이다.

수줍음이나, 특히 벌거벗고 있는 모습을 들키지나 않을까 하는 걱정은, 근원적인 부끄러움의 상징적인 특수화에 지나지 않는다. 몸은 여기서는 우리의 방어수단도 없는 대상성을 상징하고 있다. 옷을 입는다는 것은, 자기의 대상성을 가리고 감추는 일이고, '상대에게 보이지 않고 보는' 권리, 다시 말하면 순수한 주관으로 있는 권리를 요구하는 일이다. 그 때문에 원죄 이후의 타락에 대한 성경의 상징은 아담과 하와가 '그들이 벌거벗고 있음을 안다'는 사실이다. 부끄러움에 대한 반응은 '나 자신'의 대상성을 파악한 자를, 거꾸로 대상으로서 파악하는 점에 존재할 것이다. 사실 '타자'가 대상으로서 나에게 나타나자마자, 그의 주관성은 그 대상의 하나의 단순한 '고유성'이 된다. 타자의 주관성은 하락하여, '원리적으로 나에게서 빠져나가는 "대상적인" 고유성의 총체'로서 정의된다. '대상–타자'는 이 빈 상자가 '하나의 내부'를 가진 것처럼 하나의 주관성을 '가지고 있다.' 그렇게 해서 나는 나를 '회복한다.' 왜냐하면 나는 '하나의 대상에 있어서의 대상으로' 있을 수는 없기 때문이다. 그렇다고 해서, 나는 '타자'가 여전히 그 '내면'에 의해 나와 연관되어 있음을 부정하는 것은 아니다.

그러나 타자가 나에 관해서 가지고 있는 의식은 '대상–의식'이므로 효력 없는 순수한 내면성으로서 나에게 나타난다. 그것은 이 '내면'이 갖는 여러 가지 고유성 가운데 하나로, 말하자면 카메라의 어둠상자 속, 한 장의 감광(感光) 필름에 비교할 수 있다. 내가 한 사람의 타자를 거기 존재하게 하는 한에서, 나는 타자가 나에 대해 가지고 있는 인식의 자유로운 원천으로서 나를 파악한다. 또 내가 타자라는 성격을 그에게 부여한 한, 타자는 그 존재에 있어서, 그가 나의 존재에 대해 가지고 있는 이 인식을 부여받은 자로서 나에게 나타난다. 그때 이 인식은 '상대적'이라는 말의 새로운 의미로서 하나의 주관적인 성격을 얻는다. 다시 말해, 이 인식은 내가 그에게 부여한 '타자-존재'와 '상대적인' 하나의 성질로서 '대상-주관' 속에 머문다. 이 인식은 이미 나의 '급소에 닿지' 않는다. 이 인식은 '그의 안에서의 나에 대한' 하나의 심상이다. 그리하여 주관성은 내면성으로 하락하고, 자유로운 의식은 원리적인 단순한 부재(不在)로 하락하며, 가능성은 고유성으로 하락하고, 타자가 나의 존재에 있어서 나를 엄습하는 데 쓰는 인식은, 타자의 '의식' 속에서의 나에 대한 단순한 심상으로 하락한다. 부끄러움은 그것이 자기 속에 '나를 대상으로 삼고 있는 주관이 대상으로 있을 수 있다'는 하나의 요해를, 확실한 형태는 아니라 하더라도 암암리에 품고 있는 한에서, 부끄러움을 뛰어넘고 부끄러움을 극복하는 반응에 동기를 부여한다. 그리고 이 암암리의 요해는 내가 '나 자신으로 있는' 것(에 대한) 의식, 다시 말해 나의 강화된 자기성에 대한 의식일 뿐이다.

사실 '나는, 나에 대해, 부끄러움을 느낀다'는 표현의 구조 속에 부끄러움이 전제하고 있는 것은, '타인에게 있어서의 대상-나'인 동시에, '부끄러움을 느끼고 있는 자기성', 즉 이 문장 속의 '나는' 이 불완전하게나마 표현하고 있는 '자기성'이다. 그러므로 부끄러움은 '"나는", "타자" 앞에서, "나"에 대해 부끄러움을 느낀다'고 하는 세 가지 차원의 통일적인 요해이다.

만일 이 세 가지 차원 가운데 어느 하나가 소멸하게 되면, 부끄러움 또한 소멸한다. 그러나 '사람들'은 다수의 타자들로 분산하지 않고는 대상이 될 수 없는 한에서, 만일 내가 '사람들'을 그 앞에 부끄러움을 느끼는 대상으로서 생각한다면, 만일 내가 '사람들'을 결코 대상이 될 수 없는 주관의 절대적 통일로서 내세운다면, 나는 그것으로 나의 대상-존재의 영원성을 내세우며 나의 부끄러움을 영속시킨다. 그것은 '신' 앞에서의 부끄러움이다. 다시 말하면 그것은 결코 대상이 될 수 없는 하나의 주관 앞에서의 나의 대상성의 승인이다. 그와 동시에 나는 나의 대상성을 절대자 속에 '이루'며, 또한 나의 대상성을 실체화한다. '신'의 정립은 나의 객체성의 의물론(擬物論)이 따른다. 또는 오히려, 나는 나의 '신에 대한 대상-존재'를 나의 대자보다도 훨씬 더 실재적인 것으로 내세운다. 나는 타유화되어서 존재한다. 나는 내가 있는 그대로의 것을 나의 외부에 의해 나에게 알려 준다. 이것이 '신' 앞에서의 두려움의 근원이다. 마술숭배의 흑(黑)미사, 성체모독, 악마적인 결사(結社) 따위는 절대적 '주관'에 대상이라는 성격을 부여하려는, 그에 상응하는 노력이다. '악'을 위한 '악'을 원함으로써 나는 신적인 초월—'선'이 그 본디의 가능성이지만—을 단순히 주어진 초월로서 바라보며, 이 신적인 초월을 '악'을 향해 초월하려고 한다. 그 점에 있어서 나는 '신'을 '괴롭히고' '신을 분노케 한다' 따위. 이런 시도는 대상으로 있을 수 없는 주관으로서의 '신'을 절대적으로 '승인'하는 뜻을 품고 있으므로, 그 자체 속에 모순을 지니고 있으며, 끊임없이 좌절로 끝난다.

자부심도 또한 근원적인 부끄러움을 배제하는 것은 아니다. 자부심이 생기는 것은 근원적인 부끄러움, 또는 대상으로 있는 부끄러움의 바탕 위에서이다. 그것은 하나의 양의적(兩義的)인 감정이다. 자부심에 있어서는, 나는 타자를 주관으로서 인정하고, 그에 의해 대상성이 나의 존재에 찾아온다고 생각하지만, 그 밖에도 나는, 나를 나의 대상성에 대한 책임자로 인정한다. 나는 나의 책임을 강조하며 나의 책임을 떠맡는다. 그러므로 자부심은 무엇보다 먼저 만족하는 것이다. '이러이러한' 것에 대해 자부하기 위해서는, 나는 먼저 '이러이러할 뿐인' 것에 만족하지 않으면 안 된다. 그러므로 여기서 문제가 되는 것은 부끄러움에 대한 최초의 반응이다. 게다가 그것은 이미 하나의 도피적인 반응이고 불성실한 반응이다. 왜냐하면 타자를 주관으로 여기기를 그만두지 않고, 나는, 나의 대상성에 의해 타자에게 '영향을 미치는' 자로서 나를 파악하려 하기 때문이다.

요컨대 본래적인 태도에는 두 가지가 있다. 하나는, 내가 타자를 주관으로서 인정하고, 그 사람에 의해 내가 대상성에 이른다고 생각할 때의 태도—그것은 바로 부끄러움이다. 또 하나는, 내가 나를 자유로운 시도로서 파악하고, 이 시도에 의해 타자가 '타자—존재'에 이른다고 생각할 때의 태도—그것은 오만, 또는 '대상—타자'의 면전에서 나의 자유를 주장하는 것이다. 그러나 자부심—또는 허영—은 균형을 잃은 감정이며, 불성실한 감정이다. 허영에 있어서는 내가 대상으로 있는 한에서, 나는 '타자'에게 작용하려고 한다. 타자가 나를 대상으로 구성하는 한에서, 타자가 나에게 부여하는 이 아름다움, 이 힘, 또는 이 정신을 나는 과감하게 역으로 이용하여, 찬탄의 감정 또는 사랑의 감정을 타자에게 수동적으로 품게 하려고 한다. 그러나 그 밖에 나의 '대상—존재'의 비준이라고도 할 수 있는 이 감정을, 타자가 스스로 주관으로 있는 한에서, 다시 말해 자유로서의 한에서 느껴주기를 나는 요구한다. 사실 이것은 나의 힘이나 나의 아름다움에 절대적인 대상성(객관성)을 부여하는 유일한 방법이다.

그러므로 내가 '타자'에게 요구하는 이 감정은 그 자체 속에 그 자체의 모순을 지니고 있다. 왜냐하면 나는 타자가 자유로운 한에서 타자에게 이 감정을 품게 해야만 하기 때문이다. 이 감정은 불성실한 방법으로 느껴지며, 이 감정의 내적 발전은 이 감정을 분해로 이끈다. 사실 내가 떠맡고 있는 나의 '대상─존재'를 누리기 위해, 나는 나의 '대상─존재'를 '객체인 채로' 회복하고자 한다. 게다가 나의 '대상─존재'의 열쇠를 쥐고 있는 것은 타자이므로, 나는 타자의 마음을 빼앗아, 나의 존재의 비밀을 이쪽으로 넘기게 하려고 시도한다. 그러므로 허영은 나를 움직여 '타자'의 마음을 빼앗게 하고, 타자를 하나의 대상으로 구성하여 이 대상의 내부를 탐색하고, 거기서 나 자신의 대상성〔객관성〕을 발견하려 하게 한다. 그러나 이것은 황금알을 낳는 암탉을 죽이는 일이다. '타자'를 대상으로 구성함으로써 나는 나를 '대상─타자'의 핵심에 심상으로서 구성한다. 허영의 환멸은 거기서 유래한다. 나는 이 심상을 파악하여 그것을 회복하고, 그것을 나의 존재에 합체시키려 했지만, 거기에는 '이미' 나의 모습은 '보이지 않는다.' 나는 좋든 싫든 이 심상을 타자의 주관적인 소유물의 하나로서 '타자'의 탓으로 돌리는 수밖에 없다. 본의 아니게 나의 대상성에서 해방된 나는 결코 나의 임무에서 해제되는 일 없이, 내가 있어야 할 것으로 있는, 그 형언할 수 없는 나의 자기성 속에서 타자와 맞닥뜨려 홀로 남겨진다.

그러므로 부끄러움·두려움·자부심은 나의 근원적인 반응들이다. 그것들은 내가 타자를 내 손이 미치지 않는 곳에 있는 주관으로서 승인할 때의 각각 다른 방법일 뿐이다. 그리고 그것들은 각각의 안에 나의 자기성의 하나의 요해를 포함하고 있는데, 이 요해는 내가 '타자'를 대상으로 구성하기 위해 동기(動機)로서 도움이 될 수 있고, 또 도움이 되어야 한다.

이 '대상─타자'는 갑자기 나에게 나타나지만, 그것은 결코 하나의 단순한 객관적 추상으로 머물지는 않는다. '대상─타자'는 각각의 특수한 뜻을 가지고 내 앞에 나타난다. 이 '대상─타자'는 단순히 '초월되는 초월'이라고도 할 수 있는 자유를 하나의 '고유성'으로서 가지고 있는 대상일 뿐만 아니라, 그것과 아울러 그는 '화를 내고' 있거나, '기뻐하고' 있거나, '배려하고' 있기도 한다. 그는 '호감을 주는 사람'이거나 '마음에 들지 않는 녀석'이기도 하다. 또한 그는 '욕심쟁이'이거나 '성격이 급한 자'이기도 하다. 왜냐하면 나는 나를 나 자신으로서 파악함으로써, '대상─타자'를 세계 속에 존재하게 하기 때문이다. 나는 이 '대상'

'객체–타자'의 초월성을 인정한다. 그러나 나는 그것을 '초월하는 초월'로서가 아니라, '초월당하는 초월'로서 인정하는 것이다. 그러므로 그의 초월이 어떤 목적을 향한 수많은 도구의 뛰어넘기로서 나타나는 것은, 바로 내가 나 자신의 일원적(一元的)인 시도(試圖)에 있어서 그런 목적, 그런 도구, 타자가 목적을 향해 도구를 뛰어넘을 때의 그 뛰어넘기를 뛰어넘는 한에서이다. 왜냐하면 사실 나는 결코 나 자신으로 있는 것의 단순한 가능성으로서 추상적으로 나를 파악하는 것이 아니라, 오히려 나의 자기성을, 이러이러한 목적을 향한 구체적인 그 기투에 있어서, 살아가기 때문이다.

나는 실제로 '자기를 구속하는 자(engagé)'로밖에 존재하지 않는다. 또 나는 자기를 구속한 자로서밖에 존재(에 대한) 의식을 갖지 않는다. 이 자격에 있어서, 내가 '대상–타자'를 파악하는 것은, 내가 '자기를 구속한 상태에서' 구체적인 방법으로 그의 초월을 뛰어넘음으로써만 가능하다. 그러나 또한 반대로, 자기구속(engagement)*25은 타자의 존재방식이기도 하므로, '타자'의 자기구속은, 그것이 나의 초월에 의해 초월되어 있는 한에서 '현실적'인 구속 상태, 즉 '뿌리를 내리고 있는 상태(enracinement)'로서 나에게 나타난다. 요컨대 내가 대아적(對我的)으로 존재하는 한에서, 하나의 상황 속에서의 나의 '자기구속'은, 이를테면 '나는 아무개에 대해 약속이 있다(Je suis engagé envers un tel : 나는 아무개를 위해 구속되어 있다)'든가, '나는 이 돈을 갚겠다고 약속했다(Je me suis engagé à rendre cet argent : 나는 이 돈을 갚도록 자기를 구속했다)'고 말하는 경우의 뜻으로 이해되어야 한다. 또 '주관–타자'를 특징짓고 있는 것도 이 자기구속이다. 그 까닭은 이 '주관–타자'는 다른 하나의 '나 자신'이기 때문이다. 그러나 내가 '타자'를 대상으로서 파악하는 경우에는, 이 자기구속은 대상화되었다. 대상화된 자기구속은 하락하여 하나의 '대상–구속'[구속상태]이 되어 버린다. 이를테면 '이 칼은 상처 속에 깊이 박혀 있다(Le couteau est engagé profondément dans la plaie : 꼼짝 못 하는 상태에 있다)'거나, '그 부대는 애로(隘

---

*25 engagement은 보통 참여·계루·매어지냄 등으로 번역되고 있으나 일역에서는 '구속'이라는 원의에 강조를 두고 있다. 이것은 특히 대타존재의 경우에 성립하는 개념으로서 주체–나, 초월하는–초월의 구체적인 존재방식을 표현하는 말이다. 다시 말하면 내가 이러이러한 목적으로 향하는 구체적인 기도에 있어서 나의 자기성을 살아가는 방식이 앙가주망, 즉 구속이다. 그러나 내가 대자로 있는 한도에서 이 구속은 반드시 '자기구속'의 의미를 갖는다.

路) 속에 발을 들여놓고 말았다(L'armée s'était engagée dans un défilé : 나아갈 수도 없고 물러갈 수도 없는 상태에 있었다. 진퇴유곡에 빠져 있었다)'고 말하는 경우의 뜻이 그것이다.

사실 '나에 의해' 타자에게 오는 '세계 한복판에 있는 존재'는 하나의 현실적인 존재임을 이해해야 한다. 나에게 타자를 세계 한복판에 존재하는 것으로서 인식하게 하는 것은 결코 하나의 주관적 필연성이 아니다. 그런 한편, 타자는 그 자신으로서는 이 세계 속에 사라진 것은 아니다. 그러나 타자는 나에게 있어서 '내가 그것으로 있지 않아야 할 자'로 있다는 사실 하나만으로, 다시 말해 내가 타자를 '단순히 응시된 실재, 나 자신의 목적을 향해 초월된 실재'로서 나의 외부에 지니고 있다고 하는 그 사실만으로, 나는 타자로 하여금 나의 것인 이 세계 한복판에서 길을(자기를) 잃어버리게 한다. 그러므로 대상성은 나의 의식을 통한 '타자'의 단순한 굴절이 아니다. 대상성은 하나의 현실적인 성질부여로서 나에 의해 '타자'에게 찾아온다. 나는 타자로 하여금 세계 한복판에 존재하게 한다. 그러므로 내가 '타자'의 현실적 성격으로서 파악하는 것은 하나의 '상황 속에서의 존재'이다. 사실 타자가 자기 자신을 향해 세계를 조직하는 한에서, 나는 타자를 세계 한복판에서 조직한다. 나는 타자를 온갖 도구와 장애물의 대상적 통일로서 파악한다.

우리가 이 책의 제2부에서*²⁶ 밝힌 것처럼, 온갖 도구 전체는 나의 가능성들의 엄밀한 상관자이다. 나는 나의 가능성'으로 있으므로', 세계 속의 도구들의 질서는 나의 가능성들, 즉 내가 있는 그대로의 것이 즉자 속에 투영되었을 때의 영상이다. 하지만 이 세계적인 영상을 나는 결코 해독할 수 없다. 나는 행동에 있어서, 행동에 의해서, 나를 거기 적응시킨다. '타자'는 그가 주관인 한에서, 똑같이 '자기 영상 속에 구속된' 자기를 발견한다. 그러나 반대로 내가 타자를 대상으로 파악하는 한, 내 눈에 들어오는 것은 이 세계적인 영상이다. '타자'는 다른 모든 도구와의 관계에서 정의되는 도구가 된다. 타자는 '나의' 도구들의 하나의 질서이고, 이 질서는 내가 그런 도구들에 강요하는 질서 속에 갇혀 있다. '타자'를 파악하는 것은 이 '갇혀 있는–질서'를 파악하는 것이고, 이 '갇혀 있는–질서'를 하나의 중심적 부재(不在), 또는 '내면성'에 귀착시키는

---

*26 원주. 이 책 제2부 제3장 3절.

것이다. 이 부재는, '나의' 우주에 속하는 일정한 대상〔대상-타자〕을 향해, '나의' 세계에 속하는 대상들이, 응고한 채 유출하는 것으로서 정의된다. 게다가 이 유출의 방향은 그런 대상 자체에 의해 나에게 제시된다. 이런 세계 내부적인 출혈의 방향을 규정하는 것은 망치와 못의 배치, 끌과 대리석의 배치인데, 게다가 그것은 나 자신이 그 배치의 근거가 되는 것이 아니라, 그 배치를 뛰어넘는 한에서이다.

그러므로 세계는 '타자'를 그 전체성에 있어서, 그리고 전체로서 나에게 알린다. 물론 이 알림은 여전히 양의적이다. 그러나 그것이 양의적인 이유는, 내가 '타자' 쪽을 향하는 세계의 질서를 무차별적인 전체로서 파악하고, 이 무차별적인 전체의 배경 위에 몇 가지의 뚜렷한 구조들이 나타나기 때문이다. 만일 내가 모든 도구복합이 '타자' 쪽을 향하고 있는 한에서, 그 도구복합들을 밝힐 수 있었다면, 다시 말해 만일 내가 단순히 이 도구복합 속에서 망치와 못이 차지하는 위치를 파악할 뿐만 아니라, 그 길거리와 그 도시, 그 국민도 파악할 수 있다면, 나는 대상으로서의 타자의 존재를 전체적으로 뚜렷하게 규정할 수도 있었을 것이다. 내가 '타자'의 의도에 대해 잘못 아는 수가 있는 것은 결코 내가 그의 몸짓을 손이 미치지 않는 어떤 주관성에 귀착시키기 때문이 아니다. 이 주관성은 그 자체로서 또 그 자체에 의해서는 그 몸짓과 어떤 공통의 척도도 갖지 않는다. 왜냐하면 이런 주관성은 대자적 초월이며, 초월될 수 없는 초월이기 때문이다. 차라리 내가 타자의 의도에 대해 잘못 아는 수가 있는 것은, 내가 그 몸짓 주위에 세계 전체를 조직할 때의 방법이, 사실상 그 세계가 조직되어 있는 방법과 다르기 때문이다. 그러므로 '타자'가 대상으로서 나타난다는 사실만으로 타자는 원리적으로 전체로서 나에게 주어진다.

타자는 이 세계의 종합적 조직을 위한 세계적 잠재력으로서 세계 전체를 통해 퍼져 나간다. 다만 나는 이 종합적 조직을 해명할 수도 없고, 세계가 '나의' 세계인 한에서 세계 자체도 해명할 수 없다. 또 '주관-타자', 다시 말해 '대자적으로 존재하는 그대로의 타자'와 '대상-타자' 사이의 차이는, 전체와 부분의 차이, 숨겨져 있는 것과 나타나 있는 것의 차이가 아니다. 왜냐하면 '대상-타자'는 원리적으로 주관적 전체와 확대를 같이하는 하나의 전체이기 때문이다. 숨겨져 있는 것은 아무것도 없다. 대상이 다른 대상을 가리키고 있는 한에서, 나는 타자와 세계의 다른 도구의 관계를 무한하게 밝혀감으로써, '타자'에 대한 나의 인식을 무한하게 증대시킬 수 있다. 게다가 '타자'에 대한 '인식'의 이상 (理想)은, 또한 이 경우에도 세계의 유출 방향을 남김없이 밝히는 것이다. '대상—타자'와 '주관—타자' 사이의 원리적인 차이는, 오로지, '주관—타자'가 결코 인식될 수 없는 것이고, 또 그런 것으로서 생각할 수조차 없는 것이라는 사실에서 유래한다. '주관—타자'에 대한 인식은 문제가 될 수 없다. 세계의 모든 대상은 '주관—타자'의 주관성을 가리키지 않는다. 그런 대상들은 다만 세계의 내부적인 유출의 방향—나의 자기성을 향해 초월된 방향—으로서, 세계 속의 타자의 대상성을 가리킬 뿐이다.

그러므로 나의 대상성을 만들어 내는 것으로서의 '나에 대한 타자의 현전'은 하나의 '주관—전체'로서 체험된다. 만일 내가 이 현전을 향해 돌아서서 그것을 파악하고자 한다면, 나는 '타자'를 또다시 전체로서 파악한다. 다시 말하면 나는 타자를, 세계 전체와 확대를 같이하는 하나의 '대상—전체'로서 파악한다. 그러나 이 파악은 단번에 이루어진다. 나는 세계 전체에서 출발하여 '대상—타자'에 이른다. 하지만 세계의 배경 위에 '형태'로서 부각될 것은 개별적인 관계들뿐이다. 내가 모르는 이 남자, 지하철 속에서 책을 읽고 있는 이 남자 주위에는 세계 전체가 현전하고 있다. 이 남자를 그 존재에 있어서 규정하고 있는 것은 단순히 그의 몸—세계 속의 대상으로서의—뿐이다. 그것은 그의 신분증명서이고, 그가 타고 있는 지하철 열차의 방향이며, 그가 손가락에 끼고 있는 반지이다. 또 그런 것은 그가 있는 그대로의 존재인 '표시'라는 자격으로, 그를 그 존재에 있어서 규정하고 있는 것은 아니다—사실 '표시'라는 관념은 우리에게 하나의 주관성을 가리키겠지만, 나는 그런 주관성을 생각해 볼 수도 없고, 또 그런 주관성 속에서는 그는 본디 아무것도 아니다. 그는 그가 있지 않은 것으로 있고, 그가 있는 것으로 있지 않기 때문이다—오히려 그런 것은 그의 존재의 현실적인 특징이라는 자격으로, 그를 규정하고 있는 것이다.

그러나 나는 그가 세계 한복판에서, 프랑스에서, 파리에서, 게다가 책을 읽으면서 '존재'하고 있는 것을 '알고 있다' 쳐도, 나는 그의 신분증명서를 본 것이 아니므로 그가 외국인이라는 것을 가정하는 것밖에 할 수 없다(즉, 그가 어떤 관리하에 놓여 있다는 것, 그의 이름이 경찰청 리스트에 올라 있다는 것, 그에게 이러저러한 행위를 하게 하기 위해서는 네덜란드어 또는 이탈리아어로 말을 걸어야 한다는 것, 그에게 온 국제우편물에는 이러저러한 우표가 붙어 있고, 그것은 이러저러한 경로를 거쳐서 그에게 이른다는 것 따위를 가정하는 것밖에 할 수 없다). 하지만 이 신분증명서는 원칙적으로 세계 한복판에서 나에게 주어진다. 이 신분증명서는—그것이 일단 만들어지자마자, 그것이 일단 나에게 있어서 존재하기 시작하자마자—나에게서 탈출하는 일이 없다. 다만 이 신분증명서는 내가 완결된 형태로서 보고 있는 원둘레 위의 각각의 점과 같이 암묵의 상태에서 존재한다. 이 신분증명서를 우주의 배경 위에 명백한 '이것'으로서 나타나게 하기 위해서는, 세계에 대한 나의 관계들의 현재적인 전체를 변화시키지 않으면 안 될 것이다.

마찬가지로 '대상-타자'의 분노는, 그것이 소리치고 발을 동동 구르며 위협하는 그의 태도를 통해 나에게 나타날 때도, 하나의 주관적이고 숨겨진 분노의 표시는 아니다. '대상-타자'의 분노는 그 밖의 여러 가지 행위와 고함소리 외에, 어떤 것도 가리키지 않는다. 이 분노는 '타자'를 규정한다. 이 분노는 '타자이다.' 물론 나는 잘못 알고, 그저 화가 난 척하고 있을 뿐인 것을 정말로 화를 내는 것으로 오인할 수도 있다. 그러나 내가 오인할 수 있는 것은, 다만 대상적으로 파악될 수 있는 그 밖의 다른 몸짓과 행위에 대해서일 뿐이다. 치켜든 손의 움직임을 정말로 때리려는 의도로 파악한다면, 나는 잘못 생각하는 것이다. 다시 말하면 만일 내가 이 손의 움직임을 대상적으로는 밝혀낼 수 있지만 결과적으로는 일어나지 않을 하나의 몸짓(때리는 것)의 함수로 해석한다면, 나는 잘못 생각하는 것이다.

요컨대 대상적으로 파악된 분노는 하나의 세계 내부적인 '부재-현전'(대상-타자)의 주위에 있어서의, 세계의 배치이다. 그렇다면 행동주의 심리학자들이 옳다고 인정하지 않으면 안 되는 것인가? 결코 그렇지 않다. 왜냐하면 행동주의 심리학자들은 인간을 그 상황에서 출발하여 해석하지만, 인간이 '초월당하는-초월'이라는 그 원리적인 특징을 보지 못하고 있기 때문이다. 사실 타자는 대상이기는 하지만, 단순히 그것만의 것으로서 한정될 수 없을 것이다. 타자는 그 목적에서 출발해야만 이해될 수 있는 대상이다. 물론 망치와 톱도 목적에서 출발하지 않으면 이해될 수 없다. 망치나 톱도 각각의 기능에 의해, 다시 말해 그들의 목적에 의해 파악된다. 그러나 그것은 바로 망치와 톱이 이미 인간적인 것이기 때문이다. 내가 그런 망치와 톱을 이해하는 것은, 그것이 타자를 중심으로 성립되어 있는 하나의 '도구-조직'을 나에게 가리키는 한에서,

또 그것이 어떤 목적을 향해 초월되는 하나의 복합 전체의 부분을 이루고 있으며, 나아가서 그 목적을 이번에는 내가 초월하는 한에서일 뿐이다. 그러므로 우리가 '타자'와 하나의 기계를 비교할 수 있는 것은, 그 기계가 인간적 사실로서 이미 하나의 '초월당하는–초월'의 흔적을 보여 주고 있는 한에서이며, 이를테면 방적공장의 경우라면, 직기가, 그것이 생산하는 직물에 의해서만 설명되는 한에서이다.

행동주의 심리학자들의 관점은 뒤집혀야만 한다. 그것을 뒤집는다 해도 타자의 대상성은 특별히 손상되지 않을 것이다. 왜냐하면 가장 먼저 대상적인 것—우리가 프랑스와 영국의 심리학자들을 따라서는 '의미작용(signification)'이라고 부르고, 현상학자들을 따라서는 '지향(intention)'이라고 부르며, 하이데거를 따라서는 '초월(transcendance)'이라고 부르고, 또 게슈탈트 심리학자들을 따라서는 '형태(forme)'라고 부른 것—은 '타자가 세계의 전체적인 하나의 조직에 의해서만 규정될 수 있다'는 사실, '타자는 이런 조직의 열쇠'라는 사실이기 때문이다. 그러므로 내가 타자를 규정하기 위해 세계에서 '타자'에게 돌아온다 하더라도, 그것은 세계가 나에게 '타자'를 이해시킨다는 것에서 유래하는 것이 아니라, 오히려 바로, '대상–타자'가 '나'의 세계의 자율적이고 또한 세계내부적인 하나의 귀추의 중심이라는 데서 유래한다. 그러므로 우리가 '대상–타자'를 지각할 때, 우리가 〔그 대상–타자 위에〕 파악할 수 있는 대상적인 공포는, 우리가 맥파묘사기(脈波描寫器)나 청진기로 측정하는 혼란된 생리적 나타남의 총체가 아니다. 두려움은 도피이고 기절(氣絶, 실신)이다. 게다가 도피·기절 같은 현상 자체는 단순한 일련의 행위로서 우리에게 나타나는 것이 아니고, '초월되는–초월'로서 우리에게 나타난다. 도피와 기절은 다만 가시덤불 사이를 정신없이 달려가는 것이나 길바닥에 털썩 쓰러지는 것이 아니다. 그것은 지금까지 〔그〕 타자를 중심으로 하던 '도구–조직'의 전적인 전도(顚倒)이다.

달아나는 이 병사는 조금 전까지도 '적–타자'에게 총구를 겨누고 있었다. 적과 그 사이의 거리는 그의 탄알의 탄도에 의해 재어지고 있었다. 또 나 또한 이 거리를 중심 '병사'의 주위에 조직되어 있는 거리로서 파악하고 초월할 수 있었다. 그러나 지금은 그는 총을 참호 속에 내던지고 도망치는 것이다. 그와 동시에 적의 현전은 그를 둘러싸고 그를 압박한다. 탄알의 탄도에 의해 거리를 두고 떨어져 있었던 적은, 탄도가 소멸한 바로 그 순간 그에게 달려든다. 그와 동시에 지금까지 그가 방어하던 배후의 땅, 그가 벽처럼 기대고 있었던 배후의 땅은, 갑자기 부채꼴로 열리며 방향을 바꿔 전방의 땅이 된다. 그리하여 구원을 청하는 그를 맞이해 주는 지평선이 된다. 그 모든 것을 나는 대상적으로 확인한다. 내가 '두려움'으로서 파악하는 것은 바로 '그것'이다. 두려움은 우리가 멀리 둘 수 없는 무서운 대상을 주문(呪文)에 의해 말살하려고 하는 하나의 마술적 행위, 바로 그것이다.[*27] 우리가 두려움을 파악하는 것은 바로 이런 결과들을 통해서이다. 왜냐하면 두려움은 세계의 세계내부적인 출혈의 새로운 한 형식으로서, 즉 어떤 마술적인 존재의 형식을 향한 세계의 이행으로서 우리에게 주어지기 때문이다.

그러나 잊어서는 안 되는 것은, 타자가 나에게 있어서 성질이 부여된 대상인 것은, 내가 타자에게 있어서 성질이 부여된 대상일 수 있는 한에서라는 것이다. 그러므로 타자가 대상화되어, 때로는 '사람들'의 비개별적인 단편이 되고, 때로는 그저 그 편지와 그 소문 이야기로 나타나는 '부재자'가 되거나, 때로는 사실 여기에 현전하고 있는 '이 사람'이 되는 것은, 나 자신이 타자에게 있어서는 '사람들'의 요소로 있거나, '부재하는 벗'으로 있고, 또는 한 사람의 구체적인 '이 사람'으로 있는 것과 대응적이다. 각각의 경우에 타자의 대상화와 그 성질의 형식을 결정하는 것은, 세계 속의 나의 상황인 동시에 타자의 상황이다. 다시 말해 우리 각자가 조직한 도구복합인 동시에, 세계를 배경으로 우리 각자에게 나타나는 온갖 다른 '이것'들이다. 그런 것들은 모두, 당연히 우리를 사실성으로 이끈다. '타자'가 나를 '만날' 수 있을지 어떨지, 내가 '이러이러한' 타자를 '만날' 수 있는 것인지 여부를 결정하는 것은 나의 사실성인 동시에 타자의 사실성이다. 하지만 이 사실성의 문제는 일반적인 이 서술의 테두리에서 벗어난다. 우리는 다음 장에서 그것을 고찰할 것이다.

이리하여 나는 '타자'의 현전을 나의 '대타-대상-존재(être-objet-pour-Autrui)'에서의 주관의 준-전체성으로서 체험한다. 이런 전체성의 배경 위에서 하나의 구체적인 주관의 현전을 더욱 특수하게 체험할 수 있다. 그러나 그것은 이 주관을 '이러이러한' '타자'로서 명시할 수 있다는 말은 아니다. 나의 대상성에 대한 나의 방어적 반응은 '타자'를 '이러이러한 대상'의 자격으로 내 앞에 나타

*27 원주. 《정서론(Esquisse d'une théorie des émotions)》 파리, 1939년 참조.

나게 할 것이다. 이 자격에서는 타자는 하나의 '이 사람'으로서 나에게 나타날 것이다. 다시 말하면 그의 주관적 준–전체성은, 하락하여, '세계'의 전체와 확대를 같이하는 '대상–전체'가 된다. 이 전체는 나에게 드러내 보여지지만, '타자'의 주관성에 귀착하는 것은 아니다. 즉 '주관–타자'와 '대상–타자'의 관계는, 이를테면 물리학의 대상과 지각의 대상 사이에 흔히 설정되어 온 관계에 비교될 수 있는 것이 아니다. '대상–타자'는 그것이 있는 그대로의 것으로서 나에게 드러내 보여진다. '대상–타자'는 '대상–타자'만을 가리킨다. 다만 '대상–타자'는 대상성 일반의 차원에서, 그 '대상–존재' 속에서 그것이 나에게 나타나는 대로 존재한다. 내가 이 '대상–타자'에 대해 가지고 있는 무언가의 인식을, 시선에 있어서 내가 체험하는 그의 주관성에 귀착시킨다는 것은 생각도 할 수 없는 일이다. '대상–타자'는 대상일 뿐이다.

내가 이 '대상–타자'를 파악하는 것 속에는, '나는, 스스로 또 하나의 존재 차원에 몸을 둔다면, 항상 원리적으로, 그에 대해 또 하나의 다른 체험을 할 수 있을지도 모른다'는 요해가 포함되어 있다. 이런 요해는 한편으로는 내가 과거에 체험한 '지식'으로 구성되는데, 이 과거의 체험은 대체로 우리가 이미 살펴본 것처럼, 이 체험의 단순한 과거(나의 손이 미치지 않는 곳에 있고, 내가 그것으로 있어야 하는 과거)로서의 지식에 의한 것이지만, 다른 한편으로는 '타인은 지금 내가 나로 하여금 그것으로 있지 않도록 하는 것'이라는 타인에 대한 변증법의 하나의 암묵적인 요해에 의해 구성된다. 그러나 그 당장, 나는, 그에게서 나를 해방시켜 그로부터 탈출한다 하더라도 그가 '자기를' 타인으로 '만들' 끊임없는 가능성은 여전히 그의 주위에 남아 있다. 하지만 이 가능성은 '타자–대상'의 면전에서 나의 태도의 특수성을 이루는 일종의 사양과 겸손 속에 예감되는 것이기는 하지만, 엄밀히 말하면 '생각할 수 없는' 일이다. 왜냐하면 첫째로, 나는 '나의' 가능성으로 있지 않은 가능성을 생각할 수 없기 때문이고, 내가 초월을 파악하는 것은, 그 초월을 내가 초월함으로써가 아니면, 즉 그 초월을 '초월당하는 초월'로서 파악하지 않으면 불가능하기 때문이다. 그 다음에는 이 예감된 가능성은 '대상–타자'의 가능성이 아니기 때문이다. 다시 말해 '대상–타자'의 가능성은 죽은 가능성이며, 이런 죽은 가능성은 타자가 가진 다른 객관적 양상을 가리키기 때문이다. 대상으로서 나를 파악하는 본디의 가능성은 '대상–타자'의 가능성이므로, 현재로 보아서 나에게 있어서 어느 누구의 가능성도 아니기 때문이다.

이런 본디의 가능성은, '대상-타자'의 전면적인 배경 위에, 나의 '대타-대상성'을 통해 내가 체험하게 될 한 사람의 '주관-타자'가 나타나는 경우의 절대적인 가능성이다—이 절대적인 가능성은 그 자신을 원천으로서밖에 나타나지 않는다—그러므로 '대상-타자'는, 말하자면 내가 조심조심 다루는 폭발물과 같은 것이다. 왜냐하면 나는 이 '대상-타자'의 주위에 '사람들'이 그것을 폭발시키지나 않을까 하는 끊임없는 가능성, 그리고 이 폭발과 더불어 내가 갑자기, 세계가 나의 밖으로 달아나고 나의 존재가 소외되는 것을 체험할지도 모르는 끊임없는 가능성을 예감하기 때문이다. 따라서 나의 끊임없는 관심은 타자를 그 대상성 속에 가두어 두는 것이고, '대상-타자'에 대한 나의 관계는, 본질적으로 그를 대상인 채 머물도록 하기 위한 갖은 책략으로 성립되어 있다. 그러나 그런 모든 기도가 무너져 버리고, 내가 새롭게 타자의 변모를 체험하기 위해서는, 타자의 시선만 있으면 충분하다. 이리하여 나는 변모에서 하락으로, 그리고 하락에서 변모로 지향되어, 언제까지나 타자의 그 두 가지 존재방식의 총체를 한눈에 파악할 수가 없고—왜냐하면 이 두 가지 방식의 각각은, 모두 자기 자신만으로 충족하고 있고, 그 자신밖에 가리키지 않기 때문이다—그렇다고 해서 그런 두 가지 존재방식의 어느 하나를 꽉 붙잡아 둘 수도 없다—왜냐하면 그 각각은 그 자신의 불안정을 가지고 있어서, 한쪽이 무너지면 다른 쪽이 그 폐허에서 나타나는 식으로 되어 있기 때문이다. 결코 '주관'이 되는 일이 없이 영원히 '대상'으로만 있는 것으로는, 죽은 자들만이 있을 뿐이다—왜냐하면 죽는다는 것은 결코 세계 한복판에서 자신의 대상성을 잃는 일이 아니기 때문이다. 즉 모든 죽은 자들은 그곳에, 세계 속에, 우리 주위에, 존재하고 있다. 오히려 죽는다는 것은 어떤 타자에 대해 주관으로서 자기를 나타내는 모든 가능성을 잃는 일이기 때문이다.

우리의 연구가 여기까지 진행되어 '대타존재'의 본질적인 구조가 밝혀진 지금, 우리가 '무엇 때문에 타인들은 존재하는 것인가?' 하는 형이상학적인 질문을 제기하고 싶어지는 것도 무리가 아니다. 타인의 존재는 사실 이미 우리가 보아 온 바와 같이 대자의 존재론적 구조에서 도출될 수 있는 하나의 귀결은 아니다. 그것은 확실히 하나의 원초적 사건이지만 '형이상학적'인 질서에 속하는 사건이다. 다시 말하면 그것은 존재의 우연성에 속하는 사건이다. 본질상

'무엇 때문에'라는 질문이 제기되는 것은 이런 형이상학적 존재에 대해서이다.

우리가 충분히 알고 있는 것처럼, 이 '무엇 때문에'에 대한 대답은, 우리를 하나의 근원적인 우연성으로 지향하게 하는 수밖에 없다. 그러나 그렇다 해도 우리가 고찰하고 있는 이 형이상학적인 현상이 하나의 환원할 수 없는 우연성에 속하는 것임을 입증해야 한다. 그런 의미에서 존재론은, 존재자를 전체로서 다루고, 이 존재자의 존재구조를 해명하는 것으로 정의될 수 있는 것처럼 우리에게는 보인다. 또 우리는, 형이상학을 오히려 존재자의 현실존재를 문제삼는 것으로 정의할 것이다. 그런 이유로, 존재자의 절대적 우연성 때문에 우리는 이렇게 확신하고 있는데, 모든 형이상학은 '그것은 존재한다(cela est)'는 것으로 완결될 것이다. 다시 말해 이런 우연성에 대한 하나의 직접적 직관(une intution directe)에 의해 완결될 것이라고 확신한다.

타인들의 존재에 대해 질문을 제기하는 것은 가능할 것인가? 타인들의 존재는 하나의 환원할 수 없는 사실인가? 아니면 이 타인들의 존재는 하나의 근본적인 우연성에서 도출되어야 하는 것인가? 이런 것이 타인들의 존재에 관해서 묻는 형이상학자들에 대해, 우리 쪽에서 제기할 수 있는 선결문제이다.

형이상학적인 질문의 가능성을 더욱 자세히 음미해 보자. 먼저 우리에게 있어서 분명한 것은, '대타존재'가 대자의 제3의 탈자를 나타내는 것이라는 사실이다. 사실, 제1의 탈자는 '있지 않다는 존재방식으로, 대자가 그것으로 있어야 하는 하나의 존재'를 향한, 대자의 3차원적 시도이다. 이 제1의 탈자가 나타내고 있는 것은 최초의 균열이고, 대자가 스스로 그것으로 있어야 하는 무화(無化)이며, 이탈이 대자의 존재의 구성 요소가 되는 한에서 대자가 그것으로 있는 모든 것으로부터의, 대자의 이탈이다. 제2의 탈자 또는 반성적 탈자는 이런 이탈 자체로부터의 이탈이다. 반성적 분열은 '대자가 그것으로 있어야 하는 무화'에 대해 하나의 관점을 취하고, 그것에 의해 단순히 주어진 현상으로서의 이 무화를, '존재하는 무화'가 되게 하려는 헛된 노력에 대응한다. 그러나 그와 동시에 반성은 자신이 단순한 주어진 것으로서 바라보려고 시도하는 이 이탈을 되찾고자, 자신에게 '반성은 이 존재하는 무화'라고 주장한다. 그 모순은 누구의 눈에도 분명하다. 생각건대, 나의 초월을 파악할 수 있기 위해서는, 내가 나의 초월을 초월하지 않으면 안 될 것이다. 하지만 바로 나 자신의 초월은 초월하는 것밖에 할 줄 모른다. 나는 나 자신의 초월'로 있다.' 나는 나 자신의 초월을 '초월당하는 초월'로 구성하기 위해, 나 자신의 초월을 이용할 수는 없다. 나는 끊임없이 나 자신의 무화로 있어야 하는 주술에 걸려 있다.

요컨대 반성은 '반성되는 것'이다. 그러나 반성적인 무화는, 단순한 자기(에 대한) 의식으로서의 순수한 대자의 무화보다 훨씬 고도의 것이다. 사실 자기 (에 대한) 의식의 경우에는 '반사되는 것─반사하는 것'이라는 이원성의 두 항 은 각각 따로따로 제시되는 것이 불가능했다. 따라서 그 경우의 이원성은 끊 임없이 소멸해 가는 이원성이고, 각각의 항은 서로 다른 항을 위해 자기를 내 세움으로써 다른 항이 '되는 것이었다.' 하지만 반성의 경우에는 사정이 다르 다. 그것은 반성되는 쪽의 '반사─반사하는 것'은, 반성하는 쪽의 '반사─반사하 는 것'을 위해 존재하기 때문이다. 그러므로 반성되는 것과 반성하는 것은 각 각 독립된 방향을 향하고 있으며, 그 둘을 분리하는 '아무것도 아닌 것(le rien)' 이 양쪽을 가를 때의 방법은, 대자가 그것으로 있어야 하는 '무(le néant)'가 '반 사'와 '반사하는 것'을 분리할 때의 방법보다 훨씬 심각하다.

그러나 반성하는 것도 반성되는 것도 이런 분리적인 무를, 스스로 분비하 지는 못한다. 그렇지 않으면 반성은 하나의 자율적 대자가 되어 반성되는 것 을 향해 찾아올 것이다. 그리고 내면적인 부정의 선행조건으로서, 외면적인 부 정을 전제하게 될 것이다. 반성이 전체적으로 하나의 '존재', 즉 '자기 자신의 무 로 있어야 하는 하나의 존재'로 있지 않다면, 맨 처음에 반성은 존재할 수 없 을 것이다. 이리하여 반성적인 탈자는 더욱더 철저한 탈자, 즉 '대타존재'의 도 상에서 자기를 발견한다. 사실 무화의 마지막 항, 이상적인 극은 외적인 부정 이어야 할 것이다. 다시 말하면 하나의 즉자적 분열 또는 무차별적인 공간적 외면성이어야 할 것이다. 이런 외면적 부정과의 관계에서 세 가지 탈자(脫自) 는 우리가 방금 말한 순서로 배열된다. 하지만 이 세 탈자는 이런 외면적인 부 정에는 결코 이를 수 없을 것이다. 이런 외면적 부정은 원칙상 여전히 이상적 인 것으로 머문다. 사실 대자는 즉자적으로 존재하는 하나의 부정을 무언가의 존재와의 관계에서 스스로 이룰 수는 없다. 이룰 수 있다면 대자는 그 즉시 대 자존재이기를 그칠 것이다. 그러므로 대타존재를 구성하는 부정은 하나의 '내 적인 부정'이다. 그것은 반성적 무화의 경우와 똑같이 대자가 그것으로 있어야 하는 하나의 무화이다.

그러나 여기서는 분열이 부정 자체마저 침범한다. 존재를 '반사되는 것'과 반사하는 것'으로 표리를 이루게 하고, 다시 '반사되는 것–반사하는 것'이라는 한 쌍을 '반사되다(반사되는 것–반사하는 것)'와 '반사하다(반사되는 것–반사하는 것)'를 중첩시키는 것은 이미 단순한 부정에 지나지 않는다. 오히려 여기서는 부정은 상반되는 내적인 두 가지 부정으로 표리를 이루며, 이 두 부정의 각각은 모두 내면적인 부정이면서도 그 둘은 하나의 파악할 수 없는 외면적 무에 의해 서로 분리되어 있다. 사실 두 부정의 각각은 하나의 대자에 대해, 이 대자가 다른 쪽의 부정임을 부정하는 데 힘을 다하며, 또 각각의 부정은 자신이 그것으로 있어야 하는 이 존재(대자) 속에 완전히 구속되어 있어서, 이 두 부정은 모두 자신에 대해 자신이 다른 쪽의 부정이라는 것을 부정하려 해도 자기 자신만으로는 이미 아무런 방법이 없다. 그런데 이때 갑자기 '주어진 것'(대타존재)이 나타난다. 이 주어진 것은 즉자존재적인 동일성의 결과로서가 아니라, 일종의 외면적인 환영(幻影)으로서 나타난다. 이 두 부정은 어느 것도 이 환영으로 있어야 하는 것은 아니지만, 이 환영은 두 부정을 분리시킨다.

사실을 말하면, 우리는 이미 반성적 존재 속에 이 부정적 전환의 실마리를 발견하고 있었던 것이다. 사실 반성하는 것은, 증인으로서, 자기의 존재에 있어서 자기의 반성성(反省性)에 의해 깊이 침범당하고 있다. 따라서 반성하는 것이 자기를 반성하는 것으로 만드는 한에서, 반성하는 것은 반성되는 것으로 있지 않기를 지향하고 있다. 그러나 거꾸로, 반성되는 것은 초월적인 이러이러한 현상'에 대한' 반성되는 의식으로서, 자기(에 대한) 의식이다. 반성되는 것에 대해서 우리가 말한 것처럼, 반성되는 것은 자신이 시선을 받고 있는 것을 알고 있다. 그런 뜻에서 반성되는 것은 자기 쪽에서는 반성하는 것으로 있지 않기를 지향하고 있다. 왜냐하면 모든 의식은 자기의 부정성에 의해 정의되기 때문이다. 그럼에도 이중의 분열을 향하는 이 경향은, 반성하는 것은 반성되는 것으로 있어야 하고, 반성되는 것은 반성하는 것으로 있어야 한다는 사실에 의해 해소되고 지워지는 것이었다.

이중의 부정은 여전히 소멸해 가는 부정이었다. 그러나 제3의 탈자의 경우에는, 우리는 훨씬 더 정도가 심한 반성적 분열에 입회하게 된다. 거기서 나오는 결과에 우리는 놀랄지도 모른다. 먼저 한편으로는, 그런 부정은 내면적으로 이루어지는 것인 이상 타자와 나 자신은 서로에 대해 외부에서 찾아오는 것일 수는 없다. 거기에는 '나–타자'라는 하나의 '존재'가 있어서, 이 존재가 대타의 상호적 분열로 있지 않으면 안 된다. 그것은 바로 '반성하는 것–반성되는 것'의 전체가 자기 자신의 무로 있어야 하는 하나의 존재로 있는 것과 같다. 다시 말해 나의 자기성과 타자의 자기성은 똑같은 존재 전체의 구조에 속하는 것이다. 그러므로 '존재의 관점, 참된 관점인 것은 전체의 관점'이라고 말하는 헤겔의 입장은 정당한 것처럼 보인다. 마치 타자의 자기성의 면전에서 나의 자기성은 하나의 전체에 의해 태어나고, 이 전체가 그 자신의 무화를 극단까지 밀어붙이는 것 같은 느낌이 있다. '대타존재'는 단순한 반성적인 분열의 연장인 것처럼 보인다. 그런 뜻에서 마치, 타인들과 나 자신을 포함하는 '우리'가 나타내고 있는 것은, 하나의 대자적인 전체가 자기 자신을 다시 되찾으려는 헛된 노력, 이런 전체가 단순한 즉자의 존재방식으로 자신이 그것으로 '있어야 하는' 것을 있는 것을 품으려고 하는 헛된 노력인 것과 같다.

자기를 대상으로서 되찾으려는 이 노력은, 그것이 이런 극한까지 쫓기면, 즉 반성적인 분열의 저편까지 내몰리면, 이런 전체가 스스로 지향하는 목적과는 완전히 반대의 결과를 초래할 것이다. 자기'에 대한' 의식으로 있으려 하는 그 노력에 의해, 이 대자적인 전체는 자기의 '면전'에서 '의식–자기'가 될 것이다. 그런데 이런 '의식–자기'는 '이 대자적인 전체에 의해 의식되는 자기'로 있어서는 안 된다. 그리고 반대로 '대상–자기'도, 그것이 '존재하기' 위해서는, 하나의 의식에 의해, 또 하나의 의식에 있어서 '존재되는' 것으로서 자기를, 체험하지 않으면 안 될 것이다. 그런데 '대상–자기'는 자신이 존재하려고 하는 한, 이런 의식으로 있어서는 안 된다. 그리하여 대타의 분리가 일어날 것이다. 게다가 이 두 갈래의 분할은 무한히 되풀이되어 철저한 폭발의 파편으로서, '온갖' 의식개체를 구성하기에 이를 것이다. 반성적인 좌절과는 반대로, 하나의 좌절의 결과로서 '타인'들이 '거기에 있게 될 것이다.' 사실 반성의 경우에, 내가 나를 '대상'으로서는 파악할 수 없고, 단순히 '준–대상'으로서만 파악할 수 있는 것은, 내가 자신이 파악하고자 하는 대상이기 때문이다.

나는 나를 나로부터 분리하는 무로 있어야 한다. 나는 나의 자기성에서 탈출할 수도 없고, 나 자신에 대해 관점을 취할 수도 없다. 그래서 나는 나를 존재로서 이루는 데 이르지도 못하고, '그곳에 있다'고 하는 형태로 나를 파악하는 데도 이르지 못한다. 이 회복은 좌절한다. 왜냐하면 회복하는 것 그 자신이 회복되는 것이기 때문이다. 그와는 반대로 대타존재의 경우에는 분열은 더욱더 앞으로 나아간다. '반사되는(반사—반사하는 것) 것'은 '반사하는(반사—반 사하는 것) 것'과 근본적으로 구별된다. 바로 그것 때문에 전자는 후자를 위해 대상이 될 수 있다. 그러나 이번에는 회복되는 자가 회복하는 자로 '있지 않기' 때문에 이 회복은 좌절한다. 그러므로 자기가 있지 않은 것으로 있음으로써 자기가 있는 것으로 있지 않는 이 전체는, 자기 이탈이라는 철저한 노력에 의해 도처에서 자신의 존재를 하나의 '다른 것(ailleurs)'으로서 만들어 낼 것이다. 분쇄된 어떤 전체의 사방으로 흩어진 즉자존재, 항상 다른 곳에 있고, 항상 거리를 두고 있으며, 결코 그 자신 안에 있는 일이 없으며, 게다가 이 전체의 끊임없는 폭발에 의해 항상 존재로 유지되고 있는 사방으로 흩어진 즉자존재. 이런 것이 타인들의 존재이고, 타인으로서의 나 자신의 존재일 것이다.

그러나 다른 한편으로는, 나 자신에 대한 나의 부정과 '동시적으로', 타자는 자기에 대해 자기가 나인 것을 부인한다. 이 두 부정은 '대타존재'에게는 똑같이 없어서는 안 되는 것이고, 이런 종합에 의해 결합될 수 없는 것이다. 왜냐하면 하나의 외면적인 무가 근원적으로 이 둘을 분리시켜 놓았기 때문이 아니라, 오히려 '이 두 부정의 한쪽은 다른 쪽으로 있지 않고, 한쪽이 다른 쪽으로 있지 않아야 하는 것은 아니라'는 사실 하나만으로서, 즉자가 어느 한쪽을, 다른 쪽과의 관계에서 되찾기 때문이다. 여기에 이른바 대자의 하나의 한계가 있다. 이 한계는 한계로서의 한에서 대자로부터 독립되어 있다. 우리는 다시 '사실성'이라고 할 수 있는 뭔가를 발견한다. 위에서 말한 그 전체가 가장 철저한 이탈의 한복판에서, 결코 그것으로 있어서는 안 되는 하나의 무를, 스스로 어떻게 해서 자신의 존재 속에 탄생시킬 수 있었는지, 우리는 생각해 볼 수가 없다. 사실 그것은 마치 레우키포스(Leukippos)의 원자론에서의 비존재가 파르메니데스의 존재 전체 속에 스며들어가서 그 전체를 원자로 폭발하는 것처럼, 무가 우리가 말하던 전체를 분쇄하기 위해 그 속에 스며들어간 것처럼 보인다.

그러므로 무는 모든 종합적 전체의 부정을 나타내는 것이다. 이 부정에서 출발하여 사람들은 의식의 다수성을 이해한다고 주장할 수도 있을 것이다. 물론 이 무는 파악될 수 없는 것이다. 왜냐하면 이 무는 타인에 의해서도 나 자신에 의해서도 어떤 중개자에 의해서도 생겨난 것이 아니기 때문이다. 우리가 앞에서 보여 준 것처럼, 의식개체는 중개자 없이 서로 상대편을 체험한다. 물론 어디로 눈을 돌리든 우리가 기술(記述)의 대상으로 만나게 되는 것은 단순한 내면적 부정밖에 없다. 그렇다고 해도 이 무는 부정의 이원성이 거기에 존재한다는 어떻게도 할 수 없는 사실 속에 현재 존재한다. 이 무는 확실히 의식개체의 다수성의 '근거'는 아니다. 왜냐하면 만일 이 무가 의식개체의 다수성에 앞서서 존재한다면, 이 무는 모든 '대타존재'를 불가능하게 만들 것이기 때문이다. 반대로 우리는 이 무를 이런 다수성의 표현으로 생각해야 한다. 이 무는 의식개체들의 다수성과 함께 나타난다. 그런데 이 무에 근거를 부여할 수 있는 것으로서는 특수한 의식이 있는 것도 아니고, 폭발하여 수많은 의식개체로 부서져 흩어지는 전체가 있는 것도 아니며, 도대체 '아무것도' 존재하지 않는다. 그러므로 이 무는 환원할 수 없는 단순한 우연성으로 나타난다. 다시 말해 이 무는 '타자가 존재하기 위해서는 내가 나에 대해 타자라는 것을 부정하는 것만으로는 충분하지 않고, 오히려 나 자신의 부정과 동시적으로 타자가 그 자신에 대해 나라는 것을 부정하지 않으면 안 된다'는 사실로 나타난다. 이 무는 대타존재의 '사실성'이다.

그리하여 우리는 이런 모순된 결론에 이른다. 즉 '대타존재'는 그것이 하나의 전체에 의해 '존재되는' 한에서만, 또 이 전체가 대타존재의 나타남을 위해 자기를 잃어버리는 한에서만 존재할 수 있다. 이것은 '정신'의 존재와 그 수난*28을 요청하도록 우리를 이끌게 될 것이다. 그러나 반면에 이 '대타존재'는, 그것이 하나의 파악될 수 없는 외면적인 비존재를 포함하는 한에서만, 또 이런 비존재가 아무리 '정신' 같은 것이라 하더라도, 어떤 전체에 의해서도 생산될 수 없고 근거를 부여받을 수도 없는 한에서만 존재할 수 있다. 어떤 의미에서는 다수의 의식개체의 존재는 하나의 원초적 사실이 될 수는 없고, 자기로부터의 이탈이라는 하나의 근원적인 사실, 즉 '정신'의 사실이라고 할 수 있는 것을 우리에게 가리킨다. 그리하여 '무엇 때문에 갖가지 의식개체가 존재하는 것인가?' 하는 이 형이상학적 질문은 하나의 해답을 얻게 될 것이다.

하지만 다른 의미에서는, 이 다수성이라는 사실은 환원할 수 없는 것으로

---

*28 이 대목과 이 뒤에서 '정신'이라고 말하는 것은 물론 전체자로서의 정신이다. 그런데 이 la passion de l'esprit(정신의 수난)는 대타존재가 나타나기 위해 이런 전체자로서의 정신이 스스로 자기를 분쇄하고, 자기를 잃어버리지 않으면 안 되는 것을 '수난'에 비유한 것이다. 세계 정신이라고 하는 것을 가령 인정한다 하더라도, 정신이 자기를 이루어 가는 과정은, 속을 뒤집어 보면 정신이 자기를 상실하는 수난의 역사에 지나지 않는다.

보이며, 만일 우리가 다수성의 '사실'에서 출발하여 '정신을' 고찰한다면 '정신'은 소멸되어 버릴 것이다. 형이상학적인 질문은 이미 의미를 가지지 않는다. 우리는 근본적인 우연성에 부딪힌 것이다. 우리는 다만 '여기에 있다(c'est ainsi)'는 표현에 의해서만 거기에 대답할 수 있다. 그리하여 근원적인 탈자는 더욱 심화된다. 이 무(無)의 지위를 정하는 일은 도저히 불가능할 것 같다. 대자는 '그것이 있는 것으로 있지 않고, 그것이 있지 않은 것으로 있는 한에서, 현실에 존재하는 하나의 존재'로서 우리에게 나타난다. 정신의 탈자적인 전체는 결코 단순하게 전체분해적인 전체일 뿐만 아니라, 또한 하나의 분쇄된 존재로서 우리에게 나타난다. 이 분쇄된 존재에 대해서, 우리는 그것이 존재한다고도 존재하지 않는다고도 말할 수 없다. 그러므로 우리의 기술(記述)은 타자의 존재에 관한 모든 이론에 대해 우리가 제기했던 선결조건을 채울 수 있게 해 주었다. 의식개체의 다수성은 우리들에게 하나의 '종합(synthèse)'으로서 나타나는 것이지 하나의 '집합(collection)'으로서 나타나는 것이 아니다. 그러나 이 종합은 그 전체가 생각될 수 없는 하나의 종합이다.

그렇다면 전체가 가지는 이런 이율배반적인 성격은 그 자신이 환원할 수 없는 것이라는 말인가? 아니면 훨씬 높은 관점에서 본다면, 우리는 이런 이율배반적인 성격을 해소시킬 수 있을 것인가? 우리는 대자를 '그것이 있지 않은 것으로 있고, 그것이 있는 것으로 있지 않은 존재'라고 규정했지만, 여기서도 그와 마찬가지로, '정신이란 있고, 또한 있지 않은 존재'라고 규정해야 할 것인가? 이런 질문은 아무런 뜻도 갖지 않는다. 사실 이런 질문이 전제로 하고 있는 것은, 전체에 대해 '하나의 관점을 취할' 수 있는 가능성, 즉 전체를 밖에서 고찰할 수 있는 가능성을 우리가 갖고 있다는 것이다. 그러나 그것은 불가능하다. 왜냐하면 나는 바로, 이런 전체를 근거로 내가 이런 전체에 구속되어 있는 한에서 나 자신으로 존재하고 있기 때문이다. 어떤 의식도, 설령 '신'의 의식이라 해도 '이면(裏面)을 볼' 수는 없다. 다시 말하면 이 전체를 전체로서의 한에서 파악할 수는 없다. 왜냐하면 만일 '신'이 의식이라면 신은 전체 속에 적분되어 있기 때문이다. 또 만일 신이, 그 본성상 '의식 저편에 있는' 하나의 존재, 즉 자기 자신의 근거인 하나의 즉자라면, 전체는 신에게 있어서 '대상'으로서만 나타날 수 있거나—그 경우에는 신은 자기를 되찾으려고 하는 주관적인 노력으로서의 그 내적 분열을 결여하고 있다—또는 '주관'으로서만 나타날 수 있다—그 경우에는 '신'은 이 주관으로 '있지 않은' 것이므로, 신은 이 주관을 알지 못하고 다만 이 주관을 조우할 수 있을 뿐이다. 그러므로 전체에 대해서는 어떤 관점도 생각될 수 없다. 전체는 '외부'를 가지지 않는다. 전체의 '이면'의 뜻을 묻는 것은 전혀 의미가 없는 일이다. 우리는 더 이상 앞으로 나아갈 수 없다.

이제 우리의 서술도 끝날 때가 된 것 같다. 우리가 알게 된 바에 의하면, 타자의 존재는 나의 대상성이라는 사실 속에서, 또 그 사실에 의해 명증적으로 체험된다. 그리고 우리가 살펴본 것처럼, 타자에게 있어서의 나 자신의 타유화에 대한 나의 반응은, 타자를 대상으로서 파악함으로써 나타난다. 요컨대 타자는 다음과 같은 두 가지 형태 아래에서 나에게 존재할 수 있다. 만일 내가 명증적으로 타자를 체험한다면, 나는 그를 인식할 수 없다. 만일 내가 타자를 인식한다면, 만일 내가 그에게 작용한다면, 나는 그의 '대상−존재'에밖에, 세계 한복판에서의 그의 개연적인 존재에밖에 이를 수 없다. 이러한 두 가지 형태를 종합하는 일은 아무리 해도 불가능하다. 그러나 우리는 여기서 제자리걸음을 하고 있을 수는 없다. 타자가 나에게 있어서 그것으로 있는 그대로의 이 대상과, 내가 타자에게 있어서 그것으로 있는 그대로의 이 대상은, 모두 '몸으로서' 나타난다. 그렇다면 나의 몸은 무엇일까? 타자의 몸은 무엇일까?

제2장
몸

　몸의 문제, 그리고 의식과 몸의 관계에 대한 문제는 흔히 애매하게 되어 있다. 그 이유는, 우리가 처음부터 몸을 일종의 '사물'로 정해 두고, 거기에는 그자신의 법칙이 있으며 외부로부터 규정될 수 있는 것으로 생각하는 한편, 의식은 그것에 고유한 형식의 내적 직관에 의해 이른다고 생각하는 데 있다. 사실 만일 내가 '나의' 의식을 그 절대적인 내면성에서 또 일련의 반성적인 행위에 의해서 파악한 뒤, 이 나의 의식을 일종의 살아 있는 대상, 즉 신경계·뇌수·림프샘·소화기·호흡기·순환계 따위로 구성되어 있는 대상, 그리고 그런 소재 자체도 화학적으로 분석해 가면 수소·탄소·질소·인 따위로 분해되는 대상과 연관을 지으려고 한다면, 나는 도저히 극복할 수 없는 수많은 어려움에 부딪히게 될 것이다. 그러나 이런 어려움은 내가 나의 의식을 '나의' 몸이 아니라 '타인들'의 몸에 연관을 지으려고 시도하는 데서 오는 것이다. 사실 내가 여기서 대략 서술한 몸은 '나에게 있어서' 있는 그대로의 '나의' 몸이 아니다.

　나는 나의 뇌수와 나의 내분비샘을 지금까지 한 번도 본 적이 없고, 앞으로도 볼 수 없을 것이다. 다만 전에 사람의 시체를 해부하는 것을 본 적이 있으며 나도 한 사람의 인간이라는 사실에서, 또 전에 생리학 책을 읽었다는 사실에서, 나는 나의 몸도 해부대 위에서 보거나 책 속의 색채그림에서 살펴본 모든 몸과 똑같이 구성되어 있을 것이라고 생각한다. 물론 나를 진찰한 의사나 나를 수술한 외과의들은 내가 나 스스로는 인식한 적이 없는 이 몸을 직접 경험할 수 있었을 것이라고 말하는 사람도 있을 것이다. 나는 그 사실을 부정하지는 않는다. 그리고 나는 나에게 뇌수와 심장과 위가 없다고 주장할 마음도 없다. 그러나 무엇보다 중요한 것은 우리의 인식의 '질서'를 선택하는 일이다. 의사가 내 몸에 대해 가질 수 있었던 경험에서 출발하는 것은 '세계 한복판에서의' 나의 몸, 타자에 대해 있는 그대로의 나의 몸에서 출발하는 일이다. '나에게 있어서' 있는 그대로의 나의 몸은 세계 한복판에서 나에게 나타나는 것이 아니다. 물론 나는 뢴트겐 검사 도중에 나의 등골뼈의 영상이 스크린에 비치는 것을 나 스스로 볼 수 있었다. 그러나 나는 그때는 분명히 '밖에', 세계 한복판에 존재하고 있었던 것이다. 나는 완전히 완성된 하나의 대상을, 다른 '이것'들 사이에 있는 하나의 '이것'으로 파악했다. 내가 그 대상을 다시 찾아와서 '내 것'으로 만든 것은 단순히 하나의 추리에 의해서이다. 이 대상은 나의 '존재'라기보다 나의 '고유성'이었다.

물론 나는 내 다리와 손을 눈으로 보고 손으로 만지기도 한다. 또 나는 다음과 같은 감각기관의 배치를 상상하는 것도 괜찮다고 생각한다. 즉 자신의 한쪽 눈으로 다른 쪽 눈을 볼 수 있는 사람이 있고, 게다가 그가 그러는 동안 그 다른 쪽 눈은 세계 위로 시선을 향하고 있다고 하자. 하지만 간과해서는 안 될 것은 그런 경우에도 또한 나는 내 눈에 대해 '타인'이라는 사실이다. 나는 내 눈을 이런 식으로 세계 속에 구성되어 있는 감각기관으로서 파악하기는 하지만, 나의 이 눈이 '지금 보고 있는 것을 보는 일'은 할 수 없다. 다시 말해 이 눈이 세계의 어떤 광경을 나에게 드러내 보이는 한에서의 이 눈을, 나는 파악할 수는 없다. 이 눈은 온갖 사물 사이에 있는 하나의 사물이거나, 또는 온갖 사물을 나에게 드러내 주는 것이거나 둘 중의 하나이다. 그러나 이 눈이 동시에 그 양쪽일 수는 없는 일이다.

마찬가지로 나는 내 손이 어떤 대상을 만지는 것을 '보지만', 나는 그 대상을 만지는 손의 행위 그대로 그 손을 '인식하는 것은 아니다.' 멘 드 비랑 (Maine de Biran)의 유명한 '노력감각'이 현실적인 존재를 갖지 않는 중요한 이유는 바로 그것이다. 왜냐하면 내 손은 대상의 저항, 그 대상의 단단함, 부드러움 따위를 나에게 드러내 보여 주지만, '그 손 자체'를 드러내 보여 주지는 않는다. 그러므로 내가 내 손을 보는 것은 내가 이 잉크병을 보는 것과 다를 바 없다. 나는 나로부터 내 손 사이에 하나의 거리를 전개한다. 그 거리는 내가 세계의 모든 대상 사이에 세우는 거리 속에 이윽고 적분된다. 한 의사가 나의 아픈 다리를 만지면서 진찰할 때, 내가 침대에서 상반신을 일으키고 의사가 진찰하는 것을 바라본다고 하자. 그 경우에 내가 의사의 몸에 대해 갖는 시각과, 내가 나 자신의 다리에 대해 갖는 시각 사이에는 본성상 아무런 차이도 없다. 오히려 양자는 똑같은 전체적인 지각의 각각 다른 구조로서 구별될 뿐이다. 그리고 의사가 '나의' 다리에 대해 가지는 지각과 내가 나의 다리에 대해 실제로 스스로 가지고 있는 지각 사이에도 본성상의 차이는 존재하지 않는다. 물론 내가 내 손가락으로 내 다리를 만질 때, 나는 내 다리가 만져지는 것을 느낀다. 그러나 이중감각이라고 하는 이 현상은 본질적인 현상은 아니다. 추위나 모르핀 주사에 의해 이 현상은 사라질 수 있다.

그것으로도 분명한 것처럼, 여기서 문제가 되는 것은 본질적으로 다른 두 개의 실재질서이다. '만지는 것'과 '만져지는 것', 또는 '자신이 만지고 있는 것을 느끼는 것'과 '자신이 만져지고 있는 것을 느끼는 것'에는 두 종류의 현상이 있으며, 이 두 가지를 '이중감각'이라는 이름으로 결합하려고 해도 소용없는 일이다. 사실 그것은 근본적으로 구별되며, 또 서로 소통이 불가능한 두 개의 차원 위에 존재한다. 또한 내가 내 다리를 만질 때, 또는 내가 내 다리를 볼 때, 나는 나의 이 다리를 나 자신의 가능성을 향해 초월한다. 이를테면 나는 나의 바지를 입기 위해서 또는 나의 상처의 붕대를 갈기 위해서 나의 다리를 초월한다. 물론 나는 그와 동시에 나의 다리의 위치를 옮겨서 다리를 '치료하는 일'을 더 편리하게 할 수도 있다. 그러나 그런 일도 내가 '치유된다'고 하는 단순한 가능성을 향해서 나의 다리를 초월한다고 하는 사실에는 아무런 변화가 없다.

그러므로 나의 다리가 '나인 것'도 아니고, 내가 '나의 다리인 것'도 아니며, '내가 나의 다리에 대해 현전(現前)하고 있다'는 사실에는 아무런 변화가 없다. 내가 그렇게 하여 존재하게 하는 것은 '사물'인 '다리'이다. 그것은 걷고 달리고 축구를 '할 수 있는 가능성'으로서의 다리가 아니다. 그러므로 나의 몸이 세계 속에서 나의 가능성을 지시하고 있는 한에서, 그 나의 몸을 바라보고 만지기도 하는 것은, 나의 것인 그런 가능성을 '죽은 가능성'으로 바꿔 버리는 일이다. 이런 변모의 결과, 필연적으로 생기는 것은, 달리거나 춤을 추는 등 살아 있는 가능성으로서의 한에서 나의 몸이 그것으로 있는 그대로의 것에 대해 완전히 '실명상태에 빠지는 일'이다. 물론 나의 몸을 대상으로서 발견하는 것도 내 몸의 존재의 어떤 드러내 보임이기는 하다. 그러나 그렇게 하여 나에게 드러내 보여지는 존재는 나의 몸의 '대타존재'이다. 이 양자의 혼동이 얼마나 부조리한 결과에 빠지는지는 그 '도립시(倒立視 : 거꾸로 보임)'의 문제에 관하여 분명하게 볼 수 있다.

잘 알려진 바와 같이, 생리학자들은 "우리가 우리의 망막 위에 거꾸로 비치는 모든 대상을 본디대로 바로 세울 수 있는 것은 어떻게 해서인가?"라는 질문을 제기한다. 그것에 대한 철학자들의 대답도 또한 알려진 바와 같다. "거기에는 아무런 문제도 없다. 어떤 대상이 바로 서 있는가, 또는 거꾸로 서 있는가는 우주의 다른 것들과의 관계에 의해 성립된다. 전 우주를 거꾸로 지각하는 것은 아무런 의미를 가지지 못한다. 왜냐하면 거꾸로 서 있기 위해서, 우주는 무언가의 관계에 있어서 거꾸로 있지 않으면 안 되기 때문이다." 그러나 우리들에게 특히 흥미로운 것은, 이런 의사(擬似) 문제의 기원이다. 즉, 사람들은 대상에 대한 '나의' 의식을 타인의 몸에 연관시키려고 했다는 점이다. 여기에 양초가 있고, 렌즈의 역할을 하는 수정체가 있으며, 망막의 스크린에 비친 도립상(倒立像)이 있다. 하지만 바로 거기서는, 망막은 하나의 물리체계 속에 도입된다. 망막은 스크린이고, 다만 그것일 뿐이다. 또 수정체는 렌즈이고 단순히 렌즈일 뿐이다. 이 둘은 모두 체계를 완결시키는 양초와 그 존재에 있어서 동질적이다. 그러고 보면 우리는 시각의 문제를 연구하는 데 있어서 특별히 물리학적인 관점을, 다시 말해 외부의 관점, 외면성의 관점을 선택한 셈이다.

우리는 이 세계가 어떻게 우리 눈에 보이는 것인지 설명하기 위해, 눈에 보이는 세계 한복판에서 죽은 눈을 고찰한 것이다. 절대적 내면성인 의식이 이와 같은 대상에 연관되기를 거부한다고 해서 새삼스레 놀랄 일이 무엇이겠는가? 타자의 몸과 외적인 객체 사이에 내가 설정하는 관계는 물론 '현실적'으로 존재하는 관계이지만, 그것은 존재로서는 대타의 존재를 가지고 있다. 그런 관계는 세계 내부적인 유출의 하나의 중심을 예상하고 있으며, 이 중심이 지니는 인식은 '거리를 둔 작용'이라고 하는 종류의 하나의 '마술적'인 고유성이다. 본디 그런 관계는 '대상—타자'의 전망 속에 놓여 있는 것이다. 그러므로 만일 우리가 몸의 본성에 대해 반성하고자 한다면, 우리는 존재의 질서에 적합한 반성의 질서를 세워야 한다. 우리는 언제까지나 두 개의 존재론적 차원을 혼동할 수는 없는 일이다.

우리는 몸을 우선 대자존재로서의 한에서, 그리고 대타존재로서의 한에서 순서에 따라 검토해 나가지 않으면 안 된다. '도립시' 같은 부조리에 빠지지 않기 위해서는, 우리는 몸의 이런 두 가지 모습은, 서로 소통이 불가능한 두 개의 다른 존재 차원에 근거하므로, 한쪽을 다른 한쪽으로 환원할 수 없는 것임을, 우리는 부디 명심해 두어야 한다. '대자존재'가 몸이어야 하는 것은 전체로 서이다. 마찬가지로 '대자존재'가 의식이어야 하는 것도 전체로서이다. 대자존 재는 몸에 '결합'될 수는 없을 것이다. 마찬가지로 대타존재는 전체적으로 몸 이다. 몸에 연관되어야 하는 '심적인 현상'이 특별히 있는 것이 아니다. 몸의 '배 후'에는 아무것도 존재하지 않는다. 오히려 몸은 전체적으로 '심적'인 것이다. 당분간 우리가 연구하려고 하는 것은 몸의 그와 같은 두 가지 존재방식에 대 해서이다.

1. 대자존재로서의 몸—사실성

얼핏 보기에 위와 같은 우리의 고찰은 데카르트적인 코기토에 의해 얻을 수 있는 결과와 상반되는 것처럼 생각된다. '영혼은 몸보다 훨씬 더 인지되기 쉽다' 고 데카르트는 말했다. 그리고 그것을 통해 데카르트가 보여 주고자 한 것은, 반성에 의해 이를 수 있는 사고의 사실과, 몸의 인식은 신적(神的)인 선의에 의 해 보증되고 있다고 하는 경우의 몸의 사실 사이의 근본적인 구별이다. 사실 상 반성이란 우선 순수한 의식이라는 사실 외에는 우리에게 아무것도 보여 주 지 않는 것처럼 보인다. 물론 사람들이 이 반성의 차원 위에서 마주치게 될 현 상들 가운데, 어떤 것은 그 자체 속에 몸과의 어떤 연결을 내포하고 있는 것처 럼 보인다. 이를테면 '유체적' 괴로움과 불쾌·쾌락 같은 현상이 그것이다. 그러 나 이와 같은 현상들은 또한 '단순한 의식사실'이다. 그러므로 그런 현상을 몸 이 '기회가 되어서' 나타나는 '의식의 표상', '의식의 받아들임'으로 만들고자 하 는 사람들은, 스스로는 깨닫지 못한 채 몸을 의식에서 몰아내어 다시는 돌아 오지 못하게 한 셈이며, 이미 '대타—몸'인 이 몸과, '의식은 몸을 분명히 한다' 고 그들이 주장할 때의 그 의식은, 이미 어떤 유대로도 다시 결합될 수 없을 것이다.

사실, 우리는 출발점을 거기서 찾아서는 안 된다. 오히려 우리는 즉자에 대 한 우리의 최초의 관계에서, 즉 우리의 '세계—속—존재'에서 출발해야 한다. 아 는 바와 같이, 한쪽에 하나의 즉자가, 다른 쪽에 하나의 세계가 각각 닫혀 있 는 두 개의 전체로서 존재하고 있고, 그것들이 어떻게 소통하는지를 뒤에 고 찰해야 하는 것은 아니다. 그 반대로 대자는 그 자신이 세계에 대한 관계이다. 대자는 자기 자신에 대해 자신이 존재임을 부정함으로써 하나의 세계가 거기에 존재하게 한다. 또 대자는 이와 같은 부정을 더욱 자기 자신의 가능성을 향해 뛰어넘음으로써 '이것'들을 '도구–사물'로서 드러낸다.

그러나 우리가 '대자는 세계–속에–존재한다'고 말하고, '의식은 세계에 "대한" 의식'이라고 말할 때, 조심해야 하는 것은, '세계는 무한하게 다양한 상호적 관계로서 의식의 면전에 존재하는 것이고, 의식은 시점(視點)도 없이 그런 관계 위를 비상하며, 어디서 보는지도 모르게 그런 관계를 바라본다'고 이해해서는 안 된다는 것이다. '나에게 있어서는' 이 컵은 물병 왼쪽의 조금 뒤에 존재한다. 그리고 '피에르에게 있어서는', 그것은 물병 오른쪽의 조금 앞에 있는 것이다. 하나의 의식이 세계 위를 비상하고 있고, 그 의식에 있어서는 이 컵이 동시에 물병의 오른쪽에도 왼쪽에도, 그리고 앞에도 뒤에도 존재하는 것으로 주어질 수 있다는 것은 생각도 할 수 없는 일이다. 이것은 결코 동일률의 엄밀한 적용의 결과에 의한 것은 아니다. 오히려 오른쪽과 왼쪽, 앞과 뒤의 이런 융합은 하나의 원초적인 무차별 속에 '이것'들을 전면적으로 소멸시키게 될 것이기 때문이다.

마찬가지로 이 탁자의 다리가 융단의 아라베스크 무늬를 나의 눈으로부터 가리고 있는 것은, 나의 시각기관의 어떤 유한성이나 불완전 같은 결과에 의한 것이 아니며, 오히려 탁자에 의해 가려지지 않는 융단, 그리고 탁자 밑에도 탁자 위에도 또 탁자 곁에도 존재하지 않는 융단은 이미 탁자와의 어떤 종류의 어떤 관계도 갖지 않을 것이기 때문이며, 이미 탁자가 '존재하는' 이 '세계'에 속하지 않을 것이기 때문이다. 그렇게 되면 '이것'이라는 모습 아래 드러나는 즉자는, 다시 그것의 무차별적인 동일성으로 돌아가게 될 것이고, 단순한 외면성의 관계로서의 공간 자체도 사라질 것이다. 사실 다양한 상호적 관계로서의 공간의 구성은 과학의 추상적인 관점에서만 생길 수 있다. 그런 공간은 체험될 수도 없고, 표상될 수도 없을 것이다. 내가 나의 추상적 추리의 보조수단으로서 칠판 위에 그리는 삼각형은, 그것이 칠판 위에 존재하는 한에서, 필연적으로 그 한 변에 접하는 원의 오른쪽에 존재한다. 그리고 나의 노력은 분필로 그려진 이 도형의 구체적인 특징을 뛰어넘기 위한 것으로, 그 경우에 나는 나에 대한 그 도형의 방향 같은 것은 고려에 넣지 않으며, 선의 굵기나 데생의 미숙함 따위도 고려하지 않는다.

그러므로 하나의 세계가 '그곳에 존재한다'는, 다만 그 사실만으로 이 세계는 나에 대한 일의적(一義的)인 방향을 가지지 않고서는 존재할 수 없을 것이다. 관념론이 '관계는 세계를 만든다'는 사실을 주장한 것은 정당하다. 그러나 관념론은 뉴턴의 과학의 지반 위에 서 있었으므로, 이 관계를 상호적인 관계로 생각했다. 그리하여 관념론은 단순한 외면성의 추상적인 개념들, 즉 다만 작용과 반응 따위의 개념에밖에 이르지 않았다. 그리고 바로 이 사실 자체에 의해 관념론은 세계를 잃고, 절대적인 객관성이라는 한계개념을 밝히는 일밖에 하지 않았다. 이 개념은 결국 '사막의 세계' 또는 '인간이 없는 세계'라는 개념에, 다시 말해 하나의 모순에 다다른다. 그 까닭은 하나의 세계가 거기 존재하는 것은 인간존재에 의해서이기 때문이다. 그러므로 객관성이라는 개념은 독단론적인 진리의 즉자를, 다수의 표상작용 사이의 상호적인 일치라고 하는 하나의 단순한 관계로 대신하려는 것이 목적이었는데, 만일 사람들이 그것을 극단까지 밀고 간다면 객관성이라는 개념 자체는 저절로 무너지고 만다. 또한 과학의 진보가 누적됨에 따라 절대적인 객관성이라고 하는 이런 관념을 포기하지 않으면 안 되게 되었다.

오늘날 브로이(Broglie) 같은 사람이 '경험'이라고 부르고 있는 것은 관찰자를 따돌리지 않는 일의적인 관계들의 하나의 체계이다. 또 만일 원자물리학이 과학적 체계 속에 관찰자를 복귀시켜야 하는 것은, 단순한 주관성—이러한 관념은 단순한 객관성의 관념과 마찬가지로 역시 무의미할 것이다—이라는 자격에서가 아니라, 오히려 세계에 대한 하나의 근원적인 관계로서이고, 하나의 위치로서이며, 그 모든 관계가 향하고 있는 목표로서이다. 그러므로 예를 들면 하이젠베르크(Heisenberg)의 불확정성 원리는 결정론적 요청의 파기로도, 또 확인으로도 여겨질 수 없다. 다만 불확정성 원리는 사물들 사이의 단순한 연관이 아니라, 그 자체 속에 사물들에 대한 인간의 근원적인 관계와 세계 속에서의 인간의 위치를 내포하고 있다. 이것은 예를 들면 운동하고 있는 물체의 크기를 그대로의 비례로 증대시키기 위해서는 그 속도관계를 바꾸지 않으면 안 된다는 사실에 의해서도 충분히 밝혀진다. 만일 내가 어떤 물체가 다른 물체 쪽으로 움직이는 것을 처음에는 눈으로 관찰하고, 다음에는 현미경으로 관찰한다면, 그 물체는 두 번째 경우에는 백배는 더 빠른 속도로 나에게 나타날 것이다. 왜냐하면 운동하고 있는 물체는 그것이 향하고 있는 목표물에 더욱더 가까이 다가간 것은 아니라 하더라도, 같은 시간에 백배는 큰 공간을 통과한 것이 되기 때문이다.

그러므로 속도의 관념은, 만일 그것이 운동하고 있는 물체의 주어진 크기와의 관계에 있어서의 속도가 아니라면, 이미 아무런 의미도 가지지 않는다. 그러나 세계 속에서의 우리의 나타남 그 자체에 의해, 그 크기에 대해 결정을 내리는 것은, 우리 자신이다. 다름 아닌 우리가 그것에 대해 결정을 내리지 않으면 안 된다. 만일 그렇지 않으면 그 크기는 전혀 '존재하지 않게 될 것이다.' 그러므로 그 크기는 우리가 그것에 대해 지니는 인식과 상대적인 것이 아니라, 오히려 세계 속에서의 우리의 최초의 자기구속(engagement)과 상대적인 것이다. 이것은 상대성이론에 의해서 완전히 밝혀져 있다. 즉 어떤 체계의 중심에 있는 관찰자는 그 체계가 정지해 있는지 또는 운동하고 있는지를 어떤 경험에 의해서도 결정할 수 없다는 것이다. 하지만 이 상대성(relativité)은 하나의 '상대주의(relativisme)'는 아니다. 이 상대성은 '인식'과 관련된 것이 아니다. 다시 말해 이 상대성 속에는 독단론적인 요청이 들어 있는데, 그것에 따르면 인식은 '존재하는 것'을 우리에게 넘겨준다. 현대과학의 상대성은 '존재'를 목표로 한다. 인간과 세계는 '상대적인 존재'이다. 그 양자의 존재 원칙은 상대관계'이다.' 그러므로 최초의 관계는 인간실재에서 세계로 향하는 관계이다.

나에게 있어서 나타난다는 것은 사물에 대한 나의 거리를 전개하는 일이며, 바로 그것에 의해 사물을 그곳에 존재하게 하는 것이다. 그러나 그 결과, 사물은 바로 '나–로부터의–거리에–있어서–존재하는–사물'이다. 그리하여 세계는 나에게 이와 같은 일의적인 관계를 가리키는 것인데, 이 관계는 나의 존재이며, 또 이 관계에 의해서 나는 세계를 드러내 보여지게 만드는 것이다. 순수한 인식의 관점에는 모순이 있다. 인식이라고 하면, '자기를 구속한' 인식의 관점밖에 존재하지 않는다. 결국 인식과 행동은 하나의 근원적이고 구체적인 관계의 추상적인 두 개의 면에 불과하다. 세계의 현실적인 공간은 레빈(Lewin)이 '호돌로지적(hodological)'이라고 일컬은 공간이다. 사실 하나의 순수한 인식은 관점이 없는 인식일 것이다. 그러므로 순수한 인식은 세계에 대한 인식이며, 원리적으로 세계 밖에 놓여 있게 될 것이다. 그러나 그런 것은 전혀 무의미하다. 다시 말하면, 그런 경우에 인식하는 존재는 다만 인식일 뿐이다. 그 까닭은 인식하는 존재는 그 대상에 의해 정의될 것이기 때문이며, 또 그 대상은 상호적인 관계의 전면적인 무차별 속에 사라질 것이기 때문이다. 그러므로 인식은 일정한 관점 속에 자기를 구속한 나타남일 수밖에 없으며, 우리는 이런 관점'인' 것이다. 인간존재에 있어서 존재한다는 것은, '거기에-있는(être-là)' 일이다. 다시 말하면 '거기 그 의자 위에' 존재하는 일이고, '거기 그 탁자 앞에' 존재하는 일이며, '거기에, 이 산꼭대기에, 이러이러한 크기로, 이러이러한 방향 따위로' 존재하는 일이다. 그것은 하나의 존재론적인 필연성이다.

그리고 그 점이 더욱 잘 이해되어야만 한다. 왜냐하면 이런 필연성은 두 우연성 사이에 나타나기 때문이다. 사실 한편으로는, 내가 '거기에-있다'는 형태로 존재하는 것은 완전히 우연적이다. 왜냐하면 나는 나의 존재의 근거로는 있지 않기 때문이다. 다른 한편으로, 내가 이러이러한 관점 속에 구속되어 있는 것은 필연적이라 하더라도, 다른 모든 관점을 배제하고 바로 이 관점 속에 구속되어 있다는 것은 우연적이다. 우리가 대자의 '사실성'이라고 부르는 것은 하나의 필연성을 그 사이에 가지고 있는 이런 이중의 우연성이다. 우리는 그 점을 이 책 제2부에서 기술했다. 그때 우리가 보여 준 것처럼, 근거의 나타남 또는 대자의 나타남이라고 하는 이 절대적인 사건 속에 휩쓸려 들어가 무화(無化)되어 버린 즉자는, 여전히 대자 속에 대자의 근원적인 우연성으로 머문다.

그러므로 대자는 하나의 끊임없는 우연성에 의해서 지탱되며, 그 우연성을 자신의 부담으로 되찾아 자기에게 동화시키려 하지만, 결코 그 우연성을 근절할 수는 없는 것이다. 어떤 경우에도 대자는 이 우연성을 자기 자신에게서 발견하지 못하며, 어떤 경우에도, 설령 반성적인 코기토에 의해서라 할지라도, 대자는 이 우연성을 파악할 수도 없고 인식할 수도 없다. 왜냐하면 대자는 이 우연성을 언제나 자기 자신의 가능성을 향해서 뛰어넘기 때문이며, 또 대자는 그 자신 속에서는 '대자가 그것으로 있어야 하는 무(無)'만을 오로지 만나게 되기 때문이다. 그러나 그렇다고 해도 이 우연성은 끊임없이 대자를 따라다닌다. 바로 이런 우연성 때문에 나는 나를 나의 존재의 전면적인 책임자로서 파악하는 동시에 전면적으로 구실을 댈 수 없는 것으로서 파악한다. 하지만 이런 구실을 댈 수 없는 영상을, 세계는 나에 대한 세계의 일의적인 관계의 종합적 통일이라는 형태하에서 나에게 가리킨다. 세계가 '질서 있게' 나에게 나타나는 것은 절대적으로 필요한 것이다. 그런 의미에서 이 질서는 '바로 나이다.' 우리가 이 책 제2부 마지막 장에서 기술한 것은 바로 나의 이 영상이다. 그러나 그 질서가 '이' 질서라는 것은 완전히 우연적이다. 그러므로 그 질서는 존재 전체의 필연적이고 이유를 붙일 수 없는 배치로서 나타난다. 세계의 사물들의 절대적으로 필요하고, 또 전면적으로 이유를 붙일 수 없는 이 질서, 나의 나타남이 그것을 필연적으로 존재하게 하는 한에서 나 자신인 이 질서, 그러면서도 내가 나의 존재의 근거로 있는 것도 아니고 하나의 '이러저러'한 존재의 근거도 아닌 한에서, 나로부터 벗어나는 이 질서, 그것이 바로 대자의 차원에 있어서 존재하는 그대로의 몸이다. 그런 의미에서 우리는, 몸을 '나의 우연성의 필연성이 취하는 우연적인 형태(la forme contingente que prend la nécessité de ma contingence)'로서 정의할 수 있을 것이다.

몸은 대자 이외의 그 아무것도 아니다. 몸은 대자 안에서의 하나의 즉자가 아니다. 왜냐하면 그렇게 될 때는 몸은 모든 것을 응고시키게 될 것이기 때문이다. 오히려 몸은, 대자가 자기 자신의 근거로 있지 않다는 사실이다. 게다가 그것은 이 사실이 우연적인 존재들 사이에 구속된 우연적인 존재로서 존재해야만 한다는 [대자의] 필연성에 의해 표현되는 한에서이다. 이런 것으로서의 한에 있어서, 몸은 대자의 '상황(situation)'과 결코 다른 것이 아니다. 왜냐하면 대자에 있어서 '존재하는(exister)' 것과 상황이 부여되어 있는(se situer) 것은 하나일 뿐이기 때문이다. 게다가 그 반면에, 몸은 세계가 대자의 모든 상황이고, 대자의 존재의 척도인 한에서, 세계 전체에 동화하고 있다. 그러나 하나의 상황은 하나의 단순한 우연적인 소여가 아니다. 오히려 그것과는 완전히 반대로, 상황은 대자가 자기 자신을 향해 그것을 뛰어넘는 한에서밖에 드러내 보여지지 않는다. 따라서 '대자-몸(corps-pour-soi)'은 결코 내가 인식할 수 있는 하나의 주어진 것이 아니다. 몸은 거기에, 도처에, 초월되는 것으로서 존재한다.

몸은 내가 나를 무화함으로써 몸으로부터 탈출하는 한에서만 존재한다. 몸은 내가 무화하는 그것이다. 몸은 무화하는 대자에 의해 초월되는 즉자이며, 또 이런 초월 그 자체 속에서 대자를 다시 파악하는 즉자이다. 몸은 내가 나 자신의 동기화이고 내가 나 자신의 근거가 아니라는 사실이다. 몸은 '내가, 내가 있는 그대로의 것으로 있어야 하는 일이 없이는 아무것도 아니라는' 사실이고, 게다가 '내가 있는 그대로의 것으로 있어야 하는 한에서, 내가 있어야 하는 일 없이 존재한다'는 사실이다. 그러므로 어떤 의미에서, 몸은 대자의 하나의 필연적인 특징이다. '몸은 어떤 창조자의 자유로운 결정의 결과로 생긴 것'이라거나, '영혼과 몸의 결합은 근본적으로 다른 두 실체의 우연적인 화합'이라는 것은 진실이 아니다. 오히려 그 반대로, 몸은, '대자는 몸이다'라는 대자의 본성에서, 다시 말해 '존재로부터의 대자의 무화적(無化的)인 탈출은 세계 속에서의 하나의 자기 구속이라고 하는 형태하에 이루어진다'고 하는 대자의 본성에서 필연적으로 유래한다. 그러나 또 다른 의미에서는, 몸은 바로 나의 우연성을 나타내고 있다. 몸은 바로 이 우연성에 지나지 않는다고까지 말할 수 있다.

데카르트적인 합리주의자들이 이런 특징에 당황한 것도 무리가 아니다. 사실 몸은 세계 속에서 일어나는 나의 자기 구속의 개별화를 나타내고 있다. 또 플라톤이 몸을, '영혼을 개별화하는 것'이라고 한 것도 결코 잘못된 것이 아니었다. 다만 '영혼은 죽음에 있어서, 또는 순수한 사유(思惟)에 의해 자기를 몸에서 분리할 때, 이런 개별화를 면할 수 있다'고 생각하는 것은 헛된 일일 것이다. 왜냐하면 영혼은 대자가 자기 자신의 개별화인 한에서 몸'이기' 때문이다.

위의 고찰은 만일 우리가 그것을 감각적인 인식의 문제에 적용하고자 시도한다면, 그 의의를 더욱더 잘 파악할 수 있을 것이다.

감각적인 인식의 문제는 우리가 '감관(感官, sens)'이라고 부르는 어떤 종류의 대상들이 세계 한복판에 나타나는 것을 기회로 하여 제기되었다. 우리는 먼저, 타자가 눈을 가지고 있음을 확인했다. 그런 다음, 시체를 해부하는 생리학자들이 눈이라고 하는 이 대상의 구조를 알아냈다. 그들은 각막과 수정체를 구별하고, 수정체와 망막을 구별하였다. 그들이 세운 바에 의하면, 수정체라고 하는 대상은 렌즈라고 하는 특수한 대상의 부류로 분류되고, 그들의 연구 대상에는 렌즈에 관한 기하광학(幾何光學)의 법칙이 적용될 수 있다. 외과기계의 완성과 더불어 더욱 정밀한 해부가 실시된 결과, 우리는 하나의 신경다발이 망막에서 나와 뇌까지 이르고 있음을 알았다. 또 현미경으로 시체의 신경을 조사한 결과, 우리는 신경의 경로와 신경의 출발점, 신경의 도달점을 정확하게 결정할 수 있었다. 그러므로 이와 같은 인식의 총체는 눈이라고 불리는 어떤 공간적인 대상과 관계되는 것이다. 그런 인식은 공간의 존재, 그리고 세계의 존재를 포함하는 것이었다. 또 그런 인식 안에는 우리가 그 눈을 '볼' 수 있고, 그 눈을 만질 수 있다는 것, 다시 말하면 우리가 우리 스스로 사물에 대해 감각적인 관점을 가지고 있다는 것이 포함되어 있었다.

마지막으로 눈에 대한 우리의 인식과 눈 그 자체 사이에는 우리의 모든 기술적인 인식(해부칼 따위를 만드는 기술)과 과학적인 인식(예를 들면 현미경을 조립하거나 또는 사용하는 것을 가능하게 하는 기하광학) 따위가 개재되어 있었다. 요컨대 나하고 내가 해부하는 눈 사이에는 내가 나의 나타남 그 자체에 의해 그것을 나타나게 하고 있는 그대로의 세계 전체가 개재되어 있다. 나아가서 검사방법이 더욱더 진보한 결과, 우리는 우리의 몸 주변에 있는 온갖 신경말단(神經末端)의 존재를 확인할 수 있었다. 우리는 그런 말단의 어떤 것 위에 따로따로 작용할 수도 있고, 또 살아 있는 몸에 대해 그 실험을 실시할 수도 있게 되었다. 그래서 우리는 세계의 두 가지 대상의 현전에 자신들이 놓여 있음을 깨달았다. 한쪽은 자극자이고 또 한쪽은 우리가 자극하는 감각세포 또는 자유로운 신경말단이다. 자극자는 어떤 물리—화학적인 대상이고, 전류이며, 기계적이거나 화학적인 작용요인으로서, 우리는 그 고유성을 확실히 알고 있고, 또 일정한 방법으로 그것의 강도와 지속을 바꿀 수 있는 것이었다.

그러므로 거기서 문제가 되고 있었던 것은 두 개의 세계적인 대상이다. 양자 사이의 세계 내부적인 관계는 우리 자신의 감관(感官)에 의해, 또는 기구의 이용에 의해 확인될 수 있는 것이었다. 게다가 이 관계의 인식은, 그 위에 과학적·기술적인 인식의 체계 전체를 예상하는 것으로, 요컨대 하나의 세계 존재와 이 세계 속에서의 우리의 근원적인 나타남을 예상하는 것이었다. 또한 우리의 경험적인 조사의 결과, 우리는 '대상—타인'의 '내면'과 그런 대상적인 확인의 총체 사이에 하나의 관계를 생각할 수 있게 되었다. 사실 우리는 어떤 종류의 감관에 작용함으로써 우리가 타인의 의식 속에 '하나의 변화를 일으킨다'는 것을 알았다. 우리는 그것을 '언어를 통해서', 다시 말하면 타인의 유의미적(有意味的)이고 대상적인 반응을 통해서 알았다. 어떤 물리적 대상—자극자, 어떤 생리적 대상—감관, 어떤 심적 대상—타인, 대상적인 의미 표출—언어, 이런 것들이 우리가 세우고자 한 대상적인 관계의 항목들이다. 그런 항목의 어떤 것을 가지고도, 우리는 대상의 세계에서 밖으로 나갈 수 없었다. 우리는 이따금 생리학자들 또는 심리학자들의 연구에 피실험자로서 쓰이기도 했다. 만일 우리가 이런 종류의 실험대에 오르는 것을 승낙한다면, 우리는 갑자기 실험실로 끌려가, 거기서 조금 밝은 스크린을 지각하거나 약한 전기진동을 느끼기도 하고, 무엇인지 확실하게 볼 수는 없지만, 세계 한복판에서 우리 앞에 나타나는 그 전체적인 현전(現前)에 의해 우리가 파악할 수 있는 하나의 대상이,

우리를 스치고 지나가는 것을 느끼기도 하는 것이었다. 단 한순간도 우리는 세계로부터 격리되어 있지 않았다. 그 모든 사건들은 실험실에서, 파리 한복판에서, 소르본 대학의 남쪽 건물에서 일어나고 있었다. 우리는 여전히 '타자'의 현전에 머물러 있었다. 게다가 이 실험의 의미 자체가 요구하고 있는 것은 우리가 언어를 통해 타인과 소통할 수 있는 것이었다.

실험자가 우리에게 때때로 묻는 것은, 스크린이 우리에게 더 밝게 보이는가 덜 밝게 보이는가, 또 우리의 손 위에 가해지는 압력이 더 강하게 느껴지는가 덜 강하게 느껴지는가 하는 것이었다. 그리고 우리는 그것에 대답했다—다시 말하면 우리는 우리의 세계 한복판에 나타나는 사물들에 대한 대상적인 보고(報告)를 제공한 것이다. 때로는 어느 얼빠진 실험자가 "우리의 빛의 감각은 강해졌는가 약해졌는가, 그리고 감각의 정도가 커졌는가 줄었는가?" 하고 묻는 일도 있으리라. 우리는 대상들의 한복판에서 그 대상들을 관찰하고 있는 중이었으므로, 만일 우리가 주어진 순간에 세계 속에서 우리에게 나타나는 그대로의 대상적인 빛을 '빛의 감각'이라고 부르도록 미리 귀띔을 받지 않았다면, 그런 표현은 우리에게 있어서 아무런 의미도 갖지 못했을 것이다. 그래서 우리는 이를테면 '빛의 감도는 조금 줄었다'고 대답했는데, 우리가 그렇게 대답한 것은 '우리의 의견으로는 스크린의 밝기가 줄어들었다'는 의미이다. '우리의 의견으로는(à notre avis)'이라는 말은, 만일 그것이 '우리에게 있어서의 세계의 대상성'과 '실험적인 척도나 정신상호간(精神相互間)의 일치의 결과인 훨씬 더 엄밀한 대상성'을 혼동하지 않으려는 하나의 노력에 대응하는 것이 아니라면, 그밖에 대응해야 하는 현실적인 것을 아무것도 갖지 않은 것이었다. 왜냐하면 우리는 '사실' 스크린의 밝기가 줄어든 것을 파악했기 때문이다. 어쨌든 우리가 '인식할' 수 없었던 것은, 실험자가 그 시간 동안 관찰하고 있었던 어떤 대상이다. 게다가 이 대상은 우리의 시각기관 또는 촉각의 말단이었다.

그러므로 실험 끝에 얻어진 결과는 두 개의 계열의 '대상들'에게 관계를 부여하는 것뿐이었다. 즉 한쪽의 계열은 이 실험 중에 우리에게 드러내 보여진 대상들이고, 다른 한쪽의 계열은 같은 시간 중에 실험자에게 드러내 보여진 대상들이다. 스크린의 밝기는 '나의' 세계에 속하는 것이고, 대상적인 기관으로서의 나의 눈은 실험자의 세계에 속하는 것이다. 이와 같은 두 계열의 연결은, 마치 두 개의 세계 사이에 놓여 있는 다리와 같은 것이었다. 그러나 어느 경우든 이 연결은 주관적인 것과 대상적인 것의 대응표(對應表)일 수는 없었다.

그런데 밝기가 있는 대상, 무게가 있는 대상, 냄새가 나는 대상 따위가 '이 실험실 안에서, 파리에서, 2월의 어느 날' 따위로 나에게 나타나는 그대로의, 그 총체를 어째서 사람들은 주관성이라고 부르는 것일까? 만일 우리가 아무래도 이 총체를 주관적인 것으로 보아야 한다면, 이 같은 실험실 안에서, 지난 2월의 같은 날에, 동시적으로 실험자에게 드러내 보여진 대상들의 체계에, 대상성을 인정하지 않으면 안 되는 이유가 어디에 있을 것인가? 여기에는 두 개의 저울추가 있는 것도 아니고, 두 개의 척도가 있는 것도 아니다. 어떤 경우에도 우리는 순수하게 '느껴지는 것'으로서, 즉 대상화되지 않고 나에게 있어서 체험되는 것으로서 주어지는 무언가를 만나는 일은 없을 것이다. 다른 경우와 마찬가지로 이 경우에도 나는 세계'에 대해' 의식하고 있고, 또 세계의 배경 위에, 초월적인 어떤 대상'에 대해' 의식하고 있다. 또 다른 경우와 마찬가지로, 나는 내가 그것으로 있어야 하는 가능성을 향해서, 이를테면 실험자에게 정확하게 대답할 가능성, 그리고 실험을 성공시킬 가능성을 향해서 나에게 드러내 보여지는 것을 뛰어넘는다. 물론 다음과 같은 비교는 어떤 종류의 객관적인 결과를 가져올 수 있다.

예를 들면 내가 뜨거운 물에 손을 담근 뒤, 다시 미지근한 물에 손을 담그면, 그 물이 나에게는 차갑게 느껴지는 것을 확인할 수 있다. 그러나 '감각의 상대성의 법칙'이라느니 하면서 과장되고 있는 이 확인은, 결코 감각에 관한 것이 아니다. 여기서 문제가 되고 있는 것은 나에게 드러내 보여지는 대상의 하나의 성질이다. 즉 미지근한 물은 내가 거기에 나의 뜨거운 손을 넣었을 때 차가운 것이다. 다만 미지근한 물의 이 대상적인 성질과, 마찬가지로 대상적인 하나의 보고—온도계가 가리키는 보고—를 비교한 경우에, 하나의 모순이 나에게 드러내 보여진다. 이 모순이 동기가 되어, 나는 나대로 참된 대상성을 자유롭게 선택한다. 나는 내가 선택하지 않은 면의 대상성을 주관성이라고 부를 것이다. '감각의 상대성'의 '이유'에 대해서는 더욱 진보한 검사방법이, 내가 형태(게슈탈트)라고 부르는 대상적이고 종합적인 어떤 종류의 구조에 있어서, 그 이유를 나에게 드러내 보여 줄 것이다. 뮐러 리어(Müller-Lyer)의 착각,[*1] 감각의

---

*1 Müller-Lyer의 착각 : 기하학적 착시 도형이라고 불리는 것의 하나. 우리가 흔히 볼 수 있는 것으로, 나란히 그려진 똑같은 길이의 직선 두 개 가운데 한쪽 선의 양끝에는 밖으로 향한 화

상대성 따위는 그런 형태의 구조에 관한 대상적인 법칙들에 대해 주어진 각각의 이름이다. 그런 법칙들은 '모든 외관'에 대해 우리에게 가르쳐 주는 것이 아니며, 오히려 모든 종합적인 구조에 관한 것이다. 나는 세계 속에서의 나의 나타남이 대상들 사이에 '관계를 맺게' 하는 한에서만 거기에 개입한다. 그런 것으로서 그 대상들은 '형태'로서의 한에서 드러내 보여진다. 과학적인 대상성은 구조를 전체에서 고립시켜, 구조만 따로 고찰하는 것에 있다. 그렇게 되면 그 구조는 다른 특징을 가지고 나타난다. 그러나 어떤 경우에도 우리는 하나의 존재하는 세계로부터 밖으로 나가지 못한다. 마찬가지로 우리는 '감각의 문턱' 또는 감관(感官)의 특수성이라고 불리는 것도, 대상으로서의 한에서 대상의 단순한 규정에 귀착하는 것을 보여 줄 수 있을 것이다.

그런데도 사람들은, 자극자와 감각기관의 이 대상적인 관계가 그 자체로서 '대상적인 것'(자극자-감각기관)과 주관적인 것(순수한 감각)의 관계를 향해 초월되기를 원했다. 왜냐하면 이 주관적인 것은 감각기관의 중개로 자극자가 우리에게 끼치는 작용에 의해 정의되기 때문이다. 감각기관은 자극자에 의해 영향을 받는 것처럼 우리에게 보인다. 사실 감각기관 속에 나타나는 원형질적인, 그리고 물리-화학적인 변화는 그 기관 그 자체에 의해 일어나는 것은 아니다. 그 변화는 '밖으로부터' 이 기관에 찾아오는 것이다. 적어도 모든 자연을 외면성으로서 구성하고 있는 타성(惰性)의 원리에 어디까지나 충실하기 위해서, 우리는 그것을 긍정할 것이다. 그러므로 우리가 지금 현재 지각하고 있는 자극자-감각기관이라고 하는 대상적인 체계와, 우리에게 있어서 대상-타인의 내적인 고유성의 총체인 주관적 체계 사이에 우리가 상관관계를 세울 때, 우리는, '감관의 자극과 관련하여, 방금 이 주관성 속에 나타난 새로운 양상은 또한 그 자신 이외의 다른 것에 의해 생겨난다'는 것을 인정하지 않을 수 없다. 사실, 만일 이 새로운 양상이 자발적으로 생겨났다면, 그것이야말로, 이 새로운 양상은 자극을 받은 기관과의 모든 유대가 끊기게 될 것이다. 달리 말하면 우리가 그 둘 사이에 세울 수 있는 관계는 '아무래도 상관없는 것'이 될 것이다.

그러므로 우리는 지각될 수 있는 가장 작고 가장 짧은 자극에 대응하는 대

살표가 그려져 있고, 다른 선의 양끝에는 안으로 향한 화살표가 그려져 있는 도형이다.

상적인 단위를 생각하고, 그것을 감각이라고 이름붙일 것이다. 또 이 단위에 우리는 '타성'을 부여할 것이다. 다시 말하면 이 단위는 전적인 외면성일 것이다. 그것은 이 단위가 '이것'에서 출발하여 생각된 것이고, 즉자의 외면성에 관여할 것이기 때문이다. 감각의 핵심에 투영된 이 외면성은 감각을 거의 그 존재 자체에 엄습한다. 요컨대 감각의 존재이유와 감각의 존재기회는 감각의 외부에 있는 것이다. 그러므로 감각은 '자기 자신에 대한 외면성'이다. 또 그와 동시에 감각의 존재 이유는 감각과 똑같은 본성의 어떤 '내면적'인 사실 속에 존재하는 것이 아니라, 오히려 하나의 현실적인 대상 속에, 즉 자극자 속에, 또 다른 하나의 현실적인 대상, 즉 감각기관에 영향을 끼치는 변화 속에 존재한다. 그렇지만 어떤 종류의 존재차원에 존재하고 있으므로 자기 혼자서는 자기를 존재로서 지탱할 수 없는 어떤 종류의 존재가, 근본적으로 다른 존재차원에 서 있는 하나의 존재자에 의해, 존재로까지 규정된다는 것은 여전히 불가해한 일이므로, 나는 감각을 지탱하기 위해서, 그리고 감각에게 존재를 제공하기 위해서, 감각과 동질적이고, 감각과 마찬가지로 외면성으로 구성되어 있는 하나의 장(場, un milieu)을 생각한다. 이런 장을 나는 '정신'이라고 부르고 때로는 '의식'이라고 부르기도 한다. 그러나 이 의식을 나는 '타인'의 의식으로서, 다시 말해 하나의 대상으로서 생각한다. 그럼에도 불구하고 내가 감각기관과 감각 사이에 세우려고 하는 관계는 보편적인 것이어야만 하므로, 그런 것으로서 생각된 의식은 '타인을 위해서'가 아니라, 오히려 '그 자신을 위해서'(즉자적으로) '나의' 의식이기도 해야 한다고 나는 생각한다.

그리하여 나는 일종의 내적 공간을 규정한 것인데, 이 내적 공간 속에서 감각이라고 불리는 어떤 종류의 형태가 외적 자극을 기회로 하여 형성된다. 이 공간은 단순한 수동성이므로 그것은 그 감각을 당한다고 나는 주장한다. 하지만 그것으로 내가 뜻하고 있는 것은, 그저 단순히 이 공간이 감각에 대해 모태의 역할을 하는 내적인 장이 된다고 하는 것뿐만이 아니다. 나는 당분간, 나에게 있어서는 빌려온 것이지만, 생물학적인 세계관에서 착상(着想)을 얻어, 현재 직면한 감각기관을 대상적으로 이해하고자 한다. 그래서 나는 이 내적인 공간은, 그 감각을 '살고 있는' 것이라고 주장한다. 그러므로 '생명'은 하나의 수동적인 장(場)과, 이 장의 수동적인 존재방식 사이에 내가 세우는, 하나의 마술적인 연관이다. 정신은 그 자신의 감각을 만들어 내지 않는다. 그러므로 감각은 정신에 있어서 여전히 '외면적인 채' 머물러 있는 것이다. 그러나 그런 반면에, 정신은 감각을 삶으로써 그 감각을 내 것으로 만든다. '살아지는 것'(vécu, 체험 되는 것)과 '살아가는 것'(vivant, 체험하는 것)의 통일은 사실 이미 공간적인 병 치(並置)도 아니고, '포함되는 것'과 '포함하는 것'의 관계도 아니다. 그것은 하 나의 마술적인 내속(內屬, inhérence magique)이다. 정신은 여전히 감각과는 다 른 것으로 머물러 있으면서 그 자신의 감각'이다.' 따라서 감각은 '타성적인 것, 수동적인 것', 그리고 단순히 살아지는 것으로서의 하나의 특수한 형식의 대 상이 된다. 그래서 우리는 감각에 대해 절대적인 주관성을 주지 않을 수 없게 된다.

그러나 이 주관성이라고 하는 말에 대해서 알아두어야 할 것이 있다. 이 말 이 이 경우에 의미하는 것은 하나의 주관에 대한 소속, 즉 자발적으로 자기에 게 동기를 부여하는 하나의 자기성(自己性)에 대한 소속이라는 것이 아니다. 심 리학자가 말하는 주관성은 완전히 다른 종류의 것이다. 즉 그 주관성은 반대 로 타성을 표현하는 말이고, 모든 초월의 부재(不在)를 나타내는 말이다. 자기 자신으로부터 밖으로 나갈 수 없는 것, 그것이 여기서는 주관적인 것이다. 더 욱이 확실히 감각이 단순한 외면성이며, 정신 속의 하나의 인상밖에 될 수 없 는 한에서, 또 감각이, 자기밖에 아니고, 하나의 소용돌이에 의해 심적 공간 속에 형성된 그런 형태밖에 아닌 한에서, 감각은 초월이 아니다. 감각은 그저 단순히 당하는 것이고, 우리의 수용성에 대한 단순한 규정이다. 감각은 그것 이 결코 '표출적(présentative)'인 것도 아니고, 또 '표상적(représentative)'인 것도 아 니기 때문에, 주관성이다. '대상−타자'가 가지는 주관적인 것은, 참으로 단순하 게 하나의 닫혀진 작은 상자이다. 감각은 이 작은 상자 속에 있다.

'감각'이라는 관념은 위와 같은 것이다. 이 관념이 부조리하다는 것은 누구 의 눈에도 분명할 것이다. 무엇보다 먼저, 감각이라고 하는 관념은 단순히 고 안된 것이다. 감각이라고 하는 관념은 내가 나 자신 속에서 또는 타자에 대해 경험하는 그 어떤 것에도 대응하지 않는다. 우리는 지금까지 대상적인 우주밖 에 파악한 적이 없다. 우리의 개인적인 규정은 모두 세계를 전제로 하고 있으 며, 또 세계에 대한 관계로서 나타난다. 감각이라는 것도 인간이 이미 세계 속 에 존재하는 것을 전제로 한다. 그 까닭은 인간이 감각기관을 갖추고 있기 때 문이다. 감각은 세계에 대한 인간관계의 단순한 정지(停止)로서 인간 속에 나타난다. 또한 동시에 이 순수한 '주관성'은 감각의 나타남으로 방금 소멸되어 버린 모든 관계들을 재건하는 데 필요한 기초로서 주어진다.

그러므로 우리는 다음과 같은 세 가지의 사고계기(思考契機)를 만나게 될 것이다. (1) 감각을 세우기 위해서는, 우리는 어떤 종류의 실재론에서 출발하지 않으면 안 된다. 그러므로 타자에 대한 우리의 지각, 타자의 감각기관, 또 유도기계(誘導器械) 따위를 유효한 것으로 여겨야 한다. (2) 그러나 감각의 수준에서는 이와 같은 모든 실재론은 소멸된다. 감각, 즉 작용을 입은 단순한 변화는 오직 우리 자신에 대해서만 우리에게 보고를 제공한다. 감각은 '살아지는 것'에 속한다. (3) 그럼에도 내가 외적인 세계에 대한 나의 인식의 기초로서 도움이 될 수 있는 것은 바로 이 감각이다. 이 기초는 여러 가지 사물들과의 '현실적인' 접촉의 근거가 될 수는 없을 것이다. 이 기초는 우리에게, 정신의 지향적인 구조를 생각하는 것을 허용하지 않는다.

우리는 존재와의 직접적인 연관을 대상성이라고 부를 것이 아니라, 오히려 훨씬 더 많은 항상성 또는 훨씬 더 많은 규칙성을 표시하는, 또는 우리의 표상들의 총체와 더욱 잘 합치할 수 있는 감각의 어떤 종류의 결합을 대상성이라고 불러야 할 것이다. 특히 그와 같은 방법으로 우리는 타자에 대한 우리들의 지각, 타자의 감각기관, 그리고 여러 가지 유도기계들을 정의해야만 할 것이다. 즉 여기서 문제가 되는 것은 일종의 특수한 정합성(整合性)을 가진 주관적인 형성물이고, 그것이 모두이다. 이 수준에서는 내가 타자에게 있어서나 나 자신에게 있어서 지각하게 되는 그와 같은 감각기관에 의해서 나의 감각을 설명한다는 것은 문제가 될 수 없을 것이다. 오히려 그것과는 완전히 반대로, 나는 나의 감각들의 일종의 연합으로서 감각기관을 설명한다. 거기에는 피할 수 없는 순환이 있다. 타자의 감각기관에 대한 나의 지각은, 나에게 있어서 감각을 설명하기 위한, 특히 '나의' 감각을 설명하기 위한 근거로서 소용되는 것이다.

그러나 그것과는 반대로, 그와 같은 것으로서 납득된 나의 감각은 타자의 감각기관에 대한 나의 지각의 유일한 '현실성'을 구성한다. 이 순환에 있어서는 타자의 감각기관이라는 이 똑같은 대상이, 그 나타남의 각각의 경우에, 똑같은 본성을 지니는 것도 아니고, 똑같은 진리를 지니는 것도 아니다. 이 대상은 무엇보다도 먼저 '현실성'이며, 그것이 현실성이므로 이 대상은 이 대상을 부정하는 학설에 근거를 부여한다. '외관상으로 보아서' 감각에 대한 고전적인 학설의 구조는 분명히 '거짓말쟁이'에 대한 냉소적인 논의*2의 구조와 비슷하다. 그 거짓말쟁이에 대한 논의에서 크레타 사람이 자기 자신이 거짓말쟁이라는 것을 발견하는 것은, 바로 크레타 사람이 진실을 말하고 있기 때문이다. 하지만 그 밖에도 우리가 방금 살펴본 것처럼 하나의 감각은 순수한 주관성이다. 그런 주관성을 가지고 하나의 대상을 조립하고자 하는 것을 어떻게 생각할 수 있겠는가? 어떤 종합적인 집합도 맨 처음에 '살아지는 것(체험되는 것)'에 속하는 것에 객관적인 성질을 부여할 수는 없다. 만일 세계 속에 대상들에 대한 지각이 존재해야 한다면, 우리의 나타남 그 자체의 시기 이후에 우리가 세계와 대상들의 현전에 존재하고 있지 않으면 안 된다. 감각은 주관적인 것과 대상적인 것 사이의 잡종적인 관념이며, 대상에서 출발하여 고안되고, 이어서 주관에 적용된 관념으로, 그것이 사실상 존재하는 것인지, 아니면 권리상 존재하는 것인지 결정될 수 없는 사생아적 존재이며, 감각이란 결국 심리학자의 순수한 몽상이다. 감각이라는 관념은 의식과 세계의 관계에 대한 진지한 이론에서는 특히 제외되어야 한다.

그러나 만일 감각이 단순한 말일 뿐이라면, 감관은 어떻게 될까? 물론 사람들은 우리가 우리 자신 속에서 감각이라고 하는, 엄밀히 주관적이고 또 환영적(幻影的)인 인상(印象)을 결코 만나지 못할 것이다. 또 그들은 내가 어떤 경우에도 이 공책의 '그' 녹색과 그 나뭇잎의 '그' 녹색 말고는 결코 파악하지 못한다는 것을 인정할 것이다. 그리고 나는 결코 녹색이라고 하는 감각을 파악

---

*2 거짓말쟁이에 대한 냉소적인 논의란 에우불리데스(Euboulidēs)가 생각해 낸 궤변을 말하는데, 아리스토텔레스의 《니코마코스 윤리학(Ethica nicomachea)》《오르가논(Organon)》에도 나오는 것으로서, 디오게네스 라에르티오스 2의 10이 일반적으로 그 근거가 된다. 가장 단순한 예는 다음과 같은 것이다. "한 사람이 자기는 거짓말을 하고 있다고 말한다고 하자. 만일 그가 말하는 것이 정말이라면, 그의 말은 거짓말이 된다. 또 만일 그가 말하는 것이 거짓말이라면 그가 말하는 것은 정말이다." 따라서 이 논법은 끝없는 순환에 빠진다. 또한 이 거짓말쟁이의 궤변은 '크레타 사람은 언제나 거짓말을 한다'라는 속담과 연결되어, 나중에 그리스의 전설적인 시인 에피메니데스에게 돌려지게 되었다. "크레타 사람 에피메니데스의 말에 따르면, 크레타 사람들은 언제나 거짓말을 한다. 그런데 에피메니데스는 크레타 사람이다. 그러므로 그는 거짓말을 하고 있다. 따라서 크레타 사람들은 거짓말쟁이가 아니다. 그런데 크레타 사람들이 거짓말쟁이가 아니라면 에피메니데스는 정말을 말하고 있는 것이다……" 하는 논법으로 이 또한 순환론에 빠진다. 이 '크레타 사람은 거짓말쟁이다'라는 속담은 널리 알려진 이야기이다.

하는 것도 아니고, 지향에 의해 대상—녹색 속에 생기(生氣)를 부여하는 힐레(hyle)적인 질료로서 후설이 제기한 '준—녹색(準綠)'을 파악하는 것도 아니다. 누구나 쉽게 납득하겠지만, 현상학적 환원이 가능하다는 것을 전제로 한다면—그것은 여전히 입증되어야 하는 것으로 남아 있지만—현상학적 환원은 인상적인 잔여(殘餘)의 상관자로서가 아니라, 정립적(定立的)인 행위의 단순한 상관자로서, 괄호 안에 넣어진 대상들의 면전(面前)에 우리를 둔다. 그러나 감관이 여전히 그대로 남아 있는 것에는 변함이 없다. '나는' 이 녹색의 사물을 '본다.' 나는 이 반들반들한 차가운 대리석을 '만진다.' 어떤 사고로 나는 어떤 감관을 모조리 잃을 수도 있다. 나는 시력을 잃을 수도 있다. 귀머거리가 될 수도 있다 따위. 그와 같은 경우에 우리에게 감각을 주지 않는 감관이란 도대체 무엇이겠는가?

그 대답은 매우 간단하다. 먼저 우리는 '감관은 도처에 존재하지만, 어디에서도 파악될 수 없는 것'임을 확인하자. 탁자 위에 있는 이 잉크병은 하나의 사물이라고 하는 형태로 나에게 직접적으로 주어져 있다. 하지만 그 잉크병은 '보는 것'에 의해(par la vue) 나에게 주어진다. 다시 말해 그 잉크병의 현전은 볼 수 있는 현전이며, 나는 그것이 볼 수 있는 것으로서 나에게 현전해 있다는 것을 의식한다. 즉 나는 그것을 보는 것(에 대한) 의식을 가지고 있다. 그러나 보는 것은 그 잉크병에 대한 '인식'인 동시에, 모든 인식으로부터 탈출하고 있다. 보는 것에 대한 인식은 존재하지 않는다. 반성에 의해서도 이 보는 것에 대한 인식은 우리에게 주어지지 않을 것이다. 사실 나의 반성적인 의식이 나에게 줄 것으로 생각되는 인식은 그 잉크병에 대한 나의 의식의 반성된 상태'에 대한' 인식이며, 결코 어떤 감각기관의 작용에 대한 인식은 아니다.

'눈은 스스로 자신을 볼 수 없다'고 말한 오귀스트 콩트(Auguste Comte)의 유명한 말은 이런 의미로 이해되어야 한다. 사실 이런 것을 상상하는 건 무방하다고 생각하는데, 우리의 시각기관에 또 하나의 구조가 생기거나 하나의 우연적인 배치가 일어, 우리의 두 눈이 사물을 보는 동안 그 두 눈을 제3의 눈이 '볼' 수 있다고 하자. 나는 내 두 눈이 보고 있는 동안, 그 내 눈을 볼 수 있지 않을까? 나는 내 손이 만지고 있는 동안 그 내 손을 만질 수 있지 않을까? 그러나 그렇게 되면 나는 나의 감관 위에 타인의 관점을 향하게 될 것이다. 나는 대상—두 눈을 보게 될 것이다. 나는 보고 있는 그 눈을 보지는 못한다. 나는 만지고 있는 손을 만질 수는 없다. 그러므로 감관은, 그것이 '대–아적(對我的)으로–존재하는' 한에서 파악될 수 없는 것이다. 감관은 내가 이 세계의 대상들밖에는 결코 만나지 못하는 이상, 그것은 나의 감각의 무한한 집합이 아니다. 또 한편으로 만일 내가 나의 의식 위에 반성적인 시선을 돌린다면, 나는 '세계–속에–있어서의–이러이러한–사물'에 대한 나의 의식을 만나게 되겠지만, 나의 시감관(視感官)이나 나의 촉감관(觸感官)을 만나지는 못할 것이다. 요컨대 만일 내가 나의 감각기관을 보거나 만질 수 있다면, 나는 세계 속의 단순한 대상들의 드러내 보임을 얻는 것이며, 결코 드러내 보임의 활동성이나 구성적인 활동성의 드러내 보임을 얻는 것이 아니다. 그러나 그렇다 하더라도 감관은 거기에 존재한다. 보고, 만지고, 듣는 것은 '거기에 존재한다.'

그런 반면, 만일 내가 나에게 나타나는 '보여진' 대상들의 체계를 고찰한다면, 나는 그런 대상이 어떤 것이라도 상관없는 하나의 질서에 있어서 나에게 드러나는 것이 아니라, 그런 대상에 '방위가 부여되어' 있는 것을 확인한다. 그러므로 감관은 어떤 파악될 수 있는 행위에 의해서도 규정될 수 없고, 체험된 상태들의 어떤 계속에 의해서도 규정될 수 없으므로, 우리에게 남아 있는 길은, 감관을 그 대상들에 의해 규정하고자 시도하는 일이다. '보는 것'이 모든 시감각(視感覺)의 총화(總和)가 아니라면, '보는 것'은 오히려, 보여진 대상들의 체계가 될 수 있는 것이 아닐까? 그 점을 고찰하려면, 방금 우리가 강조 표시를 한 방위(orientation)라고 하는 그 개념으로 되돌아가서, 그 의의를 파악하려고 시도하지 않으면 안 된다. 먼저 유의해 두고 싶은 것은, 방위는 사물의 구성적인 구조의 하나라는 것이다. 대상은 세계의 배경 위에 나타난다. 그리고 방금 나타난 다른 '이것'들과의 외면적인 관계 속에서 나타난다. 그러므로 그 대상의 드러내 보임 속에는 '전체적인 지각의 영역' 또는 '세계'라고 하는 하나의 무차별적인 배경의 상호보충적인 구성이 내포되어 있다. 그러므로 형태와 배경의 이 관계의 형식적인 구조는 필연적인 것이다. 요컨대 시(視)·촉(觸)·청야(聽野) 등의 존재는 하나의 필연성이다. 예를 들면 정적(靜寂)은 무차별적인 소리의 음향적인 분야이며, 이 분야 위에 우리가 주의를 기울이고 있는 특정한 소리가 묻혀 가는 것이다.

그러나 어떤 '특정한 이것'과 배경의 실질적인 연관은 선택된 연결인 동시에 주어진 연관이다. 그것은 대자의 나타남이 세계를 배경으로 하는 하나의 어떤

'특정한 이것'에 대한 분명하고 내적인 부정인 한에서 선택된 연관이다. 나는 찻잔을 '바라보거나' 잉크병을 '바라본다.' 또 그것이 주어진 연관인 것은, 나의 나타남의 사실성 자체를 나타내고 있는 '이것'들의 하나의 근원적인 배치에서 출발하여 이루어진다는 의미에서 주어진 연관이다. 그 책이 나에게 있어서 탁자의 오른쪽에 나타나느냐 또는 왼쪽에 나타나느냐 하는 것은 필연적인 사항이다. 하지만 그 책이 나에게 있어서 탁자의 바로 왼쪽에 나타나는 것은 우연한 일이다. 그러므로 결국 나는 탁자 위에 있는 '그 책을' 바라보든 책을 받치고 있는 그 '책상'을 바라보든 자유이다. 우리가 '감관'이라고 부르는 것은 필연성과 나의 선택의 자유 사이에 있는 이런 우연성이다. 이 우연성은 대상이 '항상 전체로서 단번에 나에게 나타난다'는 것을 의미하지만—내가 보는 것은 그 입방체이고, 그 잉크병이며, 그 찻잔이다—이 나타남은 언제나 어떤 특정한 전망 속에서 일어나는 것이며, 이런 전망이 세계라는 배경과 또 다른 '이것'들에 대한 이 대상의 관계를 표현하고 있다. 내가 듣는 것은 마찬가지로 또한 '바이올린 소리'이다. 그러나 나는 이 바이올린 소리를 '어떤 문을 통해서' 듣거나 '열어놓은 창문을 통해서' 듣거나 콘서트홀에서 듣거나, 어느 한 가지가 아니면 안 된다. 그렇지 않다면 이 대상은 이미 세계 한복판에 존재하는 것이 아닐 것이다. 또 '세계—한복판에—나타나는—하나의—존재자'에 대해 나타나는 것은 아닐 것이다.

　하지만 그런 반면에, 정말로 모든 '이것'들은 세계의 배경 위에 '단번에' 나타날 수는 없으며, 그런 '이것'들 가운데 약간의 것이 나타날 때는 다른 약간의 '이것'들은 배경과 함께 융합을 일으킬 것이다. 또 각각의 '이것'은 스스로는 무한한 나타남의 방식을 가지고 있지만, '단번에' 단 한 가지 방법에 의해서만 나타날 수 있는데, 이 '나타남의 법칙'은 주관적이고 심리적인 법칙으로 여겨져서는 안 된다. 이 나타남의 법칙들은 엄밀하게 객관적인 것이며, 사물의 본성에서 유래하는 것이다. 잉크병이 탁자의 일부분을 나에게 감추고 있다 해도, 그 사실은 나의 감관의 본성에서 유래하는 것은 아니며, 오히려 그 잉크병의 본성이나 광명의 본성에서 유래하는 것이다. 이 대상이 멀어짐에 따라 작아지는 경우, 관찰자 쪽에서의 뭔가의 착각 같은 것으로 그것을 설명해서는 안 되며, 오히려 투시(透視)가 지니는 엄밀한 외적인 법칙에 의해 그것을 설명해야 한다. 그리하여 그런 대상적인 법칙에 의해 엄밀하게 대상적인 하나의 귀추(歸趨)의 중심이 규정된다. 예를 들면 투시도 위에서 눈이 모든 대상적인 선분(線分)이 집중하는 점인 한에서, 그 귀추의 중심은 눈이다.

그러므로 지각(知覺)의 영역은 이 귀추에 의해 대상적으로 규정되는 하나의 중심에 귀착하는데, 이 중심은 그 둘레에 방위가 정해져 있는 '이 영역 자체 안에' 위치하고 있다. 다만, 우리는 그 지각 영역의 구조로서의 이 중심을 보는 것이 아니다. '우리는 바로 그 중심이다.' 그러므로 세계의 대상들의 질서는 우리에게 끊임없이 하나의 대상의 상(像)을 가리키는데, 이 대상은 원리적으로 '우리에게 있어서' 대상일 수는 없다. 왜냐하면 이 대상은 우리가 그것으로 있어야 하는 것이기 때문이다. 그러므로 세계의 구조가 가리키고 있듯이 우리는 '눈에 보이는 것(visible)'이 아니면 볼 수 없다. 세계 내부적인 수많은 귀추는 세계의 대상들에 대해서만 일어날 수 있다. 그리고 보이고 있는 세계는 끊임없이 하나의 볼 수 있는 대상을 규정하는 것이고, 이 세계의 전망과 이 세계의 배치가 하나의 볼 수 있는 대상을 가리키는 것이다. 이 대상은 세계와 함께 세계 한복판에 나타난다. 그리고 이 하나의 대상은 항상 대상들의 어떤 집합과 함께 주어진다. 그 까닭은 이 하나의 대상은 그런 대상들의 방위(방향)에 의해 규정되기 때문이다. 즉 이 하나의 대상이 없다면 어떤 방위도 존재하지 않게 될 것이다. 그렇게 되면 모든 방향이 등가(等價)가 되어 버리기 때문이다. 이 하나의 대상은 세계에 방위를 부여하는 무한한 가능성 중에서의 하나의 방위부여의 우연한 나타남이다. 이 하나의 대상은 절대적인 데까지 높여진 '이' 방위부여이다.

그러나 이 차원에 있어서는 이 하나의 대상은 우리에게 추상적인 지시로밖에 존재하지 않는다. 이 하나의 대상은 모든 것이 나를 가리키는 것이며, 원칙적으로 내가 파악할 수 없는 것이다. 그 까닭은 내가 그것으로 있는 것이기 때문이다. 사실 내가 그것으로 있는 것은 내가 '그것'으로 있는 한에서 원칙적으로 나에게 있어서 대상이 될 수 없다. 세계의 사물들이 가리키고 있는 이 하나의 대상, 그리고 세계의 사물들이 원을 그리며 둘러싸고 있는 이 하나의 대상은 그 자신으로서는, 원리적으로 하나의 비대상(非對象)이다. 하지만 나의 존재의 나타남은 '하나의 중심에서 출발하여' 모든 거리를 펼칠 때, 이 거리를 펼치는 행위 자체에 의해 하나의 대상을 규정한다. 이 하나의 대상은, 그것이 세계로 하여금 자기를 가리키게 하는 한에서 그 자신이지만, 나는 그것을 대상으로서 직관할 수 없을 것이다. 왜냐하면 나는 이 하나의 대상이기 때문이다. 이 나는 자기 자신의 무(無)인 존재로서 나 자신에 대한 현전(現前)이다. 그러므로 나의 '세계-속-존재'는, 그것이 하나의 세계를 '이룬다'고 하는 오직 하나뿐인 사실에서, 그것이 이루는 세계로 하여금, 자기를, 자기 자신에 대해, 하나의 '세계의-한복판-에서의-존재'로서 가리키게 한다. 그것 외에 다른 것은 있을 수 없다. 왜냐하면 세계와 접촉하는 방법으로는, '세계 속에 들어가서 존재하는' 것 외에는 방법이 없기 때문이다.

내가 그곳에 있을 수 없는 하나의 세계, 그리고 다만 상공을 비상(飛翔)하며 조망할 때의 순수한 대상인 하나의 세계를 실현하는 것은 나에게는 불가능할 것이다. 오히려 그 반대로 세계가 존재할 수 있기 위해서는, 그리고 내가 세계를 초월할 수 있기 위해서는 내가 세계 속에 나를 상실해야만 한다. 그러므로 내가 세계 속에 들어왔다거나 '세계에 찾아왔다'고 말하는 것도, 하나의 세계가 존재한다고 말하는 것도, 내가 하나의 몸을 가진다고 말하는 것도 모두 똑같은 것이다. 그런 의미에서 나의 몸은 세계의 표면에 곳곳마다 존재한다. 나의 몸은 거기에, 보도(步道) 위에 자라고 있는 관목이 가로등 뒤에 숨어 있다는 사실 속에 존재하는 동시에, 저편에, 다락이 6층 창문 위에 있다는 사실 속에도, 지나가는 자동차가 트럭 뒤를 따라가며 오른쪽에서 왼쪽으로 움직이고 있다는 사실 속에도, 거리를 가로지르는 저 여자가 카페의 테라스에 앉아 있는 이 남자보다 더 작게 보인다는 사실 속에도 존재한다. 나의 몸은 세계와 함께 확대되고 있고, 모든 사물을 통해 모든 방향으로 흩어져 있는 동시에, 그런 사물들이 모두 가리키고 있는 이 유일한 점, 내가 그것으로 있으면서도 그것을 인식하지 못하는 이 유일한 점에 집약되어 있다. 이것은 감관이 무엇인지를 우리에게 이해시켜 줄 것이다.

하나의 감관은 감각적인 대상들에 '앞서서' 주어지는 것은 아니다. 사실 감관은 타자에 대해 대상으로 나타날 수 있는 것이 아닌가? 그렇다고 하나의 감관이 감각적인 대상보다 '뒤에' 주어지는 것도 아니다. 만일 그렇다면, 실재의 단순한 베낌 또는 소통이 불가능한 영상으로 이루어진 하나의 세계를 상정하지 않으면 안 될 것이고, 그런 나타남의 기구(機構)를 생각할 수 없게 되어 버리기 때문이다. 감관(感官)은 대상과 동시적이다. 감관은 모든 사물이 전망에 있어서 우리에게 드러내 보여지는 그대로의 사물 그 자체이다. 감관은 단순히 이런 드러내 보임의 객관적인 기준을 보여 주는 것에 지나지 않는다. 그러므로 보는 것이 '시감각'을 '만들어 내는' 것은 아니다. 또 보는 것은 빛에 의해 '일어나는' 것도 아니다. 보는 것은 볼 수 있는 모든 대상의 집합이다. 게다가 그것은 그런 것의 대상적이고 상호적 관계가 기준으로서 선택된—동시에 나누어 준—어떤 크기로, 즉 전망의 어떤 중심에, 모조리 도달하는 한에서의 일이다.

이런 관점에서 볼 때, 감관은 주관성과는 전혀 비슷하지도 않은 것이다. 우리가 지각 영역에서 기록할 수 있는 모든 변화는 사실 '객관적인' 변화들이다. 특히 우리가 '눈을 감음'으로써 보는 행위를 중단할 수 있다는 사실은 하나의 '겉으로만 나타나는' 사실이며, 이 사실은 지각의 주관성을 가리키는 것이 아니다. 사실 눈꺼풀은 나머지 다른 대상과 마찬가지로 하나의 지각되는 대상이며, 다른 대상과의 객관적인 관계의 결과로 인해 다른 대상을 나에게서 감추는 것이다. 내가 나의 눈을 감았기 때문에 내 방에 있는 대상을 '더 이상 보지 않는다'는 것은, 나의 눈꺼풀 안쪽을 '보는' 일이다. 내가 테이블보 위에 내 장갑을 놓는 경우에, 테이블보의 이러저러한 무늬를 '더 이상 보지 않는다'는 것은, 바로 '그 장갑을 보는' 일인데, 눈꺼풀의 경우도 그것과 마찬가지이다. 또 마찬가지로, 하나의 감관에 영향을 미치는 '사고(事故)'는 언제나 대상의 영역에 속해 있다. '내가 보는 것이 모두 노랗게 보이는' 까닭은 내가 황달에 걸렸거나 노랑 안경을 쓰고 있기 때문이다. 그 두 가지 경우에 있어서, 이 현상의 이유는 감관의 주관적인 변화 속에 있는 것도 아니고, 기관적인 고장 속에 있는 것도 아니며, 오히려 세계적인 대상들 사이의 객관적인 관계 속에 있다. 그 어느 경우에도 우리는 무엇인가를 '통해서' 보고 있다. 우리 시각의 '진리'는 '대상적' 이다.

마지막으로 어떤 방법에 의해 시각의 귀추중심(centre de référence)이 무너지는 경우를 생각해 보자(이 무너짐은 세계가 그 자신의 법칙에 따라 전개하는 결과로서만 일어난다. 다시 말하면 이 무너짐은 어떤 방법으로 나의 사실성을 표현하고 있는 것이다). 그 경우에도 볼 수 있는 대상들은 동시에 없어지는 것이 아니다. 볼 수 있는 대상들은 '나에게' 있어서 계속 존재하고 있지만, 아무런 귀추중심을 가지지 않고 존재하고 있으며, 어떤 특정한 '이것'의 나타남도 없이 '볼 수 있는 전체'로서 존재하고 있다. 다시 말하면 대상들 사이의 관계의 절대적인 상호성 속에 존재하고 있는 것이다. 그러므로 세계를 모든 사물의 전체로서 존재하게 하는 동시에, 감관을 사물의 성질이 표시될 때의 객관적인 방법으로서 존재시키는 것은 세계 속에서 대자의 나타남이다. 근본적인 것은 세계에 대한 나의 관계이며, 이 관계는 우리가 어떤 관점에 서는가에 따라, 세계를 규정하는 동시에 감관을 규정한다. 장님과 색맹과 근시는 근원적으로 나에게 있어서 하나의 세계가 '거기에 존재할 때의 방식'을 나타낸다. 다시 말하면 장님과 색맹과 근시는 나의 시감관이 내 나타남의 사실성인 한에서, 나의 시감관을 규정하고 있다. 그런 까닭으로, 나의 감관은 세계에서 출발하여 나에 의해 '공허하게나마' 대상적으로 인식되고 규정될 수 있다. 그러기 위해서는, 사물들이 '나의' 감관에 대해 나 자신에게 주는 온갖 지시를, 나의 이성적이고 보편화한 사고가, 추상적인 것에까지 연장시키면 되는 것으로, 마치 역사가가 역사상의 인물을 가리키는 수많은 발자국을 따라 그 인물을 재구성하듯이, 나의 이성적인 사고가 그런 표지(標識)에서 출발하여, 감관을 '재구성'하기만 하면 충분한 것이다.

그러나 그렇게 되면, 나는 사고에 의해서 나를 세계에서 분리하여, 단순한 합리성의 바탕 위에 세계를 다시 세우는 것이 된다. 나는 세계에 묶이는 일이 없이 세계 위를 난다. 나는 절대적인 대상성의 태도 속에 몸을 둔다. 감관은 대상들 사이의 하나의 대상이 되고, '상대적인' 하나의 귀추중심이 되며, 이 귀추중심은 그 자신이 수없는 좌표를 전제로 한다. 하지만 바로 그것 때문에 나는 사고 속에 세계의 절대적인 상대성을 세운다. 다시 말해 나는 모든 귀추중심의 절대적인 등가를 인정한다. 나는 스스로 깨닫지 못한 채 세계의 세계성을 파괴한다. 그러므로 세계는 '내가 그것으로 있는 감관'을 끊임없이 가리키면서 그 감관을 재구성하도록 나를 촉구함으로써, '내가 그것으로 있는 개인차'를 없애버리도록 나를 움직이고, 그리하여 세계가 배치될 때의 세계적인 귀추중심을 세계의 손에 되돌려 주려고 한다. 그러나 그와 동시에 '나는 내가 그것으로 있는 감관'으로부터—추상적인 사고에 의해—벗어난다. 다시 말하면 나는 세계에 대한 나의 연결을 끊는다. 나는 단순하게 공중을 날고 있는 상태로 나를 둔다. 세계는 끝없이 가능한 관계의 절대적인 등가(等價) 속에 사라진다. 사실, 감관은 우리가 '세계의-한복판-에서의-존재'라는 형태로, 그것으로 있어야 하는 한에서의 우리의 '세계-속-존재'이다.

위의 고찰은 다음과 같이 일반화할 수 있다. 그런 고찰은 나의 몸이 사물에 의해 가리키고 있는 전체적인 귀추중심인 한에서, '나의 몸' 자체에 적용될 수 있다. 특히 우리의 몸은 단순히 오랫동안 '오감(五感)의 자리'라고 불려온 것이기만 한 것은 아니다. 우리의 몸은 또한 우리 행동의 도구이기도 하고 목적이기도 하다. 고전 심리학 용어를 그대로 따르더라도 '감각'과 '행동'을 구별하기는 또한 불가능하다. 그것은 우리가 '실재는 "사물"로서 우리에게 나타나는 것도 아니고 "도구"로서 우리에게 나타나는 것도 아니며, 오히려 "도구—사물"로서 우리에게 나타난다'는 것을 지적했을 때 우리가 보여 주었던 것이다. 그런 까닭으로 우리는 행동의 중심이 되는 한에서의 몸에 대한 우리의 연구를 위해, 앞에서 감관의 참된 본성을 드러내 보이는 데 우리에게 도움이 되었던 추리를 단서로 채용할 수 있을 것이다.

그런데 행동의 문제를 말로 표현하고자 한다면, 우리는 중대한 결과를 불러오는 하나의 혼란에 빠질 우려가 있다. 내가 이 펜을 집어 들어 잉크병 속에 넣을 때, 나는 행동하고 있는 것이다. 그러나 만일 내가 바로 같은 순간에 탁자 쪽으로 의자를 당기고 있는 피에르를 본다면, 나는 그가 행동하고 있는 것도 확인한다. 그러므로 여기에는 우리가 앞에서 감관의 문제에 대해 지적했던 잘못을 다시 저지르게 될 명백한 위험이 있다. 즉 '대—아적(對我的)으로 존재하는' 그대로의 '나의' 행동을 '타인'의 행동에서 출발하여 해석할 위험이 있다. 왜냐하면 사실 어떤 행동이 일어나고 있는 바로 그때, 내가 '인식할' 수 있는 유일한 행동은 피에르의 행동이기 때문이다. 나는 그의 몸짓을 바라본다. 그리고 그와 동시에 그 몸짓의 목적을 이렇게 규정한다. 그가 의자를 탁자로 당기는 것은 좀더 탁자 가까이 앉기 위해서이고, 또 전부터 쓰고 싶다고 나에게 이야기한 적이 있는 그 편지를 쓰기 위한 것이다. 그리하여 나는 의자와 그 의자를 움직이는 몸의 모든 중간 위치를 도구적인 조직으로서 파악할 수 있을 것이다. 그 모든 중간 위치는 추구되고 있는 하나의 목적에 이르기 위한 수단이다.

그러므로 타인의 몸은 이 경우에 다른 여러 가지 도구의 한복판에서 하나의 도구로서 나에게 나타난다. 다만 도구를 만들기 위한 하나의 도구로서 나타날 뿐만 아니라, '도구를 조작하기 위한 하나의 도구로서도', 요컨대 하나의 도구—기계로서도 나타난다. 만일 내가 타인의 몸에 대한 내 인식의 빛에 비추어, '내' 행동에 대한 '내' 몸의 역할을 해석한다면, 이런 경우에 나는 나를 내 마음대로 배치할 수 있는 어떤 도구의 배치자로 여기게 될 것이고, 다음에는 그 도구가 내가 추구하는 어떤 목적의 함수로서, 다른 여러 가지 도구를 배치하게 될 것이다. 그리하여 우리는 '영혼은 몸이라고 하는 도구를 이용한다'는 영혼과 몸 사이의 고전적인 구별로 다시 끌려온다. 감각에 대한 이론과의 평행관계는 더할 수 없이 뚜렷하다. 사실 우리가 이미 살펴본 것처럼 감각에 대한 이론은 타인의 감관에 대한 인식에서 출발하여, 이어서 내가 타자에 대해 지각하는 감각기관과 완전히 똑같은 감관을 나에게 지니도록 하는 것이다. 또 그런 이론이 당장에 부딪히게 되는 어려움 또한 우리가 이미 본 바와 같다. 그 까닭은 이 경우에 내가 세계를 지각하는 것과 특히 타자의 감각기관을 지각하는 것은 나 자신의 감관을 통해서 이루어지는데, 나 자신의 감관은 형태를 왜곡하는 기관이고, 빛을 굴절시키는 장소이며, 자기 자신의 수상(受相)에 대한 것 외에는 나에게 보고할 수가 없다.

그러므로 이 이론의 결론은 그 결론을 세우는 데 쓰이는 원리 그 자체의 객관성을 파괴한다. 행동에 대한 이론도 비슷한 구조를 지니고 있으므로 비슷한 어려움에 부딪힌다. 사실 만일 내가 타자의 몸에서 출발한다면, 나는 그 몸을 하나의 도구로 받아들인다. 다시 말해, 나는 내가 그것을 하나의 도구로서 나를 위해 이용하는 한에서 그 몸을 파악한다. 사실 나는 내가 혼자서는 이룩할 수 없는 목적에 이르기 위해 타자의 몸을 이용할 수 있다. 나는 명령에 의해, 또는 간청에 의해 타자 몸의 행위를 '강요한다.' 나는 또 나 자신의 행위에 의해 타자 몸의 행위를 일으킬 수도 있다. 그와 동시에 나는 특히 위험하고 까다로운 취급을 요하는 하나의 도구에 대해 충분히 신중을 기해야 한다. 나는 마치 직공이 자신의 도구—기계에 대해 그 운동을 교묘하게 조종하는 동시에, 그 기계에 말려들지 않도록 조심할 때 같은 복잡한 태도로 그 하나의 도구에 대처한다. 또한 타자의 몸을 나에게 가장 좋게 이용하기 위해서 나는 나 자신의 몸이라는 하나의 도구를 필요로 한다. 마치 타자의 감각기관을 지각하기 위해서, 나 자신의 감각기관이라는, 타자의 것과는 별개의 감각기관을 필요로 하는 것과 같은 일이다.

그러므로 만일 내가 나의 몸을 타자 몸의 닮은꼴로서 생각한다면, 나의 몸은 세계 속의 하나의 도구이다. 나는 그것을 세심한 주의를 기울여 다루어야 하고, 그것은 다른 도구들을 조작하는 열쇠와 같은 것이다. 그러나 특권이 주어진 이 도구*³들에 대한 나의 관계는 그 스스로 기술적인 관계일 수밖에 없다. 나는 이 도구를 조작하는 데 또 다른 도구를 필요로 한다. 그리하여 우리는 끝없이 지향된다. 그러므로 만일 내가 나의 감각기관을 타인의 감각기관과 같은 것으로 생각한다면, 나의 감각기관은 그것을 지각하기 위해 하나의 감각기관을 요구한다—만일 내가 나의 몸을 타인의 몸과 마찬가지로 하나의 도구로서 파악한다면, 나의 몸은 그것을 조작하기 위해 하나의 도구를 요구한다—만일 우리가 이와 같은 무한에 대한 의거(依據)를 생각하지 않으려고 한다면, 우리는 하나의 영혼에 의해 '조종되는' 하나의 신체적인 도구라고 하는 이 역설을 인정해야만 한다. 그러나 이와 같이 되는 경우에는 누구나 알다시피 사람들은 빠져나올 수 없는 아포리아(aporie, 논리적 궁지)에 빠지고 만다.

차라리 우리는 이 경우에 감관의 경우와 마찬가지로, 몸에 그 대-아적-본성(對我的本性)을 복구할 수 있는지에 대해서 검토해 보자. 대상은 그것이 일정한 '자리'를 차지하고 있는 하나의 도구복합의 중심에서 우리에게 드러내 보여진다. 그 이 위치는 단순한 공간적 좌표에 의해서 한정되는 것은 아니며, 오히려 실제적인 귀추축(歸趨軸)과의 관계에 의해 한정된다. '컵이 선반 위에 있다'고 하는 말은 그 선반을 움직일 때 컵을 쓰러뜨리지 않도록 주의해야 한다는 말이다. 담뱃갑이 벽난로 '위에 있다'고 하는 말은, 파이프에서 담배가 있는 데까지 가려면 벽난로와 탁자 사이에 놓여 있는 둥근탁자니 안락의자니 하는 약간의 장애물을 피해서 3미터 정도의 거리를 넘어가야 한다는 말이다. 그런 의미에서 지각은, '세계'로서 존재하고 있는 것의 실제적인 조직으로부터 결코 구별되는 것이 아니다. 각각의 도구는 다른 도구를 가리킨다. 그 경우, 다른 많은 도구들은 그 하나의 도구의 '열쇠'이며, 그 하나의 도구는 다른 많은 도구들의 '열쇠'이다. 그러나 이 가리킴은 순수하게 바라보는 의식에 의해서는 파악되지 않을 것이다. 그런 의식에서는, 망치는 못을 가리키는 것만은 결코 아닐 것이다. 망치는 그저 못 '옆에' 있을 뿐이다. 이 '옆에'라는 표현 또한 만일 그것이 망치로부터 못에 이르는 하나의 길, 뛰어넘어야 하는 하나의 길을 그려내는 것이 아니라면, 그 의미를 완전히 잃어버린다.

나에게 드러내 보여지는 근원적인 공간은 여로적(旅路的, Hodological)인 공간

---

*3 '특권이 주어진 이 도구'란 나의 몸을 말한다.

이다. 이런 공간은 수많은 길과 거리로 구분되어 있다. 이런 공간은 도구적인 공간이며, 온갖 도구의 '풍경'이다. 이리하여 세계는 나의 대자가 나타나면서부터 이루어져야 할 행위 지시로서 드러내 보여진다. 이 행위들은 다른 행위들을 가리키고, 이 지시된 행위들은 다시 다른 행위들을 잇달아 가리킨다. 그러나 유의해야 할 일은, 이 관점에서 본다면 지각과 행동의 구별이 서지 않는다 하더라도, 행동은 여전히 미래의 어떤 효력으로서 나타나며, 단순히 지각되기만 한 것을 뛰어넘고 초월한다. 지각된 것은 나의 '대자'가 그것에 대해 현전해 있기 때문에, 나에 대해 공통현전(共通現前)으로서 드러내 보여진다. 지각된 것은 직접적인 접촉이며, 현전적인 밀착이다. 지각된 것은 나에게 가볍게 접촉한다. 그러나 지각된 것은 그렇게 드러나기는 하지만, 나는 그것을 '현재에 있어서' 알아차릴 수 없다. 지각된 사물은 약속된 것이고 스쳐 지나가는 것이다. 지각된 사물이 나에게 드러내 보여 주는 것을 약속하는 고유성, 암암리에 동의된 넘겨줌, 다른 사물들에 대한 의미 있는 지시, 그런 하나하나가 장래를 구속한다.

그러므로 내가 존재하는 것은 다만 약속에 불과한 사물들의 '현전에' 있어서이고, 내가 소유할 수 없는, 그리고 말로서는 표현할 수 없는 하나의 '현전'의 저편에 있어서이다. 그리고 이 말로서 표현할 수 없는 현전은 사물들의 순전한 '거기에-있음(현존재)'이고, 다시 말하면 나의 '거기에-있음(현존재)'이며, 나의 사실성이고 나의 몸이다. 이 찻잔은 거기에, 받침접시 위에 있다. 이 찻잔은 '거기에 있는' 그 실굽(그릇의 밑바닥에 가늘게 돌린 받침)을 가진 채 현재 나에게 주어져 있다. 그리고 그 실굽은 모든 것이 그것을 가리키고 있는데도, 나에게는 그것이 보이지 않는다. 만일 내가 그것을 보고자 한다면, 다시 말해 만일 내가 그것을 밝히고 그것을 '찻잔-이라는-배경-위에-나타나게' 하려 한다면, 나는 그 찻잔의 손잡이를 잡고 찻잔을 뒤집어 보아야 한다. 그 찻잔의 실굽은 내 시도의 끝에 존재한다. '이 찻잔의 나머지 다른 구조들은 그 실굽을 찻잔에서 없어서는 안 되는 하나의 요소로서 가리키고 있다'고 말하는 것도, '이 찻잔의 나머지 다른 구조들은 내가 이 찻잔의 의미를 나의 것으로 가장 잘 만들 때 행동으로서, 그 실굽을 나에게 가리키고 있다'고 말하는 것도, 결국 결론에 이르는 곳은 같다. 그러므로 '내가 그것으로 있는 가능성들의 상관자로서의 세계는, 나의 나타남 이후 나의 가능적인 모든 행동의 거대한 그려냄으로서 나타난다. 지각은 당연히 행동을 향해 초월한다. 아니면 지각은 행동적인 온갖 시도 속에서만, 또 그런 시도에 의해서만 드러내 보여질 수 있다. 세계는 하나의 '항상 미래적인 빈 굴'로서 드러내 보여진다. 왜냐하면 우리는 항상 우리 자신에 대해서는 미래적이기 때문이다.

그렇다 해도 유의해야 할 것은, 이렇게 우리에게 드러내 보여진 세계의 이 미래는 엄밀하게 대상적이라는 사실이다. 도구—사물은 그 자신과 함께 다른 많은 도구, 또는 그 도구를 사용할 때의 객관적인 방식들을 가리킨다. 즉 못은 이러이러한 방식으로 '박혀야' 하며, 망치는 '자루에 의해서 잡히는' 것으로 있으며 등등이다. 사물의 이런 모든 고유성은 직접적으로 드러내 보여지는 것이고, 라틴어의 동사형 형용사가 이 고유성을 잘 표현하고 있다. 물론 이 고유성은 '우리가 그것으로 있는 비조정적(非措定的)인 시도'의 상관자이지만, 다만 단순히 잠재성, 부재(不在), 도구성 같은, 세계의 구조로서 드러내 보여진다. 그러므로 세계는 객관적으로 연결된 것으로서 나에게 나타난다. 세계는 결코 하나의 창조적인 주관성을 가리키는 것이 아니며, 오히려 무한한 도구복합을 가리킨다.

그러나 각각의 도구는 또 하나의 도구를 가리키며, 그 도구는 다시 또 다른 도구를 가리키기 때문에, 모든 도구는 결국 마지막에는 그 모든 것들에 대해 '열쇠'로서 존재하는 하나의 도구를 가리키게 된다. 이 귀추중심은 필요한 것이다. 만일 그렇지 않다면, 모든 도구성은 같은 가치를 가진 것이 되어, 세계는 온갖 동사형 형용사의 전면적인 무차별에 의해 없어져 버릴 것이다. 카르타고는 로마인들에게는 '사라져야 하는(delenda)' 것이지만, 카르타고 사람들에게는 '지켜져야 하는(servanda)' 것이다. 그런 귀추중심과의 관계가 없으면, 카르타고는 더 이상 아무것도 아니며, 다시 즉자의 무차별 속에 빠지게 된다. 왜냐하면 이 두 개의 동사형 형용사는 서로 없어지기 때문이다. 그러나 확실하게 알아두어야 할 것은, '열쇠'는 결코 나에게 '주어지는' 게 아니라 다만 '빈 굴' 속에 지시될 뿐이라는 점이다. 내가 행동 속에 대상적으로 파악하는 것은 서로 관련되어 있는 수많은 도구로 이루어진 하나의 세계이다. 더욱이 그런 도구의 각각은 내가 자신을 그것에 적응시키고 또 그것을 뛰어넘을 때의 행위 속에서 그것이 파악되는 한에서, 내가 그것을 사용할 수 있게 하는 또 하나의 도구를 가리킨다. 그런 의미에서 못은 망치를 가리키고, 또 망치는 그것을 사용하는 손과 팔을 가리킨다. 하지만 그 손과 팔이 이번에는 도구가 되어, 내가 그것을 사용하고, 내가 그것을 그 잠재성을 향해 뛰어넘는 것은, 내가 타자로 하여금 못을 박게 하는 한에서이다. 이 경우에 타자의 손은, 내가 이 손을 이용할 수 있게 할 도구(위협-계약-보수 등등)를 나에게 가리킨다.

최초의 항(頂)은 여러 곳에 현전해 있지만 그것은 다만 지시되어 있을 뿐이다. 나는 글을 쓰는 행위에 있어서 '나의' 손을 알아차리는 것이 아니라, 단순히 글을 쓰고 있는 펜대를 알아차릴 따름이다. 즉 이 말은 나는 글을 쓰기 위해 펜을 사용하는 것이지, 펜을 잡기 위해서 '나의 손'을 사용하는 것이 아니라는 의미이다. 나는 펜에 대해서와 마찬가지로 이용적인 태도로 나의 손을 대하고 있는 것이 아니다. 나는 나의 손'이다.' 다시 말하면 나의 손은 지시의 정지이고 지시의 귀결이다. 손은 단순히 펜의 이용이다. 이와 같은 의미에서 손은, '쓰여야 할 책-원고지 위에 쓰여야 할 글자-펜대'라는 이 계열의 마지막 도구가 지시하는, 인식할 수 없고 이용할 수도 없는 항목인 동시에 이 계열 전체에 방향을 갖게 하는 것이다. 인쇄된 책 자체도 손을 향해 귀착한다. 그러나 나는 손을—적어도 그 손이 작용하고 있는 한에서—이 계열 전체의 끊임없는 지시, 사라져 가고 있는 지시로서밖에 파악할 수 없다. 그러므로 칼 또는 봉을 사용하는 결투에서 내가 눈으로 집중해 살피는 것, 내가 조종하는 것은 그 봉이다. 또한 글을 쓰는 행위에서 내가 종이 위에 그려진 선(線) 또는 눈금의 종합적인 연관에 있어서 눈여겨보는 것은 펜촉 끝이다. 하지만 나의 손은 사라져 버리고 없다. 나의 손은 도구성의 복합체계가 존재할 수 있도록, 그 체계 속으로 사라져 버린 것이다. 나의 손은 단순히 그 체계의 방향이고 방위이다.

그러므로 우리는 서로 모순되는 이중의 필연성 앞에 놓여 있는 것처럼 보인다. 모든 도구는 다른 하나의 도구를 매개로 하지 않으면 이용될 수 없으므로—또 파악될 수도 없으므로—이 우주는 도구로부터 도구를 향한, 끝없는 대상적 지시이다. 그런 의미에서는 세계의 구조가 가리키고 있는 것처럼, 우리는 우리 자신이 도구가 되지 않는 한 도구성의 영역에 자신을 삽입할 수 없으며, 또 '작용당하지' 않는 한 '작용할' 수 없는 것이다. 그러나 그 반면에, 하나의 도구복합은 이 복합의 기본 방향의 규정에 의해서만 드러내 보여질 수 있다. 게다가 그 규정은 그 자신이 실천적이고 행동적이다—못을 박고 씨를 뿌리는 것 등이다. 이 제2의 경우에는 그 복합의 존재 자체가 직접적으로 하나의 중심을 가리키고 있다. 그러므로 이 중심은 거기에 귀착하는 도구적인 영역에 의해 대상적으로 규정되는 하나의 도구이지만, 그와 동시에 그 중심은 우리가 무한을 향해 보내지게 될 것이기 때문에 우리가 '이용할(utiliser)' 수 없는 도구이다. 우리는 이 도구를 사용하는 것이 아니라, 우리가 그 도구'이다.' 그 도구는 세계의 도구적인 질서에 의해, 또는 호돌로지적(旅路的)인 공간에 의해 기계들의 일의적(一義的)인 또는 상호적인 관계 이외의 다른 방법으로는 우리에게 주어지지 않지만, 이 도구는 나의 행동에 대해 '주어지는' 일은 없을 것이다.

나는 이 도구에 나를 적응시켜야 할 필요도 없고, 이 도구에 다른 하나의 도구를 적응시킬 필요도 없다. 오히려 이 도구는, 도구에 대한 나의 적응 그 자체이며, 내가 그것으로 있는 그대로의 적응이다. 그래서 타자의 몸을 모방하여 나의 몸을 유추적으로 재구성하는 것은 일단 문제 밖으로 친다면, 몸을 파악하는 두 가지 방법이 남아 있다.

첫 번째 방법에 의하면, 몸은 '인식'될 수 있다. 몸은 세계에서 출발하여 대상적으로 규정될 수 있지만, 그것은 헛된 규정일 뿐이다. 그것을 위해서는 합리화하는 사고가, 내가 이용하는 여러 가지 도구에 의해 주어지는 지시에서 출발하여, '내가 그것으로 있는 그대로의 도구'를 재구성하기만 하면 충분하다. 그러나 그 경우에는, 그 근본적인 도구는 하나의 상대적인 귀추중심(歸趨中心)이 되고, 이 상대적인 귀추중심은 그 자신이 이 중심을 이용하기 위한 다른 도구들을 전제로 한다. 또한 그와 동시에, 세계의 도구성은 사라진다. 왜냐하면 세계의 도구성은 그것이 드러내 보여지기 위해서는 도구성의 하나의 절대적인 중심을 향하는 귀추를 필요로 하기 때문이다. 행동의 세계는 고전적인 과학에 속하는 '작용을 받는 세계'로 떨어진다. 의식은 외면적인 우주 상공을 날며, 이미 어떤 방식으로도 '세계 속으로 들어갈' 수 없다.

또 두 번째 방식에 의하면, 몸은 '대자'가 사물의 배치를 하나의 새로운 배치를 향해 뛰어넘는 한에서, 사물의 배치 그 자체로서 '구체적'으로, 그 상태 그대로 '주어진다.' 이 경우에 설령 몸은 보이지 않는다 하더라도 모든 행동 속에 현전하고 있다—왜냐하면 행동은 망치나 못을, 그리고 브레이크와 속도의 변화를 드러내 보이는 것이지, 결코 브레이크를 거는 발이나 망치질을 하는 손을 드러내 보이는 것은 아니기 때문이다—몸은 '삶을 살게 되는' 것이지 '인식되는' 것이 아니다. 그래서 멘 드 비랑(Maine de Biran)이 흄의 도전에 대답하기 위해 인용했던 그 유명한 '노력감각'은 하나의 심리학적인 신화이다. 우리는 결코 우리의 노력에 대한 감각을 갖지 않는다. 그렇다고 해서 그 대용(代用)으로 말초감각·근육감각·골감각·건(腱)감각·피부감각 등을 갖는 것도 아니다. 우리는 사물의 저항을 지각한다. 내가 이 컵을 나의 입으로 가져가려고 할 때, 내가 지각하는 것은 나의 노력이 아니라 그 컵의 무게이다. 다시 말하면 내가 세계 속에 나타나게 한 하나의 도구복합 속에 그 컵이 들어올 때의 저항이다.

바슐라르(Bachelard)[*4]는 그가 대상의 '역행률(逆行率, coefficient d'adversité)'이라고 이름붙인 것을, 현상학이 충분히 고려하지 않고 있다는 점에서 현상학을 비판했는데, 그것은 타당한 일이다. 이 비판은 하이데거의 초월과 후설적인 지향성(志向性)에도 적용된다. 그러나 도구성이 가장 중요하다는 것을 충분히 이해해야 한다. 사물이 그런 저항과 그런 역행을 드러내 보이는 것은 하나의 근원적인 도구복합과의 관계에 있어서이다. 나사못이 너무 굵다는 것을 아는 것은, 너트 속에서 조여들어가는 데 있어서이고, 받침대가 너무 약하다는 것을 아는 것은, 내가 그 위에 얹으려는 무게를 지탱하는 데 있어서이며, 돌이 너무 무겁다는 것을 아는 것은, 담 위까지 들어올리는 데 있어서 등등이다. 또 다른 대상들은 이미 설정된 하나의 도구복합에 있어서 위협적인 것으로서 나타날 것이다. 폭풍우와 우박은 수확에 대해, 진딧물은 포도나무에 대해, 화재는 가옥에 대해 위협적인 것으로서 나타난다. 그리하여 그런 위협은 차츰차츰, 이미 설정되어 있는 도구복합을 통해서, 그 모든 도구가 가리키고 있는 귀추중심에까지 미치게 된다. 그런 다음에는, 그 위협들이 모든 도구를 통해 그 귀추중심을 가리킬 것이다. 그런 의미에서 모든 '수단'은 유리한 것이기도 하고 불리한 것이기도 하다. 그러나 그것은 세계 속에서 '대자'의 나타남에 의해 이루어지는 근본적인 시도의 범위 안에서의 일이다. 그리하여 나의 몸은 근원적으로는 도구복합들에 의해 지시되지만, 이차적으로는 파괴적인 도구들에 의해 지시된다.

[*4] 원주. 바슐라르(Gaston Bachelard)의 《물과 꿈(L'Eau et les Rêves)》 1942년 조세 코르티(José Corti) 간행. 역주 : 바슐라르(1884~1962)는 새로운 과학정신을 주창한 철학자로서 인간의 상상력에 관한 일련의 문학적·철학적 저작으로 알려진 인물.

나는 순종적인 도구에 관해서와 마찬가지로 위협적인 도구에 관해서도, 위험에 처해 있는 나의 몸을 '살아간다.' 나의 몸은 여러 곳에 존재한다. '나의' 집을 파괴하는 폭탄은 그 집이 이미 내 몸 하나의 지시였던 한에서, 나의 몸까지 침해한다. 나의 몸은 항상 나의 몸이 이용하는 도구를 통해 확대되고 있기 때문이다. 나의 몸은 내가 의지하고 있는 지팡이 끝의 대지에 저항하며 존재한다. 나의 몸은 나에게 천체를 관찰시켜 주는 망원경 끝에 존재한다. 나의 몸은 의자 위에, 집 전체 속에 존재한다. 왜냐하면 나의 몸은 그런 도구에 대한 나의 적응이기 때문이다.

그러므로 이 서술의 마지막에서 감각과 행동은 다시 결합된 셈이며, 그 둘은 이제 하나가 될 수밖에 없다. 우리는 '먼저' 우리에게 하나의 몸을 부여하고, '그 다음에' 우리가 어떤 방법으로 몸을 통해 세계를 파악하거나 바꾸는지를 연구하는 방식은 이미 단념했다. 그보다는, 반대로 몸을 몸으로서 드러내 보이기 위한 근거로서 우리가 보여 준 것은 세계에 대한 우리의 근원적인 관계이며, 존재 한복판에서의 우리의 나타남 그 자체이다. 몸은 '우리에게 있어서' 최초의 것도 아니고, 우리에게 모든 사물을 드러내 보여 주는 것도 아니다. 오히려 온갖 도구—사물이야말로, 그 근원적인 나타남에 있어서 우리의 몸을 우리에게 지시해 주는 것이다. 몸은 사물과 우리 사이의 스크린이 아니다. 몸은 다만 모든 도구—사물에 대한 우리의 근원적인 관계의 개별성과 우연성을 나타내고 있을 뿐이다. 그런 의미에서 우리는 앞에서, 감관과 감각기관 전반을, 우리가 '세계—한복판—에서의—존재'라는 형태로, 그것으로 있어야 하는 한에서, 우리의 '세계—속—존재'로서 정의한 것이다. 우리는 마찬가지로 '행동을' 우리가 '세계—한복판—에서의—도구—존재'라는 형태로, 그것으로 있어야 하는 한에서, 우리의 '세계—속—존재'로서 정의할 수 있다. 그러나 내가 세계 한복판에 존재하는 것은 내가 존재를 나 자신을 향해 초월함으로써, 하나의 세계를 그곳에 존재하게 했기 때문이다. 또 내가 세계에 속하는 도구인 것은, 나의 모든 가능을 향하는 나 자신의 시도에 의해 내가 일반적으로 도구들을 그곳에 존재하게 했기 때문이다. 하나의 몸이 존재할 수 있는 것은 '하나의 세계 속에서'뿐이다. 그리고 이 세계가 존재하기 위해서는 하나의 원초적인 관계가 필요불가결한 것이다. 어떤 의미에서는 몸은 내가 직접적으로 그것으로 있는 것이다. 하지만 다른 의미에서 나는 세계의 한없는 두께에 의해 몸으로부터 격리되어 있다. 몸은 나의 사실성을 향한 세계의 후퇴에 의해 나에게 주어진다. 더욱이 이 끊임없는 후퇴의 조건은 끊임없는 하나의 뛰어넘기이다.

여기서 우리는 우리 몸의 대아적–본성(對我的本性)을 명확하게 밝힐 수 있다. 사실 위와 같은 고찰을 통해 우리는 '몸은 끊임없이 초월당하는 것'이라는 결론을 내릴 수 있게 되었다. 사실 감각적인 귀추중심으로서의 몸은, 내가 지각하고 있는 컵·탁자, 또는 멀리 보이는 나무에 대해 내가 직접적으로 현전해 있는 한에서, '내가 "그것의 저편에서" 그것으로 있는 그대로의 것(ce *au delà de quoi je suis*)'이다. 사실 지각은 대상이 지각되는 바로 그곳에 있어서만, 게다가 이 대상이 '거리를 두지 않고' 지각되는 바로 그곳에서만 생길 수 있다. 그러나 그와 동시에 지각은 온갖 거리를 전개한다. 지각된 대상이 그 존재의 절대적인 하나의 고유성으로서 자기의 거리를 가리키는 것은 바로 몸에 대해서이다. 마찬가지로 모든 도구복합의 도구적인 중심으로서, 몸은 '초월되는 것'으로밖에 있을 수가 없다. 몸은 도구복합들의 하나의 새로운 결합을 향해 내가 그것을 뛰어넘는 것이며, 내가 이르게 될 도구적 결합이 어떤 것이든, 내가 끊임없이 그것을 뛰어넘어야 할 것이다. 왜냐하면 모든 결합은 나의 뛰어넘기가 그것을 그 존재 속에 굳게하자마자, 그 굳어진 부동성(不動性)의 귀추중심으로서 몸을 가리키기 때문이다. 그러므로 몸은 뛰어넘는 것이기 때문에 과거이다. 몸은 '감각적인' 사물들의 대자에 대한 직접적인 현전이지만, 그것은 이 현전이 하나의 귀추중심을 가리키는 한에서이며, 이 현전이 하나의 새로운 '이것'의 나타남을 향해서이든, 아니면 온갖 도구–사물의 하나의 새로운 결합을 향해서이든, 이미 초월되어 있는 한에서이다.

대자의 시도 하나하나에 있어서, 지각의 하나하나에 있어서, 몸은 거기에 존재한다. 몸은, 이 몸이 그것에서 도피하는 '현재'에 아직도 아슬아슬하게 접해 있는 한에서 직접적인 '과거'이다. 다시 말하면, 몸은 '관점'인 동시에 '출발점'이다. 게다가 나는 하나의 관점, 하나의 출발점'인' 동시에, 나는 내가 있어야 하는 것을 향해 이 하나의 출발점을 뛰어넘는다. 그러나 끊임없이 초월당하면서, 초월의 핵심에 끊임없이 다시 생겨나는 이 관점, 내가 쉬지 않고 그것을 뛰어넘는, 또 나의 배후에 남아 있는 나 자신으로 있는 이 출발점–이런 것으로서, 몸은 내 우연성의 필연성이다. 그것은 이중의 의미에서 필연적이다.

무엇보다 첫 번째로, 즉자에 의한 '대자'의 끊임없는 다시 알아챔이고, 대자가 자기 자신의 근거로 있지 않은 존재로서밖에 존재할 수 없다는 존재론적 사실이기 때문이다. 하나의 몸을 가지는 것은 자기 자신의 무(無)의 근거로 있는 것이고, 자기 존재의 근거로 있지 않은 것이다. '내가' 나의 몸'인 것은' 내가 '존재하는' 한에서이다. 내가 나의 몸으로 '있지 않은 것은' 내가 나의 있는 그대로의 것으로 있지 않은 한에서이다. 내가 나의 몸에서 벗어나는 것은 나의 무화(無化)에 의해서이다. 그러나 그렇다고 해서 나는 나의 몸을 하나의 대상으로 만들지는 않는다. 왜냐하면 내가 벗어나는 것은, 끊임없이 내가 그것으로 있는 그대로의 것으로부터이기 때문이다.

두 번째로 몸은 세계 속에 존재하기 위해 뛰어넘어야 하는 장애물로서, 즉 내가 스스로 그것으로 있는 장애물로서 필연적이다. 그런 의미에서 몸은 세계의 절대적인 질서와 다른 것이 아니다. 게다가 나는 이 질서를 하나의 '도래-해야 하는-존재'를 향해 '존재의-저편에-있는-존재'를 향해 뛰어넘음으로써 이 질서를 존재에까지 이르게 하는 것이다. 우리는 이 두 가지 필연성의 통일을 분명하게 파악할 수 있다. 대자적으로 존재한다는 것은 세계를 뛰어넘는 일이고, 세계를 뛰어넘음으로써 하나의 세계를 그곳에 존재하게 하는 일이다. 그러나 세계를 뛰어넘는다는 것은 바로, 세계의 상공을 날지 않는 것이고, 세계에서 모습을 드러내기 위해 세계 속에 자기를 구속하는 것이며, 필연적으로 자기를 초월의 이 전망이 되게 하는 것이다. 그런 의미에서 '유한성'은 대자의 근원적 시도의 필요조건이다. 내가 존재에게 오게 하는 하나의 세계 저편에서 내가 그것으로 있지 않은 것으로 있고, 또 내가 그것으로 있는 것으로 있지 않기 위한 필요조건은, 내가 그것으로 있는 끝없는 추구의 핵심에, 끊임없이 하나의 파악할 수 없는 주어진 것이 존재한다는 것이다. 나는 이 주어진 것으로 있어야 하는 일이 없이—'있지 않음'의 존재방식이 아니라 하더라도—이 주어진 것으로 있지만, 나는 그것을 파악할 수도 없고 그것을 인식할 수도 없다. 왜냐하면 이 주어진 것은 여러 곳에서 다시 잡혀와서, 초월되고, 나의 시도를 위해 이용되고, 맡겨지기 때문이다.

그러나 또 한편, 모든 것이 이 주어진 것을 나에게 가리키고 있다. 모든 초월적인 것이 자기 초월에 의해 그 주어진 것을 빈 굴 속에 그려내고 있음에도 불구하고, 나는 결코 초월적인 것에 의해 지시되고 있는 이 주어진 것 쪽을 결코 뒤돌아볼 수 없다. 그것은 내가 지시되고 있는 이 존재'이기' 때문이다. 미리 말해 두지만, 그 지시되고 있는 주어진 것을, 온갖 도구—사물의 하나의 정적인 질서의 단순한 귀추중심으로 해석해서는 안 된다. 오히려 그 반대로, 그런 도구—사물의 동적인 질서는, 이 질서가 내 행동에 의존하든 의존하지 않든, 규칙에 따라 그 중심에 다다른다. 그리고 바로 그 때문에 이 귀추중심은 그 변화에 있어서 규정되는 동시에, 그 동일성에 있어서도 규정된다. 그것 말고는 사정이 있을 리가 없다. 왜냐하면 내가 세계를 존재에까지 오게 하는 것은, 내가 존재인 것을 나 자신에 대해 부정함에 의한 것이기 때문이고, 또 내가 이러이러한 존재인 것을 나 자신에 대해 부정할 수 있는 것은 나의 과거로부터 출발하는 것에 의해, 다시 말해 나 자신의 존재 저편에 나를 기투함에 의한 것이기 때문이다.

이런 관점에서 따진다면, 몸은, 다시 말해 이 파악할 수 없는 주어진 것은, 내 행동의 하나의 필요조건이다. 사실, 만일 내가 추구하는 목적이 완전히 독선적인 소망에 의해 이를 수 있다면, 만일 얻기 위해서는 희망하는 것만으로 충분하다면, 또 만일 일정한 규칙이 온갖 도구의 용법을 규정하고 있지 않다면, 나는 결코 욕구와 의지를, 그리고 꿈과 행위를, 또 가능과 현실을 내 안에서 구별할 수 없게 될 것이다. 나 자신의 어떤 기투도 가능하지 않게 될 것이다. 이루기 위해서는 마음으로 생각하는 것만으로 충분할 것이기 때문이다. 따라서 나의 대자존재는 현재와 미래의 무차별 속에 사라져 버릴 것이다. 사실 행동의 현상학이 보여주듯이, 행위는 단순한 사고 작용과 이룸 사이, 다시 말해 '자동차의 기화기(氣化器)에는 매연이 쌓이지 않도록 해야 한다'고 하는, 보편적이고 추상적인 생각과, 그 절대적인 부피와 절대적인 위치를 가지고 나에게 나타나는 그대로의 '이' 기화기로 향해진 기술적이고 구체적인 생각 사이에, 하나의 단절이 있음을 전제로 하고 있다. 이 기술적인 생각은 그것에 의해 행해지는 행위와 구별되지 않지만, 이 기술적인 생각의 조건은 나의 유한성이고, 나의 우연성이며, 요컨대 나의 사실성이다. 그런데 바로 내가 '사실적으로' 존재하는 것은, 내가 하나의 과거를 가지는 한에서이다. 그 직접적인 과거는 나에게 최초의 즉자를 가리킨다. 나는 '출생'에 의해 이 최초의 즉자의 무화(無化) 위에 나타나는 것이다.

그러므로 사실성으로서의 몸은, 그것이 근원적으로 하나의 '출생'을 지시하는 한에서 과거이다. 다시 말하면 내가 그것으로 있어야 하는 것으로 있지 않고, 사실적으로 그것으로 있는 즉자로부터 나를 나타내는 것은 최초의 무화인데, 몸이 이 최초의 무화를 가리키는 한에서 몸은 과거이다. 출생·과거·우연성·관점의 필연성, 세계에 관한 모든 가능한 행동의 사실상의 조건, 이런 것들이 '나에게 있어서' 있는 그대로의 '몸'이다. 그러므로 몸은 결코 나의 영혼에 대한 하나의 우연적인 덧붙임이 아니다. 오히려 그 반대로 몸은 내 존재의 하나의 영구적인 구조로서, 세계에 '대한' 의식으로서, 또 나의 미래를 향한 초월적인 시도로서 내 의식의 가능성의 영구적인 조건이다. 이런 관점에서 본다면 우리는 다음의 두 가지를 동시에 인정해야만 할 것이다. 즉 내가 병든 몸이고, 공무원이나 노동자의 아들이며, 성급하고 게으르다는 것은 완전히 우연적이고도 부조리한 일이지만, 그러면서도 내가 '그것' 또는 그 밖의 것, 이를테면 프랑스인 또는 독일인 또는 영국인 등등, 그리고 프롤레타리아 또는 부르주아 또는 귀족 등등, 그리고 병약하고 허약하거나, 튼튼하고 성급하고 또는 온화한 성격이거나 하는 것은 '필연적'인 것이다. 그것은 바로 나는 세계가 사라지지 않는 이상은 세계의 '상공을 날' 수 없을 것이기 때문이다.

나의 출생은 대상들이 나에 대해 드러내 보여질 때의 방법을 조건짓고 있는 것으로(이를테면 사치품이나 생활필수품을 '구하기'가 쉽다거나 쉽지 않다. 어떤 종류의 사회적 현실이 나에게는 '금지된 것'으로서 나타난다. 나의 호돌로지적(hodological)인 공간 속에는 수많은 울타리와 장애물이 있다), 이와 같은 조건이 지어져 있는 한에서의 나의 출생. 또 나의 집안은 나를 대하는 타자의 태도에 의해 가리키는 것으로(타자들은 경멸적인 태도 또는 경탄하는 태도를 보여 주고, 신뢰하는 태도 또는 불신하는 태도를 보여 준다), 그런 한에서의 '나의 집안.' 나의 계급은 내가 소속되어 있는 사회적 집단의 드러내 보임에 의해 드러나는 것으로, 또한 내가 자주 출입하는 곳은 나의 계급을 가리키는데, 바로 그런 한에서의 나의 '계급.' 나의 '국적', 모든 도구는 그것이 저항적인 것 또는 순종적인 것으로 나타날 때의 방법에 의해, 또 그런 도구의 '역행률(逆行率)' 자체에 의해, 나의 생리적 구조를 넌지시 보여 주고 있는 것으로, 그런 한에서의 나의 '생리적 구조.' 나의 성격, 내가 체험한 것은 모두 세계에 대한 나의 관점으로서, 세계 그 자신에 의해 지시되는 것으로, 그런 한에서의 나의 '과거.' 이상의 모든 것은 내가 나의 '세계-속-존재'의 종합적인 통일에 있어서 그것을 뛰어넘는 한에서 '나의 몸'이다.

게다가 그것은, 세계 존재의 필연적인 조건으로서 '나의 몸'이며, 이 조건의 우연적인 이룸으로서 '나의 몸'이다. 앞에서 우리는 '대아—존재(對我存在)'로서의 몸에 대해, '몸은 나의 우연성의 필연성이 취하는 우연적인 형태'라고 정의했는데, 이제야 우리는 그 정의를 명확하게 파악한다. 우리들의 몸이 '우리에게 있어서'〔대아적으로〕존재하는 한에서, 우리는 이런 우연성을 우연성으로서 파악할 수 없다. 왜냐하면 우리는 선택이며, 존재한다는 것은 우리에게는 자기를 선택하는 일이기 때문이다. 내가 힘들어하고 있는 이 병든 몸마저도, 내가 살아 있다고 하는 사실 자체에 의해, 나는 그것을 몸에 떠맡은 것이다. 나는 나 자신의 시도를 향해 병든 몸을 뛰어넘는다. 나는 병든 몸을 나의 존재에서의 필연적인 장애가 되게 한다. 내가 병든 나를 선택하지 않는 한, 다시 말해 내가 어떤 방법으로 나의 병든 몸을 구성할지('견딜 수 없는 것'으로서, '굴욕적인 것'으로서, '숨겨야 하는 것'으로서, '사람들에게 드러내 보여야 하는 것'으로서, '자존심의 대상'으로서, '내 실패의 핑계' 등으로서 구성할지)를 선택하지 않는 한, 나는 병든 몸일 수 없는 것이다. 그러나 이 파악할 수 없는 몸은, 바로 '하나의 선택이 그곳에 존재한다'고 하는 필연성, 다시 말해 '나는 "단번에 모든 선택"으로 있는 것이 아니다'라고 하는 필연성이다. 그런 의미에서 나의 유한성은 내 자유의 조건이다. 왜냐하면 선택이 없는 곳에는 자유가 존재하지 않기 때문이다. 몸은 세계에 대한 순수의식으로서의 의식을 조건짓고 있지만, 그와 동시에 몸은 의식을 바로 그 자유 자체 속에서도 가능하게 한다.

남은 문제는 몸이 나에게 있어서 무엇인지를 이해하는 것이다. 생각건대, 그야말로 몸은 파악할 수 없는 것이기 때문에, 몸은 세계의 대상들에게, 다시 말해 내가 인식하고 내가 이용하는 그 대상들에게 속하는 것이 아니다. 그렇다 하더라도, 그 반면에, 나는 내가 그것으로 있는 것에 대한 의식으로 있지 않고는 어떤 것도 될 수 없기 때문에, 몸은 어떤 방식으로든 나의 의식에 대해 주어지는 것이 아니면 안 된다. 물론 어떤 의미에서 몸은, 내가 파악하는 모든 도구가 가리키고 있는 것이다. 나는 내가 온갖 도구 위에 지각하는 그런 지시 그 자체 속에 몸을 인식하는 일 없이 몸을 파악한다. 그러나 우리가 이 착안에만 머문다면, 우리는, 이를테면 천문학자가 망원경을 통해 유성을 관측할 때의 그 망원경과 몸을 구별할 수 없게 될 것이다.

사실, 만일 우리가 몸을 세계에 대한 우연적인 관점으로 정의한다면, 관점이라고 하는 이 관념은 다음과 같은 이중의 관계를 전제하고 있음을 인정해야 한다. 그 하나는 사물들과의 관계이며, '관점은 그런 사물에 대해서, 관점으로 있다. 다른 하나는 관찰자와의 관계로, '관점은 이 관찰자에게 있어서, 관점으로 있다.' 그런데 '관점—몸'이 문제가 되는 경우에는, 이 두 번째 관계는 첫 번째 관계와 근본적으로 다르다. 반대로, 몸과는 다른, 하나의 대상적인 도구라는 의미로서, 세계 속의 관점(이를테면 쌍안경·전망대·확대경 등등)이 문제가 되는 경우에는, 이 두 번째 관계는 첫 번째 관계와 실제로는 구별되지 않는다. 전망대'에서' 경치를 바라보고 있는 한 산책자는 경치와 함께 전망대도 본다. 그는 전망대의 기둥과 기둥 사이로 바라보이는 나무를 본다. 또 전망대의 지붕이 하늘을 가리고 있는 것을 본다. 그러나 그와 전망대 사이의 '거리'는, 정의상, 그의 눈과 경치 사이의 거리만큼 크지는 않다. 또 이 '관점'은 차츰 몸에 접근하여 몸과 거의 하나가 될 수도 있다. 예를 들면 안경·코안경·외알박이안경 등의 경우가 그러하여, 그것은 말하자면 보조적인 시각기관이 된다.

한계점에 있어서—만일 우리가 하나의 절대적인 관점을 생각한다면—관점과, 그 관점이 누군가에게 있어서 관점이 되는 경우의 그 누군가와의 거리는 없어져 버린다. 다시 말하면 '시야를 지니기' 위해 후퇴하여, 그 관점에 관해 하나의 새로운 관점을 향하는 것은 불가능해질 것이다. 그것은 바로 우리가 앞에서 살펴본 것처럼 몸을 특징짓는 것이다. 몸은 내가 다른 또 하나의 도구로 이용할 수 없는 도구이며, 내가 이제 그것에 대해 관점을 취할 수 없는 관점이다. 그것은, 사실 내가 바로 '훌륭한 관점'이라고 부르는 이 언덕의 꼭대기에서 내가 골짜기를 바라보고 있는 바로 그 순간에, 나는 한 관점을 취하기 때문이고, 또 '관점에 대한' 이 '관점'이 바로 나의 몸이기 때문이다. 그러나 나의 몸에 대해서는, 나는 무한소행(無限遡行)에 빠지지 않고는 관점을 취할 수 없을 것이다. 다만 이 사실에서, 몸은 '나에게는' 초월적인 것일 수도 인식되는 것일 수도 없을 것이다.

자발적이고 비반성적인 의식은 이미 몸'에 대한' 의식이 아니다. 오히려 '존재한다(exister)'는 동사를 타동사로 사용하여, '의식은 그 몸을 존재한다(elle existe son corps)'고 말하지 않으면 안 될 것이다. 그러므로 사물에 대한 관점—몸의 관계는 하나의 '대상적인 관계(relation objective)'이고, 몸에 대한 의식의 관계는 하나의 '존재적인 관계(relation existentielle)'이다. 이 후자의 관계를 우리는 어떻게 받아들여야 할 것인가?

　무엇보다 먼저, 의식은 의식으로서밖에 그 몸을 존재할 수 없다는 것은 분명한 일이다. 그러므로 '나의' 몸은 내 의식의 하나의 의식적인 구조이다. 하지만 바로 나의 몸은 그 몸에 대해서는 관점이 존재할 수 없는 관점이기 때문에, 비반성적인 의식 차원에서는 몸에 '대한' 의식은 존재하지 않는다. 그러므로 몸은 자기에 '대한' 비조정적 의식의 구조에 속한다. 그러나 우리는 이 비조정적 의식과 몸을 전적으로 동일시할 수 있는 것인가? 그것도 또한 불가능하다. 왜냐하면 비조정적인 의식은 의식의 것인 하나의 가능성을 향한 자유로운 시도로서의 한에서, 다시 말해 의식이 자기 자신의 무의 근거인 한에서 자기(에 대한) 의식이기 때문이다. 비정립적인 의식은 몸(에 대한) 의식인데, 이 몸은 의식이 자기를 의식이 되게 함으로써, 의식이 그것을 극복하고, 그것을 무화(無化)하는 것이다. 다시 말하면 그 몸은 의식이 그것으로 있어야 하는 일이 없이 그것으로 있는 어떤 것이며, '의식'이 자신이 있어야 하는 그대로의 것으로 있기 위해, '그것을 극복하는' 어떤 것이다. 요컨대 몸(에 대한) 의식은 측면적이고 회고적이다.*5 몸은 '소홀히 여기는 것'이고 '그대로 넘기는 것'이다. 그렇다 하더라도 몸은 의식이 '그것으로' 있는 그대로의 것이다. 의식은 몸 이외에 아무것도 아니다. 나머지는 무(無)이고 침묵이다. 몸에 대한 의식은 '표시'*6에 대한 의식과 비교된다. 더욱이 표시는 몸 쪽에 속해 있다. 표시는 몸의 본질적인 구조 가운데 하나이다.

　그런데 표시에 대한 의식은 존재한다. 그렇지 않으면 우리는 표시의 의미를 이해할 수 없을 것이다. 그러나 표시는 '의미를 향해 초월되는' 것이다. 표시는 의미를 살리기 위해서 소홀히 여기는 것이고, 결코 그 자신으로서는 파악될 수 없는 것이며, 끊임없이 그것의 저편으로 시선이 향해지는 것이다. 몸(에 대한) 의식은 '의식이 그것으로 있어야 하는 일 없이, 그것으로 있는 것'에 대한, 다시 말해 '의식의 파악될 수 없는 우연성'에 대한, '거기서 출발하여 의식이 자기를 선택하게 하는 것'에 대한, 측면적이고 회고적인 의식이다. 그러므로 몸(에 대한) 의식은

───────────

*5 여기서 말하는 측면적인 의식이라는 것은, 곁눈질하는 의식, 또는 옆으로 물리는 의식, 옆으로 제쳐놓는 의식이라는 뜻이고, 회고적인 의식은 돌아보는 의식, 못 본 체하는 의식, 묵과하는 의식이라는 의미로 받아들여야 할 것이다.

*6 이 경우에 '표시'는 몸짓의 뜻으로 볼 수 있다.

자신이 '어떤 감정을 느끼고 있는가(la manière dont elle est affectée)'에 대한 비조정적인 의식이다. 몸에 대한 의식은 근원적인 감정(affectivité)과 하나로 혼합되어 있다. 그렇다 하더라도 이 감정의 의미를 잘 파악해야 한다. 그것을 위해서는 하나의 구별이 필요하다. 사실 우리가 내적 성찰에 의해 드러내는 감정은 이미 '구성된' 감정이다. 이런 감정은 세계'에 대한' 의식이다. 모든 미움은 누군가에 대한' 미움이다. 모든 분노는 누군가에 대해 그를 미운 자, 부정한 자, 잘못을 저지른 자로서 파악하는 것이다. 누군가에 대해 호감을 갖는다는 것은 그를 '호감을 가질 수 있는 사람으로서 발견하는' 것이다. 이런 여러 가지 예에서 하나의 초월적인 '지향'은 세계 쪽을 향하고 있고, 세계를 세계로서 파악한다. 그러므로 거기에는 이미 초월이 있고, 내적인 부정이 있다. 우리는 초월의 차원, 선택의 차원에서 있다.

그러나 셸러(Scheler)*⁷가 지적한 것처럼, 이 '지향'은 순수한 감정적 성질과는 구별되어야 한다. 예를 들면 만일 내가 '두통'이 날 때, 나는 나의 괴로움 쪽을 향하게 되는 하나의 지향적인 감정을 나에게서 발견하게 되는데, 그 감정이 괴로움 쪽을 향하게 되는 것은 괴로움을 '견디기' 위해서 체념하고, 괴로움을 받아들이기 위해서, 또는 괴로움을 물리치기 위해서, 괴로움에(옳지 못한 것으로서, 당연한 것으로서, 깨끗하게 만드는 것으로서, 굴욕적인 것으로서 등등) 가치를 부여하기 위해서, 또는 괴로움을 피하기 위해서이다. 이 경우, 감정인 것은 지향 그 자체이다. 이 지향은 순수한 행위이고, 또 이미 기도이며, 무언가'에 대한' 순수한 의식이다. 몸(에 대한) 의식으로서 여겨질 수 있는 것은 그런 지향일 수는 없을 것이다.

하지만 사실, 그런 지향이 감정의 모두가 될 수는 없을 것이다. 이 지향은 초월이기 때문에 하나의 초월되는 것을 예상한다. 그것은 볼드윈(Baldwin)이 부적당한 명칭이기는 하지만, '정서적 추상'이라고 일컫은 것에 의해서도 어떤 의미에서 입증되어 있다. 사실 이 지은이가 보여 준 것처럼, 우리는 어떤 종류의 정서를 구체적으로 느끼지 않고도, 그것을 우리 자신 속에 감정적으로 이룰 수가 있다. 예를 들면, 만일 사람들이 나에게 피에르의 신상에 일어난 괴로운 사건을 이야기한다면, 나는 '그가 얼마나 괴로워했을까!'라고 외칠 것이다. 나는

---

*7 막스 셸러(Max Scheler, 1874~1928) : 독일의 철학자.

그 괴로움을 '인식하는' 것은 아니다. 그렇다고 나는 그 괴로움을 사실상 '느끼는' 것도 아니다. 단순한 인식과 참된 감정 사이의 이 중간적인 것들을 볼드윈은 '추상'이라고 불렀다. 그러나 그런 추상의 기구(機構)는 매우 애매하다. '누가' 추상하는가? 만일 라포르트(Laporte)의 정의처럼, 추상한다는 것은 현실에는 분리하여 '존재할' 수 없는 구조를 '따로따로 떼어 놓고' 생각하는 것이라고 한다면, 우리는 이른바 정서적 추상을 정서라고 하는 단순한 추상적 개념과 같은 것으로 보거나, 이런 추상은 추상으로서의 한에서 의식의 현실적인 양상으로서, '실제로 존재할' 수 없다는 것을 인정해야만 한다. 사실 이른바 '정서적 추상'이라는 것은 헛된 지향이며, 단순히 정서적인 시도이다. 다시 말해 우리는 자기를 괴로움과 부끄러움 쪽으로 향하게 한다. 우리는 그쪽을 향해 자기를 내민다. 의식은 자기를 초월한다. 하지만 '헛되이' 초월하는 것이다. 괴로움은 거기에 객관적이고 초월적으로 존재한다. 이 괴로움에는 구체적인 존재가 결여되어 있다. 실질이 없는 이런 의미는 감정적인 '상상'이라고 부르는 편이 오히려 더 나을 것이다. 예술적인 창조와 심리적인 이해에 있어서 그런 감정적인 상상이 중요하다는 것은 아무래도 부정하기 어렵다.

그러나 여기서 중요한 것은, 하나의 현실적인 부끄러움과 그런 감정적인 상상을 구별하는 것은 '체험'의 부재라고 하는 사실이다. 그러므로 감정적인 시도에 의해 이겨내고 초월되는 순수한 감정적 성질은 현실에 존재한다. 우리는 이 감정적인 성질을, 셸러처럼, 의식의 체험 물결에 실려오는 어떤 종류의 '힐레(hyle, 질료)'라고 부르지는 않을 것이다. 다만 우리에게 있어서 문제가 되는 것은 의식이 자기의 우연성'을 존재할' 때의 그 방법에 대해서이다. 그것은 의식이 자기 자신의 가능성을 향해 자기의 구조를 뛰어넘는 한에서, 그 의식의 구조 자체이다. 그것은 의식이 조정적(措定的)이긴 하지만, 암암리에 세계에 대한 관점으로서 '구성하는' 것을, 의식이 자발적으로, 또 비조정적인 존재방식으로 '존재할' 때의 방법이다. 그것은 순수한 괴로움일 수도 있지만, 또한 비조정적인 감정적인 상태로서의 분위기(humeur)일 수도 있고, 순수한 유쾌함일 수도 있으며, 순수한 불쾌감일 수도 있다. 일반적으로 그것은, 우리가 '전신감각(全身感覺, le cœnesthésique)'[8]이라고 부르는 모든 것이다. 이 '전신감각'이 '대자'의 초월

---

[8] 사르트르가 여기서 말하는 전신감각(cœnesthésique)은 심리학에서 말하는 공감각(共感覺, synesthésie)—하나의 감각이 다른 영역의 감각을 일으키는 현상—과는 완전히 다른 것이다.

적인 기도에 의해 세계를 향해 초월되지 않고 나타나는 것은 드문 일이다. 이 전신감각을 전신감각으로서 그것만 따로 떼어 연구하기는 매우 어렵다. 그러나 특권이 주어진 약간의 경험이 있고, 우리는 이 경험에 처하여 전신감각을 그 순수성에 있어서 파악할 수 있다. 특히 사람들이 '육체적'이라고 하는 괴로움의 경험이 그것을 파악하는 데 도움이 된다. 그러므로 우리가 몸(에 대한) 의식의 구조를 개념적으로 정착시키기 위해 검토하게 될 것은 바로 이 경험이다.

나는 눈이 아프다. 하지만 나는 철학책 한 권을 오늘 밤 안에 읽어야만 한다. 나는 그것을 읽고 있다. 나의 의식 대상은 이 책이고, 이 책을 통해서 그것이 의미하는 진리들이다. 몸은 결코 그것 자체로서는 파악되지 않는다. 몸은 관점이고 출발점이다. 낱말들은 계속적으로 내 앞으로 쏟아진다. 나는 그 낱말들을 쏟아지게 한다. 내가 아직 읽지 않은 페이지의 아래쪽에 있는 낱말은 아직까지 하나의 관계적인 배경 또는 '배경-페이지'에 속해 있다. 이 '배경-페이지'는 '배경-책' 위에 조직되고 있고, 또 절대적인 배경, 즉 세계라고 하는 배경 위에 조직되고 있다. 그러나 그 낱말들은, 그 무차별적인 배경에서 나를 부른다. 그 낱말들은 이미 '약한 전체'라는 성격을 지니고 있다. 그 낱말들은 '나의 주시 아래 미끄러져 들어와야 하는 것'으로서 주어진다. 이 모든 경우에 몸은 '암암리'에만 주어진다. 내 눈의 운동은 한 사람의 관찰자[제삼자]의 시선에만 나타난다. 나 자신은 연달아 미끄러져 들어오는 나타남의 이 굳어진 나타남만을 조정적으로 파악한다. 그렇다 하더라도 대상적인 시간에 있어서 그런 낱말이 잇따라 일어남은, 나 자신의 시간화를 통해 주어지고 인식된다. 그 낱말들의 부동의 운동은 내 의식의 '운동'을 통해 주어진다. 시간적인 진행을 가리키는 단순한 비유로서의, 의식의 이 '운동'은 나에게는 분명히 내 눈의 운동이다. 타자의 관점에 서지 않는 한, 내 눈의 운동과, 내 의식의 종합적 진행을 구별하는 것은 나에게는 불가능한 일이다. 그러나 내가 읽고 있는 바로 그 순간에 나는 '눈이 아프다.' 먼저 지적해 두지만 이 괴로움은 그 자신, 세계의 대

또 어원은 koinē aisthēsis지만, 아리스토텔레스가 말하는 코이네 아이스테시스—일반감각 또는 공통감각, 오관에 공통되는 것의 지각—와도 다르다. 오히려 이것은 인간 심신의 총체에서 생기는 '감정', 특히 전체로서의 몸 자체에서 생기는 감정을 말한다. 그래서 우리말로 전신감각이라는 번역이 가장 적당한 것으로 생각된다. 다시 말해 전신감각은, 이를테면 권태감·피로감·만족감·행복감 따위이다. 이것의 가장 전형적인 것에 사르트르가 말하는 '구토(nausée)'가 있다.

상들에 의해서, 다시 말하면 내가 읽고 있는 그 책에 의해서 '지시'될 수 있다. 그 낱말들은 그것이 구성하고 있는 무차별적인 배경에서 쉽게 분리될 수 없게 된다. 그것은 진동하고 깜박거린다. 그 낱말들의 의미는 겨우 주어진다. 내가 방금 읽은 문장은 '이해되지 않은 것'으로서, '다시 읽어야 하는 것'으로서 두 번 세 번 주어질 수 있다. 하지만 그런 지시가 결여되는 수도 있다―이를테면 내가 독서에 '열중해 있는' 경우나, 내가 나의 괴로움을 '잊고 있는' 경우가 그것이다(그렇다고 해서 결코 그 괴로움이 사라진 것은 아니다. 왜냐하면 만일 내가 그 뒤의 '반성적'인 행위에서 우연히 그것을 인식하는 일이 있다면, 그 괴로움은 끊임없이 그곳에 존재하고 있었던 것으로서 주어질 것이기 때문이다). 어쨌든 우리의 관심은 그 점에 있는 것은 아니다. 우리는 의식이 그 괴로움을 '존재할' 때의 방법을 파악하지 않으면 안 된다.

그러나 무엇보다 먼저, 이렇게 묻는 사람이 있을 것이다. "어째서 그 괴로움이 '눈의' 괴로움으로서 주어지는가? 그곳에는 하나의 초월적인 대상에 대한, 그러니까 몸이 밖의 세계 속에 존재하는 한에서 나의 몸에 대한 하나의 지향적인 지시가 있는 것은 아닌가?" 물론 그 괴로움이 그 자신에 대한 보고를 포함하고 있는 것은 의심할 여지가 없다. 눈의 괴로움을 손가락의 괴로움이나 위장의 괴로움과 혼동하는 것은 불가능하다. 그럼에도 괴로움은 전면적으로 지향성을 잃고 있다. 다시 말해 그 괴로움이 '눈'의 괴로움으로서 주어지는 경우에도, 거기에는 '국부적인 징후'라고 하는 영문을 알 수 없는 것이 있는 것도 아니고, 하물며 인식이 있는 것도 아니다. 그러나 의식이 '눈이 존재하는' 한에서, 그 괴로움은 '바로 눈이다.' 이런 것으로서 괴로움은 하나의 기준에 의해서도 아니고, 부가적인 그 어떤 것에 의해서도 아니고, 괴로움의 존재 자체에 의해 모든 다른 괴로움과 구별된다. 물론 '눈의' 괴로움이라고 하는 표현은 우리가 기술하지 않으면 안 될 하나의 구성적인 작용 그 자체를 예상하고 있다. 하지만 지금으로서는 아직 그것을 살펴볼 단계까지는 이르지 않았다. 왜냐하면 그 작용은 아직 이루어지지 않았기 때문이다. 괴로움은 반성적인 관점에서는 살펴볼 수 없다. 괴로움은 '대타-몸'에 귀속되는 것이 아니다. 괴로움은 '괴로움-눈(眼)'이고 '괴로움-보는 것'이다. 그 괴로움은 내가 그런 초월적인 낱말을 파악할 때의 방법과 구별되지 않는다. 그것을 확실하게 설명하기 위해 그것을 눈의 괴로움이라고 이르는 것은 우리이다. 그러나 이 괴로움은 의식 속에서는 일컬어지지 않는다. 왜냐하면 그 괴로움은 인식되지 않기 때문이다. 다만 그 괴로움은 말로 표현하기 어려운 방법으로, 그 존재 자체에 의해 다른 모든 가능한 괴로움으로부터 구별된다.

그렇다 해도 이 괴로움은 우주의 현실적인 대상들 사이에는 아무 데도 존재하지 않는다. 이 괴로움은 그 책의 오른쪽에 있는 것도 아니고 왼쪽에 있는 것도 아니다. 이 괴로움은 책을 통해 드러내 보여지는 모든 진리 사이에 있는 것도 아니고, 나의 '대상—몸'(타자가 보는 바 나의 몸, 내가 부분적으로 만질 수 있고 부분적으로 볼 수 있는 나의 몸)속에 있는 것도 아니며, 세계에 의해서 암암리에 지시되는 한에서의 나의 관점—몸속에 있는 것도 아니다. 또한 이 괴로움은 필름의 '2중 인화'와 같은 방법으로, 또는 내가 보는 사물 위에 조화로운 것으로서 '겹쳐진 인상'과 같은 방법으로 존재한다고 할 수도 없다. 그런 것들은 의미를 지니지 않는 심상들이다. 그러므로 이 괴로움은 공간 속에는 존재하지 않는다. 그렇다고 이 괴로움이 객관적인 시간에 속하는 것 또한 아니다. 이 괴로움은 자기를 시간화한다. 그리고 세계의 시간이 나타날 수 있는 것은 이 시간화 속에서이며, 또 이 시간화에 의해서이다. 그렇다면 이 괴로움은 무엇인가? 그것은 단순히 의식의 반투명한 실질이고, 의식의 '거기—있음'이며, 세계에 대한 의식의 결합으로, 요컨대 독서라는 행위 자체의 우연성이다. 이 괴로움은 모든 조심, 모든 인식 저편에 현실적으로 존재한다. 그것은 이 괴로움이 조심이니 인식이니 하는 행위의 하나하나 속으로 몰래 들어가기 때문이며, 이 행위가 자기 존재의 근거가 되는 일 없이 존재하는 한에서, 그 행위 자체이기 때문이다.

그러나 이 단순한 존재 차원에 관해서도, 세계에 대한 우연적인 결합으로서의 이 괴로움은, 그것이 초월되는 한에서만 의식에 의해 비조정적으로 존재될 수 있다. 괴로움적인 의식은 세계에 대한 내적인 부정이다. 하지만 동시에 괴로움 의식은 자기의 괴로움을—즉 자기 자신을—자기로부터의 이탈로서, 존재한다. 단순한 체험으로서의 순수한 괴로움은 이를 수 없는 것이다. 순수한 괴로움은 정의될 수 없는 것, 기술될 수 없는 것과 같은 부류에 속할 것이다. 그러나 괴로움적인 의식은 하나의 후속적인 의식을 향한 시도이며, 이 후속적인 의식에는 모든 괴로움을 결여하고 있을 것이다. 다시 말해 이 후속적인 의식 구조, 그것의 '거기에—있음'은 비괴로움적일 것이다. 괴로움적인 의식을 특징짓고 있는 이 옆으로 보는 탈출, 이 자기로부터의 이탈은, 아직 그것만으로는 괴로움을 심적인 대상으로서 구성하지는 않는다. 이 탈출, 이 이탈은, 대자의 비조정적인 하나의 시도이다. 우리는 이 시도를 세계를 통해 알게 된다. 이를테면 이 시도는 다음과 같은 방법으로 주어진다. 그 책은 '조급한 마음으로 읽혀야 하는 것'으로서 나타나고, 모든 낱말은 서로 밀치락달치락 복작대며 지옥의 왈츠가 되어 굳어지고, 온 우주가 '불안'에 사로잡힌다. 그리고—더욱이 바로 이것이 신체적 존재의 특성이지만—우리가 도피하려고 하는, 뭐라고 표현할 수 없는 것은, 이런 이탈 자체 속에서 발견된다. 이 뭐라 표현할 수 없는 것은 그것을 뛰어넘는 의식을 구성하려고 한다. 그것은 우연성 자체이며, 그것을 피하려고 하는 도피의 존재이다. 우리는 다른 어떤 장소에서도, '대자'에 의한 '즉자'의 이 무화(無化)를, 그리고 이 무화 자체를 키우는 '즉자'에 의한 '대자'의 재파악을, 이토록 가까이 접하는 일은 없을 것이다.

"물론 그럴지도 모르지. 하지만" 이렇게 말하는 사람도 있을 것이다. 그러나 당신이 괴로움의 예로서 선택한 것은 바로 작용하고 있는 기관의 괴로움, 눈이 바라보고 있는 동안의 그 눈의 괴로움, 손이 붙잡고 있는 동안의 그 손의 괴로움의 경우이기 때문에, 당신의 방식은 아전인수이다. 왜냐하면 요컨대 나는, 내가 책을 읽고 있는 동안 손가락 상처의 아픔에 시달릴 수도 있기 때문이다. 그 경우에는 나의 괴로움을 나의 '책 읽는 행위'의 우연성 그 자체라고 주장하기는 어려울 것이다.

우리가 먼저 지적해 두고자 하는 것은, 만일 내가 아무리 독서에 열중해 있더라도, 나는 세계를 존재에 이르게 하는 일을 그만두지는 않는다. 오히려 나의 독서는 자신의 본성 자체 속에 하나의 필연적인 배경으로서 세계의 존재를 내포하는 하나의 행위이다. 그렇다고, 내가 세계에 대한 의식을 조금이라도 가지고 있다는 의미는 아니며, 오히려 내가 세계를 '배경으로서' 의식하고 있다는 의미이다. 나는 나를 둘러싸고 있는 온갖 색깔과 운동을 놓치지 않는다. 온갖 소리가 끊임없이 나에게 들려온다. 다만, 그런 것들은 나의 독서 배경을 이루고 있는 무차별적인 전체 속에 사라지고 있다. 그것과 상관적으로 나의 몸은 세계적인 전체에 대한 전체적인 관점으로서 끊임없이 세계에 의해 지시되고 있다. 그러나 나의 몸을 지시하는 것은 배경으로서의 세계이다. 그러므로 나의 몸은 그것이 내 의식의 전체적인 우연성인 한에서, 끊임없이 전체적으로

'존재되고 있다.' 나의 몸은 배경으로서의 세계 전체가 지시하는 것인 동시에, 세계의 대상적인 파악과 관련하여 내가 감정적으로 '그것을 존재하는' 것이다. 그렇지만 하나의 개별적인 '이것'이 세계의 배경 위에 형태로서 떠오르는 한에서, 이것은 그것과 상관적으로 신체적 전체의 하나의 기능적인 명세 쪽을 가리킨다.

그리고 그와 동시에 '몸—전체'를 '존재하는' 나의 의식은 이 '몸—전체' 위에 떠오르는 하나의 신체적 형태'를 존재한다.' 책은 읽히고 있다. 그리고 보는 일의 우연성 또는 말하자면 독서의 우연성을 내가 존재하고 내가 뛰어넘는 한에서, '눈'은 신체적인 전체의 배경 위에 형태로서 나타난다. 물론 이 존재 차원에 있어서는, 눈은 타자에 의해 보인 시각기관이 아니라, 오히려 다만 나의 '보는 의식'이 세계에 대한 더욱더 넓은 내 의식의 한 구조인 한에서, 내 '보는 의식'의 구조 그 자체이다. 사실 의식한다는 것은 항상 세계에 대해 의식하는 것이다. 그러므로 세계와 몸은 서로 다른 방식이기는 하지만, 나의 의식에 항상 현전한다. 그러나 세계에 대한 이런 전체적인 의식은, 이러저러한 개별적인 '이것'에 있어서의 '배경으로서의 세계'에 대한 의식이다. 그러므로 의식이, 무화라고 하는 그 행위 자체 안에 있어서 자기를 개별화하는 것과 마찬가지로, 거기에는 신체성이라고 하는 전체적인 배경 위에, 몸의 개별적인 하나의 구조의 현전이 존재한다. 내가 책을 읽고 있는 바로 이 순간에도 나는 이러저러한 안락의 자에 앉아서, 또 창으로부터 3미터 되는 자리에서, 주어진 기압과 기온의 상태에서 하나의 몸으로 있음을 그치지 않는다.

그런데 나의 왼손 집게손가락의 아픔은 마치 내가 나의 몸 전반'이 존재하기'를 그치지 않는 것처럼, 그 아픔이 존재하기를 그치지 않는다. 단지 나는 그 괴로움이 신체 전체에 딸려 붙은 하나의 구조로서, 신체성이라는 배경 속에 사라지고 있는 한, 이 괴로움'이 존재한다.' 이 괴로움은 부재하는 괴로움도 아니고, 무의식적인 괴로움도 아니다. 다만 이 괴로움은 자기 자신에 대한 정립적인 의식이 거리를 가지지 않고 존재할 때, 이 존재의 일부를 이루고 있다. 한참 지나, 만일 내가 책의 페이지를 넘긴다면, 내 집게손가락의 아픔은 그것만으로는 인식의 대상이 되지는 못하지만, 우연성의 전체적 배경으로서 내 몸 하나의 새로운 조직 위에 형태로서 존재되는 우연성의 열(列)로 옮겨갈 것이다. 그러나 이상의 고찰은 '책을 읽고 있을 때는, 집게손가락이나 허리의 아픔을

"달래는" 것이 눈의 아픔을 달래는 것보다 훨씬 쉽다'는 이 경험적인 관찰에 일치하고 있다. 왜냐하면 눈의 아픔은 '바로 나의 독서이고', 내가 읽어가는 낱말은, 각각의 순간에, 나를 눈의 아픔으로 향하게 하는 데 비해, 손가락과 허리의 아픔은 배경으로서의 세계의 파악이므로, 세계라는 배경의 기본적인 파악인 몸속에, 그 자체가 부분적인 구조로서 간과되고 있기 때문이다. 그러나 거기서 나는 갑자기 읽기를 중단한다. 나는 지금은 나의 괴로움을 '파악하는' 데 열중한다. 다시 말하면, 나는 나의 현재적인 의식 또는 나의 '시-의식(視意識)' 위에 하나의 반성적 의식을 돌리게 하는 것을 의미한다. 그리하여 나의 반성되는 의식의 현실 구조—특히 나의 괴로움은 나의 반성 의식에 의해 파악되고 '정립'된다.

우리는 앞에서 반성에 대해 얘기한 것을 여기서 다시 되돌아볼 필요가 있다. 반성은 하나의 전체적인 파악이고, 관점을 가지지 않은 하나의 파악이다. 반성은 그 자신에 의해 포위된 하나의 인식이다. 그 인식은 자기를 대상화하고 인식내용을 저편으로 내던져, 그 내용을 바라보고 그 내용을 사고할 수 있게 하려 한다. 그러므로 반성의 최초 움직임은 괴로움이라고 하는 순전히 의식적인 성질을 하나의 '대상-괴로움' 쪽으로 초월하는 것을 목표로 하고 있다. 그러므로 우리가 앞에서 공범적인 반성이라고 부른 것을 고집한다면, 반성은 괴로움을 하나의 '심적인 것(psychique)'으로 만들고자 한다. 괴로움을 통해 파악되는 이 심적 대상, 그것이 '질병(le mal)'이다. 이 대상은 괴로움이 가진 모든 특징을 가지고 있지만 초월적이고 또 수동적이다. 이 대상은 그 자신의 시간—외적 우주의 시간도 아니고, 의식의 시간도 아닌 심적인 시간—을 가진 하나의 실재이다. 게다가 이 실재는 여러 가지 다른 평가와 규정을 지탱할 수 있다. 이런 것으로서 이 실재는, 의식 자체와 구별되며, 의식을 통해서 나타난다. 이 실재는 의식이 변화하는 동안에도 여전히 변하지 않고 그대로 있다. '질병'의 불투명성과 수동성의 조건이 되는 것은 이 항상성(恒常性) 그 자체이다. 그러나 그런 반면, 이 질병은 의식을 통해 파악되는 한에서, 정도가 하락한 것이기는 하지만, 통일·내면성·자발성 같은 의식이 가진 모든 성격을 가지고 있다. 질병은 그런 하락에 의해 심적인 개별성을 부여받는다. 다시 말해, 가장 먼저, 질병은 부분부분으로 흩어지는 일이 없는 하나의 절대적인 밀착력을 가지고 있다. 그 밖에도 질병은 그 자신의 지속을 지니고 있다. 왜냐하면 질병은 의식 밖에 존재하면서, 하나의 과거와 하나의 장래를 가지고 있기 때문이다. 하지만 근원적인 시간화의 투영에 지나지 않는 이 지속은 상호침투적인 다양성이다. 이 질병은 '침투적'이고 '애무적'이다 등등. 게다가 이런 특징들은 그 질병이 지속 속에서 옆모습을 보여 줄 때의 방식을 나타내는 것밖에 지향하지 않는다. 그런 특징들은 선율적인 성질을 가지고 있다. 지독한 아픔이 있고, 이어서 그것이 멎는 형태로 주어지는 괴로움은, 반성에 의해 괴로움적인 의식과 비괴로움적인 의식의 단순한 교체로서 파악되는 것은 아니다. 조직적인 반성에 있어서는 작은 휴지(休止)가 선율의 일부를 이루고 있듯이, 괴로움의 짧은 휴지는 질병의 '일부를 이루고 있다.' 그 총체는 질병의 리듬과 상태를 이룬다. 그러나 질병은 수동적인 대상인 동시에, 그것이 의식이라는 하나의 절대적인 자발성을 통해 보이는 한에서, 질병은 이 자발성의 즉자 속에 반영된 것이다. 수동적인 자발성으로서의 한에서 질병은 마술적이다. 질병은 그 스스로 오래 끄는 것으로서, 그 시간적인 형태를 완전히 지배하고 있는 것으로서 주어진다. 질병은 공간적─시간적 대상과는 다른 방법으로 나타났다 사라졌다 한다. 내가 더 이상 탁자를 보지 않는 것은, 내가 고개를 돌렸기 때문이다. 그러나 만일 내가 질병을 느끼지 않는다면, 그것은 질병이 '떠나갔기' 때문이다. 사실 거기에는 게슈탈트(형태) 심리학자들이 스트로보스코프적(stroboscopic)인 착각*9이라고 부르는 것과 비슷한 하나의 현상이 일어난다. 질병의 사라짐은 반성적인 대자의 시도를 배반함으로써, 마치 의지를 가진 것처럼 후퇴운동으로서 주어진다. 거기에는 질병의 애니미즘(animism)이라고 할 수 있는 것이 있다. 질병은 자신의 형태, 자기 자신의 지속, 자신의 습관을 가진 하나의 생물 같은 것으로서 주어진다.

환자들은 질병과의 사이에 일종의 친밀감을 가지고 있다. 질병은 하나의 새로운 현상으로서 나타나는 것이 아니다. 그것은 환자가 그렇게 말하는 것처럼 '내 오후의 발작'이다. 따라서 반성은 하나의 똑같은 발작의 계기(契機)를 서로 결합하는 것이 아니다. 오히려 반성은 만 하루를 건너뛰어 발작과 발작을 서

---

*9 스트로보스코프(stroboscop)는 시각잔상(視覺殘像)을 이용하여 회전운동의 상태와 변화 따위를 관찰하는 장치. 이를테면 어떤 운동체의 여러 가지 상태를 그린 종이를 붙인 원반을 회전시키고, 그것을 원반 주위의 구멍으로 들여다보면 그림이 움직이는 것처럼 보이는 장치. 시네마성(性)이라고도 한다. 사르트르가 질병을 시네마성 운동에 의한 착각으로 비유한 것은, 그것이 마치 그 자신의 의지를 지닌 운동인 것처럼 주어지기 때문일 것이다.

로 연관시킨다. 그러나 이 재인식적인 종합은 하나의 특수한 성격을 지니고 있다. 그 재인식적 종합은, 의식에 주어지지 않을 때도 여전히 존재하고 있는(이를테면 '누그러진' 채 '무의식 속에' 머물러 있는 미움과 같은 방식으로 존재하고 있는) 하나의 대상을 구성하는 것을 지향하고 있는 것은 아니다. 사실 질병이 사라질 때, 질병은 그것을 마지막으로 없어져 버리는 것이고, '더 이상 거기에 존재하지 않는' 것이다. 하지만 그 결과 다음과 같은 기묘한 일이 일어난다. 만일 질병이 재발한다면, 그 질병의 하나의 자발적인 생겨남에 의해 그 수동성 자체 속에 나타난다. 예를 들면 우리는 왠지 모르게 그 질병이 '접근하는 것'을 느낀다. 그것은 '또 나타났군', '이건 그거야' 하는 느낌이다. 그러므로 그 최초의 괴로움은 다른 괴로움의 경우와 마찬가지로, 그것만으로는 반성되는 의식의 단순한 알몸의 구조로서는 파악되지 않는다. 그 최초의 괴로움은 질병의 '조짐'이다. 아니면 오히려 그 질병 자체이다. 그런데 마치 서서히 움직이기 시작하는 기관차처럼 서서히 발생하는 질병이다.

그러나 그런 반면, 나는 괴로움을 '가지고' 질병을 구성한다는 것을 지나쳐서는 안 된다. 이것은 결코 내가 괴로움의 원인으로서 질병을 파악한다는 의미가 아니다. 오히려 각각의 구체적인 괴로움은 마치 어떤 선율 속의 하나하나의 음표와 같은 것이라는 의미이다. 각각의 음표는 그 선율 전체인 동시에 그 선율의 하나의 '박자'이다. 각각의 괴로움을 통해서 나는 그 질병 전체를 파악하지만, 질병은 그 모든 괴로움을 초월하고 있다. 왜냐하면 질병은 그런 모든 괴로움의 종합적 전체이기 때문이며, 그 괴로움에 의해서, 그리고 그 괴로움을 통해서 전개되는 테마이기 때문이다. 하지만 질병의 실질이 선율의 실질과 닮은 것은 아니다. 우선 질병의 실질은 순수한 체험이다. 반성되는 의식과 괴로움 사이에도, 또 반성하는 의식과 반성되는 의식 사이에도, 어떤 거리도 존재하지 않는다. 따라서 질병은 초월적이기는 하지만 거리 없이 존재한다. 질병은 종합적인 전체로서 나의 의식 밖에 존재하고, 이미 거의 '다른 곳'에 존재하는 것에 가깝다. 그러나 그 반면, 질병은 나의 의식 속에 존재한다. 질병은 그 모든 치상(齒狀)에 의해서, 그 모든 음표에 의해서 내 의식 속에 침투하고 있다. 그런 치상, 그런 음표들이 바로 '나의 의식이다.'

이 수준에 있어서 '몸'은 어떻게 되었는가? 반성적인 반영의 순간에 하나의 분열이 일어났다는 것을 나는 지적해 두고 싶다. 비반성적인 의식에서는 괴로움은 몸'이었지만', 반성하는 의식에 있어서는 질병은 몸으로부터 구별된다. 질병은 그 자체의 형태를 지닌다. 질병은 왔다가 다시 가 버린다. 우리가 놓여 있는 반성적인 수준에서는, 다시 말하면 대타가 개입하기 전에는, 몸은 노골적으로 주제로서 의식에 주어져 있는 것이 아니다. 반성하는 의식은 질병'에 대한' 의식이다. 그러나 만일 질병이 그 자체에 고유한 형태를 지니고 있고, 초월적인 개별성을 자신에게 부여해 주는 하나의 선율적인 리듬을 가지고 있다면, 질병은 그 실질에 의해 대자에게 밀착해 있다. 왜냐하면 질병은 괴로움을 통해서 똑같은 형식에 속하는 나의 모든 괴로움의 통일로서 드러내 보여지기 때문이다. 질병은 내가 그것에 그 실질을 준다는 의미에서 '나의 질병'이다. 나는 질병을 하나의 수동적인 장(場)에 의해 지탱되고 부양되고 있는 것으로서 파악한다.

이와 같은 장의 수동성은, 그야말로 괴로움이라는 우연적인 사실성이 즉자 속에 반영된 것으로, '나의' 수동성이다. 이런 장은 내가 조각상의 형태를 지각할 때, 그 조각상의 실질이 파악되는 그런 방식이 아니면 파악되지 않는다. 그런데도 이 장은 그곳에 존재한다. 그 장은 '질병이 갉아먹는 수동성'이고, 질병에 대해 마술적으로 새로운 힘을 주는 수동성이다. 꼭, 대지가 안타이오스*10 에게 새로운 힘을 주는 것과 같다. 그것은, 하나의 새로운 존재 차원에서의 나의 몸이며, 다시 말하면, 하나의 반성적 의식의 노에마적(思惟對象的)인 상관자로서의 나의 몸이다. 우리는 그것을 '심적인 몸(corps psychique)'이라고 부르기로 하자. 그런 심적 몸은 아직까지 결코 '인식되지' 않는다. 왜냐하면 괴로움적인 의식을 파악하려는 반성은 아직 인식적이지 않기 때문이다. 이 반성은 근원적인 나타남 그대로의 감정(affectivité)이다. 이 반성은 질병을 하나의 대상으로 파악한다. 그러나 하나의 감정적인 대상으로서 파악하는 것이다. 사람들이 가장 먼저 자신의 괴로움 쪽을 향하는 것은, 그 괴로움을 미워하기 때문이고, 참을성 있게 그것을 견디기 위해서이며, 그것을 견딜 수 없는 것으로서 파악하기 위해서이고, 때로는 그것을 사랑하기 위해서이며, 또 그것을 즐기기 위해서이고(그 괴로움이 해방을 알리는 것이거나 치료를 알리는 경우에), 어떤 방법으로

---

*10 안타이오스는 포세이돈(바다의 신)과 가이아(대지의 여신)의 아들로, 헤라클레스가 그와 싸워서 세 번을 땅 위에 내던졌으나 그때마다 그의 어머니 가이아로부터 새로운 힘을 얻어 다시 일어났다. 이에 헤라클레스는 안타이오스를 안아올린 채 목을 졸라 죽였다고 한다.

든 그것에 가치를 부여하기 위해서이다. 물론 이렇게 가치가 부여되는 것, 또는 이른바 이 가치부여의 필연적인 상관자로서 나타나는 것은 질병이다. 그러므로 질병은 결코 인식되지 않는다. 질병은 '경험되는(est souffert)' 것이다.

또 마찬가지로, 몸은 질병에 의해 드러내 보여지고, 의식은 마찬가지로 몸을 경험한다. 반성에 대해 주어지는 그대로의 몸을 인식적인 여러 구조를 통해 상세히 설명하기 위해서는 '타인'에게 의지처를 구하지 않으면 안 된다. 우리는 지금은 아직 그것에 대해 말할 수 없다. 왜냐하면 그것을 말하려면, 미리 '대타-몸'의 구조를 밝혀 두어야 하기 때문이다. 그렇지만 여기서 지적해 두어도 괜찮다고 생각하는데, 이 심적인 몸은 의식의 내부 구조가 즉자의 차원에 반영된 것이기 때문에, 심적인 것에 속하는 '모든' 현상의 암묵적인 실질을 이루고 있다. 근원적인 몸이 각각의 의식개체에 의해, 자기 자신의 우연성으로서 존재되었던 것과 마찬가지로, 심적인 몸은 미움 또는 사랑의 우연성으로서, 모든 행위와 성질의 우연성으로서 '경험된다.' 그러나 이 우연성은 하나의 새로운 성질을 가지고 있다. 의식에 의해 '존재되는 것'으로서의 한에서, 이 우연성은 즉자에 의한 의식의 재파악이었다. 하지만 반성에 의해, 질병이나 미움, 또는 시도 속에 경험되는 한에서, 이 우연성은 즉자 '속에 반영'되고 있다. 따라서 이 우연성은 각각의 심적 대상이 그 마술적인 밀착의 저편에서, 외면성으로 세분되는 경향을 가지고 있음을 보여 주고 있다.

이 우연성은 심적인 대상을 서로 연관시키고 있는 마술적 관계 저편에서, 이런 심적 대상들의 각각이, 무차별적인 섬나라적인 성향 속에 고립되는 경향을 가지고 있음을 보여 준다. 그러므로 이 우연성은 심적인 것이 가지는 선율적인 지속에 대응하는 하나의 암묵의 공간과 같은 것이다. 몸이 우리의 심적인 모든 사건들의 우연적이고 무차별적인 실질인 한에서, 몸은 하나의 '심적인 공간'을 규정한다. 이 공간은 높낮이도 좌우도 가지지 않는다. 그 공간은 심적인 것의 마술적인 밀착이 무차별적인 세분을 향한 경향과 싸우러 오는 한에서, 아직 부분부분으로 나뉘어 있지 않다. 그럼에도 이 공간은 또한 프시케(Psyché)*11의 하나의 현실적인 특징이다. 그러나 프시케가 하나의 몸으로 '연관'되어 있다는 뜻은 아니다. 오히려 프시케가 지니는 선율적인 조직 속에서, 몸

---

*11 프시케에 대해서는 제2부 제2장 3절 p. 287 이하 참조.

은 프시케(심적인 것)의 실체이고, 프시케의 가능성의 끊임없는 조건이라는 의미이다. 우리가 심적인 것이라고 '일컫자'마자 나타나는 것은 이런 공간이다. 우리는 프시케의 여러 가지 사건들을 분류하고 설명하기 위해서 비유적으로 메커니즘과 화학작용*12을 함부로 쓰는데, 그런 비유의 바탕에 있는 것은 바로 이런 공간이다. 우리는 여러 가지 부재(不在)의 감정을 지향하고 그것을 현전화하기 위해, 그 심상들(상상하는 의식)을 만들어 내는데, 그런 심상에 있어서 우리가 지향하고 있는 것, 우리가 이루는 것은 바로 이런 공간이다. 마지막으로 무의식설과 같은 심리학 이론과, 추억의 보존 같은 문제가 생기는 것도, 또 어느 정도까지 그것이 정당화될 수 있는 것도 이런 공간 때문이다.

말할 것도 없는 일이지만, 우리는 심적 괴로움을 한 예로 선택했을 뿐이며, 우리의 우연성'을 존재하는' 방법, 게다가 그 자신의 우연적인 방식은 그 밖에도 수없이 많다. 특히 지적해 두거니와, 어떤 괴로움, 어떤 즐거움, 어떤 확실한 불쾌감이 의식에 의해 '존재되지' 않을 때도, 대자는 하나의 단순한 우연성, 이른바 성질이 부여되지 않은 우연성의 저편에 자기를 기투하기를 그치지 않는다. 의식은 하나의 몸'을 가지기'를 그치지 않는다. 그 경우에 전신감각적인 감정(affectivité cœnesthésique)은 하나의 무색(無色)의 우연성을 단순히 비정립적으로 파악하는 것이며, 사실적인 존재로서 단순히 자기를 파악하는 것이다. 내가 아무리 거기서 벗어나려고 노력해도 끝까지 나를 따라다니며 떨어지지 않는 '무미건조한' 맛, '나의' 그 무미건조한 맛을 나의 대자에 의해 끊임없이 파악하는 것, 그것이 우리가 다른 곳에서 《구토(Nausée)》라는 이름 아래 썼던 바로 그것이다.*13 뭔지 모를, 억제할 길 없는 하나의 구토가 끊임없이 나의 의식에 대해, 나의 몸을 드러내 보인다. 때로는 우리는 이 구토로부터 우리를 구출하기 위해 심적인 쾌감 또는 심적인 괴로움을 구하는 수도 있다. 그러나 그 괴로움이나 쾌감이 의식에 의해 존재되자마자, 그것들이 이번에는 의식의 사실성, 의식의 우연성을 나타낸다. 괴로움과 쾌감이 드러내 보여지는 것은 구토를 배경으로 해서이다. 우리가 '구토'라는 말을 우리의 생리적인 구역질(écœurement)에서 끌어낸 하나의 비유로 이해해서는 안 된다. 그뿐만 아니라, 오히려 그 반대로, 우리를 구토(vomissement)에까지 이르게 하는 구체적이고 경험

---

*12 제2부 제2장 3절 p. 298 이하 참조.
*13 사르트르의 철학소설 《구토(Nausée)》를 가리킨다.

적인 모든 구역질(썩은 고기·생생한 피·똥 등을 눈앞에 보았을 때 구역질)이 일어나는 것은, 그런 구토를 근거로 하는 것이다.

2. 대타-몸

우리가 앞서 설명한 것은 나의 '대아적(對我的, pour-moi)인 몸'의 존재이다. 이 존재론적 차원에서는 나의 몸은 우리가 설명하여 온 것과 같은 것이고, 또 '그것일 뿐이다.' 우리는 이 존재론적 차원에서의 나의 몸에, 생리적인 기관의 흔적과, 해부학적이고 공간적인 구성의 흔적을 찾으려 하는 것은 헛된 일이다. 나의 몸은 세계의 모든 도구–대상에 의해 헛되이 가리키는 귀추중심이거나, 아니면 '대자에 의해 존재되는 우연성'이다. 더욱 정확하게 말하면, 이 두 가지의 존재방식은 상호보완적이다. 그러나 몸은 대자 그 자신과 똑같은 정도의 존재양상을 알고 있다. 즉 몸은 대아적인 존재 차원과는 다른 존재 차원을 가지고 있다. 몸은 '타자에게 있어서도(대타적으로도)' 존재한다. 지금 우리가 몸을 연구하지 않으면 안 되는 것은, 이 새로운 존재론적 전망에 있어서이다. '나의' 몸이 타자에게 있어서 나타날 때의 방법을 연구하는 것도, 타자의 몸이 나에게 나타나게 되는 경우의 방법을 연구하는 것도, 이르는 결론은 같다. 사실 우리가 앞에서 밝혔던 것처럼, 나의 대타존재의 모든 구조는 나에 대한 타자의 존재 구조와 똑같다. 그러므로 우리는 편의상 이 후자의 구조에서 출발하여 '대타–몸'(즉, 타자의 몸)의 본성을 밝혀 나가기로 하자.

앞 장에서 우리가 보여 준 것처럼, 몸은 무엇보다 먼저 타자를 나에게 나타내는 것이 아니다. 사실, 만일 나의 존재와 타자의 존재의 근본 관계가, 나의 몸과 타자의 몸의 관계로 되돌아간다면, 이 관계는 순수한 외면성의 관계가 될 것이다. 그러나 타자에 대한 나의 연관은, 만일 그 연관이 하나의 내적 부정이 아니라면 생각할 수도 없는 일이다. 나는 타자를 파악하는 것은, 우선 그 자에 대해 내가 대상으로 존재할 때의 바로 그자가 아니면 안 된다. 나의 자기성 재파악이 타자를 대상으로서 나타나게 하는 것은 역사 이전 역사화의 2차적인 계기에 있어서이다. 그러므로 타자 몸의 나타남은 최초의 만남이 아니며, 오히려 그 반대로, 타자와 나 사이 관계의 한 에피소드에 불과하다. 특히, 우리가 '타자의 대상화'라고 부른 것의 하나의 에피소드에 불과하다. 달리 말한다면, 타자는 먼저 나에게 있어서 존재한다. '그다음에' 나는 타자를 그 몸에 있어서 파악한다. 타자의 몸은 나에게 있어서 하나의 2차적인 구조이다.

타자는 타인의 대상화라고 하는 이 근본적인 현상에 있어서는 '초월되는 초월(transcendance transcendée)'로서 나에게 나타난다. 다시 말하면, 내가 나의 모든 가능성을 향해 나를 기투한다는 다만 그 사실만에서, 나는 타자의 초월을 뛰어넘고 초월한다. 타자는 장외에 존재한다. 타자는 하나의 '대상-초월(transcendance-objet)'이다. 나는 이 초월을 세계 속에서 파악하는 것이며, 게다가 근원적으로 '나의' 세계에 속하는 온갖 도구-사물의 어떤 하나의 배치로서 파악하는데, 그것은 그런 도구-사물이 '더욱 그 위에' 세계 한복판에 존재하는 하나의 2차적인 귀추중심, 내가 아닌 귀추중심을 가리키는 한에서이다. 그 2차적인 지시는 '나를 지시하는' 온갖 지시와는 다르게, 지시적인 사물을 구성하는 요소는 아니다. 이 2차적인 지시는 대상이 지니는 측면적인 고유성이다. 우리가 이미 살펴본 것처럼, 타자는 세계의 구성적인 개념이 될 수는 없다. 그러므로 이 2차적인 지시들은 모두 다 하나의 근원적인 우연성을 가지고 있고, 하나의 '사건'이라는 성격을 가지고 있다.

그러나 그 지시하는 귀추중심은 분명히, 단순하게 응시된 초월 또는 초월된 초월로서의 '타인'이다. 대상들의 2차적인 배치가 나에게 가리키는 것은, 분명히 이와 같은 2차적인 배치의 조직자로서 또는 수령자로서의 타자이며, 요컨대 그 자신이 만들어 내는 하나의 목적을 위해 도구를 배치하는 하나의 도구로서의 타자이다. 하지만 이 목적을 이번에는 내가 뛰어넘고 또 이용한다. 이 목적은 세계 한복판에 있다. 나는 그 목적을 나 자신의 목적을 위해 사용할 수 있다. 그러므로 타자는 먼저 사물에 의해 하나의 도구로서 지시된다. 나도 마찬가지여서, 수많은 사물은 나를 하나의 도구로서 가리킨다. 바로 내가 사물들에 의해 나를 가리키게 하는 한에서 나는 몸이다. 그러므로 사물들이 그 측면적이고 2차적인 배치에 의해서 가리키는 것은 몸으로서의 타자이다. 사실 내가 알고 있는 그런 도구로서 2차적으로 타인의 몸에 다다르지 않는 도구는 아무것도 없다.

그렇지만 나는 방금 보았던 것처럼, 나의 몸이 사물에 의해 가리키는 한에서, 나의 몸에 대해 어떤 관점도 취할 수가 없다. 사실 나의 몸은 내가 그것에 대해 어떤 관점도 취할 수 없는 관점이며, 내가 어떤 도구를 가지고도 이용할 수 없는 도구이다. 보편화하는 사고에 의해서 내가 나의 몸을 세계 한복판에서의 단순한 도구로서 헛되이 사고하려고 시도했을 때, 거기서 즉시 나온 결과는, 세계로서의 한에서 세계의 붕괴였다. 그에 비해, '나는 타인으로 있지 않다'고 하는, 다만 그 사실만에서, 타인의 몸은 근원적으로 내가 그것에 대해 관점을 취할 수 있는 하나의 관점으로서, 내가 다른 온갖 도구를 가지고 이용할 수 있는 하나의 도구로서 나에게 나타난다. 타자의 몸은 도구-사물의 원무(圓舞)에 의해 지시되지만, 이번에는 타자의 몸이 다른 대상들을 가리킨다. 그래서 결국 타자의 몸은 '나의' 세계에 통합된다. 타자의 몸이 가리키는 것은 '나의 몸'이다. 그러므로 타자의 몸은 나의 '대아-몸(corps-pour-moi)'과는 근본적으로 다르다. 타자의 몸은 내가 그것으로 있지 않은 도구이며, 또 내가 이용하는(또는 결국 같은 것이지만, 나에게 저항하는) 도구이다. 타자의 몸은 나에 대해 근원적으로 어떤 대상적인 이용률과 역행률을 가지고 나타난다. 타자의 몸은 그러므로 '도구-초월'로서의, 타자 그 자신이다. 이것은 감각기관의 종합적인 총체로서 타자의 몸에 대해서도 적용된다.

우리는 타자의 몸속, 또 타자의 몸에 의해, 타자가 지니고 있는 '우리를 인식할 가능성'을 '발견하는' 것은 아니다. 이 가능성은 근본적으로 타자에게 '있어서의' 나의 '대상-존재' 속에, 또는 '대상-존재'에 의해 드러내 보여진다. 다시 말하면 이 가능성은 타자에 대한 우리의 근원적인 관계의 본질적 구조이다. 이 근원적인 관계에서는 타자를 향한 '나의' 세계의 도피가 마찬가지로 일어난다. 나의 자기성 재파악에 의해서, 나는 타자의 초월을 초월하는데, 다만 그것은 타자의 이 초월이 나를 대상으로 하여 파악하는 끊임없는 가능성인 한에서이다. 이 사실에서 타자의 이 초월은 단순히 주어진 초월, 나 자신의 목표를 향해 뛰어넘어진 초월, 단순히 '거기에-있는' 초월이 된다. 그리고 타자가 나와 세계에 대해 지니고 있는 인식은 대상-인식이 된다. 다시 말해 이런 인식은 타자가 가진 하나의 주어진 고유성이며, 이번에는 내가 '인식'할 수 있는 고유성이다. 사실을 말하면, 타자가 지니는 이와 같은 인식에 대해 내가 갖는 이 인식은 여전히 공허한 것이다. 왜냐하면 나는 결코 타자의 '인식 행위'를 인식하지 못할 것이기 때문이다. 타자의 이 인식행위는 전적인 초월이며, 비조정적인 의식이라는 형태에서의 그 행위 자체에 의해서밖에, 또는 그 행위에서 나오는 반성에 의해서밖에 파악될 수 없다. 내가 인식하는 것은 다만 '거기에-있는' 것으로서의 인식이며, 말하자면 '인식이-거기에-있는 것'이다. 앞에서 보았듯이,

감각기관의 이런 상대성은 나의 보편화하는 이성에 대해 드러내 보여지지만, 그것은—나 자신의 감관이 문제인 경우에는—세계의 붕괴를 불러일으키지 않고는 생각될 수 없는 것이었다.

그런데 내가 대상-타자를 파악할 때, 나는 '먼저' 감각기관의 이와 같은 상대성을 파악한다. 게다가 나는 '위험 없이' 감각기관의 이런 상대성을 파악한다. 그것은 타자가 내 우주의 일부를 이루고 있기 때문이며, 그의 상대성은 이 우주의 붕괴를 불러일으킬 수 없을 것이다. 타자가 가진 이 감관은 '인식하는 것으로서 인식되는 감관(sens connu comme connaissant)'이다. 심리학자들은 '나의 감관'을 타자의 감관에 의해 결정하고, 나에게 있어서 있는 그대로의 감각기관에 대해, 그 '대타-존재'에 속하는 상대성을 주고 있는 것인데, 그들의 오류가 어떤 점에 있는지를 우리는 알 수 있을 것이다. 또 동시에 만일 우리가 존재와 인식의 참다운 질서를 규정한 뒤에, 그 오류를 그 존재 수준에 다시 둔다고 하면, 이 오류가 어떤 점에서 진리가 되는지를 알게 될 것이다. 그러므로 나의 세계의 대상들은 측면적으로 타자라고 하는 하나의 '대상-귀추중심'을 가리킨다. 그러나 이 중심은 이번에는 나의 것인 하나의 '관점 없는 관점'으로부터 나에게 나타난다. 이 '관점 없는 관점'은 나의 몸 또는 나의 우연성이다.

요컨대 적당치 않은 표현이기는 하지만 일반적인 표현으로는, 나는 '감관을 통해 타자를 인식한다.' 타자는 도구이고, 나는 이 도구를 내가 그것으로 있는 도구를 가지고, 즉 어떤 도구도 더 이상 이용할 수 없는 도구를 가지고 이용하는 것이다. 마찬가지로 또, 타자는 나의 '감각적인 인식'에 드러내 보여지는 감각기관의 총체이다. 다시 말하면 타자는 하나의 사실성에 대해 나타나는 하나의 사실성이다. 그러므로 나에 의해서 감각적으로 인식되는 그대로의 타자의 감각기관에 대한 연구는, 인식과 존재의 질서에 있어서 자신의 참된 자리를 알고 있기만 하면 존재해도 괜찮다. 그리고 이 연구는 이 감각기관들의 기능 중에서도 '인식이라는 기능'에 가장 큰 중점을 두게 될 것이다. 그러나 그렇게 되면, 이런 인식은 나에게 있어서 단순한 대상일 것이다. 그로부터 예를 들면 '물구나무서서 보기'라고 하는 거짓의 문제가 생기게 된다. 사실 근원적으로 타자의 감각기관은 그 타자에게 있어서는 결코 하나의 인식 도구는 아니다. 타자의 감각기관은 단순히 타자의 인식이며, 타자의 단순한 인식 행위인데, 다만 그것은 이 인식이 나의 우주 안의 대상이라는 존재방식으로 존재하는 한에서의 일이다.

그러나 우리는 아직 타자의 몸이 내 우주의 도구–사물들에 의해 측면적으로 가리키는 한에서밖에 타자의 몸을 규정하지 않았다. 사실을 말하면, 이런 규정은 '살과 뼈'를 가진 타자의 '거기에–있음'을 우리에게 주는 것은 결코 아니다. 물론 타자의 몸은 온갖 도구–사물들이 타자의 몸에 의해 이용되는 것, 인식되는 것으로서 드러내 보여지는 한에서, 이와 같은 도구–사물들이 타자의 몸에 대해 주는 지시 그 자체 안에서 여러 곳에 현전하고 있다. 내가 이 집의 주인이 나오기를 기다리고 있는 이 객실은, 그 전체에 있어서 그 소유자의 몸을 나에게 드러내 보인다. 이를테면 이 안락의자는 '그가–앉는–의자'이고, 이 책상은 '그가–그 위에서–글을 쓰는–책상'이며, 이 창문은 '그가–보는–모든–대상을–비쳐주는–빛이–들어오는–창문'이다. 그리하여 이 집 주인의 몸은 여러 곳에서 그려지며, 그 그려냄은 대상–그려냄이다. 결국 하나의 대상은 언제나 그 실질을 가지고 그 그려냄을 채우러 찾아올 수 있다. 그러나 아직 이 집 주인은 '거기에 있지 않다.' 그는 '다른 곳에' 있다. 그는 '부재'이다.

하지만 앞에서 우리가 살펴본 것처럼, 부재는 '거기에–있음'의 하나의 구조이다. '부재한다'는 것은 '나의–세계–속의–다른–곳에–있는' 일이고, 나에게 있어서 이미 주어져 있는 것이다. 내가 아프리카에 있는 나의 사촌형제에게서 편지를 받자마자, 그가 '다른 곳에–있음'은 이 편지의 지시 자체에 의해 구체적으로 나에게 주어진다. 이 '다른 곳에–있음'은 '어딘가에–있음'이다. 즉, 그것은 이미 그의 몸이다. 사랑하는 여자한테서 온 편지가 남자의 정욕을 충동한다는 사실은 그것 말고는 설명할 길이 없으리라. 사랑받는 여자의 온몸은 이 종이쪽지 위에, 그리고 이 글줄들 위에 부재로서 현전해 있다. 그러나 '다른 곳에–있음'은 어떤 '구체적인 상황' 속에 도구–사물들의 구체적인 총체와의 관계에서 '거기에–있는' 것이므로, 그것은 이미 사실성이고 우연성이다. 피에르의 우연성과 나의 우연성을 규정하는 것은, 다만 나와 피에르의 오늘의 만남뿐이 아니다. 그의 어제의 부재도 마찬가지로 우리 두 사람의 우연성, 그리고 우리 두 사람의 사실성을 밝혀냈던 것이다. 그럼에도 이 부재자의 사실성은 부재자를 가리키는 이 도구–사물들 속에 암암리에 주어져 있으며, 그 갑작스런 나타남은 이 사실성에 아무것도 덧붙이지 않는다. 그러므로 타자의 몸은, 도구로서의, 또 감각기관의 종합으로서의, 그의 사실성을 말하는 것이지만, 단 그것은 그의 사실성이 나의 사실성에 대해 드러내 보여지는 한에서의 일이다. 타자의 사실성은 그 타자가 세계 속에 나에게 있어서 존재하는 순간, 나에게 주어진다. 타자의 현전 또는 타자의 부재는 이 사실성에 아무런 변화도 가져오지 않는다.

그러나 거기에 피에르가 나타난다. 그는 내가 있는 방으로 들어온다. 이 나타남은 그에 대한 나의 관계의 근본적인 구조에 어떤 변화도 일으키지 않는다. 이 나타남은 우연적이다. 하지만 그것은 그의 부재가 우연적이었던 것과 마찬가지로 우연적인 것이다. 모든 대상은 나에게 그를 가리킨다. 이를테면 그가 여는 문은, 그것이 그 사람 앞에 열릴 때 하나의 인간적인 현전을 지시한다. 그가 걸터앉는 안락의자도 마찬가지이다. 그러나 그 대상들은 그의 부재 중에도 그를 지시하기를 그치지 않았다. 물론 나는 그에게 있어서 존재하고 있고, 그는 나에 대해 얘기하고 있다. 하지만 어제, 그가 자신이 찾아온 뜻을 알리기 위해, 지금 내 책상 위에 놓여 있는 이 속달편지를 나에게 보냈을 때도, 나는 또한 마찬가지로〔그에게 있어서〕존재하고 있었다.

그러나 거기에는 새로운 그 무엇이 있다. 즉 그것은 그가 현재, 세계의 배경 위에 하나의 '이것'으로서 나타난다는 것이다. 내가 직접 바라볼 수 있고, 파악할 수 있고, 이용할 수 있는 하나의 '이것'으로서 나타난다고 하는 일이다. 그것은 무엇을 의미하는 것일까? 무엇보다 먼저, 그것은 타자의 사실성, 다시 말해 타자 존재의 우연성이, 앞에서 온갖 도구—사물의 측면적인 지시 속에 암암리에 포함되어 있었던 것과는 달리, 현재 '분명하게 나타나 있다'는 것이다. 이 사실성은, 이것은 바로 그가 그의 대자 속에서, 또 그의 대자에 의해서 '그것을 존재하는' 사실성이다. 그것은 그가 그것으로 있는 하나의 우연성의 비정립적인 파악으로서, 또 사실적 존재로서의 한에서 단순한 자기파악으로서, '구토'를 통해 끊임없이 살아가는 사실성이다. 요컨대 이 사실성은 그의 전신감각이다. 타자의 나타남은 그의 존재의 맛이 직접적인 현실존재로서 드러내 보여지는 일이다. 다만, 나는 그가 파악하는 대로 그 맛을 파악하는 것은 아니다. 구토는 그에게 있어서 인식이 아니다. 구토는 그가 '그것을 존재하고' 있는 우연성의 비조정적인 파악이다. 구토는 대자가 자기 자신의 가능성을 향해 이 우연성을 뛰어넘는 일이다. 구토는 존재된 우연성이고, 견뎌지고 거부당한 우연성이다. 내가 실제로 지금 파악하고 있는 것은 이 똑같은 우연성이며, 그것 이

외에 아무것도 아니다. 다만 나는, 이 우연성'으로 있는 것은 아니다.' 나는 나 자신의 가능성을 향해 이 우연성을 뛰어넘는다. 그러나 이 뛰어넘기는 '한 사람의 타인'을 초월하는 것이다. 이 우연성은 피할 곳도 없이 송두리째 나에게 주어진다. 이 우연성은 돌이킬 수 없는 것이다. 타자의 대자는 이 우연성에서 자기를 떼어 놓고, 끊임없이 그 우연성을 뛰어넘는다. 그러나 내가 타자의 초월을 초월하는 한에서, 나는 타자의 이 초월을 굳어지게 한다. 타자의 이 초월은 이미 사실성에 반하는 하나의 의지처는 아니다. 오히려 완전히 반대로, 이 초월은 이번에는 사실성에 끼어든다. 이 초월은 사실성에서 생겨난다.

그러므로 '대자적인 맛'으로서의 타자의 단순한 우연성과 나의 의식 사이에는 아무것도 개입해 오지 않는다. 내가 파악하는 것은, 그야말로 존재되는 그대로의 '이' 맛이다. 다만 나의 굳은 버릇이라고 하는, 다만 그뿐인 사실로부터 이 맛은 인식된 하나의 '이것'으로서, 그리고 세계 한복판에 주어진 하나의 '이것'으로서 나타난다. 타자의 이 몸은, 이 몸 존재의 단순한 즉자로서—수많은 즉자 가운데 하나로서—나에게 주어지는 것이고, 나는 그런 즉자를 나의 모든 가능성을 향해 뛰어넘는다. 그러므로 타자의 이 몸은 마찬가지로 우연적인 두 특징에 의해 드러내 보여진다. 우선, 타자의 이 몸은 여기에 존재하고 있지만, 또 다른 곳에도 존재할 수 있을 것이다. 다시 말해 도구-사물은 이 몸에 대해 다른 모습으로 배치되는 수도 있고, 이 몸을 다르게 가리킬 수도 있을 것이다. 의자와 이 몸 사이의 거리는 다른 모습으로 존재할 수도 있을 것이다—다음에, 타자의 이 몸은 '이것'으로서 존재하지만, 또 다른 모습으로도 존재할 수 있을 것이다. 다시 말해 나는 이 몸의 근원적인 우연성을 대상적이고 우연적인 하나의 윤곽이라는 형태로 파악한다.

그러나 사실상 이 두 가지 성격은 하나에 불과하다. 제2의 성격은 제1의 성격을 제시하고, 나에게 제1의 성격을 밝히는 일밖에 하지 않는다. 타자의 몸이란, '나의' 세계 속에 타자가 '이것-으로서-존재함'으로써 표현되는 '거기-있음'으로서 현전하고 있다는 단순한 사실이다. 그러므로 '대아-타자'로서의 타자의 존재 자체 속에 포함되어 있지만, 타자는 인식한다고 하는 고유성을 지니는 도구로서 드러내 보여지며, 인식한다고 하는 이 고유성은 어떤 대상적인 존재와 연관되어 있다. 그것을 우리는 '타자가 나에게 있어서 우연적이라는, 타자에게 있어서의 필연성'이라고 부를 것이다. 그러므로 하나의 타자가 '거기에 존재하는 순간', 우리는 그가 어떤 감각기관을 갖춘 하나의 도구라는 결론을 내리지 않으면 안 된다. 그러나 이런 고찰은, 하나의 몸을 가진다고 하는 타자에게 있어서 추상적인 필연성을 지적하는 것에 불과하다. 타자의 이 몸은 내가 그것을 만나는 한에서, '이 우연성의 필요성이 취하는 우연적인 형태의 대아–대상으로서의 드러내 보임'이다.

모든 '타자'는 감각기관을 가지고 있어야 하지만, 반드시 '이' 감각기관을 갖춰야 하는 것은 아니며, '하나의 얼굴'을 가지고 있어야 하는 것도 아니다. 요컨대 '이 얼굴'을 가지고 있지 않으면 안 되는 것은 아니다. 그러나 얼굴·감각기관·현전 등, 그런 것들은 모두, 타자가 어떤 집안, 어떤 계급, 어떤 환경 등에 속하는 자로서 '자기를 존재하지' 않으면 안 된다고 하는, 타자에게 있어서 필연성의 우연적인 형태 이외의 아무것도 아니지만, 다만 그것은 이 우연적인 형태가 '그것을 존재하지 않으면 안 되는' 하나의 초월(나의 초월)에 의해 초월되는 한에서의 일이다. 타자에게 있어서 '자기의 맛'이 되는 것은, 나에게 있어서는 '타인의 몸'이 된다. 몸은 현전의 단순한 우연성이다. 몸은 일반적인 경우, 의복, 화장, 머리와 수염 깎는 방법, 표정 등에 의해서 가려진다. 그러나 어떤 한 인물과의 오랜 교제 기간에는, 언젠가는 그 모든 덮개가 벗겨지고, 내가 '그 현전의 단순한 우연성' 앞에 서게 되는 순간이 오게 마련이다. 그 순간에 나는 하나의 얼굴 위에, 또는 하나의 몸의 다른 부분 위에 몸에 대한 순수한 직관을 갖게 되는 것이다. 이 직관은 단순한 인식이 아니다. 이 직관은 하나의 절대적 우연성에 대한 감정적인 파악이며, 이 파악은 '구토'의 한 특수한 형식이다.

그러므로 타자의 몸은, '초월되는 초월'의 사실성인데, 단 그것은 이 사실성이 나의 사실성에 이르는 한에서이다. 나는 분명한 방식에 의해서는 아닐지언정, 나의 몸을 타자에 의해 지시되는 귀추중심으로서 동시에 파악하지 않을 수 없다. 그러나 마찬가지로 사람들은 타자의 몸을 다른 모든 '이것'들에 대해 단순한 외면적 관계를 가지고 있을 뿐인 고립된 대상이라는 의미에서, '몸으로서' 지각할 수는 없을 것이다. 그런 것은 '시체'에 대해서만 적용될 수 있다. 몸으로서의 타자의 몸은, 그 주위에 종합적으로 조직되고 있는 하나의 상황의 귀추중심으로서 직접적으로 나에게 주어진다. 몸으로서의 타자의 몸은 이 상황과 분리될 수 없는 것이다. 그러므로 타자의 몸이 먼저 우리에게 있어서의 몸이 되고, 그다음에 상황 속으로 들어올 수 있는 것은 어떻게 해서이냐고 물어서는 안 된다. 오히려 타자는 '상황 속에서의 몸'으로서 나에게 근원적으로 주어진다. 그러므로 예를 들면 먼저 몸이 있고, 그런 다음에 행동이 있다는 것은 아니다. 오히려 몸은 타자 행동의 대상적인 우연성이다. 그리하여 우리는 또 다른 차원에서도 나의 대아적–몸의 존재의 경우에 있어서 우리가 지적한 것처럼, 하나의 존재론적인 필연성을 다시 발견한다.

대자의 우연성은 앞에서 우리가 말했듯이, 하나의 초월 속에서, 그리고 하나의 초월에 의해서밖에 존재될 수가 없다. 대자의 우연성은 최초의 무화를 배경으로 하는 즉자에 의한 대자의 재파악이고, 이 재파악은 끊임없이 초월되면서도 끊임없이 다시 파악한다. 마찬가지로 이 제2의 차원에서도, 몸으로서 타자의 몸은 미리 규정된 하나의 상황 속에 '삽입'될 수 없을 것이다. 오히려 타자의 몸은, 거기서 출발하여 상황이 존재하는 것이다. 이 제2의 차원에서도, 타자의 몸은 하나의 초월 속에서, 하나의 초월에 의해서만 존재할 수 있을 것이다. 단, 이 초월은 가장 먼저 초월되고 있다. 이 초월은 그 자신이 대상이다. 그러므로 피에르의 몸은, 가장 먼저 하나의 손이고, 이어서 그 손이 이 컵을 잡는 것은 아닐 것이다. 그런 생각은 살아 있는 몸의 근원에 시체를 두려고 하는 것과 같다. 오히려 피에르의 몸은 '손–컵'이라고 하는 복합이다. 손의 '몸'이 이런 복합의 근원적인 우연성을 보여 주는 한에서 그러하다. 대상에 대한 몸의 관계는 이해할 수 없는 문제이기는커녕, 오히려 우리는 이런 상황을 떠나서는 결코 그 몸을 파악하지 않는다. 그러므로 타자의 몸은 '의미가 있는 것'이다. 의미는 응고된 하나의 초월운동 이외에 아무것도 아니다. 하나의 몸이 몸인 것은, 몸이 그것'으로 있는' 이 살덩어리가, 몸이 보고 있는 그 탁자, 몸이 걸터앉은 그 의자, 몸이 걸어다니는 길 등에 의해 규정되는 한에서이다. 그러나 그런 점들을 더욱 밀고 나아가서, 몸을 이루고 있는 의미들을 구체적인 행동과의 관계와, 도구복합의 합리적인 이용과의 관계에 의해 낱낱이 다 밝혀내는 것은 문제가 될 수 없을 것이다.

몸은 세계에 대한 의미 있는 관계의 전체이다. 그런 의미에서 몸은 그것이 호흡하는 공기와의 관계에 의해서도, 그것이 마시는 물과의 관계에 의해서도, 그것이 먹는 고기와의 관계에 의해서도 규정된다. 사실 몸은 존재하는 것 전체와의 사이에 의미 있는 관계를 유지하지 않고는 나타날 수 없을 것이다. '행동'과 마찬가지로 '생활'은 '초월되는 초월'이고 의미이다. 전체로서 생각된 생활과 행동 사이에 본성의 차이는 존재하지 않는다. 생활은 세계의 배경 위에 '이것'으로서 정립되어 있지 않은 대상들을 향해 자신을 초월하는 의미들의 총체를 나타내고 있다. 생활은 '형태-몸'과는 반대로, 타자의 '배경-몸'이다. 게다가 그것은, 이 '배경-몸'이 이미 타자의 대자에 의해 암암리에 비정립적으로 파악되는 것이 아니라, 오히려 다름 아닌 '나'에 의해 분명하게 대상적으로 파악될 수 있는 한에서이다. 이 경우에 타자의 이 '배경-몸'은 우주 배경 위에 의미 있는 형태로 나타난다. 하지만 그것은 타자에게는 여전히 배경이며, 바로 '배경으로서의 한에서의' 배경이다.

그러나 여기서 다음과 같이 하나의 중요한 구별을 설정해 두는 것이 좋을 것이다. 사실 타자의 몸은 '나의 몸에 대해서' 나타난다. 다시 말하면 타자에 대한 나의 관점이 가진 하나의 사실성이 존재한다. 그런 의미에서 신체적인 전체의 배경 위에 하나의 기관(하나의 팔, 하나의 손)을 파악할 수 있는 나의 가능성과, 타자의 몸에 대한, 또는 타자에 의해 '배경-몸'으로서 체험되는 한에서의 이 몸의 어떤 구조에 대한, 명백한 나의 파악을 혼동해서는 안 된다. 우리가 타자를 '생활'로서 파악하는 것은, 다만 이 제2의 경우에 있어서이다. 사실 제1의 경우에 있어서는, 타자에게 있어서 형태로 있는 것을 우리가 배경으로서 파악하는 일도 있을 수 있다. 내가 타자의 손에 시선을 돌릴 때, 그 몸의 나머지 부분은 배경 속에 스며든다. 그러나 〔그때 그 타자에게 있어서〕 배경 위에서의 형태로서 비조정적으로 존재하고 있는 것은, 아마도 바로 그의 이마 또는 그의 가슴일 것이며, 그의 팔과 그의 손은 배경 속에 흐려져 있을지도 모른다.

말할 것도 없이 거기서 나오는 결과이지만, 타자 몸의 존재는 나에게는 하나의 종합적인 전체이다. 그것은 다음과 같은 의미이다. (1) 나는 타자의 몸을 가리키는 하나의 전체적인 상황에서 출발하지 않고서는 결코 타자의 몸을 파악할 수 없을 것이다. (2) 나는 타자의 몸의 어느 하나의 기관을 고립시켜서 그것만 지각할 수는 없을 것이다. 나는 항상 '몸' 또는 '생활'의 전체에서 출발하여, 각각의 개별적인 기관이 나에게 지시되도록 한다. 그러므로 타자의 몸에 대한 나의 지각은 사물에 대한 나의 지각과 근본적으로 다르다.

(1) 타자는 그의 온갖 운동과의 직접적인 연관에 있어서 나타나는 한계 안에서 움직이고 있다. 이 한계는 내가 거기서 출발하여 그런 운동의 의미가 나

에게 가리키게 할 때의 극한이다. 이 한계는 공간적인 동시에 시간적이다. 공간적으로 보면, 피에르의 현재 몸짓의 의미인 것은, 피에르로부터 '거리를 두고' 놓여 있는 컵이다. 그러므로 '탁자-컵-병 등등'의 총체에 대한 나의 지각 자체에 있어서, 나는 피에르의 팔 운동을 향함으로써, 그 팔이 무엇인지를 나에게 알려 준다. 팔이 눈에 보이고 컵이 가려져 있는 경우, 나는 '상황'이라는 단순한 이념에서 출발하여, 또 나에게 컵을 가리고 있는 대상들의 저편에 그의 몸짓 의미로서 헛되이 지향되고 있는 극한에서 출발하여, 피에르의 운동을 지각한다. 시간적으로 말하면, 나는 항상 피에르의 몸짓이 향하고 있는 미래적인 극한에서 출발하여, 현재 나에게 드러내 보여지고 있는 한에서 피에르의 몸짓을 파악한다. 그러므로 나는 그의 몸의 미래에 의해, 더욱 일반적으로 말하면, 세계의 미래에 의해, 그의 몸의 현재를 나에게 알려 준다. 우리는, 만일 처음에 '타자의 몸은 다른 물체와는 완전히 다른 방법으로 지각된다'고 하는 이 본질적인 진리를 파악하지 못한다면, 타자의 몸에 대한 지각에 관한 심리학적인 문제를 아무것도 이해하지 못할 것이다. 왜냐하면 타자의 몸을 지각하기 위해서는, 우리는 항상 타자의 몸 밖에 시간과 공간 속에 존재하는 것에서, 몸 그 자체를 향하기 때문이다. 우리는 시간과 공간이 하나의 거꾸로 됨에 의해 몸의 몸짓을 '역류적으로' 파악한다. 타자를 지각한다는 것은, 타자가 무엇인지를 세계에 의해 자신에게 알려 주는 일이다.

(2) 나는 결코, 움직이지 않는 몸을 따라 올라가는 팔을 지각하는 일은 없다. 나는 '손을-드는-피에르'를 지각한다. 그렇다고 해서 오해하지 않기 바라는 것은, 나는 판단에 의해 손 운동을, 그것을 일으키게 될 하나의 '의식'에 돌리는 것은 아니라는 것이다. 오히려 나는 손 또는 팔의 운동을 몸 전체의 시간적인 구조로서밖에 파악할 수 없다. 그 경우, 여러 부분의 질서와 운동을 규정하는 것은 전체이다. 여기서 문제가 되고 있는 것은 타자의 몸에 대한 하나의 근원적인 지각이라는 것을 확신하기 위해서는 '몸에 속하는 것으로 보이지 않는' 부러진 팔을 보았을 때 느끼는 끔찍함을 떠올리거나, 이를테면 한 손이(팔 부분은 가려져 있고) 출입문을 따라 거미처럼 기어오르고 있는 것을 보았을 때 순간적인 지각을 떠올리는 것만으로 충분하다. 어느 경우에도 몸의 붕괴가 있다. 그리고 이 붕괴는 이상야릇한 것으로서 파악된다. 또한 우리는 게슈탈트 심리학자들이 때때로 내세웠던 적극적인 증거를 알고 있다. 사실 사진이 앞

으로 뻗은 피에르의 두 손을 비정상적으로 엄청 크게 보여 주는 것은 놀라운 일이다(왜냐하면 사진은 피에르의 손을 신체적인 전체와의 종합적인 연결이 없이 그 손 자체만의 크기로 파악하기 때문이다). 그런데 우리가 눈으로 피에르의 손을 볼 때는, 우리가 지각하는 그의 손은, 그다지 두드러지게 확대되어 있지 않다. 그런 의미에서 몸은 '생활'과 '행동'의 종합적인 전체로서의 상황에서 출발하여 나타난다.

이 몇 가지 고찰에 의해 분명해진 것처럼, 피에르의 몸은 결코 '나-에게 있어서의-피에르'와 다른 것이 아니다. 다만 나에게 있어서만 타자의 몸은, 그 서로 다른 여러 가지 의미들을 가지고 존재하는 '대타-대상'이라고 한다든지, 또는 '몸-으로 있다'고 하는 이 두 개의 존재론적 양상은 대자의 '대타-존재'와 완전히 등가의 표현이다. 그러므로 몸의 온갖 의미들은 하나의 신비적인 심령 현상을 가리키는 것이 아니다. 그런 의미들은 '초월되는 초월'인 한에서 이 '심령'으로 '있다.' 물론 심적인 것이 지니는 하나의 비밀언어가 있고, 어떤 종류의 현상들은 '숨겨져' 있다. 그러나 그것은 결코 그 의미들이 '몸의 저편에서의' 어떤 것에 귀착한다는 것을 의미하지는 않는다. 그런 의미는 세계에 귀착하고 그 자신에게 귀착한다. 특히 여러 가지 정서적인 표출, 또는 더욱 일반적으로 말하면, 부당하게도 '표정'이라 불리고 있는 현상들은 결코 심리학자의 연구의 비물질적인 대상을 이루는 어떤 심령에 의해 체험되는 하나의 감정, 숨겨져 있는 하나의 감정을 우리에게 '지시하는' 것은 아니다. 이를테면 눈살을 찌푸린다, 얼굴이 붉어진다, 말을 더듬는다, 손을 가늘게 떤다, 소심해서, 또는 위협하는 듯이 눈을 치뜬다 등은 분노를 '표현하고 있는 것'이 아니다. 그런 모든 것은 분노'이다.'

그러나 이 점을 분명히 이해해 두어야 한다. 즉 주먹 쥔 손은 오직 그것만으로는 아무것도 아니고, 아무것도 의미하지 않는다. 또한 우리도 결코 하나의 '주먹 쥔 손'을 그것만으로서 지각하는 것은 아니다. 우리는 어떤 상황 속에서 주먹을 움켜쥐고 있는 하나의 인간을 지각한다. 이 의미 있는 행위가 과거 및 가능들과 연관하여 생각되고, '상황 속의 몸'이라는 종합적인 전체에서 출발하여 이해될 때, 이 행위는 분노'이다.' 분노는 세계 속에서의 행동(때린다, 욕설을 퍼붓는다 등등) 이외에 어떤 것도, 다시 말해 몸의 새로운 의미 있는 태도 이외에 어떤 것도 가리키지 않는다. 우리는 이 사실에서 벗어나지 못한다. '심적인 대상'은 그냥 그대로 지각으로 넘어간다. 심적인 대상은 신체 구조를 떠나서는 생각될 수 없는 것이다. 지금까지는 그 점이 충분히 이해되지 않았다. 또, 이를테면 행동주의 심리학자들처럼 그 점을 주장한 사람들도, 자신들이 말하고자 하는 것을 스스로 충분히 이해하지 못했기 때문에, 나쁜 평가를 사는 결과가 되었다. 왜냐하면 사람들은 모든 지각을 같은 유형에 속하는 것이라고 믿는 경향이 있기 때문이다. 사실 지각은 시간-공간적인 대상을 직접적으로 우리에게 넘겨주어야 한다. 지각의 근본적인 구조는 내적인 부정이다. 지각은 대상을 '있는 그대로' 나에게 넘겨주는 것이며, 이를 수 없는, 어떤 실재의 하나의 헛된 심상으로서, 넘겨주는 것이 아니다. 하지만 바로 그 때문에 실재의 각각의 유형에 하나의 새로운 지각구조가 대응한다.

몸은 본디의 의미에 의한 심적 대상이며, '유일한 심적 대상'이다. 그러나 만일 우리가 몸은 '초월되는 초월'임을 고려한다면, 몸에 대한 지각은 '본성상' 생명 없는 물체에 대한 지각과 같은 유형에 속하는 것일 수는 없을 것이다. 그것은 다음과 같은 의미로 이해되어야 한다. 몸에 대한 지각은 점진적으로 풍부해지는 것이 아니며, 근원적으로, 또 하나의 다른 구조에 속하는 것이다. 그러므로 표정적 행위를 '이해하기' 위해서 습관이나 유추에 의지처를 찾을 필요가 없다. 그런 표정적 행위는 이해될 수 있는 것으로서, 근원적으로 지각에 넘겨지고 있다. 표정적 행위 의미는 표정적 행위 존재의 일부를 이루고 있다. 마치 종이 색깔이 종이 존재의 일부를 이루고 있는 것과 마찬가지이다. 그러므로 표정적 행위를 이해하기 위해서 다른 행위를 참조할 필요는 없다. 그것은 내 앞에 놓여 있는 종이 색깔을 지각하기 위해 탁자 색깔과 종이 묶음 속의 종이, 또는 그 밖의 다른 종이 색깔을 참조할 필요가 없는 것과 마찬가지이다.

그렇지만 타자의 몸은 타인이 '그것으로 있는' 것으로서, 직접적으로 우리에게 주어진다. 그런 의미에서 우리는 타자의 몸을 각각의 특수한 의미에 따라 끊임없이 하나의 목표를 향해 초월되는 것으로서 파악한다. 이를 테면, 걷고 있는 한 남자를 예로 들어보자. 본디부터 나는 시간-공간적인 하나의 총체(거리-차도-보도-상점-자동차 등등)에서 출발하여 그의 보행을 이해하는 것이며, 이와 같은 시간-공간적인 총체 약간의 구조가, 이 보행이 '와야-하는-의미'를 나타내고 있다. 나는 미래에서 현재를 향해 감으로써 이 보행을 지각한다—하기는 이 경우에 문제가 되는 미래는 보편적인 시간에 속해 있는 것이며,

아직 거기에 있지 않은 하나의 단순한 '현재'이다. 그 보행 자체는 파악할 수 없는 단순한 생겨남, 무화하는 단순한 생겨남으로서 '현재'이다. 그러나 이 현재는 걸어가는 '어떤 사물'의 미래적인 하나의 극한을 향한 초월이다. 팔 운동의 단순하고 파악할 수 없는 현재의 저편에, 우리는 운동의 기체(基體)를 파악하려고 시도한다. 시체의 경우를 제외하고 우리가 결코 그것이 있는 그대로를 파악할 수 없는 이 기체는, 그럼에도 여전히 초월된 것으로서, 또 '과거'로서 거기에 있다. 내가 '운동하고–있는–팔'에 대해 말할 때, 나는 '정지해 있었을 때' 이 팔을 운동의 기체로서 생각한다.

그러나 우리가 이 책 제2부*14에서 지적했듯이, 그와 같은 사고방식은 지지를 얻을 수 없다. 즉 운동하고 있는 것은 부동의 팔일 수는 없다. 운동은 존재의 하나의 질병이다. 그럼에도 또한 심적 운동은 두 가지 극한에 이른다. 그 하나는 이 심적 운동의 결과인 미래적인 극한이고, 또 하나는 이 심적 운동이 변질시키고 뛰어넘는 부동의 기관인 과거적인 극한이다. 나는 바로 '팔–의–운동'을 하나의 '과거–존재'를 향한 끊임없고 파악될 수 없는 지시로서 지각한다. 이런 '과거–존재(정지해 있었을 때 팔·다리·몸 전체)'를 나는 결코 보는 것이 아니다. 나는 과거–존재를 뛰어넘는 그 운동, 내가 그것에 대해 현전해 있는 이 운동을 '통해' 그 '과거–존재'를 살짝 엿보는 수밖에 없다. 마치 우리가 물의 운동을 통해 시냇물 바닥에 있는 조약돌을 들여다보는 것과 같다. 그렇다 해도 끊임없이 '초월'되지 않으면서 결코 '이루어지지' 않는 존재의 이 부동성은, 내가 '운동하고 '있는 그것'에 이름을 지어 주기 위해 끊임없이 그곳으로 돌아가는 것이고, 그것은 바로 단순한 사실성이고 단순한 '몸'이며, 초월되는 초월의 끊임없이 과거화하는 과거로서의 단순한 '즉자'이다.

이 뛰어넘기 속에서, 그리고 이 뛰어넘기에 의해, '뛰어넘어지는 것'으로서밖에 존재하지 않는 이 순수한 즉자는, 만일 그것이 '초월되는 초월'에 의해 드러내 보여지는 동시에 가려지는 것을 그만둔다면 '시체의' 대열(隊列)로 떨어진다. '시체'의 자격에서도, 다시 말해 '하나의 생명의 단순한 과거'의 자격, 그리고 단순한 '유체(遺體)'라는 자격에서도, 이 즉자가 진정으로 이해될 수 있는 것은 '더 이상 이 즉자를 뛰어넘지 않는 뛰어넘기'에서 출발했을 때이다. 즉, 이 즉자

---

*14 제2부 제3장 4. 세계의 시간 (B) 현재 p. 359 이하 참조.

는 '끊임없이 갱신되는 상황을 향해 예전에 뛰어넘어졌던 것'이다. 그러나 그 반면에 이 즉자가 단순한 즉자로서 현재에 나타나는 한에서, 이 즉자는 다른 '이것'들과 관련하여 단순한 무차별적인 외면성의 관계 속에 존재한다. 즉, 시체는 '더 이상 상황 속에 존재하지 않는다.' 또 동시에 이 즉자는 각각 다른 즉자들과 함께 단순한 외면성의 관계를 유지하고 있는 존재의 다수성 속에 무너져서, 즉자 그 자체가 된다.

항상 사실성의 대변(對邊)을 이루는 외면에 대한 연구는, 이 외면성이 시체 위에서만 지각될 수 있는 한에서 '해부학'이다. 온갖 시체에서 출발하여 생체를 종합적으로 재구성하는 것이 '생리학'이다. 생리학은 그 출발점부터 생명에 대해서는 아무것도 이해하지 못하도록 정해져 있다. 왜냐하면 생리학은 생명을 단순히 죽음의 특수한 하나의 양상으로서 생각하기 때문이고, 또 시체의 한없는 분할 가능성을 기본적인 것으로서 보기 때문이다. 그리고 생리학은 '……을 향한 뛰어넘기'의 종합적인 통일에 있어서는 끝없는 분할 가능성이 순수하고 단순한 과거에 불과하지만, 그것을 인식하지는 않는다. 생체에 있어서 생명 연구, 생체해부, 원형질의 생명 연구, 태생학(胎生學) 또는 난자 연구 등, 어떤 경우에도 생명의 재발견은 불가능할 것이다. 그들이 관찰하는 기관은 물론 생체이지만, 그 기관은 '하나의 생명'의 종합적 통일 속에 하나로 합쳐져 있지 않다. 그 기관은 해부학에서 출발하여, 다시 말해 죽음에서 출발하여 이해되고 있다. 그러므로 우리에게 근원적으로 드러내 보여지는 타자의 몸이 해부학-생리학의 몸과 같다고 생각한다면 터무니없는 착각이다. 그것은 우리의 '대아적'인 감관을 타자에게 있어서 우리의 감각기관과 혼동하는 것과 마찬가지로 중대한 잘못이다. 오히려 그 반대로, 타자의 몸은 '초월되는-초월'의 사실성이다. 게다가 그것은 이 사실성이 끊임없는 '탄생'인 한에서, 다시 말해 이 사실성이 끊임없이 초월되는 하나의 즉자의 무차별적인 외면성에 이르는 한에서이다.

이런 고찰을 바탕으로, 우리는 일반적으로 성격(caractère)이라고 부르는 것을 설명할 수 있다. 사실 여기서 지적해 두어야 하는 것은, 성격이라는 것은 타자에게 있어서 인식 대상으로서밖에는 확실한 존재를 갖지 않는다는 것이다. 의식은 자기의 성격을 인식하지 않는다—적어도 타인의 관점에서 출발하여 반성적으로 자기를 정의하지 않는 한—인식은 확실하지 않은 그대로의 성격'을'

비주제적(非主題的)으로, 또 비조정적(非措定的)으로 '존재한다.' 게다가 의식이 자기의 성격'을 존재하는' 것은, 의식이 자기 자신의 우연성에 대해 지니는 체험 속에서이며, 의식이 자기의 사실성을 인정하고 그것을 뛰어넘는 경우의 무화 속에서이다. 그런 이유로 자기를 순수하게 내면적으로 관찰하는 기술은 어떤 성격도 분명하게 드러내 보이지 않는다. 이를테면 프루스트의 주인공은 직접적으로 파악될 수 있는 성격을 '가지고 있지 않다.' 프루스트의 주인공은 그가 자기 자신을 의식하고 있는 한에서, 모든 인간들에게 공통되는 일반적인 반응(정념, 정서, 추억의 출현 순서 등의 메커니즘)의 하나의 총체로서 자기를 넘겨준다. 따라서 각자는 그것에서 자신의 모습을 인정할 수 있다. 왜냐하면 그런 반응은 심적인 것의 일반적인 '본성'에 속하기 때문이다.

우리가 가끔(아브라함이 프루스트에 관한 책에서 시도한 것처럼)[15] 프루스트의 주인공 성격을(예를 들면 그의 나약성과 수동성, 그에게 있어서 사랑과 돈의 특수한 관계에 대해) 밝혀낼 수 있는 것은, 우리가 자연 그대로의 주어진 것에 해석을 가하기 때문이다. 우리는 그 주어진 것에 대해 하나의 외면적인 관점을 취하고 그것을 비교하여, 그것에서 영구적이고 객관적인 관계들을 이끌어내려고 시도한다. 그러나 그러기 위해서는 하나의 후퇴가 필요하다. 독자가 일상적인 독서 감정에 젖어서 소설의 주인공과 자기를 똑같이 보는 한, 독자는 '마르셀'[16]의 성격을 파악할 수 없다. 오히려 마르셀의 성격은 이 수준에서는 존재하지 않는다. 마르셀의 성격은 내가 나와 작자를 하나로 결합시키고 있는 공범관계를 끊는 경우에만 나타난다. 마르셀의 성격은 내가 그 책을 이미 한 사람의 깊이 신뢰하는 벗(confident)으로 여기지 않고, 오히려 하나의 비밀 이야기(confidence)로 여기거나, 또는 오히려 하나의 '기록'으로 고려하는 경우에만 나타난다. 그러므로 이 성격은 대타의 차원에서밖에 존재하지 않는다. 그런 까닭으로 '도덕주의자들', 이를테면 하나의 대상적이고 사회적인 심리학을 시도했던 프랑스의 저술가들의 잠언이나 기술들은, 결코 주관에 의해 체험된 그대로의 경험과 겹쳐지는 것은 아니다.

---

[15] Pierre Abraham : *Marcel Proust*(1930).
[16] 프루스트의 《잃어버린 시간을 찾아서》의 화자(話者)이자 주인공의 이름. 소설 속에서는 '나'로 일컬어지며 이름이 명시되어 있지 않지만, 대부분의 비평가들이 '마르셀'이라는 이름으로 부르고 있다. 그러나 이 책에서 사르트르가 말하는 '나'는 '독자(讀者)인 나'를 가리킨다.

그러나 만일 성격이 본질적으로 '타자에게 있어서 대타적으로' 존재한다면, 성격은 우리가 기술해 온 것과 같은 의미에서의 몸과 구별될 수 없을 것이다. 예를 들면 체질(tempérament)을 성격의 '원인'으로 상정하고, 다혈질을 성급함의 '원인'이라고 상정하는 것은, 성격을 하나의 심적 실재로서, 즉 모든 점에 대해 대상성의 양상을 띠고 있지만, 그 위에 주관적이고 또 주관에 의해 체험되는 하나의 심적 실재로서 인정하는 것이다. 사실 타자의 성급함은 외부에서 인식되며, 근원부터 나의 초월에 의해 초월되고 있다. 그런 의미에서 타자의 성급함은, 예를 들어 '다혈질'과 다른 것이 아니다. 그 두 가지의 어느 경우에도 우리는 똑같은 뇌출혈형의 붉은 얼굴과 똑같은 신체적 양상을 파악하지만, 우리는 우리의 시도에 따라 그런 주어진 것들을 각각 다른 방법으로 초월한다. 만일 우리가 이 붉은 얼굴을 '배경-몸'의 표출로 여긴다면, 즉 이 붉은 얼굴을 그 상황과의 모든 연관에서 분리하여 살펴본다면, 우리는 체질을 문제로 삼는 셈이 될 것이다. 또 만일 우리가 '시체에서 출발하여' 이 붉은 얼굴을 이해한다면, 우리는 거기서 생리학적이고 의학적인 연구의 실마리를 이끌어 낼 수 있을 것이다. 그러나 만일 그와는 반대로 우리가 전체적 상황에서 출발하여 이 붉은 얼굴을 향함으로써 그것을 살펴본다면, 이 붉은 얼굴은 분노 그 자체일 것이다. 아니면 분노의 약속, 또는 오히려 약속된 분노, 다시 말해 온갖 '도구-사물'들과의 끊임없는 관계, 하나의 잠재성일 것이다.

그러므로 체질과 성격 사이에는 하나의 이론상의 차이밖에 존재하지 않는다. 성격은 몸과 똑같이 여겨진다. 성격학적 연구의 기초로서 인상학(人相學)을 세우고자 하는 수많은 저자들의 시도들, 그리고 특히 성격과 신체구조에 관한 크레치머(Kretschmer)*17의 훌륭한 연구는 이유 없는 시도가 아니다. 사실 이 타자의 성격은 종합적인 총체로서 직관에 대해 직접적으로 주어진다. 그렇다고 해서, 우리는 그것을 곧바로 '기술'할 수 있는 것은 아니다. 각각 다른 구조를 나타나게 하기 위해서는, 또 우리가 즉각 감정적으로 파악한 어떤 주어진 것을 분명하게 밝히기 위해서는, 그리고 타자의 몸이라고 하는 이 전체적인 불분명을 조직화된 형태로 변화시키기 위해서는, 시간이 필요하다. 우리에게는 잘못 생각

---

*17 Ernst Kretschmer(1888~1964) : 독일의 정신병학자. 그의 저서 《체격과 성격》(1922)에서, 그는 인간의 체격을 비만형·근골형·허약형으로 분류하고, 그 형에 따라 성격을 나누려고 시도했다.

하는 일도 있을 수 있다. 우리가 보는 것을 '해석'하기 위해서는 일반적이고 추리적인 인식(다른 피험자들에 관해 경험적이고 통계적으로 세워진 법칙)에 근거를 찾을 수도 있을 것이다. 그러나 어쨌든 문제는 예측과 행동의 관점에서 우리최초의 직관 내용을 분명하게 밝히고 조직화하는 것밖에 없다. '첫인상은 틀리는 일이 없다'고 사람들은 흔히 말하는데, 그들이 말하려는 것은 바로 그것이다. 사실 최초의 만남의 순간부터, 타자는 그냥 그대로, 직접적으로, 베일도 없고신비도 없이 주어진다. 그 경우에 안다는 것은 이해한다는 것이고, 전개하는 것이며, 평가하는 것이다.

그러나 타자가 이렇게 해서 주어지는 것은, 그가 그것'으로 있는' 한에서이다. 성격은 사실성과 다른 것이 아니다. 다시 말하면 근원적인 우연성과 다른것이 아니다. 그런데 우리는 타자를 '자유로운 것'으로서 파악한다. 우리가 훨씬 앞에서 지적한 것처럼, '자유'는 상황을 변화시키는 무조건적인 능력으로서의 타자의 어떤 대상적인 성질이다. 이 능력은 근원적으로 타자를 구성하고 있는 능력과 구별되지 않는다. 그것은 일반적으로 하나의 상황을 존재하게 하는능력이다. 사실 하나의 상황을 변화시킬 수 있다는 것은 바로 하나의 상황을존재하게 하는 것이다. 타자의 대상적인 자유는 '초월되는 초월'에 지나지 않는다. 우리가 보여 준 것처럼 타자의 자유는 '대상-자유'이다. 그런 의미에서 타자는 끊임없이 변화되는 하나의 상황에서 출발하여 이해되어야 하는 것으로서 나타난다. 그런 이유에서, 몸은 언제나 '과거'로 있다. 그런 의미에서 타자의성격은 초월된 것으로서 우리에게 넘어온다. 분노의 약속으로서의 성급함마저도 언제나 초월된 약속이다. 그러므로 성격은 타자의 사실성으로서 주어지는데, 다만 그것은 이 사실성이 나의 직관에 있어서 접근할 수 있는 한에서이며, 그러면서도 이 사실성이 초월되기 위해서밖에 존재하지 않는 한에서이다.

그런 의미에서 '화를 내는' 것은, 성급함에 동의한다는 사실 자체에 의해 이미 성급함을 뛰어넘는 일이고, 성급함에 하나의 의미를 주는 일이다. 그러므로 분노는 '대상-자유'에 의한 성급함의 탈환으로서 나타날 것이다. 그렇지만, 우리는 그것에 의해 하나의 주관성을 향해 돌려세워지는 것은 아니다. 오히려우리가 그 경우에 초월하는 것은, 그것은 다만 타자의 사실성일 뿐만 아니라, 그의 초월이고, 단순히 그의 존재, 즉 그의 과거일 뿐만 아니라, 그의 현재이고그의 미래이다. 타자의 분노는 나에게 있어서 언제나 '분노-자유로운 것'으로서 나에게 나타난다(이것은 내가 그의 분노를 '판단한다'는 사실 자체에 의해 분명하다) 하더라도, 나는 항상 그의 분노를 뛰어넘을 수 있다. 다시 말하면, 나는 그의 분노를 부추길 수도 있고 가라앉힐 수도 있는 것이다. 또는, 말하자면 내가 타자의 분노를 파악하는 것은, 그의 분노를 초월함으로써이며, 오로지 그렇게 함으로써만 가능하다. 그리하여 몸은 '초월되는─초월'의 사실성이기 때문에, 항상 '자기 자신의─저편을─가리키는─몸'이다. 공간─즉 상황─에 있어서와 동시에, 시간─즉 '대상─자유'─에 있어서도 마찬가지이다.

대타적인 몸은 특히 마술적인 대상이다. 그리하여 타자의 몸은 항상 '몸 이상의 몸'이다. 왜냐하면 타자는 그의 사실성의 끊임없는 뛰어넘기에 있어서, 중개 없이, 전체적으로 나에게 주어지기 때문이다. 그러나 이 뛰어넘기는 나에게 하나의 주관성을 가리키는 것은 아니다. 몸은─그것이 유기체로서 존재하든, 성격으로서 존재하든, 도구로서 존재하든─'주위'가 없이는 결코 나에게 나타나지 않는다는 것, 몸은 그런 주위에서 출발하여 규정되어야 한다는 것, 이것은 대상적인(객관적인) 사실이다. 타자의 몸은 그 몸의 대상성과 혼동되어서는 안 된다. 타자의 대상성은 초월된 것으로서의 그의 초월이다. 몸은 그 초월의 사실성이다. 그러나 타자의 신체성과 대상성은 아무리 해도 분리할 수 없는 것이다.

3. 몸의 제3의 존재론적 차원

나는 나의 몸'을 존재한다.' 이것이 몸의 제1의 존재 차원이다. 나의 몸은 타자에 의해 이용되고 인식된다. 그것이 그 제2의 차원이다. 그러나 '내가 타자에게 있어서 존재하는' 한에서 타자는 나에 대해 주관으로서 드러내 보여지며, 그 주관에 대해 나는 대상이다. 이 경우에도 또한 문제가 되는 것은, 이미 살펴본 것처럼 타자와 나의 근본적인 관계이다. 그러므로 나는 나에게 있어서 타자에 의해 인식되는 것으로서 존재한다─특히 나의 사실성 자체에 있어서 그러하다. 나는 나에게 있어서 몸의 자격으로서 타자에 의해 인식되는 것으로서 존재한다. 그것이 내 몸의 제3의 존재론적 차원이다. 우리가 지금부터 연구하려고 하는 것은 이 제3의 차원이다. 이것이 끝나면, 우리는 몸의 존재방식에 대한 문제를 일단 밝혀낸 셈이 될 것이다.

타자 시선의 나타남과 함께, 나는 나의 '대상─존재'에 대한 드러내 보임을,

즉 '초월된 것으로서의 나의 초월'에 대한 드러내 보임을 체험한다. '대상-나'는 나에게 있어서 인식될 수 없는 존재로서, 타자에 대한 도피로서, 게다가 나에게 그 모든 책임이 있는 도피로서 드러내 보여진다. 그러나 설령 내가 이 '대상-나'를 그 현실성에 있어서 인식하거나 사고할 수 없다 하더라도, 적어도 나는 이 '대상-나'의 어떤 형식적인 구조를 파악하지 않고는 존재하지 않는다. 특히 나는, 나의 사실적 존재에 있어서 내가 타자에 의해 습격당하는 것을 느낀다. 여기서 나에게 책임이 있는 것은 내가 '타자에게-있어서-거기에-있다'는 것에 대해서이다. 이 '거기에-있는' 것은 바로 몸이다. 그리하여 타자와의 만남은 단순히 나의 초월에 있어서 나를 습격하는 것만은 아니다. 타자가 뛰어넘는 초월에 있어서, 또 타자가 뛰어넘는 초월에 의해서, 나의 초월이 무화하고 초월하는 사실성은, 타자에게 있어서 존재하게 된다. 내가 타자에게 있어서 존재하는 것을 의식하는 한에서, 나는 나 자신의 사실성을, 이미 단순히 이 사실성의 비조정적인 무화에 있어서 파악하는 것도 아니고, 단순히 '이 사실성을 존재함'으로써 파악하는 것도 아니다. 오히려 나는 나 자신의 사실성을, '세계-한복판-에서의-존재'를 향한 그 도피에 있어서 파악하는 것이다.

타자와의 만남의 충격은 나에게 있어서 나의 몸이 타인에게 있어서 하나의 즉자로서 외부에 존재하는 것에 대한 헛된 드러내 보임이다. 그러므로 나의 몸은 그저 단순한 체험으로서만 주어지는 것이 아니다. 오히려 이 체험 자체가, 타자 존재의 우연적이고 절대적인 사실에 있어서, 또 그 사실에 의해, 외부로, 나에게서 탈출하는 하나의 도망 차원에까지 영향을 미친다. 나의 '대아적(對我的)인 몸'의 존재 깊이는 나의 가장 친밀한 '내부'가 지니는 이 끊임없는 '외부'이다. 타자의 보편적인 현전이 근본적인 사실인 한에서, 나의 '거기에-있음'의 대상성은 내 사실성의 하나의 항상적인 차원이다. 내가 나의 모든 가능을 향해 나의 우연성을 뛰어넘는 한에서, 그리고 나의 우연성이 하나의 돌이킬 수 없는 것을 향해 남몰래 나로부터 도피하는 한에서, 나는 나의 우연성'을 존재한다.' 나의 몸은 단순히 내가 그것으로 있는 관점으로서 다만 거기에 존재할 뿐만 아니라, 또한 내가 결코 취할 수 없는 관점들이 현재 그것에 대해 향해지는 하나의 관점으로서 거기에 존재한다. 나의 몸은 여러 곳에서 내게서 탈출한다. 다시 말해, 먼저 나의 '감관'의 이 총체는, 그 자신으로서는 자기를 파악할 수 없는데도, 다른 곳에서 타인들에 의해 파악되는 것으로서 주어지고 있다. 이와 같이 헛되이 밝혀지는 이 파악은 하나의 존재론적 필연성이라고 하는 성격을 갖고 있지는 않다. 사람들은 이 파악을 나의 사실성의 존재 자체로부터 이끌어 내지 못한다. 오히려 반대로 이 파악은 분명하고 절대적인 하나의 사실이다. 이 파악은 하나의 사실적 필연성이라는 성격을 지닌다. 나의 사실성은 완전한 우연성이며, 나에 대해 비조정적으로, 사실적 필연성으로서 드러내 보여지기 때문에, 이 사실성의 '대타─존재'는 이 사실성의 우연성을 다양화한다. 나의 사실성은 나에게서 벗어나는 한없는 우연성 속에 자기를 잃어버리고 또 나로부터 도피한다.

그러므로 내가 나의 감관을 그것에 관해서 내가 어떤 관점도 잡을 수 없는, 친밀한 관점으로서 살아가는 바로 그 순간에, 나의 감관의 '대타─존재'가 나에게 따라다닌다. 다시 말해 나의 감관은 '존재한다.' 타인에게 있어서는 나의 감관은 이 탁자 또는 이 나무가 나에게 있어서 존재하는 것처럼 존재한다. 나의 감관은 '그 어떤 세계의' 한복판에 존재한다. 나의 감관은 타자를 향한 '나의' 세계의 절대적인 유출에 있어서, 또 유출에 의해서 존재한다. 그러므로 나의 감관의 상대성은, 만일 이것을 내가 추상적으로 생각하려고 한다면 '나의' 세계를 파괴하지 않을 수 없게 되는데, 타인의 존재에 의해 동시에 끊임없이 나에 대해 현전화(現前化)한다. 그러나 이 현전화는 파악될 수 없는 단순한 하나의 제시(提示, apprésentation)이다. 마찬가지로 나의 몸은 나에게 있어서는 내가 그것으로 있는 도구이며, 또 이 도구는 다른 어떤 도구에 의해서도 이용될 수 없는 것이다. 그러나 타자가 근원적인 만남에 있어서, 그 사람 자신의 가능성을 향해 나의 '거기─있음'을 초월하는 한에서, 내가 그것으로 있는 이 도구는, 끝없는 도구적 계열 속에 잠긴 도구로서 나에 대해 현전화된다. 그렇지만 나는 아무리 해도 이 한없는 도구적 계열에 대해 상공비상적(上空飛翔的)인 관점을 취할 수 없다. 타유화된 것으로서의 한에서, 나의 몸은 '온갖─도구─중에서의─하나의─도구─존재'를 향해, '온갖─감각기관에─의해─파악된─하나의─감각기관─존재'를 향해 나로부터 벗어난다. 게다가, 그것과 함께 '나의' 세계의 타유화적인 파괴와 구체적인 붕괴가 일어나, '나의' 세계는 타자를 향해 흘러 나가고, 타자가 그것을 '그의' 세계 속으로 되돌릴 것이다.

이를테면 의사가 내 가슴에 청진기를 대고 있을 때, '나는 그의 귀를 지각한다.' 세계의 대상들이 절대적인 귀추중심으로서 나를 가리키고 있는 한에서,

내가 지각하는 이 귀가 가리키는 것은 형태로서의 어떤 종류의 구조이며, 이 구조'를' 나는 나의 '배경—몸' 위에 '존재하고 있다.' 이 구조는 바로—내 존재의 출현 그 자체에 있어서—순수한 체험에 속한다. 나는 이 체험'을 존재하고', 이 체험을 무화한다. 그러므로 우리는 이 경우에 가장 먼저 지시와 체험의 근원적인 연관을 가진다. 지각되고 있는 사물이 가리키는 것을 나는 주관적으로 '존재하는' 것이다. 그러나 내가 '귀'라고 하는 감각적인 대상의 붕괴 위에, '내 몸의 소리를 듣고 있는 자' '그의 몸으로 나의 몸을 느끼고 있는 자'로서의 의사를 파악하자마자, 지시된 나의 체험은 나의 세계가 아닌 하나의 세계 한복판에서의 '나의 주관성 밖의 사물'로 지적된다. 나의 몸은 타유화된 것으로서 지적된다. 나의 타유화 경험은 '소심(timidité)'과 같은 감정적 구조에 있어서, 또 그런 감정적 구조를 통해서 이루어진다. '얼굴이 저절로 붉어진다'느니 '저절로 땀이 나는 것을 느낀다'고 하는 것은 적절하지 않은 표현이지만, 소심한 사람은 자기의 상태를 설명할 때 흔히 그런 표현을 쓴다. 그가 그것에 의해 말하고자 하는 것은 즉 이런 것이다.

그는 자신에게 있어서가 아니라 '타인'에게 있어서 자신의 몸에 대해, 끊임없는 날카로운 의식을 지니고 있다. 이 끊임없는 거북스러움은 나의 몸이 돌이킬 수 없는 것으로서 타유화되어 있음의 파악인데, 나쁜 경우에는 이것이 적면공포증(赤面恐怖症)이라고 하는 정신병의 원인이 되는 일도 있다. 이와 같은 병명은 타인에게 있어서 내 몸의 존재를 형이상학적으로 조심조심 파악했던 바로 그것이다. 흔히 이렇게 말하는 사람들이 있다. 소심한 사람은 '자기 자신의 몸에 의해 난처함을 겪고 있다'고. 사실을 말하면 이 표현은 적절하지 않다. 내가 나의 몸을 '존재하고 있는' 한에서는, 나는 나의 몸에 의해 난처함을 겪는 일은 있을 수 없기 때문이다. 나를 난처하게 만드는 것은 타인에게 있어서 존재하고 있는 한에서의 나의 몸이다. 그러나 이 경우에도 또한 이 표현은 잘된 것은 아니다. 왜냐하면 나는 우주의 안쪽에 현전해 있는 하나의 구체적인 사물에 의해서가 아니면 난처해지는 일이 있을 수 없기 때문이고, 또 다른 도구를 사용하는 데 나에게 방해가 되는 물건에 의해서가 아니면 난처해질 리가 없기 때문이다. 이 경우의 난처함은 좀더 미묘한 것이다. 왜냐하면 나에게 방해되는 것은 그곳에 있지 않기 때문이다.

나는 결코, 어떤 장애물을 만나듯이 '타자에게 있어서의 나의 몸'(나의 대타-몸)을 만나는 것이 아니다. 나의 대타-몸이 방해물이 될 수 있는 것은, 반대로, 나의 대타-몸이 결코 거기에 존재하지 않기 때문이며, 나의 대타-몸이 여전히 파악될 수 없는 것으로 있기 때문이다. 나는 나의 대타-몸에 이르고자 하고, 나의 대타-몸을 통제하려고 한다. 나는 나의 대타-몸을 하나의 도구로서 자신을 위해 사용함—왜냐하면 나의 대타-몸은 '하나의 세계 속의 도구'로서 주어져 있기 때문이기도 하지만—으로써, 나의 대타-몸에 상응하는 일정한 형태와 태도를 주려고 한다. 그러나 애석하게도 나의 대타-몸은 원리적으로 나의 손이 미치지 않는 곳에 있다. 내가 그것을 아유화(我有化)하려고 시도하는 모든 행위는 거꾸로 나한테서 벗어나서, 나로부터 거리를 두고 '대타-몸'으로서 굳어진다. 그리하여 나는 끊임없이 '무턱대고' 행동하고, 어림짐작으로 방아쇠를 당기지 않을 수 없지만, 나의 사격 결과가 어떻게 되었는지를 결코 알 길은 없다. 그런 까닭으로, 소심한 사람의 노력은 한번 그런 시도가 헛되다는 것을 알게 된 뒤에는 자신의 '대타-몸'을 없애버리려는 쪽을 향하게 될 것이다. 소심한 사람이 '더 이상 몸을 갖지 않기'를 원하고 또 '남의 눈에 뜨이지 않기'를 원할 때, 그가 없애버리고자 하는 것은 그의 '대자-몸'이 아니라 '타유화된-몸'의 파악될 수 없는 차원이다.

그것은, 사실 우리는 '대타-몸'에 '대아-몸'에 대한 것과 같은 정도의 실재성을 부여하기 때문이다. 또는, 말하자면 '대타-몸'이야말로 '대아-몸'인 것이다. 다만 그것은 파악될 수 없는 것이고 타유화된 것이다. 그래서 '우리가 있는 그대로 우리를 본다'고 하는, 우리에게 불가능한 것이면서도 우리에게 책임이 돌아오는 하나의 기능을, 우리를 대신하여 타인이 수행해 주는 것으로 생각된다. 언어는 우리의 '대타-몸'의 중요한 구조들을—헛되이—우리에게 드러내 보임으로써((대아적으로) 존재되고 있는 몸은 이른바 말로 표현할 수 없는 것일지언정), 우리의 이른바 사명을 전면적으로 타자에게 넘겨주도록 우리에게 시킨다. 우리는 체념하고 타인의 눈을 통해 우리를 본다. 다시 말해, 우리는 언어에 의한 드러내 보임을 통해 우리의 존재를 알려고 시도한다. 그리하여 거기에 언어적인 대응의 모든 체계가 나타난다. 이런 언어적인 대응 체계에 의해, 우리는 '타인에게 있어서 있는 그대로의 우리의 몸'이 우리에게 가리키게 하고, 이 지시를 이용하여 우리의 몸이 '우리에게 있어서 있는 그대로의 우리의 몸'을 지정해 가리킨다. 타자의 몸과 나의 몸의 유추적인 동화(同化)가 이루어지는 것은 이런 수준에서이다. 사실—'나의 몸이 타자에게 있어서 존재하는 것은 타자의 몸이 나에게 있어서 존재하는 것과 마찬가지'라고 내가 생각할 수 있기 위해서는—나는 먼저 대상화하는 주관성 속에서 타자를 만나보고, 그다음에 대상으로서의 타자를 만날 필요가 있다. 내가 타자의 몸을 나의 몸과 비슷한 대상으로 판단하기 위해서는, 타자의 몸이 나에게 대상으로서 주어져 있어야 하며, 또 나의 몸 쪽에서도, 나의 몸이 하나의 대상—차원을 나에게 드러내 보여 주었어야 했다.

유추 또는 유사(類似)는 결코 '가장 먼저' 타자의 '대상—몸'과 내 몸의 객관성을 구성할 수는 없다. 오히려 그와 반대로, 하나의 유추적 원리가 작용할 수 있기 위해서는 이 두 개의 대상존재가 미리 존재해 있어야 한다. 그러므로 이 경우에 내 몸의 대타적인 구조를 나에게 알려 주는 것은 언어이다. 그렇다 해도 잘 이해해 두어야 할 것은, 의미를 가진 언어가 나의 몸과, 나의 몸'을 존재하는' 나의 의식 사이로 스며들어갈 수 있는 것은 비반성적인 차원에 있어서가 아니라는 사실이다. 이 비반성적 차원에 있어서는, 타자를 향한 몸의 타유화와 몸의 제3의 존재 차원은 헛되이 경험될 수 있는 것에 불과하다. 타유화나 제3의 존재 차원은 체험된 사실성의 연장일 따름이다. 어떤 개념, 어떤 인식적 직관도 거기에 연관될 수는 없다. 타자에게 있어서 내 몸의 대상성은 나를 위한 대상이 아니며, 나의 몸을 대상으로 구성할 수 없을 것이다. 이런 대상 존재는 나에 의해 '존재되고 있는' 몸으로부터의 도피로서 경험된다.

타자가 나의 몸에 대해 가지고 있는 인식, 타자가 언어에 의해 나에게 전하는 인식, 그런 인식들이 나의 '대아—몸'에 특수한 형식의 어떤 구조를 부여할 수 있기 위해서는, 그런 인식이 하나의 대상에 적용되는 것이라야 하며, 나의 몸이 이미 나에게 있어서 대상으로 있지 않으면 안 된다. 그러므로 그런 인식이 작용 속에 들어갈 수 있는 것은 반성적인 의식 수준에 있어서이다. 그런 인식은 비조정적인 의식에 의해 단순히 '존재되는 것(existé)'으로서의 한에서 사실성에 성질을 부여하는 것이 아니라, 오히려 반성에 의해 파악된 준—대상(準對象)으로서의 사실성에 성질을 부여할 것이다. 준—대상과 반성적인 의식 사이에 끼어들어 심적인 준—신체(準身體)의 객관화를 이룩하는 것은 이 개념적인 층이다. 반성은 우리가 앞에서 본 것처럼, 사실성을 파악하고 그것을 하나의 비실재적인 것을 향해 뛰어넘는다. 이런 비실재적인 것의 '존재(esse)'는 단순한

'지각되는 것(percipi)'이며, 우리는 그것을 '심적인 것(percipi)'이라고 불렀다. 이 심적인 것은 구성되는 것이다. 우리가 우리의 경력 속에서 얻는 개념적인 인식, 모두 '타자'와 우리의 교분에서 비롯되는 개념적인 인식은, 심적인 몸의 하나의 구성적인 층을 만들어 간다. 요컨대 우리가 우리의 몸을 반성적으로 경험하는 한에서, 우리는 공범적인 반성에 의해 우리의 몸을 준—대상으로 구성한다— 그러므로 관찰은 우리 자신으로부터 비롯한다.

그러나 우리가 우리의 몸을 '인식'하자마자, 다시 말해 우리가 순수하게 인식적인 직관에 있어서 우리의 몸을 파악하자마자, 우리는 그 직관 자체에 의해 타자의 인식을 가지고 우리의 몸을 구성한다. 즉, 우리의 몸이 그 자신으로서는 결코 그것으로 있을 수 없는 것으로서 우리의 몸을 구성한다. 그러므로 우리의 심적인 몸의 인식될 수 있는 구조들은, 단순히, 그리고 헛되이, 우리 몸의 끊임없는 타유화를 가리킨다. 다만 이 타유화를 살아가는 대신, 우리는 경험된 사실성을 심적—몸이라는 준—대상을 향해 뛰어넘음으로써, 또한 이 '경험된' 준—대상을 단순히 의미할 뿐으로, 원리적으로는 나에게 주어질 수 없는 존재성격을 향해 뛰어넘음으로써 헛되이 이 타유화를 구성한다.

예를 들면 '신체적' 괴로움에 대한 우리의 설명으로 되돌아가 생각해 보자. 우리가 살펴본 것처럼, 반성은 괴로움을 '경험함'으로써 그것을 질병으로서 구성한다. 그러나 우리는 거기서 우리의 기술을 멈추지 않으면 안 되었다. 왜냐하면 그 이상 나아갈 수단이 우리에게는 없었기 때문이다. 하지만 지금 우리는 그것을 추구해 나갈 수 있다. 즉 내가 겪는 질병을 나는 그 즉자 속에서 지향할 수 있다. 다시 말해, 바로 그 대타존재 속에서 지향할 수 있다. 그때에 이르러 나는 이 질병을 '인식한다.' 즉, 나는 이 질병을 나에게서 탈출하는 그 존재 차원에 있어서, '타자' 쪽으로 향해져 있는 그 얼굴에 있어서 지향하는 것이다. 나의 목표에는 언어에 의해 나에게 가져오는 지식이 배어들어 있다. 요컨대 내가 이용하는 도구적인 개념은 타자로부터 나에게 오는 것으로, 어떤 경우에도 나는 그 개념들을 나 혼자서는 이룰 수 없었을 것이고, 또 나 자신이 그 개념들을 '나의' 몸을 향하게 하려고는 생각해 보지도 않았을 것이다. 내가 나의 몸을 '인식하는' 것은 타자로부터 오는 개념을 수단으로 하는 것이다. 그 결과, 반성 그 자체에 있어서 나는 나의 몸에 대해 타자의 관점을 취하게 된다. 나는 마치 내가 나의 몸에 대해 '타자'인 것처럼 나의 몸을 파악하려고 시도한다. 확실히 그때 내가 이 질병에 적응하는 범주는 나의 몸을 '헛되이', 다시 말해 나에게서 벗어나는 차원에서 구성한다. 이 경우에 직관에 대해 말하는 것은 무엇 때문일까? 그것은, 그럼에도 불구하고 '경험된 몸'은 그것을 뛰어넘는 타유화적인 의미들에 대해서, 핵으로서, 질료로서 쓰이기 때문이다.

경험되는 몸은 이 '질병'이다. 이 질병은 내가 조직의 한계로서, 그리고 헛된 도식으로서 세우는 새로운 특징을 향해 나에게서 탈출한다. 그리하여, 이를테면 심적인 것으로서 경험되는 나의 질병은, 반성적으로는 '위(胃)'의 질병으로서 나에게 나타날 것이다. 여기서 잘 이해해야 할 것은, '위'의 괴로움은 괴로움적으로 체험된 것으로서의 한에서, 위 그 '자체'라는 것이다. 그런 한에서, 이 괴로움은 타유화하는 인식적인 층이 개입하기 전에는, 국소적인 증상도 아니고 인정(認定)도 아니다. 위통(胃痛)이라는 것은 괴로움이라고 하는 순수한 성질로서 의식에 현전하고 있는 위(胃)이다. 우리가 앞에서 본 것처럼, 이런 것으로서의 한에서, 이 질병은 그것만으로는—게다가 인정 또는 식별이라는 지적 조작을 이용하지 않고—다른 모든 괴로움, 다른 모든 질병과 구별된다. 다만 이 수준에 있어서는 '위'는 한마디로 뭐라고 말하기 힘든 것이다. 그것은 이름이 붙여지는 일도 없을 것이고 고찰되는 일도 없을 것이다. 그것은 단순히 '존재되는–몸'이라고 하는 배경 위에 나타나는 이 '경험되는 형태'이다. 이 경험되는 질병을, 이름이 붙여진 '위'를 향해, 바야흐로 뛰어넘는 객관화적 지식은, 위라고 하는 것의 어떤 객관적인 본성에 대한 지식이다.

위는 풍선 모양을 한 하나의 주머니이다. 그것은 여러 가지 액과 디아스타아제를 분비한다. 그것은 매끄러운 섬유질의 피막근에 싸여 있다 등등. 나는 그런 것을 알고 있다. 또한 나는—의사가 가르쳐 준 까닭에—위에 궤양이 생겼다는 것도 알 수 있다. 더욱이 나는 이 궤양을 조금이나마 확실하게 떠올려 볼 수도 있다. 나는 그것을 하나의 부식으로 볼 수도 있고, 가벼운 내적 부패로 볼 수도 있다. 나는 그것을 화농(化膿), 열을 내뿜는 것, 고름, 종기 등등과의 비유에 의해 생각할 수도 있다. 그런 모든 것은 원리적으로, 내가 '타인들'로부터 얻은 인식 또는 '타인들'이 나에 대해 지니고 있는 인식에서 비롯한다. 어쨌든 그런 것은, 내가 '누리고' 있는 한에서의 나의 질병을 구성할 수는 없을 것이다. 오히려 그런 것은, 나에게서 벗어나는 한에서 나의 질병을 구성한다. 위와 궤양은 도피의 방향이 되고, 내가 누리고 있는 대상의 타유화의 전망이 된다. 그때 존재의 하나의 새로운 층이 나타난다. 앞에서 우리는, 체험되는 괴로움을 경험되는 질병을 향해 뛰어넘었지만, 지금 우리는 질병을 '병(病, maladie)'을 향해 뛰어넘는다.

'심적인' 것으로서의 '병'은 확실히 의사에 의해 인식되고 기술되는 병과는 매우 다른 것이다. 그것은 하나의 상태이다. 여기서 문제가 되는 것은, 박테리아나 조직의 상해가 아니라 파괴라고 하는 하나의 종합적인 형태이다. 이 형태는 '원리적으로 나에게서 벗어난다.' 이 형태는 때때로 괴로움의 '발작'을 통해, 내 질병의 '위기'를 통해 드러내 보여지지만, 그 밖에는 없어지는 일이 없이 손이 닿지 않는 곳에 머물러 있다. 그때 이 형태는 '타인들에게 있어서' 객관적으로 파헤쳐질 수 있는 것이 된다. '타인'들은 나에게 이 형태를 알려 주었다. '타인'들은 이 형태를 진단할 수 있다. 이 형태는 타인들에게 있어서 현전적으로 있음에도, 나 자신은 그것에 대해 아무것도 의식하지 않을 때도 있다. 그러므로 이 형태는 그 깊은 본성에 있어서 하나의 단순한 '대타-존재'이다. 내가 병을 앓고 있지 않을 때, 나는 이 형태에 대해서 애기한다. 나는 마치 원리적으로 손이 닿지 않는 곳에 있으면서, 타인이 보관하고 있는 하나의 대상을 대하는 것처럼, 이 형태에 대해 행동한다.

만일 나에게 간염이라는 지병이 있다면, 나는 나의 간(肝)에 통증을 일으키지 않기 위해 포도주를 마시지 않는다. 그러나 '나의 간에 통증을 일으키지 않기 위해서'라는 나의 명확한 목표는 '나에게 간의 통증을 드러내 보여 준 의사의 금지에 따르기 위해서'라고 하는 다른 목표와 결코 구별되지 않는다. 그러므로 타인은 '나의 병'의 책임자이다. 그러나 그럼에도 타인들에 의해 나에게 찾아오는 이 대상은 정도가 떨어지는 자발성이기는 하지만, 여전히 자발성이라는 성격을 유지하고 있다. 그것은 내가 이 대상을 나의 질병을 통해 파악한다는 사실에서 비롯하는 자발성이다. 우리는 여기서 이 새로운 대상을 설명하려는 것은 아니다. 또 마술적인 자발성, 파괴적인 종말, 좋지 않은 잠재성 같은, 이 새로운 대상의 성격들을 늘어놓거나, 이 새로운 대상과 나의 친근성이나, 그것과 나의 존재 사이의 구체적인 관계(왜냐하면 이것은 무엇보다도 나의 병이기 때문이다)를 늘어놓고 싶은 마음은 없다. 다만, 우리가 지적해 두고 싶은 것은, 질병 자체 속에 몸이 주어져 있다는 것이다. 몸이 질병의 의지처였던 것과 마찬가지로, 지금 여기서는 몸은 병의 실체이고, 병에 의해 파괴되는 것이며, 그것을 통해 이 파괴적인 형태가 퍼져 나가는 것이다. 그러므로 손상된 위는 그 위통을 통해서 이 위통이 생겨날 때의 소재(素材) 자체로서 현전해 있다. 손상된 위는 거기에 있다. 그것은 직관에 대해 현전해 있다. 나는 경험되는 괴로움을 통해 그 손상된 위를 그 성격과 함께 파악한다. 나는 손상된 위를 '부식되고 있는 것'으로서, '풍선 모양을 한 하나의 주머니' 등으로서 파악한다. 물론 나는 그것을 보지는 못한다. 그러나 나는 그것이 '나의 괴로움이라는 것'을 알고 있다. 거기서 '엔도스코피(endoscopie)'*18라고 잘못 불리고 있는 현상이 일어난다.

　실제로 괴로움 자체는 솔리에(Sollier)가 주장하는 것과는 반대로 나의 위에 대해 나에게 아무것도 알려 주지 않는다. 그러나 괴로움에 의해, 또 괴로움에 있어서 나의 지식은 하나의 '대타-위'를 구성한다. 이 '대타-위'는 바로 내가 인식할 수 있었던 만큼의 객관적인 성격을 가진 하나의 한정되고 구체적인 부재(不在)로서 나에게 나타난다. 하지만 원리상, 이렇게 한정된 대상은 내 괴로움의 타유화의 극으로서 존재한다. 그 대상은 원리상 내가 그것으로 있어야 하는 일이 없이, 또 다른 사물을 향해 그것을 뛰어넘는 일이 없이, 내가 그것으로 있는 바로 그것이다. 그러므로 하나의 '대타-존재'가 비조정적으로 체험되는 나의 사실성을 따라다니는 것과 마찬가지로, 하나의 '대타-대상-존재'는 나의 심적인 몸의 하나의 탈출 차원으로서, 공범적인 반성에 대한 '준-대상'으로까지 이루어진 사실성을 따라다닌다. 또 마찬가지로 순수한 구토는 하나의 타유화적인 차원을 향해 초월될 수 있다. 그때 그 순수한 구토는 나의 '대타-몸'을, 그 '몸매', 그 '모습', 그 '용모'에 있어서, 나에게 넘겨줄 것이다. 그때 그 순수한 구토는 나의 얼굴에 대한 혐오, 지나치게 하얀 나의 몸에 대한 혐오, 지나치게 딱딱한 나의 표정에 대한 혐오 등으로 주어질 것이다. 그러나 사실은 그 두 개의 항목을 거꾸로 뒤집어야 한다. 내가 혐오를 품고 있는 것은 '그런 모든 것'에 대해서'가 결코 아니다. 오히려 구토는 비조정적으로 존재되는 것으로서의 그 모든 것'이다.' 그리고 나의 구토를 그것이 타자에게 있어서 있는 그대로의 것을 향해 연장시키는 것은 나의 인식이 하는 일이다. 왜냐하면 나의 구토를 바로 '몸'으로서, 모든 몸의 구토적 성격 속에 파악하는 것은 타자

---

*18 endoscopie(내시경)를 사용하여 위장이나 자궁 등을 직접 검사하는 방법.

이기 때문이다.

우리는 위와 같은 고찰에 의해서도, 내 몸의 온갖 나타남에 대한 서술을 모두 끝내지는 못했다. 그리하여 우리가 '비정상적인 형식'의 나타남이라고 부르게 될 것을 기술할 일이 남아 있다. 사실 나는 나의 손을 볼 수 있다. 나는 나의 등을 만질 수가 있다. 나는 나의 땀 냄새를 맡을 수 있다. 이 경우에 나의 손은, 예를 들면 다른 대상들 사이에 있는 하나의 대상으로서 나에게 나타난다. 나의 손은 이미 주위의 것들에 의해 귀추중심(centre de référence)으로서 '가리키지'는 않는다. 나의 손은 주위의 것들과 함께 세계 속에 조직된다. 나의 손은 주위의 것들과 마찬가지로 귀추중심으로서 나의 몸을 가리킨다. 나의 손은 세계의 일부를 이루고 있다. 마찬가지로 나의 손은 이미 내가 다른 도구들을 가지고 다룰 수 없는 도구가 아니다. 그와 반대로 나의 손은 내가 세계 한복판에서 발견하는 도구의 일부를 이루고 있다. 나는 나의 또 다른 손에 의해 나의 그 손을 '이용할' 수 있다. 예를 들면 왼손으로 아몬드나 호두를 잡고 오른손으로 그것을 깰 경우가 그것이다. 그때 나의 손은 '이용되는 것—도구'들의 끝없는 체계 속에 적분된다.

이 새로운 형식의 나타남 속에는 우리를 걱정하게 하는 것, 우리가 지금까지 해 온 탐구를 바꾸는 것은 아무것도 없다. 그러나 이런 형식의 나타남을 한번 말해 둘 필요는 있었다. 이런 형식의 나타남은, 만일 우리가 그것을 몸의 온갖 나타남의 질서 속에서 '그것에 상응하는 곳에' 놓아 둔다면, 다시 말해 그것을 맨 마지막으로, 우리의 구성에 대한 '결점 찾기'로서 검토한다면 쉽게 설명될 것이다. 사실 내 손의 이 나타남은 단순히 다음과 같은 것을 의미할 뿐이다. 즉 매우 한정된 어떤 경우에는, 우리는 우리 자신의 몸에 대해 타자의 관점을 취할 수 있다. 또 달리 말하면, 우리 자신의 몸은 타자의 몸으로서 우리에게 나타날 수 있다. 몸에 대한 일반 이론을 만들기 위해 이와 같은 나타남에서 출발한 학자들은, 문제의 그 두 항목을 근본적으로 뒤집어 놓았고, 이 문제에 대해 아무것도 이해할 수 없는 처지에 빠져 있었던 것이다. 사실 명심해 두어야 할 점인데, 우리의 몸을 '본다고' 하는 이 가능성은 하나의 단순한 사실적으로 주어진 것이며, 절대로 우연적으로 주어진 것이다. 이 가능성은 하나의 몸을 '가진다고' 하는 대자에 있어서의 필연성에서도, 또 '대타—몸'의 사실적 구조에서도 연역될 수 없을 것이다. 자기 자신에 대해 어떤 관점도 가질 수 없는 몸을 우리는 쉽게 생각해 볼 수 있을 것이다. 이를테면 분화한 신경계나 감각기관을 갖추고 있어도, 자신을 인지하기 위해 이 신경계와 감각기관을 이용할 수 없는 어떤 종류의 곤충의 경우가 그렇다. 그러므로 여기서 문제가 되는 것은 구조상의 하나의 특수성이며, 우리는 그것에 대해 말할 필요는 있지만 그것을 연역하려고 해서는 안 된다. 두 손을 가지는 것과 서로 만질 수 있는 두 손을 가지는 것은, 같은 우연성의 차원에 존재하는 두 개의 사실이며, 이 두 개의 사실은 사실인 한에서, 단순한 해부학적 기술(記述) 분야나 형이상학 분야에 속하는 것이다. 우리는 그런 사실을 신체성 연구의 근거로 여길 수는 없을 것이다.

또한 유의해 두어야 할 점이 있다. 즉 몸의 이와 같은 나타남은, 몸이 작용하고 지각하는 한에서 몸을 우리에게 넘겨주는 것은 아니며, 작용되고 지각되는 한에서의 몸을 우리에게 넘겨준다. 요컨대 우리는 이 장의 처음에 지적해 둔 것처럼, 한쪽 눈으로 다른 쪽 눈을 볼 수 있는 시각기관의 배치를 생각해 볼 수도 있을 것이다. 그러나 이 경우에 보이게 되는 쪽 눈은 사물로서의 한에서 보이는 것이지, 귀추존재로서의 한에서 보이는 것이 아니다. 마찬가지로 내가 한 손으로 다른 쪽 손을 잡을 때, 이 다른 쪽 손은 잡은 손으로서의 한에서 파악되는 것이 아니라, 파악될 수 있는 대상으로서의 한에서 파악되는 것이다. 그러므로 '우리의 대아—신체(對我身體)'의 본성은 우리가 그것에 대해 타자의 관점을 취할 수 있는 한에서, 전면적으로 우리에게서 벗어난다. 더 나아가 여기서 지적해 두어야 할 것은, 감각기관의 배치 상태에 따라, 타자에 대해 나타나는 그대로 나의 몸을 볼 수 있다 하더라도, '도구—사물'로서의 몸의 이런 나타남은 어린아이의 경우에도 훨씬 뒤에 일어난다는 사실이다.

어쨌든 몸의 이런 나타남은 이른바 몸(에 대한) 의식과, 도구복합으로서의 세계에 대한 의식보다 훨씬 뒤의 것이다. 또 몸의 이런 나타남은 타자의 몸에 대한 지각보다도 훨씬 뒤의 것이다. 어린아이는 스스로 자신의 손을 잡거나 보거나 하는 것을 알기보다 훨씬 전부터 움켜쥐고, 끌어당기고, 밀어내고, 붙잡을 줄 안다. 수없이 되풀이된 관찰들이 보여 주는 바에 의하면, 두 달 된 아기는 자신의 손을 '자신의 손'으로서 보는 것이 아니다. 이때의 어린아이는 자신의 손을 바라보고 있어도, 그것이 시야에서 사라지면 머리를 돌려 시선으로 그것을 찾는다. 그것은 마치 손을 자기 시야로 되돌려놓는 것이 자신의 능력

밖의 일인 것처럼 보인다. 이 아기가 '존재되고 있는-몸'과 '보이게 된-몸' 사이의 대조표 같은 것을 만들 수 있게 되는 것은, 일련의 심리적 조작에 의해서이고, 식별과 재인식이라고 하는 일련의 종합에 의해서이다. 게다가 그러기 위해서는 먼저 이 아기가 타자의 몸에 대해 스스로 알기 시작하지 않으면 안 된다. 그러므로 나의 몸에 대한 지각은 시간적 순서로 볼 때 타자의 몸에 대한 지각의 뒤에 온다.

　나의 몸에 대한 지각은, 그것을 그 장소와 시기에 있어서, 또 그 근원적인 우연성에 있어서 살펴본다면, 새로운 문제의 계기가 될 수 있는 것으로는 생각되지 않는다. 몸은 내가 그것'으로 있는' 그대로의 도구이다. 몸은 '세계-한복판에' 존재한다는 나의 사실성인데, 그것은 내가 나의 '세계-속-존재'를 향해 그 사실성을 뛰어넘는 한에서이다. 물론 나의 이 사실성에 대해 하나의 전체적인 관점을 취하는 것은 나에게는 근본적으로 불가능한 일임에 틀림없다. 그렇지 않다면 나는 나의 이 사실성으로 있는 것을 그만두게 될 것이다. 그러나 내 몸의 몇 가지 구조는 세계의 여러 대상에 있어서 귀추중심으로 있기를 그만두지 않고, 근본적으로 다른 하나의 관점에서 다른 대상들과 같이 배치되며, 그리하여 다른 대상들과 함께 나의 감각기관의 하나를 '배경-몸' 위에 형태로서 떠오르는 부분적 귀추중심으로서 지시하는데, 그것에 대해 이상할 것이 무엇이 있겠는가? 나의 눈이 스스로 자신을 보는 것은 본성으로 보아 불가능한 일이다. 그러나 나의 손이 나의 눈을 만질 수 있다는 점이 뭐가 놀랍겠는가? 만일 그 점이 놀랍다고 한다면, 그것은 우리가 거기서 세계 한복판에서의 구체적이고 우연적인 존재의 필연성을 보아야 하는데도, 반대로 세계에 대한 구체적인 관점으로서 나타나지 않으면 안 된다고 하는 대자에 있어서의 필연성을, 대상들 사이의 인식될 수 있는 관계로, 또 내 인식의 전개에 대한 단순한 규칙으로, 엄밀하게 환원될 수 있는 이상적인 의무라는 자격에서 파악했기 때문이다.

정소성

서울대학교동대학원불문학과졸업. 프랑스 그르노블3대학 문학박사. 전남대학교 단국대학
교불문학과 교수 역임. 현 단국대학교대학원 명예교수. 1977년 단편 〈질주(疾走)〉《현대문
학》추천 등단. 1985년 중편 〈아테네 가는 배〉 동인문학상, 1985년 중편 〈뜨거운 강〉 윤동
주문학상, 1988년 중편 〈말〉 박영준문학상, 1995년 대하소설 《소설 대동여지도》 월탄문학
상. 창작집 《아테네 가는 배(1986)》《뜨거운 강(1988)》《혼혈의 땅(1990)》, 옮긴책 《누보로망
의 이론(1976)》《생텍쥐페리의 편지(1977)》 프루스트 《잃어버린 시간을 찾아서(1999)》 뒤가
르 《티보가의 사람들》

세계사상전집043

Jean Paul Sartre

L'ÊTRE ET LE NÉANT

존재와 무 I

사르트르/정소성 옮김

동서문화창업60주년특별출판

1판 1쇄 발행/1994. 8. 8

2판 1쇄 발행/2009. 5. 20

3판 1쇄 발행/2016. 9. 9

3판 4쇄 발행/2023. 5. 1

발행인 고윤주

발행처 동서문화사

창업 1956. 12. 12. 등록 16-3799

서울 중구 마른내로 144(쌍림동)

☎ 546-0331~2 Fax. 545-0331

www.dongsuhbook.com

*

사업자등록번호 211-87-75330

ISBN 978-89-497-1451-6 04080

ISBN 978-89-497-1408-0 (세트)